《真相》系列(四十四)

海桑集——熊式輝回憶錄
1907—1949

熊式輝　著

洪朝輝　編校
余英時　序

明鏡出版社
www.mirrorbooks.com

An Insider's Account of Modern Chinese History
----Memoirs of Governor and General Hsiung Shih-Hui
1907-1949

By **Hsiung Shih-Hui**

Published in 2008 by Mirror Books
© **Copyright by Mirror Books**

All rights reserved. No Part of this book may be reproduced in any form, or by any means, without permission in writing from the publisher.

International Standard Book No 978-1-932138-70-2

Publisher: Pin Ho
Cover by Yi Hua
Edited by Zhaohui Hong

P. O. Box 366, Carle Place, NY11514-0366, U .S. A.
TEL:(516)338-6976   FAX: (516)338-6982

Web: http://www.mirrorbooks.com/
E-mail: mirrorpublishing@yahoo.com

明鏡出版社出版品受國際版權公約保護
版權所有，禁止翻印，轉載，複印，違者必究

本出版品並不代表本社立場

本出版品缺頁或裝釘錯誤，請寄回更換

目 錄

著者敘言.. 7
余英時序.. 9
編者導讀.. 23
熊式輝生平照片選登.. 39
熊式輝日記和相關電報信件手跡............................ 65

第一編 我與中國國民革命
——民國紀元前五年至民國十七年
（西元一九〇七年至一九二八年）

第一章 革命之初期.................................... 71
  第一節 孫逸仙先生之精神感召
   第一目 清末之青年心理
   第二目 最初瞭解革命意義與黨之關係
   第三目 參加初期革命工作
   第四目 投戈續學
  第二節 革命過程中之護國與護法
   第一目 我與護國之役
   第二目 我與護法之役
  第三節 討伐與和議之紛擾
   第一目 南北之對峙
   第二目 孫總理之從事著述
   第三目 感慨東渡

第二章 孫總理北上...80
第一節 總理逝世北京
第二節 轉折南行

第三章 國民革命軍在憂患中成長......................82
第一節 北伐之前夕
第一目 廣州之環境
第二目 單騎入贛
第二節 北伐與統一
第一目 國民革命第十四軍之突起
第二目 第十四軍軍長賴世璜之死
第三目 濟南日軍橫暴之阻擾
第四目 北伐告成全國統一

第二編 北伐成功之後
——民國十八年至二十四年
（西元一九二九年至一九三五年）

第一章 內憂與外患...99
第一節 南北呼應之分裂
第二節 日蘇乘隙侵凌
第三節 京滬阽危三路叛變
第四節 內亂復熾中共坐大

第二章 剿共與國內外之牽制..........................109
第一節 中共之發生與滋長
第二節 歷年江西剿共之頓挫
第一目 第一次圍剿
第二目 第二次圍剿

第三目　第三次圍剿
第四目　第四次圍剿
第五目　第五次圍剿

第三節　江西剿共期間之政治工作
第一目　發揚民氣
第二目　掃除穢弊
第三目　整肅官常
第四目　健全制度
第五目　扶植農工
第六目　充實自衛
第七目　加強教育
第八目　擴充衛生
第九目　完成交通
第十目　運用民力

第四節　江西剿共軍事結束
附錄一、實驗政治論
附錄二、道德詮言

第三編　中國之抗日
——民國二十四年至三十年
（西元一九三五年至一九四一年）

第一章　中日和平尚未絕望期間..................185
第一節　內憂外患之中國
第二節　西安事變後之中國

第二章　中國抗日之初..................206
第一節　國共之合作
第二節　中國抗日之部署

第三章 中國抗日之艱困時期..................240

第一節　國民黨五中全會與黨政改革
第二節　保衛江西

第四章 中國單獨抗日的最後時期..................262

第一節　江西內政建設
第一節　國民黨八中全會及國家大政
　　附錄一、全民族戰爭論序
　　附錄二、縣以下行政機構
　　附錄三、國立中正大學之創立
　　附錄四、三民主義文化運動

第四編　中國與友邦共同抗日
——民國卅年至卅四年
（西元一九四一年至一九四五年）

第一章 中美英蘇等廿六國共同對抗德日意..........317

第一節　中國正式對德日意宣戰
第二節　中國派遣軍事代表團赴美
　　第一目　赴美前之準備
　　第二目　赴美之任務
　　第三目　赴美之途中
　　第四目　到華盛頓之後
　　第五目　由美之歸途
　　第六目　不平等條約百年紀念之追憶

第二章 共同抗日期間之中國..................384

第一節　雅爾達羅史會談與中國關係之一二事
第二節　關於中蘇友好同盟條約之一二事

第三章　抗日之末期……………………………389

第一節　重慶戰時生活與拾遺補闕
第二節　復員及戰後經濟建設之企劃

第五編　抗日勝利與東北禍患之勃發
——民國三十四年至三十六年
（西元一九四五年至一九四七年）

第一章　東北之錯綜……………………………479

第一節　多難之前身
第二節　中蘇共同對日作戰之迷夢
第三節　對日僞接收之迷夢
第四節　與蘇俄直接間接的搏鬥

第二章　接收東北之綢繆…………………………486

第一節　東北復員準備
第二節　東北接收人選
第三節　接收任務之紛雜

第三章　接收工作之阻擾…………………………493

第一節　長春與蘇軍初步交涉
第二節　交涉頓挫中行營撤移北平
第三節　停戰期間行營移駐錦州
第四節　行營進駐瀋陽
第五節　四平街勝利後辭卸東北職務

第六編 中國在抗日勝利後之厄運
——民國卅六年至卅八年
（西元一九四七年至一九四九年）

第一章 日本投降後之中國................................627
  第一節 中美之關係
  第二節 中蘇之關係

第二章 平京局勢漸感不安................................640
  第一節 北平退居
  第二節 南京之奔走

第三章 無可挽救之艱危................................658
  第一節 東北之危局
  第二節 政局之悲觀

第四章 遷就和平與加速崩潰............................683
  第一節 總統發表和平宣言後京滬景況
  第二節 總統退休與政府之播遷

著者後敘 693
編者後記 694
人名索引 697

著者敘言

熊式輝

　　本書資料，乃摘錄余六十年來之日記。余之日記，自民國紀元前五年始以迄於今（一九〇七年至一九七一年）從無間斷，茲所擷入，偏重在國民革命有關之事，即自辛亥革命、護國、護法、北伐、剿匪、抗日諸役，以及大陸淪陷。凡屬於當時國家軍、政乃至黨務之見聞，皆屬身所經歷者。退居以來，余自民國三十九年（一九五〇年）起，閉戶讀書，即於時事無復聞問，乃未筆及。

　　滄桑世變，年久事湮，過去種種，誰復猶能追憶？個人不似機關，無檔案之可查，近事異於掌故，無典籍之可考，即加回溯，蹤影難尋。大陸淪陷，家藏圖書，蕩然無存。風塵飄泊，惟所有舊時日記，敝帚自珍則必什襲行篋，未或離身，年年一冊，猶得保全至於今日，此生平心聲手跡，幸其未隨喪亂，而歸散失。

　　間取披覽，真如舊地之重遊，故人之再覿，不獨今吾、故吾猶得面相質，檢點已往言行，一溫舊夢，就此隨覽隨錄，摘取其中偶有關於治亂興廢之跡而彙編之，亦明已說鏡之微意，非欲濫竽野史，以待人看。

　　就昔已記及之事，但加摘錄，不費撰作，按年月之順序，標以事類，而次編章。

　　事之在民國十四年以前，與夫三十九年以後，其與國民革命有因果關係者，雖一鱗一爪，嚼之無味，棄之可惜，故亦簡略摘入，各為一節，一以冠於篇前，一以殿諸篇後。

日記乃當時當地，因人因事之一種現實隨筆，其事類之大小，情節之輕重，無所選擇。摘錄出之，亦自不免於五味並陳紛紜交錯，求全其真而已。

中華民國五十八年　熊式輝自序予臺中雪松草堂

序

余英時

熊天翼先生（以下簡稱「作者」）《海桑集》是一部歷史價值最高的回憶錄，比一般老人晚年自傳或口述歷史更為翔實可信。我說這句話並不是虛詞溢美，而是根據兩重理由。第一，這部回憶錄的原始材料是作者從一九〇七至一九四九年的日記中摘錄出來的；日記為當時之筆，因此所記的「言」與「事」最接近客觀的真實。不但如此，日記是一天一天地積累起來的，不可能事先有任何計畫或構想，因此和自傳的性質完全不同。老年人寫自傳，往往在有意無意之間想把自己的一生呈現為某種特定的公共形象；然後再在這一設計下，選擇一生中某些言行作為回憶的重點，去取之間，主觀的要求，有時竟超過了客觀事實的限度。本書作者雖然也有去取選擇，但他的基礎是幾十年的客觀記載，下筆時不可能過於任意，至少主觀的成分已減至最低的程度。本書基本上由日記原文所構成，再加上作者隨時隨地引當時的函電為證，這更為回憶的可信性增添了一重保證。我必須指出，作者所保存的函電，特別是他與蔣介石之間的往來文件，正屬於史學上所謂原始檔案，其價值之高是無與倫比的，必將受到將來史學家的重視。

第二，作者在《敘言》中說，這部回憶錄取材於日記的部分「偏重在國民革命有關之事，即自辛亥革命、護國、護法、北伐、剿匪、抗戰諸役，以及大陸淪陷。凡屬於當時國家軍、政乃至黨務之見聞，皆屬身所經歷者。」作者不但在日記中對上述每一重大事件都保

存了忠實的記錄,而且有時還留下了有趣的細節,讀來十分生動。例如一九一一年武昌起義前,他在南京讀陸軍中學,還加入了同盟會;革命爆發後,他和同學們前往漢口,在船上還結識了與孫中山齊名的黃興。臨別時黃興稱許他為「志士」,他事後也寫了兩首七言絕句,紀念在船上高談闊論的情況。日記中這一條描寫,將百年後的讀者帶回了當時的場景,使人彷彿感受到國人對中華民國創建的那種歡欣鼓舞的情緒。作者這時大概祇有十八歲,但政治思想已開始定型;他學的是軍事,卻已具有很好的中國傳統文史的修養。即以少作的兩首詩而言,他已掌握了舊詩的基本格律。回憶錄中還保存了不少其他詩作,其中也不乏警句。這位亦文亦武的少年「志士」為辛亥革命攝下一個快鏡頭,作為《海桑集》的開端,是很可寶貴的。如果從辛亥革命算起,《海桑集》的記事包括了中華民國在大陸上創建以至滅亡的全部歷程。但以記事的深度與廣度而言,作者的回憶其實是從他一九二五年到廣州參加國民革命運動開始的。所以嚴格地說,《海桑集》不折不扣地是一部國民黨政權的興亡史。這部興亡史當然是通過作者個人的觀點寫出來的。但由於作者在國民黨政權中佔有非常特殊的地位(見後),他的觀察完全從內部的最高層次得來(即所謂"the insider's view"),決不是一般從外面作冷眼旁觀所能企及的。更由於他的觀察建立在親身體驗和日積月累的史料之上,國民黨在這二十多年中的成敗關鍵早已在他的胸中凝聚成一幅確定的整體圖像。我們必須記得,作者根據日記整理出這部回憶錄時(一九六九年),他已退出政壇整整二十年了,而大陸上則正在如火如荼地進行所謂「文化大革命」之中。所以這是作者在痛定思痛之餘的一部反思之作;「超以象外」,故能「得其環中」。

　　善疑的讀者也許會追問:我們如何能確定日記中敘事的真實性呢?我可以很負責地說:就我所讀過的相關記載而言,《海桑集》中

的重大事件大致都可以得到印證，最使我驚異的是作者一九四二年四月二十一日晚間在華盛頓與胡適大使的四小時長談。日記中詳記胡適揭發宋子文在美國種種爭功弄權的表現，其中每一個細節都是我曾在《胡適日記》中讀過的，分毫不差。由於這一段記述得到百分之百的證實，我對本書敘事的忠實是十分信任的。

我是最喜歡讀傳記，特別是自傳的人，每讀重要人物的自傳，我首先便注意作者所運用的史料。以我所讀過的西方自傳來說，我發現日記和親友函札幾乎毫無例外地構成了它們的基本材料。讓我舉一個最近的實例。剛剛去世一年的施勒辛格（Arthur M. Schlesinger, Jr., 1917-2007）是美國史學界、文化界和政界的一位重要領袖。一九六一年他暫時棄學從政，成為甘迺迪的「總統特別助理」，參與了美國政府的最高決策，甘迺迪死後，他雖然仍回到教研崗位，但一直在民主黨的政治世界中佔有舉足輕重的地位。二〇〇〇年他出版了回憶錄上冊（A Life in the 20th Century, Innocent Beginnings, 1917-1950）；他在《前言》中說，此書主要取材於日記、備忘錄之類。但由於健康關係，下冊始終未能動筆；二〇〇六年秋天，他的兩個兒子在他的指導下，將六千頁的日記編寫成八百多頁（Arthur M. Schlesinger, Jr., Journals, 1952-2000），算是回憶錄的下冊。《日記》殺青尚未及出版，他已去世了。這部《日記》事實上也是一部二十世紀下半葉的美國政治史，生動與可信並不遜於上冊。我覺得熊天翼先生的《海桑集》在很多方面都和施氏的《日記》可以相比。

現在讓我對本書作者作一點最簡單的介紹，使一般讀者可以進一步認識這部回憶錄的歷史價值。一九四九年以後出生的讀者今天大概對「熊式輝」這個名字都很陌生，很可能從來沒有聽見過。這是因為作者自一九四九年以後便過的是退隱生活，姓名已不再出現在公共媒體上了。但是從一九二六年國民黨在廣州發動「北伐」到一九四九

年國民黨政權撤退到台灣為止,這二十五年間作者則一直居於權力核心的位置。早在北伐之始,他已取得蔣介石的信任,在江西、福建、浙江等處立下戰功。一九二七年國民革命軍從南京出發,攻克濟南,他也在蔣的參謀總部之中。他曾在日本陸軍大學進修三年(一九二一至一九二四年),不但認識日本甚深,而且富有現代知識。所以當日本軍隊在濟南阻撓北伐,造成慘案的嚴重關頭,他臨危受命,以代表身分兩度入日營談判,展現了折衝樽俎的才能。不但如此,在北伐前後,他又不斷運用靈活的政治手腕,為蔣調處了不少黨內外的糾紛和衝突。因此他的重要性逐步從軍事推廣到黨務和政界,終於成為蔣所依賴的少數「智囊」之一。在國民黨的歷史上,他往往被視為所謂「政學系」的一個重要成員,連美國國務院一九四九年所公佈的《白皮書》也是這樣認定的。但作者在回憶錄中卻一再否認「政學系」的存在,他所列舉的理由是相當堅強的。[1]無論真相如何,他在相當長的時期中,曾是蔣所最信任的高層人物之一,則是無可否認的。他時時有機會與蔣單獨談話,並且在重大決策的關頭提出個人的意見。蔣對他自然不能說是言聽計從,但尊重他的看法則是可以肯定的。特別是在抗戰時期的重慶,蔣曾在不同階段交給他種種不同的任務,大致可以分為三個領域:第一關於政府和黨內的政治設計和重大人事任命,蔣必特別徵詢他的意見。第二,與其他黨派溝通,如共產黨、民主同盟、民社黨、青年黨等,他是最高負責人,一九四三年六月十六日他和周恩來在張治中寓所進行了三小時的談話,記錄保存在《海桑集》第四編第三章,是一篇重要的歷史文獻。(周善於解除敵人的防範心理,在談話中表現得十分清楚。)第三,在國際交涉方面,一九

---

[1] 見本書第六編第二章第二節,並參考唐德剛:《政學系探源》,《觀察》雙月刊,二〇〇八年一月五日出版,頁六三—七一。

四二年三月他率領軍事代表團訪美；一九四五年八月以軍事代表的身分赴蘇，參與中蘇友好條約的簽訂。這是軍事外交方面兩個非常重要的任務。綜合以上三點，可知蔣對他的倚重是全方位的；他居於當時的權力中心，毫無可疑，他的回憶錄之所以具有特殊的歷史價值，即在於此。

上面已說過，《海桑集》是一部國民黨政權的興亡史。反過來看，國民黨政權在大陸上興起與滅亡也就是共產黨從二、三十年代的挫敗到一九四九年席捲整個中國大陸的全部過程。本書作者於恰好在共產黨由敗到勝的兩個關鍵時刻都是歷史的積極參與者。因此本書第二編第二章《剿共與國內之牽制》和第五編《抗日勝利與東北禍患之勃發》是最值得細讀的兩個部分。

一九三〇年以後，中共的主力集中在江西瑞金一帶，並正式在瑞金成立「中華蘇維埃共和國」。所以在北伐告一段落之後，蔣決定了江西「剿匪」的政策，從一九三〇年十一月到一九三四年十一月攻下瑞金為止，一共進行了五次圍剿。本書作者則在一九三一年十二月自告奮勇，出任江西省主席，為鄉梓效勞。他回江西時正值第三次圍剿期間，但由於「九一八」日本侵佔東北，蔣被迫辭職以謀黨內團結，圍剿的事自然祇有暫時擱下。第四次圍剿始於一九三三年六月，與同年十月所訂的「第五次圍剿計畫」事實上是連續的，不妨合稱之為後期圍剿。本書作者在後期圍剿（一九三三年六月至一九三四年十一月）中以省主席兼南昌行營辦公室主任的身分承擔了與共產黨正面作戰的任務，吸收了前三次的失敗經驗，這次圍剿採取了軍事與政治雙管齊下的新戰略。當時軍事的要點在碉堡封鎖，政治的要點則在發動民眾。這一新戰略終於奏效，使紅軍無法再在江西存身，祇有突圍向西北流竄，即中共一貫宣傳的所謂「長征」。本書在這一章的敘事雖然稍嫌簡略，但大體的輪廓是相當真實的，毫無自我誇張之處。我

为甚麽能说这样肯定的话呢？这是因为有其他客观史料可与作者的日记互相印证。青年党领袖之一李璜在一九三四年九月从四川到江西南昌行营访问，由作者安排他考察了收复地区的实际情况。他证实了组织民众和碉堡封锁两大措施确是逼使毛泽东、朱德的红军逃出江西的主要因素，他因此还写了一本《江西纪游》的小册子提供四川当局参考。[2]

作者在本章第四节，论及「匪区的真实情况」，指出共产党虽然以「分田分地」为号召，却并没有得到农民的真心支持。这一情况甚至出于作者最初的预想之外。这也是很可靠的实录，足以打破中共宣传的神话。关于这一点，更有数不清的史料可以支持作者的观察。李璜记徐向前红四军在四川东北部的情况与江西完全一致。[3]让我再举两个来自当时江西「苏维埃」内部的报告来印证本书的叙事。

第一是伊罗生（Harold R. Isaacs）的经典著作：《中国革命的悲剧》[4]。伊罗生是二十年代到中国来推动共产革命的一个人，与第三国际有密切的关系。「革命」失败以后，他在上海住了很长的一段时期。通过共产党内的刘仁静，他收集了许多内部文件，特别是江西红区的报告，他的书便完全建立在这些文件之上。他指出，井冈山的「红军」与农民之间根本格格不入，加入了「红军」的农民不断逃亡，而农村中人包括农民在内，不但不支持「红军」而且还把他们当作「土匪」来攻击。[5]

---

[2] 见李璜：《学钝室回忆录》（台北：传记文学出版社，一九七三年），页二二二一四。

[3] 同上，页二一二—二二〇。

[4] Harold R. Isaacs, *The Tragedy of the Chinese Revolution*, Revised Second Edition (Stanford University Press, 1961).

[5] 同上，页三二五—三二六。

第二是追隨毛澤東在井崗山「革命」的龔楚（後來是紅七軍軍長），最後因為實在受不了中共在農村的殘殺而脫離了黨。他告訴我們：他當時是組織並策動過「蘇維埃」運動之一人，中共所吸收的都是農村中的「流氓地痞」，老實的農民根本不肯加入，而「採取躲避觀望的態度」。所以地方蘇維埃的重要幹部和農會、工會的主席都是由這些「流氓地痞」構成的。[6]這是參與其事者的直接供證，其可信性是很高的。一九二九年二月二十五日，中共內部報告說：江西中共黨組織中的農民包含了許多「幫會」分子，便是一個最有力的旁證。[7]

所以中共黨內批評毛澤東在江西發展的是「農民黨」或西方左派認定中共領導的是「農民革命」，都是不準確的，經不起分析。這不是否認中共軍隊中有農民，而是說這些農民是在中共武裝暴力所到之地被裹脅進來的：中共早期幹部的成分主要是農村的邊緣分子，即「流氓地痞」。中共在中國各地流竄了二十多年，都是靠槍桿子再加上從蘇聯移植送來的一套殘酷的組織方法——包括一而再、再而三地殘殺內部的所謂「階級敵人」。沒有任何證據顯示：中共武力所到之處曾得到人民或農民的竭誠擁護。

《海桑集》關於江西圍剿的一編固然是重要的實錄，第五編有關戰後中國政府接受東北的詳細記錄更為史學家提供了不少極為珍貴的史料，尤其是他與蔣介石之間的往來函電。國民黨政權何以在抗戰勝利後四年之內便全面崩潰？中共又為甚麼能在同一短時間內奪取大陸？我們在這一編中都可以找到解答的線索。

---

[6] 見《龔楚將軍回憶錄》（香港：明報月刊社，一九七八年），下卷頁五六六。
[7] 見高華：《紅太陽是怎樣升起的》（香港：香港中文大學出版社，二〇〇〇年，），頁三所引《楊克敏關於湘贛邊蘇區情況的綜合報告》。

一九四五年八月日本投降後，作者被任命為東北行營主任，理論上是黨、政、軍的最高長官，負責接收整個東北。這可以說是他一生中最重要的一次任務。但他交涉的對象不是日本或偽滿洲國，而是蘇聯。一九四五年一月至二月，美、蘇、英三國元首在克里米亞的雅爾達（Yalta）舉行會議，訂下了一個秘密協定。美、英要求斯大林出兵攻打日本而同意蘇聯租借旅順、大連，並共同管理東北的主要鐵路幹線，同時也允許外蒙古獨立。這個協定涉及中國的主權和利益如此深遠，但事前竟完全沒有讓中國政府與聞其事，直到一個多月後美國政府才通過中國駐美人使把協定的內容傳達給重慶當局。[8]八月六日美國在廣島投下了第一顆原子彈，日本投降已迫在眉睫，蘇聯才在兩天後對日宣戰，出兵佔領東北。六天以後（八月十四日）日本便投降了。所以蘇聯以雅爾達協定為護符，未開一槍，便將整個東北置於它的武力控制之下。

根據八月十四日斯大林和宋子文共同簽署的雙方會議記錄，進佔東北的蘇軍當於三星期內開始撤退，最多三個月必完成撤退。本書作者即以此項記錄為指導原則，於十月十二日飛抵長春，與蘇方統帥馬林諾夫斯基（Malinovsky）商談接收事宜。作者在十三日的日記中寫道：

> 十三日午後一時為禮貌上的拜訪馬林諾夫斯基元帥於舊日本關東軍司令部。彼以戰勝國對佔領地的態度，作無恥的傲慢，未來回拜，即約午後三時至六時在彼司令部會談。

---

[8] 見本書第四編第二章《共同抗日期間之中國》。

祇讀這一條日記，作者當時所受的屈辱及其憤怒已躍然紙上，談判不可能有任何結果，也可以推想而知。詳細的情況讀者可細閱原書，這裡祇能略作概括。首先，蘇方對於三個月內撤離東北的承諾，一而再，再而三地失信拖延，直到一九四六年四月底蘇軍才完全退出東北。在蘇軍佔領的八、九個月中，他們做了下面三件大事：一、將日本在東北建置的重工業設備幾乎全部拆卸，運回蘇聯。二、儘量阻止國軍進入東北，無論海、陸、空都強予封鎖。三、除全力幫助中共在東北各地發展地下武力與組織外，同時也大量運中共軍隊進入東北以對抗未來的國軍力量。作者有一段簡要的敘述，足以說明當時的形勢：

> 東北共軍，在日本投降以前，僅熱河南部有李運昌部約三千餘人。卅四年（一九四五）十月上旬，林彪、張學思、李運昌、聶榮臻、呂正操等，始先後由蘇軍空運達東北，組織民眾，當時各地所謂非法武力，不過二萬餘人。其後用強制手段，壓迫民間武力參加，及在蘇軍支援之下，至十一月底即增加至十五萬餘人。及十二月國軍出關開始接收，彼又積極擴充，由山東、熱河方面潛運兵員，由蘇軍接濟武器及掩護。截至卅五年（一九四六）二月止，已約有四十五萬餘人。[9]

這段敘述當是綜合當時的情報而成，以作者東北行營主任的身分而言，是絕對有權威性的。由此可知，國軍尚未出關，蘇聯早已先

---

[9] 見本書第五編第一章第三節。

讓中共接收了東北。到一九四六年三、四月間蘇軍撤出瀋陽、四平街、長春等大城市時，中共已有四十五萬兵力遍佈東北各地，對於出關的國軍已處於「以逸待勞」的絕對優勢了。中共在戰後與國民黨爭天下，以東北為始點，所以「遼瀋戰役」之後才有「平津戰役」，最後則是「淮海戰役」。《海桑集》第五編使我們清楚地認識到：中共由敗轉勝的關鍵全在蘇聯的直接扶持。從作者所提供的一切證據，我們可以毫不遲疑地說：如果不是雅爾達協定賦予斯大林以進兵東北的特權，中共至少不可能在短短四年之內席捲整個大陸。中共最後戰勝國民黨既不是因為它早已為民心所歸，也不是由於它代表了「不可抗拒的歷史潮流」。在兩黨相爭的二十多年中，許多偶然的歷史因素在其中發揮了決定性的作用。一九五〇年九月六日胡適給傅斯年夫婦的一封信說：

> 夏間發憤寫了一篇長文給 *Foreign Affairs* 十月號發表，題為 "China in Stalin's Grand Strategy"。主旨是要人知道中國的崩潰不是像 Acheson 等人說的毛澤東從山洞裡出來，蔣介石的軍隊就不戰而潰了。我要人知道這是經過廿五年苦鬥以後的失敗。這段廿五年的故事是值得提綱挈領說一次的。我要人知道在這廿五年的鬥爭裡，最初二十多年處處是共產黨失敗，蔣介石勝利。第一個大轉捩是西安事變，斯達林命令不得傷害蔣介石，主張和平解決。（《白皮書》頁四七，又頁七一至七二）此舉決定了抗日戰爭，保全了紅軍，並且給了紅軍無限的發展機會。第二個大轉捩是耶爾達 (*Yalta*) 的密約，斯達林騙了羅斯福，搶得滿洲、朝鮮，使紅軍有個與蘇俄接壤，並且在蘇俄控制下的「基地」。「耶

爾達密約」決定了滿、韓的命運,決定了整個中國的命運,也許決定了整個亞洲的命運。[10]

胡適的整體觀察是很有說服力的,這部《海桑集》則以無可辯駁的事實證實了這一觀察。

限於時間和篇幅,我對本書的評介不得不止於此。但是我必須指出,本書的歷史價值遠遠超出我所討論的範圍。讀者如果想瞭解國民黨政權爲甚麼會崩潰得那麼快,必須細讀本書從抗戰末期以後,關於每一階段的詳細紀錄。「木必先腐,然後蟲生」,國民黨的失敗自有其深刻的內在根源,不能片面地歸罪於外在因素。

最後,我願意表達一點個人的讀後感受,在閱讀全程(特別是第五、第六兩編)的過程中,我心中深藏已久的記憶忽然復活了。作者一九四六年坐鎮東北的時期,我恰好也住在瀋陽。他的回憶錄好像一部時間機器一樣,把我送回六十二年前,重新遊歷了一次當時的生活世界。因此我在情感上也發生了一次波動,久久不能平息。這篇序文是在心漸寧靜以後才動筆的。我在本書發現了一九四七年三月十四日的一條紀事:

十四日余協中請示學生遊行,反對蘇京三外長會議,莫洛託夫提議以中國問題列入議程,應否勸止,答應聽之。

這是先父為了學生反蘇示威進行的事向作者請示,居然也從日記中搬進了《海桑集》。先父當時主持東北中正大學,東北人民對蘇軍

---

[10] 見《胡適全集》(合肥:安徽教育出版社,二〇〇〇年),頁二五、四五。

佔領時期的各種暴行深惡痛絕，所以，青年學生反蘇情緒高昂，與關內學生的左傾心態完全不同。我從來沒有見過作者，但先父曾說過，作者不但對文人學者很能尊重，而且也關心東北的文化建設。這一點在本書中有很清楚的記載。一九四六年九月十二日他和青年黨領袖曾琦談話便說道：「余望有大學者坐在東北來講學十年，現在徵集本地忠孝節義史實，以備編製歌謠戲劇。」這是他的真實想法，並非門面話。一九四七年四月二十一日他記道：

廿一日金靜庵（按即：金毓黻，一八八七至一九六二年）來見，詢其所主辦史地學會情形，並囑其工作注重：(1)刊物發行；(2)戲劇編導；(3)歌曲編製；(4)古蹟修整。

這便是七個月前文化建設構想的實踐。金毓黻是東北著名的史學老輩，當時負責瀋陽的東北博物院，所以作者將這一重要任務託付給他。金的《日記》恰好也留下了紀錄：

熊公天翼邀余過談，囑辦東北史地學會，其主旨在編印書報，項目有四：一為東北史地讀本，二為通俗戲劇，三為民間歌謠，四為古蹟名勝。余以無暇謝之，熊公不允，且以大義相督責，使余無辭可借。[11]

兩相對照，內容完全一致，不過詳略不同而已。至於時間相差一天，我相信也許是作者轉抄日記入回憶錄時的筆誤。上面我屢說本書

---

[11] 金毓黻：《靜晤室日記》（遼瀋書社，一九九三年），第八冊，頁六二二四。

的記載可信,在此又得到一次具體的印證。金毓黻並且記下了第二天(四月二十三日)的活動:

> 熊主任邀午餐於行轅第二招待所,座有楊威伯、高晉生、卞宗孟、王階平、余協中、傅維本、馮獨慎、溫晉城、王孝魚等二十餘人,討論史地學會事。[12]

先父也參與「東北史地學會」的創建,我當時並無印象,讀了這條日記才知道的。可見先父與作者當時頗有過從。金的兩條日記都證明作者對東北文化建設的熱心,他顯然是史學會的原動力("Prime mover")。這天恰好是陰曆三月三日,即「上巳節」,因此金氏還寫了一首七古,題作《丁亥上巳熊上將軍招宴官邸以當修禊即事為詩》。此詩對作者「振導史地學」恭維備至,將來如有人為作者寫傳記,金氏的日記是應當收入的。作者何以能在干戈擾攘之際還有餘暇來推動文化建設呢?這是因為他在名義上雖是黨政軍的最高長官,事實上黨、政、軍又都各有專人負責,他的權力已被架空了。國民黨體制的僵化和蔣介石的無效獨裁都在這裡充分暴露出來了。回首前塵,不禁為之擲筆一嘆!

【余英時,哈佛大學歷史學博士。曾任哈佛大學中國史教授、香港新亞書院校長兼香港中文大學副校長、耶魯大學歷史講座教授、普林斯頓大學講座教授。著有中英文論著數十種,2006 年 John W. Kluge Prize 得主之一。】

---

[12] 同上,頁六二二六。

● 編者導讀

熊式輝《海桑集》的史學價值

洪朝輝

《海桑集》是熊式輝 40 年政治軍事生涯的自我寫照，也是熊 40 餘年日記的摘要濃縮，更是中華民國一位重要歷史人物的最新史實披露。全書涵蓋 43 年（1907 年到 1949 年），按編年體的風格將全書分爲六大篇，包括「我與中國革命」（1907－1928）、「北伐成功之後」（1929－1935）、「中國之抗日」（1935－1941）、「中國與友邦共同抗日」（1941－1945）、「抗日勝利與東北禍患之勃發」（1945－1947）以及「中國在抗日勝利後之厄運」（1947－1949）。每篇之後，由章節目排列，「不費撰作，按年月之順序，標以事類，而次編章」。[13]熊式輝日記披露了許多歷史密辛，對江西地方史、民國史、中美關係史和國共關係史的研究，具有相當的價值。限於篇幅，本文僅對《海桑集》所反映的熊式輝在江西、東北和對外關係方面的經歷進行簡要評述。

---

[13] 見本書，「敘言」。

一、熊式輝與江西

熊式輝與江西的淵源很深。他不僅出生在江西,而且他的政治和軍事發跡之地也在江西。

早在 1926 年 6 月,當蔣介石就任國民革命軍總司令之後,熊式輝主動請纓,提出「進取江西策略」,「運用原駐瑞金一帶之賴世璜所屬之江西第四師部隊」起義,「順流席捲贛江兩岸,直下南昌」。[14] 一般以為,當時的蔣介石捨武漢而攻打江西是一個戰略錯誤,因為在戰術上,奪取武漢,能夠截斷長江中游;在戰略上,轉攻江西,勢必進入五省聯軍總司令孫傳芳的地盤,將保持中立的孫傳芳逼向吳佩孚;同時,在攻下武漢後,蔣又不願逐鹿中原,進攻河南,而主打江西,也是一大失策。[15] 但是,東南五省(江西、江蘇、浙江、安徽、福建)是蔣的發源地,以後建都南京也是他的夙願,加上,蔣不願看到李宗仁、唐生智等諸侯功高蓋主,尾大不掉。所以,在此關鍵時刻,熊式輝能夠瞭解捨武漢、中原而打江西的戰略意圖,主動利用鄉情舊誼,策反江西軍閥賴世璜部,佔領贛州,擴編國民革命軍第 14 軍,協助主力,最後於 1926 年 11 月 8 日,攻克南昌。這樣,自此以後,不是嫡系的熊式輝逐漸成為蔣所信賴的親信,這是熊式輝政治生命的重要轉捩點。

1931—1941 年,熊式輝擔任江西省主席,史稱「贛政十年」。熊的日記完整地記錄了 1931 年到 1941 年江西社會的發展,並至少提供了下列四大方面的史料補充。

---

[14] 見本書,第二篇第一章第二節。
[15] 汪榮祖、李敖:《蔣介石評傳》(北京:中國友誼出版公司,2004 年),頁 128—129。

其一,有助於強化研究國民黨逐漸形成的「攘外必先安內」的政策。

蔣介石的「攘外必先安內」政策起源於 1928 年的「濟南慘案」,而從一開始,熊就直接介入和見證了「濟南慘案」的過程。1928 年 5 月 1 日,北伐軍佔領濟南,但在 5 月 3 日,日本派遣第六師團長福田彥助進攻北伐軍。對此,中方派出以熊式輝為首的代表團與日方談判,因為福田是日本陸軍大學校長,而熊是該大學的畢業生。日方提出「濟南商埠幾條街中國軍隊不能通過,膠濟鐵路和津浦鐵路不能運兵。中國軍隊要退離濟南城 20 里以外」等無理要求。[16] 隨後,熊立即與總司令蔣介石會面,斷定這是日方有計劃的挑釁行為,決定不予理會,主力部隊急速渡河。

5 月 7 日中午,福田送來最後通牒,限 12 小時內答覆,提出「有關騷擾及暴行之高級武官,須嚴厲處刑;對抗我軍之軍隊,須在日軍陣前解除武裝;在南軍(北伐軍)統轄區域之下,嚴禁一切反日宣傳;南軍須撤退濟南及膠濟鐵路沿線兩側 20 華里之地帶以資隔離」等。蔣介石在超過 12 小時最後期限之後,基本答應了日方的要求,並派熊式輝再度親自將答復信函,於 5 月 8 日上午面送福田。但福田等根本不顧校友情誼,一副「猙獰面目」,並要熊轉交一份類似「宣戰」的覆函,表示因為在最後期限內,未接到答覆,「為軍事之威信計不得不採取斷然之處置」。[17] 5 月 8 日下午,日軍向濟南實施進攻,5 月 11 日,「蔣軍無力抵抗而屈服,濟南城內外遭到嚴重破壞,中國軍民死亡數千人之多」,[18] 釀成著名的「濟南慘案」。據熊式輝稱,他為了將福田的宣戰覆函從濟南送到蔣所在的泰安黨家莊,

---

[16] 見本書,第二篇第二章第三節。
[17] 同上。
[18] 汪榮祖、李敖:《蔣介石評傳》,頁 174。

歷盡濟南城中日軍的種種刁難、沿路的跋山涉水和餐風露宿，於 5 月 9 日晨向蔣面報結果。熊的《海桑集》未提蔣的反應和中方的死亡人數，只認為這次濟南事變「遲滯了我軍北進約有一個月時間，敵得安全撤退」。[19] 其實際後果是北伐軍避開了日軍，繞道繼續北上。

濟南慘案的後遺症在於，蔣介石對日的不抵抗主義開始成形，並為 1931 年九一八事件後的「攘外必先安內」的政策提供了基礎。最近解密的蔣介石日記提到：「此行的主要任務是北伐，是打倒張作霖；和日本人打，北伐就無法進行了」。蔣介石當時認為，中國國力衰弱，無法和日本打仗。蔣甚至有「三日亡國」之論，憂心一旦開戰，日軍三天內就可以佔領中國沿江、沿海的要害地區，從而滅亡中國。[20]

這一「攘外必先安內」的思想，被熊深刻領會，並大膽地運用在其江西省主席任內。熊式輝於 1931 年 12 月 15 日正式就任江西省主席，當時，日本人已經發動了九一八事變，並在 1932 年 1 月 28 日突襲上海。於是，為了加強抗日的力量，當時的軍政部長何應欽於 2 月 5 日，命令在江西剿共的蔣鼎文師急調上海，但熊次日回電，強調由江西抽出一師赴滬，對日本人無致勝之望，對中共則有先敗之虞，而日寇如割肉之痛，中共乃腐心之病，「此時兩方兼顧，則兩方俱不能全也。日本之兵可隨時添加，我之增援有時自窮，故不如不予增援」，而且，江西的中共「可隨時爆發，我之防備不可或疏，故不宜稍予抽調。勿剜不可剜之肉，而補不能補之瘡，則國家生命尚能望苟延一息」。[21]

---

[19] 見本書，第二篇第二章第三節。

[20] 引自藍慧：『蔣介石日記曝光讓他走下神壇和祭壇』，《亞洲週刊》，2007 年 9 月，21 卷 39 期。

[21] 見本書，第三篇第二章第二節第三目。

1932 年 2 月 20 日和 21 日,蔣介石急電熊數次,命令調動正在贛州剿共的 18 軍赴浙江,並要求「贛江兩岸只有放棄,僅守新淦與撫州以北地區」,熊認為,贛南中共所控制地區決非現在軍隊所能剿清,如不早下決心,則所有軍隊反為中共所剿所化,「以無食之軍,非潰必變,不如早為之所也」。[22]結果,熊冒著「抗命之罪」,擅自動用 18 軍,馳援被紅軍包圍的贛州,並於 3 月 7 日,擊潰贛州外圍之紅軍,熊對此感慨地寫道:「抗命即可以救命也」。[23]也許是熊有先見之明,預見「攘外必先安內」必將成為國民黨的主導戰略,所以,他的違抗軍令的行為並沒有受到任何處罰。1933 年 5 月 9 日,蔣介石在廬山召開的豫鄂皖贛湘五省剿共會議上,正式宣佈了「攘外必先安內」政策。

其二,熊日記詳細披露了第四、第五次圍剿過程中的軍事決策和政治戰略。

熊就任江西時,江西全省半數以上的縣已被中共控制,紅軍也取得了二次反圍剿的勝利,並在第三次反圍剿過程中,於瑞金成立了中華蘇維埃共和國臨時中央政府。熊上任後,在軍事上,實行「圍剿」總動員,改編地方武裝為 15 個保安團,推行「三保」政策(保甲制度、保衛團制度、堡壘政策),有效遏制了中共根據地的拓展與鞏固,並最終幫助國民黨取得了第五次「圍剿」的勝利,逼迫紅軍離開江西並進行長征。[24]有關第五次「反圍剿」失敗的原因,中共黨史的主流解釋一直強調黨內的分裂、機會主義路線的主導、毛澤東的失勢和李德的瞎指揮,很少提及國民黨的成功之道和熊式輝的戰略戰術。

---

[22] 同上。

[23] 同上。

[24] 見本書,第二篇第二章第二節第四、第五目。

「其實,在政治上,熊以「七分政治、三分軍事」為戰略思想,以「管(制)、教(育)、養(育)、衛(戍)」為策略手段,強化省主席的黨政軍一元化領導體系,並將全省 83 個縣劃為 9 個行政區,垂直管理,深得蔣介石的高度信任和倚重,促使蔣介石在 1938 年 1 月,將愛子——蔣經國派到江西,做熊式輝的『學徒』。[25]

其三,有助於探討熊式輝在抗戰時期,與日本人、中共領導人、俄國人和美國人的互動與聯繫,包括熊對日本人的態度和對策、對新四軍的應變策略、以及對美國人和其他同盟國的觀感和建議等,尤其是熊與中共一些領導人的密談,具有相當的史料價值。

例如,1943 年 6 月 16 日,熊式輝在重慶張治中(文白)家,與中共代表周恩來密談三小時,內容珍貴,《海桑集》作了詳細記錄,要點如下。

一是周恩來抱怨國民黨實行特務政治,但熊答:這種特務殺人的手法是「中共抄襲於蘇聯,而(國民黨)中央又抄襲於中共」,也就是說,是中共教會了國民黨如何實行特務政治。二是周提出戰後的中國經濟建設,「不能抄襲他國成規,自由經濟固不可,計劃經濟管制經濟亦所不能,中國自有中國相宜之路,即在三者之混合,持論不可太左」。三是在軍事上,周建議,中央政府應該訓練「30 個師,乃至 60 或 90 師,使全國優秀皆能加入,不分黨派,不分地域,儘管以三民主義為政治教育之中心,全國亦自無人有話可說,如此不獨於將來決戰有一種新力量,亦可以建立國軍之基礎」。四是周針對國民黨提出的兩點要求(即交出政權軍權、兩黨合併)答道,「我往陝北當盡力主張,對第一點多多具體表現,對第二點當待以時日。黨之合併,不外兩黨聯合,與一黨中容有派之兩途,總裁在漢口有一次談及

---

[25] 見本書,第二篇第二章第三節。

此問題時曾作細言：你們可在黨內成一共產派」。[26]由這一談話表明，周恩來確實是中共黨內的溫和派，但沒有實力將上述想法付諸實施。

而且，在抗日戰爭期間，熊式輝曾與中共領導人周恩來、陳毅、曾山等面晤，表示合作抗日，和中共江西省委在南昌召開各界人士抗日座談會，提出「保衛大江西」。[27]

其四，能夠填補 1934 年後紅軍離開江西、開始長征後，江西省政治、經濟、文化、社會狀況的空白，提供國民黨方面，尤其是熊本人親身經歷方面的史學資訊和理論解釋。

例如在教育問題上，1940 年 10 月 31 日，熊式輝一手創建了國立中正大學（現為江西師範大學），其主要目的是建立國民黨的「中央黨校」，培訓幹部。《海桑集》附錄了熊式輝在中正大學開學典禮上致詞的全文。其中提到：「本大學經過了七年的醞釀、15 個月期間的籌備，29 次會議的討論，才在全國歡欣鼓舞慶祝總裁 54 壽辰的今日舉行開學典禮」，並提出本大學不提倡學術中立和個人絕對自由，而主張「使學校為政府之研究部、政府為學校之實驗場」，「使學術理論與實際工作相貫通」，「實驗政教合一之理想」，實踐蔣介石的「黨化教育」。[28]值得一提的是，在今日江西師範大學校園門口的八塊精緻、雄偉的石碑上，實事求是地公開承認與肯定了這位國民黨『戰犯』為該校的創始人。

在地方建設上，熊提倡與實施「贛人治贛」。農業方面，成立了江西省農村合作委員會與江西省農業院；教育方面，保證和增加教育經費，主持籌建泰和幼稚師範、江西省立蘇溪師範國民小學、實驗小

---

[26] 見本書，第五篇第三章第一節第一目。
[27] 見本書，第二篇第二章第三節。
[28] 見本書，第四篇附錄三。

學、天翼圖書館、江西地方政治學院、私立仰公中學等；衛生方面，創設江西全省衛生處，並設省立醫院、衛生試驗所、護士學校、助產學校及全省各縣醫院、診所等；市政建設方面，設立市政專員室，大力舉辦南昌市政建設，整治三湖(東湖、南湖和北湖)，建設公園，改建大橋，修築馬路。同時，又有萍鄉煤礦的整理、陶業管理局的設立、浙贛鐵路的修通，以及《江西通志》的續修，皆爲熊式輝任內所爲。

另外在土地問題上，當初熊式輝最擔心的是紅軍走後，原有的蘇區土地已經分給農民、原有的地契必然已被焚毀、原有的地界也必被鏟平，這樣，一旦地主回來，必將出現許多土地糾紛。於是熊制定了60多條農村土地處理條例，作爲處理糾紛的依據。可是，當國民黨收復江西黎川和廣昌之時，情況遠遠出乎意料，因爲「黎川農民分得田地之後，竟有私自向逃亡在外縣之地主納租金者，而廣昌田地分配之後，仍各耕其原有之田，而對於新得之田，則多置之不耕」，原因是中國「土地制度根深蒂固，所有權的觀念等於天經地義，一旦無條件的奪他人田地據爲己有，良心終覺不安」。[29] 由此可見，當時中國農民的純朴與善良。

二、熊式輝與中外關係

1942 年，熊式輝奉命率領中華民國軍事代表團赴美，由此卸任江西省主席一職。到 1945 年抗戰勝利之前，熊親身經歷了許多中外關係的重大事件，其日記對此作了詳盡的記錄，具有相當的史料價值。

---

[29] 見本書，第三篇第二章第四節。

第一，熊日記首次全面披露了熊式輝在 1942 年 3 月到 1943 年 4 月帶領中華民國軍事代表團，出訪美加和歐洲的具體過程。

自從 1941 年 12 月 7 日日本進攻美國珍珠港之後，亞洲盟軍對日作戰共分為四個戰區，包括以尼米茲為首的中太平洋戰區、麥卡亞瑟為首的西南太平洋戰區、英國蒙巴頓為首的東南亞戰區，加上蔣介石的中國戰區。1942 年 1 月 2 日，蔣介石接受羅斯福總統的任命，成為中國戰區最高統帥，並希望羅斯福推薦一位參謀長協助指揮，結果羅斯福推薦了一位不聽蔣指揮的史迪威。[30]

在此背景下，蔣介石計劃在中國戰區籌設一個聯合軍統帥部，並組織一參謀部，以美國高級將領為主，熊式輝為副，熊「即以此資格赴美出席華盛頓軍事會議，為中國軍事代表」（其後參謀本部終未成立）。[31] 除了軍事任務以外，熊還在 1942 年 1 月 26 日，接到機密甲 6398 號蔣介石手令，具體指明熊赴美的主要使命是致力於戰後中國建設計劃的研究，包括增修東南西北四鎮的鐵路、西南西北國防工業計劃、籌設軍事科學大學等。[32]

1942 年 3 月 18 日，熊式輝啟程赴美，途中折騰了 25 天，於 4 月 13 日抵達華盛頓，受到時任外交部長的宋子文和駐美大使胡適的接待。在美期間，熊在 5 月 26 日和 7 月 2 日兩次代表中國出席太平洋軍事會議，中國作為弱國能夠被接納參與如此高層次的盟軍軍事會議，是中國外交和軍事的重大成功。熊在美期間，連續會見了羅斯福總統（4 月 21 日上午 11 時 20 分至下午 1 時）、副總統華勒斯、參謀總長馬歇爾上將、財政部長摩根索(Hans Morganthau)、陸軍部長史汀生(Henry L. Stimson)等美國決策人物，成果不小。

---

[30] 汪榮祖、李敖：《蔣介石評傳》，頁 417。
[31] 見本書，第五篇第一章第一節第二目。
[32] 同上。

尤其是在 4 月 24 日會見時任美國作戰廳長艾森豪(Dwight D. Eisenhower)少將時，得到承諾，美國同意派飛機 456 架、驅逐機 300 架赴華作戰前，准許派華運輸機 100 架，並已有 34 架在途中。[33]但由於大環境不甚理想，熊的美國行並沒有爭取到可觀的軍事援助。不過，在返國前，蔣介石要求熊考察美國重要的軍事基地、飛機製造、軍火工業等，收穫很大。在返美途中，經過英國，熊分別在 1943 年 3 月 11 日和 3 月 19 日受到英國國王喬治六世和英國首相邱吉爾的接見，尤其是實地考察了英國先進的軍事設施和工業基地。最後於 1943 年 4 月 15 日抵達重慶，歷時近 13 個月。

《海桑集》所記錄的熊式輝出訪歐美過程，在史學研究方面主要提供了三大新的資料。

其一，熊式輝在拜見英美主要巨頭過程中的談話內容，直接反映了他們對中國戰區、蔣介石、中共和太平洋戰爭的看法，真實體現了他們對各自盟國合縱連橫的謀略，記錄了與法西斯各國作戰的戰略構想和具體戰術，有助於中國方面及時、準確地瞭解美英雙方對中國的戰略評介與基本看法，尤其是羅斯福和馬歇爾對蔣介石既支持、又不信任的雙重心態，更是表現得淋漓盡致。而且，熊式輝在 1942 年和 1943 年直接面見羅斯福和邱吉爾兩巨頭，為 1943 年 11 月 21 日蔣介石參加開羅會議，躋身四強之一，提供了牽線搭橋、投石問路的催化效應。

其二，《海桑集》披露了許多熊對宋子文的負面評價，還記錄了宋子文與胡適之間的過節，十分具有史料價值。另外還披露了熊與胡適之間的一系列密談，由於正值熊訪美期間，胡適於 1942 年 8 月 15 日收到免去駐美大使一職的電報，並於當年 9 月 18 日正式離職，所

---

[33] 同上。

以，胡適與熊的密談具有重要史料價值。同時，熊還介入了蔣介石與史迪威之間的恩怨，尤其是將有關華盛頓高層對蔣史關係的意見，及時電告蔣介石。

其三，熊詳盡記錄了他考察英美最先進的軍事設施、空軍部隊、工業設施、科研設備、大學研究等資料，對研究美國軍事史、科技史和二戰軍工史等，具有相當的參考價值。回國後，他整理了美英軍事和工業的考察報告，對戰後中國的重建與規劃起到了重要的參考作用。

第二，熊日記披露了熊在廢除中國近代以來一系列不平等條約方面的努力與貢獻。

1942年5月4日，熊式輝在美國與曾任駐美公使和大使的施肇基，談及如何在戰後廢除自鴉片戰爭以來，中國與列強所簽訂的一系列不平等條約，並提出：中國政府應該「乘日軍猶在佔領時，即於本年8月29日不平等條約一百周年紀念時明白宣言，自動取消」。[34] 雖然施肇基表示贊同，但駐美代表宋子文則不以為然，時任駐美大使胡適也反映平平，而且，外交部門大多不表樂觀。

此後，熊式輝利用訪美良機，繼續不斷努力，包括遊說羅斯福總統顧問、電告中國政府高官、面見在美的中外要員。尤其是在6月29日和9月7日兩度從美國發電給蔣介石，希望蔣考慮在1942年8月29日或同年的雙十國慶之時，自動取消不平等條約。熊同時與時任駐美大使魏道明密切合作，積極推動美方廢除不平等條約。

最後，美國在1942年10月10日宣佈，將通過談判廢除美國同中國簽訂的不平等條約、所有其他治外法權、特權和租界。羅斯福總統同時說服英國也這樣做，除香港問題外廢除全部在華不平等條約。

---

[34] 見本書，第四篇第一章第二節第六目。

1943 年 1 月 11 日，中國與美英分別簽訂了《中美關於取消美國在華治外法權及處理有關問題之條約與換文》和《中英關於取消英國在華治外法權及其有關特權條約及換文》，簡稱《中美新約》和《中英新約》。這項活動在歷史上又被稱為「四三年廢約」。但由於《中英新約》沒有包括九龍，所以在 1943 年 2 月，當中國駐英使館舉行慶祝酒會時，正在英國訪問的熊式輝拒絕出席，因為他「在美曾電呈政府主張英如不包括九龍租借地在內，應拒絕其與美國同時加入簽訂廢約，今九龍租借地依然如舊，在英有何慶祝廢約之價值」。[35]

第三，熊日記還披露了他參與簽訂《中蘇友好同盟條約》的過程。

目前流行的史書主要強調宋子文行政院長、王世杰（雪艇）外交部長和蔣經國，在談判和簽訂《中蘇友好同盟條約》的作用，忽略了熊式輝在這一過程中的重要角色。其實，早在 1945 年 7 月 5 日，熊式輝在蔣介石官邸就參與討論如何對付蘇聯要求蒙古獨立的高層機密會議。《蔣介石評傳》提到，「我們從他（蔣介石）的考慮中可以看到，他想以滿蒙的高價來收買蘇俄不支持中共的用心，十分明顯」[36]，但汪榮祖和李敖沒有提出直接的證據證明，蔣介石試圖通過中蘇條約的簽訂，賣國投俄、消滅中共。

而《海桑集》卻明確提到，熊曾在 7 月 5 日的會議上提出，承認蒙古獨立的交換條件是「國家之真正統一，蘇聯再不得助長中共之在中國私擁武力，割據地方」[37]。同時，熊在 7 月 7 日奉命給正在蘇聯的宋子文發電，指出：「對外蒙讓步必須換取國內統一，蘇聯對中國共產黨，不能仍有任何支持，使與政府對立，形成武力之割據。外蒙

---

[35] 見本書，第四篇第一章第二節第六目。
[36] 汪榮祖、李敖：《蔣介石評傳》，頁 505。
[37] 見本書，第五篇第二章第一節第二目。

疆界必須根據我國地圖明白劃定」。[38] 8 月 5 日，熊以中蘇協同對東北日軍作戰的軍事代表之身份，與宋子文、王世杰等從重慶飛蘇聯莫斯科，進行最後關鍵性的談判。《海桑集》專列一節「關於中蘇友好同盟條約之一二事」，提到他與王世杰堅決主張「外蒙疆界必須根據我國地圖明白劃定」，而斯大林方面則堅持主張以現狀爲界，由此意味著新疆阿爾泰山之大部及哈密區之一部盡歸外蒙。對此，宋子文和蔣經國等力主妥協，滿足蘇聯要求，宋甚至要求駐蘇大使尋兩枚銀幣，「欲卜以決之」。直到 8 月 13 日晚十時，收到蔣介石覆電，允許代表團全權處理之後，代表團才於 8 月 14 日上午簽訂《中蘇友好同盟條約》，[39]中國從此失去了蒙古的主權。

三、熊式輝與東北

熊式輝的《海桑集》還對熊主政東北兩年（1945 年 8 月－1947 年 8 月）的經歷，提供了不少有價值的資訊。

熊式輝是在幾經周折之後，才決定擔任東北行營主任。其實，蔣介石在骨子裏還是不信任熊，因爲畢竟熊不是蔣的嫡系。蔣原先要求熊任上海市長，但熊對蔣表示：「對上海收復，屆時重在軍事，餘無指揮部隊之權，難期有所效用」。在 1945 年 7 月 30 日，蔣再度要求熊改任東北軍事代表兼行政長官事，熊始答應[40]，因爲希望能夠實行軍政統一，掌握實權。但是，到 1945 年 8 月 30 日正式出任時，熊又被剝奪了軍事權力，只任東北行營（後稱行轅）主任兼行營政治委員會主任委員。

---

[38] 同上。

[39] 同上。

[40] 見本書，第五篇第三章第一節第二目。

對此，熊在日記中提到：東北行營主任，原是軍事最高長官，但事實是，東北軍事則由東北保安司令官杜聿明指揮，而杜聿明卻離職養病。對此，蔣於1946年3月4日以手啓電令，命熊坐鎮錦州，直接指揮軍事，但不及一周，即3月9日又令鄭洞國爲副長官並兼任代長官。在4月6日，蔣又接連發了四份手令，要求熊直接指揮，在四平打一個硬仗。面對蔣介石出爾反爾、又疑又用的狀況，熊深感自己處於有責無權，遂於1946年6月9日向蔣提出辭呈，此後，熊不斷要求辭職，一直到1947年8月才如願。[41]

　　《海桑集》在記錄熊式輝接收東北、執政東北兩年的過程中，至少具有四大史料價值。

　　其一，國民黨軍隊與蘇聯軍方的互動。基本上，熊對蘇聯軍隊深惡痛絕。熊認爲，蘇藉口對日宣戰，深入中國東北，「其爲禍或將有甚於九一八時之日本」。[42]在熊眼裏，蘇聯人比日本更壞。尤其是，《海桑集》詳盡記錄了中方接收東北的具體過程，包括蘇軍的重重阻擾、國民黨軍隊與蘇軍的摩擦、蘇軍或明或暗地支持中共等許多史實。《海桑集》還特別詳盡地記載了在1945年10月－11月期間，熊與蘇軍元帥馬林諾夫斯基的幾次會談，十分珍貴。

　　其二，《海桑集》還記錄了國共在東北的內戰過程，其中披露了許多蔣介石與熊之間的密電，反映了國民黨軍在東北的秘密部署、對付中共軍隊的戰略戰術，尤其是國共之間打打談談的幕後策劃與心機，包括如何應付馬歇爾使華和三人小組訪東北的計謀等，十分精彩。

---

[41] 見本書，第六篇第三章第四節。
[42] 見本書，第六篇第二章第三節。

3. 其三，記錄了熊與蔣介石和杜聿明之間的矛盾與角力。熊對蔣既要他承擔責任，又不給他軍權的狀態，在日記中多次予以陳述。其實，蔣是刻意通過熊式輝和杜聿明來達到互相監督、互相制約的目的。《海桑集》還直接反映了國民黨嫡系與雜牌兩大部隊的勾心鬥角。另外，熊對杜聿明的成見甚深，尤其對他沒病裝病、好大喜功等行為，十分不以為然。

例如，儘管身為東北行營主任的熊式輝有責無權，但在蔣的要求下，他還是直接指揮了陳明仁打四平戰役。當熊知道陳明仁給其夫人有一遺囑，表示三日內不見援兵，將無見面之日時，熊在 1947 年 6 月 19 日親覆陳一信，提到：兄部最艱苦之時，亦即共軍總崩潰之日。「自古各將勳業，無一不在危疑震撼、骨山血海中得之....兄策立殊勳，此其時也」。[43] 1947 年 6 月 30 日，四平戰役結束當天，熊親自飛往四平視察，慰勞將士，當熊見到陳明仁時，陳是「囚首垢面，眼赤唇黑，衣履汙敝」。[44]

這次四平戰役令林彪終生感到羞辱，因為它導致林彪部隊傷亡慘重。值得注意的是，《海桑集》首次披露，蘇聯軍隊介入國共內戰很深，熊提到，當天視察四平時，據林彪部隊的俘虜供稱：指揮中共炮兵射擊者，「多為蘇聯人」。[45]

4. 其四，東北的行政建設、經濟重建和軍隊整頓等重要的重建措施，也在《海桑集》中得到體現。儘管忙於內戰與接收，熊式輝還是對東北的重建花了不少心力，包括建立軍隊補給制度、建設東北行政區、實行東北少數民族政策、成立幹部講習會、設計國民黨黨建政策，尤其是提出了一系列穩定經濟、消滅投機、打擊暴富、平均財富

---

[43] 見本書，第六篇第三章第五節。
[44] 同上。
[45] 同上。

分配、防止勞資鬥爭、穩定流通券、增加生產和流通等計劃。儘管限於內戰的大環境,許多計劃難以實施,但熊的勵精圖治之雄心還是處處可見。[46]

需要指出的是,不少史家認爲熊式輝是蔣介石的「小諸葛」,足智多謀,並能夠精確地猜測蔣介石的所思所想,並沒有什麼個人創見與實際政績。其實,根據《海桑集》所反映的細節表明,熊式輝經常拂逆上意,違抗指令,並爲戰後中國的發展藍圖和江西、東北的各種建設,不僅提出了許多富有創意的觀點,而且實施了許多卓有成效的專案和工程。

總之,深入研究熊式輝的日記《海桑集》,有助於發現研究民國史的新史料、開拓研究國共和談與內戰的新思路、探討中外關係起伏跌宕的新路徑,尤其是,通過《海桑集》能夠進一步研究熊式輝的全部日記手稿、詩稿、電報、書信和照片,並推動一系列與熊式輝有關的口述歷史、江西地方史,豐富和深化中國近現代史和中外關係史的研究。

【洪朝輝,美國馬里蘭大學歷史系博士。現爲美國普渡大學凱優曼校區歷史系教授,出版三部專著、主編和合編五部著作、發表 80 餘篇學術論文。】

---

[46] 見本書,第五篇第二章。

1. 童年從軍和就學

童年之熊式輝，時年13歲

十七歲時之熊式輝

1906年與家人合影，中座右者為其父仰之，左為母胡氏

1. 童年從軍和就學

攝於日本，時年31歲，就讀於日本陸軍大學

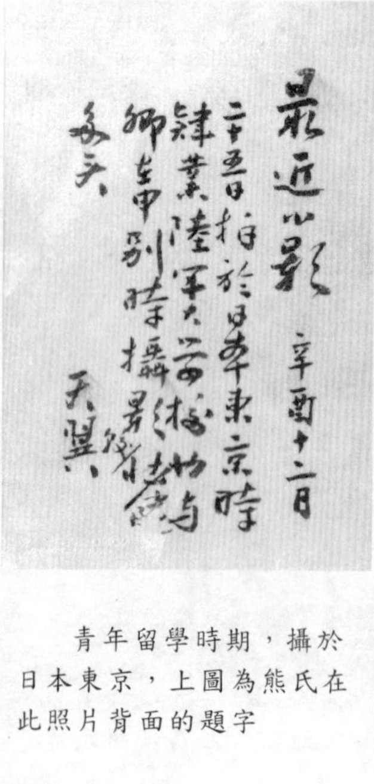

青年留學時期，攝於日本東京，上圖為熊氏在此照片背面的題字

2. 北伐與上海警備司令 【41】

攝於1927年，時年34歲

1929年國慶日由左至右：上海市長張群、上海警備司令熊式輝、交涉員徐叔謨
(from Columbia Collection)

2. 北伐與上海警備司令

1930年對軍民演講,時年37歲

1930年攝,時任淞滬警備司令,兼任、江、浙、皖三省勦匪總指揮,同年十二月九日奉命再兼任南昌勦匪總司令部參謀長,時年37歲

3. 江西與抗日時期 【43】

攝於1936年，時年43歲

攝於1936年，時年43歲

3. 江西與抗日時期

攝於1936年，時年43歲

攝於1937年江西南昌寓所，時年44歲

1939年攝於江西蘇溪，時年46歲

3. 江西與抗日時期

攝於1938年江西省主席任內

由左至右：與四弟、二哥、五妹攝於江西

4. 赴美軍事代表團

1941年,時年48歲,任赴美軍事代表團團長,赴美途中,經、訪埃及,後立者為熊氏內弟顧樹立。

一九四二年與美國友人在一起

4. 赴美軍事代表團 【47】

1942年訪好萊塢，與幽默片大師卓柏林合影，下圖為卓氏贈熊之照片。

4. 赴美軍事代表團

一九四二年軍事代表團訪英軍營

1942年攝於美國華盛頓寓所，時年49歲，任赴美軍事代表團團長。

4. 赴美軍事代表團

【49】

1942年校閱美軍部隊

1943年與馬歇爾將軍合攝

4. 赴美軍事代表團

自左至右：美國Ronneft將軍、中國駐美大使魏道明、Furstner將軍和熊式輝將軍在美國華盛頓，1942年。（Life）

熊式輝將軍與俄國Sarayev上校（右）在美國華盛頓中國軍事代表團的晚會上，1942年。（Life）

熊式輝將軍與John Dill爵士在美國華盛頓中國軍事代表團的晚會上，1942年。（Life）

5. 東北1945-1947 【51】

攝於1945年，時任東北行轅主任，年52歲

5. 東北1945-1947

攝於1945年黨團歡迎會上講話

攝於1946年，行轅辦公，時年53歲

5. 東北1945-1947 【53】

攝於1946年東北巡視

5. 東北1945-1947

攝於1946年，會議致辭

5. 東北1945-1947

攝於1946年東北，戎裝照

5. 東北1945-1947

1946年，蔣介石、白崇禧蒞臨瀋陽、在東北行轅合影照

5. 東北1945-1947

【57】

攝於1947年東北，軍便服照，時年54歲

5. 東北1945-1947

1947年，上圖、擊破共軍後飛臨四平

5. 東北1945-1947 【59】

1947年，與參謀長趙家驤（左）、和負責堅守四平的軍長陳明仁（右）於激戰後的廢墟上合照

1947年蔣介石（中）蒞瀋陽，熊式輝（左）接機時攝，右為王叔銘

5. 東北1945-1947

1947年,東北行轅前主任熊式輝(左)、後主任陳誠(右)移交時攝于瀋陽

1947年,東北行轅前主任熊式輝(左中)、後主任陳誠(右中)移交典禮後與行轅同仁團體合照

6. 東北離職後 【61】

1951年攝於香港,時年58歲

1953年遊曼谷,時年60歲

1957年攝於澳門寓所,時年64歲

6. 東北離職後

1959年攝於台灣台中寓所書齋,時年66歲

1964年攝於台中寓所,時年71歲

6. 東北離職後 【63】

1965年對某校學生演講,時年72歲

1966年攝於台中寓所,時年73歲

1967年攝於台灣台中寓所後院

6. 東北離職後

1973年攝於台中寓所，時年80歲

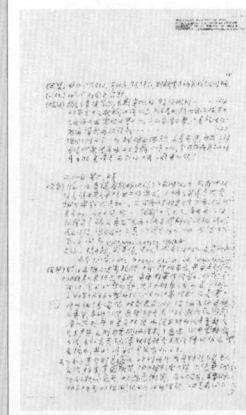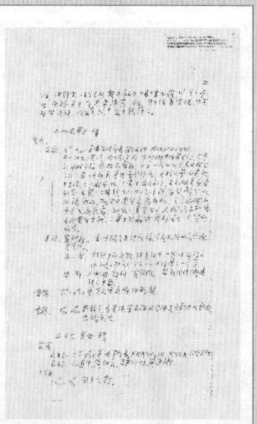

熊式輝1943年赴美期間之日記原文

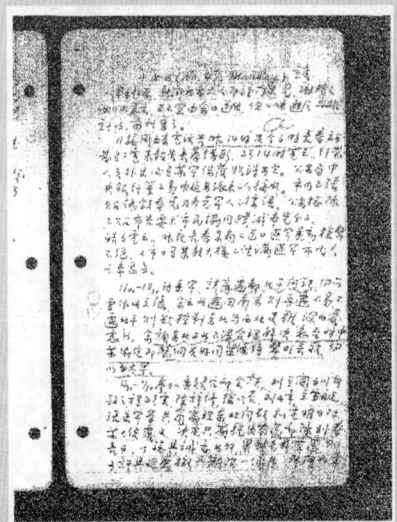

熊式輝1945年在東北期間的日記原文

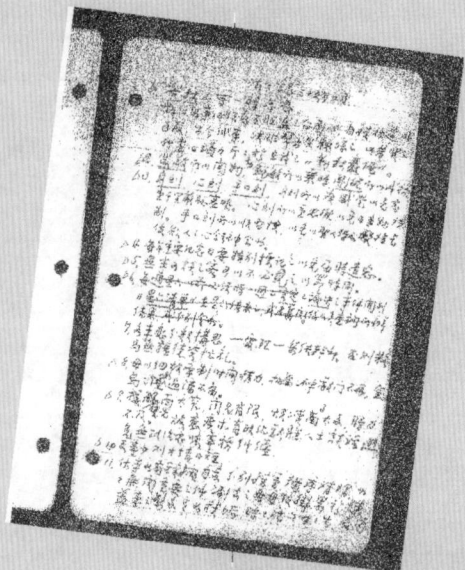

熊式輝在一九四六年東北期間的日記原文

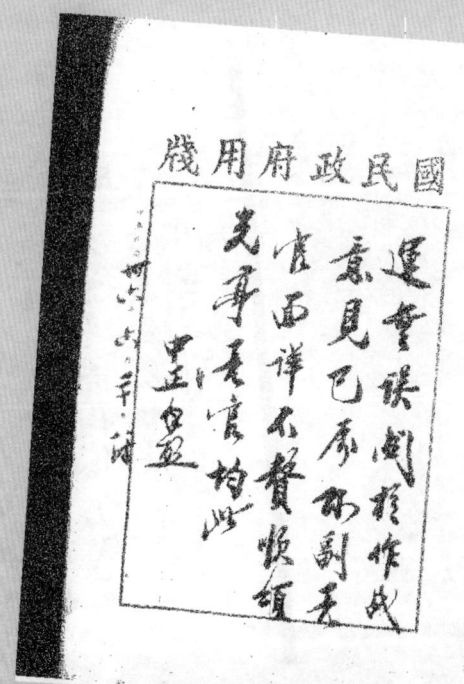

蒋介石一九四七年六月二十日给熊式辉的密电

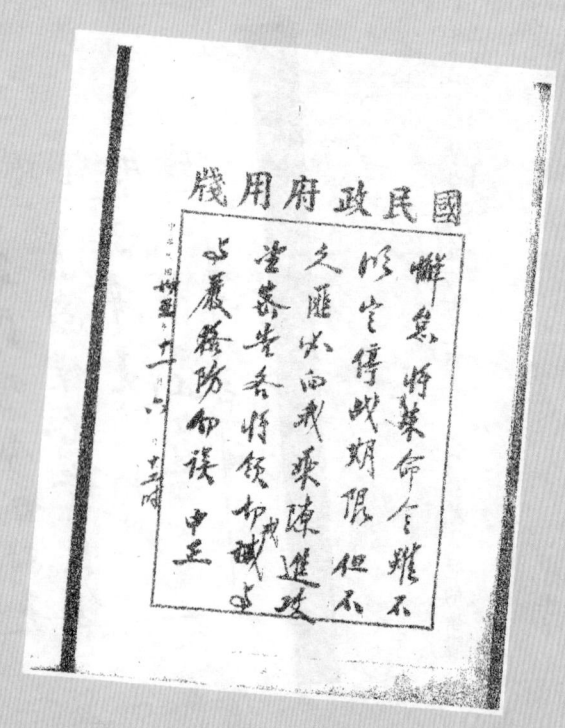

蒋介石一九四六年十一月六日给熊式辉的密电

第一編

我與中國國民革命
——民國紀元前五年至民國十四年

（西元一九〇七年至一九二八年）

第一章 革命之初期

第一節 孫逸仙先生之精神感召

第一目 清末之青年心理

　　清末慈禧光緒相繼殂喪，當時人心惶惑，一般青年外對列強侵略之仇怨，內對清室腐敗之憤恨，人人皆有一種困獸思鬥，絕路求生之反動心情，尤其是智識份子，當然以青年為更甚，余方在江西陸軍小學肄業，參加祭禮。時同學中即有互傳革命黨魁孫先生已到上海之耳語，亦不知是何原因，其時社會尤其是學校中，莫不尊奉孫先生儼同神聖，自然、恆人之情，冤則呼天，痛呼父母，國家在顛危之際，乃有孫先生可以手援天下溺之妙想。

第二目 最初瞭解革命意義與黨之關係

　　在光緒三十三年（一九〇七年）余考入江西陸軍小學時，民族意識頗強，亦粗知救國非推翻滿清不可，但不解究應如何著手，每每無意中流露於辭色。有一次作文，曾引用石達開檄文中語句云：「忍令上國衣冠，淪下夷狄；相率中原豪傑，還我河山」，但被教師刪塗，喚至室中申誡，言不可用此種字樣，免惹無妄之災。從此自慎於語言文字，不敢觸及時忌，而益專心於苦讀。

　　及宣統三年（一九一一）畢業後，昇入南京陸軍中學，與廣東同學李章達、袁煦圻等遇，相得甚歡，乃漸漸而知國內外形勢之概略，以及革命意義。推翻滿清為革命之開始，但實行革命非先有黨不可。

进而又瞭解孙先生之生平与其提倡并领导革命之概要，更渐渐由彼等辗转介绍而入同盟会。

民国纪元前一年八月十九日（即西元一九一一年十月十日）武昌举义，李章达君等乃相约前往参加。廿八日余即在下关登轮，此轮载有张竹君女士（广州博济医院毕业的医生——编者注）率领之上海红十字会救护队，余等皆伪装男护士，以防沿途之检查。同行并有崔云从及朱家骅等，船过芜湖，乃知黄克强（即黄兴——编者註）与白坚两先生亦已潜在船中，先后介绍相见，但仍未互通真实姓名。

九月初三日船抵九江，岸上白旗招展，知已光复。于是各人公开登甲板，与黄先生接谈，数问孙先生消息，恨未得详，本人年未及冠，除稍具有革命热诚之外，其他别无寸长。但先生一见如故，期许殊殷，称为志士。余慕先生之名已久，不觉大为兴奋。回想沿途数日潜伏舱中，隐姓易装，以防官方搜索，心旌摇摇，今见两岸白旗高举，民众对船欢呼，似知黄先生之已在船者，同船人等亦俱出左舷，挥手与岸上群众相呼应。一时心情之愉快真生平所未曾有，口占二绝以纪之。

「狙伺一路幻讲张，敢问谁何白与黄，今日义旗摇两岸，欢呼万岁过浔阳。

当时姓字故遮藏，不识元戎在座旁，抵掌高谈天下事，应嫌年少太荒唐。」

途中窃谈时事，黄先生亦在座，不知其为即将赴武汉之革命军总司令，船过九江，人相传告始知之。

第三目　参加初期革命工作

余等一行由南京到漢口,黃興先生等即渡江去,聯繫已斷,余等人地生疏,不得已隨紅十字會人員紛紛登陸。後聞黃赴武昌晤黎元洪,久之亦迄無音訊。繼漢口前線吃緊,又傳黃先生不能留漢,將仍回滬。如此日復一日,祇見傷兵由前方不斷湧到,室無空隙。秋深夜涼,衣被不全,呼寒號疼之聲達旦,慘惻不忍入耳。同來諸友爭先將自身所用之衣物分贈一空,余亦以僅有之毛毯毛衣等,慨然將去。

午夜抱枕而睡,時與崔雲從君等竊議,日來傷兵湧至,我等在此無何可以為力,頃間消息,前線殆難持久,武昌混亂,無路可投,不如回贛,人地較宜。乃決於初十夜登輪東歸,翌日抵濤,即聞馬當砲台守兵老弱無能,需人督導,余等欲往效力,旋自念在校亦未曾學習砲兵,尤其是要塞砲,恐反惹士兵輕視,相與躊躇未決。適同行有一女士,年未及笄,風儀俊爽,氣概豪邁,乃偕白堅先生由日本同時歸來者,頗相投契,對余冷暖似甚關懷,見所攜行李衣物全空,先後為余重購齊備,一若替代漢口傷兵之還價,且再四力勸續學,謂學成然後足用,願相偕東渡,毋慮資斧,約即赴滬轉日。余深惜其不能為木蘭之從軍,又不願學張竹君等之身任救護,悒然以去,但余與她萍水相逢,謬承青眼,分財之惠,勸善之忠,所不敢忘,惟相期東渡,未應苟同,故斷然謝絕之。彼有怏怏之色,余返旅舍後,踁踱斗室,久不成寐,起賦七韻以自遣。

「革命方開始,我何能自己,必遂生平願,驅除遼東豕,重見漢官儀,祇待一彈指,中道赴蓬萊,嫌納瓜田履,溝壑念在茲,志士不惜死,憒憒固難忘,感恩非知己,寧過美人關,毋厚英雄恥。」

詩成乃安然就枕,翌日分道,余決赴南昌,投效於彭程萬都督麾下。因在漢口目睹一切混亂現象,力陳革命事業重在網羅天下志士,

使智者盡其才,勇者盡其力,承當局嘉納,受任為都督府參謀。及後南昌設一招賢館,命余兼理接納來歸人士,一時贛中讀書人多有挾策而至,條陳不絕,惜當時風氣初開,大都迂腐,類如自稱江西第一才子之前清拔貢盧豫章,送呈一冊革命論,內皆短篇文字,其首章即為「孫文論」,中有「歷年在外,分財招遊學之生,運炸來中,加惠養從軍之士」。又有人籌劃軍餉條陳者言:「撫州門外寶塔頂是黃金所鑄,當拆取鎔解,可濟財用」云云,閱之皆可令人失笑。

南昌情形亦不異於武漢,未見有何作為。而市中常見有紅江會人驕縱橫行,綱紀掃地,不似有開國規模,自顧人微言輕,而亦委實無何長策可為貢獻,素餐尸位,夙夜慚懷。既而道路傳言,有謂孫先生業已歸國,即將親自領導革命者。雲霓在望,大慰群情,余亦為之精神一振。

第四目 投戈續學

近日反省,自到南昌參加革命工作,碌碌無所建白,要皆才識有所不逮。才疏由於學淺,續學不可失時,革命需要讀書,讀書才能革命。於是決意投戈,辭去參謀職,準備續學。聽聞南京有開辦陸軍軍官學校之訊,乃毅然前往投考,幸承錄取,未幾南北統一,軍事教育由北京中央政府統籌,南京軍校停辦,余乃遵令轉赴清河陸軍軍官預備學校肄業。在此期間,校課之外,亦無何革命理論書籍可資研讀,仍自涉獵舊時所好各家之言,如「王陽明集要三種」等書則時在手,惟內心之景仰,在昔為孔子,於今又及於孫先生。於孔子余時猶有儒家缺少法家精神之妄議,於孫先生則無閒言,總以為其是數百年來,應運而生,可以推倒滿清,中興華夏之唯一革命首領。余未見其人,亦不曾讀其書,要亦孫先生革命精神之所感召。及後由清河畢業轉入

保定陸軍軍官學校，至民國五年畢業。革命需要讀書，讀書仍為革命，民國成立，雖經五載，而去革命之目的尚遠。學業粗成，遂決心獻身於革命事業。

第二節 革命過程中之護國與護法

第一目 我與護國之役

袁世凱自民國二年以來，倒行逆施，摧殘共和，竊作帝制之準備，逆跡已彰，各省紛紛舉兵討伐，民國四年十二月公然僭踐帝位。雲南起義，組織護國軍，民國五年五月中華革命黨（即民國元年由同盟會改為國民黨，民國三年復由國民黨再改組而成之者）總理孫先生，號召各方一致討袁，尊重約法，兩廣護國聯軍都司令部成立於肇慶，雲南護國第二軍亦已進入廣東北江。余甫畢業於保定，分發見習於山西。

傳聞孫總理已在廣東肇慶編練革命軍隊，乃結合同學中有志於請纓者，放棄原所分發地方，俱不前往，共約到天津會合。舊時同志國民黨議員殷汝驪已先事聯繫，預為準備赴粵資斧，推余在津主持其事，僦屋備餐，紛擾月餘。嗣因來者非盡屬舊國民黨黨員，意志不一，余亦不復願為久候，即將招待事務交出，獨自搭船先行。抵達琶江，方知肇慶都司令是岑春煊，而孫總理並不曾蒞此，更無練兵之事。當時途中邂逅護國第二軍方聲濤師之團長朱培德，及在兵站任職之同學賴世璜，余乃就近投效於第二軍總司令部，參加護國軍工作，進擊廣州。及廣州佔領，龍濟光逃亡，南北停戰，護國軍結束，改編為駐粵滇軍兩師，余亦轉入部隊，任中校團副，進駐廣州，從事於整理訓練工作。

第二目 我與護法之役

自袁世凱死後,黎元洪繼任總統,段祺瑞為總理。至民國六年,政局紛擾,軍閥跋扈,國會再被解散,張勳舉兵復辟。七月孫總理乃到廣州倡導護法,國會議員群集廣州,舉行非常會議,組織中華民國軍政府,選舉孫總理為大元帥。大元帥由黃埔乘艦來廣州就任,在東堤登岸,當時僅有余率部隊到碼頭迎接,鼓號兵亦祇數名而已。從來革命軍不重儀式,而此次護法之精神,則極莊嚴偉大,九州騷動,舉國惶然。大元帥於此危疑震撼之中,險惡艱難之地,從容鎮定,身著陸軍大禮服,敬以處之,威以蒞之,珠江遠映,巍巍乎望之儼然中流砥柱,革命事業,原在斬棘披荊,天數難憑,人事為重,護法前途,就今日氣象卜之,應可樂觀也。

北軍兩路向粵壓迫;一由湘南窺北江,一由閩南侵潮汕;閩南方面以浙軍第二師為主力。時余代理團長,奉命扼守饒平之平墟嶺,浙軍第二師之伍文淵旅來攻,平墟嶺正面守軍,即本團之張治中(即為著名的國民黨將領,字文白—編者注)步兵一營,及張善群之砲兵一連。步兵槍枝多半是日本村田式,雜以舊毛瑟,機關槍僅有哈其凱司四挺,砲四門,亦非管退,每發一彈,砲身即退數尺遠。而浙軍裝備優良,遙勝於我,不獨兵員倍眾。優劣眾寡之懸殊,在我革命軍作戰,固從不為此計較,但此次平墟嶺之防守,我團官兵上下,無不吊膽提心。

在敵將於拂曉攻擊之前夕,余危坐燈前,團副何臧問明日戰果將如何?余漫應之曰當無可慮,何君戲言請余拈字試測之,並信口拈一「敗」字,沉吟少頃,余曰大吉,「一紙空文,足以破賊」,因敗字由一文一貝構成,以文易戎,「賊」字破矣,相與一笑,初不意其言

之果驗。翌日拂曉，敵無動靜，張善群連長越嶺反覘陣地方位，見嶺下來有手搖白旗二人，乃拔手槍指喝停步，問何來，答浙軍使者，持有伍旅長書親投。張令背向坐地，待交語，旋自前行，就以取書，遞來拆閱，知爲其旅長手函，使致我軍伍毓瑞旅長招降者。

張善群當即取出團囊紙筆，就地作一答覆，洋洋千餘言，其中警句甚多，如「北京政府，喪權辱國，借款購械，塗炭生民，欲以武力求統一」，「公等手執日械、囊攜日款，來與同胞相殘殺」，「北方軍閥視南方軍隊（包括浙軍在內）如眼中釘，肉裡刺，苦於消滅無方，今令公等南來，正是其以毒攻毒之狡計，浙軍侵粵，敗自散亡，勝亦殘破」，「粵中護法之軍，乃爲救國家於顛危，拯人民於水火，名正言順，天與人歸，今日呻吟於北方軍閥暴政之下的人民，正應簞食壺漿以迎，公等如何猶忍心害理，勞師遠出，犯及粵邊，既已認賊作父，且將認父作賊矣，即不言是非，寧不計及利害」，云云，下署張善群三字。使者歸，其伍旅長問作書者何人，答爲一砲兵連長。伍駭曰：革命軍下級官皆能爲此語，誠不可以爭勝，傍晚即聞鼓號聲喧，陣地前來有投降部隊千餘人，至乃知爲浙軍陳肇英團長之陣前舉義，領隊來歸。於是潮汕方面得以安定，但桂系陸榮廷等未久反側，勾結北方，又對抗軍政府。民國七年五月，軍政府改組爲七總裁制，大元帥辭職離粵，岑春煊爲主席總裁。

第三節 討伐與和議之紛擾

第一目 南北之對峙

自民國七年（一九一八年）軍政府改制後，名稱時易，體制頻更，迄至民國十年（一九二一年）始由國會非常會議議決組織爲中華

民國政府,並選舉孫總理為中華民國非常大總統。言軍事:除廣西陸榮廷等虎列梟磔,陳炯明等又相繼稱叛外,革命軍陣容雖有于右任之靖國軍在陝西,許崇智在兩粵,此外湘之譚延闓,閩之李厚基等,皆擁有部份實力,各當方面,行動頗難一致。言政治:孫總理迭次宣言,皆在貫徹護國主張,而各地有倡議聯省自治及宣佈一省自治或獨立自治者,亦未盡能一致。群疑滿腹,眾議盈庭,要皆缺乏主義之認識,因之無所信仰,而不能形成力量,未及一心一德,故雖有億萬人而亦難以集事。總理於南北和議始終並不放棄,自民國七年(一九一八年)以來,或派代表以參加,或以宣言而表達,時斷時續,迄未有成,各地戰訊,依然乍作乍息。

在民國七年至十年(一九一八至一九二一年)之間,北方之非法政府與各省,其混亂情形,正復與我相類似,此南北之所以相持,而不足以相勝,雖然毀法賊民者終必歸於消滅,而戰禍蔓延不已,國脈傷殘,元氣用索,何勝道哉。

第二目 孫總理之從事著述

民國元年滿清政府被推倒以後,一般人之心理,以為革命即已成功,於是除權利之私圖外,似已更無他求,如袁世凱之稱帝等等,要麼皆未認識時代,不瞭解國家何所需要,盲人騎瞎馬,亂闖而已,心死可哀,即普通所謂智識份子,甚至此時之青年,何莫而非滿清時代之產物,其思想不能脫離其時代之卵育,非予洗心,難言革命,近十年來中國之紛擾,南北出於一轍。要麼皆各是其所是,各趨其所趨,而使之然耳,蓋人之所行,皆各本於其所知,知之而後能信,信之而後能行,莽莽神州,萬人如海,除親炙於總理之少數同志外,類多無何中心思想者,有之亦於國家民族之盛衰存亡無大相關,類如各宗教

之信徒，不過一種宗教信仰，各自為其本身之超脫而已。余固妄言之，總理或有感於數十年來之摩頂放踵，事倍而功不及半，故最近始著手於著述以求啓發國人，意在斯乎？

民國七年六月總理抵上海，坐守書城，日事著述，九月寫「孫文學說」序，民國八年（一九一九年）令胡漢民（時任國民政府交通部長、總參議—編者注）等創辦「建設雜誌」，民國九年（一九二〇年）三月著「地方自治開始實施法」，十一月演講「訓政」意義，民國十年（一九二一年）十月完成「實業計畫」。孔子厄於陳蔡，知道之不行，而作春秋，時無其他干擾。總理在革命尚未完成之日，外有帝國主義者之侵凌，內有北南兩方軍閥之殘暴，領導群倫，於戎馬倥傯之日，猶能據意喧囂，從容命筆以完成其長篇鉅著，此恆人望塵之所不及者。

第三日　感慨東渡

余感於總理從事著述，更悟「知之」之難也，自慚所學無多，所知有限，今遠近戰訊時作時輟，南北和議，若斷若續，護法之主張，何時可以貫徹，邈焉難期。革命不是徒手暴虎，徒步馮河之事，需要真知，方能力行，然後可以完成。故余決意請赴日本陸軍大學求深造，其前日本限定祇收中國學生十人，乃申請政府向日本爭取北七南三之名額，因交涉之周折，補習日語之遲延，至民國十年（一九二一年）始得成行，折節學問，迄民國十四年歸國。

第二章 孫總理北上

第一節 總理逝世北京

　　民國十三年末余與同學曹浩森（時任孫中山軍政府第三路司令部參謀長—編者注）等在日本，知總理即將北上，革命事業既已根植於天南，會當萌蘖於地北，乃相約從而北行，故同時與張作霖、馮玉祥方面周旋，允諾前往，為其執役軍事。

　　民國十四年初抵北京，粗知時局並非如所意想，蓋總理之北上乃出於段祺瑞、馮玉祥等一再敦請，但總理之主張，卻未為彼等所接受。一月十七日總理曾電段祺瑞，提出兩項主張於善後會議，段未予贊同，黨乃有三十日不參加善後會議之決定。

　　一、善後會議加入實業團體、商會、教育會、大學學生聯合會、農會、工會等代表。二、善後會議涉及之軍事財政，最後決定之權還之國民大會。

　　三月十二日總理病逝，北斗星頹，四海鼎沸，南北之鑿枘更深，余等於感傷之餘，深恐中國又將進入一段黑暗時期，悼心失圖，徬徨不已。

第二節 轉折南行

　　自總理逝世後，頓然陰霧沉沉，寵罩舊都，時局之如何演變又不可知，余初擬有奉天之行，乃為放棄。西北軍易國民軍之職，念當較易合作，曹浩森乃仍往就馮，余亦姑應其國民第二軍岳維峻督辦之邀約，赴汴任督署參議，自顧人微才薄，不能有何作為，諺曰「水流

濕，火就燥」，余等始願，亦不過想爲革命做一種添火之工作而已。到達開封後，與岳督辦幾度接談，頗爲失望，自顧不能有何贊助，其部隊名號雖已革新，實質不能除舊，一切作風仍未能脫離昔時習氣，將領中猶多染有阿芙蓉癖者，似當敬而遠之，遷地爲良。居無何，舊友朱培德（號益之）軍長自廣州來書，邀往助理軍事教育。其部隊亦革命軍之基幹，滇籍官兵，又以勇敢善戰，馳譽一時，且益之軍長原屬知交，乃毅然摒擋就道。至則相與籌設大沙頭第三軍軍官學校，余即任爲教育長，用其所學亦頗快意。

第三章 國民革命軍在憂患中成長

第一節 北伐之前夕

第一目 廣州之環境

　　廣東原為革命基地，余在民國十四年重抵廣州，即覺其氣象頓異。當時政府決策是聯俄容共，而各機關之俄顧問，以及政治部之共產黨人員，飛揚跋扈，大有喧賓奪主之勢，其時我政府要人之講話，亦常有「反對共產主義即是反對三民主義」之語，人情惶惑，慄慄危慄，識時者有引狼入室之嘆，共黨氣燄，實屬可慮。更以內部軍事混雜、反革命勢力、潛滋隱伏，如粵軍之陳炯明、滇桂軍之楊希閔、劉震寰等，相繼叛亂，經過東征等幾次戰役，次第蕩平，六月始將建國軍、學生軍等改編為國民革命軍，七月更將所屬各軍一律改正名號，八月正式編成國民革命軍，由第一至第五之五個軍，國民革命的軍事基礎始告奠定。

　　民國十五年二月十八日 湖南唐生智代表至廣州與國民政府謀聯繫，三月十三日廣西李宗仁等通電歸依國民政府，三月十九日午夜，益之軍長忽以電話約談機要，見面後，即告以衛戍司令部，本晚即將逮捕共產黨中造亂份子，囑即調遣在校員生，配置東堤一帶，協力戒備，擾擾終宵。翌日方知為海軍代理局長共產黨李之龍之亂，所幸小警雖虞，大變未禍，終使革命之陣線清明，基地之人心寧謐，是則衛戍情報之靈通，司令蔣公之因應神速也。

　　三月廿二日 中央政治委員會決議解除俄顧問季山嘉等職務，並查辦李之龍，又准予國民政府主席汪精衛病假。

二十四日 軍事委員會任命李宗仁爲國民革命軍第七軍軍長。

四月十四日 國民政府解除俄員依文諾夫斯基等十餘人聘約，遣其回國。

二十九日 胡漢民偕鮑羅廷自俄回抵廣州。

廣州各界反對共產黨甚烈，每向政府請願制止其活動，黨內一部份黨員，亦曾在滬集議反對本黨之縱容共產份子，惟當茲北伐興師在即，黨之聯俄容共政策勢有不宜改變者，自鮑羅廷來粵後，俄顧問及跨黨份子，仍然保持一部份之存在，祇是於其活動上有所限制而已，議者以爲飲鴆止渴，余則曰，因勢利導，在人善用。北伐之師，務在「戰勝攻取」，此日「約與國」之不暇，若與唯一之「約與國」蘇俄絕之，是因噎之廢食也。

第二目 單騎入贛

民國十五年四月以後，廣州形勢漸告安定，湘桂內附，國民軍縱橫於河朔，北方事實上已陷於無政府狀態，以此日天心人事覘之，北伐之出師，誠有不及待於人民簞食壺漿以迎者。

六月五日 國民政府已發表任命蔣中正爲國民革命軍總司令，余即具陳進取江西策略，大要在運用原駐瑞金一帶之賴世璜所屬之江西第四師部隊附義，順流席捲贛江兩岸，直下南昌，並願請纓前往。達成此項任務，蓋其部隊官兵皆贛籍，且多爲余舊日部屬，蔣公欣然同意，即令以黨代表名義先往發動，於是即行準備，單騎前去。余與賴世璜（號肇周）及其部屬，雖亦隔別有年，向來道義之交，應無差失。贛南地僻，有隙可乘，江西督辦鄧如琢之耳目雖眾，要亦邊遠難周，此行應有相當勝算。但宜一路慎重，四面提防，能使迅雷不及掩耳，便應馬到功成，諺曰「不入虎穴，焉得虎子」，余且試之。

第二節 北伐與統一

第一目 國民革命第十四軍之突起

民國十五年六月間,廣州北代軍事一切準備皆已次第完成,援湘之張發奎、陳銘樞兩軍,亦已由粵出發,江西之策動,更須爭取時間,以期能與湖南方面相為犄角。旋思余往說賴部,亦宜有所徵信,不可空憑余私人一己之唇舌,因更晉謁蔣公,請略撥餉彈,攜帶前往,當承許可,數量自不在多,其時革命氣象蓬勃,北伐軍所恃者,祇在有主義,有革命的精神,對於物質,未遑顧及,若論械彈與餉糧,則陳舊貧乏,難與敵較。余在廣州出發,祇向政治部主任鄧演達商得派用政工人員十名,總司令部給予毫洋十萬元,槍彈十萬發,數肩行李伴此三「十」以就道,自以為此乃一種無比的革命精神象徵。道經潮汕,何總指揮應欽(時任國民軍第一軍軍長、兼任潮梅警備司令,1927年任全軍總司令部總參謀長——編者注)更贈與旱機關槍四枝,壯我行色,間關越軍門嶺而到達瑞金。

江西第四師賴師長世璜所部,即以瑞金為中心,而分駐於其附近各縣,賴世璜與余是曩時同學,護國護法諸役,又同在軍中工作,久共患難,且該部所有官兵,類皆為余故舊,至即決定易幟,遵令改編為國民革命軍獨立第五師,漏夜集合官佐家屬婦女,秘密趕製國民革命軍旗幟,燈下裁縫,緊張過份。當時工作者針剪誤觸,手指破裂,旗幟上猶有斑斑血痕,至後傳為佳話。惟當時本師實力不過五、六千人,而鎮守贛南之楊池生、楊如軒所部號稱兩師之眾,兵員充實,器械優良,隸贛督鄧如琢麾下,雖非北洋軍閥之正統,而態度不明,扼據贛州,故祇宜以智取,而不可以力爭者,於是卑詞厚禮以與周旋,

彼等信而派其秘書長盧鑄前來瑞金防地，意圖羈縻賴部，因即就盧猶未返命之際，乘其不備，決定急襲贛城。當夜大雷雨，雩河水漲，團長易簡率領一支隊順流而下，拂曉前舟抵贛州。此城形勢，三面環水，祇一陸路可通，易部黑夜直迫城下，斬關而入，盡俘其眾，兩楊僅以身免，翌日我後續部隊繼至，楊軍之分駐城外者，土崩魚爛，紛紛來歸，或各自竄散。

　　九月六日　國民革命軍獨立第五師佔領贛州報聞。廣州鼓舞，南昌震動，吉安撫州沿贛江各城加深向我戒備。本師收編楊軍部眾約四千餘人，奉令併入獨立第五師，擴編為國民革命軍第十四軍，余任軍黨代表，賴軍長留守贛州，余代領其軍，沿贛江南下。時由粵增派第二軍之譚道源師來歸指揮，經贛江西岸取吉安，余則率軍由東岸進略萬安，經吉水以攻撫州，守軍劉寶題師突圍而遁，是役我第一師師長易簡陣亡。撫河略定，乃會同譚部進迫南昌。與我會攻南昌之主力軍合圍，南昌克復後，本軍奉命掃蕩贛東，進取閩北，與由潮汕北上之何總指揮應欽所屬之東路軍會師福州，一路地方殘餘敵眾，望風披靡，延平建甌，次第肅清，同時福州亦已收復。

　　十二月　軍次建甌，余赴福州軍事會議，由省溯江返延平，水路艱險，沿途迭見覆舟，感賦長句：

　　「閩江水發南嶺間，蜿蜒一脈瀉千山，人道舟行苦且險，北風水落滿江灘，從來我少山水緣，聞言此意轉欣然，一枕潮聲半艙月，買酒江頭夜上船，十年未與漁樵近，馬足車塵多俗情，倚棹醉時歌一曲，此行真不負生平，船行水口水瀠洄，煙樹迷離水鳥哀，山迴水轉尤溪口，十里灘聲聞遠雷，江心亂石森如戟，兩岸懸崖峭於壁，飛流鼎沸爭喧逐，舟人望灘皆嘆息，船停灘下事朝炊，船過灘頭日已西，前程更少無灘水，一

路灘中此最低,灘下長流灘上水,灘上曾無灘下魚,蜀道云難通鳥道,閩江鱗斷信有諸,漫道將軍行若飛,且看鞭石有餘威,鐵篙撐破灘千里,嶺樹江煙醉眼歸。」

東路軍出浙江,本軍亦奉令會師越仙霞嶺,將與進取京滬,經湖州達江陰,兵不血刃,地方民眾簞食壺漿,爭相迎勞於「打倒列強,打倒列強,除軍閥,除軍閥,國民革命成功,國民革命成功,齊歡唱,齊歡唱」的歌聲之下。此蓋當時我革命軍每佔領一地,入城時所必唱之軍歌,隨在人民,無處不表現出「東征西怨,奚爲後我」之熱烈情緒,官兵每有感激淚下者。此時革命軍之紀律,皆不待於申令,全出於自動的嚴肅,形成大旱雲霓,真正所謂王者之師。

民國十六年三月余率十四軍略取蘇州,進出江陰。五月渡江擊破白寶山部,掃蕩淮河區域,直抵魯境。六月接替陳調元部,繼續包圍臨沂,守軍約兩旅,爲方永昌兄弟二人所率領。方氏面有特徵,人呼之爲方花臉。該城高峻,我軍無重砲,難以摧毀,久圍不下。無已,擬兼採用舊時攀城方法,黑夜攀登,而沂境無竹木資作雲梯,乃從後方特製竹梯百乘,挑選士兵五百人,組織敢死隊,城牆高度,前經以軍使持竿向城樓遞書,業已測定。故所製竹梯高度儘足夠用,攀登時間選定亥初,在明月將出未出之會,及期余率幕僚到城下掩蔽部靜候動作,忐忑於心,相對無語。久之,參謀長周渾元請余戲測一字試占戰果,余漫應之曰諾,即拈一「熊」字,余曰大佳,「明月半依雲腳下,殘花並落馬蹄前」,明月將出未出時,正是在雲腳下光景。方花臉兄弟將並成擒,當時緊張心情因此妄言,確亦爲之輕鬆一陣。既而攀城,以數人抬梯,須涉城濠,行動遲滯,月已半出雲腳,城上望見即以機槍掃射,卒未得登,而傷兵遺留城腳,又不獲搶救。翌晨遙見敵人騎兵出城昇入,軍中慣語負傷爲帶花,所測之字乃所自謂也,此

種兒戲之偶合，亦戰時之趣談，特紀之。旋因除州正面攻擊軍之退卻，本軍亦奉令解圍撤返，七月回防江陰。

第二目　第十四軍軍長賴世璜之死

十四軍到達江陰後，賴軍長旋由贛州前來，余乃交卸代行軍長之職務，而仍專任原來之軍黨代表。但其時已似有一、二縱橫搏闔之人，居中離間，並蠱惑之漸入岐途。余固未及深知，惟平居爲職責之驅使，時與之分析當前政局，與言時總覺有所隔閡。乃慮及是否聞有耳熟之謠傳，謂余代領其軍，轉戰數省，原欲反客爲主，有取而代之意。即如年來余在前方軍需公開，薪餉到期必發等等之作法，蓋所以博取軍心，自爲之地等類蜚語，信以爲真。余爲之交近二十年，是患難死生之友，平素切磋，知無不言，言無不盡，即其家室之私，彼且有時就商於余者。余愛其戇直，視之亦若骨肉弟兄，莫不竭誠相與，無所諱避，爲之計較利害，斟酌區處。惟在此次彼對余本身猜忌之際，卻難自爲表白，否則恐將反增猜嫌，故祇有以「事久見人心」之期望，耐煩等待時間去沖刷，於是決心辭去軍黨代表職務，作退一步計，以求全交。

賴世璜爲人樸質，易受人欺，余嘗每爲不平。且其爲石城縣人，山地鄉氣重，又甚固執，結怨於人不顧也。當民國七、八年間，彼在潮汕贛軍任團長時，曾以事牴觸旅長伍毓瑞、伍戚、張定璠，張爲當時旅部參謀，因啣恨之，又其時有屬下營長劉峙受人挑撥，亦與有隙。民國十五年北伐，張爲總部參謀處長，劉爲師長，皆同由廣東出發者。至民國十六年，周旋京滬，交遊較廣，而賴初由後方來，自覺孤立，常感不安。余窺其隱情，亦嘗屢爲寬慰，私人恩怨，勸勿過慮。當時寧漢對立，聞有武漢販賣風雲之政客劉某者，居之以爲奇

货,奔走武漢,向汪精衛(號兆銘)邀功,爲賴接洽依附。汪有致賴親筆函,皆煽亂之言,賴由京赴滬。不自知其已有人跟蹤,及抵車站,即被檢查人員由其手提包中當場搜出,乃被扣留,旋解南京候審,獄猶未決。

　　蔣總司令自日本返滬,將赴京復職,余晉謁,報告賴案,並詳陳其爲人決不致於附汪,請念易幟之功,諸從寬議。其時總司令部參謀長爲朱紹良,余又將賴案再三爲之說明,力言寧漢紛擾,政客之流,譸張爲幻,四出煽動,濫自牽線,強拉關係,賴某斷不會有反對蔣總司令之政治頭腦。余深知其與汪精衛毫無淵源者,定係被中間人所陷害,又賴某人緣不佳,更難免人之落井下石者,到京後,祈爲請命,從輕發落,朱君會心,應曰諾。不料在總司令到京之先一晚,即草草而被執行槍決。

　　賴因案解除軍長職,同時軍委會強起余將第十四軍改編,縮爲第五師,並令余爲師長。余憐諸舊屬之惶擾不安,加之北伐猶在半途,整軍不容或緩,不顧猜嫌,慨然承命。自信賴君泉下有知,當了然於誰友誰敵,而不致謂余乃覬覦其職位之人。在當時亦有人故事誣蔑,遷恨及余,謂爲有幸災樂禍之心見死不救者,余當然不暇一一爲之解說,但未久,即亦自釋然。賴君與余,交非泛泛,當在瑞金之日,言無不聽,計無不從,斷然易幟、附義,乃有掃蕩贛東南、會攻南昌,進出閩浙、拔江陰、略淮河、直搗魯南之功。及回抵滬濱,余深愧誠不足以塞讒慝心之口,信不足以孚道義之交,終於未能盡其持危扶顛之力,致使走入歧途。則其今日之結局,余又何能不爲之痛心哉?

第三目 濟南日軍橫暴之阻擾

民國十七年三月 蔣總司令自京出發,赴徐州督師北伐,時余為第五師師長兼淞滬警備司令,請辭警備司令職,率軍相從,未准。以部隊不能抽調而幕僚長已有參謀總長朱培德及總司令部參謀長楊杰等在,余堅請抽調一混成旅由副師長胡祖玉率領從征,余願在總部任參謀以備隨時差遣,始獲允可。朱楊二君皆余至友,初朱不願與楊共處,議留京,余力勸之行,蓋以此次北伐之成敗,即為國民革命之成敗,因此彼等亦望余偕行。及後同在徐州作戰,午夜公勤,三人一室,杯酒解勞,盡忘從軍之苦。

五月一日 我軍克復濟南。三日,日本臨時山東派遣第六師團長福田彥助即在濟南製造慘案,盡其獸性,對我軍民導演出一切無恥的殘暴,藉口為中日兩軍之誤會,要求我方派代表赴其司令部相商調處。最後約定雙方派代表在中間地點會談,余乃奉派為我方代表,當夜前往。到會與日方代表相晤時,槍炮及爆炸之聲猶不絕耳,余即云:先應停止射擊,方可談話,中國軍隊決不會發槍炮。聲音都來自日軍所在地區。對方一種驕橫無人性的態度,並不是真心約來會商和解,似為故意對我加以激怒,求能擴大事態,阻礙我軍之渡河北進。是以對於余言,故事支吾,更以怨憤之口氣,提出濟南商埠幾條街中國軍隊不能通過,膠濟鐵路和津浦鐵路不能運兵。中國軍隊要退離濟南城二十里以外等等無理要求。說你是蔣總司令代表,請予簽字。

余理折之,拒絕應允,祇言俟返後請示。當與談話時,外面轟轟之聲,斷續不已,後知此即為破壞我之無線電台及交通機關等之爆炸。情形嚴重,恐此後再將惡化,不是尋常交涉可求調解者,急欲馳歸報告所觀察實情,早作應付之準備,乃退席。時已深夜,回總部已是四點半鐘,人皆熟睡,余召守衛班長轉知副官請總司令起,言有重

要報告面呈。總司令起身，一面即召朱總長培德、楊參謀長杰、黃外交部長郛及楊永泰、邵力子等先後入室。

余報告會談經過情形及日方所提出之要求各點後，並言從各方面觀察，以及日軍所表現之語言行動，可以斷定日間其與我軍之衝突，決非由於任何誤會，亦非由於我軍紀律不佳，或我方有何排日之現象，乃完全出於日本人有計畫的挑釁行為所造成，由其夜間猶往炸毀我之無線電台等事推之，顯證其企圖不小，料其不會即此罷休，而今後行動，恐亦不祇是小規模的衝突，必然且很快會發生真面目的戰鬥。我若與之爭是非論法理，最後必至決裂，祇有對抗應戰之一途。我若在北伐的利害上打算，極力減少北進的阻礙，則祇有忍辱一時，不耽擱時間，不犧牲力量，而設法求與之避免衝突。如何決定？必須立斷，並速即為必要之準備。向來各人在總司令前談話時，皆不吸煙，此夕則多自掏煙狂吸，滿室雲騰，可見當時之緊張氣氛。

四日 拂曉後同在外廳早膳，總司令仍與各人談話未休，忽聞敵機噓噓之聲，旋已到達本部上空，低飛至地面可以望見駕駛者面目之高度，投擲炸彈三枚而去，死傷我官兵數人。當時余等見所投下炸彈不大，破壞殺傷之力甚微，雖未曾有防空洞之設備，但亦各自夷然，了不為意。不久敵機復至，聞其聲亦無何可駭異，殆聞總部大門前機關槍聲大作，乃為一驚，以為日軍衝入。旋來報知，為門前警衛部隊見敵機低飛掠過屋頂，乃以機關槍射擊云云。

下午日軍派員前來說明誤會，申明以後不會擴大，定可設法調解，其意當在逗留我軍之北進，因此情勢緩和下來。但到晚間，城外之西關北關一帶槍砲之聲依然不絕。晚我軍決然擺脫日軍之牽制，即趁黑夜渡過黃河，而總部仍在濟南城內與之周旋。

五日 日方知我主力部隊業已渡河，使其阻礙北進之陰謀不遂，乃以飛機大砲跟蹤轟擊，致令我渡河部隊遭受相當損害。晚我軍除留

四營兵力仍在濟南守城外，其尙在南岸之少數部隊悉乘夜暗渡河，總部亦準備離開濟南。

六日 拂曉余與朱總長、楊參謀長、黃部長等四人乘馬出城，向黨家莊前進。路有騎探，四望搜索，以防萬一日軍之或然接近。總司令則乘肩輿隔有相當距離在後跟進。

八日 總部列車由黨家莊開到泰安車站，傍晚總司令擬上泰山少事休息，乘肩與先行，囑余等乘騎續往。不意未及就途，前方忽送來一件重要文書，乃五月七日午時由濟南發出之日軍福田師長致我總司令類似「哀的美敦書」之五項要求，並云盼於十二小時以內答覆者。乃派騎飛送上山，旋總司令亦即返來車站處理，會商答覆，議定，已及深夜，不可能在十二小時之內送達濟南。祇有待諸天明再遞，來文譯錄如下：

「貴總司令屢違對於中外之聲明，此次貴部下之正規軍實現此不忍卒睹之不祥事件，本司令官不勝遺憾。其加諸帝國軍部及居留民之一切損害，以及有關毀損國家名譽之賠償等，雖有待於帝國政府他日之交涉，本司令官不欲置喙，然敢對貴總司令要求左列事項：

一、有關騷擾及暴行之高級武官，須嚴厲處刑。

二、對抗我軍之軍隊，須在日軍陣前解除武裝。

三、在南軍統轄區域之下，嚴禁一切反日宣傳。

四、南軍須撤退濟南及膠濟鐵路沿線兩側二十華里之地帶以資隔離。

五、為監視右列事項之實施，須在十二小時以內，開放辛莊及張莊之營房。

盼右列事項於十二時以內答覆。」

昭和三年五月七日午臨時山東派遣第六師團長福田彥助」。

福田來書語氣與所要求五項，直等於對戰敗國的一種命令，不可以理喻，但勢又不能不予以答覆，我方立意在求避免衝突，不使遲滯我軍之北上，故百般忍辱，答覆六條，其文如下：

一、對於不服從本總司令之命令，不能避免中日雙方誤會之本軍，俟調查明確後，當按律處分。

二、本革命軍治下地方為保持中日兩國之睦誼，早有明令禁止反日之宣傳，且已切實取締。

三、膠濟鐵路兩側二十華里以內各軍，已令其一律出發北伐，暫不駐兵，但軍隊運動通過膠濟鐵道，並有北方逆軍之地方，或敵軍來犯時，本軍亦復派兵往剿，至於濟南為山東省會，及其附近公物場所，本軍有維持治安之責，應駐紮相當軍隊維持安寧秩序。

四、津浦車站為交通要地，本軍應派相當武裝士兵駐防，以保衛車站，維持安寧。

五、辛莊張莊之部隊已令其開赴前方作戰，兩莊之兵營，可暫不駐兵。

六、本軍前為日軍所阻留之官兵，及所繳之槍械，應即速交還。

八日早，楊杰、何成濬（時任北伐第一集團軍參謀長兼徐州行營主任—編者注）等俱來車站總司令辦公車上，商量覆致福田函如何送達，總司令意似再派一懂日語之高級人員面交之，可就便明瞭其意向。楊、何二君，皆諳日語，但俱不願往，後詢及余，余以日前在濟南曾一度與日軍交涉過，乃允即行。惟是此次福田來書語氣，業經充分暴露有決定的敵意，而我之答覆又已逾其限期。余此行恐難望以任何辭令與其折衝而可轉變之者，料於事終無濟，不過一見福田，亦

可藉覘其未來之意向。後各人恐余獨往孤單，群主羅家倫君同行，謂余以日語與之對談，必要時羅君可用英文作緩衝。於是余等經由黨家莊手持軍使旗幟，步行通過兩軍前線，到達日軍司令部與福田彥助相見。

福田本人及其參謀等，類皆余日本陸軍大學之先後或同時同學，彼此胸前皆掛有一枚「天寶錢」，即陸軍大學畢業生所特有之菊花徽章，日人呼之為天寶錢者。平素亦大諧其學誼，但與余此日周旋者，其猙獰顏面，比路人而尤冷酷。入門氣象，已屬可疑，及一接談，果見其態度之傲慢，言語之橫蠻，完全暴露出一種毫無人性之狂妄醜惡。例如堅持要將陳調元、方振武、王均等軍之部隊在日本軍前繳械等之要求。余知談話不會有好結果者，蓋從其神情語氣，乃至其部隊之配置與行動，足夠據以斷定其已具有十分敵對之決心，於是不顧滿室之騰騰殺氣，從容為之言曰，請以書面作答，以便復命。彼乃更交我以類似「宣戰」的覆函，譯文如下：

　　「昨五月七日午後四時，本司令官將對貴總司令所提之五項要求條件，親交貴軍代表，雖通告內聲明，限十二小時以內回答，然至本日（八日）午前四時，仍未接獲貴總司令之正式回答，因此本司令官認定貴總司令並無解決事件之誠意，為軍事之威信計，不得不採取斷然之處置，以貫徹要求。

　　　通知如右：昭和三年五月八日　臨時山東派遣第六師團長福田彥助　蔣總司令閣下」

日軍更以一輛軍車送余等回黨家莊，車過濟南城附近，即有哨兵前來遮道，言其司令官邀余談話，停車偕往。至則見為一少將階級，殆為日軍之旅長者，毫無禮貌的指點其已進入陣地之大砲，肆口而言曰：「請看我們（日軍）砲兵已在放列，為顧慮城內人民無意味的犧

牲，未即發射，君為蔣總司令代表，請即往令城內守軍繳械，勿作無益的抵抗」。余正色告之曰：「我祇能教士兵拼命作戰，不能令士兵繳械投降，你們想繳他們的械。最簡單的辦法是將城攻下，把人打死，械自然落在你們手中。」旋示以福田函件，云「此有時間性者，你若遲誤了我的行程，請你在此信封上簽名為證」。彼乃不更繞舌，余仍登車行。行至黨家莊附近，下車步行，漸近兩軍對峙之地，由我方發射之砲彈轟轟炸烈，當時有一日軍裝甲車迎面而來，余等止步，其中一軍官躍下，以槍對準余胸膛來相詰責，指向我方砲聲說：「你們騙人，那不是你們的砲兵在發射嗎？」未與多言，祇得又將福田函件出示，且告之曰：「你們師長之覆函，有時間性，幸勿耽誤」，彼乃任余等通過。

時適狂風大作，黃塵蔽天，余忖往黨家莊大路決不能通行，不如向右繞道越泰山而返，苦不識途，因走入一附近村莊。村有土圍如小城，緊閉其門，門隙中有人影似正向外窺伺，余即近與之言曰：「此地恐將淪為戰場，余等啣蔣總司令命來濟南與日軍談和平，有答覆待回報，苦不識山路，你們能為之嚮導否？」村人聞言大驚，開門迎入，即指派一人為帶路，攀泰山以夜行，小道如羊腸，饑疲交困，又不能停步少憩，恐致遲誤。行近中夜，望見林間遠有燈光，行行近去，則茅屋小窗，似有人在，但木扉緊閉，羅君將敲門，余止之，令嚮導前往，內一老嫗，瞭解嚮導人口音，夷然納入，飲以茶，又享以夾雜有樹葉在內之餑餑，堅硬難嚥，留其半，一路細嚼，津津然勝於平素之肥甘。行至手錶將近四點。到達張夏車站附近，乃下山坡至站，乘一在站之裝甲車駛返泰安，報告一切經過，並說明日軍連日之態度，時而緩和時而激烈，無非為其一貫的有計畫行動，必將侵犯濟南，更可能撲向黨家莊。

十八日 總司令赴鄭州京漢路，指揮馮玉祥等軍進取京津。津浦路方面軍事，由朱總長楊參謀長及余三人照料。余三人乘木船渡河，經恩縣漸及東阿，一路均有日機往復偵察，但余等未隨部隊同行，目標甚小，當時車輛缺乏，余由滬帶有小汽車一輛，三人擠坐，朱楊體胖，天氣很熱，擁塞不堪。有時在北岸沙地，車行不前，又須下車，併力推拉，熱風吹來，黃塵撲面，窒息欲絕，各以手巾蒙口鼻，纔容呼吸，熱沙烙腳，雖著皮鞋，亦如螞蟻之爬熱鍋，初不意山東北部猶有此種如熱帶沙漠之火海。

日軍濟南附近之阻擾，遲滯了我軍北進約有一個月時間，使敵軍得以安全撤退。總司令部渡河以後，原在北伐戰爭序列部隊，除被牽制尚留有一部份在南岸與濟南附近日軍對峙者外，大部份均已渡河北上，行動比較自由，指向天津方面尾隨敵蹤，照原定計畫推進。

第四目 北伐告成全國統一

我軍漸漸到達德州附近，至六月四日接得張作霖在皇姑屯炸斃消息，總司令部適駐宿於一耶穌教堂內，余三人相與為北伐軍事之將結束，統一局面之近於完成而感欣慰，旋奉令東路各軍即亦停止前進。

北伐軍事告竣，總司令返京，偕夫人遊鎮江金山寺，約余夫婦從，旋西北宿將馬雲亭夫婦等亦至。寺臨江岸，憑欄俯眺，勞逸頓殊。自徐州作戰開始，經過濟南頓挫，數月之間，變幻百出。張作霖被炸出人意外，日本陰謀阻擾，適以「玉爾於成」，此皆日人料所不及。倖致之功，要不足恃，統一大業，猶未易言，今後更當於憂勤惕勵中以求之。

蔣公檢討過去，嘗承詢自徐州作戰以來「各將領高下」。余述徐州附近作戰，前線余皆曾親歷，所見各軍師長，蔣鼎文似較驃悍，蔣

公則言陳誠爲強，但當時余覺陳誠在前線亦並無任何特殊表現。盤桓數日，將返，蔣公令余復回淞滬警備司令任，余以錢大鈞接替未久，不宜再事更張，辭之未獲允可。

張作霖死後，東北軍向義，而直魯軍張宗昌等殘部猶待肅清，白崇禧任前敵總指揮，率軍併方振武、陳調元等部從事討伐之。此時共匪賀龍、朱德、毛澤東等正肆擾湘鄂。

九月二十二日 白崇禧報告關內軍事結束。

十月十七日 湘鄂贛三省聯防會剿共匪。

十一月五日 美國正式聲明無條件承認中華民國國民政府。

十二月十四日 剿匪軍收復共匪巢穴井崗山，殘匪竄贛南。

廿九日 張學良等通電易幟，宣佈奉吉黑熱四省服從中央，遵奉三民主義，全國統一。

歲暮感想：國民革命軍在總司令蔣公領導之下，從民國十五年六月九日廣州誓師北伐，迄至十七年底止，爲時僅僅兩年有半。視昔中國歷代統一最速之西漢劉邦，不五載而馬上定天下者爲尤易，自是天心厭亂，民不聊生，環境有以促成之。從民國成立之後，十五年來，革命大業，斷斷續續，經過幾許波瀾，共和之基迄難穩定。蓋武昌倡義，全國風從，未及半載，南北便告統一，毋乃功成太易，其進銳者其退速？民初，美國即有人議論：共和政體恐非如是之一步可達。蓋已逆料其後變亂將層見疊出而不窮者然。果爾，旋有護國護法諸役，擾攘而至十五年之久。今統一之局粗成，亦馬上得之，要非馬上所能定之者。三民主義的建設，百里長途今方始步，此後努力，當在小心翼翼，各遵總理遺言「和平奮鬥」以「救中國」，民亦勞止，汔可小康。

第二編

北伐成功之後
——民國十八年至二十四年
（西元一九二九年至一九三五年）

第一章 內憂與外患

第一節 南北呼應之分裂

　　民國十八年。一月一日　南京舉行國軍編遣會議。

　　二月十二日　共匪朱毛等部竄至閩粵贛邊區。

　　廿一日　武漢政治分會擅行決議改組湖南省政府派軍自武漢入長沙。國家有分裂現象。

　　三月二十日　三全大會決議警告汪精衛，開除陳公博等黨籍。

　　廿六日　國民政府明令李宗仁、李濟琛等免職，聽候查辦。

　　余聞政府對武漢將有軍事，赴京晤及何部長應欽等，俱以此日不宜干戈相向，並言君此來甚善，我（何自稱）等皆曾敷陳利害，望可息兵，難邀主席蔣公之採納，君曷往進言。余晉謁主席，力陳統一之局初定，凡事當求寬大，儘量運用政治方法，解決糾紛。兵猶火也，似不宜輕動，兵連禍結，易發難收。主席從容爲余言曰：「假統一何足惜，革命不怕冒險犯難。」蓋已胸有成算，不易改變其決心。

　　三十日　主席對武漢下攻擊令，並親赴九江督師。

　　四月四日　中央軍收復武漢。

　　十三日　共匪乘虛竄入贛州。

　　五月四日　政府令免黃紹竑廣西省政府主席職，以伍廷颺兼省府主席。

　　五日　李宗仁自稱「護黨救國軍總司令」。

　　七日　蔣主席發表和平統一政策。

　　十五日　韓復榘等通電反對中央，群推馮玉祥爲「護黨救國軍西北軍總司令」，叛亂擴大。

六月二日　李宗仁敗走龍州。

六日　朱毛匪部在閩贛間復熾。

廿五日　余隨主席抵北平。主席電勸西北將領效忠黨國，並招待記者，宣佈對馮玉祥決不究其既往，主張和平統一。

七月二日　政府發電挽留閻錫山，勸勿出洋。

三日　蔣主席在北平發表關於黨政宣言及談話，謂黨內不應更有派別。

七日　張學良來北平晉謁蔣主席。當時北平猶是舊時墮落風氣，酬酢宴飲，女樂笙歌，余有感賦落花一絕：

「枝頭爛漫本天真，零落風前化作塵。花不自憐春去也，傷心惟有看花人。」

第二節　日蘇乘隙侵淩

十七日　蘇俄二次通牒對我絕交。

十九日　外交部發表宣言公佈蘇俄違反中東路協定及圖謀顛覆中國政府之證據。

二十日　俄軍侵滿洲里及綏芬河。

二十三日　我撤回駐俄使領，對俄絕交。

八月三日　朱毛匪部在閩西騷擾，閩軍陳國輝部亦有異動。

十二日　匪軍彭德懷陷據修水。

十五日　東北邊防司令長官張學良下對俄動員令，出兵增防國境。

十六日　日軍在長春增兵，並舉行實彈演習。

廿八日　中俄談判在柏林舉行。

十月一日 俄軍猛攻滿洲里，我防軍英勇抵抗。

十日 馮玉祥部西北軍將領宋哲元等反對編遣，在豫陝叛變。

十四日 蔣主席發表「告全國將士書」，並任何應欽和唐生智為第一、第二路軍總司令，討伐西北叛軍。

當時黨內暗潮潛伏，唐生智與汪精衛猶是藕斷絲連，密相勾結。主席殆亦有所聞，故事抑留，不令赴前方指揮部隊。唐徘徊上海，時相過從，某次閑談，涉及近時變亂，謂政治之波譎雲詭，如無軍人參加，為禍將不至如此之烈。

唐云：在軍隊沒有真正做到名實相符之國軍以前，不能期望如歐美日本等國之軍隊，專事對外不干涉內政，此所謂猶在亂時現象。亂時用將，不用愚，即用智，愚者守本份，不會變，智者識大體，不願變。最忌用到那些半瓶醋樣腳色，既不明是非，復不辨利害，一經勾引，便即動搖，盲目相從，亂乃不已。其意是隱隱以一智將自居，將欲影響余對伊之觀念，便於在主席前，爭取信任。

余對唐之才智，並不否認，所以當主席不令其赴前方指揮作戰時，每期期以為不可。一次主席官邸召集會談，有譚延闓、朱培德等在座，言及唐事，余又建議應令唐回歸部隊，譚朱亦以為然。主席返身入室，取出有關於唐與汪勾結之各種情報，以示與會諸人，余云：即令情報皆實，若其部隊要變，則不論唐之是否身在軍中，同樣會變，例如前次方振武曾被扣留，是與其部隊業已隔離，但部隊還是叛變。禍之隱伏，不如暴露，亂之遲發，不如早發。但令何應欽軍在第二線予以監視，料無大礙，不如令唐仍赴前方。最後主席同意。

三十一日 主席赴豫督師，余亦隨行，總司令部列車停駐許昌車站。登封、洛陽，皆已次第收復，叛軍西竄。唐生智在白石關方面指揮作戰，亦獲勝利，並無異狀。

十一月十七日 俄軍陷我滿洲里。

十九日 俄軍陷我劄蘭諾爾，我旅長韓光第殉國。

二十日 朱毛匪軍竄據上杭。

二十二日 主席由豫返漢口，令第五路軍總指揮唐生智代行總司令職權。在主席返京以前，唐嘗到許昌，登車與余閑談。伊言戰事即將結束，倦於軍旅，亟欲擺脫現職，到中央服務，未知軍政部長事，主席肯令試之否，擬乞便相機一詢。余未逆其詐，答曰諾。一日偶在主席前言及其事，主席之意亦似無不可。余乃據以語唐。伊復言奉命代行職務，困難甚多。急切有二事煩代解決：一為何總指揮成濬與楊總指揮杰不易相處。一為經費極窘，特別之用無法支銷。余又為之請示於主席，奉飭代擬手令何楊兩總指揮，切實尊重彼代行總司令之職權。並飭將總部現在餘款約四十萬元，悉數發給之為特別費，以示信任與慰勞之意。及後唐又請主席赴前方巡視，並與其高級部隊長訓話，某晚列車開往，余亦同在軍中，車抵其地，主席一度接見唐等少數將領後，即令車回許昌，當時行色迷離，余亦未知何故，或亦主席早有戒心，防唐會有陰謀，別具一種預感。事後方知此夜唐部確有劫持主席之預謀云。主席由漢回京時政局齪脆，大有「山雨欲來風滿樓」之勢。

廿九日 蘇俄飛機繼續轟炸我博克圖。

十二月一日 國軍攻克陝州。

第三節 京滬阽危三路叛變

二日 奉命援粵，集中浦口之石友三部發生異動，余屬之第五師調出一部向浦口監視。余奉命留京，連日淒風苦雨，石頭城下，陰氣沉沉，石部隔江倡亂，上海亦有反動派潛在活動，京滬鐵路沿線且時有警。

四日 余在主席官邸晚餐,主席告以情報二事:一為唐生智部不穩,近日該部領去軍毯二萬條。不由平漢鐵路而遶道海運往天津。一為陳調元(時任國民革命軍第三十七軍軍長,1928 年後相繼任安徽、山東省政府主席—編者注)業已逃離首都云云。余言此二處,常相過往,請即親赴一覘,不難立明虛實。乃即驅車龔家橋陳宅,至則門外衛兵告以總指揮休息,不再見客,余益疑,強勉進入。陳調元果著睡衣出見。余亂以他言遂辭出,隨而又至賀耀祖家。其後鄰即唐生智駐京辦事處,約其處長來談,渠云平漢路時有土匪滋擾,軍運無準時,故軍毯交水運由天津轉送更便。

余乃據以回報,並言陳為人忠厚,當不至有二心,唐為人聰明,即有異圖,更不致以區區軍毯洩漏機密。主席意為釋然,辭歸纔抵寓所,又奉電話召往,主席告以唐在鄭州扣留火車情事,余答日前曾密電令唐監視韓復榘部,如確有異動,應先發制之,扣留火車,或係暗中準備,不為外間所瞭解。主席又言總部留在鄭州電台,頃亦緊急呼出,云已受唐派人監視。余答唐果對韓有所準備,則監視總部無線電台之發電乃當然之事,向來軍事機密,每每因後方人員來往不相干之電報而洩漏,且無線電台各軍皆有,封鎖難周,唐派人到總部監視發電,不能認為將有叛變之徵兆。主席亦頗以為是,深夜辭退歸寢。

五日 晨余赴主席官邸早餐甫畢,坐閱報章,毛慶祥推門閃入,手持所譯來電,高呼唐生智兵變。主席作色接閱後,即以交之余,余細審唐電內容,大意云受命於汪,對於鈞座不敢少有冒犯,但當進兵武漢,請飭劉峙(時任第二集團軍總指揮—編者注)和平讓防云云。余乃向主席進言,何成濬(時任湖北省主席—編者注)、楊杰、劉峙各部猝不及防。恐受襲擊,我當先為緩兵之計,回電覆唐,允武漢和平讓之。一面急電分令劉、何、楊等部迅即準備應變。余又以個人名義電唐,勸以勿太事操切,避免流血,革命軍不應同室操戈,致令

仇者快，親者痛，電文中有「唐生而智，唐生而愚，吾將以此卜之等語」。旋譚延闓、朱培德等應召俱來，傳觀各電，譚言覆唐電文太軟弱，余言強硬無益，反以增刺激，不如虛與委蛇，以懈其氣，我得準備之餘裕，於是照所擬電發出。

唐生智的反覆叛變，這不是第一次。余之於唐，不逆詐不臆不信，而竟未能先覺。唐生智多行不義，主席似皆有所預知，余獨曲為解說，至再至三，無非求革命之團結，欲化阻力而為助力，凡所陳詞，主席信之不疑，至有今日之事，余真罪不容於死矣。

七日 國民政府令免唐生智總指揮兼總司令各職。

八日 余應召赴京，時淞滬反動派潛滋活動正甚，臨行將防務部署妥定，並託張群市長代為照顧之。至京後，知平漢津浦兩路俱斷，而常州又報兵變，京滬路亦復不通，南京儼然是四面受敵的一座孤城。

十日 接張市長急電催返，言滬治安不穩，當時陸路交通斷絕，余乃乘張字魚雷艇回上海。

十四日 唐生智叛軍內部不穩，所派南窺武漢軍隊完全退集許昌。

十六日 平桂戰事結束。

二十日 閻錫山、張學良、陳調元等通電反對改組派，擁護中央統一。

二十一日 奉總司令部令，派第五師防護京滬鐵路。偵察租界內外反政府活動情形得知西山會議派居正在租界計畫反對中央政府，發出軍長、旅長、司令官等委狀多至數十，並與余部第五師之軍官錢子壯等有所聯繫，鼓動駐啓東部隊兵變。

二十二日 逮捕居正、蔣尊簋、及許崇智之參謀長耿毅等三人。啓東兵變之部隊，僅治其為首者數人，上海乃告安定。

廿七日　日本犬養毅、頭山滿、管野鑑、水野梅曉等由日本紛電來爲居正請命，大意言居正被捕，雖因政見有異，望能從寬議處，懇將此意轉達蔣主席云云。余方請示中央，後奉令亦將居正等三人並解送南京處理。

民國十九年。一月廿二日　閻錫山補行陸海空軍副總司令宣誓典禮，並演說致力黨國。

二月九日　閻錫山對辦理西北善後問題，欲以第二集團軍編遣餉費爲標準，請中央撥款。

第四節　內亂復熾中共坐大

十日　閻錫山致電主席，高唱禮讓爲國，請共同下野，時局因而震動。

十二日　主席覆電閻錫山，示之革命本爲義務，而非權利，請共謀匡濟，勿遽消極。

十四日　主席發表談話，謂目前正吾人努力奮鬥之日，決非高蹈遠引之時。

二十三日　閻錫山、馮玉祥、李宗仁聯合通電，提出黨統問題，汪精衛通電響應。

三月十五日　西北叛軍將領鹿鍾麟等通電，推閻錫山爲「中華民國海陸空軍總司令」，馮玉祥、張學良、李宗仁等爲「副總司令」。

十七日　馮玉祥抵陝，向所部西北叛軍下動員令。

十八日　朱毛匪軍竄擾贛州，贛南匪勢猖獗。

二十日　韓復榘、孫殿英兩部在歸德衝突，孫抗韓命，拒絕調防河北，並明白表示反對中央。

廿六日　馮部萬選才叛軍逼開封，韓復榘軍東退。

廿九日 中原大戰爆發，馮部陷開封。

四月一日 閻錫山、馮玉祥、李宗仁分別通電就任「中華民國陸海空軍總司令，副總司令」等偽職。

二日 陳公博等攜「共同宣言」抵太原，擁閻錫山主持政治，汪精衛主持黨務，馮玉祥、李宗仁主持軍事。

五日 國民政府下令免閻錫山本兼各職。

十五日 閻馮各派代表赴瀋陽遊說張學良不遂。

廿八日 湘省主席何鍵、贛省主席魯滌平、鄂省主席何成濬等在漢口會商湘鄂贛邊區剿匪軍事。

五月一日 蔣主席總司令發表討伐閻馮誓師詞。

九日 莫德惠至莫斯科為中國出席「中俄會議」全權代表。國民政府任命熊式輝為江浙皖三省剿匪總指揮。

十二日 討逆軍克復馬牧集。

十四日 討逆軍克服歸德。

十六日 隴海平漢兩線劇戰，討逆軍順利進展。

六月一日 隴海路第二次決戰，逆軍敗績。

五日 李宗仁逆軍佔據長沙。

六日 平漢路劇戰，叛軍樊鐘秀被炸斃。

七日 討逆軍收復許昌。

十五日 朱毛匪軍陷上杭及上饒等地。

二十一日 國民政府任命張學良為海陸空軍副司令。

七月六日叛軍圍攻曲阜。

十一日 北平反動集團召開所謂「黨務人員談話會」，陳公博主張推閻錫山為偽政府主席。

十三日 汪精衛、閻錫山、馮玉祥等在北平成立所謂「擴大會議」，並發表總宣言。

二十三日　蔣兼總司令電京報捷。

二十四日　國民政府任命何鍵為湘鄂贛三省剿匪總指揮。

二十七日　彭德懷等匪軍襲陷長沙燒殺殘酷，並攻擊外僑及領事館。

三十一日　朱毛匪軍東竄南昌為國軍擊退。

八月一日　長沙匪軍與外艦發生衝突。英美日等國公使協商向我國民政府交涉。

五日　何鍵部協同海軍克復長沙。

十二日　討逆軍克復平漢津浦路，逆軍潰退。膠濟線韓復榘部進至濰縣。

十五日　討逆軍克復濟南。

十九日　津浦路討逆軍渡河北進。

九月一日　北平「擴大會議」通電公佈偽「國民政府組織大綱」，並推定閻錫山、馮玉祥、汪精衛、李宗仁等七人為偽「國府委員」，閻為偽主席。

四日　國軍長沙大捷，匪首朱德負傷，向瀏陽逃竄。張學良拒絕偽「擴大會議」推其為偽「國府委員」。

九日　北平偽「國民政府」開幕，汪精衛等宣誓就偽「國府委員」職。

十一日　討逆軍三路向洛陽鄭州開封推進。

十四日　隴海線討逆軍向蘭封推進。

十五日　叛軍石友三部向中央輸誠，退出考城。

十八日　張學良發表和平通電、擁護中央，並派兵入關。

二十日　北平「擴大會議」及偽「國民政府」潰散，汪精衛等倉皇走赴石家莊。

二十一日　張學良部隊接收平津。

二十六日　討逆軍韓復榘部進至德州。

二十九日　朱、毛、彭、黃諸股匪竄贛，國軍長途兜剿。

三十日　蘭封克復，叛軍張自忠部輸誠中央。

十月三日　開封克復，馮玉祥叛軍向黃河北岸逃竄。

五日　贛匪軍陷吉安。

六日　鄭州克復。

九日　洛陽克復。

十一日　余奉召赴京，晉見主席承示南北軍事最近情勢，大抵皆在好轉，惟共匪之滋蔓未應忽視。余對曰：軍事祇可治標，政治方能治本，匪患不是單憑軍事可以消除，此後政治當重於軍事，主席亦謂其然。

十三日　討逆軍事結束。

二十四日　兩廣和平運動再起，李濟琛電李宗仁等勸息兵下野。

二十九日　國軍入長安。

三十一日　閻錫山、馮玉祥下野。

南北叛逆，雖已次第就範，然皆屈於一時之力服，後患恐無已止。共匪在南昌長沙受創之後，轉入鄉村，所在蔓延，更有燎原之慮，加之東而日本，北而蘇俄，蠶食張吻，鯨吞鼓頤，亦正幸災樂禍，欲乘間而竊發，國勢之飄搖，未有甚於此時者，春燕幕巢，不可終日，誰謂統一大業，就此已奠初基？

第二章　剿共與國內外之牽制

第一節　中共之發生與滋長

「物必先腐，而後蟲生」。無論古今中外，一國之禍亂，未有不是發生於其政治之欠修明者，歲荒如此，匪患亦復如此。歲荒大半由於天災，在今日科學昌明，交通發達猶不易釀成何大變亂，匪患卻純屬於人禍，完全繫乎政治施為之臧否。中國今日匪患之猖獗，自然是由於我民國十七年以來戰亂不已，軍事為重，政治未暇顧及，尚有欠於修明斷無疑義。

不過中國共匪之為患，卻亦另有其特別原因。在此與黃巾、赤眉、白狼等單純為當時政治黑暗或年歲饑荒，完全由內而發生者不同，今日共匪揩著一塊馬克思招牌，乃純粹由外移植而來者。中國原來猶是一個農業社會，祇有大貧小貧之異，並無有產無產之爭，國民革命有其三民主義，和平奮鬥以建民國，以進大同。用暴力過激的手法去實行共產主義不是中國之所需要，中國沒有共產主義，它是赤色帝國主義蘇俄所移植來的，中國沒有共產黨，它也是赤色帝國主義蘇俄所培養大的。國際共產集團的策略是要在世界各國製造共產黨，他們的手法就是滲透與顛覆，用「革命征服」的暴力赤化世界。列寧於民國九年（西元一九二〇年）三月已派共產國際東方支部主任維丁斯基來中國，為共產黨播種。民國十年（西元一九二一年）三月又令共產國際民族與殖民地問題委員會秘書馬林來中國與共產黨施肥。當時中國沒有共產黨，更沒有甚麼共產黨員，馬林為貫徹其製造中國共產黨之使命，乃授予陳獨秀「買人建黨」之法寶。於是在其金元支持之下，不及十日已收有六十餘名之黨員，竟於民國十年七月一日即在上

海產生了中國共產黨。世界有共產黨的國家也不少，但其實現主義有其合法鬥爭之正軌，皆如一般政黨在議會行之，中國共產黨卻一反其道而行，私蓄武力，裹脅民眾，反抗政府，割據地方。壞法亂紀行為不正者謂之匪，此與黃巾赤眉復何異，於是中國乃有今日為患之赤匪。

構成今日匪患主要動力之中國共產黨，它始於民國十年蘇俄之一手栽成，繼於民國十三年（西元一九二四年）本黨鑒於國內外形勢之惡劣，國父以為國民革命必須「聯合世界以平等待我之民族，共同奮鬥」，而有聯俄容共之決策，它又藉此掩護，而得寄生之，以植根於廣東漸漸而蔓延全國。民國十七年（西元一九二八年）以後，國內統一祇具形式，其間內戰連年此伏彼起，加以日本之於東北，蘇俄之於新疆，侵略野心無時或已，更以造成赤匪之溫床，致使水銀瀉地無孔不入，此燎原之勢，所由潛滋漸長也。

第二節 歷年江西剿共之頓挫

匪患遍及全國，而其巢穴則在江西，朱毛主力盤據於瑞金一帶，故國軍之剿匪，亦以此為目標，先後經五次的圍剿，終於漏網，未竟全功，使得流毒於西北，茲記歷年剿匪頓挫之由如次。

第一目 第一次圍剿

民國十九年。十一月五日 江西剿匪軍開始對匪總攻。

十八日 國軍收復共匪盤據之吉安。

十九日 國軍收復永豐、吉水、宜黃。贛南共匪竄集寧都。

十二月九日　主席在南昌召開剿匪軍事會議，確定「第一次圍剿計畫」。

余時任淞滬警備司令，受命兼南昌總司令部參謀長，在上海與總司令部秘書長楊永泰同乘飛機赴贛。飛機失事，余與楊俱重傷。同機五人及駕駛員二人皆先後身死。

十六日　贛南第一次圍剿開始。

二十日　湘鄂贛三省在剿匪期內黨務政治軍事概由行營處置。

二十五日　蔣主席離漢回京，湘鄂贛三省剿匪事宜，令由武漢行營主任何成濬處理。劃定八個剿匪區域，任命各剿匪區剿匪司令。

二十六日　江西省主席魯滌平奉命兼南昌行營主任，指揮贛省軍事。

三十日　我第十八師於龍崗遭匪奇襲，兩旅覆沒，張師長輝瓚被俘，匪載其首載以木牌，由贛江飄流而下。匪勢益張。

民國二十年。一月三日　我第十五師在東韶失利，南昌震動。

二十四日　國軍完成對匪根據地寧都之包圍。

二十七日　主席電令湘鄂贛三省勵行保甲。

二十九日　何應欽以湘鄂贛閩四省剿匪司令名義代理總司令職權即日赴贛指揮。

二月八日　江西磨盤山共匪方志敏陷玉山。

第一次圍剿之失利，主要原因在於估計匪之力量過低。當時南北各軍閥呼號叛變，我國軍猶能次第蕩平，以為湘鄂贛閩之伏莽，不難乘勝剿滅，乃就便指定鄂贛部隊，劃區分剿。其時在中原討逆軍事初結束，長江精銳之師，大半被調參加作戰，戰後皆有待於補充整訓，而留在後方部隊，比較脆弱，共匪蓋已早窺其隱，故敢於大膽流竄，是以有竊據長沙，覬覦南昌之猖獗，江西為匪巢穴，未被特別重視，竟平列為湘鄂贛三省八個剿匪區之一，初由武漢行營何主任成濬處

理，後由南昌行營魯兼主任滌平指揮，將就原有在贛兵力而與狡匪周旋於山林川谷之間，作其曠日持久之游擊戰，是何異於驅巨象以逐點鼠，幾何不被其暗算，及至第十八師遭奇襲，第十五師報失利，乃不得不改弦更張，重新部署，而為第二次圍剿之規畫。

第二目　第二次圍剿

民國二十年二月十日　軍政部長何應欽抵贛，改組南昌行營並兼主任，部署第二次圍剿。

三月二日　胡漢民因約法爭議，辭國民政府委員及立法院院長職照准。

廿六日　國軍進剿抱犢崮匪軍。

廿九日　行政院嚴令鄂、豫、皖、湘、贛、浙、閩七省限八月一日前，成立民團及保甲組織。

四月一日　川北軍閥混戰。藏兵進迫西康。

三日　廣州鄧澤如等為胡漢民去職事，通電指責中央。

五月十四日　國民大會決定嚴重警告陳濟棠，促其悔悟，以確保全國統一。

廿七日　贛南匪攻廣昌，國軍第五師師長胡祖玉受傷不治殉國。

廿八日　汪精衛、唐紹儀、李宗仁等叛國，在廣州成立「偽國民政府」。

六月三日　湘省水災奇重。

六日　蔣總司令赴贛督剿，發表告全國將士書，揭櫫二事「戒除內爭」、「剿滅赤匪」。

十一日　西康十三縣難民三萬七千餘人，推代表趙亮功，通電指控達賴受英國指使侵擾西康。

十二日 政治訓練部人員赴贛協同討赤軍事。陸海空軍總司令部令在南昌組織黨務政治兩委員會，由程天放、曹浩森分任委員長。

十七日 藏兵圖佔全康，進據裡塘。

十八日 余骨創甫痊，扶杖赴贛就兼任總司令部參謀長，率領總部人員赴贛，同行有楊永泰、曹浩森、周佛海、湯斐予、王澤民、袁良、危宿鍾、陳國屛、彭醇士、李德釗等。臨行總司令蔣公召集指示周詳，並曰難得群賢協力，我（總司令自稱）未到以前，一切概由熊參謀長主持，匪亂蔓延數省，巢穴乃在江西，除軍事外，尤須注重於黨政云云。余等在長興輪船，各有擊楫渡江之概，日夕研討，余謂匪亂為政治病，不當專重軍事，眾論僉同，信已得其人和，江風入懷，心神皆甚愉快。

十九日 抵南昌部署粗定，首先組織黨務政治兩委員會，一面整理軍事，簿書鞅掌，日夕不遑，乃知世間真有廢寢忘餐之事。

二十日 默察內外情勢，深感剿匪之政治力量固有待於新生，即軍事力量，亦必加以重整，兵貴拙速，不宜巧久，今日氣象，第二次圍剿恐已近於強弩之末，濕柴燒冷灶，曠日持久，甚非得策。

第二次之圍剿，乃由何軍政部長敬之兼行營主任，負責指揮，自較第一次圍剿部署更為鄭重，同時運用黨政力量齊頭並進，計畫亦更周到，方謂按日計程，如期可奏膚功，乃其間中央人事分裂，偽國民政府成立於廣東，邊地告警頻仍，舊軍閥又混戰於川北，全國糧食，以贛湘為倉庫。而江西匪亂未停，湖南水災奇重，直接間接影響於剿匪軍事甚鉅，是以半年輾轉，師老無功，為軍心民氣之轉移，乃不得不由總司令之親臨督剿，而為第三次圍剿之新部署。

第三目 第三次圍剿

廿二日 總司令抵南昌，召集將領會議，決定第三次之圍剿。

廿五日 總部令以何應欽爲剿匪前敵總司令，兼左翼集團軍總司令。陳銘樞爲右翼軍集團總司令。

廿八日 總司令在南昌發表告「民眾」「官吏」「將士」「黨員」四書，指示剿赤之意義與任務。

三十日 總部頒佈「連坐法」。

七月一日 頒佈「第三次圍剿計畫」。

二日 日本導演萬寶山事件。

三日 總部令雩都、贛縣、南豐、蓮花、銅鼓、上饒、弋陽、永豐等九縣，各設黨政分會，配合軍事進剿。

五日 匪軍主力向南城與南豐進犯。第二路軍克復黎川，威脅匪軍，匪軍主力犯南城南豐未逞，南竄廣昌。

十三日 匪軍放棄廣昌向寧都逃竄，我左翼集團軍分路追剿。

十五日 國軍克復廣昌。

十七日 豫皖粵各省大水災。

十九日 國軍攻克匪巢寧都，匪向長汀、會昌以北地區逃竄。

二十日 石友三部在順德叛變。

二十四日 國民政府下令討伐由廣東侵入湘邊之粵桂逆軍。蘇皖各地大水災，京滬、津浦、平漢各路交通中斷。

二十五日 贛南匪軍主力向興國西竄。

二十六日 國軍攻克東固，匪軍退集瑞金。

二十七日 國軍總攻瑞金。討石友三逆軍下總攻擊令。

二十八日 漢口江堤潰決。鄂省四十縣均告水災。

三十日　賑務委員會報告水災區域有十六省，災民至少在五千萬以上。

三十一日　南昌行營規定贛省田賦田租辦法。

八月一日　贛南第三次圍剿，第三軍團佔領龍岡、黃陂。

二日　江漢水漲全市被淹。

四日　國軍克復興國。

八日　石友三通電下野，叛亂平息。

十二日　國軍克復寧都。

十四日　蘇俄軍侵我北疆，擅捕農民，私埋界樁，佔地四百餘里。水災賑委員趕辦蘇、浙、皖、贛、湘、鄂、豫七省急賑。

三十日　第三國際東方部長牛蘭在上海就捕解京，並獲得赤化中國計畫及赤化日本、菲律賓、印度、安南計畫。

九月一日　贛南第一路進擊軍及第十師進擊黃陂小佈。

三日　贛南第二路軍進抵君埠，第一軍團進抵南北坑，對匪完成包圍，匪軍乘廣東事件，攢隙向興國西南竄逃。國軍收復瑞金。

四日　江西剿匪軍以一部就地監視匪軍，一部向吉水、吉安、泰和、贛州集中，準備移師討逆。

七月　贛南匪主力，乘國軍應變，襲擊高興墟。

九日　國軍第廿七師進剿，向城崗擊潰匪軍萬餘人。剿匪國軍移湖南，防堵粵桂叛軍進窺。

十三日　粵桂叛軍及唐逆所部份五路侵入湖南。

十五日　贛南匪軍於方石嶺伏擊第五十二師。

十六日　贛西第四十三師克復永新。

十八日　討逆軍在湖南擊退叛軍，收復徠陽等縣。

日本藉口「中村事件」，襲佔瀋陽，「九一八」事變開始。

十九日 總司令由漢視察水災返南昌，何應欽、魯滌平、陳銘樞等皆到行營會商，關於兩粵逆軍退兵及此後對粵方針，決定採取消極辦法。下午七時許接上海張群市長來電云，昨夜日軍在瀋陽與我軍衝突，攻擊兵工廠。晚十二時在行營與總司令商談對日事變，總司令擬即回京，余言瀋陽事變，是否如當時濟南事變，情況尚未甚明，剿匪軍事，勝利在望，近以粵變及水災問題，已受牽制，侵湘逆軍甫退，不如加緊重整贛中軍事部署，爭取時間，毋懈其氣，內亂必先掃除，外患且俟從容應付，東北邊事似可暫觀動靜，且勿回京，當承同意，深夜歸寢。我政府將東北事變報告國際聯盟會，請主持公道。中央紛電催請總司令回京。

二十日晨 何應欽、陳銘樞等同來行營會商應變，總司令決定即午回京。日軍在東北瘋狂攻擊，焚掠長春，並攻吉林省城。中央執行委員會電請廣東方面共赴國難。

二十一日 廣東方面復電中央，願息爭禦侮。日軍陷吉林。

二十三日 國民政府發表「告國民書」，聲明政府已有決心，全國應謀一致團結。全國為「九一八」事變下半旗，並停止一切宴樂誌哀。贛東北之匪軍進犯石盤，企圖打通贛閩交通，經贛閩部隊擊潰。

二十六日 余奉總司令電令即赴京，當日由南昌赴潯，即乘軍艦前往。途遇颱風，行至梁山附近幾於覆沒。

二十九日早八時 到達下關，即乘車赴陵園附近叢林間小白屋內晉謁總司令，坐談東北日軍暴亂情事。忽聞下關砲聲隆隆，傳言日本在下關軍艦早已解卸砲衣，謂係日軍艦之發砲，繼查明乃某國軍艦之放禮砲。最近日本人到處蠢動，製造事端，以故風聲鶴唳，人心極為不安。

三十日 外交部長王正廷辭職，施肇基繼任。此時我之國力不足以與日對抗，祇求國際間公理不致完全泯滅，外交上積極之運用，自

屬當前第一要務，中央黨部乃組織一特種外交委員會，專議對日外交事宜，除外交組委員全體加入外，並先後推加戴傳賢(字季陶—編者注)、于右任、丁惟汾、楊樹莊及余等多人為委員，此外顏惠慶、顧維鈞等亦俱在內，戴傳賢為委員長，宋子文副之。每次開會，所議雖非軍事，其緊張情緒殆有過於軍事者。

十月一日　日人製造之偽「吉林省長公署」成立。

六日　日軍艦四艘開抵上海示威。

廿三日　北方局勢緊張，總司令將移駐北平，余奉令先往，嗣因對粵方針議論未定，往復與朱培德、何應欽等磋商改定明廿五日行。

廿五日　余與曹浩森等俱已上車，旋萬福麟已自北平來京，知形勢緩和北行作罷。

廿七日　京粵代表在滬舉行和平會議預備會。

三十日　美國宣佈反對日本佔領滿洲。

十一月七日　京粵和平會議結束。共匪在江西瑞金舉行「第一次全國代表大會」，正式宣告成立「中華蘇維埃共和國」。

十七日　廣州非常會議發佈團結通電。

廿二日　四全大會決議召集「國難會議」。

廿四日　廣州四全大會內部分裂。

廿八日　全國各地學生、工會、社團紛紛來京向政府請願抗日；顧維鈞署理外交部長。

十二月四日　廣州四全大會改在上海大世界繼續開會，並選執監委員。

十四日　主席召談，曰即將辭職以求團結，但今日國難當前，匪亂未已，首都附近各省，猶在脆跪未安，蘇浙政府擬為改組，君宜赴浙擔任省政，我返奉化休息。余答腿傷猶未復元，尚不良於行，新命

不敢奉承,並擬請准辭去現任本兼各職,亦暫退休,以資療養。主席未允。

晚晤陳佈雷,據言明日即將開會,由顧祝同及君分任江蘇及浙江省主席,余重述頃向主席面陳意見,伊言決不可行。歸念浙江尚為一片乾淨土,余往任省政最多錦上添花,江西桑梓之邦,匪患彌漫,幾及全省,八十餘縣間僅有二十縣未被蹂躪者,若赴浙辭不獲准,不如赴贛以救祖宗廬墓之地。於是決心更向主席直陳之,即驅車重謁主席,披瀝陳詞,主席微笑而言曰,步履尚賴扶杖,何堪任此繁難,余曰義不容辭,心之所願,主席最後乃曰,盍往與魯滌平商量對調。余乃欣然即往與魯主席談,彼初以為戲言,繼乃喜形於色。願調赴浙,因邀同往,晉謁主席面陳之,夜已深更,同往見主席,蒙承允可。

十五日 政治會議通過余等九人改組江西省政府,魯滌平調浙江。中央常會臨時會議決議准蔣中正辭國民政府主席、行政院長、及陸海空軍總司令本兼各職,並推林森代理國民政府主席,陳銘樞代理行政院長。

二十三日 余由滬返京,晉謁主席,報告昨在滬與汪精衛先生談話情形,因事未及畢其詞。十一時再往,遇於途,因同赴總理陵園,隨往與請願學生講話。後約十二時再往,談此後時局及江西剿匪問題,不勝孤臣孽子之感,約半小時,即偕赴機場,送公飛返奉化。

二十四日 偕省府新任委員熊逐等乘長興輪來贛。當時王又庸等多人先後有函,極言此行之非計,意謂江西已糜爛不堪收拾,以今日內外情勢,徒跳火坑,於事無濟。余笑語同舟諸友,人皆謂不可為,未必不可為,正為其不可為,此桑梓之需要吾人為之也,幸勿為人言餒氣,同人中亦有危慮之者,余則理得心安,以為披髮纓冠乃今日當然之事。

廿五日 夜船抵九江,與來相迎接人士晤談,真似家人父子之親,私念今日天時或雖不順,我已得其地利與人和,對剿匪之前途,更覺有其自信。

廿八日 中央執行委員會選任林森為國民政府主席,孫科為行政院院長,張繼為立法院長,伍朝樞為司法院長,戴傳賢為考試院長,于右任為監察院長,並推蔣中正、胡漢民為中央政治委員會常務委員。

余就江西省政府主席職時,簡單揭櫫三事:

一、江西全省僅有二十餘縣之乾淨土,省府改組,同人等之所以有勇氣前來,全仗著我們三千萬人民在此日應有的一種「自覺」,覺悟到己身與政治是有密切的關係,同來努力,促成政治之上正軌。祇要我們能治,就不怕土匪之作亂。

二、目前最緊要工作,在剿匪。協助剿匪的要點:(一)辦理保衛團:發揮人民本身自衛力量。(二)救濟農村:消滅赤匪造亂的機會。(三)修築公路:便利部隊剿匪的交通。

三、政治方面的要點:(一)積極為民興利,政府當以大多數人民意志為意志,次第推行大多數人民利益所關之事。(二)積極為民除害,政府當負責儘先辦到:1.「對錢」不容許有假公濟私者之貪汙。2.「對人」不容許有濫竽充數者之貽誤。3.「對事」不容許有畫餅充饑者之欺騙。

民國二十一年。一月二日 中央政治會議緊急會議,決邀蔣委員長中正返京共商大計。

三日 共匪陷贛州成立「蘇維埃政府」。

六日 在江西剿匪國軍軍費來源已斷,地方財政,羅掘俱窮,無法以支持其伙食,乃急電請預為之計:

「南京朱總長益之何部長敬之。密。十二月下旬各軍伙食未發，本月上旬，聞亦無望，在贛剿匪各軍，何以維持，萬一因絕糧而生變故，江西一省未足惜，恐黨國前途不堪設想，杞憂所及，寢饋難安，惟賴兩公及早籌之，不勝憂慮切禱之至。」

中央改組粗成，局面倉皇未定，一切軍事政治上實際必須立待解決之問題，無人能夠擔當。蔣公雖已辭職，對江西剿匪軍事最清楚亦最關懷，且今日如此艱危情勢，非蔣公料亦無人可以支援，贛中危急，應並報知，即其在野，亦必不忍坐視，定可代呼庚癸，因更電杭：

「杭州昌（蔣委員長中正代字）。密。昨由羅副官帶呈一函諒達鈞鑒。（一）南京財政無辦法，十二月下旬各軍伙食未發，聞本月上旬亦無著落，如此則軍隊實難維持，在鄂部隊截留中央之款，尚未彌補，在贛部隊太多，即截留亦不敷甚鉅，刻與朱總指揮逸民兄鄭重考慮，仍主不貿然截留，但萬一此間領款無望，何以善後。（二）何成濬、陳調元等覆南京政府諸公就職電文，語多憤慨，輝與逸民則置之未覆，此後態度，似應一致，當否請密示大要。（三）南京現象，恐難持久，對於外交財政二事，實為我成敗存亡所繫，杭線試飛，此後通信當更妥便，發（余名代字）虞。」

十八日 奉介公由杭發致朱總指揮及余手書如次：

「天翼（熊式輝字──編者注）、逸民吾兄勛鑒：中（蔣中正──編者注）前日到杭，即將回鄉，已囑浙省籌撥肆拾萬元，以濟急需。其餘湖北、江蘇亦已電囑其籌援，未知能否有效，此

時困難已達極點，萬期二兄耐勞任怨，維繫一切是荷，餘不多述，順頌戎祉。中正手啟十六辰」

蔣公還鄉在野，當此困難已達極點之時，猶懸念及贛省軍食無著，苦心維護，百計張羅，大旱得雲霓之望，三軍有狹纊之溫，全省人心，為之一振。

廿五日 江西省政府九位委員俱已到齊，初次在省府舉行紀念週，熊遂委員等補行就職典禮，梅監誓員致詞，大要云：各位委員學問道德都可佩，新省府表現了「贛人治贛的精神」，以後一切政治，很有希望。

余答詞以「贛人治贛的真精神」為題，大要云：「同人承梅監誓員過獎，說是學問道德都不錯，十分惶愧，學問道德是要以事實來表現的。在今日除肅清赤匪之外無學問，除剷除貪污之外無道德，同人不敢不勉。至言贛人治贛，鄙見以為祇要能治，卻不必問其是贛人抑非贛人，真正贛人治贛，亦不必專在少數政府官吏之籍貫上計較，而要喚起江西三千萬人民個個起來自治才是，否則祇有省主席及幾位委員是贛人，卻不一定就會把贛治好，從來中國是中國人治的，何以中國還是這樣亂糟糟，故我們今日要大聲疾呼的叫贛人治贛，要大聲疾呼的叫醒三千萬贛人，群策群力先平匪亂，然後才可著手建設一個新江西。這才是贛人治贛的真精神。」

廿八日 日軍突襲我上海駐軍，強佔閘北，是為「一二八」事變。

廿九日 中央政治會議推蔣中正、馮玉祥、閻錫山、張學良為軍事委員會委員。

奉蔣委員介公電示敵情如下：

「限即到南昌熊主席朱總指揮,第四師徐師長,勛鑒,昨夜倭寇向我上海閘北第十九路軍防線襲擊,至此刻尚在對戰中,我軍決與死戰,其在漢潯海軍必有軍事行動,務望嚴密戒備,自衛,萬勿為其所屈,第四師應集中武昌嚴防,切勿分散,以後軍費困難,惟有地方自籌也,中正艷印。」

卅日 因贛中剿匪各軍伙食不能一日無著,乃籌商一應急辦法,分電奉商蔣公及宋部長如次:

「限一小時到杭州蔣委員介石先生,上海宋部長子文兄。密。讀國府艷午電,令各省自籌軍政各費,國難方殷,敢不從命。惟江西為剿匪省份,轄境過半,殘破不堪,每月政費,尚仰賴中央協款,一旦以數十萬國軍餉需,全數責令自籌,其艱難程度,實為全國之冠。即令中央稅收概行留用,計鹽稅菸酒印花等項,月共不過廿萬元,供給各軍伙食僅數十分之一。本月軍費係將支票強令中央中國各銀行貼現一百萬元,勉渡難關。倘支票不能兌現,以後又斷絕接濟,非預籌特別方法,則崩潰立見。現於無法中擬以南昌中央銀行向總行領用鈔票一千萬元,加蓋江西圖記,不在上海兌現。一面集中現金由南昌中央、中國各行,組織公庫,維持匯兌,再酌量地方情形就大宗土產,抽收臨時捐稅,補助兌現之用,庶可支援數月,否則別無生路,倘以為可行。務望從速商請中央總行照辦,當即派員前來候命,並乞密示。朱紹良熊式輝卅。」

國民政府移洛陽辦公。
卅一日 林主席抵開封宣佈長期抵抗。

二月二日　畢竟蔣公神明，在此日道途轉輾，煙塵蔽天之會，猶念念顧及於地方，頃奉洛陽來東電，萬民歡欣，三軍振奮，電文如次：

「限即刻到江西熊主席朱主任勛鑒。密。卅電悉，中(蔣中正——編者注)隨政府諸公已到開封，明日到洛陽辦事，至於軍費，宋部長就職後或不致如前之斷絕，請與宋部長直接洽商，中正東印。」

同時接得南京何部長東午電，著由各縣攤派米穀，為各軍伙食。現在江西完整者不過廿餘縣，餘非被匪竊據，則大都殘破不堪，一旦攤派令下，豈不為淵驅魚，逼民從匪，乃急電商於宋部長：

「限一小時到上海宋部長子文兄。密。世亥冬酉各電諒達，奉蔣公東電，軍費囑與兄直接商洽，兄卅電曰江西剿匪軍費，可完全負責，究否有絕對把握，至為懸念，頃接何部長東午電云，本月下旬經費無著，囑由各縣攤派米穀，暫維現狀，此乃自殺辦法，絕不可行，行之亦無大效。查本月下旬伙食，至少須七十萬元，無論如何，必請從速接濟，如無現款可匯，則用飛機運送鈔票亦可。細審以後維持方法，惟有請照卅電所陳，由中央銀行南昌分行趕印江西字樣鈔票一千萬元，別無其他較善處置。如何請速籌辦，弟擬一面辦江西竹、木、紙張、磁器、夏布、藥材五項產稅，及恢復已減之鹽附稅一元五角，同時辦理特稅，設立國稅經理處以總其成，並集中現金，維持紙幣信用，情迫勢急，乞速決定，電復為禱，弟熊式輝冬未。」

外侮當前，先務在全國之一致，故世亥電敷陳此意於蔣公，今奉其覆電如次：

「限即到江西熊主席勛鑒。密。世亥電悉，公電另覆，中意對粵省聯絡，請兄先以私人名義通電，或派員與陳濟棠聯絡感情，然後再與其在公務上進行合作，中正個人與彼至今並未通電也。中正東戌印。」

贛南之匪，如粵方不為協剿，固必大膽北竄，即以抵抗日寇之形勢言，亦當先圖舉國一致，共匪無民族國家觀念，自難與謀，於粵方固當盡其人事，以求團結，乃先電陳濟棠試之，即發下電。

「限即刻到廣州陳總指揮伯南兄勛鑒。密。倭患日亟，沿江一帶，自在漩渦，贛鄂共匪有乘機竊發之勢，此真中華民族危急存亡之秋，吾儕允宜拋棄從前一切政治上異同之意見，同心協力，抗日剿共，庶幾有濟，粵贛之間，關係尤為密切。在目前雖似贛省當衝，粵尚無事，但使赤白二禍真可亡贛，則唇亡齒寒，粵省不能獨存，弟意應請尊處速派大兵進駐贛州，便與在贛剿匪軍聯成一氣，至關軍事、交通、政治、經濟等事。兩省應如何通力合作，請兄慎密籌畫，遇必要時，敝處擬派員前赴尊處詳細商洽，並請尊處亦隨時派員惠臨指教。空言團結，無補危亡，在今日國難當前，惟有掬此血誠，互相協力，或能補救萬一，想兄亦具同情也，務乞示以周行，不勝禱盼之至，弟熊式輝冬。」

晚各軍催款，函電紛至，中央接濟，遙遙無期，饑軍夜號，庫空如洗，繞室徬徨，無以為計。繼思祇有更試財政部，催辦前電所請印鈔事，如果得獲同意，庶乎有濟，急電上海宋部長如次：

「限即到上海宋部長子文兄。密。冬未電計達，江西險象，咄咄逼來，銀根枯窘，借債無處張羅，百業停頓，加稅緩不濟急，就地徵發，則驅民為匪，等於自殺，仰給中央，則交通梗阻，來源中斷，祇有由中央銀行撥發鉅額紙幣，交贛行運用，差為可靠。明知此舉有礙中行成規，而兩害相權，究比餓軍譁潰，影響全局為輕。以兄明達，幸速定計，以解燃眉，弟熊式輝冬戍。」

三日 接何部長電告敵情如次：

「江西朱主任熊主席孫督辦（連仲）勛鑒。密。接上海吳市長電告滬案，昨經英、美領事調停，日軍應退至租界線內，其後之越界築路區域，由英美軍隊駐紮，我軍亦撤至相當距離，一切待外交方法解決。但日方反對，卒議定由日領電彼政府請示，以三日為期，雙方各不相攻，英美對我甚好，日方恐無誠意也，應欽冬印。」

四日 奉蔣由洛陽來電，遵即與陳行長洽商，並電宋部長。

「限即刻到江西熊主席勛鑒。密。滬戰未停，金融閉塞，如江西經費支絀，即在中央分行鈔票，照前電可以由南昌軍政長官設法商借，不過不能由中正電達，惟可以此意轉達子文也，中正江申印。」

「限即刻到上海宋部長。密。江西情形及所擬辦法，已屢電奉告，頃奉蔣公江申電云，『滬戰未停，金融困難，如江西經費支絀，即在南昌之中央分行鈔票，照前電可以由南昌軍政長官設法商借，不過不能由中正電達，惟可以此意轉達子文。』等語，比即請中央分行陳伯思行長，速為準備，惟該行

現鈔所存，應付存款且不足，務懇飭總行速用飛機先運送鈔票貳百萬元，存儲南昌分行，以備救急。陳行長精明強幹，運用有方，絕對不至影響總行業務，以後維持中行鈔票方法，弟當以全力補助該行，並當保不濫費，請兄放心。除由陳行長直接電總行請求外，希即轉飭照辦，並盼電覆弟熊式輝支午。」

六日 贛南彭德懷股匪復犯贛州，贛東北地區之匪，竄犯餘江，日軍佔領哈爾濱。國民政府軍事委員會成立。

奉蔣公電詢軍事意見如下：

「限即刻到江西熊主席朱主任勛鑒。密。如日寇深入，封鎖長江各埠時，我江西剿匪部隊應另定計畫，重新部署，主力可否移至贛東，俾得與蘇浙聯絡策應，否則剿匪抗日雙方應付，必至一無所成也，如何？盼用有線電覆，中正魚辰印。」

接宋部長答覆前電，說明軍費區處，當即再覆商之，併如下：

「限即刻到南昌熊主席天翼兄勛鑒各電奉悉。密。貴省軍費夙所深念，已電囑軍需署即日由輪船運交吾兄五十萬元，以資接濟。至商領中央銀行鈔票一節，現在該行鈔票存儲無多，擬將本部從前暫留鄂省銀行在美國鈔票公司所印之鈔票二千萬元，由南京裝運九江中央銀行，請速派妥員前往九江候領。弟已飭本部留京辦事處主任李啟琛將啟程日期電南昌中央銀行轉告吾兄，該項鈔票可用湖北省銀行或江西省銀行名義發行，勿用中央銀行名目。至兩省如何支配，請兄逕與雪竹兄商酌，辦理可也，弟宋子文叩歌印。」

「限即刻到上海南京宋部長子文兄。密。歌電奉悉，軍需署即日運送五十萬元來贛，此款祇可作一月份下旬伙食費，擬

以至鄂省銀行鈔票代用亦無法中之一法，惟發行機關責成地方銀行代辦，則運用之方，有急須磋商者，（一）由省政府及綏靖公署代表財政部委託江西裕民銀行代為發行，以五個月為限，每月發行二百萬，專墊剿匪各軍軍費。（二）請財政部先撥二百萬元為發行基金。（三）此項鈔票在本省不兌現，但為維持價格起見，應許與上海通匯，每月以一百廿萬元為限，責成上海中央銀行代兌財部在江西軍費項下撥還之。（四）裕民銀行在代理發行期內，所有國家及地方稅收由該行代收。（五）五個月後結算裕民銀行墊付軍餉，除每月由上海中央銀行代兌匯票及代收國稅數目外，不敷之數，由財政部撥還裕民銀行，以為收回鈔票之用。查江西剿匪軍費每月二百五十萬元，以上所陳中央銀行每月代兌匯票一百二十萬元，中央稅收每月廿萬元，共僅一百四十萬元而已，乞速決定，立即賜覆，弟熊式輝魚未。」

上海方面對倭軍情緊急，何部長等昨電抽調江西剿匪蔣鼎文(字銘三—編者注)師赴援。余以為攘外必先安內，倭如深入，則我傾全國之力，亦難以阻止之，否則不如儘現有之力而與周旋，不能強勉爭勝，況倭寇是日本，而共匪亦蘇俄之變相也。乃覆電如次：

「限二小時到南京何部長並請譯轉真如兄。密。公等徵午申酉電調蔣鼎文師赴滬增援，我上海自衛軍，竭力抗倭，誰曰不宜，惟事應全局統籌，剜肉而瘡莫補，是兩敗之道也。現贛州、萬安、泰和、吉水同時告急，萬安、泰和之匪雖已擊退，贛州、吉水尚在相持，江西之兵，如何可調？江蘇兵力對倭固屬不足，江西部隊對匪何嘗有餘？由江西抽出一師赴滬，對倭無致勝之望，對匪有先敗之虞，夫倭寇如割肉之痛，赤匪乃腐

心之病，此時兩方兼顧，則兩方俱不能全也，似應儘江蘇兵力，抵抗割肉，儘江西兵力，防止腐心。日本之兵可隨時添加，我之增援有時自窮，故不如不予增援，江西之匪可隨時爆發，我之防備不可或疏，故不宜稍予抽調。不然，萬一江西防線有一部動搖，則影響所及，不堪設想，頃與逸民兄熟商，蔣鼎文師決不能抽調赴浙，請公等有以統籌之。勿剜不可剜之肉，而補不能補之瘡，則國家生命尚能望苟延一息，臨電不勝悲痛熊式輝魚申。」

七日 來贛月餘，地方有土崩之虞，中央成瓦解之象。日日綢繆軍事，羅掘軍食，火在眉睫，更無餘力及於省政，但不發揮政治力量，單調軍事，決不足以剿平今日之匪，政治之整理不容再緩，當與逸民一談此後時間之分配。

八日 「江西縣政研究會」成立。省政基礎在縣，一縣如何為治，必就今日之環境重新講求，慎密計畫，天下無不可收拾之局，現各縣大部份雖屬殘破，祇須分別策定其為治之方略，一掌之地，亦自無難。當此危疑震撼，人人裹足不前之日，風雨同舟，三分人才亦可以作七分之用，余將此會為研究各縣縣政及選拔人才、儲備人才之所。起衰振弊，撥亂反正，聚眾智以為智，合群力以為力，不坐待於奇才異能，祇須求其同心一德，禮羅多士，相為師友，與舊時各省吏治訓練所等絕不相同。

九日 在縣政研究會講「治亂相剋」，大要謂：匪以亂來擾我治安，我當以治去平其亂擾。過去由於我們之不自為治，故匪類得乘間竊發以造亂，不是匪類之厲害，乃是我們之太不厲害。一切匪亂皆自我們之有政不治而生，祇要我們從此警覺，勵精圖治，就不會有匪再

能造亂。今日匪勢燎原,固然要賴軍事以治其標,而曲突徙薪,更須政治以治其本。

十日 贛南蕭克股匪進犯萬安。

十一日 贛東北清剿部隊獨立第卅六旅奉令抽調赴浙,照辦。

十二日 余在縣政研究會講「轉移風氣」,力求打破江西人的懦弱習性,一掃其偏私、散漫、頹惰、苟且的風氣,其詞如下:

「風氣移轉:氣是甚麼?氣就是世俗,就是社會上株積寸累的習慣。風是甚麼?風就是難以抵抗的一種潛移默化的力量。風氣即是說,世俗是時時刻刻在濡染人,其力量是難以抵抗的,風氣壞則人皆隨風而靡地會跟著壞,很少能特出獨立不隨之浮沉者,反之如果風氣好,則人亦不知不覺的會朝著好的路上走。雖有少數的壞人,也要受環境的影響而漸漸的收斂。所謂『蓬生麻中,不扶自直』,就是這個道理。中國歷史上有所謂一成興夏,三戶亡秦者。一成何以能興夏呢?也就是因為夏有一種復興的趨勢,即興幽的風氣,故雖一成,也可以成中興之業。三戶何以能亡秦呢?因為秦有滅亡的趨勢,即是有亡國的風氣,故雖三戶也可以亡它。我們看歷史上過去的陳跡就可以知道,國家之盛衰存亡全繫於當前的風氣,惟有認清楚了這風氣的關係,從此處下手,利用其潛移默化的力量,使向好的方面轉,這才是救亡圖存之道。不然,無論你聰明才力如何,儘管獨善其身,必致陷於孤掌難鳴,一木難支之苦境,如宋朝的文天祥,明朝的史可法,便是個例證。所以我們要為國家求復興,為江西圖挽救,第一要把好的風氣造成,個人的才力尚在其次。風氣好了才力差一點也可以事半功倍,否則事倍而功亦難半的。

造成好的風氣，不須驚世駭俗，祇是因勢利導，浸潤漸漬而轉移之，蓋是非之心，人皆有之。對於美善、生存是好的，醜惡、死亡是壞的，人人皆能辨別，明知一種壞風氣，可以釀成物的醜，事的惡，人的死，國的亡，誰會甘心？譬如江西今日之狀況，誰會滿意，不過因在壞風氣的當中，心不能自主，無可如何耳。所以我們看清楚了人類自然的好惡心理，順應而抑揚之，共同向好的方向走，便可轉移而成為好的風氣，轉移是要靠我們自己本身努力，古人說：『君子之德風』、『德不孤必有鄰』、『其身正不令而行』。我們大家都在自己本身上用功夫，其效率必捷於影響。

江西的風氣如何呢？偏私、散漫、頹惰、苟且，是無可諱言的。這自然是壞，不然那會弄成今日這種敗亡現象，其總原因，恐怕是在一般習性太『懦弱』。因為『懦弱』才沒有捨身救世的宏願，所以偏私；因為「懦弱」才沒有役己助人的勇氣，所以散漫；因為『懦弱』才沒有進取的雄心，所以頹惰；因為『懦弱』才沒有抵抗的魄力，所以苟且。因此造成今日的風氣，妄逞偏見，各利私圖，毫不以為怪；不知通力合作，社會形成一盤散沙，毫不以為怪；見善則如轉石，去惡則如拔山，一切事業皆任廢弛，聽其自生自滅，毫不以為怪；人為刀俎，我為魚肉，摧殘壓迫，逆來順受，聽命由天，毫不以為怪。

所以，政學商界乃至於各地方，而有某派某系，某團某地方之意見不同，而為官吏乃至辦其他事業者，貪贓枉法，營私舞弊，損人利己之事層出不窮，所以歷年來從無一次群策群力之團結，一德一心之事實，在社會或政治上表現出來。所以農村頹廢，百業凋散，交通礦產之大，電燈電話之微，皆奄奄一

息，了無生氣，無人肯急起而圖改善。所以一等軍閥在浙江不能作惡，二、三等軍閥在江西可作惡，赤匪發源地之湖南，不致糜爛，竄到江西地方便不可收拾。凡此一切之痛苦與危險，今日江西人民之所身受者，非一、二人之罪惡，亦非一朝一夕之緣故，皆因太『懦弱』而釀成偏私、散漫、頹惰、苟且之風氣所釀成的。

我們既然知道這癥結所在，我們首應努力的就是要打破這『懦弱』的習性，一掃其偏私、散漫、頹惰、苟且等等不生不死不痛不癢之風氣，發揚踔厲起來，並且要乘今日水深火熱中江西人民自救的高潮，因勢利導，浸潤漸漬而轉移之。成為公正、團結、勤奮、振作的風氣，那末就是我們再不肖，江西也自然有起死回生之望。這種轉移風氣的責任，並不靠全體的人民，祇要有少數人肯來以身作則而鼓動起來就行了。現在我們有四十個人也就儘夠，祇要我們四十個人個個把轉移江西的風氣自任，勇往直前，逢山闢路，遇水架橋地做下去，江西的風氣便可以轉移過來，現在就祇看我們有無這種決心毅力以為斷了。

最後我還要鄭重向各位說明，風氣這種東西，等於國家的命運，不獨關係地方的治亂，簡直影響民族的存亡。轉移雖祇靠少數人，結論是重在我們個人的本身，若各人都能在其本身上努力，天天帶一面鏡子照照自己，儘管自己做的是一個人，但是影響將及於國家民族，若自己不先做，希望別人來做，就是自己無擔當的氣力，結果還是一個懦弱漢。所以我願與各位互勉，一致抱定決心，化懦弱的習性以為剛強，切實從自己個人做起，我相信祇要一年便足以成為風氣，一掃過去偏私、散漫、頹惰、苟且等等之舊染，江西的新生命就在這裡。」

十六日 國民政府行政院及軍事委員會通電全國準備長期抵抗日本侵略。

十九日 接何部長電轉飭各部隊及民眾預防毒氣:「江西熊主席天翼兄。密。銳電奉悉。防毒應急法十份郵奉參考,何應欽印。」

二十日 奉南京蔣公電如次:「急限即刻到不得停留南昌熊主席朱主任勛鑒。密。第十八軍與第六、第十、第八十三各師決調贛東,如不得已時,贛江兩岸祇有放棄,僅守新淦與撫州以北地區。贛南赤區決非現在軍隊所能剿清,如不早下決心,則所有軍隊反為匪所剿所化,以無食之軍非潰必變,不如早為之所也,中正辰印。」

蔣公殆為京滬間空氣所壓迫,故有此電,退守新淦撫州之線,江西匪勢更不可遏,人心士氣更為動搖,全局將成土崩,若赤焰蔓延及於長江,則我首都且將腹背受敵,余斷然以為不可,祇主抽調一部份部隊東行,不放棄贛江以免其動搖。立即覆電,痛陳利弊。

接宋部長電知在贛剿匪各軍事費,祇能照中央平均分配辦法具領,不足之數仍須在地方設法,其來電如次:「江西熊主席天翼兄勛鑒。統密。貴省軍費准軍需署朱署長函,此後江西部際經費已由京署平均攤配,交由駐京辦事處領匯等語,特此奉聞,弟宋子文叩號印。」

贛東北清剿部隊第九師奉命調浙佈防即照轉令。贛南匪軍以七萬人圍犯贛州。

廿一日 蔣公皓辰電遲到如下:「限即刻到江西熊主席朱主任勛鑒,巧已電悉,新密,請照前電,主力集中贛東之原則決行。中正皓辰印。」

余再覆電力陳其不可,並慮蔣公逕電抽調此間部隊,急電請求避免直接命令,幸承採納,其覆電如次:

「限即刻到南昌熊主席朱主任勛鑒，哿來電悉，逸密，對各部決無直接命令之事，中正馬午印。」

十八軍已完成赴援贛州準備，忽又奉令調浙，幸非直接電令，余乃與朱主任商定，決先使解贛州之圍，然後視情況再辦，先電覆請暫寬時日，其來電如次：「限即刻到不得停留南昌熊主席朱主任勛鑒，前電諒達，逸密，第十八軍決調浙，不必赴援贛南，並望迅即出發，如何部置盼覆。中正箇（二十一日）午印。」

此時若即任十八軍調出，則贛江流域勢將不保，為大局計余寧願負抗命之罪，與逸民兄分析利害後，即電陳覆蔣公，痛陳利弊，並預言贛州之圍指日可解，一俟圍解即可東移，一面迅令陳誠軍長，不顧一切仍照預定計畫趕程馳援，並即發與廿萬元維持費。

贛東北之匪乘第九師東調，前來襲擊我掩護部隊。

廿二日 贛東之匪襲擊我德興之留守部隊。

廿五日 贛東北之匪襲擊我湖林橋之留守部隊。

廿六日 贛東北之匪進犯上饒。

三月三日 贛東北之匪竄擾鄱陽企圖進犯貴溪。

五日 在縣政研究會講「民」，聞有很多中了共匪宣傳毒的人，說共產黨最會博取民心，此乃一般殘兵敗將、昏官、庸吏的口吻，必須為之消毒。民眾之所以被裹脅，乃由於共匪威、縱、誘、騙手段之惡辣，威以殺戮，縱以財色，誘以分田，騙以翻身，在我政府都視為無法無天不能做的事，共匪皆優為之。好在今日縱誘騙三項，民眾俱已識破，惟威的一項，無法抵抗，當前急務在於如何喚起人民之敵愾心與組織自衛武力，以解除赤匪之威脅。

七日 我第十八軍果然如余所預言，擊潰贛州外圍之匪，贛州圍解。江西乃告穩定，泛知抗命即可以救命也。

九日 余在縣政研究會講「官愿」,原是貌似忠厚,巧文弄法,口說道德,舞弊營私,政之賊也。傅賡唐、甘澍、熊東山三人即其一例,現雖均已拘捕交法嚴辦,但此種官愿不予根絕,政治永難望其清明。在今日匪亂時期,人人必須重廉恥、尚氣節、不愛錢、不怕死。抗起鐵的肩骨,擔當自己責任,「子率以正,孰敢不正」,然後人心才會振奮起來。

十三日 贛東北之匪竄擾萬年,復犯德興未逞。

十八日 蔣公就任軍事委員會委員長兼參謀總長。

卅日 贛東北第六師奉命調浙佈防即照轉令。

四月一日 贛東北之匪襲擊我第六師掩護部隊。

七日 國難會議在洛陽討論「安內攘外」政策,對外必須獨立自主,對內必須充實國防。蘇聯侵略新疆,第三國際派陳中入新疆,發動四一二政變。

五月一日 贛粵閩邊區剿匪總司令何應欽抵南昌,策定贛粵閩邊區清剿計畫。

十二日 贛東北之匪以全力圍攻泗田渡、珠山橋不逞。

十三日 贛西南之會剿,克復汝城,旋更克復桂東。

六月四日 贛西南之會剿,第一路軍佔領信豐。

七日 贛東北之匪以全力向黃沙塘、姑塘、羅橋第七十九師進犯不逞。

九日 蔣委員長赴廬山召集豫鄂皖贛湘五省剿匪會議,宣佈「攘外必先安內」政策。

十四日 贛西北之清剿克復豐田。

第三次圍剿自民國廿年六月至廿一年六月約一年間,初由蔣委員長親自督師,不一月廣昌寧都等匪巢即已次第收復,其間雖有石友三順德之變,蘇皖大水之災,京滬、平津、平漢交通之沖斷,各地五千

萬災民之嗷嗷待哺，蘇俄之侵入北疆，我在贛之剿匪軍事，卻屹然猶未受其牽制，共匪勢窮正在末路。不意粵桂軍及湘唐部隊適時稱叛，分五路北侵，於是國軍在剿匪垂成之際，勢不得不抽兵以應付此腹背之敵，轉向而對湘境之粵桂逆軍，匪乃又得苟延其殘喘。更於九月十八日日寇進侵瀋陽，舉國震動，委員長蔣公乃不得不放棄剿匪之任，遄返南京，共赴國難。不足，為求團結，更自引退，以息黨爭。

共匪快意，竟在贛成立其傀儡之「蘇維埃政府」。日寇快意，竟乘間而勢迫首都，我國民政府不得已而遷洛陽。此時在贛剿匪各軍，真如孤臣孽子，中央播遷，地方殘破，一群窮困顛連之民眾，火熱水深，無論餉彈、伙食亦將有賴於就地徵發，朝不保夕、徒手枵腹，但憑血肉與匪周旋，且當京滬頻危之日，一再奉電抽調在贛剿匪之軍，東向抗日，幾欲放棄贛河流域退保南昌，匪勢則如烈火乘風，水銀潑地，誰能阻其不竄入長江兩岸，幸後苦力撐持，饑軍猶得保守贛吉，長江無恙，及得有日後從容應付日寇之餘地。但此一年間之第三次圍剿則幾等於徒勞。局勢轉緩，蔣委員長一本其「攘外必先安內」之決策，重蒞廬山，繼續剿匪，而為第四次圍剿計畫。

第四目　第四次圍剿

一九三三年六月十五日，蔣委員長在廬山商討「第四次圍剿計畫」。

十九日　蔣委員長於廬山會議，決定以政治與軍事併用之剿匪指導方針。

廿一日　江西各區行政長官就職，余講「增高行政效率三點：（一）設置區行政長官意義，因一個省政府統率八十三縣單位太多，中間設置區行政長官一級，有如身指中間之有臂，期於行政效率之提

高。（二）行政組織上之缺陷既已清除，其次則在要求能得而為省府臂助之人。今彭程萬先生（民國元年江西都督）與各位本其己飢己溺之慈懷，救苦救難之宏願，皆奮臂而來擔任此職。人的方面當然已無問題。（三）此後祇待事功之開展，口講筆寫事皆容易，我們要有隻手撐天的做事精神，與夫逢山闢路，遇水架橋的氣慨，去挽回今日桑梓的劫運，任勞任怨任煩，快幹硬幹實幹，此乃廬山會議的精神，政治效率提高，然後軍事力量才會增長，否則蛟龍失水，單憑軍事不能有功，匪亂將無已止。責任直接是擔負政治，間接就是軍事，軍事是治標，政治才是治本，我們責任不比軍人輕，願共努力。

廿八日　朱毛匪軍主力由樟洲龍岩集中向贛西南增援。

廿九日　贛西彭德懷、林彪股匪敗竄新域。

卅日　朱毛匪軍竄抵信豐以南地區。彭德懷、林彪匪軍進窺南城。我第三路軍收復尋鄔以南地區。

七月一日　贛粵閩邊區剿匪總司令命第一、第二兩路軍向朱、毛、彭、林等匪軍主力進剿。

十日　我第一、第二兩路軍與匪激戰於大庾及南雄以東地區。

廿三日　贛西清剿，肅清百嘉至萬安一帶之匪。

廿四日　贛西南會剿，第二路軍收復南康。

廿五日　贛西北會剿，第五十師收復渣津。

廿九日　朱、彭、林等股匪在南雄大庾慘敗後，分向會昌雩都逃竄。

八月一日　第一路軍收復信豐。

六日　余在縣政研究會講：「貪汙與竊、盜、訛、騙、乞人格之比較」。余指出，剛的力奪是強盜，柔的巧取是訛索，是騙子，是乞丐，同一無恥。其中有老弱殘疾之如乞丐者還可原諒，官吏之貪汙其

無恥之人格與竊盜訛騙乞者無以異，而官吏之貪汙比乞丐猶有不及，官吏並非有因老弱殘疾而始貪汙，故無可原諒，祇有嚴懲。

十日　朱、毛、彭、林等股匪竄抵招攜企圖進犯宜黃、樂安。

十四日　贛東北之匪進犯餘幹城。

十五日　第五十三師收復餘幹。

十七日　朱、毛等匪軍陷樂安。

廿一日　朱、毛、彭、林等股匪陷宜黃。

卅一日　我第二路軍克復宜黃。

在縣政研究會講「江西復興與人才」。謂江西復興必先清匪，能夠清匪就是人才。匪者非也。士、農、工、商、兵不務正業，爲非作歹，所以成爲「民匪」。但是政府官吏，不守本職，犯法亂紀，也應視爲「官匪」，必先有「官匪」然後才會產生「民匪」，我們想剿清「民匪」，使士者士，農者農，工者工，商者商，兵者兵，便先要剿清「官匪」，必使官是官，吏是吏，人人能盡職責，事事皆守法紀。孔子曰：「上有好者下必有甚焉者矣」，又曰「政者正也，子率以正，孰敢不正」。我們現在來首先肅清「官匪」，則所謂「民匪」如共產黨等之剿清，自然容易。江西即可復興，我們個個都是人才了。

九月一日　贛南防剿第二十三師攻擊垎里墟。

三日　贛南防剿第二十四師克復南豐。

十五日　在省黨部講「江西復興須要黨政一致努力」，其要點爲：一、中國復興當先從江西做起，因爲我們已站在江西，江西成爲普魯士，中國自然會成爲德意志。二、復興工作先求其「復」，然後可以「興」。一棵樹倒了先要把它根入地，幹朝天的恢復原狀，然後可以生枝發葉興盛起來。以前黨不黨，政不政，軍不軍，所以農不農，工不工，大家爲非作歹，所以匪亂遍地，至有今日之大難。我們故應首先要求自己崗位上的恢復常態，黨真正是黨，政真正是政，則

其他一切自然也會漸漸恢復常態，而振興起來。匪自然會平下去，猶如東湖混雜的泥水，水上浮泥自下沉了。三、黨之與政，猶神經之與筋骨，若神經麻痺或分裂，則筋骨必然錯亂甚至於癱瘓。四、政軍工農等各界皆有黨員，我們省黨部要指揮監督黨員在各界當中，根據黨的主義與政策，發揮領導示範作用，這才是黨的正常工作，必須如此，黨的神經正常，則政的筋骨自然合拍的活動起來，復興工作就輕而易舉的可以完成了。

十七日　贛東北之清剿克復富林。

十月二日　贛鄂湘邊區會剿，我中路軍攻佔龍港匪巢。

五日　我中路軍又克復燕廈匪軍老巢。

七日　贛西南會剿，我第一路軍政克崇義大王洞。外蒙古受日本指使進犯內蒙古。

十日　四川內戰爆發。

十二日　贛東北清剿，我第五師攻佔橫峰。

十七日　贛粵閩邊區我第一師由永定上杭向閩西南兜剿。

十八日　朱、毛、彭、林等匪陷黎川，分向閩北竄擾。

廿一日　我第二十四師克復黎川，匪軍第三軍團參謀長舒適來降。

廿九日　贛東北清剿，我第五師攻佔葛源匪軍老巢，廣豐全境及戈陽貴溪南部漸次肅清。

十一月二日　朱毛匪軍陷硝石。

十七日　朱毛匪軍陷貴溪。

十九日　朱毛匪軍陷金谿。贛粵閩邊區我第二、第四、第八、第九等路軍向贛閩邊區匪軍主力進剿。

二十日　我第九路軍向金谿進剿戰鬥頗激。

廿一日　我第二十四師由南城向金谿進與共匪激戰於磨刀山。

廿三日 我第五師李瀰團進佔金谿。

在省政紀念週講「救亡先要掃除自己身上的亡國因數」。管子云：四維不張國乃滅亡，今日國家內憂外患，業已反證出我國之四維不張了。恐怕以往是有多數人不禮不義，無廉無恥，而猶不自覺，所以國家才會有今日之危難。就我們政府同人本身上說：禮是對人的合理態度，舊時公務人員中相敬相愛和衷共濟者少，而互相忌刻鬥爭者，則時有所聞。義是對事的合理行為，舊時公務人員中守職盡責，崇法重紀者少，而敷衍苟且者則時有所聞。廉是對物的合理取予，舊時公務人員中安份守己，絕私除弊者少，而矇混貪汙者則時有所聞。恥是對己的合理警覺，舊時公務人員中力爭上流，有守有為者少，而自暴自棄隨流下達者則時有所聞。

今日救亡之道要先由我們公務人員自己身上警覺一番，有無舊時習染，所謂不禮不義無廉無恥等亡國因數，潛伏在自己身上，我們站在人民前面的公務人員，祇有保證沒有舊時習染，則君子之德風，小人之德草，草上之風必偃，始不愁人民不跟著我們走，一同走上救亡之路，我們的國家才會有救。

廿六日 贛東北之匪陷貴溪龍岩嶺。

廿九日 國民政府還都南京，人心較為安定。

十二月十二日 中俄邦交恢復。是乘火打劫者，要歇手靜觀一陣。

出席南京內政會議印發「實驗政治論」小冊子（參見附錄其一），會後並發表「江西近況」之談話大要如次：

一、政治之實驗：中央以前訂立之關於立法行政等規章，間有於地方實際情形相隔閡者，尤其在此剿匪時期，法時有所難行，政時有所難舉，為因時地之宜，江西先儘一區以為政治實驗，達變通權，斟酌損益，以究竟行政效率之遲邅，是在於人？在於法？抑在

於事？現已將第一行政區即南昌等八縣開始試辦。關於地方自治基本工作，不久便可完成。其次即著手於農村經濟之恢復，月前曾派廿八位專員赴各地考查農村實況，現已成事。刻正參照實際情形謀建一新農村制度，隨即可以設立若干新式農場。

二、財政之彌縫：消極節流方面工作，大抵皆已完成。除絕對剔除中飽及防止浪費外，機關費以量入為出，事業費以量出為入為原則，勵行預算決算及審計制度，現已能收支適合。因地方殘破，產業凋零，積極開源工作一時難為有效之措施。在人員待遇方面，從前一人之費，現在須分作三人支給。在人員工作方面，從前三人之事，現在須歸併一人擔當。

三、教育之整理：消極方面打破派系門戶之爭，俟明年重新釐訂預算之編配，本年祇將教職員兼差兼鐘點過多者嚴加取締。一面準備積極工作。正計畫擴充小學，調整中等學校，注重職業教育並籌辦一個大學。

四、建設之準備：目前祇欲掃除各種事業之積弊及維持原有之基礎，其他除築路略見成效，土地測量正在開始外，余皆尚在調查設計中。

五、軍事之協剿：匪禍之蔓延，全由於其能裹脅民眾，匪所運用威迫利誘諸手段，在我政府皆不能採用者。故現在祇有一方面嚴密封鎖匪區，匪區糧食及一切日用物品聞已日困，故匪黨多失望，近有自首投誠者。一方面喚起民眾，嚴密基層組織，現在全省保甲，除匪區外，已於本年十一月三十日以前一律編成。保甲規約、及壯丁隊亦皆成。正由省保安處抽查試驗中。

十四日 蔣委員長出席首都各界人士歡迎會，演講「禮義廉恥」之重要性。

卅日 贛粵閩邊區剿匪總司令下達第四次圍剿命令,限廿二年元月六日前各部集中指定地區完成準備。

余對全省發表「自衛武力」之談話,大要如次:

一、從前有皇帝至尊,皇帝特權以管官吏,官吏依法以管士紳。士紳倚勢以管人民,人民似乎最小。但是皇帝怕天,而天視自我民視,天聽自我民聽,又「民心即天心」。其實還是民心大,現在是民國,當然更明瞭人民為大。

二、自衛武力是人民本身的武力,故論武力也是人民的大,不獨比任何的軍隊大,而且更持久更可靠。軍隊之維護人民,譬如冬天之著皮衣以防寒,皮衣有時會無錢購製或被盜竊,或至破敗,那有如猴子身上自己生長有毛可以永久隨身。湘軍在萍鄉清剿,湖南有事就即刻調走,粵軍在贛州清剿,京滬有事也要離開。這都像借來的皮衣,隨時要還給人家的,不能持久不甚可靠。所以我們地方人民要自己身上長起毛來,形成一種脫不掉的皮衣才好。

三、地方人民自己的武力,永久不會消失的,俗言「豹死留皮」,就是地方被匪佔領,它還可以依然存在,猶如寧都淪陷了,寧都的保衛團還在南豐。興國雩都淪陷了,他們的保衛團還在贛州,便是明證。

四、自衛武力的組織系統,現在政府規定是 1・保甲; 2・保衛團; 3・公安員警。公安員警與保甲中的壯丁隊是用以清匪,保衛團是用以剿匪。自衛武力分開出來覺得很小且少,合攏計算便知其數量多,力量大,軍隊武力剿匪祇如斬草,自衛武力剿匪才是除根。

五、現在自衛武力之組織要趕快求其健全,更要輪加訓練,將來如何指揮統一,運用靈活,省保安處正在詳細計畫中,不日就可頒佈。

廿日 在縣政研究會講「道德詮言」，力闢現社會上坐視危亡束手侍斃且自謂爲道德先生者流。（全文見附錄其二）。

民國二十二年。一月一日 余於元旦紀念會講：「中央有令，國難當前，停止慶祝。」故今日祇舉行紀念會，本省政府改組已一週年，同人在此一年間，自省至縣似無一人不是朝乾夕惕的在努力，古人說「期月可也，三年有成」，今日我們自問恐還不夠「可也」地步，這就不是時間與人力關係，問題恐在施爲次第間之方法上，從今年起，我們固當更惜時光，盡人力尤須認清環境，講究方法。內憂外患兼逼，國家危如累卵，來不及學勾踐之十年生聚十年教訓，希望在今後二十二年之內，能發揮政治功能，協同軍事蕩平匪亂，達到安內目的，不牽累攘外行動。

各方面努力都還不差，祇是集中的精神尙須加強，希望各崗位更要通力合作，在風雨同舟之日，再沒有誰死誰，誰毀誰的現象，和衷始能共濟，做到武王三千人而一心，這就是江西新生命的開始。

贛西之匪竄擾遂州、永新、寧岡。我中路軍向金谿、臨川、宜黃集中。

三日 我軍於雩猶以北伏擊匪第八軍，斬獲甚衆。

四日 匪軍主力由黎川北竄。

五日 匪陷黃獅渡及金谿。我軍分由峽江、分宜、安福向路口圍剿。

六日 匪軍主力由金谿向黎川西竄。我中路軍第二縱隊由臨川向西進之匪軍攻擊。我贛西軍攻佔路口匪向永新逃竄。

八日 我第二縱隊主力進到金谿西南地區，被匪遷迴側背，遂分向臨川南城撤退。

九日 匪陷滸灣犯臨川未逞。我第廿九師由南城向貢獅渡反攻，匪軍向黎川竄。

廿二日 召集各機關各社團及學校報館主要人員，舉行擴大紀念週，講「各界團結一致肅清赤匪」，大旨如次：

一、今日形勢、國家民族之危難已非常嚴重，尤其江西更到了生死關頭，一定要大家共同認識，徹底覺悟，一致團結，集中力量來剿匪。

二、日本佔據了東三省，最近又進入山海關，全國在垂亡之日，救亡之道，祇在盡力抵抗，但牽制我們抗日的是赤匪，所以首先要將赤匪撲滅，早日結束剿匪軍事，以集中力量而抗日，中央亦已決定照此程式，所以蔣委員長不日就要移節南昌。

三、匪亂多年，所以未能肅清的緣故，因為赤匪裹脅民眾，士兵作戰，農人做挑夫，工人打草鞋，商人管糧餉，學生作宣傳，婦女做偵探，他們的黨與政更不必說了。過去我們剿匪祇靠軍隊，以一敵八，所以無功。匪患如同火災，火固無情，不會祇燒臥室饒過客廳，匪亦無厭，不會祇到贛縣，不來南昌。救火不能專靠救火隊，自己家人安心坐待，剿匪不能專靠軍隊，社會各界袖手旁觀，火燒屋人還可以逃避，匪殺人便叫你上天無路入地無門了。所以剿匪軍事要我們各界團結，一致努力。

四、現代國家一到戰時，沒有不是全國總動員的，日本侵略中國，動員及於妓女。赤匪學到這一套辦法，故其軍隊人數並不多，而壓迫匪區人民，不論男女老少，一致幫他殺人放火的工作，才形成今日燎原之勢。

五、我們過去太麻木了，好像一棵樹，南枝被人折斷，北枝一樣開花，好像一群羊，前面的被人宰殺，後面依舊吃草，不懂牽一髮而會動全體，人善被人欺，馬善被人騎，所以今日才會外受日寇的侵略，內遭赤匪蹂躪。

六、近日社會上亦時聞有一致起來抗日剿匪的呼聲，可惜還少表現有效的實際行動。大公報前次譏評廣東、廣西各界因熱河事件致電張學良，請他誓死抵抗，表示願為後盾，謂之「電報後盾」，真使人讀之愧死。我們今日要言全體動員剿匪，一定不能再是徒託空言，必須以實際行動，表現力量出來，關於動員者，政府將規定有法令，至於各界之如何行動，不日協剿會將會詳細擬訂辦法。

廿七日 蔣委員長離京來贛督剿，江西人心為之一振，此後軍事應有開展，祇在政治力量之配合。

卅一日 蔣委員長在南昌召開剿匪軍事會議。

二月三日 南昌市工人對共產黨作第一次大示威運動，來省府請願，余向之演講，大要如次：

一、日寇佔我東北之後，近復進入山海關，正積極在企圖窺我平津熱河，我們此時不能以全力去抵抗外侮，就因為有赤匪在後方之牽制，不得不分減許多兵力與財力來清剿，蓋未有不先安內而能攘外者。赤匪認賊作父，快敵忘親，與日寇相呼應，去年日軍侵上海，匪便圍攻贛州，今年日軍攻榆關，匪便進迫撫河，內應外合，故今日我們必先肅清內奸方可以言禦外侮。

二、江西匪亂七年，社會殘破，農工百業無不凋弊。共匪一本歷代造亂之手法，如黃巾、赤眉以及白狼之類，叫出利誘的口號，說是為窮人，而事實擺在眼前，他們殺人放火搜財掠物。沒有一天，沒有一處不是在拼命製造窮人，想把全國的人都失業破產，無衣無食，無家可歸，無路可走，好裹脅去幫他們當替死鬼。今幸人人皆已看穿了共產黨這套把戲，認清了凡是勾結外寇的都是漢奸，凡是牽制禦侮的都是國賊，而破壞我們安居樂業的都是我們的仇人，決不會甘受共匪之欺騙。

三、安內第一是剿匪，匪亂何以累年之不清，匪力本來有限，因為匪之殘殺與欺騙，裹脅了凡其所經過地方的一切民眾，士農工商不得不跟他走，於是形成了燎原之火。今日我們要剿匪，不能再用從前愚蠢的方法，專靠軍隊，必須士農工商全體動員，人人出力，照著政府法令，一致行動起來，萬弩齊發，然後可以縮短時間克平匪亂。

五日　南昌舉行「江西各界協剿聯席會」，余講演大意為：

一、今日之會是江西各界民眾自動的、直接的對國家危難來擔負一種責任的表現，其意義與價值之重大，為從來一切會議所未有，這是江西黎明的曙光。

二、七年匪亂人民已陷痛苦的深淵，東北寇深，國家已臻危亡的絕頂，蔣委員長本著攘外必先安內的要旨，來贛主持剿匪，掃除抗日之障礙，亦以解除我江西人民的倒懸。我們都認清了這是江西人民「超越死亡線」的嚴重時機，亦即整個中華民族與國家的存亡關鍵，所以日來各界紛紛聚議，大家都起來要想把握這個時機，以自救救省、救國家、救民族，聞各界業已分別會議多次，今日黨部與軍政同人亦欣然來參加聯席，定能討論出許多好的協剿方案來。

三、剿匪抗日的戰爭，成敗關係國家存亡，各界動員起來，也是各界本身份內之事。不過從前以為單純軍隊負責可了，祇須勞師不必動眾，其實，現代國家在戰時沒有不是舉全國之力而總動員的。日本侵略中國，全國總動員，而至於娼妓、乞丐。共匪造亂也是裹脅及於匪區全體民眾，此次攻金谿便是男女老幼傾巢而出，也是總動員的意味，人動其眾我應以寡，此所以過去之許多年剿匪未能成功而致抗日不及開始。

四、攘外必先安內，抗日必先剿匪。諸葛亮六出祁山，北伐曹操，必先五月渡瀘，七擒孟獲。崇禎舉大兵出山海關以對抗滿清，而忽於鼠竊狗偷張獻忠、李闖後顧之憂，致身先死於內賊之手，此歷史

教訓。即以近事論,民國十五年國民革命軍在廣州,若不先平東江,解決劉楊,豈能北伐統一中國。

五、國家亡於日寇,人人成為「亡國奴」,無可例外,此事人人知道。地方陷於赤匪,人人成為「刀下鬼」,無可例外,此事未必人所盡知。要問問由匪區逃出來的難民,才會曉得,赤匪所到達的地方,你的舖子、你的房子、你的妻子,一切一切包括你的腦袋在內都靠不住,都要被匪燒殺淫掠,所以我們今日要徹底明白,大家動員,為要抗日而剿匪,也是為要救自己的生命財產,嬌妻弱子而剿匪。

六、最近聞說蔣委員長要來南昌,人人喜形於色,委員長以前也曾來過,中因環境變化未竟督剿之功而復去。我們為防「夜長夢多」之危險,應該設法把剿匪期間縮短,凡事之成功,想要縮短時間,祇有增加力量,今日我們動員所能得到的人力財力多少,就是決定剿匪成功時間長短的標準。

七、力量不靠空泛講論,而在切實行動,希望今日聯席會中之坐而言者,立即起而行之,各自本身爭先為倡。

二月七日　蔣委員長決定南昌設立行營,統一指揮剿匪軍事,而以余兼行營參謀長之職,時兩粵猶未甚協調,余建議試徵白崇禧同意來任此職,藉以解除以前彼等與中央一切隔閡,且可以促成對匪四面圍剿之功,彌縫南面缺口。在行營祇增設一委員長辦公廳,余可兼其主任,實際在行營供職,委員長同意,乃派吳忠信赴桂就商。白崇禧於余,亦多所誤會,因並附致一親筆函,託便帶致,藉泯前嫌,兼為促駕。此事果成,有裨於大局非淺,與楊永泰等談至深宵,共祝吳忠信能達成任務不虛此行。

十二日　朱毛匪軍進犯南豐。

十三日　贛閩邊境之匪竄向浙邊。我中路軍陳誠總指揮各縱隊分由樂安、臨川、南城向南豐挺進。

十六日 蔡廷楷就右路軍總指揮職，並來電向委員長陳述作戰方略，圍剿形勢漸轉樂觀。

廿七日 我中路軍主力到達蛟湖、霍源，遭匪伏擊，損失奇重，師長李明殉職，大軍行動，誠不應有此失。

三月一日 在南昌協剿會講話大要如次：

一、我們希望在最短期間肅清匪亂，在今日內外形勢觀之，是一種順天應人的合理要求，祇要大家一致的繼續努力定可達到。曾文正公有言「軍事最懼勢窮力弱」，先就今日匪我之勢而言，赤匪的靠山倒了。從前赤匪靠他老祖宗俄國的支援才會猖獗，從前俄國係托羅斯基執政，對世界革命是積極進行的，現在托氏已被推倒，今日俄國當局祇想自力把五年計畫實行，不願與各國結怨擾亂世界，恐無餘力更來支援赤匪。

歐美各國的認識較清了，從前以為中國政府無力削平匪亂，現在瞭解祇是經濟困難一點，俱予我們以同情，所以宋子文到歐美均得到他們允諾為經濟的支援。日本的侵略亦較緩和了，過去趁火打劫以為赤匪能為有力的內應外合，現見匪勢日蹙，而其國內情形亦有相當變化，是目前料不致即有豕突狼奔的現象來為我們剿匪之牽制。國內政局較前安定了，類如江西朱主席時代本可將匪肅清，中因北方動亂，調去朱士貴、楊池生兩部兵力，以致匪禍復熾。魯主席在贛時，又因廣西之變及瀧海路之軍事，抽調剿匪部隊，匪勢更為猖獗。及後蔣委員長來贛督剿，本可一鼓蕩平，中間又有胡漢民之破壞，以致未竟其功。以上皆為政局之不安定所生牽制。

現在中央穩定，且湘、閩、粵等省皆已出力協剿，後顧之憂盡除，有我長匪消之勢，同時匪之內部亦漸漸瓦解，匪區民眾外逃，匪軍士兵且有團長以上之官佐歸順，此皆匪之眾叛親離現象。匪已窮蹙不堪，自我實施經濟封鎖以後，匪方因糧食油鹽之斷絕無法生

存，祇看其來投降之官兵無不面黃肌瘦，至於槍砲彈藥方面，其恐慌更不必說了，若更論人力，則我眾匪寡，不獨本省業已實施總動員，而蔣委員長更已召集全國人才前來江西襄助，此就人力物力財力方面，可以看出匪我消長之概況。

二、儘管在最短期間，可能解決匪亂，但是我們的努力不容少懈，自己努力，還要不容許別的少數人不努力。所聞協剿會中仍有一部份人不到會，不認捐的這種中立觀望份子，我們必須加以勸導，江西本身總動員之全缺，是肅清匪亂時間長短之決定因素。此次本會徵收協剿捐，而鹽務稽核處、鐵路局，而於此日江西人民生死關頭毫不動心，我們決不能加以饒恕，希望本會諸同志繼續努力，勿容任何藉口來破壞我們神聖的總動員。

六日 蔣委員長飛漢口轉車北上，指揮抗日軍事。

十二日 何應欽兼代軍事委員會北平分會委員長職務。

十三日 匪軍自資溪竄陷光澤。

十五日 劉峙代理贛粵閩邊區剿匪軍總司令。

十七日 匪軍乘國軍北上增援，分路竄擾贛閩各縣。

十九日 江西剿匪中路軍向廣昌進剿。

二十日 我中路軍第一縱隊在霹靂山，雷嵊山遇伏激戰，雙方損失均重。

廿五日 匪軍主力由東坡竄犯樂安。

廿六日 我中路軍第二縱隊馳援樂安。我第十五師攻佔永新，搗毀匪湘贛軍區指揮部及蘇維埃政府。

卅日 我中路軍第二縱隊解樂安之圍。

四月三日 匪軍主力陷新淦犯永豐，一部進佔金谿。

四日 贛江下游交通被截斷，南昌撫州吃緊，蔣委員長由京來贛，限令中路軍十三日前收復新淦。

八日 匪軍主力向贛江下游進擾。

十一日 蔣委員長在南昌召集匪區各省治安會議，昭示「攘外安內」政策。

十二日 蘇聯策動新疆政變，加緊對新疆軍事侵略與政治控制。

十三日 我中路軍收復新淦、永豐解圍。

廿二日 哈蒙回蒙聯軍進迫迪化。

廿七日 藏兵又大舉進犯西康。

廿九日 我中路軍克復新淦。

五月一日 國民政府明令特派陳濟棠為贛粵閩湘鄂剿匪南路軍總司令，白崇禧為副司令、何鍵為西路軍總司令、蔡廷鍇為南路軍前敵總指揮。

六日 中國國民黨江西第五次全省代表大會，致詞大要希望三點。

一、今日國家內憂外患交迫，是我們每一位同志當自警惕，不惜肝腦塗地來為黨工作的時候。二、每位同志當慨然為民前鋒，來做推進社會之原動力，協助剿匪。三、此之選舉要以人才為重，不夾私人分毫情感。

十日 川、陝、豫、鄂、湘、贛、粵、閩八省奉命總動員清剿赤匪。

廿一日 軍事委員會委員長南昌行營成立，余以江西省政府主席兼任辦公室主任，仍懸參謀長缺以待白崇禧之能來。

六月八日 五省剿匪軍事會議在南昌開幕。

十四日 朱毛匪軍犯南豐、宜黃、崇仁。

十六日 江西全省縣長會議在南昌舉行，余指示四事。

一、有人以為剿匪重軍事，縣長日忙於辦兵差、僱挑夫、購禾草，簡直無他事可做，有何政治足言。土匪燒殺，息息皆有關於人

民身家性命之事。政者事也，事無大於此。治者管理也，管理莫急於此，能協助軍事剿平匪亂，是即此日真正政治功能。政治與軍事，猶如人身體中之有紅血球與白血球，抵抗病毒靠白血球，扶持白血球靠紅血球，紅血球數量多作用更大，故剿匪時有三分軍事七分政治之口號。

今日縣長會議就是要來研究如何更以發揮地方政治之效力。

二、切實研究現在法令規章，是否盡與此日時間空間適合？管子有云：「法而不行，則修令者不審也」，各縣如有行不通之法應提出審議立即修訂。

三、切實研究執行法令的人是否皆盡到責任？「徒法不能以自行」，顏習齋有言：「讀書人祇是心中了了，口裡說說，筆下寫寫，而不實行去做……」。若是這樣，法令雖訂得再好也是枉然，我們今日負有政治責任的每一同志，皆當會同檢討一番，力求改善。

四、平時省府與各縣及各縣相互之間，皆藉文電往還，每事商處多所隔閡，今日聚會一堂希望各盡其言，無所隱諱、群策群力，掃除政治上障礙，發揮我們剿匪時期七分政治的功能。

十九日 江西全省縣長會議閉幕余致詞大要如次：

本會議三日提案一百餘件，總括其重要者不外三事。各位經過了詳細的研究，此後祇在於實行，余今揭出其重要三點：

一、關於自衛方面：完成保甲，健全保衛團，建築指定地帶之碉堡、橋頭堡，不要再藉口沒有錢沒有人而致耽誤，硬幹快幹，統限八月一日以前一律完成。

二、關於教育方面：一般社會死氣沉沉的現象，皆由於人人怕死的心理積累而成。一般人民個個喊窮的呼聲，皆由於人人怕勞的習性積累而成。我們要先之勞之，由本己及僚屬以身作則領導人

民，教之死裡求生之道，勞中致富之方，古訓有謂「以死教民強，以勞教民富」，望各位回縣去立即身體力行，一心一德造成復興的朝氣。

　　三、立即著手整理財政：遵照所頒佈之整理財政辦法，先行組織財政委員會，也限於八月一日以前一律完成。

二十日　藏兵分兩路進攻西康。

七月十四日　南昌行營制定「剿匪區各縣縣長兼軍法官暫行條列」。

十八日　廬山軍官團開學。

九月十九日　行政院任命蔣鼎文為贛粵閩湘鄂五省剿匪軍北路前線總指揮。

廿二日　行營設立匪區黨務處訓練備任匪區善後黨務工作人員。

第四次圍剿，深感政治力量之重要，決定政治與軍事併用之剿匪指導方針，自省政府以至縣、區、鄉、鎮、保、甲，皆以全力發動民眾以協剿。並於各部隊軍官及黨政工作人員，加以剿匪之精神與技術訓練，同時對於匪區實施嚴密的經濟封鎖，使匪區之糧食油鹽亦完全斷絕，是故匪勢日蹙，已不可能再負嵎自固。但我鑑於前三次圍剿之痛苦教訓，每當剿匪愈接近成功之會，內外之突變亦愈多，今茲勝利在望，乃不得不為未雨綢繆之地，乃綿密而重訂第五次圍剿之計畫。

第五目　第五次圍剿

十月　蔣委員長在南昌召集剿匪會議，訂定「第五次圍剿計畫」。

六日　南昌行營令對匪區厲行物資郵電交通封鎖。

九日 行營令飭限期完成贛浙、贛鄂、贛湘、贛粵、贛閩五大公路,江西省政府遵即發動民眾,徵工徵料,大約每公里需費公款四百元,人民隨在踴躍從事,有新婚夫婦禮成後即改裝參加築路者。

十八日 我北路軍第三路軍佔領裡塔墟。

廿二日 蔣委員長發表「告赤匪士兵書」,指示投誠路線。毛匪澤東在寧都召開匪全蘇大會,策定所謂「反圍剿」對策。

廿三日 北路軍總司令顧祝同前敵總指揮蔣鼎文在南昌就職。

廿四日 省府令縣發動民眾,為我北路軍守備部隊趕築硝石、黎川間之碉堡。

廿五日 贛南之匪犯洪門,被我第三路軍擊退。

廿六日 蔣光鼐、蔡廷鍇與朱毛匪酋訂立攻守同盟。

廿八日 省府令縣為北路軍構築南城新豐市及裡塔官嶺前一帶之碉堡完成。

廿九日 南昌行營頒發「剿匪區內施政網要」,以修明政治,培養地方原氣為要旨。

十一月一日 各地舉行剿匪宣傳週。

五日 行營通令核減田賦附加稅。

十日 贛南匪向許灣襲擊,經我北路軍第四師及航空第三隊之增援擊潰之。

十二日 匪以全力襲擊吳家崗我軍增援部隊,經我第四師擊潰之,隨解許灣之圍。

十五日 北路軍第三路軍襲佔雪蓋山、船形山。

十九日 我北路軍第三路軍攻佔大雄關克復神崗。

二十日 陳銘樞、蔡廷鍇、李濟深、蔣光鼐等勾結共匪發動閩變,宣佈成立偽人民政府。

中央政治會議議決克日敉平叛亂。北路軍第三路軍克復黨口。

第二編　北伐成功之後

廿一日　國民政府明令行政院軍事委員會迅予處理福建變亂。

廿四日　南昌行營重行策定剿匪及討逆全盤計畫。在訂立「第五次圍剿計畫」時，已預爲之地，故能臨變不驚，從容區處。

廿七日　藏兵犯西康。

十二月二日　南昌行營令第二、第四兩路軍入閩平亂。

十一日　行營決定施行碉堡政策，以臨川等廿縣爲碉堡群區。贛南之匪向崇義五都進犯被我擊退。

十三日　我第三路軍策應討逆軍攻佔圍村。

十四日　南昌設立匪區善後委員會，委員三人，由第三路軍總指揮陳誠、省府委員龔學遂、省黨部委員李中襄組成之，以陳總指揮爲委員長，內設二處，黨務處委員三人，由省黨委李中襄、王冠英、劉家樹擔任之，李委員爲主任，政務處由龔委員學遂王專員又庸，陳主任國屏擔任之，龔委員爲主任。辦理匪區黨政軍各種事宜。

省政府規定四隊之組織，即日成立：第一救護隊：由江西各界民眾協剿會組織之，共八班，每班卅二副擔架一百廿人共一千餘人，月需經費一萬餘元。第二工程隊：由公路處組織之，約八千餘人，月需經費十餘萬元，每月可築成公路一百五十里。第三俘虜收容隊：由保安處教導大隊組織之，預定收容俘虜六千人分配築路，五十人爲一分隊，三分隊爲一中隊，三中隊爲一大隊。第四鐵肩隊：由主席或省府派人任總隊長。由各縣挑選組成分隊，縣長兼分隊長。全部運輸必須三萬餘人，除各地臨時可僱用一部份外，一萬五千人大概就夠。

十五日　我第三路軍策應討逆，攻佔德勝關，抑留匪軍入閩。

二十日　討逆第四路軍進抵建甌。我第三路軍策應討逆，攻佔黃土崗。

廿一日　討逆第二路軍進抵南屏，贛南之匪犯泰順不逞。

廿三日　行營令，限年內完成江西公路十里護路堡。我海軍收復廈門要塞。

廿五日　我第五路軍策應討逆進抵順昌。

廿七日　在黨政會議指示廿三年剿匪工作三點：

本剿匪年未能將匪肅清不必怕醜，訂成明年為剿匪第二年，亦是正當的。昔吳王夫差每日令人立門外呼曰：「夫差爾忘越王之殺爾父乎？」則應之曰「不敢忘」。如是者三年，終以破越，正可為吾人之效法。

明年民國廿三年之剿匪工作要點：

一、安定剿匪環境：過去國外友邦每懷疑我政府將無力剿平匪亂，一年來因我剿匪軍事政治之進展，國際間觀感已大改變。過去國內人士每懷疑抗日應先於剿匪，自中央樹立了攘外必先安內之國策後，社會視聽為之一新。有此內外信心之堅定，是以民眾振奮踴躍協助，士氣鼓舞，爭先殺敵，是以最近大小激戰十二次均獲全勝，惟成功愈到接近之時阻力愈大。福建陳銘樞等聯日通匪稱兵倡亂，又使赤匪在四面圍剿之末日，網開一面，得延殘喘。閩亂固兒戲，不足道，不過這確是赤匪之傀儡，遲發不如早發，有助於我剿匪環境之單純化。

二、充實剿匪力量：剿匪固須靠軍隊，但軍隊時有調動，赤匪之零星小股豕突狼奔，俟軍隊調到則地方已蒙其害，故要積極勵行我們「三保」政策來充實剿匪力量，即組織保甲，擴充保衛隊，建築碉堡，使各地各村，本身有守禦力量與軍隊相呼應，即間接的增加了軍隊清剿的力量。

三、黨政軍民協力合作：一年以來，不僅黨政軍各方的努力，尤以民眾力量表現於協剿者更有足稱。即以省會言，各界協剿會組織鐵肩隊、救護隊及其他慰勞宣傳等事宜，成績昭著，用款達百餘

萬金。至徵工建築南昌、吉安、南城三大飛機場，修舖各幹線石子路面，修築各縣道、鉅大工程，有令立辦，此各縣民眾協剿之熱烈表現。今匪主力雖已擊破，而猶未能根本肅清，需要吾人繼續之協力合作者正多，我們協剿工作，今年有未達到之任務，必期於明年以內完成之，並望將明年應做之工作標準，迅速訂立，以便廿三年相互協力的開始。

廿九日　贛南之匪竄擾粵東。

民國二十三年。元旦　檢討對匪封鎖之碉堡圖，各線除公路之碉堡外，已築成有二千九百座。

十五日　雨雪，樹枝凍，下午五時往探視故胡師長德如太夫人病，見其老邁龍鍾，病骨瘦削，甚為之憂慮，當即電話鄧警銘，令即為其室內外安置鐵洋火爐各一具，室內炭火盆撤去。若德如在世，其母當不至如是之淒涼也。

二月五日　九時至教導大隊。講話要旨：教導應因時因地因人而施，不可擇時擇地擇人而施。

六日　匪軍蕭克、孔荷寵等股敗竄贛西。

九日　蔣委員長由杭飛返贛，余與賀國光往機場迎接，並送至北壇行轅，報告我北路軍攻佔大小雞公山等剿匪近況。七時復應召往，承詢閩亂平後國家前途，及此後政治施設？

余答云：閩亂雖平，國家未必即就安定，當閩亂發生時，操心慮危，今閩亂粗平，亦未可即安心釋慮，亂平當先剿匪，匪平之後能無外患，始可著手於建設現代的國家。但準備應早著手，如人才之培養，計畫之擬訂，經費之籌備等等皆是，必須政治施設目標顯明，人心有所趨向，否則匪平之日，即政變又將發生之時，亂無已止。

十五日　晚九時在家召集各設計委員開會，決定「新生活運動」方案。余所擬訂四個基本標語：「禮是規規矩矩的態度，義是正正當

當的行為,廉是清清楚楚的辨別,恥是切切實實的覺悟。」於廉字解釋,眾議紛紜,余再四說明,不主修改,楊永泰更支持之,始通過。

十七日 在行營舉行設計會,委員長主席,通過新生活運動方案。

廿二日 我北路軍完成漳南碉堡封鎖線。

廿五日 我東路軍攻佔沙縣,北路軍第三路軍推進至南豐。

三月四日 總檢閱南昌新生活運動,宣傳、糾察,指導各隊人員,並講話,其大要在說明本運動之性質,是人們自動向生活上的革命,本運動之目的,在掃除一切懈怠萎靡頹敗之生活舊習慣,而展開一種民族復興的生活新氣象。這不祇是口裡說說,筆下寫寫,而要身體力行,憑手去做出來,才能有效。

十一日 贛南之匪第三、第五兩軍以全力向東華山五都寨猛犯,國軍放棄東華山。

十七日 北路軍第三路軍攻佔甘坊,匪向廣昌竄逃。

十八日 南昌行營召開甘、陝、川、豫、鄂、皖、湘、贛、浙、蘇各省行政會議,制定「剿匪區救濟民眾辦法大綱」,促進軍民合作。

四月廿八日 北路軍第三路軍攻佔廣昌,打開贛南匪區之門戶,東路軍第十縱隊佔領挽舟嶺。

五月一日 北路軍第六路軍攻佔龍岡,構築沙溪龍岡公路。

十日 新疆馬仲英殘部據喀什,組織「回回國」。

六月 南昌行營召開各省保安會議,昭示各省訓練保甲團警。

廿六日 南昌行營通令豫、鄂、皖、贛等省,六年內禁鴉片。

廿二日 雲南省政府電英人,攻班老甚急。

廿四日 贛閩境內匪勢日蹙,贛境僅五縣,閩境僅四縣,尚待清剿。偽「蘇維埃中央政府」移閩境寧化,匪欲東竄自佳。

七月廿一日 贛與豫、鄂、皖、閩五省奉行營令，實施合署辦公。

八日 蕭克殘部由遂川西竄，西路軍第一縱隊由永新追剿。

卅一日 北路軍第三路軍突破贛南匪軍主力所謂要塞地帶，攻佔驛前。

九月十二日 南昌行營規定「收復區土地處理辦法」。

十月四日 北路軍第三路軍進佔石城。

十日 北路軍第六路軍攻佔古龍岡。

十一日 北路軍第八縱隊攻佔興國。

十四日 南昌行營令南路軍於贛州、大庾、南雄，西路軍於汝城、郴縣趕築碉堡，嚴密封鎖。東北兩路軍繼續向瑞金、會昌進剿。贛南匪軍以一部向信豐西南猛犯，掩護其主力之突圍。

廿一日 瑞金會昌之朱毛匪軍殘部主力準備突圍。

廿四日 蔣委員長飛經濟南赴北平。

匪勢已懾當防漏網，戰略上配置應堵截其西竄，壓迫之向閩境海濱，否則有縱虎入山之虞，不獨難以聚殲，後患無窮，今移興國方面之兵，增為進擊瑞金之用，無異網開一面，太急近功，無力回天，自慚伴食。

廿五日 贛南朱毛匪軍主力殘部約十萬人已突圍西渡章貢二水，紛向義安撫江、楊眉寺竄擾。南昌行營令南路軍尾隨追擊，西路軍於桂東、汝城及湘南堵截，北路軍一部向寧都、興國間集中準備追剿。

十一月 北路軍第三路軍收復瑞金，東路軍收復會昌，朱毛軍殘部流竄宣章、樂昌一帶。

十七日 北路軍收復雩都。

二十日 江西省政府劃收復區受匪禍最重之瑞金、石城等六縣為特別政治區，擬具「施政建設綱要」。

第五次圍剿期間雖亦內有閩變，外有邊患，尤其是閩中蔣蔡勾結朱毛所造成我側背直接之威脅特甚。幸已早有綢繆，討逆之師東移，「僞人民政府」即亦瓦解。此時在贛國軍之剿匪環境更爲單純，乃得以全力而對匪，匪勢亦因之日蹙。惟匪盤據贛南有「內線作戰」之便利，出入林谷，運用其游擊之慣技，可能隨在豕突、四處鼠竄，我剿匪部隊深入山地以追窮寇，自須「先爲不可勝」，穩紮穩打，逐漸縮小包圍，以期一鼓聚殲之效，於是此次圍剿之指導要領，與其前各次不同。

例如：（一）採用「反游擊」戰法：部隊接近匪區，「行軍」必減短行程，提早宿營。「宿營」必先作工事然後炊爨。「作戰」必控置相當之預備隊。（二）完成外圍交通：爲減少我「外線作戰」之困難，趕修湘浙間橫貫江西之鐵路。與由江西直達湘、鄂、浙、閩、粵五省及江西境內縣縣通之公路。（三）實施「三保政策」：健全「保甲」，杜絕匪之滲透。充實「保衛隊」防制匪之散擾。建築「碉堡」堵截匪之流竄。廿二年底除掩護城市等要點之碉堡群及掩護交通沿公路之碉堡線外，其專用於封鎖匪區之碉堡圈，即已築成有近三千之數。（四）厲行全面封鎖，來往匪區之水陸交通以及郵電，一律堵截，任何物質無分軍用民用，概予斷絕。諸如以上各端皆由軍民之協力，次第完成，故匪乃不得不傾巢以出而作流寇，惜當時戰略上部署未能將其主力殲滅，又未能壓迫之使向東南濱海方面以去，終遺除惡未盡之憂，是誠一大憾事。

第三節 江西剿共期間之政治工作

蔣委員長一再昭示「剿匪力量三分軍事，七分政治」。江西政治在剿匪期間，皆以配合軍事爲主旨，一切設施散記於各年次。又另有

省政府完整彙編之「贛政十年」專冊可查,茲不重述,但略舉其於軍事影響最大之重要數端如次:

第一目 發揚民氣

喚起人民之自治與自衛:江西民氣消沉,人情惴怯,長期在北方軍閥壓制之下,對政治從無置喙之餘地,無蘇浙之富裕,無湘粵之強悍,文弱之氣積重難返。即自民國十五年以後,匪亂浸尋,天災洊至,亦從未得少蘇喘息。民國廿年省政府改組,人民提出「贛人治贛」之口號,殆已警悟到地方之事,要本地人人負責起來自治,即所謂天災人禍,亦必須本地方人人出力起來自衛,政府因時而利導之,於是奮臂以起,相率一反向來「偏私」、「傲漫」、「頹惰」、「苟且」不生不死,不痛不癢之風氣,而與政府上下一心,以死爭強,以勞爭富。如火之烈烈,如風之發發。終能形成協剿之一種力量。

第二目 掃除穢弊

一、提倡「公勇」:勉勵盡忠報國,敵愾同仇,匪亂期間「各人自掃門前雪,不管他人瓦上霜」,是江西當時一般社會通病,幾於國家興亡,匹夫有責之觀念亦並消失,以故大戶可以公然抗糧,富商可以慣行漏稅,甚至九江巨紳敢於庇護親屬,拒納田賦,武寧元老,竟至假借權勢,挪用公帑,而且各縣械鬥時聞,各派暗爭無已,乖戾之氣瀰漫雙江,視成故常,恬不為怪。政府乃不得不一面遵循法律,厲禁嚴繩,一面提倡道德、潛移默化,咸謂今日安內攘外救亡圖存之道,必須力矯時弊,要鼓盪社會有公忠體國之心,勇敢同仇之氣始,可一致動員,相與剿匪。於是首先設立地方政治研究會,輪次召集各級地方政治幹部,揭櫫「公勇」二字,懸以為訓,譜以為歌,使之目

矚耳聞,心維口誦,朝夕漸摩,一其趨向。期於將來各返其崗位以身作則,而為社會倡,歌曰:猛烈精進,逢山闢路,遇水架橋行。萬事由人創造,活潑的機動力,旺盛的企圖心,是真做事精神,以求社會進化,以求國家復興。毛將焉附,皮之不存,個人何足論?以期扭轉社會自私與畏難之病態心理。

二、重詮道德意義:講求剿匪平亂之道,救國安家之德,匪亂期間猶有一部份舊時讀書人頗不瞭解現代戰爭,尤其剿匪軍事之性質,必須盡其社會各階層之全力以從事,方克有濟,而仍袖手高談其鄉愿式之道德,且時有一種王道霸道,禮齊刑齊之迂論,影響人心,乃不得不作「道德詮言」,以適應剿匪之需要。

三、鼓勵「力行」:掃除袖手坐論,舉目興嗟之弊習,匪亂期間一切動員工作,急於救火,而社會一般妄想空談,舞文弄墨,類屬於坐而能言,不是起而能行之充饑畫餅,為矯斯弊,作「力行歌」,譜之以通行全省,其詞曰:心裡想,怕不行。口裡講,怕不真。筆下寫來更容易。究竟青紅皂白?要人兩手做出來才見分明。

四、推行「新生活運動」:匪亂期間舊有生活方式,暮氣沉沉,適足以為製匪造亂之溫床,非加改革不獨無以建立現代國家,且將難望盪平當時赤禍,於是勵行「新生活運動」。由於蔣委員長之倡導,全國景從,人人能齊以規規矩矩態度之禮,自然會尊重國法。能喻以正正當當行為之義,自然安守本份。能立以清清楚楚辨別之廉,自然不至盲從而為非作歹。能明以切切實實覺悟之恥,自然不至妄動而昧己欺心。以南昌為發動之中心,男女老幼莫不風起雲湧,於是社會改觀漸漸而有朝氣。

五、提倡勤儉:匪亂期間雖曰民窮財盡,而一部份浮華之氣尚未盡除,政府乃首倡「兩人之工一人做,一日之飯兩日吃」,裁冗員,節浪費,公務人員一律布衣糲食,禁止一切紛華宴飲與厚重餽貽,揭

「廉潔努力」四字為公務人員最小限度要求。當時海關初收回自主，內地釐金取銷，而海關稅率猶受列強牽制，不能自由調整，門戶闖開，洋貨反暢行及於鄉僻，國產幾於受外貨之侵凌，難以立足，如南洋兄弟煙草公司之產品，不能與英美煙草公司競銷之類，不勝枚舉，甚至鄉村農民日用之火柴，亦必來自瑞士資本之廠品。省政府乃向中央力陳江西連年匪患民不聊生，請准江西省境內特設「剿匪善後捐」，以濟其窮，為時雖暫，而提倡增土產，用土貨，勤儉之風已開，不獨洋酒洋煙幾於絕跡，即建築及傢俱等，所用木材亦莫不相競而以省產代用柚木、柳安等舶來品，街市來往，祇見長袍短襖，而少西裝革履，無復更有十里洋場之氣象。

第三目 整肅官常

一、嚴治貪汙：剿匪期間凡屬貪汙案件一律以妨害剿匪論，交由軍法審判，一時弊絕風情，貪汙罪犯頓少。

二、淘汰庸惰：國家之壞由官邪也，拖、拉、推三字是新官僚逃避責任的邪惡手法，一經察覺立即撤辦，故能上下員司，夙夜匪懈，平均勢力，從無怨言。

三、斷絕三緣：破格選用平亂之實幹、硬幹、苦幹人才，一掃從來地緣（同鄉）、血緣（親戚）、事緣（故舊）之情面，故雖號召「贛人治贛」而能薈萃全國人才，了無畛域之見。

第四目 健全制度

一、確立各級行政計畫與財政預算：從來省縣皆付闕如，今於江西開始建立。二、增加督察：並於省縣之間分區增設一行政督察專員。三、實施新縣制：省府始有健全之指臂。四、完成縣以下區鄉鎮

組織：一省政令始能達到下層。五、編配保甲清查戶口：素稱三千萬人口之江西，始知僅有一千三百餘萬。六、航空測量土地：清理田畝，印發每戶地權圖，田畝素無圖籍，自明代張江陸曾辦一次丈量之後，數百年來界址不明，至是有地權者始有圖可據。

第五目 扶植農工

一、舉辦各種合作事業，減少剝削。二、鼓勵冬耕：協助增產。三、疏導水利：清理積年溝渠以及修堤作壩等，洪楊亂後，舊時溝渠大都廢塞，至是始漸恢復。四、提倡小型工業：創設酒精鋸木等四十餘廠，力求自給。五、組織興業公司：扶助民營企業步入正軌。

第六目 充實自衛

一、實行各戶連保：杜絕匪類之窩藏潛伏。二、組織人民自衛隊：清除散匪。三、加強各縣保衛團：各縣直屬武力對抗小股匪之竄擾。

第七目 加強教育

一、創辦保學：每保必辦一小學。其時師資經費皆有問題，不免粗製濫造，但此乃為文化宣傳之神經系統，保學則其末梢，故有「三比」之決策，即「有比無好」、「多比少好」、「快比慢好」。於是強制各保以宗祠廟宇為校舍，可唸書本之識字者不論資格，即可以為教讀，及齡兒童皆須入學，規模粗具之後，再從容輪次將師資加以補訓或調整。二、創設幼稚師範學校：後經改隸直屬中央。三、創立省縣婦女工作指導處：分派人員往下層從事婦女工作及生活之改造。四、創立農學院：江西為產米之區，為戰時糧食倉庫，農業之改進是

當時迫切之需要。五、創辦政教合一之中正大學：遵照總裁蔣公之政治理想建立我民族復興之精神堡壘。

第八目 擴充衛生

一、創立省縣衛生院。二、設立鄉鎮治療所。

第九目 完成交通

一、建築贛浙鐵路：橫通湘浙。二、開闢公路：完成贛浙、贛鄂、贛湘、贛閩、贛粵五大公路，先以便利軍運，次以江西境內縣縣通為其目標。三、建設飛機場：先利軍用，次及民航。四、完成各縣及重要市鎮電報、電話及碉堡間電話。

第十目 運用民力

一、建築護城以及重要市鎮，護橋護路之碉堡群。二、組織救護隊、鐵肩隊等，以輔助前方之擔架及運轉之不足，又有工程隊、俘虜收容隊等皆赴前方隨軍工作。三、徵工徵料：所有公路機場碉堡等之土木工料，皆由附近縣區徵發人民自動組織，編隊前進工作地點，並各自攜帶糧食寢具，由當地士紳率領，政府派遣技術人員指導。

本節所列舉十目之設施，語之現代政治微不足道，瞠乎在後，不知若干里程。惟以我國自鼎革以來，戰亂不已，即在民國十八年北伐統一之後，內憂外患，迄無寧日。是以地方政治，並未有何進步，加之赤匪乘間竊發，滋蔓難圖，於是深感剿匪非單純軍事所可為力，乃有七分政治之呼聲。江西匪患之深，甲於全國，在民國廿年全省八十三縣，僅有約廿縣略為完整，其時言地方政治之改進，亦實等於臨渴之掘井。經過一番披荊斬棘之繁難，祇不過稍除其已甚之弊，猶未有

何興利之施為。且此亦全賴於委員長蔣公之雍容坐鎮，全省人民之汗血交拼，才倖達成其協剿之一份任務而已。

第四節 江西剿共軍事結束

十二月十日 首都及地方紛紛舉行剿匪勝利慶祝大會，匪軍並未被殲滅，轉為流寇而已，此日而言勝利，祇自懈其氣耳。

三十一日 南昌行營令剿匪省份縣政府裁局設科，廢除區公所，改稱區署。

民國廿四年。元旦 八時行營團拜。余講話大意：「南昌行營之結束是江西部份剿匪之成功，在結束之後，我行營同人應帶著行營刻苦耐勞精神，以從事中國復興工作，勿因時期地域及業務之變動而稍有不同。朱毛匪軍在江西並未被殲滅，祇是被驅逐而西竄，若不能及時堵剿，而予以喘息機會，難免不死灰復燃，捲土重來，我們不但不能私其以鄰為壑之幸，且當凜其除惡未盡之憂。」

九時在省府及省黨部團拜：余講話大意：「江西剿匪軍事可漸告結束，而復興政治即將開始，我們全省上下應一致更努力準備流汗三年，把新江西建設起來。」

四日 省務會議，各委員對於公務員被密告吸食鴉片者，須防誣陷，故主張告發人應具切結，余否之，以為如此則無人願為密告。但受理密告人特加慎重即可，群頗疑慮，蕭、吳兩委員並主以德化，不以法偵察，余以屬法治猶不能絕，德感其何可化，仍通過密查嚴辦案。吳委員復言余平日對人言辭太厲害，使人不安，是吾之過歟。

七日 省府聯合紀念週，余講本年清匪工作如次：剿匪容易清匪難，剿匪用兵，其匪殺人放火而易辦。清匪用法，其匪忍心害理而難知。匪者非也，習於不正之行為者，皆謂之匪人。本廿四年開始的工

作,最要緊最迫切的便是清匪。匪有很多種,以前大家的觀念,祇認爲有槍有砲,殺人放火的共產黨才是匪。然而仔細研究起來,凡是一種行爲不近天理人情、不合國法的、胡作非爲的人即是匪人。現在大概的可分爲五種:

第一種匪是殘匪盜竊。這是大家所明顯認識有槍有砲的匪徒,叫做殘匪,即是指殘存在江西各地的共匪餘孽。他們已經沒有多大力量,現在綏靖公署與本府保安處正在詳細計畫徹底清匪。至於盜竊是指各地所有的明搶暗偷的匪徒,也是我們所應當剷除的。現在南昌附近十里八里的地方,常有盜賊的案件發生,顯然是地方當局疏於防範的關係。已經令限南昌縣政府在一個禮拜內破案,如果查辦不出,一定嚴辦不徇。此類案件發生,最初未得南昌縣的報告,後來本主席去詢問,他們說這是小事情,不必報告主席。死了人命,搶了錢財還是小事情,要甚麼才是大事情?如果不能如期查明出來,一定是要嚴辦負責人。又如南昌市面上常常發現小偷的事情,辦保甲辦這許久,結果還會盜賊時生,小偷橫行,這定是保甲組織不嚴密,以後要責成公安局與市政委員會把保甲切實辦好,不容許再有小偷的事情發生。

第二種匪是貪官汙吏。貪官汙吏是最高層非爲的匪,也是大家所痛恨,如果現在還有這種官匪行爲在江西政治上發生,查到了一定要照以前所定的辦法一樣嚴辦。幾年來我們所辦貪官汙吏的案子很多,這些案子都是毫不徇情的嚴厲執行。上面所說兩種匪,是大家都很注意,其餘的三種匪,卻是比較少有人注意。

第三種匪是土豪劣紳。土豪劣紳在鄉下,都是具有相當財產和知識,本應是鄉村中的領導者,然而他們竟任意胡作非爲,甚至破壞政府法令。如最近南昌縣辦理土地登記,政府花了鉅大經費,舉辦航空測量,測繪正確地圖,以便整理田賦,好容易才在這樣久的時間內辦理完竣。以常情論,一般人民尤其是有知識的紳士,一定要體念政府

此種慘淡經營，協助政府早日完成，現在外人都說我國是無組織的國家。第一土地沒有管理；第二人民沒有組織；第三主權沒有執行。政府既有決心努力測量土地，管理土地，而人民反從中破壞這是從哪裡說起？而且一般三畝五畝地的人，都已遵照登記，而數十畝數百畝的地主竟反對登記，公然在南昌聚眾開會，鼓動反對，經政府幾番說明登記用意，稽延至今，還是抗延不肯登記。這種大地主便是土豪劣紳，他們破壞政府法令，不肯登記的舉動便是匪的非為。我們今年清匪工作，便應將這種土豪劣紳的匪清除。如果土豪劣紳再敢反對土地登記，便應與土匪一樣處罪。

　　第四種匪是市儈奸商，這種平常亦為大家所忽略，其實市儈奸商的罪惡，並不下於共產黨與貪官汙吏。共產黨與貪官汙吏是有形的匪，市儈奸商是無形的匪，共產黨貪官汙吏是一次次的大貪汙，市儈奸商則是由許多日常的小貪汙積聚成為大貪官汙的，然而同樣都是害民之匪，如政府舉辦營業稅，竟有許多市儈奸商從中作梗。這祇是為了他們少數人的利益，而不是為了大眾。這種破壞政府法令，祇顧自己利益的人，不是匪是甚麼？以後不顧如何反抗還是照以前的辦法執行。現在是大家活的時候，如果要大家死，少數人活是不行的。我們清匪便要清除這種祇顧自己活不顧大家死的市儈奸商。

　　第五種匪是流氓地痞，現在各縣的流氓地痞，滋生事端，無惡不作，尤以到處活動，控告官吏為能事。官吏做錯了事情被人控告本是應當的，但是告官須有實在的事實，充分的證據，不能亂告，我可以任人控告，然而我以下的官吏，我得要保障他們，沒有事實和證據的誣告，一定要辦反坐，流氓地痞再來任意誣告就要辦流氓地痞的反坐。

　　以上五種人都是胡作非為的人，即都是匪人，便是我們清剿的目標。以前我們祇注意到赤匪盜賊和貪官汙吏，而沒有注意到土豪劣

紳、市儈奸商和流氓地痞這三種匪，連講都很少人講到。今年我們對於這五種匪都要切實清查出來，給予根本剿滅。因為江西境內的大股土匪，現在已經沒有了，有的祇是這些零星小匪。小匪專靠槍剿是不行的。任何一種生物如果其本身沒有一種抵抗力，拔毒是拔不盡的。所以我們社會上人人要有對殘匪有一種清楚的認識，政府要明是非，社會要辨黑白，若仍使各處都有匪人混跡，則是造匪的因數，依然可以安枕無憂，殘匪也將剿之不盡。貼膏藥祇能拔毒不能生肌，現在我們是要拔毒也要生肌。阻礙生肌的便是大家所不注意的土豪劣紳、市儈奸商和地痞流氓這三種匪。因之我們以後對這三種匪更要注意，努力清剿。我們不能否認今日社會是鬼多人少，南昌也不會例外，鬼多的地方會死氣沉沉，正氣不會生長，正氣不生長社會如何能得清明，希望大家在廿四年的清匪工作上切實將上面這五種匪清剿出去，社會才有正氣，社會才有生機。這是我們全省政府以及社會人士應該有的一致的認識。

十二日 奉召赴京，過九江便往市街巡視，見小巷汙濕不堪，公廁臭惡如昔，一種頹廢氣象並未少變，惟員警精神較佳，李委員立侯言多於行，鮑縣長官氣太重，故社會殭凍迄未推動，下午登江新輪夜開駛。

十三日 輪中餐室，群客雜臥頗為紛亂，比較上等之人生活猶復如此，況其次等者，此非教育問題，亦非經濟問題，無關於個人之智愚貧富，要皆習染成性。新生活運動實為今日對症之藥。

十七日 蔣公宴請段祺瑞老先生，應召作陪，公尊師重道，優禮有加，此老剛正，究有不同於民初時一般風雲人物。

廿一日 方志敏股匪竄回贛東北老巢。

廿三日 贛浙閩邊區之匪肅清，匪首方志敏在懷山就擒。

廿四日 早晨抵滬，上午即往訪段芝老（即段祺瑞——編者注）及吳光新、曾雲霈、梁鴻志諸君，晚與王揖唐談至午夜始散。

廿五日 午赴段芝老宴，在坐有王揖唐、吳光新、李贊侯、曾雲霈、梁鴻志、許世英、錢新之諸人。

廿九日 早返抵京，午赴唐有壬次長招宴，在座有鈴木中將及影佐、宇宮兩中佐等，晚復約鈴木、影佐、宇宮等茶話於惠龍飯店，至十一時散。所談中日間問題，對方詞強於理，盛氣凌人。影佐等雖為余昔時陸軍大學同班同學，要亦如醉如狂，不復似有人性。影佐云：滿洲問題為曩昔排日之結果，余言滿洲問題是今日排日之原因，日本對華侵略政策已著著見諸行動，大劫難逃。此輩來華對各方談話，無論其好如鶯語，惡似鴉聲，絲毫不足影響於其國策。

卅日 早蔣公召詢昨夜與日人談話情形，當以實告，謂此輩不過其軍部派遣來華覘候。

卅一日 晚與黃郛（號膺白）談中日問題，彼言優越感、排日感有礙東亞和平。余言不如說刀俎感、魚肉感較恰當，中日問題完全係由於強弱利害之打算而發生，不是甚麼感情好壞之彌縫可解決，旋楊永泰交來日間所擬訂對日方針及辦法。大意如次：

一、原則：1・東四省交涉（以和平手段保全主權）。2・相互間之言論行動（以平等和好目標恢復常態）。3・懸案之解決（以根據事實逐漸商討，維持正義）。

二、辦法：1・執行機關：（黨部、軍政機關……）。2・辦理事項：（取締排日貨、修正教科書及內部聯絡……）。3・折衝準備：（政治、經濟、債務……）。談至更深，又共閱讀「敵乎？友乎？」一文，二時半始散。

二月一日 偕周遠村等赴楊杰寓，宴影佐諸學友，飲半酣，談及東三省事，影佐言：日本國民在中國今日排日氣焰之下，滿洲國之取

消絕不可能云云。彼爲日本軍閥之爪牙，自然爲其國家侵略之政策作解說。周遠村學長尙欲與之相約同學輩一月一小會，三月一大會交換意見，共同努力消除日本之優越感及中國之排日氣氛，以期中日雙方親善之恢復，亦似過於天真。

　　三日　早抵九江與楊永泰等至碼頭及大街巡視一遍後，轉乘汽艇登文星艦晉謁蔣公。談在京與影佐等談話情形，蔣公示以日昨在報宣載與記者談話，大致亦和余與影佐所談相類似。

　　四日　委員長由京抵廬山，指示結束南昌行營。

　　五日　余出席省務會議，見各區行政專員，聽取各區行政上困難情形後，至行營收復縣區善後講習會，講演「收復地區行政三步驟」，其詞大要如下：

　　講習的首先一件事是要知道「匪區的真實情況」。過去我們所得到的匪區情形多不正確，不是惑於土匪自捧自的宣傳，便是誤於打了敗仗的軍隊，盛誇土匪本領高強，以掩飾自己之無用。因此，根據一些不正確的情報，擬定了不少的對策，到現在始發覺其不切實際。例如匪區的土地問題，一般人都認爲很嚴重，首先以爲分田地是貧苦農民最願意的事。土匪之所以相當得到農民的幫助，完全是得力於他的土地政策。其次則以爲所有地主的土地既被沒收而分配於農民，原有契據必被焚毀，原有田塍必被劃平，待到收復之後，地主回來要收回他的土地必起重大糾紛。於是根據這種觀察，製定了六十多條的農村土地處理條例，要特設農村復興委員會來專管這件事。

　　不料我們收復黎川、廣昌之後，我們知道完全不是那麼一回事。第一，農村對於匪政府的分給田地並不高興，其原因是吾國土地制根深蒂固，所有權的觀念等於天經地義，一旦無條件的奪他人田地據爲己有，良心終覺不安。所以黎川農民分得田地之後，竟有私自向逃亡在外縣之地主納租金者，而廣昌田地分配之後，仍各耕其原有之田，

而對於新得之田,則多置之不耕。加以匪黨匪政府對於土地收穫之剝削,異常苛刻,農民徒擁土地所有者之虛名,而其所得實利,反不如做佃農或僱農之多,故所謂農民擁護土匪之土地政策,乃完全出於土匪之宣傳,而絕非事實。至於江西田地皆高低不平,其田畝圻數多依自然的地形而定,若去其田塍,則高處田地之水悉向下流,變成乾土而不能耕種。故所謂分配田地之後悉毀平經界一說全屬子虛,所以現在黎川、廣昌兩縣收復之後,並不發生甚麼土地糾紛。土地問題不過是許多問題中之一個問題,我們過去對土地問題的情形,既未能知道清楚,恐怕別的問題也是一樣的不能很正確的明白,所以我們在此講習,第一要把匪區的一切情形弄明白。

其次是要建立「撥亂反正的信心」。我們知道了土匪並無三頭六臂,祇要我們努力是可以很快把他們剷平的。我們不要懷疑自己,不要長他人志氣,滅自己威風。所以委員長提出「有我無匪」的口號,即是說:我能治他就不能亂。有人以為治理匪區是很困難的,在我以為未必有甚麼困難,縱使真有點困難,那盤根錯節正所以試利器,地方愈殘破愈能顯出我建設的本領,整理荒園才見得花匠的高明。

當然,我們也不能空洞的說不怕困難,到底有甚麼把握能將匪區治好?這不能靠走好運來僥倖成功,必須胸有成竹,分開步驟,切實去做,才能有所成就。其步驟可約分為三段:

第一是設計:將匪區情形研究明白以後,應當製定一個整個的方案,按步就班的做去,使收復區成為一個新的政治的模範區域。不可頭痛醫頭,腳痛醫腳,零零碎碎去做,尤不可因陋就簡,以恢復原狀為滿足。關於此點委員長曾經明白的昭示我們,他說:「匪區的民眾受過了土匪的組織和訓練,並受過了重大壓迫的痛苦,這種民眾是很容易領導他往一個新的方向走,況且我們剿匪數年,耗費了很大力量,若僅僅把收復區來恢復原狀乃未免太不值得。所以應該利用土匪

的破壞，在收復區建立一個理想新的政治制度，將來試驗成功便可推行到別的地方。我想這種新制度，在匪區試驗一定要比在非匪區試驗容易省事得多。」至於這種制度，採取甚麼方針呢？委員長也說過，是要以經濟為中心，而且運用集團和統制的方法。現在行營已經在草擬此項方案，前天王主任報告，本會也預定了八、九個鐘頭來講這個制度。我相信各位一定可研究出一個很完善的制度來。

第二是推行：計畫是寫在紙上，若把它實施起來，必需很多人才。中國人才缺乏，也許是事實，然而每個時代的人才，大抵是夠用的，第一是要我們識拔人才；第二是要我們訓練人才。歷史上一個朝代之興與一個朝代之亡，乃是同時同地，而亡的方面是沒有人才，興的方面則謀臣如雨，猛士如雲，此無他，亦識不識與能訓練不能訓練之分別而已，現在行營召集各人才和訓練人才，十室之邑，必有忠信，決不會不夠用的。

第三是監督：有了計畫，並且交給人去做了，做得怎樣呢？必須隨時加以監督才行。監督不是多派視察員所能濟事，務須主管長官眼到、口到、心到、手到，還要加上腳到。委員長說：做長官的一天要有半天在外面視察，不可整天坐在桌上辦等因奉此，也就是要親自去監督的意思。在積極方面，若長官監督嚴厲，三分的人才可以發生毛病，叫做與人為善，若長官常取放任態度，等部下發生毛病才來施以懲罰，那便是與人為惡了。至於監督的方法，除了長官時常親自視察外，要規定報告表，令所屬人員依期將其所辦之事詳細填表，連其私人行動及看書多少？看甚麼書？有無心得？都要填寫在內。現在江西省政府也要採用這個方法，上述設計、推行、監督三個步驟，希望各位細心體會，切實執行。

六日 江西綏靖會議開幕，連續兩日決定綏靖善後諸事宜。

七日 省府會商本年江西政治經濟教育建設等綱要,以備蔣公諮詢,晚奉蔣公牯嶺電話召明早赴牯。

八日 下午與顧祝同、蔣鼎文、陳誠同至五十一號晉謁蔣公,陳述綏靖諸部署。

九日 蔣公蒞臨余一一七號寓所,同時與會者有顧祝同(時任江蘇省主席—編者注)等四十五人,蔣公訓話大意:指示今後全國剿匪形勢,在座諸公皆帶有幾分天下大定氣慨,喘息稍舒,聊相寬慰,斯亦人情之常,但日俄逼於東北,英藏構釁於西南,而吞舟漏網,匪患不曾根絕,國難恐猶未已或將更有甚焉,真不勝杞人之憂。

十日 蔣公率領各將領步行。下至半山,三時許始返,余因腿傷猶未痊癒,不良於行,未從。顧祝同君等返山言甚愉快。

十一日 張學良、劉銘華、顧祝同、蔣鼎文、陳誠等來寓,會商軍事整理案,至十一時始散。

十二日 上午與楊秘書長、周軍需長、熊會計長同謁蔣公商軍費事,蔣公指示本年緊縮方針,囑共商討具體方案,繼李禁煙督察處長等亦來陳述五年分期禁絕辦法,余將江西本年政治經濟教育建設急切重要工作表面陳後,因事先退席。

返寓輾轉思維,江西去年災情慘重,今年財部又將補助費截發,多年匪亂地方殘破,債無可舉,稅不能加,廿四年度共短五百餘萬,如無他項彌縫之法,實不能再維持此種殘破之局,將來一籌莫展,勢必百事俱廢,余自信可率同人刻苦,以少數錢辦多數事,但不能爲無米之炊,不得已下午六時再往謁蔣公面陳數點:

1・如以江西爲復興基地,不應聽其自生自滅。2・江西全省無一塊乾淨土,民窮財盡,短期內絕無法在人民身上設法加稅或舉債,必須由省外設法調濟。3・江西公務人員可以枵腹從公,有少錢可以辦事,但無錢決不能措手。

所陳政經教建等事業之需費，如一時不能有其他辦法，至少能以三百萬至五百萬爲復興工作之基金，使可酌量在此範圍內自行周轉。蔣公聞言頗爲動容，但仍無肯定之答覆。

十三日　與楊永泰、文群偕謁蔣公談合作社事，晚復與各將領會商整軍案，三時許就寢。

十四日　下午續商整軍案，晚商軍費緊縮案，三時就寢。

十五日　與亞細亞經理史密司談火油封鎖事，余詳爲說明彼亦諒解，省卻下面幾許糾紛。下午與何應欽、楊永泰同謁蔣公，商陝、甘剿匪軍事，余主同時要注意政治之協力。

十六日　委員長由牯嶺返南昌，撤銷南昌行營。

廿七日　連日各界慰勞剿匪將士大會，贈致剿匪勝利旗牌等，余亦至省府舉行其接受儀式，自念赤匪但被驅逐出境，並非根本消滅，江西人以鄰爲壑，今言勝利豈不內愧神明，祇是江西剿匪軍事可作一結束而已。

三月二日　至綏靖公署與顧祝同商處此後地方綏靖事宜，其大要爲：1・綏靖分區，並規定四個月中心工作；2・各地遊勇散兵之處置；3・近郊搶殺案之防制；4・浮梁護路工兵之儘先派遣。

四月至七月間，將專事收拾積年匪亂殘破之局，民窮財盡，補屋牽蘿，知亦不易，但匪未根絕，寇已深入，總期能於此四個月內爭取時間，大至完成乃爲幸事。

附錄一　實驗政治論

（民國二十一年十二月）

第一，實驗政治之意義。

自美國傑姆斯 W. James 提倡實驗主義以來，近代學術思潮為之一變，教育心理以及其他社會科學之研究方法，皆由主觀空泛之想像，一變而為客觀實際之探討。現代科學之所以日新，未始非實驗主義之所賜，在傑姆斯等之實驗主義未倡明以前，談真理者，以真理為一成不變之死物，真理自真理，行為之效果自行為之效果，彼此不生關係，以致漫無準繩，自實驗主義之哲學興，然後知真理之真相以行為之效果為轉移，且隨時代之演進而變易。凡合乎實用與發生圓滿之效果者，始得謂之真理，真理非主觀冥想之產物，乃客觀事實之結晶，故無論研究何物，必須如化學實驗室中之化學家，依據科學方法，實地試驗始能得事物之真相。故談教育者，在原理未確定之前，必須經過長時期之試驗，未有不經試驗而能成立其新主張者也，不僅教育如是，其他各種科學之研究亦莫不然。

「實驗心理」、「實驗教育」與「實驗哲學」吾人聞之熟矣。惟「實驗政治」一語，似用者尚少，仍不普通。歐美政治學者之研究政治學，有採用實驗方法者，歐美各國之行政，亦有採用實驗方法者。吾國學術落後，立法行政因受學術落後之影響而未能徹底革新。國人樂於守成，安於舊習，不願創造，另立規模。故年年立法，而法不能實行，雖可假口於政局不安與地方奉行之不力，然根本原因在立法者不明地方情況，以未經實驗之理論，定為具體之法規，宜乎扞格難行，徒成畫餅。今為增進行政效能與推動全國政治起見，主張以實驗主義之精神，運用之於政治。以後政府立法，應以科學方法，掃除閉戶造車與偏重主觀之舊習，務使言而能行，行之有效。總之吾所謂實驗政治者，係以實驗之精神，客觀之態度與歸納之方法，為推動政治之樞紐也。

第二，實驗政治之哲學基礎。

無論何種學術上之主張，必有其哲學基礎以為立論之根據，否則不足以供學者之研究與批評。如近代政治學者之談「國家性質」，有主「玄

理」之國家觀者,有主「股份公司」之國家觀者,有主「壓迫工具」之國家觀者,亦有主「職能」之國家觀者。各人對於國家性質之觀察雖不同,而必依據一種哲學理論為立論之基礎,則人人一致。實驗政治有哲學之基礎乎?吾應之曰:有。其基礎為何?茲分述如次,請詳察之。

一、「在創化之宇宙中,非實驗政治不足以免獨斷論與絕對論之危險」,「獨斷論者」(Dogmatist)與絕對論者(Absolutist)誤認宇宙萬有,皆可以主觀之意像解釋之,且主觀之解釋,皆有普遍與絕對之真理,無容懷疑,無容探討,因其態度如此之褊狹與如此之極端,故其主張常陷於不可思議之錯誤。哲學上之唯心論與唯物論兩派之爭,聚訟紛紛,莫衷一是,亦無非因雙方偏重「主觀」與迷信「絕對」之所致。殊不知宇宙創化,如水之流,逝者如斯,不捨晝夜。誠有如希臘哲學家所云:「臨流濯足,抽足再入,已非前水」。欲於流轉變化之宇宙中,求一「一定不移」之原則,以衡量萬物,是烏乎可?

「窮則變、變則通」。夫變與通,即為實驗精神之所在。未有不變而能通者也,亦未有通而不變者也。如波丹(Bodin)以「主權」為國家之元素,狄驥(Dugnit)以「公務」為國家元素。兩人主張之所以不同,因兩人所處之「時代」不同。波丹生於十六世紀之君主獨裁時代,不能不特重主權以維繫國家之尊嚴。而打破封建之割據形勢。近代國家之組織與其他社會相同,國家本身亦社會組織之一種。波丹所謂最高無上主權之國家偶像觀念,當然不能存在於今日,狄驥以「公務」為國家元素,國家目的在為人民服務。狄氏之政治學說,亦全係時代之產兒,可見政治上各種不同之理論,皆當時事實之反映,決非主觀之幻想,時代一變,思想與之俱變。宜於古代之制度者,未必宜於現代。可行於西方之法令者,未必可行於東方,應如何斟酌損益以求合乎時代之精神與事實之真相,此乃實驗政治之本務。

二、「在複雜之社會中,非實驗政治不足以適應環境之需要」,社會為人群之集體,各個人之生活,或以職業不同而互異,或以興趣不同而發生種種差別之社會現象。因不同之社會現象,而形成不同之社會制度,又因不同之社會制度,而產生不同之社會文化。試以社會之經濟組織而言,則有勞資與貧富之對立關係,以社會之教育組織而言,則有知識份子與文盲之對立關係,以社會之家族組織而言,則有尊卑長幼之對立關係,再以社會之道德組織而言,則又有善與惡之對立關係。各種對立關係間之複雜

問題與利害衝突,決非一整齊劃一之簡單法令制度所能解決,更非一富有硬性之單行法規,或一成不變之行政策略所能調劑。故社會愈複雜,立法行政必愈感困難。倘欲求立法行政之有補於人生,而不為國家社會之害,則立法與行政人員必須以銳敏之眼光與靈活之手腕,分析社會情況,瞭解社會心理,而不為主觀之成見或一隅之觀察所誤,斯得之矣。然欲達此目的,又非運用實驗主義之方法不為功,如為政者有實驗之態度,則無不可推行之法令,亦無不可實施之政策。惟其有實驗之態度,幾無事不以客觀之環境為轉移,環境改變施政方針亦隨之改變。既無以一概百之弊,復無以今泥古之嫌。祗求增進行政之效能,絕不拘守固定之成法,此實驗政治之所以可貴也。

三、「在龐雜之思潮中,非實驗政治不足以判別是非之界限」,自來政治之壞,莫壞於是非不明,蓋是非不明,則善惡賞罰皆漫無標準。甲以為善,乙以為惡,當賞者不賞,當罰者不罰。甚至當賞者罰之,當罰者賞之,政令不行,紀綱弛廢,追源禍始,皆是非不明之所致。當此學術進化,思想龐雜之時,似是而非之主張,勢必竊取學術之名以掩其淆亂真理之實。曾參殺人,一倡百和,是非顛倒,正義銷沉,國欲不亡,不可得也。故為政之道,貴明是非,真偽以反覆試驗而後明,善惡以反覆試驗而後辨。科學家之發明學理,教育家之培養人才,以及醫學家之研究病理,豈有不經過長時期之反覆試驗而能成功者乎,其他一切事業之建設莫不如此,政治又何獨不然?

吾人皆知英國人善於運用政治,英國為世界立憲國之鼻祖實非偶然。考其人民守法習慣之養成,政府法治精神之培植,以及全國政治之改善,無一非得力於「實驗」。英人好談「進化」(Evolution),而不好談「革命」(Revolution),實則英人無談革命之必要,因英國政治上自中央政府,下至地方鄉村,所有立法行政,皆富有彈性,偶遇扞格難行之處,立即修改,務求適應環境,通於民情。不立異以為高,不取此以例彼。英國為代議制度發達最早之國家,然至今英國尚無整個之成文憲法。在其他各國之政治學觀之,洵為咄咄怪事,但在英人觀之,此即其立國真精神之所在,亦即英國民族特性之所在。英人常自豪曰:「吾人歡喜改變,但改變不求其速,吾人反對不改變,尤反對不經實驗之輕率改變。吾英國政治之有今日,此其根本原因之一。」英人誠有自知之明,吾人試以客觀之態度考察其政治演進之歷程,當亦深韙其言,而無間然矣。英國最初之議會為

三院制（貴族、教師、平民），以後變為兩院制。最初選舉權有資格與財產之限制，以後由特殊階級之選舉，一變而為全民普選。其間數百年之經過皆「實驗」之歷程，其政治制度無一日不在改變修正之中，即無一日不在「實驗」之中。吾人敢謂英國政治之成功，完全成於繼續不斷之「實驗」，不僅英國如此，美國亦然。

　　代議制度之缺點甚多，茲舉其最明顯者言之：（一）選舉常為特殊勢力所支配，或以利誘或以威迫，故議員不能代表真正之民意。（二）議員因欲當選，不惜用欺騙手腕以詐選民。（三）議員為政客所利用，當以爭權為目的，不顧念人民之福利。（四）議員選舉以政黨為活動之中心，庸人常得便宜，志行純潔者不願競選，即競選亦不能與狡猾之政客爭鋒，故常失敗。因有以上各種腐敗情形，議會遂成為藏垢納汙之所。

　　然民主政治除代議制度外，苦無其他良法可以取而代之。故僅能以實驗方法逐漸改良，不可根本摧毀。如比例代表制與職業代表制之應運而生，即可知代議制之本身正在實驗演進之中，上面所述各種流弊或有廓清之一日。現美國各州因鑒於立法之重要，不忍以神聖之立法事業，完全委託於平庸政客所把持之傀儡議會。故試用新方法以救濟政客立法之窮。各邦設有「法案起草局」（Drafting Bureau），專為議員擔任起草事務，以備立法者之參考。據一九一三年美國律師公會報告，採用此種專家立法之新制者，已達十三州之多。此種新制如各州實驗有效，不久必將普及於全國，若立法機關因此日漸完善，而使舉世懷疑之代議制度重新鞏固其基礎，是亦實驗政治之成功，非自然與偶然之改進也。實驗政治之理論，既如上述，再進而說明中國應推行實驗政治之理由，與海內明達一商榷之。

　　第三，中國應推行實驗政治之理由。

　　中國自辛亥革命以來，無一日不談建設，而建設之成績不佳。無一日不談刷新政治，而政治之進步有限。揆厥原因，一由於地方與中央不能銜接，一由於法令不合乎國家社會之情況。前者其弊在地方各自為政，中央威信未立，以致國家不能統一。後者其弊在中央立法過於偏重主觀，與各省之社會情況不合，故每一法令公佈，往往等於具文，地方雖有奉行不力之嫌，然法令本身之窒礙難行，亦係顯然之事實。今為完成總理革命大業，建設三民主義之新中國起見，須推行「實驗政治」，以救立法制度之窮，而補行政措施之失。理由有三分述如左：

一、「以地理環境言，非行實驗政治不可」：中國一國之面積大於歐洲。英國本部僅當我甘肅一省之版圖。日本全國之大亦不當我四川一省。在如此廣大之領土中，欲求中央法令可通行全國而無滯礙，是乃天下必無之事。英倫三島如此之小，雖其中央一切立法行政，無不顧到各地方之特殊情形，而予以自由伸縮之餘地，愛爾蘭之另成系統，自不必論。即向在英王統治下之威爾斯與蘇格蘭，其地方行政，皆各有其地理環境之背景。至如美國各州之立法行政，更非彼此同一。因各州有各州之特殊情形，故不能不有特殊之實驗。中國黃河流域之民族性不同於長江流域。長江流域之民族性又不同於珠江流域。南方中國人之異於北方中國人，幾等於拉丁民族之異於條頓民族。如中央頒佈法令，未經實驗而欲其通行全國，當然為事實之所不可能。

二、「以風俗習慣言，非推行實驗政治不可」：中國因交通阻塞，各省之風俗習慣相差甚遠。以食物言，北方人食麥，南方人食米。以風俗言，北方好保守，南方好進取。北方人尚儉樸，南方人尚奢華。即以同一南方而論，湖廣之風氣又大異於江浙。又同一浙江而論，杭州之風俗習慣不同於溫州。甚至同在一縣之中，甲區之風俗亦有異於乙區者。如湖南瀏陽西鄉之婦女不問外事，東南鄉之婦女則與男子一同業農，肩挑負販，凡男子所能擔任之勞作，婦女皆優為之，赤足蓬頭，勇敢強悍，遠非柔弱之西鄉婦女所能望其項背。江西亦復如是，贛北之風俗人情異於贛南，贛東與浙江接壤，故上饒玉山一帶頗有浙人之風氣。贛西與湖南毗連，故萬載萍鄉一帶，又有湘人之風氣。因各地風俗習慣之懸殊，故須採用實驗政治之原理。

三、「以文化程式言，非推行實驗政治不可」：中國人民不識字者佔百分之七十以上，加以科學幼稚、生產落後，以致形成物質文化之大飢荒。就整個國家之文化程式而論，在科學與工商業方面，中國落於人後，毋庸諱言。即同在一國之內，都市文化高於鄉村，東南文化高於西北。如上海、平津、廣州、漢口等處之都市文化，儼然近代歐美之工業文化也。內地各省之鄉村文化，儼然中世紀之農業文化也。至如蒙古、新疆之文化，又依據原始時代以物易物、逐水草而居之遊牧文化也。人類過去五千年各階段之文化，今皆同時雜陳並演於中國版圖之內。在此種情形之下，試問吾人立法行政應以何者為標準？若以上海、廣州之都市文化為標準，則未必適合於內地農業文化區域與蒙藏遊牧文化區域。若以內地之農業文

化為標準，則未為適合於沿海沿江各大都市。年來政府所頒佈之法令規章，果能行於三個絕對不同之文化區域耶？未之敢信。

再以「種族」言，有漢、滿、蒙、回、藏五族之分。以「宗教」言，亦有耶、回、釋、道之別。中國人之種族成見與宗教畛域遠不如歐美人之甚，因中國固有文化偉大高深，故中國民族具有強烈之同化力。中國人雖現在不因種族與宗教之不同而發生流血之慘劇，然國家立法行政不能不方方顧到，因地制宜。法先王固為時代之潮流所不許，學歐美亦不能盡棄其學而學焉。應如何取長補短，融匯貫通，是在外察潮流，內審國勢，博採風俗，下通民情。總之，為政猶農業也，土壤宜麻者種麻，宜豆者種豆，此所謂「因地制宜」也。春日種稻，夏日種瓜，此所謂「因時制宜」也。苟為政者不問時間與空間之異同，而為精細之實驗，鮮有不失敗者。今根據以上之理由，擬具方案數則，以備留心實驗政治之參考。

一、政府為增進行政效能與證明新制度之良否計，中央政府宜指定一省或數省為實驗區，省政府宜指定一縣或數縣為實驗區，縣政府亦宜指定一鄉或一區為實驗區。

二、政府立法宜富彈性，且宜採概括與注重原則之方式，使地方有伸縮之餘地，而後法可推行。如法令過於剛硬而無彈性，或列舉細則束縛地方，行見法等具文，一事莫辦，徒令地方與中央隔離愈遠而莫可如何，因地方奉到毫無彈性之法令以後，若遵照辦理，則扞格難通，若不遵照辦理，則違抗中央命令，進退維谷，無如之何，徒予地方以玩視法令之機，而遺國人以閉戶造車之誚。

三、每一法規頒佈之前，在中央者宜飭各省政府詳細審查簽呈得失。在省府者亦宜飭各縣政府盡量研究呈明利害。庶幾集思廣益，上下溝通，施行之時，而無滯礙。

四、今後頒佈法規，在未經實驗以前，似應一律作為草案，以便隨時修正。俟實驗之後，如認為有利無弊方可稱正式法規。

五、每一法規起草完竣，在未正式分佈以前應將全文披露，以供國人批評。凡批評得當者，即宜隨時採納，以為修正之根據。

以上各端僅就管見及拉離者之，如承採用無任欣幸。

附錄二：道德詮言

「道」者「途徑」也，方法也，宇宙間任何一件事都有一個唯一至善解決之途徑與方法，照此途徑與方法去行就是合乎道。譬如赴羅馬一定有一條最近最便之路可通。一定有一個步行、乘舟、乘車或乘飛機等最妥當之方法可用。誰能就此以達到羅馬，誰就是得了去羅馬之道。

所謂唯一至善者，譬如幾何學的定義說：「兩點之間祇有一根線是直的」，我們想在兩點間再劃一根線，決不會比那根線更直，此謂之唯一。至於你用線彈或憑尺劃何者最便，最便的就是至善。我與事猶如兩個點，「道」即是兩點間的直線，及其所用以劃此直線的手法。

「德」者「得」也。內得於己，外得於人之謂德。我們且不必說民胞物與，祇要在利害得失上仔細的打算一下，就知道社會是我的社會，我是社會的一小部份，社會是我的大部份。我愛我自己，則我自己不過祇一個我來愛罷了，我若能愛人的話，依孟子說：「愛人者人恆愛之」，則人人皆來愛我，結果是換得十個千個我來愛我自己。所以我儘管愛人，表面上好像人家得便宜，其實便宜還是我自己得了。再說切近些，譬如江西有土匪，若我祇愛我自己的安寧，不顧社會的人，共匪猖獗起來，殺了人家的人，燒了人家的屋，難道我能倖免嗎？蓋有一小部份我的安寧不算真安寧，求得大部份我（即社會）之安寧，乃是真安寧。故自利之方法即是利人，有得於人乃能有得於己。所以德之意義，必須內外、人己不分，皆有所得，乃可謂之德。但德之得，必由道以致之，道如不能致德，焉用其為道。所以無道不成其德，捨德不足為道。

捨德而言道不是正道，無道以言德不是真德，邪道易辨，偽德難分。漢時王莽謙恭下士，是或一道耳。以其無得於當時之邦國，因而亦不能得於其一己之身，奸邪之道，為禍之烈，人所易知。

宋代朱程，高談性理，動擬聖人，和靖龜山之流，相率唱和，峨冠博帶之士，雍容朝野，究無補於宋室危亡。蓋無濟世匡時之道，此德之所以不得耳。虛偽之德，遺害非淺，世所難明。

前江西銀行紙幣為害社會，雖非膺造而不兌現，故人人皆知拒絕使用。而不兌現的道德，其害有千百倍甚於不兌現之紙幣者，今日尚流行於

中國，中國之內亂皆受其賜。若吾人不能以對前江西銀行紙幣同一心理，拒絕而銷毀之，任其因襲，則社會上將都習成了氣短心灰之士，木雕泥塑之人。或祇能坐食，而一事莫辦。或似忙碌，而一事無成。十年後國事便不堪問了。

今日國家危亡繫於一髮，人人皆當奮臂而起，來講求剿匪平亂之道，救國安家之德，故作詮言。

第三編

中國之抗日
──民國廿四年至卅年
（西元一九三五年至一九四一年）

第三篇

中成藥類

日本根據其明治以來之大陸政策,早已以中國為其侵略對象。一九〇五年日俄戰後,其首相田中義一更具體規劃,著著而見諸行動,及至一九三一年「九一八」,乃乘世界局勢之混亂,即開始以武力奪取我瀋陽,一九三二年「一二八」進犯上海,一九三七年「七七」襲擊蘆溝橋。我自審國力,實不足與強敵相抗衡,故自一九三一年以來,祇是就地作其局部自衛之抵抗,總期日本知難而退,猶有和平解決之餘地,所謂未至最後關頭決不輕言犧牲,中國忍辱負重直至民國廿六年「八一三」,始發動全面的長期抗戰。

第一章　中日和平尚未絕望期間

第一節　內憂外患之中國

　　民國二十四年。八月一日　朱毛匪首欲運用政治手腕,挽救其自身軍事危機,玩弄「滲透」、「顛覆」之摜技,乃從毛兒蓋發出宣言,提出「抗日人民統一戰線」,要求組織所謂「全國人民聯合國防政府」。此種第三國際一貫世界革命之政策,國人自不會更受其欺騙。

　　三十日　朱、毛、徐(即徐向前,時任紅軍前敵總指揮部總指揮—編者注)等股匪原困處於毛兒蓋地區,因補給困難,死亡日眾,內部分裂,毛匪率一部向甘肅北竄,朱、徐股匪仍集結毛兒蓋、蘆花蕩一帶。今日朱、毛有異於明末張(自忠)、李(自成—編者注),雖同一為流寇,而朱毛有蘇聯為之背景,勢窮必竄甘新,如不根絕,其將有後唐之石敬瑭、南宋之張邦昌等之再見於中國乎。

十一月十九日 蔣公內審國力，非至萬不得已時，決不輕易言戰，外察敵情及至萬不得已時，亦不惜於一戰，乃在中國國民黨第五次全國代表大會外交報告云：「和平未至絕望時期，決不放棄和平，犧牲未至最後關頭，決不輕言犧牲。」手提肝膽，昭示中外，以正視聽，安定人心。

十二月十九日 日本駐華大使有吉明晉謁行政院蔣院長，探詢外交方針，蔣院長告以「本既定方針絕不變更」。日人洞悉中國內外形勢，英蘇逼處西北，乘間竊發。粵桂與中央尚有相當隔閡，中間各省零星匪亂，又無地無之。而朱、毛、徐、賀(即賀龍，時任紅二方面軍總指揮—編者注)殘匪已猶虎之縱入深山，隨時可以滋生蔓長。有吉明之來晉謁蔣院長，決非有意之來商改善中日關係，不過高級政治之偵候。

民國二十五年。元旦 深夜接京電，知第五十師因更調團長張澤雲事，發生變故，擅將吉安部隊調集泰和，委員長令派飛機散發傳單，曉以大義，限三日內回防，否則派隊圍剿，以肅軍紀。當以事不宜操切激變，乃召柏師長、劉秘書長、廖處長等來寓細商，結果派廖處長前往宣慰，一面電覆中央，主張勿操之過激，二時始散。二日午接曹旅長等覆電，聲明此次事件，完全人事糾紛，決無他意。因轉電中央，一面覆電曹旅長等，囑速恢復常態。

晚奉蔣公覆電，頗以余主張寬大辦法處理五十師一事為當，余心始為釋然，可以從容處理，得免地方糜爛。

晚約見羅隆基（英國倫敦政治經濟學院政治學博士、著名自由思想家—編者注），此君頗有才華，但思想偏激，雖費口舌，恐終不能勸歸正路。

三日 胡麗生來報胡故師長德如夫人病危，據云乃為其房產糾紛事憂煩所致，籲余於亡友家族生計，乃不能為之安排妥定，歉罪萬

分。隨偕往南昌醫院視之，已昏迷不能語。德如從余北伐，轉戰數省，智勇兼全，戰無不勝，攻無不克，及十八年接替余為第五師師長，竟在江西剿匪之役受傷不治。余不能維護其妻子，致其夫人以窮以病，苦難不堪，真不知將來有何面目對德如於泉下也。

下午接廖處長泰和來電，五十師事已和平解決，地方之福，為之慰懷。

五日　余赴縣政訓練班發給畢業證書，講「工作綱領」，即縣長及僚屬工作典範，並「救國路線」，即各人盡其此時此地自己崗位上的責任。

六日　近來每日在府了卻例常公事，見客十數人，不覺日斜又暮。每念及地方殘破方深，人民瘡痍未復，日復一日，實不勝尸位之慚，國家之內憂外患，猶未之有暇慮及，已為心身俱倦，乃至每夜睡眠，時寐時醒，斗筲之器小哉，何以任重致遠。

七日　午約羅隆基、許德珩（著名政治活動家、教育家、學者，時任江西抗敵後援會主任委員—編者注）等所謂學者餐敘，見彼等目光不定，言詞閃爍，恐思想上皆已中毒，不是唇舌可為轉變者，欲其能為國用，必致失望，但亦不足成為大害，至多不過聽其秀才造反而已。

十日　讀禮記「傲不可長，欲不可從，志不可滿，樂不可極。」細心反省，不勝惶恐，蓋余與人接談，每不肯虛懷耐聽，是自傲也。庭園種樹，常自躬親，惟欲是從。江西匪亂粗平，各種表面建設皆藉中央及地方人民之力始得稍有敷陳，他人客氣，恭維一二語，以為是一種成就，人窮志短，器小易盈，他人調之猶不自覺，志已滿矣，哀哉。凡此四者捫心自問，祇是到江西數年來，惡衣粗食，朝夕從公，絕無逸樂之事，其他三病，皆所未免，神明內疚，宜痛自鍼砭，或可少減其愆罪。

十一日 清夜自思，確定作事三原則：1·事不奢求萬全，人難強期至善。但須勤敏，做到一個比較好，自然日起有功。如保學之有比無好，多比少好，快比慢好。2·外防阻滯，內防疏懈。如省令到專員，須貫徹至縣、至區、至保、至甲、至戶。必時時追根，事事到底。3·自己堅定，勿爲任何人動搖，朝令夕改，事必無成。如土地之登記，營業稅之舉辦，決不容紳士商人花言巧語之說情，爲之修改。

十四日 黃紹竑、曾養甫到南昌，在寓晚餐，相談外交近情，頗爲憂憤，午夜始散，終夕未能成眠。

十五日 參加贛浙鐵路南玉段通車典禮，初意一本「交通剿匪之政策」，在爲便利軍事，篳路籃縷，以求其成。今赤匪遠竄，路始通車，大有賊去磨刀之感，可憐費盡民力，未乃作用於當時，致有吞舟漏網之失，來賓中外百七十餘人，相與稱慶，余欲無言。

廿六日 晚閱讀「德意志復興之動力」一書，至一八０七年普法之戰，戰後路易士（Louise）因提爾西特（Tilsi）條約親往求赦不遂，憂憤以死，及一八七０年普法之戰，拿破崙第三被扣留於Wilhelmshaven，爲名譽俘虜二段，深感凡人本身若已失去生存保障力量，欲求他人之哀憐赦免者斷難倖致。

廿七日 晚與蕭純錦等談民衆訓練之中心思想問題。應集中於「明恥」之一點上，不可拖延如線之太長，更不可擴大如面之過廣，把四維八德都強填硬塞在裡面。要言不繁，義淺易解。祇要人人明恥就不會偷生怕死，可以圖強，祇要人人明恥，才不會好逸惡勞，可以圖富。

二月五日 閒省已過，覺「沉思」爲余大病，其根甚深，爲害甚烈。此皆學不足用，識不足斷。故每每搜索枯腸，絞盡腦汁，以爲臨事而懼、好謀而成、或可寡過，豈知遇事固不可掉以輕心，而「沉

思」決不是解決問題之好方法，終日不食，終夜不寢亦復何益。不如博學、審問而慎其思。多思易亂，沉思易迷，事無萬全，再思即可。

七日 近又發現不覈實、不持恆之病，故事多無結果，耗時費力，損失甚大，應時時加意防範。

廿五日 應召赴京，勾留近一週，就所耳聞目見，外患內憂猶在潛滋隱伏。

三月三日 午後三時赴陸軍大學，參聆蔣公講演，政治意義重於學術意義。

四日 乘江安輪赴漢口，參加三省邊區清剿會議。

五日 過九江。張嘉璈部長（時任庶務部長—編者注）由南昌來搭輪同赴漢，共談時局，覺此日內憂隱伏，實啓強鄰乘間侵略之野心。

六日 抵漢，即訪何成濬主任，及楊永泰主席，晚寓省府主席官邸與楊主席談邊區清剿問題，應注意利用軍事、開公路、架電線，打破三不管地帶，所謂盜匪之溫床，使各縣能互相聯繫，縣府能有清匪之協力，軍隊始有剿匪之全功，方為一勞永逸，治本之道。

九日 贛鄂湘三省清剿會議商定「邊區清剿辦法」，分區限期肅清散匪。

廿九日 蘇俄宣佈已與外蒙訂立「互助條約」。

四月一日 我外交部否認中蘇訂有密約。

七日 我外交部嚴重抗議蘇俄與外蒙簽約。

八日 蘇俄公佈「蘇蒙軍事互助協定」。

日本侵略東北以武力，其禍急而易明，蘇俄侵略蒙古以政治，其毒漸而易忽。國人夢夢，芸芸眾生，猶酣於蕭牆之鬨，外蒙將為東省之續歟？

廿九日 蔣公由長沙飛蒞南昌，對粵桂事頗多憂慮，於湘之何鍵亦似有所不安。余分析三省關係，粵桂地處邊遠，可以負嵎自固，湘為中央各省與粵桂必經之通衢，一有軍事，湘首當衝，其本身力量不夠舉足為輕重，一方面惶恐粵桂軍之北進，先受兵禍，故虛與委蛇之事，互相派遣代表通聲氣，暫觀內外形勢以定從違，容所不免，萬一粵桂稱亂，湘當不致首先附和。余願赴湘，試為之詳說利害。

五月六日 余赴長沙，長沙已先有粵桂代表在，何鍵主席（時任湖南省主席—編者注）邀余遊南嶽，謂在山中可以靜談。余從往，乃為之分析時局，及人心趨向，粵桂實力。陳李(指陳濟棠、李宗仁，陳濟棠當時主政廣東，李宗仁時任廣西綏靖主任—編者注)等人不恤親痛仇快，忘外侮，急內爭，豈獨今日為國人所唾棄。且將來是歷史罪人，逆天者亡，徒自毀滅。何鍵為人，利害之急，重於是非之心，口唯唯終未作斬釘截鐵之答語。

六月七日 廣西省軍隊，侵入湖南永州。

九日 粵桂叛軍下動員令。

十日 粵桂叛軍逼近衡陽。

十一日 粵桂叛軍以抗日名義，對外掩飾。

十六日 中央派員至衡州與西南叛軍代表進行談判和平。

二十日 余在西山學生軍訓營，講新生活運動之三化，大意為：

新生活運動，著手在革新個人生活，目的在保障國家的生存，民族的生命。個人離開了國家民族是生活不了的。共產黨說工人無祖國，想在國際中謀自己生存是騙人的，「九一八」事變我們希望國際聯盟的事，有結果嗎？最近阿比西尼亞求助於國際聯盟裁制義大利，事實全然無效。所以我們新生活運動中規定了「三化」，為我們運動的準則：

第一生產化：是要與自然鬥爭貧富。相信一心萬有，雙手萬能，由無中生有的來滿足我們生活物質上的貧乏。不像共產黨的可憐辦法，此爭彼奪，採用人向人的階級鬥爭，歐洲產業革命，不過是一種生產方式的改變。我們所謂新生活，就是要在一切食衣住行的物質上發揮個人心思勞力的作用，去從事生產與製造，不致於使我們在地大物博的祖宗遺產上，享受不到現代人的生活。

第二藝術化：是要與其他民族鬥爭優劣。「優勝劣敗，天演鐵則。」相信我們神明華胄，決不會劣於拉丁、盎格魯撒克遜等後起之民族，歐洲的文藝復興不過是藝術上一種演變。我們所謂新生活，就是要在一切科學藝術上，發揮個人創造改進的天才，不致於使我民族保守退化，受到天然淘汰。

第三軍事化：是要與其他國家鬥爭強弱。「弱肉強食，天演公例。」天地間生物，皆各有其自衛能力，保障生存，其中除人類以外皆沒有國家組織的，所以見到許多動植物終歸滅絕，我們所謂新生活就是要在一切組織上發揮個人重團結守規律的本能，在國家總動員時，無論男女老幼皆能負起一部份軍事責任，不致使我國家如同一盤散沙，祇知道自私自利，勇於私鬥，怯於公戰，致使我國家分崩離析，受到敵國的侵淩宰割。

廿一日 陳濟棠、李宗仁在廣東召開軍事會議。

廿二日 粵桂組統軍事委員會，陳濟棠任偽委員長兼總司令，李宗仁副之。粵桂今日昧心盲目之舉動，外而日本蘇俄，內而殘餘共匪，聞者無不快意，幸中央始終從事疏解，力主寬忍，此真能掌握全國人心之賢明舉措。

廿五日 蔣公表示處理粵桂變亂方針，力持大體，以國家利益為前提，所謂不以力服者歟。

廿九日 內蒙成立偽軍政府，以德王為首，為日本所卵翼。

七月四日 粵飛行員四十名駕機前來效順。

十三日 中央令免陳濟棠本兼各職，以余漢謀為廣東綏靖主任，李宗仁白崇禧為廣西正副綏靖主任。陳濟棠昧於大勢，私心自用，因其可私而私之，則夫婦亦將同床而異夢，必自陷於眾叛親離之絕境。

十四日 余漢謀在大庚通電就任廣東省綏靖主任。

十七日 余漢謀軍越韶關、翁源南下，陳濟棠軍退守軍田。

十八日 粵空軍全體效順中央飛抵南昌，省府發動民眾慰勞義軍。陳濟棠離粵逃往香港，聞其人極迷信神道，事前曾派其兄赴奉化，潛覘蔣太夫人墓，謂風水不佳，歸語於陳濟棠，彼始決心倡亂云。

二十日 粵局徙變，桂感勢孤，廣西將領通電主張和平服從中央。

廿五日 中央令派李宗仁為軍事委員會常務委員，白崇禧為浙江省政府主席，黃紹竑、李品仙為廣西省綏靖正副主任。

廿七日 白崇禧表示不就浙江省政府主席，懷疑猶未盡釋。

三十日 李宗仁、白崇禧等組織軍政府，推李濟琛為主席。

三十一日 桂軍進窺欽廉，黃紹竑表示不就廣西綏靖主任。

八月二日 中央調整西南形勢，令龍雲、薛岳為滇黔正副綏靖主任，顧祝同為貴州省政府主席。蔣委員長電勸李、白接受新職。

三日 中央於西南佈置已定，桂軍放棄梧州。

四日 李白停止組織軍政府。

五日 蔣委員長電促李白離桂。

七日 桂軍三師侵入粵境北海。

十一日 蔣委員長飛廣州處理粵局。綏東情勢緊張德王赴百靈廟，結束地方自治委員會。

十二日 蔣委員長赴南寧斡旋桂局。

十六日 李品仙、黃紹竑先後來粵商處桂事。朱、徐、蕭(指蕭克——編者注)、賀等股赤匪，乘兩粵事變，復北竄岷縣。

十九日 廣西組織獨立「政府」，李、白分任正副主席。

二十二日 余奉命由南昌乘車赴衡州，晤何鍵主席，商談西南局勢，彼與粵桂關係總不免於藕斷絲連之嫌，當注意為之一釋狐兔唇齒之慮。並邀偕赴粵。

二十三日 余偕何鍵主席乘車赴粵。劉斐攜帶桂方和平條件到廣州。

二十四日 蔣公詢余對桂事意見，余直言，粵桂諸將領皆犯有一種勇於私鬥怯於公戰之病。當此前門有日俄之虎，後門有朱毛之狼，依然忍心害理，反覆無常，作出為親者痛、仇者快之惡劇。不是中央處理之寬大，恐早潰裂不堪收拾，朱毛在贛之漏網，雖不能全歸咎於粵桂之隔岸觀火，何嘗不有幸災樂禍之嫌。今其勢窮力竭，尚圖負嵎自固，似不宜太為將就，人思蔓草留根，我必除惡務盡，姑息養癰，必貽後患，即為愛惜一部份國力，必對方確能成為一部份國力，而不是又變為將來對外之牽制，方可以談和平了結，否則在押虎咒，宜為慎處，傳曰「一日縱敵，數世之患」。當日朱毛之困處瑞金，我未能給予殲滅，致任流竄，遺悔難追，今粵桂內情，非所深悉，願公長慮而熟思之。

中央明令撤銷對陳銘樞、李濟琛通緝。

廿五日 在黃埔召開軍事會議，余與何鍵、陳誠、余漢謀等均出席，確定對桂事採取和平方式求解決。

廿七日 桂軍侵佔廉江城，靈山附近發生激戰。

廿八日 蔣公閒談，承詢及其講演時聽眾反應，余直將個人感想奉告，約有數點如下：

1・對外國人或有外國人在旁聽講時，似不宜多用太堅決詞句，否則易暴露我之意圖，會減少我們國際間的運用自由。例如日前在黃埔，公曾召集德希特勒派來之來西勞將軍等餐敘，余亦在座。公與來氏等談歐洲局勢，以斷定之語詞云：「英國必然反蘇」，意在要德國與英攜手，且暗示中國必走英美路線。對外交言詞，似太過於率直，易使希氏早知我之決心，且目前英並未對德作戰。又前次紀念週，蘇顧問在座，公之講詞中，又有一段日德蘇或將聯成一氣並肩作戰的話，國際變化，波譎雲詭，誠不可測，但我們事前推斷，語調似不宜太過確定。

2・對軍事幹部訓示，似宜仍以「典範令」為根據，而減少引用另訂之條文，否則下面會輕視「典範令」，流弊甚大。游擊戰及剿匪戰，與正規作戰原則不會太不同，雖運用上偶有出入，但仍當以之為根據，加以變通活用即可。「典範令」是積歷次戰役之經驗，以血寫成的，不容輕於刪改，現在部隊中，已有不重視之風氣，似宜加以矯正。

3・對一般訓示，時間不宜過久，詞句不宜過長，似當先事提練，最好做成標語方式，使人聽之易解、易記。

4・領袖訓示最好祇及於「政策」、「原則」、「制度」、「信仰」等大的方面。若涉於細部方法技術等之微末，則未必盡能合於下面不同之空間時間。

三十日 陳濟棠離國赴歐，聞之頗為感慨，陳與余交不深，護國之役，余赴粵參加討伐龍濟光。及佔領廣州後，陳在某軍任旅長，曾相過從，至其家覺其不甚注重整潔，與之談，覺其不甚留意時事。民國十九年，余因飛機失事，折斷腿骨，在滬醫院療養，彼常往視余疾，談及粵事，痛言蔣公偏信陳銘樞，而於己頗多隔閡，余勸慰之。嗣就蔣公來院視余時，曾為解說，並請稍加辭色，蔣公曰可。及後亦

水乳交融,彼嘗遠道贈余粵產錫製餐具一箱,表示友好。但其爲人,名利心重,國家觀念甚輕,常與論談,難爲轉變,故當今日內憂外患煎迫之際,猶獨自妄想據南粵而作趙佗。據傳陳氏對於公私大事皆先求神作決定,此亦葉名琛之亞流,宜其自取敗滅。

九月五日　蔣委員長召集各將領重商應付桂局辦法,再函勸諭叛軍首領。真所謂手持肝膽以相見,此乃領袖之偉大處。

六日　中央明令改派李宗仁爲廣西省綏靖主任,白崇禧爲軍事委員會常務委員,黃紹竑爲浙江省主席。

七日　李白決定接受中央新任命,兩廣事件解決。

八日　中央明令全國人民服兵役。

九日　蔣委員長令第七路軍限期撤回廣西。

十五日　黃埔軍事會議案畢,晚余乘車返贛。

十六日　順道巡視大庾、南康、贛州等縣,指示各縣整理保甲及保學,增加團隊,徹底清剿殘匪,增修公路,務期貫徹縣縣通之決策,倉積穀,縣糧可減,區糧宜增,儘量利用紳倉,增設浴堂,及商籌建築贛粵鐵路等。

廿八日　蔣委員長由粵飛抵南昌,對於統一對外,及西北剿匪問題,苦心焦思,日夕在念,殷憂啓聖,危難興邦,余以爲並不足以悲觀,仍主先安內,然後攘外,關於江西問題,自信可以日就正軌,成爲抗戰兵員糧食之基地,祇希望中央能協助贛粵鐵路之完成。

十月五日　蔣委員長由南昌飛京,由機場歸,頗有安危繫於一人之象,余深爲邦國前途抱杞憂。

十日　余到婦女生活改進會,講「新生活運動與家庭」,大要如次:一、新生活運動要同時著手於各個人最接近的環境改進,即是「家庭之改進」。二、家庭改進的方針:1.先除害然後興利;2.由少數人推及多數人;3.無論新舊大小貧富的家庭,都要在改進之

列，不容有例外。三、家庭改進的辦法：1.管理、強制整齊與清潔；2.教育、輔導自學與教人；3.經濟、勸告勤工與儉用；4.保健、協助治療與衛生。

廿一日 在南昌市女公務員服務團成立大會，余講「新生活運動與婦女服務。」大要如次：一、家庭是各個人最接近的環境，影響個人生活甚大。新生活運動同時要著手於每個家庭的改進。二、女公務員要先將自己家庭照著新生活運動的要求改進以示範，若是不能將自己家庭改進，這就等於自己證明了辦理「私務」的能力都不夠，那能做「公務員」。三、閫內之事，古今中外皆在婦女肩上，家庭改進運動，婦女比男子更為容易做。四、抽出公餘時間，協助他人家庭之改進，就等於間接對自己公務上的加工。因為治國必先齊家，它是治國的先務，我們有餘力的人應該樂於為之。

十一月廿二日 成立江西地方自治推進委員會，委員十二人，余為主任委員，今日就職，苗培成監察使監誓。余答詞大意為：1.不能自治，便會被人來治，自治是建立三民主義新國家的根本。2.地方自治講了多年，自治附加稅也徵收了許久，但過去經辦此項工作毫無成就，原因當然很多，江西現在因各地保甲組織、地方警衛、國民教育（即保學）、土地整理、（飛機測量）戶口調查等，均有相當基礎比較應該容易成功。3.推行快慢就視力量問題了。第一，我們十二個委員，各自要有宏大的「願心」，必須以快幹硬幹實幹的精神去推動。第二，各層級同事，要有明敏的「毅力」，必須以逢山闢路，遇水架橋，解決一切困難的方法，排除一切障礙的手段去執行。第三，黨政和社會的全部人士，要有切實的「同情」，必須以己飢己溺的懷抱去協助。

十一月廿三日 沈鈞儒、章乃器等七人以救國會名義作共匪外圍活動，被捕入獄。孫子兵法第一曰道，「道者令民與上同意」，今

沈、章等上與政府剿匪抗日之意志適相反，在軍事言之殊不祥，我黨之宣傳組織等工作，似未得其道。

十二月六日 奉蔣委員長西安電召赴京轉往西安。

十二日 余由京乘火車北上，行至明光站，站長以紅旗止車，報告頃奉何主任應欽電話，請即原車返京。余疑西安或有事變，至浦口下車，果聞張學良劫持統帥事，至京與何主任等接談後，晚參加中央政治委員會緊急會議，商討應急處置。

復至委員長官邸，參加蔣夫人談話會，到有孔祥熙、戴傳賢、何應欽等多人，各人議論未盡同。戴先生悲憤失常，伏地叩頭三響，撞地有聲，不顧而去。在座各人皆知其素性，亦不以爲怪。續談至深夜，當時亦未得十全之結論，但對張學良之申罪致討，俱以爲不可少緩，夫人與子文自請前往圖和解亦可並行。

十六日 討逆軍事部署既定，一面仍由蔣夫人、宋子文等前往試行和平說服之解決方法。

廿二日 蔣夫人等飛赴西安，張學良自東北易幟後，蔣公視之若自家子弟，其夫婦與宋府過從甚密，宋子文對之尤爲友好。但此行能否以私情動之，化險爲夷，殊難逆料。張學良年少慮輕，可與爲善，亦敢於作惡，如其曩時之殺楊宇霆及東北易幟等事，行之略不遲疑，其舉動未易以常理測之。今其當尾追殘匪之任，欲卸不能，自顧東北部隊正似強弩之末，奮進難穿魯縞，故藉口停止內戰以抗日，私與匪方妥協，曾不顧及國家對外作戰必須通盤計畫，未可輕於孤注之一擲也。當然彼一面係受匪方愚弄，一面亦自欲投機，妄圖一舉手而爭作中國之主宰。此日蔣公在其惡勢力圈中，用兵討伐，則投鼠忌器，以理說服，則與虎謀皮，祇有默禱上天，希望蔣夫人此行之得以旋轉乾坤也。

二十五日 蔣委員長自西安脫險，張學良並將親自護送來京。

二十六日 蔣委員長返抵南京，全市歡騰，爆竹之聲不絕於耳，皆出於人民自動之燃放，可見當日天心所向，國事其有濟乎？

余愧識短，實喜出望外。此後當知天下事每有絕處逢生者，不可盡持悲觀以論。

第二節 西安事變後之中國

民國廿六年。一月一日 蔣公召見，詳陳昨日經辦各事，承命余暫留京，俟陝事解決後返贛，余唯唯偕顧祝同出。

二日 蔣公赴奉化休息，余送之行，車中公詢余此次感想，余曰：張學良自歸順以來，公以其國恨家仇繫於一身，必能盡忠黨國，近十年中，恩寵異於常人，視之有如家人父子，今竟似梟食母，認賊作父，或謂其不類中國人，實有夷狄之風。但以公之威德，對於相隨已久之部屬，不云過化存神之功，當有漸仁摩義之效，彼與朱毛之沾染曾幾何時，竟貿然投入懷抱，其故何哉？易有之「聖人感人心，而天下和平」，感召之義大矣。愛之不親，親而不固，危道也。幸有前車之鑑，可為後事之師。

十日 楊虎城、于學忠依然對中央有不服從之表示。

十一日 張君勱出示所譯德國魯屯道夫將軍所著「全民族戰爭論」，余於此時、此地先得而快讀之，竊以為此書亦可作喚醒國人一致對外之精神食糧，乃欣然握筆而為之序。（參見附錄其一）

十二日 東北軍與國軍仍在渭河北岸對峙中，時有衝突。

十三日 陝甘局勢復形緊張，毛澤東股匪流竄長武。

十七日 奉召赴溪口，晉謁蔣公與其太夫人墳莊，承詢陝事之處理，又談及國防問題，料對日本終難避免一戰，估計國力，並計畫戰時經濟諸端，晚十一時始回寧波旅舍。

十八日 綏東德王組織偽蒙政府，自稱主席，完全為日本傀儡。

早九時許赴溪口，在墳莊午餐，談經濟建設及汪精衛先生意見，邵力子亦在座。後談陝事，蔣公觀察甚明，承示如楊（指楊虎城——編者注）不聽命，用兵亦所不惜。余將近日與徐永昌等在京所討論用兵時諸端顧慮，詳為陳述，公為一一指示，俱極精到，且意志堅定，綢繆周至，良為心折。膳後又共與國家主義派之首領曾慕韓、左舜生、李璜、及邵力子等共談經濟建設，諸人各抒所見，大抵公皆同意，命余立即起草。因答俟回京與關係諸人商辦，乃退。臨行公囑明午再往談。

十九日 上午赴溪口，詣墳莊餐敘，復承指示經濟方案原則，又談及社會，及經濟人才諸問題。膳後，公與竺君為檯上高爾夫球戲，器具陳腐不堪，而公興致頗佳，余思過滬時，當為覓購一套新運動器材奉贈之。下午五時乘船返。

二十日 早抵滬，即約盧作孚、杜重遠、張嘉璈、王又庸、張君勱（盧時任國民政府軍委會水陸運輸管理委員會主任；杜時任記者；張嘉璈，字公權，時任交通部長；王時任四川民政廳廳長，曾任江西民政廳廳長；張君勱時任中國國家社會黨主席——編者注）等八人晚來滄州旅館餐敘，談經濟建設問題。

二十六日 楊虎城等表示服從中央，將所部撤至指定地區。

二月三日 西安又發生暴動。東北軍將領多被殘殺。

八日 國軍進入西安定亂，陝事乃平。

國民經濟建設運動會江西分會成立，余說明本運動是民生主義實現之推進，而先務是國防經濟建設之促成。

十二日 起程赴京出席三中全會，擬攜經濟建設方案就便與關係方面再加審定後呈送蔣公。

十七日 蔣公在勵志社會宴三中全會到會各中委，並準備有一義大利人表演魔術爲餘興。忽傳噩耗云參謀總長朱培德逝世，乃罷宴樂。昨晚余曾往視朱培德病，見已臻危，床邊坐一喇嘛，狂呼「朱某回來，朱某回來！」謂能起死回生。益之（朱培德的字—編者注）手膀開刀剔毒，四寸許創口猶裂而未收，呼氣如牛喘，余已知其不治，感傷無已。余識朱君於民國五年護國軍在粵討龍之役，邂逅於赴邕江運兵之帆船上，其時彼任滇軍步兵團長，余方自保定軍校畢業，爲一少尉身份之無職軍官耳，相見恨晚，彼此傾談，無不契洽。後余在滇軍第二軍總司令部服役，時相過從，廣州克復，彼升旅長，余轉任滇軍三十四團中校團副，每逢會宴，出入必俱。朱君豪於飲，余與之並肩作戰，周旋各席，團營長以下常數十人循環而來，皆不能相勝，彼此引以自雄，一如臨陣之奮不顧身，當時氣概，在此細微處，已見其豪邁之一端。

　　民國十四年余自日本陸軍大學畢業歸，應岳西峰督辦之召，就河南督署參議，彼迭電邀南下，余乃趨就廣州第三軍官學校教育長之任，與之朝夕相聚。民國十五年五月十九深夜，彼密語余云：蔣公決意反共，明白即有行動，立囑將本校（第三軍官學校）學生武裝實彈，分佈於東堤長堤一帶，實施戒嚴，防止共產黨人之反動。但彼與汪精衛素甚接近，猶似保有相當情感。民國十六年寧漢對立時，尙與汪有聯繫，一日同在滬，吾力勸之，曰汪之爲人不足以爲革命領導，必須擁護蔣公始能統一中國，完成革命。若親往與蔣公一度面談，必然水乳交融，當信余言之不謬，彼固甚信吾之忠誠，但猶遲疑，終不願往。余乃以實奉告蔣公，並力言朱某之爲人，絕對忠實可以倚重，今其在滬，若不能枉顧之茅廬，亦不必勉強其來就見，可否選擇一適當處所，彼此前往會談，蔣公同意。余乃言我家在江灣路，與外人無甚接觸，可否即請屈駕會晤，公曰善。

翌日余往邀約，訂於次日午後三時在余寓與蔣公會談，屆時彼先到，余即驅車往報蔣公，適因有客在座，遲數十分鐘，蔣公始同乘余車到，至則彼已不在客室，余妻曰彼去時但言外出，將再來，余為窘極，慮兩方之見疑，倉皇出門，欲覘其車之仍否留在衖內，而車亦杳然，急出衖口四望，遠見其拊手獨立於約二三百公尺外之行樹蔭下，余乃趨前邀之返，彼似疑慮事有萬一之變然。蔣公坐候亦未以為異，及相見，握談甚歡，一掃彼此間以前之誤解。

第三軍部隊之配置於九江兩岸，以前向寧方警戒者，轉而部署移向漢方。民國十七年春蔣公復總司令任，準備完成統一大業，繼續興師北伐，時朱為參謀總長，不欲偕行，吾力勸之，完成北伐之功，未可身居後方，彼詢余如何，余答亦將隨軍前行，辭去上海警備司令職務，願以任何名義供驅策。時余部第五師祇有胡祖玉一旅參加北上，而總部參謀長一職，又已委由余同學楊杰擔任，楊與朱雖有僚婿之誼，其人驕傲，頗輕視朱，時為詬病，但朱從不與之較，平素相談，未聞有一語薄之者，其襟度已在一般人上，因楊之不易處，此亦其北上所以徘徊之另一原因，及聞余亦往，乃欣然允從。

其後彼與楊及余三人同在蔣公幕下，甚相洽，至濟南，遇日軍之阻撓，共患難，出入死生之地，三人如鼎足，中間蔣公赴平漢路方面指揮馮閻軍。津浦路方面部隊即由余等三人相率渡黃河而北進，其時軍備不全，汽車少，總部僅有余自備之一輛小汽車，三人同乘。彼二人體胖，相與擠坐，在酷暑中渡河，北岸多沙地，熱風撲面，飛塵閉天，群以巾蒙口鼻始得呼吸，車行沙上，時駛不前，必三人下車，肩手共推以躍進，汗流似水，氣喘如牛，相顧一笑，疲困釋然。六月五日行次東阿，接電知張作霖炸斃，軍事將告結束，統一可望，而在目前，總部適駐在一教堂中，乃相與共邀北道牧師舉杯痛飲，無異已直抵黃龍。凱旋回京後，事遇困難，仍時相互謀解決，彼在主贛政時，

余常還鄉掃墓，過南昌，必投轄相留，共話施爲得失，能受藎言。惜其爲政期間，境內匪患日以潛滋，未及清除而去，未始非彼一生之遺憾。

余追憶故人，儀表堂皇，胸懷豁達，對黨國之忠誠，在家庭之孝友，待人之謙和有禮，持躬之恬淡無求，儕輩中實不多覯。今竟死於意外，音容在目，不禁涕泗滂沱，悲傷之感，何時去懷，非祇爲個人交誼之私也。

廿二日　五屆三中全會閉幕，此次決議案中重要者，有「中國經濟建設方案」及「促進救國大計」與「根絕赤禍案」等。余就一般氣象觀察，促進救國與根滅赤禍兩事，坐而言之者眾，起而行之者，其能饜人望之舉措曾有幾何？余在黨忝爲中委，在政濫充一省主席，神明內疚，無補艱危，雖承蔣公時有諮詢，其所能爲貢獻者亦極有限，目睹局勢之隱憂四伏，時用悼心。

三月一日　返抵南昌，心情殊惡，坐不安神，與省黨部及政府各委員略談時事，一味就樂觀說話，祇是欺心之論。

十二日　接牯嶺電話相召，下午起程晚十時到達，錢大鈞（號慕尹）兄（時任蔣介石侍從室主任兼侍衛長——編者注）寒夜在街口相迎，約明早往見蔣公。

十三日　上午十時晉謁蔣公，承示對日外交談話草稿。大意在聲言中國國民最低期望，在日本放棄不合理不合法之華北活動。余捧讀之後，告公曰：日本軍閥處心積慮已久，在我國內變亂不已之際，決難戢其鯨吞蠶食得寸進尺之野心。不過我方發言亦祇有此退避三舍之唯一途徑，且求先安內，徐圖對外，實爲不得已之辦法，稿當可用。

十七日　早與省黨部特派員李中襄、劉家樹、王冠英談黨務整理及改變彼三人兼科事，三人主張一致，皆欲各自保薦其一有關係之人任科長，余忝爲主任委員，明知多數委員之不能同意者，未之允可，

三人中央背景不同，雖余開誠語以「黨中不宜狹有個人之私便」，三人皆未之能予轉變，及午范爭波、蘇鄴圍等特派員果爭持甚烈，此等糾紛，皆胚胎自中央黨部，中央特派之人，固多出個人保薦之私，不是由黨組織的選拔，意氣相持，流毒至於各地方，余欲從一省著手為改造之倡，而於李劉王三人皆為失望。

廿八日 午接陳誠電話，至新機場晤談粵事，半時許，伊即登機赴粵，約回時同往牯嶺再會，勤勞可佩。

四月五日 與黃潤之討論「百業教育」，余擬於現社會既有之工商業，輪抽其在業員工就各業會館，設立各業補習教育班，直接改善目前百業之現狀，黃君頗為贊同，因託代為搜集教育材料。

廿一日 省黨部人事不調，內中意見紛岐，各人皆為中央直接特派而來者，余無法為之控馭，現決調其一二人出任政治工作，請中央慎選一部份優秀同志前來補充，庶易調整。

近見省內人心之不和協，深為憂念。報紙抨擊程時煃廳長風潮仍未全息，此固由於一部份失業分子，為饑寒所迫，不擇手段，故為淆亂是非之言，威脅教育當局。但余提倡新生活，講究禮義廉恥，而忽於「衣食足然後知禮義」之旨，且平時以為讀書人當較安分，不曾加以顧慮，既無「先天下之憂而憂」之遠見，更無「己飢己溺」之素懷，忝居人上，宜其肘腋之下，變故百出，缺於其德，怠於其政，如何可得人和，恐不致眾叛親離不止。琴瑟不調，必改弦而更張，當加勤自己之反省，毋徒憂懼景象之日非。

五月四日 日本關東軍司令植田在承德召開軍事會議，策劃侵綏軍事。此種現象，乃日寇自然之發展，我不愁外侮之無已，但憂自侮之不休。鬩牆戾氣，至今未見全銷，恐猶不止朱毛而已。

到浮梁巡視，所見地方凋敝，磁業本爲我國早已馳名世界之創舉，茲仍固步自封，無何進步。乘各界歡迎會，爲之講演，「仿造改造與創造」之旨，回省府當與建廳急謀改進。

五日 來萬年巡視，一路人民，因匪禍，窮苦不堪，而大小老弱，幾無一人不面帶病容，確亦有身兼數病者。乘各界歡迎會，爲之講演「先除三害」，即殘匪、貧窮與疾病。

廿一日 來星子巡視，縣城各界及附近區長以下與壯丁隊數百人相迎於郊，乃乘便爲之講話約一小時。聽衆中即有二人當場暈倒，天候涼爽，乃有此種現象，可見一般體氣之弱，爲之悚然以懼，赧然以愧。爲政已及六年，對人民生活全未顧到，尸位素餐者歟，敬恭桑梓者歟，祇當捫心自問。

上午與儲教育視導員談話，伊言整理星子保學，在使統籌經費則收集容易，如此方能每保有學云云。地方太貧困，「每保必有學」是省府既定政策，「有比無好，多比少好，快比慢好」是我們一貫主張，但於星子，仍不可忽略「富而後教」之義。面飭儲君此地保學不可求發展太急，宜先就原有之八十餘校整理，穩定經費來源，充實學生數額以示範，使其他各保可以效法，不致苦於太迫切乃佳。

廿七日 蔣公蒞牯嶺，籌劃「盧山暑期訓練」，孫子曰「令民與上同意」，實爲今日救亡圖存之要道，此公之所以亟而席不暇暖，來爲幹部先著手講求之意歟。

六月廿三日 蔣公邀集全國學者專家來盧山開談話會，此亦與「暑期幹部訓練」同一意義，祇方式之不同，對日準備，漸見端倪。

廿八日 日本關東軍司令部、朝鮮總督府、華北駐屯軍司令部、滿鐵總裁等各方面人物，在大連有重要會議，對華侵略，更形積極。

三十日 王寵惠(時任外交部長—編者注)向美國廣播遠東危機，必導源於中國之被侵略。

七月二日 京贛鐵路開始敷軌，經之營之，願不後時。

五日 我政府頒發小麥出口禁令，足食不可緩圖也。

七日 蘆溝橋事變發生，完全由日方一手造成，此使用武力進一步之開始，或即中日戰爭之揭幕。

十二日 蔣公電示宋哲元對蘆溝橋日寇就地抵抗。

十五日 中國共產黨成立「陝甘寧三省邊區政府」，乘外侮之來，增於牆之鬨，此國際共產黨之走狗，民族破裂之象徵，非細事也。

十七日 蔣公宣佈蘆溝橋事變為最後關頭。

廿四日 北平各大學教授發表時局宣言，雖民族之正氣，豈足以戢日寇之野心。

廿六日 天津日軍司令香月向宋哲元致最後通諜，要求國軍撤退，此即局部宣戰之變形，宋拒絕之後，即令其第二十九軍抗戰。

廿八日 日軍陷南苑，我守軍將領佟麟閣、趙登禹奮戰殉職。

三十日 國軍撤出天津。

八月四日 北平失陷。

六日 我第一集團軍總司令宋哲元、第二集團軍總司令劉峙，受命反攻平津，仍為局部之戰鬥。上海日軍向我虹橋挑釁未逞，此遲早必發之事，將見其繼續而來。滇省主席龍雲抵京，表示決心共赴國難，聽命中央。

十二日 我黨中央常會決議設立國防最高委員會，同時與黨政聯席會議，決定抗戰大計，並推蔣公為海陸空總司令，以軍事委員會為最高統帥部，我抗戰最後關頭出於不得已之救亡圖存措施，事屬不為人先，此哀兵也。

第二章 中國抗日之初

第一節 國共之合作

　　民國廿六年八月十三日 上海日軍由江灣閘北進犯市區，我上海方面駐軍奮勇抵抗，此乃全面抗戰之開始。

　　十四日 我國防會議決定應戰兩原則：（一）對日不宣戰，亦不宣言絕交；（二）中央政府不遷徙。

　　日軍飛機轟炸我筧橋航校，我空軍首次抗戰，無損失，擊落敵機九架。

　　十六日 蔣公受命為海陸空軍大元帥，旋即組織陸海空軍大本營，組織分為六個部，余時原為江西省政府主席，受命兼任大本營第五部部長，主管全國總動員業務，盧作孚任副部長，留京服務。

　　廿一日 中俄簽訂「互不侵犯條約」，在我迫於抗日之戰，外求與國。但是否真能成為我之與國，要看將來事實。

　　廿二日 中國共產黨宣言服從國民政府，參加抗戰。明知引狼拒虎無異飲鴆止渴，但亦祇有接受之一途。

　　廿五日 我政府收編共軍。任朱德為第八路軍總司令，彭德懷為副總指揮。日軍宣言封鎖自中國上海至汕頭海岸。

　　卅日 我政府明令徵集國民兵。

　　九月八日 淞滬日軍向我總攻。

　　廿二日 中國共產黨宣言共赴國難，向政府提出四項聲明：（一）為實現三民主義而奮鬥；（二）取消暴動政策與赤化運動；（三）取消蘇維埃政府；（四）改編紅軍為國軍。

二十四日 蔣公發表聲明，中國為正義而戰。對日之抗戰，必須正名，方可望得國際之瞭解。

廿八日 國際聯盟大會譴責日本在華暴行。

十月五日 美總統斥責侵略，呼籲各國保衛和平。

七日 國際聯盟大會決議予我精神支持。

近日國際空氣很明朗，對我同情，但遠水難救近火，空言無濟實害，存亡呼吸之際，仍在我自力之堅持，未可便起倚賴之念。

十二日 政府明令收編江南各地共軍，主要部份在江西，成立新編第四軍，以葉挺為軍長，項英為副軍長。陳毅過南昌，省政府派蕭純錦、熊濱與談贛南殘餘共軍之遣送出境。哀我父老，汔可小休。

廿六日 日軍陷大場，上海我軍退守蘇州河。

一週前余奉命赴上海前線視察，至張治中司令部，聞我軍新自德國購到之炮，類多彈藥不齊，固已慮其難以持久，今竟退出，敵我強弱異勢，亦祇有以空間換取時間之一法。

廿九日 李濟琛發表宣言，正式解散「中華民族革命同盟」，擁護政府抗戰，遲於共產黨之宣言一個月而有餘。誠紫之有甚於朱也。

三十一日 我政府宣言遷都重慶。

十一月六日 德、義、日，三國簽訂「反共協定」。

九日 日軍陷太原。

十二日 日軍陷上海。

十七日 日軍設立大本營，主持侵華軍事。

廿七日 濟南失陷。

十二月五日 蔣公嚴申軍令，凡戰區內地方官放棄守土責任者，一律軍法從事，地方官應可運用地利人和，率領團警義民，化整為零，潛身山谷，晝伏夜動，今茲軍令，不是曩昔地方官與城共存亡，

及國君死社稷興等氣節問題之消極意義。亟當請製積極方面之行動方案，頒發之。

十三日 南京首都淪陷，日軍入城大肆屠殺。

十四日 北平成立偽「中華民國臨時政府」。

十五日 蔣公在武昌發表「告全國軍民書」，號召全民抗戰到底。一時軍心民氣為之激昂，果能全民一致，最後勝利終屬於我，民族戰爭，不在進退之周旋，而在久暫之計較，堅決到底，乃為必要。

第二節 中國抗日之部署

民國廿七年。一月一日 去年末連日陰霧，今晨煥然放晴。去年來，纏綿感冒，昨晚霍然快愈，顯呈一種新年佳氣象。人當與時俱新，余在京任大本營兼職以前，自己之精神力，大都耗用於中央全局之計，對於本省崗位上事乃至自身修養，皆未遑顧及。今形勢變遷，皖贛為武漢屏藩，既已辭兼職歸來，此後在江西守土之責更重，惟有發動全民之力，用以支持軍事。

二日 正午至午後二時敵機十四架竄入市空轟炸。病體猶未復元，晚猶在家休息，未赴省府會報，自書戒條二則：（一）用人不可求全責備，作事不可好高騖遠，先就本職求其銖積寸累之功；（二）日記重在為修己治事之助，不論閑忙，毋或間斷，不可專為大事記。

三日 精神仍困倦，晚約朱家驊來餐敘，談戰時黨務。

四日 早七時赴車站迎接副參謀總長白崇禧，旋即陪至勵志社對軍警人員講話，題為「黨政軍工作在戰時發現之缺點」，大意是黨之工作未及深入民眾，尚多爭權奪利，舉長沙罷工之事為例。政治工作亦忽略了下層、區以下未用有為之青年幹部。軍之工作對於補給醫藥缺陷尤多。附言日軍在京滬之獸行，殘殺狀況。頗為扼要。

繼同往參觀飛機場及製造廠,伊見孫桐崗,言詞態度,頗表現出一種吸引人才力量。至青雲譜與周至柔(時任中央航校教育長、校長和航空委員會主任,兼任空軍前敵司令部總指揮——編者注)談,囑草擬重建空軍計畫,見解與余不謀而合,即重新培養新的軍力。又至烈士墓展望,伊未在烈士墓前行禮,似頗疏忽,余亦愧當時未暗示之。蔣公每到此則必先致敬,午餐後與談黨務、政治、農村各問題。午後四時半送之登機飛鄂,五時四十分到達,七時來電話道謝。余於其此次過境,卻不曾加意招待,草草周旋,如辦公差過去,深愧疏慢。

晚省府會報,聞各縣自衛隊多不一致,且有人從中利用,蕭淑宇言省府所辦各事多重紙面文章,此雖彼驕橫自是,有所為而發,要當可為深省。歸途車中自思,事不能盡如我意,當耐心辦之,人不能盡如我意,當耐心處之,任勞任怨之外,更須任煩,乃可以言天下事。

五日 頭昏神倦,不耐繁劇。午蔣經國來謝委,余無勉勵語,但略略指示今後工作,而於舊日規模,則無一語提及,使之重視,易使新加入工作之人,所謂後起者,易忽視。且余所指示雖甚誠懇,青年聽之,或以為老生常談,病不任煩,無事不從苟簡,可愧。

晚靜思自修之道,不但要求不為無益心身之行動,不道無益人我之言語,更要做到不起無益言行之意念,言行枝葉,意念根本,不在根本上著力。一任其自由起伏,好壞憑它,其不為言行之賊也難哉,「凡事豫則立」,意念乃言行之預備,事前不有深切周到之意念,信口說來,隨手做去,言無效用,行少功能,徒遺事後追悔,小子誌之。

六日 上午在省府接見四川來青年服務團團長,晚見王忱心,告知辦理青年服務團事,要注意三點:1‧訓練部下同時要協同黨部教廳與政訓處,語曰「不信乎朋友,民不可得而治矣」。2‧工作人員

之責任與權限,不可籠統混淆,以免磨擦,此事余已將動員業務系統列表劃分清楚。3·受教易,教人難,受領導易,領導人難。團中隊中,用人要搜集各方人才,謙恭下士,凡事要徵求工作人員意見。

晚與白崇禧、張治中、張群通電話,說明地方政府在戰時應統一事權,現在地方政府感覺無法辦理之事有五:1·黨務:直隸中央,無法指導;2·軍訓:人、錢、事,皆直隸中央,無法幫助;3·新聞:各本其背景,各自行動,無法聯繫;4·郵電檢查:各本其自定方針進行,無法監督;5·各銀行營業,各本其自定辦法,今在戰時各地方押款,銀行正在極力催收,無法通融。

七日 午至下午二時敵機廿四架闖入市空、轟炸新機場。

九日 午至下午一時半敵機廿五架來市空轟炸市區。

早九時廖處長偕項英(時任中共中央東南局書記、新四軍副軍長兼政委——編者注)來見,與談話太多,「不可與言而與之言」,殊失言也。彼請求其部隊調開後,共產黨黨部仍須任其存在各地方工作,余未諾,祇許各個人參加縣中做後援工作,當囑三事使與廖處長商議後再核。

1·收編各部隊之集中地點與時間之確定,以後零散者不再收。2·各地共產黨員參加地方後援工作辦法之擬定,不能另樹一幟。3·關於補給可力予便利。

日來煩惱特甚,要皆由於對環境之不滿足而來。對人之不滿足,是責備太全,對事之不滿足,是急功太切,對物件之不滿足,是要好太奇,對時間之不滿足,是欲速太甚。不能知人善任,因事制宜,就物使用,隨時變通之所致。太史公曰「善者因之」,其三思!煩惱自去。

十日 晚在省府召集各訓練機關人員,討論政訓處服務團等工作,蔣經國發言頗簡要,蕭淑宇言亦切實,但辭氣間有憤憤之意,蓋

深不滿於服務團者,彼之行行如也,將不得其死然,才情太露,眼底無人,深為可惜。其他唯唯之輩,皆胸中不曾有半點準備,隨班入席,不敢多言,若淑宇之強詞辯論尚為難能,但不如經國所言「真確性」、「實際化」之平易可貴。

十二日 因陳誠部長（時任軍事委員會總政治部部長——編者注）來電詢民眾組訓意見,余欲參考各國現制,缺蘇俄資料,乃召經國來,詳詢蘇俄鄉農下層組織情形,令為搜集,旋伊送來離莫斯科二百公里之某一村蘇維埃情形如次:

一、蘇俄行政區分概況（全國人口約二億五千萬）。

（一）蘇聯邦最高中央：一；（二）共和國（邦）：十一；（三）省（全國）：六二（記憶數）；（四）市政府（全國）：五八（記憶數）。

二、蘇俄行政系統

蘇聯最高中央——各共和國（邦中央）——省蘇——（市蘇、區蘇、代表組村蘇）。

三、村蘇內容（某村約二千戶,人口約八千）

政府委員俱由地方產生。政府主席：一（月薪約一百八十盧布,約合國幣九十元）；書記：一（月薪約一百至一百二十盧布）；委員：七（分主群眾、衛生、婦女、財政、土地、教育、交通、集團農場等事）；省蘇代表：七（有給）。

四、除村蘇政府外,村尚有共產黨支部（由地方產生）,軍事代表（由省軍區派）,民眾團體（社會自己組織）。

村黨支部內容（與市同）委員：五人（約為黨員十分之一）,分掌書記、宣傳、組織三事。

軍代表：一人,管理徵兵統計、軍事訓練、軍人家屬待遇等事。

社團大要為青年團、航空化學協會、青年體育會、自動遊藝會、軍事研究團。

五、各種機構作用：

（一）村黨支部，利用黨團醞釀政策之推動；（二）村蘇政委，自治性質，經過黨人醞釀，提地方政府政治需求作成預定計畫，報呈省蘇，省蘇或遞報邦蘇或更遞呈國蘇核定而頒行於下。省蘇代表，執行群眾衛生等七事與政委相表裡；（三）省軍代表，峀理軍訓軍役事。

晚召集劉、王、蕭各委員及廖處長來寓，將各人研究所得關於民眾組訓及下層政治機構與自治基點機構之充實等資料，彙合商討至深夜，所得結論：

一、關於民眾組訓者

1．民眾組訓事應由政府就保甲原有組織行之；2．在聯保內派一有智識青年，幫助聯保主任辦理（此青年以本籍人為原則，須在省先為短期訓練，全省約須二千餘名）；3．聯保以下幹部有志願回鄉服務之智識分子儘量用之，否則仍照壯丁隊組織辦法中幹部行之；4．民訓以壯丁隊為對象；5．民組由壯丁隊入手；6．訓練要領照余所述（已另令康君編纂中）；7．鄉村城市均照以上原則。

二、關於政治下層機構及自治基層機構之充實者。

1．以區公署為政治最下層機構，加以充實：A．確定其工作對象，管理、教育、農業（及其有關事業）、軍事、衛生、財政等；B．增加有智識青年五人為區員，分任各事（有給）；C．由保長推出數人為議士。

2．以保聯為自治基點而充實之：A．確定其工作對象約如區署；B．增加五人（或七人）為首士（無給）；C．聯保採會議形式。

根據以上結論，交由有關機關參考，會同擬訂詳細條文呈核。

十五日　早七時敵機五架過九江；上午十一時四十分至下午一時廿分敵機廿四架來炸南昌市。

十六日　日本以我拒絕其和談苛刻條件，宣言今後不以國民政府爲交涉對手，期待新傀儡組織之成立。

第六戰區司令長官顧祝同與浙江省府主席黃紹竑來省就商三問題：1．民眾組訓；2．青年失學失業之收容；3．游擊隊之編組與運用。

十七日　與顧黃二君整日商討，各起一草，最後決定，大抵皆照江西辦法。

十八日　上午九時顧黃二君分途離贛，晚與程、王、蕭各委員再商民眾組訓及改善鄉鎮組織方案。

廿日　駐日大使許世英奉召離日返國。

廿三日　整日上午九時至午夜十二時與晏陽初、瞿菊農、黎錦紓、許紹隸、朱熊芷、雷雪瓊、王次甫、程世煌、蕭純錦八人在家研商縣以下鄉鎮機構改善案，以及民眾組訓事。

廿四日　山東政府主席韓復榘以不遵命令失地誤國，在漢口伏法。

廿五日　下午四時在家約聚江西地方政治學校籌備人員（晏、瞿、朱、程、王、蕭、文）七人，商談學校組織事，至晚十二時始散。

廿八日　省務會議提及會計處人選，余徵求各人意見，眾默無以對，余遂提以賀世繻任之，文群未加可否，蕭純錦起而宣述賀之不學無術，謂必僨事，語中盡醜詆之能事，且疑余用之以制財廳爲不厚道，粗鄙可笑。賀之來贛服務，原爲伊所推薦，今不論事之是非，完全憑一己之好惡，極力破壞，余對之殊爲失望。余細想蕭之暗射他人

狼狽爲奸,極不道德,余愛其對經濟頗有造詣,且常好唱反調,以爲諤諤之士,一再容之,不意適長其乖僻之性,抑吾之過歟。細審其極力破壞賀,必有內在原因,要不外:(1)因望長建廳,不遂,怨楊。賀與楊識,故惡及賀。(故有狼狽爲奸之言);(2)以賀爲其所薦,而不甚奔走其門;(3)賀不以前輩之禮事之;(4)前伊囑賀擬草經濟建設計畫,賀逕送於余;(5)賀所擬會計章程,伊在省府會議擬修改,賀力折之。

以上乃余個人推測之意,未必盡實,但賀爲人端正,實適於其任,蕭說話太失儀,惡不可長,乃決不理之。

久未還鄉里,午後歸來度舊曆年,藉以慰問本鄉出征軍人家屬,贈送錢物,相見甚歡。農村生活儉樸,一歲勤勞,年終家家始有酒肉,余舊屋被匪焚燬,夜宿於從兄宏家。

廿九日晨 宏兄喚余起床祀祖,未呼余名,而呼「主席」,家人不應以官職相呼,彼固不合,余亦漫應之,未即加以矯正,此乃余之過也。

下午由鄉回省,在家見楊廳長,詢其調整委員會(農礦工商)工作情形,伊未能詳答。余語之曰,凡一機關,必有其動力,主持之人必有其才可以自動,否則主官機關應時時爲之推動,因此主管機關對於其工作情形必須不可一時忽略,應注意,彼允將即查報。

三十日 上午見朱克靖(共產黨)、陳洪時、曾憂初、王又庸。對朱王二人發言仍覺太冗,費時可惜,費言可戒,誌之。

晚約廖磊、韋雲松、李松山等餐敘,談廣西情形,尚無失言。後召集王次甫、蕭純錦、王忱心、雷潔瓊、蔣經國、蕭淑宇,討論「青年服務團」此後工作,席間忱心態度、淑宇言語,俱不佳,意氣現於辭色,忱心識淺氣粗,坐相亦欠莊重,此人不堪任重;經國沉厚,發言亦頗得要領。

卅一日 上午省府紀念週，參加人員太少，且有逾十餘分鐘始到者，雖言今日為舊曆元旦，故有此現象，而平時紀律不嚴，及講述內容無精彩，乃致各人之弛懈與冷落，要為又一重大原因。憶民國十四五年間在廣州舉行紀念週時，參加者爭先恐後，當時報告，或講話材料，皆事先經過集體之討論提供，關切於世界及全國，或社會上新鮮事項，深具有政治意味和教育作用者，當然或許其時俄國共產黨顧問亦與有力焉。此事急宜改善，勿使空費每一紀念週時間，且惹人厭倦。

　　二月四日 晚赴保安處春宴遊藝會觀京劇，及抗戰電影，心殊不安，以為太逸樂，乃先返，歸讀杜威著「反省思維與教學」，其中有言，「不總結成果，使養成鬆懈散漫之習慣」，余誠有是病，當加警惕。思有以矯正之。

　　七日 昨星期日，所望於各委員趕辦之審查諸案可了，晚電話詢之，俱未著手，可嘆。吾之過在不於早晨以電話提起其注意。

　　九日 上下午敵機來襲，未入市空，此為第一次。見周專員作孚，論基層機構之改造，伊曰蘇俄現制，未宜模倣，亦有見地。李縣長屏山，唯唯未出一言，恐非抑鬱，殆屬慚愧。見車縣長乘華，書生氣重，責任心輕，在南豐無何作為，於該縣日前事變，曰為首之區長乃專員所交用，欲自卸責，今調往銅鼓，難望有功？見許團長占元，詢余近添一男兒事，老於世故者。見康霓化與談幹部訓練計練綱要，頗多可採。

　　十二日 早偕王又庸、周利生、蕭淑宇、朱熊芷等由省起程赴長沙轉鄂，午後抵長沙，承招待下榻於張治中主席官邸，晚膳在座有晏陽初夫婦、朱教育廳長經農夫婦、陶益生秘書長等，融融然談笑頗樂，因自覺余在南昌，平常與省府同人宴聚，皆太嚴肅，頗多拘束，

莊敬自持，一般皆頭巾氣重，不解幽默，轉形冷酷，今日社交誠不當存理學家道貌岸然氣味。

十三日 抵武昌，假館於陳誠主席寓。午後蔣公召見，問經國思想行為性情學問，余一一備述之，承詢戰爭前途，余答：

1．武漢有被攻之可能，敵打通津浦線後可接通隴海路，由平漢路南下進逼，軍事實力，我難堅守，祇能望時間上之遷延，待國際之變化。

2．目下國際對我道德上之同情，則較前為多，是否能以實力援助，殊不可知。因問國際最近態度，承示夏季英國海軍實力可較充實，或屆時能更為有力之聲援，財政上各國俱不能大為力。余乃復言：

3．外交上如無能為力，祇得聽國際自然之轉變，此等皆外求諸人之事，固難期於必成。

4．軍事上除應付戰線上之需要外，似宜為新的生力培養，此可內求諸已者。蓋抗戰是長期的，無論一時之勝敗如何，皆需要補充實力，維持對抗局面，使對外保有發言資格，否則，敗不能繼續再戰，勝不能擴張戰果，將何以持久，恐漸致加深國際之蔑視。

5．外交即不能為主動之運用，要不可不盡其在我。似仍應加強人力，未可聽其自然，不作秦庭七日之哭，也當忍辱負重，不停其曲意之周旋。此外政治、財政及黨務，為軍事基本，略陳聞見。

6．政治：自開戰以來，似有起色，中央機構比從前較單純，已見調整，至效率如何，固視此後執事者之努力。各省政府亦較以前整齊，雖縣以下猶未見有何大進步，但各皆正在發動民眾，祇效力猶未見太彰明。

7・財政：中央情況還不深知，地方政府，因交通阻塞，運輸不靈，貨物進出，等於封鎖，人民經濟力之衰竭，政府自日漸於困窮，長此以往，深爲可慮。

8・黨務：各處皆然，毫無力量表現，尤於下層爲然，各黨各派尤其共產黨之活動，如入無人之境，若不加以改造，從頭徹底的整理一番，以後將不堪設想。以上政治、財政、黨務三事，擬趁此行來漢，與各關係部會詳商具體改進辦法，奉陳採擇，以圖補救。

晚七時膳，陳佈雷、何應欽先後到，盡談軍事及川中情形，九時半歸。

十四日 上午往漢口走訪有關各部會重要人員，是禮貌，亦藉以明瞭政局近況，及各人見解。午在張群處餐敘，與談外交、政治、財政、黨務近情及川省糾紛，不勝感嘆，伊對今後局勢頗多憂慮。

六時訪汪主席精衛，談約一小時，每及戰爭前途，彼皆不甚樂觀，大抵以國際間與我可爲戰友者，不甚可靠，關心於中國問題而爲我奔走者，亦不甚可靠，若英與美合作尚未臻完滿程度，德與法亦然。此後更當注意者，爲英日之妥協，其挾我而與日妥協爲可慮，其擯我而與日妥協則尤可慮云云。

十五日 上午在珞珈山，陳誠寓商討「民眾組訓」事，在座有白崇禧、張治中諸人，余言頗透徹，但似猶未博得各人之瞭解與共鳴。

晚蔣公召往餐敘，在座亦有白、張等，談論政治部及國民軍事訓練工作，余力言政治部不宜涉及軍事訓練，政治部工作本爲黨部工作，今黨既未臻健全，挑出一部份人來組織政治部代替其工作，則其工作之範圍，應規定三個對象、兩種事項：（1）三個對象：即軍隊之政訓，黨的政訓，政的政訓；(2) 兩種事項：即一種由上而下（或內而外）的將思想、主義、政策、精神等徹底灌輸的宣傳教育，一種根據一切下層心理狀況和言論實際等，予以詳細確實的察覺報告。知

已知彼,百戰百勝,此等知己工作不獨爲求勝,且免事敗於冥冥之中。

十六日 上午見羅隆基、王造時、許德珩、蕭淑宇等一班學人,聽取社會方面意見。午應陳誠宴,在座有張道藩、張治中、曹浩森、陳繼承等,皆泛泛之談。晚何部長、白部長、何主席、張主席、甘秘書長、張厲生次長,相約在陳誠寓,會商各省軍事機構統一事,當時得結論爲:1.軍訓歸還軍政部,政治部祇管政訓;2.各省將保安處軍管區司令部,國民軍訓委員會裁併,改設一軍事廳;3.中央對各省不直接派人主持某事,一切皆交由省政府負責辦理。

十七日 午後出席行營會議,即議昨晚所商各事。

十八日 午後約王、羅、許、王(又庸)、邱、陳、諸君在德民飯店茶會商談回贛後各種問題。

十九日 早與彭學沛、邵力子、翁文灝,交換意見。午至陳誠處會談十六日案補充缺漏。三時見陳立夫、劉健群、康澤,會談民眾組訓及政治工作,見周忱琴,談買贛米事,允爲盡力相助。

二十日 下午六時至招商局碼頭祭周渾元軍長,不勝感傷,因念余自十五年北伐以來,所屬智勇兼全之軍事優良幹部,在北伐攻撫州,易簡師長陣亡,剿匪在廣昌,胡祖玉師長負傷殉國,今周又復病逝,余不獨爲當年同死生、共患難,如手如足之袍澤私誼痛也。

廿一日 上午參加省府紀念週畢,至卓刀泉參拜前鄂省府主席楊永泰墓。回憶曩所擬贈輓聯「職大體,有擔當,輔弼悼長才,後起難繼。據上游,資控馭,憂勤定危局,自愧不如。」且祭且唸,九泉有知,其謂故人之尚非便佞者歟,今當抗戰艱危之會,恨不能以百身而贖之。下午參加行營會議,調整省軍事機構事,未得解決。

晚赴蔣公官邸膳，談最近在武昌討論民眾組訓及省軍事機構調整及抗戰前途事，述各方面意見，未能盡同，要有賴於領袖明察剛斷，務求速決。

廿二日　午赴立夫（指陳立夫，時任教育部部長—編者注）處膳，談政治部職責，伊言聞黃犀、蔣百里先生言：「日本軍人政治訓練之弊」，以致暴亂干政，不可抑制，宜引為戒。彼主張政治部當以軍隊政訓為主要任務。彼等所言，皆不曾細察今日之現實情狀。

晚赴孔副院長處膳，在座有陳立夫、陳誠、白崇禧、何應欽、何鍵及各部長與張治中、何成濬主席、張群、魏道明秘書長（時任行政院秘書長—編者注），商地方政治機構之改進事，見內政部所提各案，覺太新奇，醫藥固有名詞擅加改稱，殊可笑也。

廿三日　見姚純軍長（繼周渾元新任）勉以努力，保持我第五師傳統精神，光榮歷史，姚智勇不在胡、周之下，惜多病，體力太差。

午赴珞珈山陳誠寓膳，更談前商未了各事。四時赴漢口太平旅館與張治中共草關於政治部任務，軍訓部存廢，各省軍事機構調整等問題意見書，擬呈送委員長參考。即準備回省。

廿四日　上午與張治中同謁委員長，共陳數日來與各方會商諸事，並呈書面意見三紙，當蒙佳許。

晚九時訪宋子文，談時局前途，伊頗樂觀。云英艾登雖辭職，但其政府對遠東政策，今秋以前當不致有變化。並云其現內閣如過度忽視人民厭惡日義心理，則亦有坍台之可能。

廿六日　晚八時半由總站上車赴長沙轉贛。

廿八日　下午抵南昌，晚以電話謝錢大鈞與陳誠招待。自我檢討此次赴鄂之行有如次缺點：1.自修工作完全被環境打破，讀書與運動俱廢止；2.所準備應講應做事件，仍如昔時草率不週，進行不力；3.腦筋中一事未妥，他事盡擱，較諸前賢眼觀四面，耳聽八

方,日理萬機者,當愧死;4.語言文字尙時有粗率,治中指爲多烘氣,殊未得合時宜。

三月三日 召見袁俠民,此人學歷資格、熱忱風度,俱足適任縣長,其言欲約集數友求一縣區,實驗自己理想,恐佐治員薪不足以羅致好人,便思以縣長薪平均支配。即此寥寥數語,或亦可徵其對財貨不甚重視之心理。

十四日 下午與劉秘書長鍾藩、王廳長次甫、廖廳長士翹商處贛南黃鎭中、李焜等擅自發起贛南抗日義勇軍,召集各縣派代表赴雩開會事,應即嚴電禁止,並報告軍委會。

十八日 下午見勞勃森(國際派遣華中區防疫主任)、張專員維(爲勞助手)。晚約宴,蕭委員、方處長等作陪,余述意見二點:希望其能在贛協力:1.協助完成八個專員區醫院基礎;2.研究江西風土病。

廿一日 召見卓如,與談處置黃鎭中部隊問題,因何部長來電將其歸還省府管轄,因決定:1.不予收回;2.以編於第三戰區;3.如必收回改編,必須照原來餉額。

廿二日 接見省黨部王冠英、李中襄等各委員,王、李言大會提案事,余以不屑於教誨而教誨之,當時王等議論鄉鎭區等機構組織事,視之太易,全憑直覺之主觀立論,本欲詳爲講解,繼恐不可與言,因未與之言,竟未至失言,此誠余之進步處,頗自得也。

廿七日 由省乘汽車赴湘轉鄂,出席代表大會。

廿八日 南京僞「維新政府」成立。

廿九日 晚八時出席珞珈山代表大會。

卅日 由漢口渡江,遇李烈鈞(協和)先生,其所談話皆與時代相去甚遠,殊爲駭異。晚八時出席代表大會,王寵惠報告外交,孔祥熙報告財政,條理皆不甚清。

四月一日 早七時何應欽、顧祝同、張群等來寓共餐，談黨政關係，八時同赴大會出席，十二時半舉行閉會禮，此次會中選舉出總裁及副總裁，並通過「設立三民主義青年團」和「組織國民參政會」，並制定「抗戰建國方案」等議案。

九時 參加省府紀念週，總裁主席講「提倡黨德，痛誡官僚習氣」。午赴馮玉祥宴，晚赴何成濬、鹿鍾麟、王懋功和張嘉璈宴，皆係一種官場慣例，政府似宜明確規定一種簡單茶會方式，俾人有所遵循，賓主兩便。

三日 晚十時赴張群寓，與顧祝同、張治中、黃紹竑等共談「黨政關係調整案」。吾云：本黨成立將近三十年，由革命黨改為政黨，現在卻一不像美之共和民主等政黨，二不像蘇俄之共產革命專政黨，三不像德意之納粹黨及法西斯黨，實際並以上三種性質兼有而不俱全，以此來與民社等政黨及憑藉武力革命之共產黨相周旋，一切政治施為，固難求其適應，我黨政之未易調協，是所難免，蓋黨及政本身之活動亦無所遵循，故言黨政關係之調整，當先確定一種性質適應中國現在需要的黨？使黨與政之自身工作，有一定軌道可循，則不言協調，即自協調矣。

四日 十一時至汪副總裁寓與孔祥熙、余漢謀、何成濬、何鍵、張治中、黃紹竑、張群、顧祝同等會談黨政關係調整意見，余主張先要確定本黨的性質。

六日 下午委員長召見，詢黃紹竑主席近況，並曰伊在鄂聲譽甚劣，建廳有貪汙，其太太在省府提款二萬元，令詢有無其事。又詢對黨全會各提案之討論有何意見？因即陳述近日感想所及者四事：一、黨的性質不明，因此黨的運用不當；二、黨員身分不明，因此黨部成衙門，黨員成官吏；三、水流濕、火就燥。黨的工作，應該幫政府，

為濕為燥；四、黨的組織不適於其工作。當承嘉許，令速以書面條陳。

五時 見德顧問克來因，彼云：（一）日本無論能否戰勝，決不放棄亞東盟主之夢想；（二）中國當注力於戰後之建設，準備日本第二次之侵略。余答：一之所見同；二所云云不盡一致，中國所當注力者即在於戰時今日勝敗存亡之事。

七日 早往健行寓，草擬黨務意見並又奉委員長手令以江西現行縣以下政治（自治）機構為準，並參酌蘇俄村蘇維埃制度加以黨的機構做成圖說呈備參考，因就即膽正。午一時將各件送呈後，復奉令另書說明，至晚七時始畢事。

八日 早又庸、健行、仲五來共將「黨政民意關係草圖」（縣以下者）繪成。至午後一時送呈委員長。

下午三時赴行營參加聽講，委員長指示圖中所繪黨政機構（縣以下者）云，此為建國基本工作，勉各同志以後應以全力從事，余於聽講後有感想兩點。

1．縣以下「黨政民意關係案」，雖曾經過若干月日及若干人員之研討但猶未經實驗者，若即令全國通行，未敢十分相信其必能行之有利無弊。深為惶恐。

2．領袖求治如此之勤，可惜一切問題尤其黨務之改進，無多人研究，為之輔佐，更深憂念。

九日 與張君勱偶談及青年團事，彼意不應限於作黨的預備黨員，當如外國政治家之隨帶秘書以資歷練而培養青年，其言有如舊式之帶學徒，頗有其理。但青年團則如新式之辦學校，亦有其要。不過革命的政黨，其黨員不限於政治之一途，故不必限定祇學外國政治家之隨帶秘書。要擴大範圍，由各種各項事業中之黨員，各自在其本業中物色幾個有革命性的外圍份子，先為情感之聯繫，漸作主義之浸

潤，方能適應黨的需要，此意我國民黨中負有組織責任之人猶未之重視。

午見委員長，承示「整理縣以下地方行政（黨政關係）機構草案」，令再與陳佈雷（時任國民黨中央政治會議副秘書長、蔣介石侍從室第二處主任、中央宣傳部副部長——編者注）等審查之。

十日　訪佈雷商整理草案事，決定交陳方、王又庸草出初稿，再會同商定。

十二日　上午分別對來鄂受訓之江西保安團隊官長及三十六軍官長講話，大要為（一）利用受訓期間鍛練身體；（二）努力自我機會教育，補充智識，切忌腦筋凝固，不長進；（三）保持江西人傳統忠義氣骨，廬山五老峰真面目，團體之光榮歷史。

十三日　將所草擬關於黨的條陳交王又庸修飾之。將縣以下黨政機構調整稿送交陳佈雷潤色轉呈。

十四日　王又庸修飾文稿，詞不達意，余復將不妥處加以更改，並添監察一章，囑吳仲五抄寫，至深夜三時始畢。

十五日　早九時晉見委員長，面呈所擬就意見書，並附呈江西施政綱要一份，承詢所整理縣以下黨政機構案如何，余答大致就緒，已交佈雷轉呈，因便陳述軍訓不應在縣區鄉鎮組織外另成系統，及縣、區、鄉、（鎮）保甲五級應虛實相間，全實則人力財力所不及，現充實鄉（鎮），區與保宜為虛級云云。

午送余妻登機飛渝後，即分赴各友處辭別，至張群寓，邂逅唐式遵，聞其言，地方彩色太重，猶三十年前之頭腦，晚九時登船返贛。

十八日　出席聯合紀念週，報告中央近況畢。接見：陳書農縣長（頗精幹）、羅天素（少年、字筆與彭復蘇相似，恐少有神經病）、朱祖晦（學問勝於才能）、林錫光（易哲之流）、歐陽永（年紀大、

留法八年，如無暮氣猶可用）。又見蕭委員等八人及中央各負責人，皆爲工作之問答。

五月四日 成立江西地方政治講習院。余講詞大意爲：建國繼要抗戰，抗戰即是建國，蔣委員長曾指示我們「縣以下區鄉鎮的工作是建國的基本工作，此後大家要專心致志爲建國的工作而努力」，一顆種子落在地下先要生根，然後萌芽，再長枝葉，方有花果，縣以下區鄉鎮工作是政治的根基，根基培養得好，則縣省乃至中央一切建國的工作就自然順利的可以達成，抗戰必然勝利，所以我們今日雖在戎馬倉皇之日，猶亟亟設立本院來講習之，希望大家一致努力來講求研習怎樣去健全其機構，訓練其人員，鼓勵其工作，發揮其效能，以達成抗戰建國的基本任務。

五日 我政府與蘇俄洽商軍火與物資交換辦法。

七日 見臨川周專員作孚，詢該區自衛政訓，及青年服務團工作情形，尚爲努力。見李縣長承忠，知其與專員未能合作，精神萎靡，事久無功表現，再加以訓勉試之。

自省近日作事有兩缺點，急宜加改正：

1．日記少事前預籌之筆，多事後補述之文，如此則日記等於專爲自己作起居注，非爲謀定而後動之備忘登記。作用太小。

2．祇圖開創，持續不力（如日課中讀書與運動二事），整理無方（如桌上舊信件久擱不爲清理），有志而不能制行者也。

因此確定自省三事：1．志願是否堅定？2．智慮是否周密？3．行爲是否確實？每日清晨將昨日事檢點一次，記今日預定當作之事。每星期日將上一星期事檢點一次，記本星期預定當作之事。月終年終最好再作一月或一年之總檢點一次更佳。

十日 見楊廳長焯俺，伊力詆蕭委員純錦之爲人，謂渠非極度忍耐則早已與之決裂，繼稱農院講習院之事，實不能過問，對政治意興

索然，有消極之意。余責以大義，告以天地間任何人、事、物皆不能有盡如己意者，君子「嘉善而矜不能」、「人不知而不慍」，故與不如己意之人相處，應所甘願，「中也養不中，才也養不才」，當以賢父兄自居，方見氣度，我勸君勉爲「甘願」，不是勸君勉爲「忍耐」，知所甘願則胸中別有天地，願共爲國家鞠躬盡瘁，將來環境或更有惡於今日者亦未可知，不應以目前艱難便自灰心也，伊頗釋然。純錦可治學不能治事，更不知處人，祇可作爲一本字典用。

十三日 午膳王次甫廳長言：本省各級公務員之任用「廣收愼選」則甚注意；「勤教嚴繩」似有未盡，此人才之感覺不足用也云云。督察或有未周，以後當加意乃可。

十六日 見李正誼囑與王次甫、劉道一，共同商擬縣以下督察工作實施辦法送閱。

十九日 國軍撤出徐州。

廿四日 近來事或較繁。而擱積者亦殊不少，例如：1．講詞待修正者，久置未理；2．函件待回覆者久置未辦；3．應準備講話材料、未加整理；4．應準備施行事項每用直覺處之，無充分時間召集有關人員研商。殆哉。此後當敏事惜時！

三十日 成立江西地方政治研究會。余講述：年來各級行政人員皆在一致爲抗戰建國的工作埋頭苦幹，然而猶未能達到政令貫徹到最下層，發揮出我們的理想效能，其原因就在於：1．組織上機構不健全；2．人員上才識有欠缺；3．方法上運用未恰當。

所以今天要設立本會來研究它，來求改進。（一）本會以省政府主席爲主席，各委員廳處長王專員、周專員等爲會員，高等法院梁院長、保安處熊參謀長、軍管區司令部彭處長亦聘參加，共計廿六人。（二）研究方法：避免開會方式，通常問題，祇召集小組討論。作成方案，分發會員簽註意見，大致不差，即交付推行。非重要問題，意

見出入甚大者，即不必召集大會。（三）研究態度：在討論時避免各會員階級觀念，儘量討論，但於事要切實，對人要懇摯，發言要和善。（四）研究範圍：1．區鄉鎮保甲組織上問題；2．區鄉鎮保甲人員問題；3．區鄉鎮保甲工作問題；4．區鄉鎮保甲經費問題。

編纂「公務人員工典綱領」，從前官吏祇以「清慎勤」三個字為工作準則，因為過去的政治工作，祇注重在治訟理賦，偏於消極的一方面，現在政治「管教養衛」事體繁複，不是抽象的清、慎、勤三個字方可以夠用的，陸軍有步、騎、砲、工、輜，亦猶政治之有民、財、教、建、司法等等，軍人工作，有典範令為之標準，但政治工作，卻祇憑一種口授心傳，如從前紹興師爺帶學徒的陳腐方式，當然是不合時宜，尤不足以應抗建時期之迫切需要，因此本席所以要編就這「公務人員工典綱領」為各部份公務人員工作之典範，各能深體而力行之，即使是三分人才，也可以發揮出七分的效率（分章講解後印發）。

六月十四日 早接委員長電話，令將星子至萬杉寺間公路破壞之，永修武寧間公路亦可破壞，該兩處俱須趕設防禦工事，當即令保安處會同公路處遵辦。

廿四日 余時自覺慚愧者，教人之力不足，教人之願不宏，對部屬如此，對家人亦復如此，環我之人，無不以若饑若渴之態度向我，我則空空如也，無以餉之。分人以財、惠不足，告人以善、忠不夠，甚矣吾之為人其小也。

七月五日 與張副司令廷孟商破壞飛機場事。

十二日 在教育廳與師範學校等校長講戰時教育，應注重在協力「民眾訓練」及「游擊戰要義」中之「三不自在」，與堅壁清野之「四不准」。大要在當敵人深入之際，不要脫離敵人而遠遁，要沾著

他，如蚊之撓人，疽之附骨：1．使敵走路不自在；2．使敵吃飯不自在；3．使敵睡覺不自在。此是彼來我走，彼往我來之辦法。

1．不准敵人走江西的公路（拆橋挖路）；2．不准敵人住江西的好屋（毀瓦拆樑）；3．不准敵人吃江西的食物（空倉儲搬雞鴨）；4．不准敵人喝江西的飲料（塞井破堤）。此是彼勞我逸，彼死我活之辦法。

十三日 讀時論「蘇德之事」有次之感想。

1．論蘇俄宣傳技術，「人易受人之影響，如中國共產黨文字稱佛郎哥必曰叛軍，因此反映其係以人影響人之技術」。

2．論守馬德里記事，「看得起市民有力量，才用得上市民的力量，看不起三個字，是打銷自己勇氣的根源，螳臂之敢擋車，乃自己看得起其臂也。」讀過上文，因此反省到，一省主官平時一句話言，一篇文字，都不可稍有「抑自己志氣張敵人威風」之失。一省主官平時對部屬以及民眾均不可稍有自卑感，低於估計其力量。

廿一日 與湖防有關各機關人員談話：大意在勿輕視自家天塹，我即無潛艇砲台之現代工具，荒灘淺水，也是天然礙障，祇要我防備無疏，敵人決不可能自由自在如入無人之境。

廿三日 與湯恩伯餐敘，商定趕行補增萍樟公路橋樑。

卅一日 余至政治講習院為開辦「民眾組訓幹部訓練班」之說明：一、開辦意義：為訓練民眾組訓幹部中之幹部。二、民眾組訓之目的：把整個國力發動起來，爭取抗戰最後勝利。三、敵我國力的比較：無論精神力（我是救亡圖存的哀兵）、物力（我是地大物博人眾的上國）、行動力（我們地利人和），我們樣樣皆強過敵人。四、組訓民眾應注意之事：1．且講且習，從實際生活中求經驗；2．不僅前方需要迫切，後方準備亦不可稍緩須臾；3．淪陷區要在面的活動

中,去組訓民眾。戰區要在幫助軍隊為重,近戰區積極作戰時準備,安全區掃除貪汙腐敗苟且偷安風氣。

八月十一日 昨晚知周作孚專員罹霍亂病故。不勝痛惜,此老七年來任勞任怨,正期其一本顏習齋先生精神,以動以實,為桑梓有所貢獻,為抗建有所輔助,今竟溘逝。如失股肱矣,不禁為國家地方慟也。

晨與王廳長次甫論蕭淑宇之為人,不覺言之太盡,犯臆逆之病,有後慮也。

十二日 與蕭淑宇談話,1.詢其自請願任專員目的?（所答不明）;2.告其不可有小組織,（所答否認有其事）;3.矯正其不正確思想,（其一,懷疑戰爭前途,這是錯認了日本力量,過高估計了日本利用繆斌等漢奸可以製造甚麼主義,偽組織可以統率人民,敵偽機關可以利用中國物資,武漢可以組織軍隊;其二,謂本黨領導青年不如共黨,此係受了共黨宣傳之毒;其三,謂共黨將來有不可侮之發展,蘇俄必以實力援助,此乃不自圖強,望人生畏之一種自卑感）。彼聞余言,亦無何答辯,但其個性愚而好自用,妄而好自尊,將來可能走入歧途,當留意。

十三日 見鄧惠榮,取閱蕭淑宇可疑電稿。召見王次甫、熊濱,商談淑宇事,應有預防之措置。

午見王濱海等訓導教師六人,告知分赴各縣視導工作,注意:1.正確觀察區鄉鎮改革案制度上利弊;2.各學員工作之精神與能力;3.前所授學術課程適用之程度。

召集王次甫、程時烓、蕭淑宇、熊濱及柯建安等,告知訓練班明日即移交,柯接收主辦。

十八日 晚見王忱心、熊芷、伊等言戰地傷兵未有適當救護,本市處理傷兵亦太壞,對後援各事,一般人不負責,多推諉,各參議工

作未具體指定,伊等恐致誤會故不便出面干預,允明日即召集有關人員商量處理。

九月一日 國軍在瑞昌大捷。下午接見陳熙乾,談民國日報事,伊頗缺少鬥爭氣魄,語以宣傳之要:「在以攻為守,祇要我德風行,勿慮匪草不偃」。

晚黨政會議討論永新等處共黨活動,阻撓徵兵及收稅事,王廳長、馬專員剪送新華日報「怒吼吧南昌」之反宣傳一則,當席更與陳熙乾等言本省各縣共黨活動各種情形,我黨應有對策,必以公開鬥爭,始足以遏止此等破壞動作,揭開其與日本內應外合之陰謀,而正社會視聽,零碎應付、無濟於事,即擬定具體辦法行之。

五日 見劉稽鶴專員,令加意防制共黨活動事,此人太庸懦,感覺遲鈍,殊為可慮。

六日 召見劉專員,言請曾山調解永新共黨案,太阿倒持,誠以「對匪之寬恕即是對自己之殘忍」,不可縱匪遺毒。

八日 見王忱心,伊提出辭後援會總幹事職意,言許德珩書生頭腦官僚行為,不易處,許短處或是事實,勸勿太責備求全,愛惜戰時人力。午約見許德珩,談話冗長,不得要領,為其書生本色而肯熱心做事,勸誡之,勉以注重人和。

十七日 見楊廳長,聽取視察鎢錫礦務報告,曰辦理甚善,已臻現代化管理,決無弊端,聞之甚慰。見熊漱冰,詢戰時貿易處務,彼頗無自信,容當設法扶持之,隨召文群來問,據言不如楊廳長所言之甚,亦較熊漱冰悲觀為強,漱冰所言合作借款有四五百萬元不易收回,決無其事,到期待收之款僅數十萬元云云。可見於人之言,當兼聽,不可偏聽,文言近實。

廿二日 見鄧景福專員，伊言彭、湖、潯三縣長不辭職事，余告知將嚴辦，伊又言過去各縣新舊任縣長交代多未清辦，余言當力矯此弊，隨即條令財廳查報歷年交代未清縣長名冊。

廿三日 周忠恂報告辦理唐超群積匪事，甚費心力，乃大加以獎勞。此人頗有機智，此事亦非伊莫辦也。

廿四日 見蔣經國，告以用人宜注意觀其行，不可專聽其言，爲述昔年處理唐事，人心難測。

十月二日 閩省府陳儀主席來省，知其於吏治頗有講究，約省府各委員等相與餐敘，據談福建佐治人員已不隨縣長爲進退，縣長亦無交代之煩云云。自念此種人事制度，江西猶未能建立，雖曰連年匪亂較閩爲甚，未必無暇及此，特尚未注意到此耳，可愧。

五日 上午九時十五分至十時十分敵機廿架分兩批入市空轟炸，余寓所「仰公學會」落彈三枚，幸余不在寓，家人等皆已避入防空洞，未有傷亡。

六日 早赴薛岳（伯陵）（時任第九戰區第一兵團總司令——編者注）總司令部與談贛北戰事，敵以六個聯隊以上之兵力分二路向我白槎進犯，敵雖疲憊不堪，我之困苦亦甚，且此地在德安左側後，倘被侵入，則威脅甚大，不得不調隘口之兵以固左翼。余並告知注意三事：1・可以人拼人，不可以人拼彈，否則勿固守一地，而要保持整齊自由之進退。2・應時時有殲滅敵人一部惡辣手段之企圖與準備，不可祇是防守，不可祇是被動的挨打。3・對於兵力之補充訓練宜急進，最好擇部隊中之強者，爲之特加以常勝軍或鐵軍等名號，並抽一部使常習快速行軍，控置之爲特別時機進襲之用。

九日 見王叉庸，問其對讀「辯證邏輯學」一書，何以見其爲「萬變不離其宗」之最大權威者？伊所答亦無甚見解，殆爲「人云亦

云」，受了共黨或其同路人的思想拐帶，余告以我的批評十六字：「學者派頭，政客臭味，強姦宣傳，拐帶思想」，相與一笑。

十日 國軍在南潯路左翼德安大捷。

上午 在公共體育場舉行國慶紀念會，余僅就中央頒示之宣傳綱領講述六點，別無發揮，對於各縣及省會之部屬和民衆，無何深刻刺激，默然失去了此次對廣大的聽衆講話機會，此蓋由於對外感受性太弱，不認識機會，更由於醞積量太小，而缺少熱忱。昔年在粵嘗與鄧演達同席於一宴會中，伊詢余講話否？余答曰無。繼而伊起而講話，滔滔不絕於口，當時祇自愧口才不及，今細思之，實爲心才不及也，此後當勿復麻木，勿復冷冰。

十五日 見戴笠[時任軍事委員會調查統計局(簡稱軍統)副局長—編者注]，談王立生工作事，及三民主義青年團，伊言康澤主持必至敗事。

十七日 見蕭大鈞，誠懇告誡一番，平時缺乏精神感召之力，致令跋扈，實己之過。

晚召集各委員在省府詢對時局意見：次甫曰軍事宜保持實力，爲持久之計，政治宜建設川滇黔樹立根基，所說國際形勢亦頗明確，劉含糊、廖簡單、李無言、程說共黨事俱不得要領，平時對國內外時事，少用啓發研討之力，亦吾之疏忽處。

十九日 主持黨務會議，批評各職員辦事不肯出力，復不肯用心，態度失之太嚴，言詞失之太銳，雖可加強刺激，卻亦有失寬厚，宜戒之。

下午 赴東鄉會談，六時到，預約有顧司令長官祝同、黃主席紹竑，交談時局，同來有劉總司令建緒，谷主任委員正綱，及上官參議雲相，從晚八時談到翌晨三時，以外交及共黨問題佔大部份時間。黃言論左傾，有盲目之嫌，所言雖不甚正確，卻是留心時事，不失爲有

研究之人，其餘各人所言亦皆泛泛，有對中央政治人事多致不滿者，此外於時局俱無何等主張。

廿日 上午各人分別散歸，臨行顧提問兩事。余允俟回南昌研究後再答，兩事為：1．能否在第三戰區設立統一之動員委員會（贛省境內者包括入之）；2．贛東民眾組織如不同中央頒發之綱要，應採用何種辦法？

下午 余抵臨川與壯訓第一第二第三第四團官兵講話大意為：1．古今英雄豪傑多屬軍人，當兵即為軍人；2．軍人責任在禦外侮，平內亂；3．軍人在營之快樂與光榮：有四方來的朋友同甘苦，共患難，個個都是國家干城，為國家的保鑣者；4．對倭作戰必勝方法三種：a．聯合民眾力量（我們總是佔多數）；b．熟練利用地形的技術（倭寇在中國作戰，人生地不熟，彼暗我明）；c．習慣刻苦生活（倭寇深入內地，對於水土氣候適應不易，難以持久）。

復對各團官長講話，大意為：壯丁訓練，最重在長官以誠懇親切態度待之如家人子弟，務戒擅逞威嚴，要轉變士兵逃亡心理，今教以兩字訣：一曰熟，二曰親，每人姓名家世要熟悉在懷。每人痛癢飽暖，要親切關心。

晚與廖處長士翹、蔣副處長經國談時局。曉以樂觀，加強其工作興趣。

廿一日 晨見蔣副處長，告知其速組贛州分處，及挑選優秀官兵入黨等事，旋即起程歸，甫離招待所，見少校以上各軍官在道旁相送，即下車與講校官責任，重點在指導尉官，提高尉官的熱忱與自信。晚抵南昌，始電覆陳委員長鐃電所諮詢對時局意見。

廿二日 朱琛來見，告以必須將前交代辦清，始可與我講話。

廿三日　楊廳長焯庵曰晨爲整理汽車事，由省府行文薛總部，陳分監與吳參謀長大不滿意在電話中惡言相詈，復經伊前往解說，彼等始瞭然寢事，焯庵能委曲達成其政治任務，可嘉。

廿四日　見程廳長時煋，告以吉安共黨活動有利用我教廳附屬機關之傳說，因示以二原則：(1)領導人者不可反被人領導。(2)政府機關不可動輒被人利用，隨將關於共黨活動檔交閱，誡其提高警覺。

廿五　與徐秘書晴嵐商討黨務工作，得次之結論：1・幹部會議不必定須黨部職員；2・省城應建立黨的「染缸」模範區；3・速編訂「黨員任務」「黨員生活」「黨的組織」等小冊子。

午後與省黨部范周兩委員商討黨務工作，告以次之研究題材：1・如何建立省城黨務模範區；2・展開淪陷縣區黨務，及一般縣區黨務之推進；3・計畫鄉鎮改制十縣黨務。

廿九日　顧長官祝同、黃主席紹竑來南昌下楊寓中。

卅日　早赴樟樹迎接總裁，七時車到站，除夫人外有熊次長斌，劉廳長斐隨來，隨送至陽靈觀行轅，蒞贛完全爲視察東南軍事部署，余面陳關於東南軍區者三事：

1・敵如窺湘，將以由岳州侵入爲便，決不繞道由南昌西進；

2・敵於南昌，除爲佔領飛機場，截斷贛浙路及搜取省會帶有若干政治意味外，江西雖爲產米區，而米產亦不在南昌一點，在軍事觀點，未必急於此一點之進取；

3・此時我應由三戰區抽調一部（三、五師）來增強南潯路方面兵力，將來再由五戰區調出一部（三、五師）補入三戰區，此部隊不必深入皖浙境，即以控置東鄉附近。

關於其他軍區者四事：1・各淪陷區之游擊軍事及政治，中央應爲適切之統籌；2・川滇黔桂根據地應訓練基本部隊卅至五十個師，一面並將其他政治經濟等著手建設；3・湘桂湘滇交通，應即著手建

设,早日完成;4.粵鄂橫線,皖浙蘇贛湘縱線,其間軍事應保持持久戰方針,不再為大規模真面目之會戰決戰。

關於黨的改造者二事:1.本黨在戰時,似不宜採用英美德意等國政黨的方式,而當改用共產革命方式,及時加以改造;2.面呈第三國際所授予中國共產黨「黨的建設」一書,請披閱,並公開交黨研究。

最後更報告此間將領心理。下午五時恭送總裁南站登車回湘。

十一月三日 日本首相近衛文麿對華聲明,妄倡建設「東亞新秩序」,是儼然以東亞主宰人自居,易乾上九之亢龍也。

七日 至長沙參加最高軍事會議。

八日 上午八時晉謁委員長承詢敵國此後企圖,余答僅就現狀言,敵軍必犯長沙,因當時作寒熱頭痛未及多言。下午往何寓出席最高軍事會議,發言嫌太直率。

九日 上午往唐寓出席小組審查會,下午四時審查案脫稿(周恩來執筆),五時續會,余因又作寒熱,未發言。

十日 下午赴唐公館續會,討論實施議決案,及委員長所示各要點具體辦法。

晚晉謁委員長,陳述外交意見,大要在不宜聽任英國自利主義者操縱,必思有以操縱之。復懇切敷陳改造黨的意見,謂若不及時著手,不獨無以應戰時需要,即戰事結束,無論勝敗,國家之前途,均有不堪設想之後果,病中肝火太甚,未慮擇言,過於率直,幸承嘉納。晚膳畢十時起程回省。

十一日 抵南昌,午後召王克剛院長來寓治療,晚接見薛岳總司令與商捍衛南昌軍事,倦極。

十三日 日軍陷岳陽。

十三日　召見廖處長士翹、張參謀長覺吾，指導其負責徹底破壞中正橋事。

　　長沙大火，聞為實行「焦土政策」，免以資敵，張治中此舉，恐出於一時衝動，未及深思其利弊，乃有此自焚之下策。

　　十五日　午與王廳長次甫等在寓商談區鄉鎮新制，仍宜繼續推行，不論戰局之如何變化，下午至省府討論緊縮案，軍事部門，應以財政現狀能以維持為原則。

　　十六日　早與劉秘書長等商戰局變化之應付，接見陸心亙等十餘人。神倦歸寓。日來因病遺誤公事不少，晚思「全省黨務之整理」、「游擊區軍事政治之規劃」、「後方各縣下層機構之充實」以及「財政緊縮案之實施」等事，十分焦慮，心懸懸為之坐不安席。

　　十七日　與王廳長次甫及縣長李林、邱新民、張任石等討論淪陷區縣政與游擊軍事與縣長關係，以及縣與鄉鎮通信辦法等事。晚接見彭文應，先論其意見書，繼勸其加入本黨，未得其同意，妓不可以為妻也，事後深知失言。

　　十八日　午與徐秘書晴嵐、省黨部委員范爭波、尹敬讓在寓餐敘，討論淪陷區黨務，范無言，尹言不甚得要領，徐言頗中肯，指示數點原則，交再研究。

　　十九日　見楊亮功監察使，曰宜春徵用渡船，船夫家口無人顧恤，宜照難民給予伙食。戰時雖言徵用民力，亦類半僱之工，當此民窮財盡之日勢難忽視，允即照辦。

　　廿日　聽取彭程萬先生贛南視察報告，曰地方窮苦，民性強悍，要點如下：1・上猶、信豐尚有地方強豪擅編帶槍隊四五百人，要求收編；2・劉子貞、李琨宜收用，否則應加處置；3・賴王團團附等宜召來訓導；4・鎢礦工人待遇太薄，應予改善，病無醫藥，花柳病蔓延，地方人士怨懟頗甚，將來失業時，應預為有計畫之處置；5・贛

州典當應早開設；6．贛南失業軍政人員應酌為安插；7．萬一戰爭迫近贛南，地方武力之統率應有準備。

余思該區遠鄰粵境，向來政教為疏，今當敵騎壓境，形勢仍屬軍事後方地帶，是應標本兼治，除暴安良為首務，調濟民生必同時著手，今日最重要者在得一精明強幹之人為該地行政專員，而該區各縣縣長亦必慎重其人選，所報七項，當即分別處理之。

午接陳誠部長由長沙來電話云：1．保安八團改編國軍，已有明令，步兵三團特種兵一團為一師；2．牯嶺部隊米津貼及傷兵出院費已各寄三萬元來省；3．長沙大火，中央業已查明責任，加以處辦，張治中主席革職留任，警備司令酆悌、公安局長與當事之保安團團長等皆處死刑，雖曰罪有應得，亦誠慘矣。余接電話後，對於長沙事，不勝其感慨，易曰「履霜堅冰至」，酆等之膽大妄為，要非一朝一夕之故，張治中豈能免內疚於神明哉？

廿二日 交尹敬讓、熊濱草擬淪陷區黨政工作綱領及區鄉鎮保甲秘密組織。縣府組織及工作交彭學湛重擬。

晚將案上積壓檔清理一過，近因內外交迫之繁劇，忙於應付，當斷當行之事，擱置及遺誤不少，以後必抽出一部份時間為整理自己工作之用。

十二月一日 蔣委員長抵桂林。

二日 日機濫炸桂林，死傷慘重。滇緬公路告成。

晚陳誠由吉到省，偕薛岳、商震來相會，談湘善後事，陳下榻余寓，客散後夜話至二時寢，彼與薛岳為舊日粵軍同事，有素交，揄揚備至，囑余為勸赴湘。

三日 桂林軍事委員會委員長行營成立，白崇禧為主任。中午約薛岳、商震、和生、楚中諸將領與辭修在寓餐敘，談贛湘軍事。

四日 訪薛岳，勸其赴湘。午約薛岳、王東原、王敬久等來寓膳，因陳誠即將離省返衡。

六日 見唐啓宇，告以農墾重點在儘力擴充難民收容量。耕作爲主，手工爲副。生產數量爲重，質爲次。

八日 接見粵省府主席李漢魂，來談粵政，因述己見，爲其參考，曰事在人爲，知人善任，爲事業成功主要條件，尤於省府重要人員。必須無偏無私，惟才是任，負責選薦，得人者昌，餘皆末事。

晚召集省黨委員會談「研究會」籌備事，領導研究共產黨的經典「黨的建設」小冊子，並指示「研究會」作用。1.陶冶各縣黨部工作幹部；2.準備資料：a.黨員須知；b.縣區區分部工作須知；c.縣黨部教育用課，其目錄大要如次：黨員：黨員須知；區分部：區分部工作須知；幹部（書記）：黨的政綱政策，與政治常識初步；區黨部：區黨部工作須知；幹部：（同區分部幹部）；縣黨部：縣黨部工作須知；幹部：黨的政綱政策，政治常識，三民主義初步，黨的建設。3.設立籌備委員會。4.設立編輯委員會。

十二日 見熊芷、彭文應，伊等言今時弊在言論不自由，故貪汙無人舉發，賢良無人擁護。熊芷侃侃然以不偏護任何黨派自詡，仍不脫有其女人態度，彭文應左傾幼稚彩色甚重。余與熊芷先言本崗位工作，請其注意五事：1.建立婦女工作理論（使其可大可久）；2.經營婦女工作示範區（先以普及江西爲對象）；3.計畫從工作中培養人才，同時加緊培養高級幹部；4.編印「各級婦女工作須知」；5.一切刊物須用注音字母。

繼與熊、彭共述余對二君所言時弊之意見，曰余對言論自由之重視與君等相同，但不願人之濫用此四字作掩護自己攻擊他人之武器，例如：1.但憑一枝筆和五十元紙，即可設立「無館之報」，謂其可以代表輿論，監督政府，指導社會；2.土劣訟棍以三分郵票，寫十

大罪狀，可以不經法律程式誣蔑官吏；3・對中學生講大學程度的性教育；4・黃色赤色以及封建，迷信等之戲劇歌曲小說等蔓延；5・幫匪式的發洩私人仇怨，印散小冊子。

　　繼言吾人論事，不宜以自己為比擬，若社會上人盡如兩君者，則一切皆無問題，現在政府所管理之人群，希聖希賢，學仙學佛，以及各色各樣為非作歹的都有，中人以上者少數，中人以上所想像的一切，不能盡適施於全社會。

　　十三日　與民財兩廳長王次甫、文群及蕭委員純錦，商討三事，結論如次：1・廿八年度統一救國捐案交財廳審議後試辦；2・繼續辦理區鄉鎮改善，決定廿八年先辦四十縣，經費限度，連民眾組訓用費在內，希望不超過四百五十萬元；3・講習院訓練分區舉辦，提前辦理戰區，及接近戰區縣份，對接近戰區縣份招生，當守三個原則：a・人選：收舊添新；b・時間：縮短，每期以兩個月為準，（後方各縣可增長為六個月）；c・課程：以戰區實際需要辦理事項為編講對象，從前課本須加改修；4・對委員長湘敬電（密保黨政人才操行純潔者）之回覆，各人所舉有為余所不識者，未可冒昧從事，因敬電文中有「須真知」字樣，故擬暫不報，請予緩期。因便述培才方法，即由省中現有各級機關添置副員，以資儲養，由省府先試行，大要如次：a・省府參事名額增加，由不兼廳委員領導工作；b・各廳處及獨立機關添設一人為副，省府聘任，由各主管官領導工作。

　　十四日　晚至省府會議決定「游擊戰區專員公署組織法」。

　　十五日　餞別薛岳總司令赴湘，在座有吳奇偉、羅卓英、曾伯芹、李雲波、歐震各將領及粵省主席李漢魂、李為欲調整省委人選，多所顧忌，諮商於余，余忠告之曰，事以人為重，人以才為重，當勿顧慮任何關係，斷然處置，因並即為電代陳委員長，陳述對李用人不

如聽其主張,以專責成之意見。余與李並無友誼之私,知無不言,乃所以盡忠於邦國,電發心安。

十七日 得知中美已成立桐油借款二千五百萬美元協定,中英已成立信用借款首批四十五萬英鎊。與國關係,漸見密切,前途勝利,更增光明。連日以湘粵事紛紛擾擾,而省府會議又每至子夜散,頭重神倦,今因聞英美成立借款消息,精神爲之一振。

十八日 汪精衛由渝潛赴昆明。自牯嶺對日抗戰決策以來,汪無日不在彷徨恐懼中,此人乃一神經衰弱之悲觀者,當南京猶未退出時,彼即所謂「低調俱樂部」之幕後人,其時蘇州傷兵缺少醫藥,彼大發其神經病,云「此仗如何打下去」。余往慰解之,不足,蔣公復往與談,更爲打一強心針,乃得少安。嗣有敵機至陵園,於其寓側擲一炸彈,彼又復神經錯亂,再發胡言。余因周佛海之勸,前往慰藉一番,強勉一笑,極不自然,當時已探感其先年挾彈北京,謀刺攝政王之豪氣完全消失,是抗戰中之一動搖分子,今果臨陣脫逃。料此書生,至多投降,不致於抗戰有甚大影響。

廿一日 日本首相近衛文麿發表「更生中國」之聲明,妄言「徹底擊滅抗日之國民政府,與新生之政權相提攜,建設東亞新秩序」。在中英第二批信用借款五十萬英鎊,及美國延長中美白銀協定有效期間,與汪精衛出走此乃一種自然之反響。我爲魯縞,無慮弩末,要亦不足重視。

廿三日 見康澤與談青年團入選,告與黨之關係不可忽略,又其任務宜簡單,若太繁重,必致失望,康君頗肯用思想,但慮其人可塑性不太大,語曰「才難,不其然乎?」康猶鐵中之錚錚者。

第三章 中國抗日之艱困時期

第一節 國民黨五中全會與黨政改革

　　民國廿八年。元旦　余在政府各機關及社會各界代表慶祝會獻詞，大意為：1．我們確已由戰爭中教訓出來了，國家統一之意志增強，民族自信心增大，表現於政治上的變而不亂，軍事上的敗而不潰，經濟上的窮而不竭，社會上的苦而不怕，由這種苦戰惡鬥的結果，博得國際上的廣大同情，與有力的援助，把握了最後勝利必屬於我；2．我們要仔細檢討過去的缺點，矢勤矢勇，必信必忠；3．我們準備擔當未來之艱鉅，任勞任怨，耐苦耐煩；4．雖為魯縞，不慮弩末，建立爭取姿態，掃除等待心理。

　　下午　至省府接受各界慰勞團獻旗，由姜伯彰總代表及一農民與一小童致頌詞，歌詠團及農民代表各唱三種歌詞，詞意激昂，聲調壯烈，是抗戰勝利之曙光，心神為之一振。

　　九日　由南昌出發赴渝參加五中全會，至吉安，會聚白主任崇禧、顧司令長官祝同、黃主席紹竑、劉主席建緒、劉峙總司令及谷正綱、唐式遵等。經湘過黔，在黔沿途所見背肩運輸人民，鬚長不剪，髮亂不修，敝衣垢面，骨瘦皮黃，實不勝其惻怛之意，此不是戰爭一時之現象，過去政治，從未及著意於民生問題，余自愧亦儼然當今之一省政主席，人間地獄，恐不獨此一黔境，他處或未經身歷而目見之而已。

　　十九日　渡江，午在張群處餐敘，有李宗仁、白崇禧、吳鐵城、陳誠、周恩來、賀耀祖、黃紹竑、甘乃光等，討論「黨政委員會組織」問題，余陳述意見四點：1．黨政二字不宜並用以作會名；2．性

質：為中央的輔助，其任務在：a・為各省解除法令及財政上困難；b・為各戰區解除人力困難；c・為中央對地方解除鞭長莫及困難；d・為地方解除軍、民、政不易配合之困難。3・職權：替中央設計指導、監督、考核。4・區劃：可設分會，視其需要，不限定其數目與地點。（於戰區司令長官公署或總司令部所在地皆可）

廿一日至廿七日 均參加五中全會開會，一切皆由中央黨部組織領導，余個人無何單獨建議，故少發言，鳴亦形成孤掌。平日服務於地方，對中央事固不甚清楚，而一般會議若無組織的運用，個人除盡其一份子之湊數外，不易發揮任何作用，尤以現在黨的作風為然。

廿九日 汪精衛自河內發表通電，主張對日求和，是欲作石敬瑭第二，自掘墳墓而已，不足以動搖我全民抗戰到底之意志，適可淨化我抗戰之陣容。

卅日 至國府參加五中全會閉幕禮，十二時謁見委員長，陳述對黨的改造意見，大意（如曩在南昌時之所詳具者）為：

1・黨的性質：不能如英、美、德、意等國之政黨，在此抗建猶未成功之日，國內有共產黨之對立，本黨似仍宜採用革命黨性質，斟酌蘇俄共產黨的方法，其要領即前所呈「黨的建設」小冊子，可為參考。否則難與共產黨爭勝。

2・黨的性質確定後，即宜編輯次之三種手冊：a・黨的領導（中央委員及各省主任委員用）；b・幹部須知（黨部工作幹部用）；c・黨員須知（黨員用）。

當承嘉納，令即將上述三種手冊擬草呈閱。

下午赴行政院茶會，討論中央與地方行政關係諸問題。

二月四日 赴委員長官邸參加會報（報告外交財政），午膳後乃返。日來所與中央接洽公事，多未得及時解決，其外祇忙於友人酬

應,浪費不少精神與日間,晚與徐晴嵐、王又庸二君商討「黨員須知」目錄,正文猶未著筆,頗爲焦慮。

六日 下午訪甘乃光與談「黨員須知」稿。

九日 下午六時赴江北應委員長召談,公因感冒,入室就談,出示黨政人員草案及手諭十餘紙,令研究整理。

十日 晚見委員長,令擬「幹部訓練」案,並擬「縣以下行政機構與黨政關係」。

十一日 見羅剛(隱柔),曰三民主義亟待發揚,戴、胡、周等所言於三民主義無所闡明,意將自寫一冊,述以內容,卻望有其人能作其事,乃詢君所擬著約何時可以完成,彼又言此非一人可辦,擬多集合數人共爲之,余鼓勵其努力試之。

下午 陳佈雷、程滄波持一新聞稿來,曰蔣公囑詢余一八九四年中日戰爭和一九〇四年日俄戰爭,日本海軍皆先發制人之史實。余祇憶述其概略,未能將當時日期地位告之,手邊戰史無存,莫從查考,噫!年來爲學之荒也。

四時送整理草案意見三件親呈蔣公。

晚見桂永清,似甚牢騷,隱然有自己不得志皆係被人抑制之意,其言「贛省人不相聯繫」、「劉經扶不與余合作」、「黃埔同學中多小組」、「川湘浙等俱有地域之見」、「所以彼孤立無援」云云,蓋欲余講鄉誼,爲之揄揚者,人甚天真,慰藉一番別去。

十六日 訪孔院長及徐堪次長,商省財政補助事,費盡口舌,彼等方允在鹽附加稅外,另補助三百萬元。

廿七日 見程時煃詢「精神總動員」在江西所舉辦之詳細內容。見葉楚傖、張群共商「精神動員」實施辦法,余主張發起「國民週會」辦法以利推行,彼等頗有同感,稱爲適合需要。

王又庸午來見，勸余不宜多論黨事，謂對黨工作無何深長經驗，且中央付託早已大有其人，何必勞心苦思，來越俎代庖，允諾編輯此三種手冊，編成不易，即使編成，未必不惹他人妒忌，窒礙難行，黨的改造，不是一手一足之力能行，一朝一夕之功可就，故第一步「黨員須知」根本不必著筆。王君直言可佩，余於黨務固屬不甚內行，但世界各黨之活動，有書可稽者，亦曾涉獵過不少，其中腳色，亦不盡然是黨學博士，余不慊於今日當事者之故步自封，略無採取他人之長以補己短之意念，根本不足與談改造，故不自揣量擬先草就三手冊，先求得領袖之同意，再發起黨的改造運動，始能免於言中無物之誚。因亦以直言答之云：君志行欠堅定，兼有不耐煩怨之缺點，日前來函所言，業已充分表現出一種妄自菲薄，毫無自信之心，卅一日余已在領袖前受命編纂，則必貫徹諾言，即使將來不被採用，或遭人詬病，亦非所顧恤。本黨若不能加以改造，將來與共黨鬥爭，決不足為共產黨之敵手，王君有政治之常識，無政治之遠見，聆余言後，意似猶不以為然者，缺乏「知其不可為而為之」的精神。

　　廿八日　因寫「黨員須知」頗費心力，寢食為之不寧，蓋因眼高手低，舉力不夠，文筆又非所長，加以時間短促，委員長催之太急，心神痛苦，實由自招，但對黨能為一分貢獻，亦應為之事也。

　　晚奉委員長電話，飭明早赴南溫泉參加訓練班開學典禮，並囑擔任講授「縣以下行政機構及黨政關係之建立」一課，聞之不勝其喜慰，蓋講課不難，余得藉此延長數日時間，從容寫完「黨員須知」，亦大幸也，真有山窮水盡柳暗花明之感。

　　三月三日　晚七時在總裁官邸晚膳後至甘乃光處，與縣廳長、王先強等討論縣以下行政機構問題，深夜始歸。

　　八日　見萬繼勛（長壽地方法院院長）頗適任縣長，見張含清，此人頗有熱忱，適為省辦理訓練人才機構主管，惟恐有氣急性躁之

短，見張孜（張季鸞介紹來辦報者）所陳辦報計畫，言大而誇不能適用，見彭學沛次長，伊談拆浙贛鐵路南昌鷹潭及南昌樟樹線，余言徒勞無益，欲避敵更以召敵，不爲同意。

訪姚味辛副主任，託電吳奇偉總司令，告知撥新六師歸其指揮事。訪賀耀祖主任，託電吳奇偉，飭其負責，切實維持贛南治安。

訪張嘉璈部長(號公權，時任交通部長，張君勱之弟—編者注)於其寓，至門被拒，強入客室坐候見。微聞隔簾餐廳內教讀英文之聲，旋知即爲其正在從一英文女教師授課，候至半時許始出道歉握談，既佩其好學，老而不倦，又深愧自己讀書之未有恆心也。

十二日 早總裁電話述「縣以下行政機構」補充意見，並囑午約甘王二君共往面談，及時共往餐敘，對於縣以下行政機構有決定性之影響。

下午 三時甫返家，即又接總裁電話，催交「黨員須知」稿，余奉答明晚七時送呈，日前承盧鑄派來三人相助抄謄，現已大部份謄清。余自一月卅一日起承允撰擬此稿，至本日下午五時始完全整理竣事，祇待謄寫，月餘以來，心神爲之不寧，事重才短，以後慎勿輕於嘗試擔負此類趕忙事。

下午三時起參加黃挹揆茶會，與第卅六軍少校以上官佐講話，親切有如家人父子，本軍由第五師改編而成。余乃第五師最初第一任之師長也。

四時半渡江，途遇總裁車，承召共乘赴黃山行館，因將所帶之「黨員須知」謄正之稿本奉交，並面陳其中要點，大致爲：1・要黨員所以有異於非黨員；2・要黨員何以能成爲一個真正黨員。

不談過高之理論，要貴切實之行動，等於士兵用之典範令，請裁核後，如屬可用，再著手編擬「幹部須知」，等於幕僚用之教本，及「黨的領導」等於三軍之統帥學，必俟此三種手冊編成核定後，黨的

性質自明，黨員行動有據，此後黨的改造，祇是編制，手續及人員調度上的問題了，便易解決云云，理勝於詞，頗為快意。

十四日 晚接總裁電話，詢贛北戰況。告知敵在都昌湖岸登陸事，並囑早歸，余報擬明日即首途，入室清理書案，見訓練班學員尚有提出討論問題數十件，未為解決，趕作筆答，至午夜因倦而罷，未了諸案，擬委託甘乃光代了之。

十五日 上午十一時應召赴黃山見總裁，當即面呈前所擬定「縣以下行政機構」改進案補充諸點並為說明，下附「縣以下行政機構與黨政關係之建立。」（參見附錄二）

「行政學院」基金，承總裁交一百萬元手令與余，實深感愧。凡余所建議，多蒙採納，如創辦航空測量，群情反對。建築浙贛鐵路，無人不議其必不能成，今建議先倡辦「中正大學」之一行政學院，孔祥熙輩俱不以為然者，皆總裁獨予允許。此一百萬元象徵作用之微數，而為余精神上之鼓勵，則不啻千百萬倍於是。

下午過江走別各友，順訪張校長伯苓，並告以將倡辦「行政學院」之意，伊贊成，並頗以為重要，此亦翁之所以過人處。

七時承總裁召晚餐，垂詢戰局前途？余答大要如下：

1．日本在軍事上進取南昌、長沙，已成必然之勢，此二地為我產米區之交通中樞，若被佔領，軍糧民食之運轉俱受脅威，應預為之備。2．此時先應一面令各軍中採用雜糧，一面令後方各地加種食糧，不論種類。3．敵人深入我腹地，天時（氣候）、地利（水土）、人和（仇敵）俱為不利，勞師及遠，久必自困，惟我各戰區軍政工作，俱應特別加緊，必達成擾亂敵人後方的任務。

總裁復問重慶氣象如何？余答大要為：1．政府人員較緊張，但真正照著自己政治任務去做者頗少。2．黨的方面未見有何起色。

總裁又詢黨當如何整理？余所答大致與一月卅一日所陳述之意見相似，另有補充數點。

1.黨的性質應首先確定它本身作用，究是神經，抑是筋骨？黨應該改為神經之作用，滲在四肢五臟筋骨之內，而不是與之齊頭並肩表露於外，（我們不應該稱黨、政、軍，一若社會中人稱呼士、農、工、商四界一樣），然後可根據此原則，而為正確的神經作用，用領導一切四肢五臟之筋骨。2.有了性質上的改變，運用自然隨之不同，即可隨之而編成「黨的領導」、「幹部須知」、「黨員須知」等為教本，先求質的改變。3.黨的組織應加調整：a.中央黨部中元老，另為優禮，不宜預留重要職位；b.中央委員，應為分別性質，各就專門事業成立小組（如政治、經濟、外交、教育等等），在黨內為研究理論，檢討現實，儲養人才之地。4.確定一種用人原則，即「第一等人才先用在辦理黨務」。5.中央黨部各部長兼職取消，選擇一等人才專任其事。

余復言中央黨部一部份工作同志，有「故步自封」的趨向，對自家主義固少闡揚，對世界各種黨之長短，亦不肯加細心比較，而為自己之參考。又言中央官制似缺昔時諫議大夫及起居註官，總裁亦感其需要而以為然否？總裁曰然，似已知余言用意所在。九時返家，見張含清，約其稍緩乘飛機赴贛。

十七日 早由黃山乘汽車回贛。

十八日 午抵貴陽，與吳鼎昌主席晚餐，談論頗多。彼云：余對中央議論太直率。此與中央及地方俱無益處，多言宜戒，與王又庸之意相近。

貴州辦有一種發展全省經濟、經營全省事業之企業公司組織，其意甚善，回省後必倣行之。鼎昌曰：地方不宜造成小領袖，貴州尤應為此，誠有至理。

十九日 經都勻,街市汙穢,道路泥濘,晚宿六寨。

廿日 由六寨出發,沿途泥深尺許,往來汽車或倒或停,行亦極其危險,尤以上下山坡,滑瀉可驚。午過宜山,遇白崇禧部長,乃止宿於樂群社,與談縣以下行政機構及縮小省區制,與黨的改造諸問題。並託其電省府趕速徵工搶修公路。

廿一日 行抵桂林,晚赴白主任、黃主席宴,後偕各人同詣省府討論「縣以下行政機構」及「黨政關係」問題,余用「把自己意見變成對方要求」之暗示法,儘量發言,伊等俱頗以為正確,而把伊等多年在廣州所行現制,解說為過渡時之辦法,歸結其最後意圖,仍將走向今晚討論之途徑。余征途勞碌,猶作此一長夜之交談而不倦者,實感於廣西軍政各負責者一種誠樸之氣,可敬可愛。余所指出要點:

1．行政基本單位之確定:應為鄉鎮,全國一致;2．戶、甲、保、鄉、鎮、區之規定:以十進,但當五捨六入。而以六至十五為一基數;3．縣、鄉、鎮會議:閉幕後應有參議會,經常執行會議之決議案在鄉鎮參議即以為鄉鎮委員,實施直接民權之行使,不採代議制;4．縣行政獨立性之需要,鄉鎮應有稅收,自理其財,自治其事;5．鄉鎮稅以屠宰、宅地、契稅等為主;6．黨員應發揮正常作用,即為神經不為筋骨,猶如釀母,不似米麥。

第二節 保衛江西

廿二日 抵來陽,昨晚在桂林與南昌通電話,知修河戰況甚烈,今晚因此間與南昌無長途電話線,不能通話,旅次心為懸慮,不安於寢。

廿三日 晚一時半抵澧田,知昨夜敵鐵甲車已通過奉新。遄程赴吉安,至則粗知南昌現況,因敵機來襲,避入防空洞,至深夜六時趕

車而來省垣。先詢羅總司令卓英，商定即晚將南昌各機關撤吉安，乃回寓見省黨部省政府各委員，指示即晚撤退要領，各人分別去後，余乃偕廖處長、賴司令、朱市長、黃公安局長，往羅總司令處商定留守人員及其責任，當指定由賴司令統一指揮，朱市長、黃局長、鄧電話局長、曹處長等襄助一切。歸後，余復至寓，再至省府巡視一週，大致區處尙無大差，人民與物質業已儘其可能南遷，沿途見有難民牽扶盲者，掮行李，趕豬群，不絕於道，全城銅鐵器材，聞亦拆搬淨盡，民眾門戶，大都反鎖，等於一座空城，祇屋舍未之焚燬，心悽目慘。余車離城，天將曙，至廣福圩，已曉霧濛濛。

　　廿四日　大風雨，上午猶有敵機警報，余於胡床小睡，十二時蔣經國來談贛州情形。下午四時，余復往南昌城，沿途避難人民猶扶老攜幼，陸續南行，風寒割面，慘像不堪入目。余至羅總部，羅總司令剛赴廣福圩，相左於道，乃順道過仰公學會余寓所，巡迴庭園，過桃樹林，已有數枝花發，招展晚風，唔，且別，余不讓汝終淪敵手，不久的將來再見罷，徘徊樹下，口占二絕與桃花別：

　　　「舊日偷閒手自栽，荒蹊乍見主人回，可憐無限依依意，幾樹爭先笑臉開。」

　　　「隔岸聲聲戰鼓催，黃昏欲別復徘徊，無須故作傷心色，待掃胡塵我再來。」

　　暮色蒼茫中，悄然登車而出，至防空司令部，見賴司令與朱市長、黃鄧兩局長相聚一室，真所謂患難與共，即告黃局長趕於街市牆頭多書標語，留與倭軍官兵看。奉薛主席轉到委員長電，令贛江封鎖，限卅日以前完成具報。此乃目前惟一急務，正盡其人力物力晝夜工作中。可能依限完成。

晚繞市一巡，景物全非，有數處專線電話猶未架設，喚鄧局長來嚴斥之，限即加工架設，深夜回至廣福圩。

廿五日　敵機不斷來擾，時時有警報，在土洞中與廖處長檢討阻塞江防工事及道路破壞，與沿江防禦砲兵陣地等工作後，又與羅總司令商談近郊作戰與水陸通路之破壞等問題。接見水利局總工程師，詢知贛江水位太低，江堤不克即行破壞，但令將各堤破壞地點及計畫呈核。

下午七時抵吉安，接見省黨部及政府各委員，倦極。

廿六日　下午三時接黃局長旦初由蓮塘來電話，曰伊等已退出南昌城。牛行附近戰事頗烈，我卅二軍部隊亦已紛紛向蓮塘撤退中。

廿七日　早召見廖處長、楊廳長、譚公路處長等，加緊南昌樟樹間公路之破壞工作。令廖處長赴樟樹監督指導封鎖贛江工作，見陸福廷告知封鎖目的，囑即實施橋梁之徹底破壞。見王枕心等，囑研究各縣動員會之充實及後援會之整理事。見楊廷亞司令，指示吉安防空重點。見王廳長次甫，聽取省府報告，囑處戰時應如平時，省政仍當積極推進。但不必事事請示，會商決定即可，斷行毋遲滯。接黃局長由蓮塘來電話云：今晨奉羅總司令命令退出南昌，留黃司令新富與夏督察長在城。旋賴司令來電話亦復相同。

廿八日　令楊廳長派船三百艘至新淦阻江。黃局長光斗來見，據言伊等在爪山附近遇敵，朱市長等走散，當令員警主力應在新淦，以一部在樟樹維持秩序，辦理難民並協助散兵之收容。

晚十一時至電話局與顧司令長官祝同、白主任崇禧、羅總司令卓英、張主任治中通電話，告知南昌現況，請其對贛江方面注意應有一部份兵力扼守南面，及二時返，倦極。

廿九日　早接熊副處長電話，知樟樹阻塞工程未能如預期做到，即電話告知薛總司令，嚴令陸福廷司令，負責再加爆炸，又見曹處

長,知市義封鎖水雷未及布設,因即令其趕赴新淦督率阻江各工程。令廖處長立即破壞堤防,水位雖不高,但堤上可通過砲車,不如先行著手。令蕭少賓壯訓團赴樟樹,協助鐵道路基之破壞。

十日在泰和,省府紀念週講「南昌失陷以後應有的認識與檢討」,大要為:1.敵人侵入南昌後,總計其在江西境內不滿四個師團,兵力不敷,再想深入,是很困難的,戰爭已入停頓階段。

2.我在戰略上撤出南昌,係為「點」的放棄,此後二期作戰要旨,在以「運動戰」、「游擊戰」而展開「面」的爭取,分散敵之兵力,使其防線加長,防不勝防,少數兵力無法再前進,不得不曠日持久,疲於奔命,最後勝利終屬於我。

3.從軍事上實施「全面戰」,日本窮全國之兵,亦不過三百萬,即使其能全部開來中國,亦不能處處有兵防守,若我將中國四百萬軍隊化為游擊隊,敵人決無辦法來處處應付,何況日本還要控置一部份兵力防俄,及維持國內之安定。「長期」的「全面」的戰爭,是我們制敵死命的唯一求得勝利的絕對正確的途徑。

4.從經濟上實施「長期戰」。日本今年預算軍費是四十六億,對英美軍備競爭,所費是五十億,此雙重擔負,已走上了自掘墳墓的死路,有人以為中國亦將民窮財盡,但須知中國是農業國,日本是工業國,兵連禍結,中國的忍耐性大於日本,人民刻苦,所在可以鑿井而飲,耕田而食,不定需要與海外交通貿易猶可自給,日本正與我們相反,在未侵華以前,其財力尚足以維持世界強國之地位,當時英美尚認為國際條約可恃,不會十分注重擴軍,英美海軍對日本名義上為五五與三〇之比,而實際尚未達到協定數額,故日本敢於橫行無忌,以今日英美雄厚之財力,而對付竭蹶之日本,作軍備競賽,日本必然落後,斷難持續其太平洋上之橫行。故我全面的「長期戰」在經濟方面即可以把日本拖垮下來。

南昌雖是省會，並不是甚麼政治經濟中心，我們農業國家，處處都可以作為政治經濟中心地。後方的交通通信，早已佈置就緒，南昌無險可守，其失陷本在意料中，人員物資早經搬移盡淨，敵人不過佔一空城而已。

放棄了南昌，增加了我們精神上的激勵，我們應該從工作上來加一番適應新環境的努力。

一、加強政治戰：（一）在敵佔領地的直後方，要加強地下的政治組織，做到堅壁清野的功效；（二）在臨近戰區地帶，如高安、奉新、進賢、豐城等路，要加強交通破壞，協助我軍進出之便利；（三）後方較安全地帶，要按照原定計畫，完成一切戰時政治設施。

二、加強經濟戰：（一）在敵佔領地直後的各種物質要徹底破壞，如交通、工廠、礦山等使敵無法利用；（二）在接近敵人地帶，各種物質，要儘量遷移，使敵無可掠奪；（三）在較安全後方，要按照戰時建設計畫，努力生產建設。

三、加強文化戰：（一）在敵佔領地直後，要使民眾不受敵人欺騙宣傳，威迫利誘的影響；（二）在接近敵人地帶，要使民眾鎮定，準備臨變，不自驚擾；（三）在較安全地帶，要照精神總動員計畫，切實做到。

四、加強軍事戰：（一）在敵直後方，展開游擊戰，化成敵之前方；（二）在接近敵區地方，完成游擊組織，佈置根據地；（三）在較安全之地帶，建立新軍，不更使其為私人利用，夾有地方彩色或黨派氣味。

晚與周恩來餐敘，余言爭取「黨的利益」是各黨黨員天職，但今當強寇深入，任何黨員在後方工作，應有新的認識，先國家民族之急，皮之不存，毛將安附，彼亦有同感。

十四日 王次甫、文群、程時煃三廳長與霍鄺白教育長來寓，報告關於縣以下行政制度，及各級人員工作手冊，鄉鎮財政，鄉鎮保財產之建立問題之討論結果，余指示數點，作大致之定案。

晚冒大雨由遂川赴寧都吉水，雨後，道路湮沒，改經贛州，晚抵縣城人心大為安。

五月一日 國民精神總動員，宣佈三信條：「國家至上，民族至上，軍事第一，勝利第一，意志集中，力量集中」。國內各黨派方求合力之未遑，近傳汪精衛逆謀，暗通日寇。此日國民精神總動員三口號實為「孫子所言：令民與上同意，可與之死，可與之生」兵法之大道，爭取勝利之警鐘也。

九日 到吉安主持行政會議，精神總動員會議，及兵役會議，分別檢討工作，並指示各要點如下：1‧行政最高要求：在使最下層機關各自完成其任務；2‧培養社會生活力：由無而有的去創造生產，由坐而行的去鼓勵勞動；3‧各管區司令，要掃除各級情弊；4‧各縣政府，徵送壯丁，要不濫湊人數，不差欠名額，不延誤時間；5‧各保要不因戰時而廢學，仍當勉勵捐錢、獻穀、出力，完成每保一校之原則。

六月五日 赴五峰書院，參加臨時參議會開幕典禮，講戰時議會之任務重點。九日到省參議會，說明政府之緊縮政策。

十八日 參加省臨時參議會閉幕儀式，車過水南鄉休息，見隔舍破屋中有一九十二歲老媼，獨坐暗室中，此實人間地獄，今日社會中恐不祇此人為然也，當贈以十元，慚愧為民之父母者。

廿日 至贛縣出席蔣經國專員就職典禮，訓話大意：贛州是贛南重鎮，地方猶有殘餘封建勢力存在，宜恩威並用。

午出席，戰時婦女幹訓班開學禮，訓話大意：說明抗戰工作男女並重，男子是爪牙，女子是臟腑，臟腑健全，爪牙始能鋒銳，女子責任重在家之內，家齊則國治，直接影響及於邦國。

七月四日　見楊遇春，談十區政治及游擊事，指示其要點，令速率第六團前往，勉策功勛。

五日　見鄧子超，指出伊等在牯嶺作戰缺點。

十一日　由寧都至上饒，出席浙閩贛三省聯席會議，與顧祝同、陳儀、黃紹竑等會商三省軍政聯繫，與谷正綱談「黨員工作」及軍隊特別黨部與政訓工作之關係。

九月一日　德國進軍波蘭，歐洲局面將有變化，世界動亂或將擴大，是否有助於日寇之混水摸魚，抑長其驕矜氣燄，使其勿戢自焚，而天益其疾。在我之抗戰，則必須有持久之道，乃獲取最後勝利唯一之條件。

十五日　出席省婦女工作指導處成立典禮，訓話大意：此機構是江西首先創立的，自然要逐漸在各縣也成立起來，希望大家努力在二分之一的人口數婦女的工作上，表現成績出來，將來或許可能請中央推行於全國。旋與熊芷、雷潔瓊、葉楚生、潘玉梅等談各縣工作之推進。

廿六日　各縣婦女指導處主任會議閉幕，余往講話，大要如次：1．我們要建立婦女大眾精神糧臺；2．工作要有計畫，估量彼我力量，劃分工作先後不必牽惹不易解決之婦女大眾的婚姻及家庭內複雜問題；3．研究材料，不可作為工作材料如廢止公娼童媳等治標而非治本，且不可能急切做得到徹底之事；4．分配婦女服務，不可將其自己家庭事務拋開，捨己之務，而服人之務，要各家先掃自己門前雪，再去幫掃他人瓦上霜；5．每個婦女當前的政治任務，仍在抗戰建國。

十月六日 第一次長沙會戰，我軍大捷，湘局穩定。

十九日 由蓮花出發赴衡陽，出席總裁召集各省主席及高級將領舉行之黨政軍事會議。

廿二日起連續開會有十日之期，中間除聚餐，參觀後方工廠及遊藝會外，得時與中央及各省負責人聚談，頗有裨於戰時工作之聯繫。

廿七日 在蕭家參加談話會，席間陳誠之言太直，與會各人俱感不適，余乃發表次之意見，即以代表答覆。1‧一種法制猶未行而屢改，殊不相宜。2‧現在與會諸人，不可能擬成更良好法制，因主席不如廳長，廳長不如科長之更瞭解實際情形。3‧此次諸公遠道來此，不如共同提出一個大綱，即各省需要做些甚麼事，需要派出若干兵，需要輸出幾何物資。4‧如各省力有不逮，中央應在權力、財力、人力三方面予以支援；至一切方法，不必詳細為之代庖擬訂，以勉反加拘束。

余發言時，辭色俱厲，亦有欠於藝術。凡事之有理者，奈何不能以和平心氣，誠懇態度與良好語言出之？

卅日 在聖經學校參加紀念週，恭聽總裁講「莫現乎隱，莫顯乎微」。九時半晉謁總裁，承詢大局前途，余分晰敵我形勢後，更述個人觀感，以為自開戰以來，節節敗退，苦戰經已年餘，而從與會諸人各方面觀察，猶有屢敗屢戰之精神，再接再厲之氣概，即使戰爭更延續三兩年，當亦無何可慮，況世界大勢之好轉，已見端倪，前途似可樂觀。

卅一日 赴總裁公館午膳，當將本省一切黨政近情及中正大學籌備概要報告，復承詢大局前途，余對以戰爭之事，自屬震撼危虞，但有形之力易見，無形之勢難知，敵力強於我，而勢易窮；我力拙於敵，而勢無盡，祇須耐受煎熬，終當獲得勝利。

十一月一日 訪陳誠，因其說話，好矯以爲直，欲忠告之，見其態度行行然，乃止。斯人若不求實副其名，修辭而立誠，將來必難合群。

二日 與顧祝同、陳誠同到蓮花，在車站附近民房內午膳，談笑甚得，顧溫厚寡言，陳淺薄悷氣，前者穩重，後者浮躁，余明知之，卻不能忠告而善導之，亦愧於爲人友者矣。

八日 英首相邱吉爾宣佈重開滇緬路。

廿七日 至贛州與蔣專員經國談贛州謠言，云「省府疑伊縱容共產黨將予以撤職」事，余囑伊努力職務，勿輕聽道路之言，又告知近見徵兵，仍有捆上路之怪現象，應立即設法糾正。

十二月十三日 早蔣專員經國來電話請假回浙，曰溪口家中被敵機轟炸，老母失蹤，余爲之駭然，即令其遄歸省親。

民國廿九年。元旦 領導黨部、政府、軍管區司令部及後援會舉行擴大紀念週，與國民月會、新年慶祝會，合併行之，余講詞大意在今年我們應該轉弱爲強，轉敗爲勝，必須轉弱爲強，纔能轉敗爲勝。

1・怎樣轉弱爲強？改進文化事業：加強精神總動員。健全縣區鄉鎮機構：加強人力總動員。發展農村經濟及擴大工業生產：加強物力總動員。2・怎樣轉敗爲勝？壯大自己就是削弱敵人。穩住自己就是打倒敵人。

全國自今日始，實行新縣制，深信此後政治力量可以貫徹到最下層之民眾，一洗過去神經末梢麻痺之病態，不獨於抗戰即於建國，俱屬要圖，可爲復興大業慶。

三日 陳誠由韶州來電話，曰俞總監飛鵬明日到韶，盼余能往會議，余允即行。四日到達，陳誠、李濟琛、張發奎、李漢魂、余漢謀等俱已先到，相與會商贛粵間聯繫。

五日 與陳誠等看城防工事，共七十餘處，對於現代火器，雖有相當之抵抗力，但仍不脫土堡簡單風味，一切交通、通信等設備，俱不足為現代戰爭之用，此陳濟棠在粵時所建，以之防匪有餘，欲以抗日不足，當語余漢謀等宜加改造。

晚赴余漢謀、張發奎、李漢魂三人邀宴，席上菜有燒乳豬，酒有白蘭地，平時尚覺太過，此日見之，更為不安。余在贛數年從無一次有此豪華之宴，戰時前線將士不妨享受，後方之物力，則當節約。

六日 偕李主任濟琛等視察大庾鎢礦場，登山步行五六里，不甚覺勞，而汗流浹背。傍晚下山，李逕返韶，余等復往參觀鎢錫揀砂廠，試煉汽油廠、煉錫廠，規模俱小，亦戰時工業之萌芽。晚至縣府會餐，滿桌雞鴨魚肉，殊無戰時氣氛，農業社會，此類物資，不虞缺乏，而各縣上層生活，一種浪費之風，仍未稍戢，余亦平時疏於移化也者。反看鎢錫礦工生活，則在地獄邊緣，此實國營事業之恥辱，違反三民主義之精神，乃語洪中處長、陳襄平分處長等，限於今年之內，將工人生活改善。

十日 見霍專員六丁，告以昨函請指示專員努力之道，所答意有未盡，更為補述。督察專員，乃治官之官，不直接治民之事，在省府行政計畫之範圍內，審核各縣行政計畫，如何督率其實現，在其正做之時或既做之後如何查察其成效，此即專員之事。至蔣專員經國所發表治贛南一年計畫，第一期禁煙賭清匪，第二期整理教育民訓，第三期整理財政，準備建設，第四期開始建設，此完全根據省府計畫，而分割其步驟，非一區獨立之規劃也。

十一日 由遂川偕楊建設廳長及丁縣長赴蘿灣勘察中正大學戰時校址，灣在贛江西岸，遂川河北岸，憑贛江，丘陵起伏，小學校北，後有小溪，沿溪楊樹叢生廣數里，對贛江有白塔一座，小學校之西南有一高平地，寬敞足為一切運動場之用，以此為中心，四周皆樹，大

小不等，大者頗多，其北端有小市，村落環列，祠宇甚多，聞有百餘所可資利用。此大學乃我民族復興之精神堡壘，創立於戰時，建設於戰地，經過一番戰火鍛練，今得此灣優美之環境而設校，民族精神，將更發揚光大，愈淬礪而愈益堅強。當即今建廳前往測量附近形勢圖，及公路路線圖，並會商建設計畫。

二月一日 蔣主任經國、劉幹事凱鍾來請示三青團活動方式及工作內容，我示以次之大要五項：1.性質：是革命運動。2.場所：在其各團員本業崗位上。3.範圍：與黨員同（團員即預備黨員）。4.工作：組織工作（甲編組為支、區、分等隊。乙劃分宣傳訓練及組織等事）、政治任務（在各團員本崗位上發生示範領導作用，以爭取抗戰建國利益）。5.方法：周密計畫，懇切指導隨時督察與及時彙報。

四日 召集王廳長、廖處長、柯處長解說國民兵團制，是為便利戰時兵役，而不是組訓民眾的根本辦法。

檢查贛江封鎖各辦法，俱覺不甚可靠，惟堆壩或較有用，水中各段造成為瀑布之急流，船自不能隨意通行，令保安處趕速加工增強之。

九日 見燕方畋令再研究贛江阻塞工程。

十一日 見馮委員崎，所述吉安附近對楊廳長及南昌附近對曾師長通敵謠言，不值一笑，告以主持情報之人，要有判斷力，判斷時當以所報關係人平素行為及其人格作重要依據，否則定多錯誤。余以為曾師長絕不至受敵勾引，楊廳長亦不至為金錢誘惑。

十四日 國軍收復南昌，恐亦不能久守。

三月五日 劉愷鍾、劉家樹來報贛州共產黨活動情形，並言專員公署王、周、高三秘書嫌疑甚重，余乃以電話轉知蔣專員經國，囑另派代，並電話令王秘書速即啟封三青書店，交還三青團辦理。

七日　接見贛南參議員謝敬虛、吳晰文、楊鐵垣、劉紀雲等六人，彼等陳述贛州政治現狀，並請求對贛州三青團吳越案（共黨關係案）從嚴從密辦理，謂昔年共匪禍亂，始於朱培德、王均之姑息，不容再蹈覆轍。

劉言：1·專員公署黃秘書等極幼稚，不識大禮。2·禁煙賭，羅織及於無辜，謝溥泉之父，年七十餘被冤押，魏小英因家屬吸煙亦受牽累。3·地方財政應加整理：如鎢餘從前每月有數萬元收入，警察局長吳善櫟罰款動在千元，收沒洋油，動至數千瓶，後援會每月收捐六千餘元，不知如何開支。4·贛州專員公署特務處受理民刑案，開堂訊審法院判決之案。

吳言：1·專員公署龔景參謀清鄉濫捉人，地方頗為之不安。2·用地痞流氓妄報，先入為主。

謝言：1·贛州特務處採用「卡克」或彭玉麟辦法，會上流痞的當。2·縱容流痞，是共產黨作風，地方政府不宜有此。

楊言：瑞金股匪，與共黨有關，請注意，專員公署未之重視。

余答吳案自當慎密從嚴辦理，有關專員公署各節，俟蔣專員回贛當令查明辦理。

廿九日　汪精衛在南京成立偽組織，是石敬瑭之再世，中國又產生一兒皇帝，多行不義必自斃，天人俱所難容，雖不足以為我抗戰之阻礙，而日寇以華制華之毒計得逞，亦我神明華冑之一大恥辱。

四月九日　見蔣專員經國，據報重慶情形，陳果夫、立夫與孔祥熙、宋子文，對贛政殊不瞭解，對創立中正大學，教育部陳部長立夫之成見更深。並言重慶方面宜常有人來往勾通云云。以上情形皆在余意料中，凡百政治，焉得人人滿意。又經國言陳佈雷對大學有意見四點：1·籌備時間宜充分；2·人才不可忽略，在開始時即當特別留意；3·儀器圖書不可忽略；4·學生素質不可馬虎。總裁對大學籌辦

情形，亦不甚明瞭，時爲繫念，余本「君子先行其言而後從之」之義，凡所施爲，對外求人之瞭解，容有未到，是當加意改善，繼與言各議員所告贛州政治情形，囑即查明，迅爲處置。

七月十六日 軍委會命令各軍避免與共產黨新編之第十八集團軍及新四軍衝突，此中情況不明，大敵當前，何爲有此現象？

廿九日 見張含清談及政治作風，彼曰余看事太透，富於妥協，不徹底，不易成功，又言政治成功要有遠見，有準備。CC及復興社俱已形成一種組織，將來即爲一種政治力量，余太孤單，決不足爲政治活動之強有力者。余告以袁世凱、段祺瑞等之所以不能比總理，完全爲無主義（即無遠見）非無組織團體，CC及復興社之組織，於三民主義之外，並無特異主張，決不能脫離黨自成一種力量，若稱亦屬代表一部份人利益，將爲此一部份人所擁護，此則幫會之作風，於國家無所裨益，決不能長久維持，得道者多助，吾人但求如何發揚三民主義之光，如何履踐三民主義之實，則凡志同道合之人，皆可親之近之，誰不我與，何至於孤單。

八月十日 彭議長凌霄來書，曰蔣經國在贛州常簡從深入民間，前赴信豐被圍，經衝鋒始脫危險，萬一不戒，被人暗算，如何是好，兩月前贛縣日報登載其答贛南人函一件，中有暗殺之語，政治報復，小人毒謀，不可不預妨也，總裁以經國託公，公對經國負有長官而兼師保之責，敬祈懇切面諭，函戒不可輕於冒險，爲慮其個性不易轉移，並宜請總裁親函戒之，總裁年老，經國爲其長子，於國於家，關係甚鉅，輕重之際，不可不辨也等語。此老之識遠慮周，誠可佩也，因函經國切誡之，前伊來泰和，亦曾已深切面告。

九月十日 至杏嶺婦女工作指導處講話，大要爲：1·江西婦指處省縣工作同人在困苦艱難中，作斬荊披棘之開創工作精神特別奮發，此可爲江西婦工及建國前途慶。2·江西婦女工作，在廿五年以前爲

「學術問題」,一般人祇從事於研討而已。在廿五年以後為「社會問題」,一般人已甚關切,但祇是從事宣傳組織與訓練等工作。

自去年(即廿八年)今日婦指處成立之後,使成為「政治問題」乃形成一種制度在推行,雖目前到縣工作同人,仍然不外從宣傳組織訓練著手,卻在力求婦工本體之展開,這種工作,前無古人,是我們的創舉,沒有成規可循,祇得且做且學,且學且做。各位已經做了一年,也就是學了一年,現在因限於時間,未能一一聽取各縣報告,擬提出四個問題:(一)過去婦工影響婦女群眾幾何大?(二)過去婦工影響婦女生活幾何深?(三)此後工作怎樣去擴大到婦女群眾上面去?(四)此後工作怎樣去深入到婦女生活裡面去?希望大家討論後,推出四位作答,每人報告五分鐘,再和大家來研討。

十八日 見王廳長次甫、程廳長時煃、匡委員正宇,聽取所討論婦女工作本體問題。

廿日 見杜副處長隆元、葉科長楚生,告知婦指處中心工作在「管理家事」、「教養子女」、「學習藝業」、「講求衛生」、「服務社會」;但須加以「大眾的」、「戰時的」之副詞。

卅一日 早余往主持中正大學舉行奠基。禮畢,參加開學典禮,講演「中正大學創立的意義及今後希望」(參見附錄其三)。

十二月十二日 月來臥病,今始漸瘥,出席省務會議,決定公債分配數額農業一千一百萬元,工業一千一百萬元,設立興業公司及經濟建設委員會,本省舊有各工廠,一律由興業公司接收,如有損失,概由政府負責,必求得投資人之信賴,使各廠經營之步入正軌。

省府招待文化團體茶會,余講「三民主義文化運動」(參見附錄其四)。

十四日 見張福良，令試辦蘇溪農村示範服務區，必須招致淪陷區青年參加工作，準備戰後被破壞地方農村之復興。見楊廳長，令於錫礦盈餘項下撥存一部份款，準備爲戰後殘破農村復興之用。

十六日 見葉青與談「主義研究組」、「三民主義文化運動」、「政治專修科」、「力學書店營業」、「國民日報遷泰和」等問題，彼見地頗高於一般自命之文化人，其言「政治認識」一段，曰目下一般主管，每喜其所用之人至任所不與人發生衝突，否則認爲不成熟，是使人畏事不向前進之一種惡性培養等語，亦爲獨到之見解，彼意在掃除官僚作風。

廿五日 參加文江幼稚師範補行開學典禮。此校爲江西之創舉，余講詞大要爲：1．幼稚教育是一切教育的基礎；2．幼稚教育要大衆化；3．幼稚教育要鄉村化；4．幼稚師範爲中國公立的第一個學校，猶希望能全國化。

廿六日 參加教育廳、政幹團、建設廳合組之國劇話劇研究人員茶會，到百餘人。余講劇本等於教科書、劇院等於學校。當適應時代需要，來創編新劇，改編舊劇，政府已定有劇本獎金，希望各位先就現有人員，組織三民主義戲劇研究會，共同努力。

廿七日 召集張含清、葉青、蔣經國、熊在渭、徐晴嵐、胡德馨、匡正宇等會商，（一）辦理「政治班」目的在培養理論及行動人才，爲宣傳組織，民運工作幹部訓練期滿後，即分配實地工作，有餘即留派幹團及附入中正大學研究部深造，教授人員指定葉青、吳曼君、張徇中、蔣經國、張含清、徐晴嵐、張一清、及熊、尹、胡、匡、陳各委員擔任，盼各自準備；（二）勵行組織生活與組織行動；（三）整理黨中「小組」及「黨團」；（四）發動「三民主義文化運動」。

第四章 中國單獨抗日的最後時期

第一節 江西內政建設

　　民國三十年。元旦 中華民國紀念會、國民月會、新年團拜,合併舉行,余對江西全省同胞同志廣播講演大意為：

　　在三十年元旦日,我們應以愉快熱烈心情,迎接勝利的新年,要加強我們神聖抗戰的戰力和軍力,堅決的勇敢的去做到：一、為精神總動員,而積極展開「三民主義的文化運動」。二、為物力總動員,而儘量擴大「戰時的經濟建設」。三、為人力總動員,而擁護真正「國家的統一」。

　　我們應要求全國接受並實行,不容許在抗戰旗幟下有任何形式的第五縱隊在中國活動,來危害國家,來破壞我軍政軍令及行政系統的統一,至少我們在江西的一千三百萬同胞,應該首先盡力求其徹底實現,並以加速敵人崩潰,以爭取抗戰勝利,建國成功。

　　四日 皖南中共新四軍叛變。同舟雖共風雨,吳越難期一心,毒癰潰裂,遲發不如早發。

　　六日 召集王所長、胡秘書長、馬院長,討論大學設立行政管理專修科。令大學協力蒐集教學材料,省府挑選一部份有經驗公務人員。配合大學教授,分人事、財物、文書、事務等組,向實地研究並指定數處實驗之。

　　七日 省務會議決定縣財政即於本年度起採取新制,勿再束縛,應任獨立,當時委員急進緩進主張各半,余主急進,決議遂行。

　　九日 永新縣地方兩派惡勢力火拼,實政府之無能,決撤換吳縣長,而以周忠恂繼之。初余擬從廖處長建議調兵兩團分頭將尹豪民等

兩端剿辦，繼因王廳長言，尹等非有心為匪，祇因政府無力保護弱者，故挺而走險，以圖全生，不如招撫，余頓悟，即罷調兵令，飭新任周縣長遄往，徐圖收拾，幾誤輕信用兵之論。江西各縣曩多強豪械鬥，交通阻塞，教育落後，固為一大原因。年來公路漸開，不久即可達成縣縣可通之標準，而各處械鬥之風猶未全熄。余主省政，亦已有年，其間雖為連續不斷之剿匪抗戰軍事所牽，使不能全力從事於政教，未足期於昔賢過化存神之偉蹟，並補偏救弊之微效亦無之。素餐尸位，內疚神明，鑒於永新之事，又幾於塗炭地方，慎之慎之，當思如何補過！

十三日 國軍將中共新四軍繳械，俘獲其軍長葉挺。

二十日 共黨擅派陳毅代新四軍軍長，張雲逸為副軍長，劉少奇為政委，重組部隊，對抗中央，逆跡昭彰，從此將更不堪收拾，我長期之抗戰，正適予其利用以為滋蔓之溫床，禍亂永無已止歟。

廿七日 與錢昌照(時任國民政府資源委員會副主任委員—編者注)餐敘，論中日戰事有三條路可了結：

一、中日直接媾和，中國不能辱國言和，否則必亂，日本亦然，中國有作戰領袖，尚無言和領袖，日本不但無言和領袖，並作戰領袖亦無之，故此路不通。

二、由第三國之壓迫而和，蘇英俱不願中國早和，其他歐洲無談調和資格之與國，且各國俱不能違反國際間條約說話，故此路亦不可通。

三、世界局勢變動，日本不得已而撤兵，中國因而反攻、以獲得最後勝利，此或有可能，但為期決非一年半載之事。

錢君品評當時人物，言朱家驊不肯讀書，求長進。洪中，年近六十，因愛讀書，故思想比合時代。宋子文、顧孟餘二人，宋之功利心重，顧則恬淡，其他各部長有大臣風度者似不太多，又言經建不可事

事做,要求其中心併力以赴,此後二十年爲中國復興機運,應聯合有爲之士協力圖之。

晚與錢君及文群、蕭純錦、楊焯庵、莊澤垚等研討本省經建方針決定:一、經建委員會宜先著重本省舊有各工業之整理。二、確定興業公司營業路線:擇其重要經濟上可以立腳者先辦,勿貪多。三、確定工業實驗處作法:勿貪多濫作,勿從起點作研究,要在歐美人業已達到程度接趕其技術和設備。

二月十五日 與中正大學全體職教員講話。大意爲:三個月以來同人的努力,在人事上業務上事實的表現猶未能達到我們所期望的階段,願趁假期中,做一工作檢討,染絲慎始,必求及時改進,此三個月中所發生之許多意外事件,根本原因不外於:一、認識不一致。二、工作不協調。三、要求不明確。

本校之創立,有其獨特的意義,一個民族復興的精神堡壘,它的歷史任務,時代使命,是如何重大,尋常大學所慣有之毛病,我們是不應該有的,若在此一範圍內講派別,講私人關係,便是民族罪人,不足以登大雅之堂,我們當共唾棄之云云。繼復與各人談話,總期能意志集中,化除書生狹隘氣味。

十九日 三民主義文化運動委員會成立,余爲主委,梁棟、楊亮功、葉青、胡家鳳、徐晴嵐、李壽雍、匡正宇、熊在渭、蔣經國、張一清、胡軌、鄧文儀等二十八人爲委員,下設六個專門委員會,分掌研究、講演、繪畫、電影、播音、文學、戲劇、樂歌、圖書、出版、新聞、期刊、印刷、供應等事。上午八時舉行三民主義文化運動委員會第一次大會,增設第七專門委員會,掌管工業農業及自然科學事項。

廿一日 與王、程兩廳長及劉書記長研討民運問題,程曰共黨民運有三術:(1)殺戮之威;(2)現實之利(打土分田之類);(3)男女性

之開放。我俱不可行,故我民運工作,較彼為不易做,但如以娛樂等節目作代替,亦較嚴正面孔、冷酷語言、空頭支票為更有效。余說明民運亦為一種行動教育,帶有建設性。共黨威迫利誘祇是一種欺騙手法,完全為破壞性。湯武率天下以仁而民從之,桀紂率天下以暴而民從之,民運藝術當研究,但共黨法術,亦當講求對付之策略。

三月六日 見蔣經國、李懋等專員,李嘉麟、王良基等縣長,王講話「我」字太多,擴大前任之失,地方之亂,以耀己之長,荒唐殊甚,當加以誡勉,恐其終將僨事。

第二節 國民黨八中全會及國家大政

十七日 早由蘇溪起程,赴渝參加八中全會,晚六時抵衡陽,改乘火車赴桂。

十八日 下午三時抵桂林,勞黃主席旭初等在站迎接。余在贛時,對於過境人客,禮數多疏,是一怠意。

十九日 車抵金城河站,改乘汽車,夜九時抵獨山,甫抵旅舍,即接泰和急電,曰南昌敵軍分二路進犯,一約四千人向上高方面,一約二千人向贛河方面,我臨川方面之第廿六師已渡河而西,保安第三團已在新淦準備迎擊,敵機狂炸高安、銅鼓、鷹潭一帶云云。

二十日 下午七時抵貴陽。晚餐後與吳主席鼎昌談中央近況。彼云:中央各部會,乃至領袖親近,殊少真正能為領袖輔弼之人,一般皆深悉領袖個性,每以「遲」字「拖」字訣相應付,領袖條諭太多,無人為之衡量審度,計畫實現,考核結果,故政治經濟等事業尚無何大進步可言。又曰八中全會,據聞重要問題仍在人事,並謂余此次赴渝,中央將或留用。又曰領袖對黨中諸老先生太冷淡,以致彼等時發

牢騷，似宜請領袖留意。吳於我期望太高。晚歸與泰和胡秘書長通電話，詢知南昌方面敵情，我軍已增加兩師，形勢穩定。

廿一日 抵桐梓。

二十二日 到綦江，遇陳誠亦由鄂來，乃同車共往訪張治中，旋赴俞部長飛鵬宴，晤朱紹良、孫連仲等，談八中全會事。

二十三日 訪何總長應欽、陳主任佈雷等，晚赴總裁召宴，略知八中全會開會大要，畢，返張治中家宿。

二十四日 上午參加八中全會開會式，連續十日時間，俱為開會、會客、宴會，三事消耗以去。

四月四日 應總裁召在官邸早餐，承詢對八中全會感想，余答據與會人談此次會議精神頗緊張，但個人所感想者則為：

一、「會」的成份不夠：所有中央委員會前恐多未能為周到的準備，代表一部份黨員或社會一部份前進分子意見，來反映到會議，祇是發表其個人一己之意見而已，蓋在個人出席以前，並未在其所在地方或所領導事業中召開黨員幹部或代表會議，從事準備。

二、「議」的程式不夠：所有提案，提出來匆匆，通過去也匆匆。提案者無堅持主張，反對者無猛烈之辯駁。

三、「決」的準確不夠：未經過甚麼大討論可以通過，未經甚麼大爭辯可以推翻，這種官樣文章，當然決定不會太正確。

四、「行」的保證不夠：因為決定太草率，一般的認識不會太真切，自然其信仰也不會太堅定，做起來當然不可能會徹底，其保證自屬渺茫。又承詢在會場（總裁自己）所講話之反應如何？余答：總裁消極性話語禁制有餘，積極性話語激發不足，否定之詞太多，必使一般同志膽怯氣沮，若更聲色俱厲，責備太嚴，則人將但求無過，不求有功，而走上敷衍因循之路。

總裁曰是否對張繼泉批評過甚？余答曰然，重述當年總理在大本營擬將伊扣留一段話，一般同志皆言似為太過。

總裁自云：生平氣急，與人論談，第一語動氣，則以下氣更盛，不能自制，日前所言，言已即知悔也。余曰：中央一般幹部意志並未集中，思想並未一致，管子云：「久而不親，親而不固，危道也」，乃陳述亟宜為集中意志下工夫，便將「三民主義文化運動」之四化目標詳細陳說，頗蒙嘉許，令即草擬辦法呈閱。余再言：領袖祇宜以思想領導幹部，功名利祿，祇能奔走一般中下之士，凡為革命奮鬥冒險犯難而不辭者，皆思想上信仰力之驅使，故把握正確的思想路線是第一要務，其次決定政策，選拔幹部，須煩領袖心力，此外正不必事事躬親，昔人「有日理萬機」之言，當時邦國小，區域不大，人民少，政治不繁，其言萬機，也不過形容頗多而已，未必事事而日理之。管夷吾，諸葛亮治一小邦，僅保及身而不亂，當前中國，非昔日之齊蜀可比，即今之德、義，也難同論，若不寄之於方面，責成於分層，斷難言治。夫政如漁，為治以具。漁之巧者以網羅。其次以鉤釣，拙者乃以手捕。政亦如之。得人則昌，失人則亡。善者運用組織。其次利用每個人，不善者乃祇自用其一己，若桓公之於管仲，先主之於諸葛亮，皆不過利用其個人之才智，為治一時，故仲死而齊亂，亮死而蜀亡，蓋非一種組織之生命可較久長也，願總裁垂意及之。

總裁云：中國人才太少，委之事權，類不能達成，言下憤然，謂以責任言，航空委員會各主管人，早該殺矣云云。余答曰：因材器使，毋責備以求全，則天下人皆可作育以成才，中國歷代興亡，俱在同一個時期，例如劉項之逐鹿中原，一方面猛士如林，謀臣如雨，在項羽一方面僅一范增而不可留，一個時代事業，一個時代人才當之，未可求之於異代，端在知其人而善任之耳。總裁意亦釋然，最後介紹徐晴嵐請賜召見，當承記名，曰將約談，乃辭出。

下午訪錢昌照，談陪都情形頗爲沉悶，又言領袖旁缺少輔弼之人，相與唏噓，錢君亦有心人也，出訪於院長，談黨內情形，其言淡然無何改進意向。

　　晚連赴谷部長正倫、何總長應欽、徐部長堪、陳部長立夫以及何廉等五處宴，陪都風氣皆須親到，卻無事談。祇在何廉座中有四位中正大學教授，就以暢述創辦此大學之特殊意義爲快，又熊佛西君言必返贛工作甚慰，但當今學者，個人本位主義爲重，與初交，未知其言可信否。

　　六日　總裁召談，囑草一如智囊團之類的最高「幕僚組織」，並擬定人選，奉令徬徨，誠恐無適切可採用之辦法，能爲貢獻，蓋此不是條文形式問題，若欲更張現局，即有遠間親，新間舊之嫌，積重難返，長漸難移，且一齊眾楚，一教眾咻，偶然意念，轉瞬可消，唯唯而退，返寓後蹀躞斗室，殊不自安，昔王荊公身居樞要，終無濟於神宗求治之殷，余不日東歸，豈可冒昧執筆，容當請辭。

　　又總裁命將昨日飭擬之「三民主義文化運動」速即呈閱，以備明早講演。（紀念週中）歸後匆匆理稿，晚八時送呈，但聞總裁已赴黃山，今晚未必能以送達，歉意難安。

　　七日　午總裁召參加軍事會議，軍事各部會主管人員及各戰區司令長官均在座，商討剿辦反動勢力之準備。

　　下午　見陳組長方，聽取其政治意見如下：一、應付共黨，先禮後兵，未做得充分，宜與當事者詳言之。二、三民主義文化運動：宜先交學者研究具體實施辦法。三、政治風氣之轉變：宜半年指示一次綱領，考核一次成績。四、經濟計畫：三億資金不夠：宜以充作外資僑資民資保本保息之用。

以上所說，要皆對本題內容未加深長研究，但余漫應之，亦屬不當，不如仍加獎掖，俾更奮發作進一步之研究，細思當時所與談話態度，自己亦太淺薄，不足以容。

八日 到三青團，與譚平山談話，至黨務工作，彼言先應由思想領導及掃除小組織門戶之見入手，方可望有起色。又言三民主義不可認為復古主義，說是繼文武周公孔子之後的傳統，亦不可以為即是社會主義，所談確中時弊。

午訪陳佈雷，談近日與總裁所語各事，及擬寫意見，彼頗以為然，但加以總裁宜節省精神時力，勿多用於講演及文字之間，余聞之悚然，我在贛亦似有同病。

下午訪錢昌照，所談與佈雷同，彼曰條陳意見，若無人常在總裁身旁執行，則必變質，甚至完全無效，要之宜徹底在人事上設法調整，真為一針見血之言。

九日 先後見白崇禧部長、孫科院長、陳誠、甘乃光等，談時局及中央政情，所見大致相同，但誰亦了無批鱗之願力為可嘆耳。

十日 上午應總裁召在黃山野餐，十二時由山頂別墅乘肩輿至附近約二、三里許之水閘上用膳，平路步行約半程，總裁及夫人外另有一比利時教士（教授夫人法話者）偕行，途中總裁詢問近日在重慶觀感如何？外間有何議論？夫人接著說：外間對總裁有何批評，殊無人與總裁言，望直告之。余答曰：人言未必盡屬可信，但承總裁與夫人下問，敢據所聞拉雜以陳。

1．總裁部屬無人敢為直言，更無可以為友之人，轉告外間消息，總裁手諭，即有不可行者，亦唯唯諾諾，不肯冒犯尊嚴，直陳不可，祇拖延時日，任其久忘。荀子有言：帝者有師臣，王者有友臣，亡國之君祇有奴臣，即是唯唯諾諾之輩。蔽聰塞明，乃古今任何主官之所大忌，願所聞之不實。

2・動感人才缺乏，其實乃知之不深，用之不善，用非其才。總裁否認有此現象，余舉使陳果夫以一病態心理者主持人事組證之，總裁曰此為內部登記，無關於用人權。余又舉以一醉漢葉楚傖為中央執行委員會秘書長為例，謂不當以筆墨取人，總裁無語。

3・機關重複，因人設機關（例略）。4・言總核名實，實最不能總竅名實（例略）。5・言分層負責，實最不能分層負責，舉盧作孚以全國糧食管理局名義辦重慶市四川省糧食管理事為例。6・言用幕僚長制，實際最未用到幕僚長制，舉葉楚傖不適為秘書長為例。7・言組織實際並未運用組織祇在運用個人（例略）。8・不重政策決定，祇在事務安排（例略）。

余所陳述八點，皆各舉出例證、總裁間加申說，夫人在旁輒止之曰：且靜聽人言毋庸解釋，余乃得暢所欲言，將來影響如何且不論，而總裁殷殷下問，夫人更從而翼贊之，甚盛事也。惜余所擷拾者，僅限於在重慶諸友各個人之觀感，或亦不無拾遺補闕之一助。

下午赴魏秘書長宴，與蔣主席鼎文談西安政治環境困難情形，據言胡宗南驕縱難以共處，對自己軍事責任殊多放任，前途可慮，彼再三請調，皆未蒙准，事久必敗云云。軍政不能協調，是誰之過歟？西安來人亦每為此言，實一隱憂。

十三日　與陳誠、甘乃光、張治中夫婦、曾養甫等同遊湯峽口，到北溫泉浴，設備殊劣。

十四日　在溫泉附近遊覽，經石洞，洞口懸崖數丈，洞內石鐘乳積成大柱，其間曲折如室如廊，惜人工不到，崖上污水下滴，穢氣不堪。

十五日　偕盧作孚、何北衡等遊永川，到自流井，途中休息旅館皆汙穢，呈一種衰頹腐敗之氣，因思江西內地小市鎮，為余足跡未經之地，亦皆如此黑暗否？歸後當留意考察之。

十六日 由東場往參觀慶餘井，牛車絞索，汲取三千尺下之鹽水，井口僅尺餘，汲桶爲棒形，長約一丈。又至量淡水處及東維倉看過鹵水，久大公司曬鹵台，熬疤鹽灶，及開鑿鹽井，最後參觀富榮東大久堡。下午參觀川省蔗試驗場製糖工作，及資委會酒精廠，出品99．5%之無水酒精，爲代汽油之用，凡汽油滲入 1/5，則此種酒精力量較純汽油爲大。

十七日 參觀灌縣附近索橋，午遊昭烈祠、古柏森森，恰是錦官城外，（即成都城）祠後有昭烈帝崚墓，下午遊少城公園，參觀博物館，其中陳列有張獻忠七殺碑標記，其文爲「天生萬物與人，人無一物報天，殺殺殺殺殺殺殺」，其實碑石已剝蝕不見一字。晚赴張群主席宴，談時局及中央政情，亦以爲頗多可慮，晤郭教育廳長，託其代覓蕭公權，蓋久欲請赴贛講學，苦不知其行蹤。

十八日 偕陳築山、何北衡等遊灌縣，參觀魚嘴、離堆水利工程，並步過安瀾索橋，灌縣水利工程，爲秦時李冰太守父子二人所完成。李氏遺訓六字：「深淘灘，低作堰」，下午遊薛濤井。

晚十時張主席來談，余述來成都觀感，對渠政治前途之展望三點：1．如賀國光之綏靖政策，敷衍過戰時？2．如王志一之一事莫辦，被人驅逐而走？3．將有所展施？

若欲照第三點做，則必須注意四事：1．蜀人不畏之以威，則不知恩，加以舊軍人之不覺悟，會匪等之橫行，軍事上必須準備力量防而不用；2．政治上宜在原有人員及各軍人中選拔人才，樹立守法負責之風氣；3．以三民主義文化運動領導青年及智識分子，控制新聞，樹立信用；4．開發經濟，使一般軍人亦有所安頓。

十九日 遊峨嵋，經龍門，峰高崖懸，澗急壑深，一路風景，皆非廬山所得見，抵清音閣「雙橋兩虹影，萬古一牛心」，即其景也。

廿日 由清音閣發,經過白龍洞、金龍寺、垂光觀、昆盧殿、磚殿、新殿、觀心殿、息心所、老坪、躬殿、華嚴中頂、蓮花石。午到達洗象池,寺門外猴子數十,攀援樹上,僧呼「山兒」,施以玉粟,群來爭食,馴不避人。更經大乘寺、白雲古寺、雷洞坪、接引殿、七天橋、普賢塔,到達金頂。俯視群山,高在三千公尺,院中積雪猶未盡消,黃昏由金頂降,到達接引殿宿,晚俯瞰山谷,佛燈光明,燦若星羅,儼然在黃山之望重慶市,九龍之望香港,僧及遊客爭談我佛靈光,其實不過爲山谷間一種發光昆蟲,或腐朽木根中寄生之發光黴菌而已。

廿一日 返成都,訪張主席,知總裁昨有電話來,詢余何日回,故決明早飛重慶,遊覽旬日,一路考量「組織運用」之腹案,亟待整理,晚便與張主席群討論,彼頗同意,惟略無增損,似於此事,殆亦不曾經構思。

廿二日 張主席相送登機,飛機動蕩,頗感不安,隨念村婦乘汽車而覺頭眩,是否同一落後之意識?啞然失笑乃愈。到重慶,錢昌照來談最近一週內國內外形勢,曰寧波、紹興失陷,福州今日亦失陷,敵人加緊對我封鎖無疑,從此經濟必更加恐慌,江西食鹽與物價必成問題,促余早歸,並談今日中央經濟會議及其他機構,皆避開責任,恐不足擔負此後(今年之內)經濟危機之挽轉,伊力言應早設法,又云財政、經濟、交通三部,無積極精神,必以上三部與軍政外交及行政院副院長六人通力合作,於事乃有濟,言下慨然,並曰:周、吳更適任經濟,顧、俞適任交通、金融。此君亦有心人也,其言未必盡是,但彼知無不言,直爽可佩。

廿三日 午總裁召往黃山餐敘,談大局情形,及敵人佔領閩浙海岸意圖,總裁判斷爲敵南進之準備,附帶作用在加強對我之封鎖,其

觀察不如昨晚錢君所談之嚴重，次談四川情形，余將所與張主席言者轉陳之。

廿四日 午赴總裁官邸，參加國際問題會談，分析內外情勢，大抵皆如前昨兩日所談，惟較詳悉，下午返美專十七號沐浴，閉門寫待交文稿。

廿五日 資委會工業處長杜殿英來詢余對第三戰區請辦機廠意見，答以須視經濟價值，聽部決定。

廿六日 赴黃山總裁別墅，參加軍事最高幹部會報。承詢對大局意見，余分析敵我情況云：目下敵人可能加於我之危害，不外1・運用國際關係，加重對我打擊，如日蘇協定之類；2・調遣一部份東北各省防軍，加強對我攻擊；3・佔領浙閩海岸據點，並威脅滇緬交通，加強對我封鎖；4・其他可能經濟破壞行動，關於1、2、3點猶非如何不了之惡毒，我除現已準備之方略外，亦別無他策；惟第4點可能性最大，而為害於我最烈者莫如。

甲、食糧產地之佔領或擾亂，如侵犯洞庭、鄱陽兩湖地帶；乙、食鹽產地之佔領或擾亂，現已侵及諸暨浙產鹽區已受破壞，贛湘皆受極大影響；丙、法幣信用破壞，現在物價已在暴漲。

以上三事應即設法防制，因述意見三項：第一應為有計畫的食糧增產與節約消費，並須即撥款，設法購糧，以備萬一，軍事上對鄱陽洞庭兩湖方面儘可能增強防備；第二即令各省食鹽消費節約，一面對洋鹽加緊搶辦；第三規劃所借得美金用途，以之收回法幣，即使貨物不及增產，而法幣回籠，物價自然可望趨於平定。

席間張治中發言頗冗長，其中結論不外「加強效率，自力更生」之八個字未曾做到。劉斐(時任軍政部次長——編者注)繼起發言，與之對立。及散會出門，張盛氣語劉云：我向總裁陳述意見，不必汝唱反調，大家以粉飾太平之言進，當面對我陳說不以為然，背

後又咀咒行政效力不夠，實屬欺上云云。余以爲會同討論，各人意見，當可自由發表，張之責備殊屬不合。

廿七日 賀耀祖（時任軍事委員會辦公廳主任兼調查統計局局長—編者注）主任來談，伊言建國政治不可太現實，宜有理想爲目標，蓋昨在黃山會報中，伊主藉此時機，著手社會制度之改革，即加強社會公用設備，爲人駁倒，今日來復申其說，此君思想是較左，惜不甚注意實際環境，所謂客觀可能之條件，故人覺其爲高調耳。

廿八日 在美專十七號見陳方，示以所寫文稿，託其覓取事例，以便作證。晚與陳立夫部長詳述中正大學作法，俾釋誤解，並約明日同往見孔祥熙院長，請其恢復江西教育費折扣。

廿九日 陳立夫來談黨務，所語猶是舊時方法，此後恐不足與共黨周旋，可慮。午宴徐堪、徐柏園、顧翊群等，商談江西農貸及興業公司投資事，彼等俱已同意。

五月一日 上午始將總裁飭擬文件清稿，心神頓覺輕鬆，憶自四月八日奉總裁手諭云：「請兄代擬運用組織之方式與規章以及實施具體辦法爲荷」，遲遲至今竣事，計所擬內容共三章：1・組織的運用；2・組織運用中領導者之條件；3・如何運用現實組織。

下午與王叉庸、徐晴嵐、陳佈雷、陳方再三討論余寫文稿，大致無出入。

三日 上午赴黃山總裁官邸，參加空軍幹部會議下午續會，敵機侵入市空，即隨總裁及夫人往後山防空洞避之。洞深入山腰，殊安全，此次敵機轟炸甚烈，警報解除，旋亦散會。

四日 到黃山出席空軍會議，在總裁處午膳，承詢對會議觀感，余答一般工作報告精神尚佳，實際是否一一做到，當然須待查核，就各部份素質言，則皆齊整，從業人員均甚努力，當爲事實，不過照私下觀察，一般高級幹部在休息時相語，皆有凜凜危懼之色，此或總裁

平日呵斥太嚴之故，此爲一種秋氣，生機停歇，各幹部恐不會自動有所作爲，必致走上「但求無過，不求有功」之因循途徑，不是好現象。秋氣收斂，無陽和春意，則萬物不發揚，總裁無論如何勞苦，若幹部不能自動負責，恐事倍而功不半，栽花者祇能栽培灌漑，不能代替開花，花要自開者也，總裁督責太嚴，干涉太甚，必致削減幹訓的責任心，總裁在會場所訓示，均太詳盡，且太多訶斥之詞，察見淵中魚不祥，以未宜指摘太苛，不能保持幹部威信，是使其不能領導部屬，豈不更糟？（例如在會場指斥陳慶雲坐未挺胸，指斥秘書處不研究這個，研究甚麼？不配當航空機關等等），竊以爲部屬有過失？可泛加指正，有罪惡？當依法懲辦，若當場指名申斥，則將人之自尊心一變而爲自卑感，是毀滅幹部。總裁曰然。

下午 甘乃光（時任國防最高委員會副秘書長，後任中央設計局副秘書長—編者注）夫婦來談，曰總裁每次開會常多呵斥之言，國家官吏，有罪過當法辦，以家長作風，言語呵斥，於法於禮，俱爲不宜，總裁用威太過。昔有人言：胡可敬，汪可愛，總裁可畏。西安事變後，國人更加敬愛，但總覺愛與敬，俱未足以畏並論，且相差甚遠，又曰本身價值與社會評價不盡相同，但社會評價，關係甚大，於人事業有決定力量。

五月六日 參加黃山空軍會議，留意總裁辭色，似已較前幾次溫和，中午偕何應欽、唐生智，在黃山袁筱如家便膳，袁君長於烹調盤餐精約，爲所少見。

七日 宴徐堪、盧作孚兩次長、端木傑副部長和嚴寬軍糧管理處長，商定江西徵購食糧辦法十五條，五人簽署，內載明本年徵購二百至二百五十萬石，每石定價卅七元，先由中央撥款五千萬元，限明年一月底以前購齊。

十日 將「運用組織」文稿，送曾家岩交蔣副官轉呈，奉諭草擬為時一月零兩天，初不著急，悠悠然若無其事，中間亦固因搜集資料之費時，而緩前急後之慣病，實至今亦未之掃除也。

訪戴院長傳賢談一小時，其言三民主義之闡揚，應採清儒講經辦法以經解經，此種不進步之「冬烘」觀念，殊屬可笑。

十二日 翁部長文灝（時任經濟部長──編者注）來商經濟部將使資委會工礦調整處投資加入江西興業公司，其所提辦法大抵可行，乃約指定人員籌辦，務於一週內在渝將一切組織章規作初步決定。

十四日 與張治中兩人開一批評會，首由余批評張：1‧用人偏重情感，有親親主義濃厚彩色（指其在滬作戰、在湘主政、在軍校，在家庭所用之人為例證）。2‧看事不深刻，對於主義及開會等技術，均不肯作深思（指其前在黃山會報及總裁前論事為例證）。

前者伊略有解說，後者頗自承，繼由張批評余：1‧喜與人鬥「金剛」：指昔在滬與張市長定璠不協事，謂曾勸余做事日短，做人日長（其實此乃純為政治問題，當時桂系與中央對立，武漢分會，由江安輪運輸一批煙土赴滬，滬市警局庇護登陸，經警備司令部偵緝隊查護，引起軍警衝突即所謂江安煙土案，非關余與張個人之不協，蓋其時張定璠方附桂系也）。2‧不理會老友：指余對李烈鈞、伍毓瑞等未給予特別待遇事。3‧政治見解太不開展，謂前頗不能與余談政治問題，因余太偏執，故人加以政學系之頭銜云云。4‧用人不肯提拔新幹部，謂即不能打破舊環境。5‧喜用智謀：（指余民國十六年在滬與白崇禧爭編十三軍事，彼欲強將第五師編入，並調赴粵，當時蔣公在日本，何李白三人主持軍委會，余力不可與爭，先曾虛與委蛇，後由第五師官兵抗議，得免其吞併，人謂係余指使故云）所言是否真為余病，此另為一事，而能直言吾之短者，朋輩中實不可多得，可感，余當有則改之，無則加勉。

十五日 總裁電話召赴黃山談話，承詢對一般局勢觀感，余對曰：論者有憂慮德日蘇將相互諒解，德控制歐洲、日控制東亞、蘇在近東自由活動，總裁曰無慮。余問美國不斷發表倭寇和談消息，不知有無若干事實？總裁曰無其事。余言外間對日本和平攻勢並不重視，對美國所傳中國態度即和平建議必由美國提出始肯加以考慮云云，則頗爲注意，總裁無表示。余繼言國內事，曰物價暴漲，如不設法緩和，明年軍費龐大，將無法支持，總裁曰不重要，國內嚴重問題，仍在組織之不健全，並曰余所擬陳之「組織運用」所言甚是，多屬可行。余更申述：淺薄，無補高深，且甚放肆應乞諒恕，又言馬尾式有經無緯組織之害，引航委會組織之不善以爲例。總裁又爲之盛怒言：我所以破口罵之者，爲伊等放任壞人而不辦，耗費公物而不知，且一意欺瞞必待我發覺後始告，殊屬無恥，且我從無干涉彼等職權之事。余言：據所傳聞頗有其事，願往詳查事實奉告，以作參考，前言馬尾式組織，乃以上層單位太多，以致聯繫不夠，事事遲誤。總裁云：我平素並無積壓。余言：有之，嘗聞諸親近秘書人員言頗有不少公文未奉批示，總裁云：至久不過擱兩天。余言：時間兩天固不算長，但限制每次祇許十五件，第十六件即不知擱置若干日矣。最後余問三民文運事可否辦？總裁曰可，並飭即擬詳細辦法，又陳述突擊隊之運用，總裁曰甚佳，並飭擬稿奉呈。

十六日 見詹契悟，詢劉蘆隱近況，告知讀其昔爲中央黨部所寫宣傳方案極所心佩，已迭向總裁請求爲黨借才，營救其出獄，未知其精神有無變態，可更能爲黨國服務否？囑爲調查之。下午宴翁部長、徐次長等十一人商定江西興業公司組織事，決定六月一日請各部份指示籌辦人員到泰和。

十八日 午赴總裁官邸，參加最高軍事會議，商論晉南軍事並研討國際形勢。余言赫斯奔英，可看爲德蘇戰爭發動徵兆，其理由爲：

(1)赫斯為希氏承繼人之一,決非如汪精衛之流,戰勝國亦非可令人悲觀失望之環境,而赫斯又不是神經病者。(2)希氏組織嚴密,豈赫斯可自由駕機出奔,且近時新驅逐機非經練習,亦決不能自駕駛。(3)其他德英之先後廣播降落地,羅斯福十四日廣播之暫停二週。(4)對蘇英美之聯合可以分散,即使之變英美親德而共同對蘇。(5)可以緩和美之參戰。(6)可以動搖英之抗戰決心。

總裁亦頗以為然,並曰世界有三事已形成既定之事實:(1)日本南進;(2)美之參戰;(3)德之攻蘇。如無特別變化,如赫斯出奔之類,則此三事亦必無疑的一一實現。

晚復至總裁官邸餐敘,承示國際形勢之分析見解相同,但言赫斯對希氏之與蘇聯合作有所不滿,故奔,亦尋常之見解云。又言三民文運辦法及突擊隊辦法甚需要,望即擬呈,最好暫緩回贛,俟上二件稿擬就再返,余唯唯。

十九日 徐堪來談糧食問題,堅託余為代辭糧食部長,余以為此時宜力任勞任怨勸勉之,伊乃更言二事,託余與盧作孚商之:(1)四川糧食交四川省府自辦;(2)伊必俟視察湘桂後至七月一日始可接事。余念朋友私人請託不妨代謀,晚晤盧作孚為言之,作孚固亦不能為作決定之答覆者,祇諒解之而已。

晚張嘉璈、盧作孚先後來寓談時局,張頗悲觀,言不欲就任交通部長,對中央政治似有不滿,尤以黨部人員之相傾軋為詞,又言多數外國記者與談皆示失望之意,其中有一英國記者言:彼由英出發,英國人士以為中國抗戰必勝,及經美、美國人士則頗憂慮,以為軍事力量不足以驅逐日寇出境,經濟危機更甚,至香港,港督尤悲觀,且言抗戰決心未必能持續,後司徒登入座,力言不至動搖,其說乃寢,但仍以為政治經濟太無進步,尤以物價急漲,政府皆束手,甚為可慮云云,至在渝一般外人,莫不持有悲觀之論,以為政治、經濟有危險,

具體指陳我政府毛病甚多,其最大者則為(一)總裁事事管而對大事每都不能徹底,(二)孔副院長事事不管,對經濟財政尤屬聽其自然,危險最大。又言英記者等勸其大使勿事事請見總裁,而最近美政府致其大使電亦令其一切事應照尋常慣例,必經外交部勿逕向總裁或行政院逕行辦理。

余言:外人之立場與觀點與我們略有不同,其所云云,當然有其片面之理由,但未必便可以之作結論,中國情形錯綜複雜,尤其是人事關係之微妙,有非外人所盡能瞭解者,今當抗戰艱危之際,欲求事事徹底改造,殆不可能,要於穩定中求進步,事不驚人容或有濟,我希望大家的耳目能做總裁的耳目,大家的智慮能作總裁的智慮,因申引總裁前曾言及羅斯福智囊團之事,於是相與共談智囊團之重要,僉以在職人員不能使各盡其責,另求智囊,務多亦屬無益,似宜先行使用負責幹部辦法,如改造經濟會議,毋使參議人員太多,每週但約數主管負責者談,對一般專家等有時亦可使其參加發表意見,但執行部份祇仍與各主管負責者商處之,始足培養幹部。

至於最高幹部,如中央各部長各省主席各地司令長官等,應加以識別,分類指定若干有專長者就其所長,各為準備,對於所關部門事,悉與商談,使其能為較專一之研究與準備,並按時聽取其報告工作情形,其他參議室等所有專家祇可以使其研究審查問題,有時為諮詢之備。

行政機關,如政府各院部門乃至軍委會以及黨部之各部,應將其職與能、責與權之分配是否合理?加以檢討,為之調整。如此則人與組織皆能具體的加以改進。

張、盧二君皆創造事業之能手,其前辦理銀行及輪航,俱有優良成績,所與討論各端,亦皆實事求是,所謂不談過高之理,不做架空之事,所談結論,要皆為坐而言之即可以起行之者,惟此乃平時正常

辦法，與總裁所謂智囊團之運用一種高級幕僚性質略異其趣，美國之居里與賀浦靳斯等，則完全為羅斯福之幕僚也，發縱指示在於人，不過有羅斯福之善任，居、賀始能各展其長耳。

廿一日 到黃山參加軍事會議，總裁提出兩大問題：

1·晉南部隊之區處：因敵以大兵力圍攻，而共產黨軍隊復在後方相牽制，乃商定酌留兩個軍交閻留守晉西，另酌留一部在晉南及膠東地區游擊，餘均撤退渡河南岸。

2·糧食之徵收：因目前糧價飛漲，百物隨昂，秋收以前，各省應速準備實物徵收辦法，以求能控制一部份糧食，不獨可供軍用，且可以穩定物價。

總裁又言：近來性急氣燥，對國際局勢之變化不定，難以測度，更為所苦，煩厭之際，修養實難有功，恐影響於事，前擬休息三個月恢復精神，勢不可能，現擬休養一個月，或將赴西昌，眾意僉同，惟以西昌無電話，主張赴衡山。

晚應賀耀祖約餐敘，商談食糧問題，余以為田賦改徵實物不甚公平，建議徵兵之外，加辦徵糧為更簡單易行。

廿九日 上午腹瀉已止，王叉庸、徐晴嵐來談及余所寫「組織運用」一文中所言之病，晴嵐云：余亦患有之。余答曰：總裁毛病尚有余為之言，余毛病固多，但在朋輩中向余為直言者少，相與一笑。

三十一日 赴黃山參加最高軍事幹部會談，討論：1·六九戰區軍事部署。2·重慶防禦計畫。3·游擊部隊整理。4·羅斯福講話（廿七日）後國際影響。

張治中發言云大公報社論對美懷疑，人多不以為然。

總裁曰美總統對德態度可稱和緩，又自言決不先宣戰，意在使對蘇聯注意。

張治中又建議二事：(1)戰區司令長官不應以兼省主席；(2)各區司令長官且宜互調，總裁不以爲然，劉斐更申其說，白崇禧又從而解釋之，總裁云：此原則是對的，但必須待三、五年後始可行，余起分析利害，辯護張議，中有一語云：若必待三、五年後，始可行之，竊恐三、五年後中國已無可用之將，所謂軍事專家，將盡變成前清之兵備道，事事懂而事事不專，言詞過激，增人反感，事後知失，悔不可追。

六月三日 赴黃山總裁別墅午餐，承詢對大局意見。

余答：威南特到華盛頓，內容所爲何事，尚不可知，德對英妥協以圖共同對蘇聯之傳說，不能斷其眞僞，威氏見羅斯福，未必與此事無關，此種變化影響於東方甚大，不知有無更確實情報。

總裁云：未有新情報，繼談閩浙事，余建議陳、黃對調，並力言陳在閩政治上並無差失，閩人有地方畛域之見故攻之。

總裁詢問行政院秘書長繼任人選意見，余答以宜徵求孔副院長意見，總裁曰伊無適當人選可保舉，余乃推舉沈鴻烈，當承贊許，此外關於人與事者，垂詢及十數項，余凜於出位之思，不欲正面作具體之答覆，祇抽象爲原則性之條陳，尤其有關軍事、財政、黨務三者，自審不當忽於遠間親，新間舊之戒。最後總裁言此後中國問題有二：(1)爲共產黨；(2)爲四川政治。余對曰：物必先腐而後蟲生，祇要我黨的中央及政府健強，無懈可擊，共黨不足慮。四川政治亦易使上正軌。總裁之憂心，見於辭色，深愧不能有何獻替，可以改變現實環境，仰贊高深。

四日 赴曾家岩總裁官邸午膳，總裁曰中央政治，俟國際情勢稍定，必加以整理，余問國際情勢何時可以稍定？曰爲期不遠，當在數個月間，繼復詢余中央政治如加整理，則將集中在各省幹部來中央，

屆時君能來否？余答各省當然應聽中央調度，總裁曰甚善，歸後對國內外問題多加研究，乃興辭而退。

五日 乘飛機由珊瑚壩起飛，氣壓不均，動蕩特甚，以感不安，繼復自念：人祇當把握必然，不可顧慮偶然，民十九年余在上海墮機折骨，不過偶然之事，而其後數年間，每乘車船，一聞馬達之聲，便有戒心，無乃自感，於是力持鎮定，照常看書，並步至機尾小解，此為十年以來第一度「造次克念、百體從令」之微效。下午飛抵桂林，轉乘火車赴衡陽。

六日 早抵衡陽，改乘汽車，晚到達蘇溪，三個月以來長途勞頓，得以暫憩。

十三日 歸來一週，初到二、三日間，欲以完全休息，忽於治事，轉使心身兩增其累，例如：1・到省後未即專電陳報，致勞總裁電話詢問。2・到省後未即發表談話，致勞各方探訪。3・到省後未舉行聯合紀念週，致勞各部份人員謁見。語曰「人不治事，事將累人」，怠勝於敬、思之凜然。

十四日 宴教育部顧次長一樵，及梅公任、胡兆祥、王世穎、薩孟武及方揚等，胡校長作陪，與顧次長、胡校長商談中正大學設備費。

十六日 返蘇溪，戚某來見，厭惡特甚，嚴詞絕之，雖曰予不屑於教誨也者，是亦教誨也已矣，而不予人以自新之路，未免過於冷酷，當時氣憤，拂袖而回上田，至省府就寢後漸漸自覺太過，人而不仁，疾之已甚，亂也，況人之不仁恐未必如余疾之之甚，仁之過為姑息，義之過為冷酷，姑息養奸，冷酷賈怨，戒之戒之。

廿六日 由上田返蘇溪與夫人同車，偶談及吾生平之交遊，謂過於冷淡，對朋友不但先施之未能，且多有來而不往之非禮，未若顧、陳等之於交際中特具有一種誠摯之熱情然，是誠余病，當求改進。

七月四日　主持黨部黨務會議，席間因各縣（龍南等七縣）政府與縣黨部之磨擦及工會之衝突等事，尹、熊等委員爭議不休，發言多失態，余嚴詞予以糾正，因自念人之相處，久而不親、親而不固、久而不和、和而不合，此領導者誠不足以感人，德不足以服眾，有以致之，領導之人失其積極之領導時，則其部屬在精神上即呈動搖，在行動上即呈渙散，乃當然之事，余忝為省黨部主任委員，並省政府主席，對於各級部屬未能使之一心一德，而時有磨擦爭執之事，亦可愧矣，是當反省，加強自己領導工作，飛機能向前推進，始不致向下墜落，黨務更屬如此。

　　九月廿四日　宴閩省府陳儀主席，席間暢談甚快，其言大要：1・民生主義經濟如何建設：在扶植國家資本，實行土地政策等。2・國家資本之形成：合理的會計及人事制度最重要等。3・宜以墨子及法家、兵家學說變換儒家作風。4・公文程式之宜改革，禮儀作法之宜規定。5・女子教育宜與男子有別者，主辦女子師範，以矯其弊。6・為政不在多言。

　　余云：為政固重力行，言不在多，但絕不可少，否則似打冷鐵，言於行先，猶打鐵之先便燒紅軟化，方易就範，為治之道，在於禁止令行，止之行之，使人民先能瞭解，自然相率樂從，事半功倍。

　　十五日　見張澤垚，聽取其工作報告，並詢其所設計之鋸木、磚瓦等小型機械廠，此為戰後之急，應早準備，其請辦理實驗工廠即予照准，蓋工業發展之三個階層，一實驗室、二實驗工廠、三工廠，缺一不可者。

　　十月四日　文廳長來言中央希望本省田賦改徵實物，所免去之土地增益捐七百萬，亦必須改徵實物，余頗不以為然，告知如中央認為江西擔負比他省輕，可請以命令加重之，吾人對中央應將地方情形據

實呈報，不欺上，便足自安，中央如有誤解，儘可再三申復，不必另用其他講價還價辦法。

六日 晚接桂林李主任濟琛電轉知奉委員長諭，囑十日以前到衡陽待命（參加衡陽會議）。擬明準備行裝，並約廖處長同行。

十日 早由蘇溪出發，下午五時半到達衡陽。

十二日 此行來衡參加會議，應力矯以前疏慢之病：1．如何進思盡忠：對委員長有所獻替，對會議有所效力。2．如何改善人緣：過去對朋友多未加意，全任己性，跡近高傲，非以絕物，將為物絕，余妻亦曾言余對朋友熱情不夠，冷冷落落，為一大病痛，此次當時時留心，事事加意，見於色，出於言者，惟慎惟謹，具體言之必須注意下列三事：

A．心神：關切他人痛癢，對生疏之人當記其姓名、職位及興趣。B．說話：切戒自逞才智，不可陷於以善服人之深坑。C．態度：不可忽略對人禮貌、溫、良、恭、儉、讓皆禮之體。

午與顧祝同晉謁委員長，一見氣色甚佳，精神較前更健，深為國家慶。午餐，在座除顧外，有唐子敬、李覺、張文清、劉廣濟等。

晚記三失：一、來衡與顧同假館於中央銀行分行潘奎松行長家，顧送伊茶葉、火腿等數物，余則未之顧及，且臨別又未言謝，疏忽已甚。二、見唐子敬等來與顧論提出報告內容，而余卻不曾準備及此，遲緩已甚。三、晚與桂林吾妻電話談話，簡截數語，不如吾妻之和婉有禮，且余言缺乏關心語，似嫌其為客套，粗慢已甚。

以上三者，雖為細事，要皆是余庸行之不謹，誌之戒之。

十三日 廖處長、李科長等來，呈閱報告用材料，皆辦理經過情形，無何可閱價值，因另指示提案要領使起草。

見浙、閩保安處長宣鐵吾、黃珍吾等，詢以各該省團隊使用情形，皆言多被用於與國軍同樣任務，對後方維持治安頗嫌力量不夠，余因述保安團隊應有固定責任。

第一：維持後方安全：A·對敵降落傘部隊之預防；B·對奸匪擾亂之清剿；C·對機場倉庫交通之維護；第二：游擊：在淪陷區以專員指揮，協同國軍作戰，並保持政權之行使；第三：參加正式作戰：祇限於必要時，協同國軍行動，任務是暫時的，任務畢即須調回。伊等皆有同感。

晚記二失：一、與顧祝同談話，仍不免鋒芒太露，如言人多黨外行之類。二、致張治中書，文辭有如劉瘦蝶之俗氣太重，詼諧文字無妨，要不可傷雅。

十四日 午餐見第五軍軍長杜聿明、第十九軍軍長劉廣濟及林蔚文、林伯森、鄧文儀等。晚餐見第八十六軍軍長莫與顧（杜副軍長道同）、第二十五軍軍長唐雲山，另見張司令長官發奎、余司令長官漢謀、李主席漢魂、羅總司令卓英、第十軍軍長李玉堂等十餘人。

晚偕顧祝同詣白副總參謀長崇禧處，討論預備會事。

十五日 上午舉行預備會議，指示提案範圍為作戰、補給、訓練、政治等四項。

十六日至十九日 皆連續舉行會議、審查會、會餐等，晚擬報告內分：兵役、糧食、防間、肅奸、維持後方等節。

廿日 上下午大會，審查會，晚委員長召談，批評湘北會戰軍事缺點，余陳述二事：(1)無備：判斷錯誤，以為敵將北進或南進，決不會進攻長沙因之全體疏於防範。(2)無術：於遭遇戰及對騎兵戰，俱不曾有訓練，故一經接觸，即陷於混亂。

廿一日 上午南嶽會議閉幕，晚準備奉陳委員長意見，至深夜二時。

廿二日 上午奉委員長召談，承詢對大局意見，余所答大要如次：

1．最近國際局勢，於我頗多可慮，似應準備更惡劣環境來臨，不論敵之南進抑北進，對中國決不會放鬆，在我皆當準備萬一，蓋敵對我即不以其全力，我均不能少有差失，必須保持我屢敗而能屢戰之氣勢乃佳。

2．湘北會戰，我軍之弱點已充分暴露，似應努力整軍：A．高級將領應使之專心於軍事；B．中、下級幹部應使之有進修機會；C．師以下教育機能應使之恢復，另余條陳六事大要如次：

第一：此次會議所表現兵員補充為最重要之事，因此逃兵防制與新兵補充兩事應並重，關於兵役以夠、快、好、久四字為本。不夠：乃戶籍未辦好，應趕辦。不快：乃兵役行政人員與經費問題，應設法求解決。不好：乃國民文化與經濟水準太低，仍應稍事挑選。不久：乃帶兵官不講求帶兵道理，不研究逃兵原因，應加教練。

因此建議軍訓部應編訂各種手冊，為部隊教材，例如(A)以委員長歷次訓示戰略、戰術及戰鬥有關之事，編成戰時補充教材；(B)戰時管理士兵手冊；(C)新兵入營特別教養手冊等等。

第二地政與戶政並重。第三建警與建軍並重。第四東南經濟政策不可忽略。第五地方團隊使用之原則確定。第六江西可用之軍官保薦。

余起興辭，委員長叮囑未及盡言者可以電告，自愧無何獻替。

廿三日 偕顧祝同同車回贛，晚到達泰和。

廿四日 招待顧司令長官祝同、唐總司令式遵等參觀民生手工廠、兔廠、魚塘等處，晚宴會觀劇，所演「視察專員」描寫社會罪惡，反禮義廉恥，劇情祇偏重在黑暗方面的暴露，有誨淫誨盜一例之嫌，應加刪改為宜。

廿五日 週末檢討缺點：一、在贛見聞有限，對於國際及大局事平時很少研究資料。二、在南嶽對委員長之所諮詢，似未有何獻替，對會議似亦無大幫助，等於浪費時間。三、事前亦曾用思維，但當事即不能照所思維以主動意志行事。四、忮求之念未能盡除，難免時猶作祟。五、每以事掛懷未能釋然處之，沾泥帶水，放之不下，不獨腦筋空間為之佔卻，即生命時間亦為之浪費，是猶攻擊軍遇敵據點，不知以一小部隊看守，大軍仍應如水之奔瀉，迂迴浩蕩前進，殊大惑，是當痛改。六、自己成見在胸，未能拋去，有如明鏡總不免於塵痕狼藉，遮蓋實多。此本身障礙，是當力除。

附錄一 全民族戰爭論序

魯屯道夫將軍是世界大戰時德國東方之參謀總長,於坦能堡一役嘗建大功,其後與登堡元帥主持德國全部戰事者達二年,謂為世界大戰中一主要人物,蓋不為過。一九一九年,既刊行其戰爭回憶錄,以戰爭經過昭示國內外,近復本其作戰經驗,著「全民族戰爭論」一書,君勱張先生讀而好之,乃從事迻譯,傳流於國中,余得先讀其譯本,竊歎服於此時此地介紹此書之工作為重有深意焉。昔於留學東鄰,目擊其強盛之陸軍,即為魯氏所稱談之墨克爾將軍所手造(事見魯屯道夫自傳)。及返國後,予出入於軍旅之中者,更歷年所,每一念及九一八以來之變故,其刻不去懷者無他,未來之大戰與吾國之國防是矣,蓋後此之戰爭,非徒軍旅之事,祇有堅強之武力,猶未足以決戰爭勝負之數也,關鍵所繫,在武力而尤在乎一國之經濟財政與工業,更有甚於此者,在乎人心之向背,其責諸於全國人民者,千百倍於十九世紀之戰爭,魯氏列舉戰爭各要素,曰精神團結、曰財政、曰經濟、曰軍事教育、曰炮火、曰戰術與戰略。而其尤視為要圖者,則為精神力,誠以人心渙散,則其所表現於財政經濟與軍事者,自亦隨之而弛懈而解體矣。

竊嘗擬今日之中國,為一八六〇頃之普魯士,亦惟有懸對外作戰之目標以為統一全國人心之步驟,且以此為目標以整飭百端之庶政,庶幾全國上下立於同一大目的之下,而得收協同動作之功?故魯氏之著,不應僅視為軍事家之言,而亦可視為政治家之書,不徒可供吾人既入戰爭狀態之借鑑,抑亦不妨視作吾人政治改革之良箴焉。予讀魯氏言而可以默會於心者如是,倘有合於君勱先生所以介紹此著之意乎?至若本書論戰爭事之預備,軍火之補充,與夫大戰中作戰方略之批判,藉張先生之彤管而獲達魯氏之珠璣,其足當今日注意國防者熟讀而深思,安俟予贅。

中華民國二十六年一月

附錄二　縣以下行政機構與黨政關係之建立

民國二十八年三月,實行新縣制前奉命在重慶中央訓練團「黨政訓練班」演講。

一、甚麼是行政?及縣以下行的甚麼政?縣以下政治的目的。縣以下政治的性質。縣以下政治的內容。二、黨政關係。黨政關係之法則。三、縣以下行政機構的歷史檢討。清末情形。民初情形。現在情形。四、外國制度的參考。日本制度。蘇俄制度。

五、現制度的批評。(一)裁局併科、分區設署、編組保甲之經過。(二)縣之範圍太大,政府條件不夠。(三)區以下各層級沒有積極建設性及分層負責的作用。(四)保長一級,責重事繁,無經費,無助手,當然辦不通。(五)黨的組織不健全,沒有黨的助力。

(六)沒有民意機關,缺乏人民的助力。

六、新方案之介紹。(一)改進的動機。(二)改進的重大意義。(三)改進的具體事項。

七、新方案特點之說明。(一)確定行政基本單位。(二)採用虛實相間的原則。(三)輕重均衡。(四)上下交流。(五)表裡一致。(六)平戰兩用。

一、甚麼是行政?及縣以下行的甚麼政?

我們研究的題目是「縣以下行政機構與黨政關係之建立」。研究這個問題,要先明白兩點,第一點,甚麼是行政?及縣以下行的甚麼政?第二點,行政與黨有甚麼關係?明白了這兩點之後,始能談到縣以下行政機構,應該怎樣,才算健全?要建立怎樣的黨政關係,才算合理?

行政就是「執行政治」,要問縣以下行的甚麼政,就是問縣以下在執行甚麼政治?這問題可從其目的、性質,內容三方面來分別解釋。

縣以下政治的目的是甚麼?總理在地方自治實行法中說:「當以實行民權民生兩主義為目的」。總裁最近講演,曾謂縣政是「為適應當前抗戰(保衛民族)建國的迫切要求」,綜合起來,可知縣以下政治的目的。無非是求本黨民族民權民生,整個三民主義的實現。

縣以下政治的性質是甚麼？建國大綱第十八條規定，縣為自治之單位，可知縣以下政治的性質是人民自治的。

甚麼是縣以下行政的內容？地方自治實行法規定開始六事為：（一）清戶口；（二）立機關；（三）定地價；（四）修道路；（五）墾荒地；（六）設學校。建國大綱第八條規定，全縣人口調查清楚，全縣土地測量完竣，全縣警衛辦理妥善，四境縱橫之道路修築成功，使人民受使用四權之訓練，完畢其國民之義務，誓行革命之主義。這些都是縣以下政治具體的內容。總裁最近曾將這些具體而列舉的政治事項，抽象而概括之為管、教、養、衛四大類。綜合上面的根據，我們可以對縣以下行的甚麼政這個問題，提出一個總答，即是「確遵三民主義的理論和方法，以建設地方的管、教、養、衛，完成人民自治」。

二、黨政關係

現代政治，都有一種主義做它的根據，而主義的實現，又必有賴於政黨的力量。因此，行政機關與政黨之間，必然會發生一種密切的關係。尤其我國現階段，以三民主義為抗戰建國之最高準繩（抗戰建國綱領總則第一）縣以下政治的目的。在實現整個的三民主義，各級行政機關與各級黨部之間，更有不同尋常的特別關係，自不待說。但這種關係，必須建立在某種一定的法則上面，雙方遵守法則，各守本分，各盡職責，通力合作，達到共同的目的。其法則為何？今以人之身體為喻，黨的系統是人身神經系統。政的系統是人身四肢六腑五臟的筋骨系統。一切筋骨之內，皆有神經潛伏，而不是暴露於外，與筋骨相同在表面活動的。神經作用在發動筋骨，這就是黨的工作法則。政的作用，在遵循黨的政綱政策及一切決議，運用所有人力物力去完成它，這就是政的工作法則，這是天經地義，一定不移的。若果違背了它，不是神經錯亂，便成筋骨癱瘓。黨政間之有衝突或脫節，即是人身上一種嚴重病態，可能形成癲狂甚至於死亡的。

總理說得最明白，他說「國家猶如一個公司，黨就是董事部，政府就是股東（人民）授權於董事部所聘的經理」（見五屆四中全會總裁致詞）。凡是知道公司組織的人，莫不知道董事會與經理室，各有各的權限，各有各的責任，不能互相侵犯，亦不可互相推諉，否則公司必辦不好。若再將黨政關係的運用方面加以說明，則古人有「水流溼，火就燥」兩句話，可以拿出來做一個確切的譬喻。假定政治是「水」與「火」，行政就是「流」與「就」，而黨務便是「溼」和「燥」，換言之，水與火是

政治的本體，流與就則是行政的任務，而濕與燥是黨的作用。所以，擔負黨務責任的人，要協助政府推行政治，其努力的有效途徑，莫過於預為之「濕」、預為之「燥」。而「流」和「就」的工作，則應由行政機關專負其責也。

三、縣以下行政機構的歷史檢討

行政機構是一種制度，任何制度，其變遷皆受歷史的支配，同時也受環境的影響。要明白現在的行政機構，不能不追溯以往的行政機構而加以檢討。同時，要改善中國的行政機構，又不能不調查外國的行政機構以資借鏡。

現在先從歷史說起，不過無須追溯得太遠，祇從我們親身所經，親眼得見的滿清末年說起。清末縣以下的行政機構，極其簡單，知縣衙門之內，祇有刑名錢穀兩個師爺，收稅理訟之外，不管他事。此外一個吃閒飯的學老師（教諭）、一個管囚犯的牢頭吏（典史），如此而已。知縣衙門以下，並沒有像今天的區公署或鄉鎮公所之設置，在編制上，雖也有鄉、圍、保、甲等等名目，實際並無組織，所以毫無作用。一旦與百姓有甚麼交涉時，就是利用各級紳士為其工具。其統治系統大概如下，即知縣、大紳士、小紳士、族長、人民。便是知縣有事交給大紳士，大紳士傳給小紳士，小紳士傳給族長，族長打開祠堂門來告知人民。紳士既已習慣於為知縣盡義務（雖是在另一面有變相的酬勞），這樣的統治辦法，可算是省事而又不費錢。但是，行政機構之繁簡，是適應政治上的需要而定，清末行政機構如此簡陋，便知它對地方政治是採無為的放任主義。僅在「民不造反」的消極要求之下，聽人民自生自滅，絕不需求地方有甚麼建設或人民有甚麼進步。以為這樣可以天下無事，長治久安，殊不知其結果徒使中國停滯於落後的農業社會中，一旦遇到外強的侵略，國內起了革命，滿清的天下卒至不能保持。當時興中會組織的動機，是由於清政腐敗，民不聊生，讀其宣言，可以曉得。

所以滿清之亡，可以說是亡於下層政治的沒有辦法。民國肇造，懲後懲前，當會有一番改革，曾經頒佈各種縣以下自治的法令和規章。在機構方面，縣政府以下有區公所，有鄉鎮公所，再下為鄰長、閭長；在自衛方面，有縣保衛總團長，其下有區團，區長兼區團長，再下有甲、有牌；在民意機關方面，有縣參議會，有區監察委員會，有鄉鎮監察委員會，其下有居民會議。這些制度，雖已頒佈，且迭經修整，但因國家內外多故，各

縣虛應故事，並未切實遵行，等閒過了二十年的光陰，徒然增加了國家的貧弱和社會的混亂。前項制度，因其並未認真施行，無從判斷它的好壞。到了民國二十年前後，因為立「攘外」的基礎，必先厲行「安內」政策，這時始發現地方自治制度之毫無實際，非改弦更張不可。於是由南昌行營及豫鄂皖三省總部先後試行保甲制度及分區設署辦法，其後由行政院頒令全國施行以至於今。現行制度之利弊，後面再要說到，關於歷史之檢討，姑止於此。

四、外國制度的參考

現在要將外國縣以下的行政機構來研究一下，但祇以日本和蘇俄為我們研究的對象。為甚麼不以英美為研究的對象？理由很簡單，就是英美經濟和文化水準與中國相差太遠，而日本和蘇俄則與中國比較相近。本來一個國家的政治制度，是要適合於本國的特殊國情，不能生吞活剝的模仿別國。不過國情相差不甚遠的先進國家的成法，是很可拿來做參考的。

先看日本縣以下的行政機構是怎樣的？日本的行政區劃，有三個府，四十七個縣，縣以下有市町村的組織，即是地方行政最基本的組織。大一點的町村為市，大抵是交通比較便利，工商業比較集中的地方。町村比市小一點，人口也少些，而大多數是農民。市町的機構，內容都相類似。例如村役場，其地位性質等於我們的鄉鎮公所。有村長一人，助理役（即副村長）一人，收入役（即會計）一人。村長下設九系，分掌戶籍、兵事、稅務、土地、學業、土木、助產、衛生、庶務等項事宜。其下是區長，再下是什長或組長，即我們的保甲長，而至於人民。另有村議會為民意機關。村長一面遵照中央的命令，推行國家的政令政策，一面本著人民的要求，辦理一切興革事宜。而負村政責任的人員，大抵都是盡義務而無俸給，所以人民的負擔雖重，而機關的耗費極少，經費多用在政治的建設事業上面，這是值得我們效法的。至於劃分市町村的人口標準，從書籍上是不易查出，前幾年曾派員赴日本調查，根據三個村的統計，每村人口都是兩千左右，這或者可以算是一個近於標準的數目。茲將日本村設役場的組織表附揭於此，以備參考（見附圖一　日本村役場組織表）。

再說蘇俄縣以下的行政機構。蘇俄城市中，市蘇維埃之下有廠（工廠）蘇維埃。農村中，區蘇維埃之下有村蘇維埃，皆為蘇俄的基本行政組織。此種組織，由人民選舉代表組織委員會，下面分科，管理教育、財政、建設、衛生等事。這個委員會的職權，相當於日本的議會。議者必

行，行者必議，不斷的改善村政。委員都是義務職，而當選者都異常高興而熱心。一區人口約三四千人，而每個蘇維埃的組織，大抵以經濟（工廠或農場）為中心，因而每一個組織都與人民生活有密切而普遍的聯繫，其組織所以容易健全。今將蘇俄農村蘇維埃與共產黨組織聯繫圖附揭於左。（見附圖二　蘇聯農村蘇維埃與共產黨組織聯繫圖）。

　　前面說過，民國二十年前後，吾國縣以下的行政制度曾經一番局部的試行改革，其已著成效之幾種辦法，如分區設署及組編保甲等，已由中央頒佈全國，普遍施行，以迄於今。其改革經過，及利弊如何？有加一番檢查的必要。蓋民國成立二十年來，地方自治，有名無實，一切政令，每至縣府，就無法推行下去。其第一毛病就是縣政府本身之組織太不健全，縣長權力不能集中，縣政府各局直接秉承省政府各廳，形同獨立，局與局之間，又割裂矛盾，不能和衷共濟，於是南昌行營始有裁局改科之整理。第二是縣的區域太廣，人口太多，而縣以下更無行政機構的基本組織，政令當然無從推行，於是有分區設署之措置。第三則區以下人民如一盤散沙，政府無從管理，人民既無組織當然無自衛的力量，於是有編組保甲的規劃。最後區的範圍仍大，保的單位太多，區署控制不靈，於是有聯保主任之設立。

　　上述各項改革施行以後，雖說是止於個別的治標，沒有整個的刷新計畫，所以仍不能將地方自治，管教養衛各項要政徹底推動，但其結果確於當年的「安內」工作，有了極大的幫助，假使連這一點改革都沒有，不但當年剿匪不易成功，即今天抗戰動員諸工作，也要感受到更大的困難。可惜這些改革，推行亦尚未普遍。例如分區設署一項，完全依照院頒規程實施者，祇有江西、浙江、湖北、四川、河南、福建等七省，其他各省或參照規程酌量變更，或訂定特種辦法，殊未一律。編組保甲已實行者，有江西、江蘇、浙江等十八省市，其他亦完全未辦。

　　前項改革的功績，固不可抹殺，但仍不能滿足現代政治之需要，亦無可諱言。第一，縣政府成為一縣唯一的行政基層組織，而所管轄區域廣至數百方里，人民數萬至百數十萬，而自身的組織異常薄弱，人力財力既不夠，權力尤小，實未具備一個政府的條件。第二，區、保聯、保甲各層級，祇有一個傳達作用，沒有分層負責，融解各項法令的作用，更沒有分層負責積極執行，或監督指導執行各項政令的權能。以致所有政令都以發動機關的原始形態，輾轉圑圑，遞達下層，擱置了事。第三，保長一級，

似為政令推行的最後負責者,責重事繁,無以復加,問其組織,祇有保長寡人一個,問其經費,祇有每月法幣一元,要他經常的辦理管教養衛,還有許多臨時性質的差遣,稍有貽誤,譴罰隨之。這樣,遂使鄉村稍為自愛的人,都不願做保長,有許多不願當保長的人,情願遷徙流亡,到別縣或別省去。但是保長畢竟非有人做不可,於是初則土豪劣紳,繼而流氓地痞,乘機而入,他們別有用心,別有做法,保甲制度,遂成虐政,事有必然,何足為怪。第四,縣以下的黨政關係,始終未曾合理化的建立起來,政府不惟得不到黨部的幫助,有時且因其相互摩擦而減削行政的效率。第五,縣以下沒有民意機關之設置,因而不易得到人民自動的助力。現行制度有許多缺點,既如上述,時代與環境逼迫我們,不得不求更大的進步。縣以下行政機構之改善,及合理的黨政關係之建立,遂成為我們今日必須研究與解決的問題。

六、新方案之介紹

到底縣以下的行政機構要怎樣才算健全?應該建立怎樣的黨政關係方為合理?總裁為了抗戰建國的迫切要求,創制了一個「縣以下黨政機構關係草圖」,並附詳細說明,做了前項兩個問題的總答覆。今天我們研究這個題目,便是以闡明這個「草圖」和「說明」的真理,以期大家瞭解而實踐之為目的。先將「草圖」附在這裡。(見附圖三 縣以下黨政機構關係草圖)

我們要明瞭這個草圖的意義,必須細讀總裁自己的說明書,這裡先為介紹一個輪廓。

(一)改進的動機。總裁說「本圖創制的意義,完全為適應當前抗戰建國最迫切的要求而發,因為我們要達到抗戰必勝建國必成的目的,其最大關鍵,必須全國民眾,第一,都有熱烈的國家民族意識,和充分的公民能力。第二,都有極嚴整的組織訓練。第三,對農工生產事業及地方建設,都有極奮迅的前進。必須具備了這三種條件,然後才談得上充實國力民力,才配和敵人長期抗戰,才可以建立現代的強健國家。可是,我們負有領導民眾責任的黨政機構,和工作人員,就過去情形而言,實在免不了矛盾,衝突,空虛,散漫種種的病態,如果不將這全副機器徹底整理一番,將工作效率從新加以振作,簡直沒有達成上述要求的希望。縣是自治單位,鄉村是民眾集合中心,換句話說,即是一切黨政事業的基層。我們

要改進黨政，使臻健全，自非先從縣以下的地方著手不可，為對症下藥起見，才有本圖的擬訂。

（二）改進的重大意義。總裁將重大的意義分為三點，其大要如下：

(1)健全各級黨政機構，使層層銜接，脈絡貫通，越在下層組織越嚴密，越充實，掃除以往頭重腳輕，上粗下細的弊病。(2)調整黨政兩方面相互關係，將各方的職責本分和工作，都明確的列分，成為一體兩面，分工合作，以達到齊頭並進，水乳交融的效果。(3)振發民族自覺自動的精神，區鄉各級，皆置參議會，使其代表民意，並反映民意於一切黨政之設施上面，以期民眾和黨政事業的關係如同水蒸氣和雨露的關係一般，上下交流，互為因果。

（三）改進的具體事項。（甲）屬於黨務方面者七項：(1)縣黨部設書記長，區黨部與區分部皆設書記，負完全責任，為會議主席，有最後決定權。(2)區黨部與區分部的書記皆無給職，並以本身有固定職業者充任之。(3)區黨部區分部皆為秘密性質，對外不公開，一切工作以「黨團活動」的方法行使之，以恢復本黨北伐以前秘密時代的活躍的精神。(4)縣區監察事宜，由省黨部所派的分區常駐委員負其責，並組黨員監察網為其助。(5)規定縣級黨部今後工作綱要計共六項。(6)規定黨團活動的要點共三項。(7)規定黨政聯繫的運用共六項。（以上 5.6.7.三項下所規定的細目皆甚重要，請讀原文，此處不及備錄）（乙）屬於行政方面者七項：(1)縣政府增設社會科，以曾經訓練考試合格之同志充任科長。(2)縣設縣參議會，以縣長為會議主席。縣黨部書記長為秘書。(3)改造區署組織體系。(4)區設參議會，置參議若干人，由保長及小學校長加倍選出候選人，報由區長轉呈縣政府核聘之。(5)規定鄉鎮公所制度十二項。(6)各縣，各區，各鄉鎮，應分別於每年，或半年或每季，召開各種事業之競賽會，或觀摩會，或評議會，評定其成績以資獎進。(7)縣以下各級行政機關之佐治人員，均按年資銓敘升進，不得因主管官之遷調而隨意更換。

七、新方案特點之說明

新方案的精義，總裁於其「草圖圖例釋要」中業已昭示無遺，今為希望大家有充分的認識，與堅決的信仰起見，再將其若干特點提出來，加以闡敘如下：

第一特點為行政基本單位之確定。無論任何組織，必先確定基本單位之大小範圍，譬如組織軍隊，必先確定多少人為一班。小而至於私人宴

客，亦應預定若干人為一桌。然後知道一班人需要幾個官長和若干餉需，一桌客需要多少酒菜，和若干費用。獨有吾國的行政組織之基本單位，至今未曾確定其範圍，因而政治的耗費與政治的效率，不能得到正確的比例觀念。例如保甲制度，想不用錢，不用人，而一切事情都辦得很好，結果祇有適得其反。蘇俄的村蘇維埃大約管轄五千人左右，要用二十三個工作人員，每月經費五百八十元，國家政令始得順利推行，地方事業始能百廢俱舉。回看中國，五千人之範圍，大抵平均祇用了三分之一個人做事，加上每月五塊錢的經費而已。這樣政治的效果，當然祇會有蘇俄的百分之一。中國當局，亦並非都是想省錢，其病在始終未曾確定一個行政的基本單位，計算出這個單位到底要用多少人？多少錢？才能把一切的事情辦好。因此，總裁的新案首先確定鄉（鎮）為行政組織之基本單位，不惜增加必需的人員與經費來充實鄉（鎮）公所的組織。

第二特點為採用虛實相間的原則。機器有發動機，傳力機，和作業機之分工。人身消化器官，有口舌、喉管、胃腸的層次。軍隊有師、旅、團、營、連、排、班之各級組織。其間都有虛實配合的道理。政治組織，亦適用同樣的原則。假使行政機構各級都是實的，如從前有人主張專員公署、縣政府、區公署宜一律充實，是不獨人力、財力與時間之不經濟，其實際運用上，必形成一支木棍一樣，殭硬而毫無伸縮性，其遲緩與重複，殆可想見。又若各級都是虛的，如從前的區、保聯、保甲的情形，便形成一條皮帶一樣，則又軟弱不能樹立起來，其空虛不能負責，一望而知。所以軍隊組織，師是實的，而旅是虛的，團是實的，而營是虛的，連是實的，而排是虛的，班長的任務又較實在了。因此，新案應用同樣的道理，將縣以下的行政組織各級相間的形成虛實相互的關係。

第三特點為輕重均衡。過去的行政機構，重上而輕下，省有四廳，縣有四科，到區鄉鎮保甲，則異常簡單，所以政令不能推行，自治無由實現。本案力矯此弊，嚴密下層的組織，擴大下層的力量。尤其鄉鎮公所一級，為前此行政制度所無，本案特別創設，即是袪除頭重腳輕，上粗下細之病。至於各種指導員不設在鄉鎮公所，而要暫置於區署者，完全因為是節省經費。

第四特點是上下交流。從前的政令，祇是由上而下。本案加有各級會議，人民意見，可以隨時表現出來。政府接受人民的意見，作為施政的根

據。上下循環溝通猶如時雨一般，地面的水蒸氣上騰而為雲，雲化成雨，復降至地面，循環不已，政治自然漸出於合理。

第五特點為表裡一致。本案最著重於闡明黨政的關係，將黨政雙方應盡的職責，應守的本分，和工作的要項，都明確規定，使黨政成為一體的兩面，表裡一致，通力合作，以達到共同的目的。

第六特點為平戰兩用。本案對於民眾之組織訓練，一部分依據地域職業為之區分，一部分依據年齡性別為之分類，皆無非要將全國男女壯幼都能完成「軍事化」與「現代化」為其目的。一切工作技能，皆須習慣於平時，始能運用戰時，古人所謂寓兵於農，平時農民，即戰時的兵，及德國民用飛機，一到戰時，皆可變成軍用飛機，是一樣的辦法，這便謂之平戰兩用。

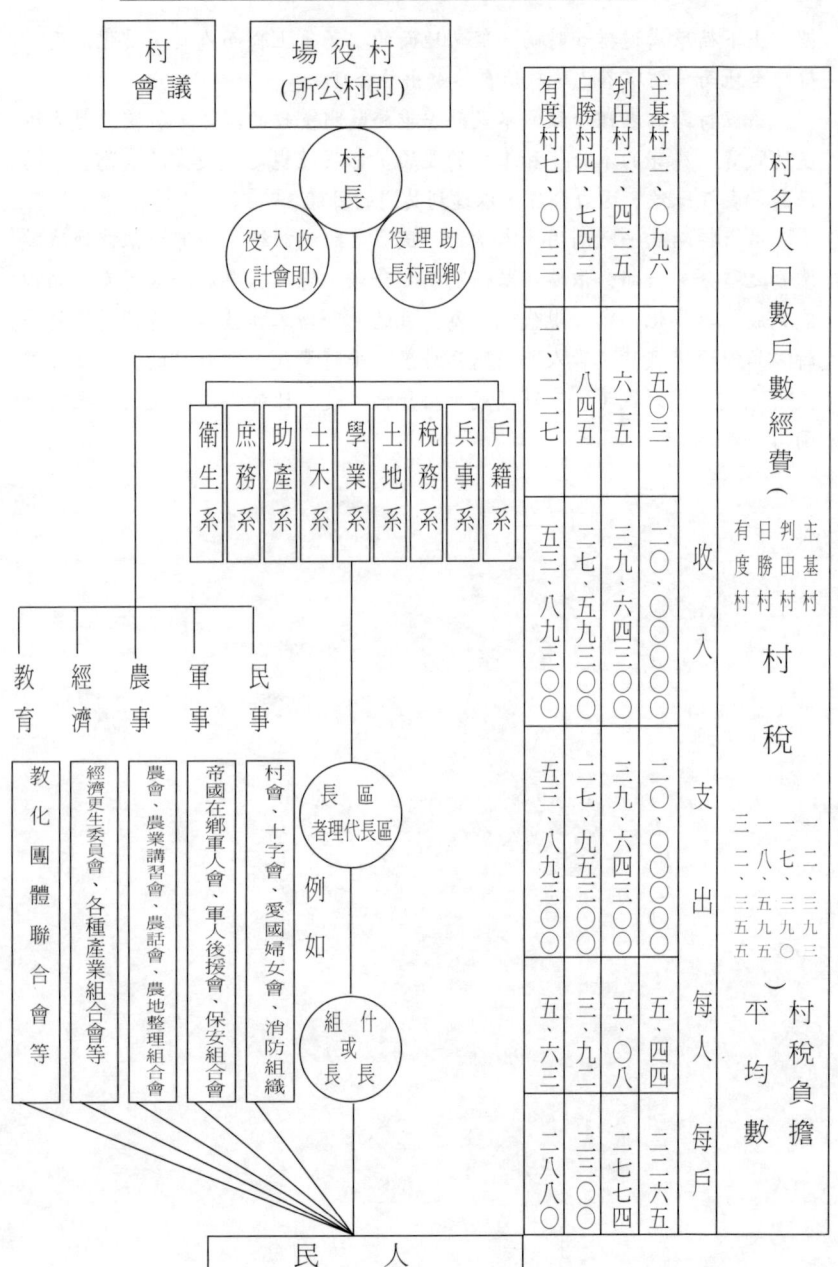

附圖一

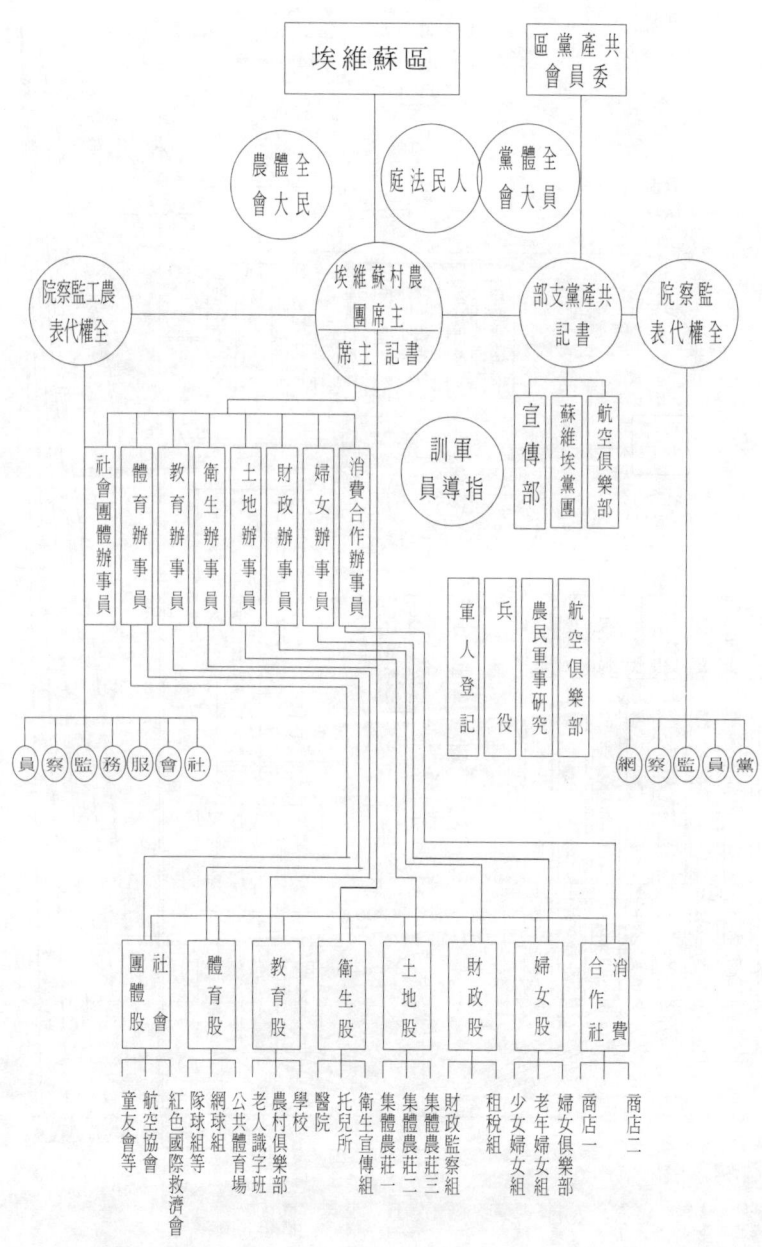

附圖二

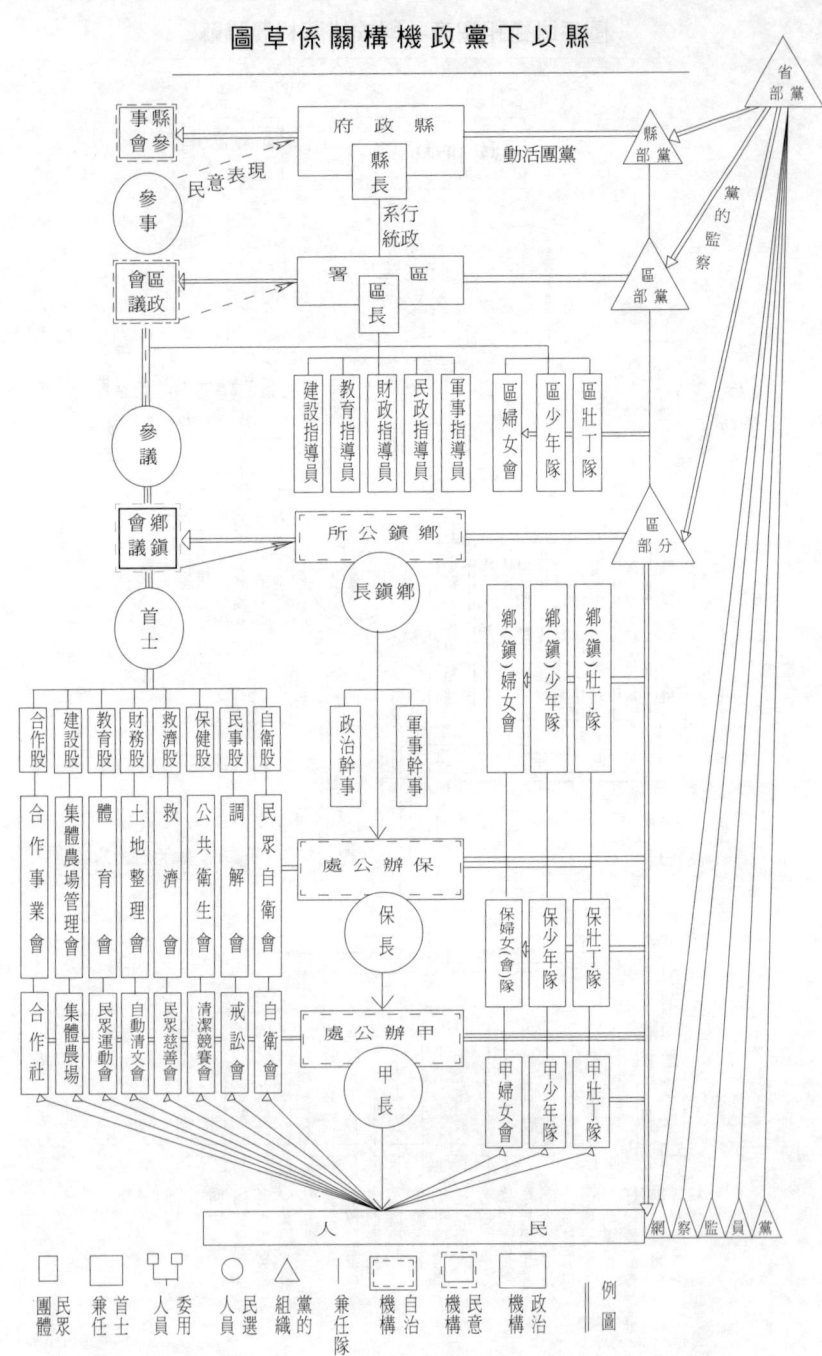

附圖三

附錄三 國立中正大學創立之意義及今後的希望

（二十九年十月三十一日－中正大學開學典禮致詞）

　　胡校長、各位教職員學生，各位來賓：本大學經過了七年的醞釀，十五個月期間的籌備，二十九次會議的討論，才在全國歡欣鼓舞慶祝總裁五四壽辰的今日舉行開學典禮。在籌備期間，各籌備委員的努力，尤其是馬院長博庵、程廳長時烴、蕭委員純錦、邱委員椿的熱心，使一切都能照著預定計畫進行，這是值得欽佩和感謝的。今天在這莊嚴盛大的開學典禮中，本席特將本校創辦的經過報告一下：

第一　創辦經過

一、總裁之昭示

　　「九一八」事變以後，外寇深入，內憂洊至，國勢阽危，岌岌不可終日。總裁膺黨國之重寄，再度移節江西、殫精竭慮、以擘劃安內攘外之大計，為今日抗戰建國作實際之準備。抗戰建國本為一事，建國所以抗戰，抗戰乃為建國，欲建立現代國家，統一乃其基本條件，如何以求統一，則在把握政治建設之途徑，以統一全國意志，集中全國力量，正確領導全國人民併力以赴，故總裁有「三分軍事，七分政治」之昭示。

　　因此在南昌行營期間，政治上即有若干劃時代之興革，於是更勤求時賢，博攬專才，期合群策群力，相與起衰救敝，共濟艱危。顧各地方應興革之事業，經緯萬端，尤急需成千成萬之政治幹部，乃可以坐而言起而行。但當時社會上之反響，表面雖莫不激昂奮發，實際每多失望，尤其專才幹部稀少，專才幹部而求其有擔當，識大體，具有革命思想，報國忠誠者，更屬不可多覯。反之，若干知識份子又苦無適當之職業可就，其就有業者，又每苦不能自勝其任，徒事投機傾軋以為生，怨天尤人以自遣，非唯無以濟國用，反使社會人心愈趨浮動，在內憂外患交迫之中，又增加一重知識份子思想紛歧之危險。

　　總裁觸目心憂，乃銳意究其癥結，更覺中國教育之所以不能應國家社會之需要，主要原因乃由於中國之教育事業始終停滯於盲目移植與盲目生

產之階段，宜其與國家社會完全隔離，兼以軍閥統治時代，根本無政治可言，一任教育之自生自滅，以致演成教育與政治完全脫節之病象。本黨建立革命政府以來，因時間短暫，不及貫徹三民主義之新教育制度，而一般大學多有其歷史之傳統，或又趨重於高深而忽略於平實，皆不易遽令更張，國勢危急，需才孔殷。歷史之病象完全暴露，莫可掩飾，總裁乃力倡大學教育必須與地方政治完全扣合，以救其弊，並決定試辦一種理想大學，以為徹底改革大學教育，培植建國基本人才之實驗，此即江西創辦本大學最初之動機。

海會寺之訓練開始，總裁曾實施其教育理想之一部份，收效甚宏，但此訓練乃現職人員之短期進修，而教育理想之全部實驗，仍有待於大學。式輝嘗隨總裁於役廬山，至南麓秀峰寺，雙劍穿雲，飛龍瀉壁，山水之壯麗，總裁歎為他處所不及，欣然曰：「此地最宜講學，大學設於此乃佳。」在山公餘，輒與僚屬論教育，其精義要為改革政治，先培植明禮義、知廉恥、負責任、守紀律、孝於民族、忠於國家之政治人才，顧一般大學教育多偏重於純粹學術研究，以為學術可以中立，是個人絕對自由，而不注重國家當前急切之需要。

今後改弦更張，第一應使教育計畫與政治計畫相呼應，使學校為政府之研究部，政府為學校之實驗場。第二應使學術理論實際工作相貫通，使言不空談，行無妄動。第三使人格陶養與知能傳習並重，使青年所得之智識能在精神生活中發揮偉大之道德力量。余躬聆訓誨，興奮異常，曾預未議，直抒所見，並憶及總裁北伐抵贛時（十六年一月）所講「黨化教育之重要」一文，殷殷希望江西實行三民主義教育，以建立三民主義之江西，而江西苦無大學以為全省學校之表率，致迄未能達成總裁之期望，乃建議由江西創辦一理想大學，首先實驗政教合一之理想：當蒙總裁嘉納，並飭著手籌劃，此乃江西創辦大學之最初決定。

江西當大亂之後，經費奇窘，而當時大學人才競趨於繁盛之都市，師資亦不易延攬，致未能及時舉辦，洎乎民國二十五年總裁召開各省地方高級行政人員會議，又明白訓示，「政治與教育應打成一片」，其言有曰：「各省府關於行政事項，即可利用此等教授之專門知識，請其研究規劃，一方面可收專家相助之效，同時學校教授等亦可以實際問題與其平時所學相證驗」，由於「學校教職員與行政機關人員打成一片，不僅可就地取

才，協助政治之推動，即於改革社會，振作人心，確立風氣，亦必以政教合作為樞紐」。

　　總裁為促其理想之實現，並體念江西財政之支絀，特撥款百萬元為創辦本大學之基金。余於感奮之際，更積極進行籌劃。二十二年先於南昌創立中正醫學院，擬就為基礎將大學次第完成。不意抗戰軍興，一切文化機關紛紛遷往內地，初成之中正醫學院亦隨以西去，人才之延攬更難，乃略變初意，縮小規模，擬僅加添中正政治學院一院。於昨年赴渝出席五中全會之便，邀集在川學者專家，妥慎研討，並面呈總裁核准，復蒙增撥基金百萬元，飭速成立。計畫既定，返贛後復約省內外學者專家集議於遂川，僉以實現總裁理想，適應戰時及本省之需要，非一政治學院所克勝，不如遵照總裁最初之意旨，逕行創辦一完全之大學。同時國內著名學者，亦多以函電表示贊助，形勢日趨順利，遂再呈准總裁改為中正大學，並即在泰和成立籌備委員會，負責進行，本大學乃由此正式誕生。

　　二、江西之需要

　　本大學既本總裁之教育理想而產生，則何以必於江西創其始，是有其獨特之需要在。江西匪亂較各省為烈，破壞亦更大，此因有其特殊嚴重之社會病為之厲階，總裁本其數載駐贛之體驗，制定若干時症根治之方案，即應在江西實行，故江西特別需要實行總裁之理想政治建設，因而亦特別需要實行理想政治建設之理想政治人才，為此自必需要一理想之大學，此其一。其次，全國教育脈絡之分佈極不合理，半數以上之大學集中於沿海之三五城市，以致全國文化之發展，失其均衡，抗戰以來，學校又集中內地，恰與戰前形成兩極之對照，各省莫不普遍有大學一二所，江西則最為偏枯，雖欲借重舊有之普通大學改造運用，以為政教合作之實驗，亦不可得，戰後尤感其需要。蓋環贛數千里無復大學存在，幾成文化之大沙漠，故在江西新大學之設立乃不容緩。

　　再次，江西本非富庶之區，亂後尤形貧困，一般家長多無力送其子弟出省升學，一般學子亦因升學之困難而灰心喪氣，政府為減輕贛省父老文化上之負擔，解除青年學子精神上之苦悶，自應在省內建立大學，以便利江西以及東南各省學子之升學。

第二 今後之希望

本大學既已排除一切困難,依照吾人期望而產生,今後更應把握最初方針朝著總裁的理想而成長,這就是本校同人自己的責任,本席以創議人兼任籌備委員會主任資格,謹於總裁訓詞之後,再略貢其誠摯的希望。

一、發揚三民主義之學術思想

總理嘗云:世間一切學問悉在三民主義之範疇內,人類研究學問之目的,不外為求民族、民權、民生問題之解決,是以三民主義為開啟一切學術思想之鎖鑰。中華民國之教育宗旨,亦明白規定:「中華民國之教育,根據三民主義,以充實人民生活,扶植社會生存,發展國民生計,延續民族生命為目的」,是現代中國之教育,應根據並發揚中國之主義殆無疑義。本大學有其獨特之任務,故文、法、工、農、醫等院系皆宜恪遵此旨,徹底實踐,展開一切學術研究,從一切學術研究中,具體求得「充實人民生活,扶植社會生存,發展國民生計,延續國民生命」之理論制度與技術,研究有真實之內容,學術乃得廣大之效用。吾人當循此途徑以造成中國民族文化之主流,使中國文化早日脫離次殖民地之地位,中華民族能自樹立其創造性之學術體系,以求有所貢獻於世界人類乃為完成三民主義文化的使命。

二、實驗政教合作之計畫教育

總裁所昭示之「政教合作」本大學自應有其具體方法,以為實驗。理論上,大學要能成為一般政治人員之理論研究所,運用各種方式,源源不斷,提供一般政治工作人員所需之學理,以增進其生活之創造力與工作之自信心,一般工作人員,則應成為大學之理論證驗者,推廣者,及題材供給者,不斷研究其理論,而又不斷反映實際問題,提供實際資料,為繼續研究之新課題。技術上,大學要能成為一般政治工作之技術供應部,接受一般政治工作者之諮詢,解答其技術上之疑難,更應搜集各種政治工作之實際資料與經驗,分類整理,編為專書。一面提供政府機關採為工作手冊,一面教授學生作為補充教材。人員上大學要能成為一般政治機關之人才製造廠,自縣鄉鎮各機關需要工作幹部之質量與數量,應約定大學負責培養,大學養成之人才,各級機關負責任用,使學校為有計畫之生產,國家得適用之人才,學生有一定之出路。因此,教育計畫必須力求與行政計畫相扣合,協同一致,集中力量,為連鎖式之推進,直接完成教育計畫,

間接促使行政計畫之完成。如此,政府之行政計畫有其主動之靈魂,大學之教育計畫有寄託之形體,乃為有計畫之教育,乃為有真實性之「政教合作」。

三、建立民族復興之精神堡壘

本大學敬奉總裁之名而名之,開創於戰時,建立於戰地,自有其特殊重要之意義在。溯自「九一八」以來,暴敵倡狂,逆偽勾結,衣冠禽獸,邪說橫行。狡獪者乘機以便私圖,怯懦者臨難而求局免,禮儀滅絕,廉恥道喪。本大學適於此時創立於東南中心之江西,是應屹立於硝煙彈雨骨山血海中,毅然以復興民族之精神堡壘自任。總裁之背境,為民族五千年歷史;總裁之人格,為中國四萬萬人之典型。本大學必奉總裁之名而名者,將以張大其昔年在贛所倡導「禮義廉恥」之四維,而扶植民族之正氣。

昔者普魯士完全為拿破崙所征服,領土喪失十之七,國命不絕如縷,柏林大學適於其時創立,學者如斐希特等,鼓吹民族復興之理想,全國青年翕然景從,於是有一八一三年自由戰爭之勝利,及一八七一年聯邦建國之成功。本大學之師生皆一時俊彥,今我民族危亡迫於呼吸,誰不能為斐希特者?所望各放光明,共扶正氣,認識生活之目的在增進人類全體之生活,生命之意義在創造宇宙繼起之生命,以革命者「無所私」、「無所畏」之精神,相與砥礪奮發,蔚為風氣,轉移社會,以達成革命建國之歷史使命,式輝願諸君之後,相共勉之。

國立中正大學奠基碑文

本大學敬奉我民族領袖之名而名之開創於戰時建立於戰地斷垣破瓦中留此轟炸不爛之石奠其基巍巍乎我民族復興之精神堡壘莊嚴偉大百世光輝中華民國二十九年十月三十一日　熊式輝撰書

本大埕敬奉我民族領袖之名而名之開創於戰時建立於戰地於一垣破瓦中留此轟炸不爛之石奠其基魏魏乎我民族復興之精神堡壘莊嚴偉大民國二十世光輝中華民國二十九年十月三十一日

熊式輝撰書

附錄四 三民主義文化運動之意義及其實施

廿九年十二月廿一日在江西省會戰時文化座談會講演。

關於三民主義文化運動的內容，及如何著手展開的問題，年來曾經過許多人的研究，許多次的討論，最近期內，我們必須對此作一個決定，付諸實施。茲將前次研究的結果，簡略作一報告，請各位再加檢討，期於至當，詳密計畫，共策進行。

一、動機

今當抗戰之際「軍事第一，勝利第一」，我們此時提倡文化運動，人或疑為「作武修文」，輕重倒置，其實我們發起此一運動的主要動機，在鞏固軍事，爭取勝利，軍事如何纔能獲勝利？單靠武器不行，還要有運用武器的精神，單有軍隊作戰的精神還不夠，更要有全國上下一致奮鬥的精神纔行，孫子十三篇，首曰，「道」。「道者令民與上同意，可與之死，可與之生，而不畏危者也」。這就是要把全體國民的精神，在戰爭要求之下動員起來，現代世界國際戰爭都是總體戰，勝敗關鍵，繫於國民總動員之成敗。我國今日之抗戰，是民族戰爭，國家存亡、民族興滅，在此一舉。戰爭以「攻心為上」，故更需要注重全體國民的精神總動員。

我們在今天，應該如何能夠「令民」「同意」呢？就是說如何可以使得全體國民精神動員起來？總理和總裁先後早已指示過，而且全國上下都一致公認了的，三民主義就是今日救亡圖存的「道」，三民主義的文化運動，就是要「令民與上同意而不畏危」的向著三民主義的道上去，既然認識了「三民主義」這個救亡圖存之「道」。由認識就會確定思想，由思想的確定就會發生信仰，由信仰就會產生出力量，這樣的力量自然可為今日的抗戰而全民「同意」可生可死而「不畏危」，這是我們在今天來發動三民主義文化運動主要的動機之一。

其次我們今日抗戰，目的仍在建國。但不是像毛匪澤東那樣，翻譯外國的主義，來建一個拱衛他人的衛星國，也不是像汪逆精衛那樣，聽從外國的唆使，來建一個附庸他人的傀儡國，我們仍是要建一個完全獨立、自

由、平等的三民主義新中國。總裁說:「三民主義是淵源於中國固有政治與倫理哲學的正統思想;而同時參酌中國現代的國情,擷取歐美社會科學和政治制度的精華,再加以總理自己獨見到的真理所融鑄成的思想體系」。可見三民主義固非「故步自封」的因襲和保守,亦非「囫圇吞棗」的翻譯和抄襲,乃是現代中國民族之偉大的創造,也就是「中國文化的復興」、「中國國民創造力的復活」。一個民族,惟有把他的文化復興了,創造力復活了,纔能奠定它顛撲不破的生存基礎,纔能獲得它舉世敬仰的世界價值。我們今日發起三民主義文化運動,就是為的要普遍深入的來實踐這一任務,使三民主義的抗戰建國底偉大事業,不僅發揮出我不可侮的軍事力量。同時也能確立其政治的、經濟的,以及文化的基礎,不說我們今日「抗戰與建國」是為一事,文化工作未可緩,即在「抗戰」期間,雖然說是「軍事第一」而其他的戰時政治,戰時經濟等工作同樣地需要,展開戰時文化工作,自應齊頭並進,以期爭取抗戰勝利,這也是我們在今天來發動三民主義文化運動的又一動機。

二、目標

三民主義文化的動機已如上述,茲更說明,其目標四點:

一、三民主義思想化:三民主義本來就有其偉大崇高救國救世的思想體系,怎說三民主義還要思想化呢?因為印出來的三民主義,祇是白紙黑字的一本書,多數民眾既沒法瞭解,有些讀書的人也不注意去研究,縱或研究過的,也不一定就確定了他的思想。常見一些讀過三民主義,或自命是三民主義的信徒的人,而其思想與言論行動,往往和三民主義不相干,他所反映出來的,往往是他個人從學校的講義上,師友的議論或書店的出版物中得來的,紛歧錯雜,甚至有一些邪說謬論。我們今天要求三民主義的思想化,就是要把研究三民主義、信仰三民主義,造成為一種時代思想潮流使三民主義普遍深入人心,使三民主義的思想成為全體國民自己的思想,這就叫三民主義思想化。

二、三民主義行動化:思想化是開端,繼之要有行動化,纔會發生力量。例如有的人很明白民族主義的道理,而其行動卻往往表現出個人主義、地方主義等封建色彩,或者不相信自己的國家而把錢存放在外國銀行去。有的人很明白民權主義的道理,而其行動卻往往表現出官僚主義、英

雄主義的君師臭味，甚至於出於一種自卑感，盲從人家的「蘇維埃」或「法西斯蒂」等等集權獨裁的主義。有的人很明白民生主義的道理，而其行動卻往往表現出牟利主義、投機主義，大發其國難財，而還要逃避國家的捐稅，這都是思想與行動脫節，俗語所謂「言行不符」。這種人的行動簡直是褻瀆三民主義，斷送三民主義。所以我們今天要求三民主義之行動化，就是要把偉大崇高的三民主義活用於人民的日常生活及一切私人行為之中，使三民主義成為人民共同步趨之軌範，這就叫三民主義行動化。

　　三、三民主義學術化：社會上天天在講求學術，提倡學術，然而這些學術多不是三民主義的，甚至是反三民主義的。這就可見我國的學術界還停滯在翻譯抄襲的階段，沒有創造出自己的學術來。總裁曾說過「古今天下的學術文化，都是要解決三個問題（民族民權民生）。總理的三民主義，就是古今中外一切學術思想的結晶，就是解決人類社會問題最妥當的方法」，三民主義既是「一切學術思想的結晶」，它就應當是一切學術的中心思想與指導原則。資本主義、共產主義、法西斯主義之在歐美各國的學術界，皆有它特獨的哲學、文學、社會學、政治學、經濟學、教育學等等自圓其說之說法。我們中國更應有我們中國的三民主義的哲學、文學、社會學、政治學、經濟學、教育學等等以廣其傳。我們必須創立起三民主義的各種學術，不獨以解決我們中國現在及將來所特有的一切社會、政治、經濟、教育等等問題，且可以漸仁摩義振聵起聾，以求進世界於大同，這就叫三民主義的學術化。

　　四、三民主義制度化：革命建國主義之實現，以建立合乎此主義之要求的制度為必經之途徑，以能暢行合乎此主義要求的制度為最大成就。世界上任何革命黨之所以務求掌握政權，就必須政權在握，方能遂行其改革制度的意願。我們中國國民黨以三民主義從事建國治國達十年，我們中國政治、經濟、教育、司法，以及社會上種種制度，是否都能合乎三民主義的原則？此不必諱言，有待於努力的地方正多，例如我們現在的海關、郵政、航業、商業等等，俯首貼耳的還自居於次殖民地的制度下而甘心焉，這合乎民族主義嗎？銀行制度，鉅商大賈可向銀行借款，生意越做越大，小本經營的工商業卻借不到分文。學校制度，有錢的子弟方可讀書，沒有錢的，祇好向隅。醫院制度，有錢病重也有針藥，無錢者祇有死路一條。這合乎民生主義嗎？官吏本公僕，而對人民偏愛說要作之君，作之師。士紳亦平民，在鄉裡常有豪，常有霸，司法任黑暗，輿論有拘束，這合乎民

權主義嗎？此外還有許多不成文法的風俗禮教，都還是有意無意的因襲以前封建的遺志，或抄襲模仿外國的成規。

所以我們對於現時的一切文物制度，都有詳加檢討的必要。不過有關全國性的政治制度等等之改革，事體重大，權在中央，不是一個地方政府能做的。而且憲政尚未開端，步驟亦有規定，但是在一省的權限以內可以辦的，我們當然可以為之首創，不能辦的，我們也可以提出來研究，最好是將各國的各種制度，作比較研究，究竟應如何改革，纔合乎三民主義的要求？研究所得結果，我們儘可貢獻中央採擇施行，並且社會上的若干文物制度，有許多是不成文法的。所以祇要我們研究出來的東西是合乎三民主義而又切實能行者，我們可用不成文法，不用改變制度之名，運用其他方法，先來補偏救弊。祇要我們運動有力量，造成一種風氣，自然而然地暢行無阻，甚至可以風行到全國。例如江西農業院、衛生處、婦女指導處等等，都是政治上制度之首創，已經中央之允准，已見他省在推行，這就叫三民主義的制度化。

目標說過了，在今日座談會我祇就文化方面，更貢獻點具體的意見。

其一文化運動中主要事業：依據上面所講的動機與目標，斟酌此時此地的急需及人力財力的可能，我們的三民主義文化運動，應該開始進行那幾種的事業呢？我想先就文化方面擇其急需易行的，約有下面十二項。這十二件事，都是社會上正在做著的，但都是憑著個人枝枝節節的做，甚至彼此矛盾，互相抵消，其內容更可以說未必就是三民主義的，恐怕與三民主義文化運動的目標，還有距離，或者毫無關係，茲將這十二種事業的內容，簡要提出如後：

（一）研究——要達到以上四化的目標，其內容、其資料都有繼續不斷的研究，與繼續不斷的搜求與供給之必要。尤其是學術化，我們必須分門別類，組織三民主義的各種研究會，作有計畫的研究，並由省而縣，有淺有深，廣泛地展開三民主義的研究風氣，無論在省在縣，高深研究可以闡揚主義，淺近研究可以瞭解主義。

（二）講演——這是使三民主義普及化的最好工具，同時也可傳播三民主義的學術思想。但在文化運動之下，關於講演的題材，時間、地域等等，都要作有計畫地準備和分配。講演的人員，也要有組織的選拔、鍛鍊和派遣，與一般的無計畫無組織甚至無目標的個人講演，迥然不同。

（三）圖書出版——進行三民主義的研究，必須有豐富的書籍，供一般人研究參考，研究的結果，也必須著為專書，所以大量出版有關三民主義的圖書，是三民主義文化運動進程中一大課題。出版些甚麼？又怎樣出版？我想：總理全部遺教與總裁的一切論著、本黨先烈的遺著、本黨的理論家及各級負責同志的重要著作、本黨歷次的宣言、文告、決議案等等，都應該有計畫地分門別類編印出來。同時，有計畫地向全國徵集有關三民主義的創作，並提高酬報，獎勵大量著述，對於這些圖書的出版，我們還要有組織的去編纂它，審查它，使其臻於至善至當的境地。

（四）文學——現在社會上的一般文學作品，大多是因襲或抄襲，尤以所謂「普羅文學」的流毒，傳染為最烈，直接間接地或明或暗地在推行反三民主義的「文藝政策」，若干作者編者讀者，有意無意地為人利用，這是大家的恥辱，也是我國文學界的不幸，我們應該積極矗立起三民主義的革命文學底大旗，有計畫地組織並獎勵一般文藝作家，發揮我民族的文化底優越性，大量創造三民主義的文學作品，尤其要創造有裨於抗戰建國的文學作品，這是每個文學家急需負起的神聖任務。

（五）戲劇——文字或口頭的宣傳教育，多數民眾還不十分容易接受，演戲卻大家都能懂，而又願意踴躍來看的，民眾學校有教員上課，而很少學生進門，戲院裡每場都是爭先恐後的出錢買票來上學，但沒有教員去上課，這就足以表現我們的文化教育工作底笨拙。舊的平劇多是封建時代產品，如「三司會審」等劇本，這和三民主義抗戰建國有甚麼相干？現在在江西的也不乏對戲劇有興趣，有天才的人士，儘可請他們聯絡起來，改良舊劇也好，編排新劇也好，祇要做得一般民眾願看，看了又可以收到宣傳教育的效果就行。我們可以按照劇本的長短從優給予報酬，還讓他保留著作權，以資鼓勵。原有的舊劇，可加以嚴格的審查，像「風波亭」之類，仍有相當價值和作用，可酌加修改後繼續上演，其他過時的，反革命的，沒有意義的戲劇，應加取締。我們祇要有三五十齣合乎三民主義革命原則，表現三民主義的意識形態底新劇或舊劇，就可以訓練演員，組織劇團，創設或改良各地戲院，長期或巡迴公演，可給予民眾以長期普遍的正當娛樂。

（六）繪畫雕刻——繪畫雕刻不僅在藝術上有它的重要地位，也是一個民族文野的標幟，為最好的宣傳教育工具。但是近來社會上的一些多屬於職業性，為生活之作品，或屬於個人行為興趣之產物，很少於抗戰建國

之宣傳教育有關，還是在嚮往古代或現時歐美之步趨，一部份則為各宗教而服務，我們的三民主義文化運動，也應該進入這些「藝術之宮」，有計畫地幫助那些前進的革命的畫家雕刻家，去把各地各派人物團結起來，有組織地來研究三民主義的藝術底理論和形態，創造出優秀的三民主義底作品來，尤其要為抗戰建國的需要，作普遍的教育宣傳，富有時代性！

（七）樂歌——樂歌既能陶養人的性情，也可振奮人的精神，對於端正社會風俗，鼓盪革命風氣都有極大作用。我國人多不會唱歌，也沒有適合各種人唱的歌，音樂更是單調而陳腐，連我們古代所有的高尚的音樂遺產，也喪失殆盡了，現在社會上流行的多半是靡靡之音，學校裡不出於國歌校歌之類，教會唱的是聖歌，寺廟敲紅魚擊青磬，唸的是如「催眠曲」一般的佛經，還有一部份挑撥階級鬥爭的，反動詞曲，這也要請我們的音樂家詞曲家結合起來，有計畫地去為社會上各層民眾（農工商學軍政老幼男女等），創作一些灌輸三民主義思想與適合國策要求的樂歌，有組織地普遍教給大家奏唱，同時對於現有的樂器及歌詞，我們也要盡可能的去加以改良，尤其要注意利用流行城鄉的民間歌樂。

（八）廣播——廣播是一種最敏捷而又容易普及宣傳教育的工具，若能好好利用，收效既速而又宏遠。我們現在也有廣播電台，可是各地收音設備是否普遍？還有問題，就是播音講演也是無計畫地，臨時拉伕式的湊數，因此不能引起聽眾的興趣，也不能收到宣傳教育的效果。今後我們一方面要擴充播音收音的設備，務使全省各處都能收聽，同時對播音的內容更要作有計畫地規定，擔任播講的人，也要有組織的排列和分配。

（九）新聞——新聞雖是一種自由職業，在文化運動中，關係甚大，要使它發揮宏大的宣傳教育作用，負起推動三民主義文化運動的任務，僅僅有消極的檢查還不夠，必須有積極的聯繫和輔導。我們今後要有計畫地分配全省報紙的任務及其工作的對象（讀者），按政治職業年齡性別以及文化程度之等差等，分別調整其內容，予以適當之指導和輔助，更要把一些誨淫誨盜之新聞等儘量刪削，使每一種報紙都有獨特的性能與作用。關於新聞通訊社，也應有計畫地加以調整，使其善盡輔助報紙之責任。

（十）期刊——各種定期或不定期刊物的出版，數量不少，江西全省將近有百種之多，但其重複混亂的情形，與報紙的情形相似，我們今後對於一切期刊，也應像報紙一樣地加以調整和改進，不過因為刊物的性質與

作用稍有不同，要依照各種事業性質，或各機關團體之工作範圍，各有其特種需要，但必須以三民主義文化為其中心思想！

（十一）印刷——以上一切的出版，都需印刷，但因為戰時關係，印刷所生產能力甚低，許多付印刷的東西，不能按期印出，今後再要大規模的出版，更非將印刷事業作大規模的擴充不可。

（十二）推銷——有了著作與出版不能不講求推銷，一方面有許多著作家鬧窮，出版家蝕本，而同時一方面又有許多外縣鄉鎮的機關和學校，買不到參考書，這就因為沒有計畫地推銷的緣故。我們要在全省佈下推銷網，各縣各鄉鎮普設書店，或分銷處，務使各種出版物，能夠迅速而且大量的普銷到各地去。

其二、文化運動的實施原則

（一）適應戰時戰地的需要：關係抗戰建國大業的一切事項，不容或緩，其他不急之務，暫時不妨擱置，還有表面看來似有需要，而此時此地並非急務者，也不要辦，如博物館、圖書館之類事業，因此，我們在今天推行三民主義文化運動，絕不可存「百廢齊舉」的奢望，必須切切實實地針對戰時戰地的需要，來決定當前應辦的事業。

（二）進行程度必切合主觀客觀的條件：我們現在在江西展開三民主義文化運動，不能希望外國的學者來幫我們做，也不能希望中央或外省派一批名流學者來幫我們做，我們祇能希望在座的諸位，及其他在江西的文化教育界人士動員起來，共策進行，所以我們的計畫範圍，祇能將我們在座諸位和江西的教育文化人士力所能及的事項列入，這是就人力方面說：還有物力方面，也要切實估計：許多事項雖是有功效有價值，如果我們沒有那許多錢去辦，或是有錢亦辦不到那種設備，亦祇好俟諸異日，此時也不容我們懸想。這些都是我們決定目前工作事項底標準和範圍。

（三）運動工作先開源後廣流：要仗灌溉普遍而且持久，必須水源高厚，這個原則，也可用到我們的文化運動方面來，我們曾經許多運動，始而蓬蓬勃勃，繼而冷冷落落，不久就趨於消沉了。這其中的原因固然多，然而理論來源的薄弱，也是重要原因之一。因此我們今後必須注重的（Ａ）展開學術研究，發展革命理論；（Ｂ）獎勵革命作家，大量生產著述；（Ｃ）廣徵革命書刊，整理翻印，使得文化的來源不斷，然後運動乃可維持久遠；（Ｄ）固有事業先整理後擴充，本省原有文化事業也很多，我們不可以把它忽略，而祇是講求擴充的文化事業。所以我們應該要先有計畫地

徹底整理現有一切文化事業，予以分類及系統之編制，並合理規定其任務，健全聯繫其行動，精確督導其工，先求固有事業中的人力財力底充分運用，發揮最高度的效率再漸謀必要的擴充。

三、結語

（一）確立文化運動政策：我們這個文化運動既標明是三民主義的，就毫無疑問地是一種革命運動。因此，我們對於這一運動應有政策，提出下面五項來：（A）褒獎三民主義文化的建設者；（B）扶植贊助三民主義文化的同情者；（C）爭取個人自由主義的中立者；（D）轉變騎牆的動搖者；（E）肅清頑固的反動者。本著這五項政策，嚴格地執行文化領域中的思想鬥爭，學術批判，制度檢討，行動清算，使一切的文化事業，無保留地、無例外地納入到三民主義的革命正軌中。

（二）統一文化運動領導：我們又曾看見過許多運動，開初是冷冷淡淡地不容易發動，其後又是你是我非地混混雜雜的亂來，或者此起彼伏地斷斷續續的亂做，致使一個運動陷入於瘧疾狀態，乍寒乍熱不能成為健全地合理地發展。我們這次發動三民主義文化運動，能否徹底的成功，其最大的一個關鍵，就要看運動的領導是否統一，怎樣統一呢？最高的領導，自然是屬於三民主義的本黨（國民黨）而一切事業的具體執行，當然屬於原來有關係的各機關各團體，但關於這一運動進程中的「計畫」、「督導」、「考核」等事，則應在黨的領導之下，並聯合各主要有關部門的負責人及有重要關係的社會人士，常設綜合超然的統一機關統一掌管。然後這一運動推行起來，纔能體系分明，脈絡貫通，整個運動的「生理作用」纔能健全發揮，也纔能夠確保這一運動「不中斷」、「不變質」。

本席對於三民主義文化運動在現階段應有的內容，及如何著手展開的意見，簡要報告如上：切望各位盡量發表高見，共同努力完成這個具有歷史意義的文化使命。

現在本黨在領導著政府在抗戰，在以三民主義來建立一個新國家，如水之滔滔，如火之烈烈，水流濕，火就燥，三民主義文化運動，就是要先來為之濕，為之燥，鼓吹摩漸，要社會來分別發動，經營貫徹在政府去次第施為。

第四編

中國與友邦共同抗日
——民國卅年至卅四年
（西元一九四一年至一九四五年）

第一章 中美英蘇等廿六國共同對抗德日意

第一節 中國正式對德日意宣戰

　　民國三十年十二月八日 日本海空軍突襲美國珍珠港，同時對美英宣戰。

　　九日 國民政府正式對日本及德、意宣戰，於是數年來我單獨對日本之抗戰，一變而成聯合英、美等各友邦對德、意之共同作戰。

　　十四日（十二日由贛起程，十三日到桂林） 早偕顧祝同夫婦等改乘飛機十時半到達重慶。下午晤何應欽總長、白崇禧部長、吳鐵城秘書長、甘乃光副秘書長及張群主席等，談九中全會所關各事。

　　晚赴總裁召宴，九時返寓。張群、黃旭初、黃紹竑、顧祝同、賀耀祖等來寓，共同商討省制，議定數原則，託陳方起草。

　　十五日 上午九中全會開會。晚張群、黃紹竑、黃旭初、甘乃光、陳方等復來續商省制草案，略有改正，至十一時散。

　　十六日 上下午開會，六時張群、顧祝同、黃紹竑、黃旭初、陳方來商定前稿。

　　晚赴吳鐵城處餐敘，與陳立夫、張群、朱家驊、賀耀祖、陳佈雷、王世杰研討總裁手書十二條及開會說明具體案，應使如何符合戰時體制，交換意見，未得結論，最後余主張以前所頒布各種單行辦法合併總裁手諭中有關各條擬一動員法。

　　十七日 上午大會，下午政治組審查會，晚<u>陳方</u>交來「調整省政機構辦法原則」稿，並略談中央情形。此君素性率直，言詞鋒銳，總裁手諭戒其宜力，求厚重，謂其講話時喉中輒作小咳嗽、聲音常中斷，態度不佳，誠愛重培植之意也。

十八日 大會，余在寓修改陳方稿。下午審查會，余發言：主張中央採用戰時體制，將軍委會改爲大本營。

晚在總裁官邸討論戰時機構，座中有張群、陳佈雷、吳鐵城、陳立夫、王世杰、朱家驊等，余堅持下午在大會主張，並言日前對國民參政會運用未得宜，對於各黨派所提十條不予討論，主席團反提出四條爲對方所運用，詞色激昂，殊不相宜，蓋在大衆之前，如此偏激，易招反感。

十九日 下午總裁講話大要四點：1·政治機構：主就原有的及下層的加以充實。2·經濟：以爲此後無甚困難。3·中央與地方關係：以爲不應動以中央法令太繁藉圖卸責。4·黨與團和政治問題：言黨團不可以私害公，不可干預政事。

五時余在政治審查會發言，態度欠平和，辭色復偏激，是自絕於物者也，人之過失易見，已之過失何以如此之難改？六時半赴孔院長約餐敘，因而李宗仁、陳立夫等來，未與深談。陳院長、何總監等約，均予謝絕，難得周到，不易得人諒解。七時半赴吳鐵城約餐，彼邀與拉鐵摩顧問談地方制度問題，可笑。

二十日 上下午大會，中間赴沈鴻烈、馮玉祥、賀耀祖三處宴，人言東道之誼不得不然，客凜不恭之戒，其何可卻，社會氣俗，浮浮沉沉，愧無大力出此韁鎖。

廿一日 上午與白崇禧、黃紹竑、吳鐵城、顧季高、俞鴻鈞等分別各談約半小時交換意見，下午出席特種審查會，關於土地政策，余反對限制地租條文，發言欠藝術。

廿三日 上下午大會，余對張道藩（時任國民黨文化運動委員會主任委員—編者注）所提文化委員會提案，理應發言，爲之聲應，當時忽略，默然而散，歸來深自懊悔。晚陳立夫來暢談三民文運事，其所言集中器械力量擊破敵人於一點，有近於笑談，殊不可解。

廿三日 上午大會，並閉幕，下午及晚分赴委員長、林主席、潘公展、錢新之、徐堪等五處宴。晚檢討九中全會，費時九日，自愧在此期間毫無貢獻，蓋因：1．九日時間祇在開會、會客、宴會中消磨去。2．於大會中無甚影響力，蓋會前於事未有充分之準備，於人未有周到之聯繫，僻處遠省，忙於自己崗位工作，交接少、見聞不多，歉未盡到中委之責。3．在大庭廣眾中，欠敬事之雅懷，無容人之宏量，眼高手低、厚己薄人、斗屑之才，何以致遠任重，是宜痛自鍼砭。

廿五日 出席軍委會軍事會談，討論作戰、整軍、兵役、經理等問題，余對兵役發言，鋒芒太露，張定璠於余言故為鑿枘，余雖言出為公，要亦辭令不善、招致反感。

二十六日 上午出席軍委會軍事會談，余留意於態度言詞，力求免除意外障礙，得以暢所欲言。下午出席行政院各省預算會談，吾力戒激昂辭色，江西預算差額得允補足，老子曰：「舌以柔存，齒以剛折」，天下事固可據理而論，不可以力而爭。

與吳健陶赴在渝諸同仁公宴，乃為余主贛政十年紀念而設者，甚覺愧懷，徒曰敬恭桑梓，匆匆十年間，無何建白足饜父老殷殷之望，實以內疚神明，舉瓈顏汗。晚委員長召宴，席間詢顧祝同等歸期，後詢及於余，囑暫留，曰將另約談。

廿七日 邀宴翁部長、徐部長、錢昌照、徐柏園、張茲闓、霍寶樹、貝菘生、錢新之等，商談江西興業公司業務。

廿八日 吳鐵城約晚膳，席間有甘乃光、徐恩曾、張國燾等討論黨務，余述所懷，影響甚少，結論四點：一、執政時期黨的工作方式。二、憲政時期黨的地位。三、黨的工作精神。四、黨的工作內容。以上四點交恩曾起草再商。

卅一日晚赴委員長官邸年宴，在座有俄顧問與顧祝同、朱紹良、陳儀等，四載苦戰煎熬中，又是一年將盡，但願春回陽九，與光明前途而俱來。

民國三十一年。一月一日 中、美、英、蘇等二十六國在華府簽訂共同宣言，聲明一致對抗德、日、意，決不與敵單獨媾和。

三日 同盟國共推蔣委員長任盟軍中國戰區（包括泰、越等區域）最高統帥。

第二節 中國派遣軍事代表團赴美

第一目 赴美前之準備

決定派余赴美任軍事代表：三十年十二月廿七日晚赴委員長官邸餐敘，承詢對大局感想，余答陳二事：（1）關於世界形勢者：新加坡恐不易持久，滇緬路恐不能長保，英、美對新加坡軍力，須視德在歐洲行動以為斷，德有三種之可能：（A）明春再攻莫斯科；（B）主力出近東威脅土耳其，與日本東西呼應；（C）威脅西葡，略取直布羅陀海峽。果出於 C 類行動，英將無暇東顧新加坡，甚為可慮，所影響我者，應為計慮。（2）關於國內者，分黨與軍政方面，未畢其詞。就席用膳，膳畢，即承示將派余赴華盛頓為軍事代表。余唯命，表示願往，旋有徐部長永昌、陳主任佈雷先後入室，坐定，委員長復言余出國則國內少一助手，不如在國內更有作用，又另欲派他人往。余聞將派出國之消息已久，曾經熟慮，深願一行；或可於戰局得為較大效力，而於自己亦可增長經歷，委員長不願余行殆重在現實之事，因陳言：國內重在安定，不能多所改革，余在國內所能貢獻者，亦極

有限,且英、美目前在東方之軍事措施,固大有商討之餘地,余意仍願奉派一行,委員長似甚同意,始得不復有何變動。

草擬全國總動員計畫:三十一年一月三日 黃山晉見委員長,承交辦「全國總動員計畫」一案,令在出國以前,幫將此草擬就,以便施行。余昔在大本營任第五部部長時,雖曾主辦其事,但事隔四年餘,驟然奉命,不知所對,繼思抗戰雖已四年,除直接之軍事外,其他方面國力猶不能謂為業已發揮盡致,此以前動員計畫之未週,所以國家力量不得全部用到,乃就平日感想,略陳己意,告過去動員祇具形式,列舉事項,類似一種願望,無法使之實現,不能見有功用,此後當注意推動之方法與力量,一方面加強政治統治力,頒布動員法(將以前各種零星法令重加整理而彙編之),以為政府戰時措施之根據,並力求行政效率之增強,一方面加強黨的領導力,重新制定黨的工作綱領,以作黨在戰時活動之根據,並力求領導效率之增強,委員長頗以為然,隨將軍事委員會原案交余參考。

三十一年一月四日 訪陳儀秘書長,商談動員計畫事,囑其預為研究,再約同討論。委員長官邸餐敘,到有各高級將領,討論二事:一為更調魯、豫兩省主席及第一戰區司長官,一為聯合軍統帥部之組織,大抵決定組織參謀部以美國高級將領為主,余為副,余即以此名義赴美,作為中國軍事代表出席華盛頓會議。訪問何參謀總長應欽,商論參謀部之組織動員方案之內容及赴美出席會議之要點。

八日 交通部張部長嘉璈來訪,旋王芃生(時任交通部次長,兼任隸屬於軍事委員會的國際問題研究所中將主任,專門從事對日情報工作—編者註)亦來,共談日、美情形,王君云:余赴美後,國內當不斷的有情報供給,又目下必須早促英、美取攻勢,並望蘇聯能共同對日,從此壓迫以求敵倭之早速崩潰,先擊破其最弱之一環,對軸心國家始能謂有各個擊破之效。繼劉田甫君至,與談「各國海軍實力

之比較」，其言倭寇對南洋動作，祇是奪取據點尙未及正面作戰，將來海戰，以史的眼光觀之，仍在海軍量與質之優劣爲勝負之決定因素，當出示七國海軍實力比較表，日本較英、美海軍力不逮尙遠，以爲正面的海軍戰日本決難倖勝。晚在張部長處餐敍，在座有陳儀、陳誠等，談動員方案，彼等認識各有不同。

十一日 上午出席委員長官邸軍事會報，承詢第三、第六戰區人事調整，擬以劉峙任第三戰區司令長官，顧祝同調任軍政部次長，以曹浩森繼任贛省府主席，大概可如此定案。陳方來談隨赴美國人選，伊薦俞鴻鈞、彭學沛、蔣廷黻、陳欽仁、張道宏、王家驤等，余答俟赴美任務更爲明瞭後再定。王芃生、邵毓麟、楊宣城來商赴美後國內情報之供給。

十三日 在行政院開會，商討「國家總動員方案」之起草，到有陳儀、翁文灝、陳立夫、陳誠及谷正綱之代表洪蘭友。

晚赴委員長官邸餐敍，承詢赴美隨員事，因請示任務？以爲如單純出席會議，則人員宜少，如（1）須備其對東方情況之諮詢；（2）須爲太平洋軍事策畫；（3）須爲將來和會之準備，則情報、軍事及國際政治之人才，皆宜備帶。且聞宋子文、胡適等在美幹部不多，祇有政治副官，而無政治參謀，承示仍應重在軍事，因請准以王芃生偕往，蒙允可，並謂楊宣城廳長不可離，邵毓麟司長不如王較宜，繼詢及國家總動員方案，余陳述大意，蒙諾照辦。朱家驊來談江西黨部人事，有更動馮委員之意，余告知對同志領導，但須求其能爲黨工作努力，即應加以培植，不宜分區域，有派別親疏之見，始能廣大，伊非不甚了了，恐亦私念障故。

廿日 奉交擬辦之「國家總動員方案」如期完成，得有次之各項教訓：1．緩前急後，處事之賊：本月三日奉令起草，限於廿日完成，起先十日間交換意見，搜集材料太慢，以致最後一週工作，寢饋

幾廢，每至深夜。2・事有必須躬親者，依賴他人多危險：重要材料之搜集與意見之交換，及條文擬訂，不可完全依賴他人。3・自己必須先有正確見解及條理，他人文筆始可利用。4・運用幹部，不可估量太高，尤於有時間性工作，更宜特加謹慎。

廿三日 與劉斐次長及徐培根、蔡治等研究太平洋作戰。下午赴張治中處，與彼及陳誠商談軍政部整理事。彭學沛來談與美交涉商借交通器材問題。徐柏園來談金融問題。

廿五日 見章伯鈞，未與深談，覺其政客氣味太重。午謁見總裁，報告不日返贛，請示中正大學研究經費，又報告葉青在贛努力情形，承示即贈葉三千元，以示鼓勵。余與葉君等原擬組織一「三民主義研究會」，研究三民主義之制度化、學術化等等問題，希望我們國家在一切政治上之法制等，俱能表現出不與資本主義共產主義等國家所有者相同，可能一望而知是真正屬於三民主義的。可惜余將遠行，暫不能躬與其事，祇有屬望於葉君等之繼續努力。

廿六日 總裁官邸晚餐，承詢對大局觀感，余對以一般氣象尚佳，又詢何部份較有進步？對以無何特出感覺，但於總裁本身有兩事擬陳說：（1）親自出席行政會議及經濟會議，增加一般工作者精神不少，能否可無間斷？（2）最近對三青團處置學生風潮焦急太過，不但傷神，恐亦於事無補，擬請節以平靜。後復詢最近發表之文字與演詞如何？對以仍覺太長，讀者不易看，聞者不易聽，似宜採用標語式分段將精義揭示。

廿七日 飛桂林轉贛，由桂改乘車廿八晚抵泰和。

廿九日 至省府與省黨部及省政府同人會談。

卅日 晚消息傳來，中正大學將於明日為反孔運動而舉行遊行消息，乃往省府與省黨部馮委員崎、程廳長時煃、胡校長步曾、朱訓導

長、羅教務長、馬院長等共商處置，在中正大學發生此事，殊出意外。

卅一日 至中正大學與全校師生講「太平洋形勢」，注重精神總動員，發揮中正大學民族精神堡壘作用，努力做好肅反工作。

二月十日 胡校長步曾來談，此君對靜生物學造詣甚深，但於學校用人行政，為人所非議，恐於人情事理不甚留心，可惜。見胡、王、文各委員：囑撥定八十萬元作研究政治經濟基金，建立江西政教一體之學術研究基礎。

廿三日 早由蘇溪乘汽車起程，與十年來同甘苦共患難之黨同志，及軍政兩部份同人，並瘡痍未復之民眾相別離，其情緒等於與第二家庭中父子兄弟之分手，自蘇溪至界化瓏（贛湘分界站）沿途各機關人員及民眾，夾道相送，爆竹之聲不絕於耳，參議會彭、王兩議長及省府各委員、廖處長等俱相送至界化瓏，此皆出於真摯之情感，由於我之遲遲不忍相離，推知人之依依亦難為別，決非官僚酬應故意擺出此種熱鬧場面，一路在懷，不能自已。

廿七日 返抵重慶。

廿八日 與翁文灝、陳佈雷、錢昌照、王世杰、吳鐵城、陳儀等晤談，研究總裁到印度所發生作用及國際之反應如何。余推舉曹浩森繼任贛省府主席，心常不安，以此君品德清高有餘，但一時恐亦祇能望其做到消極的守成，故特為書一備忘錄交之，內分人事、政務、方法、經費等所關之件，共計數十條，逐條略加說明，因彼定於明日飛贛，草草書就至深夜三時始寢，舊令尹之政得以告新令尹，庶免其一番從頭摸索之苦。

三月一日 總裁指示余赴美兼須研究戰後建設問題，深慮匆匆無法準備，走訪錢昌照談重工業建設問題，彼言一般人無眼光、無氣魄，集合與商，多視為公事，作交卷式之應付，事未作，即哄傳社

會，故此等事不宜謀之於袞袞諸公。頗中時病，又言建設之事，要先之發動輿論、次計畫、次幹部。訪陳儀與談復員及戰後建設，彼言重在於總裁處有一核心，其他未及言。

　　五日 赴機場迎接總裁由印返節，晚八時晉謁於官邸，承詢對時局觀察？余對目前同盟國有四事，似為當務之急：1.美之發揮空軍力量消耗敵之空軍：因此必須盡力援助中國之外，更利用中國機場，由美空軍對日開始消耗戰。2.英之改善殖民地政策：安定印度，勿使日本有隙可乘。3.荷、印之採取持久戰戰略：以空間換取時間。4.中國之以全力開通中印鐵路。又敵人在今日情勢之下，攻佔澳、印其力有餘，但難以持久，可能於略取荷、印之後，與德夾擊蘇聯，蓋其數十年之處心積慮，準備對蘇歷史、地理、政治、軍事等等任何方面，皆有自然之勢，蓄之已久。又承詢贛事，余對以一切皆安定如常，曹浩森接手俱可順利，惟除糧食外，物價隨漲，正在講求實物分配辦法，祇中央准借二千萬元資金便可進行。繼陳述自己主持贛政十年，承中央信任之專，為期不為不久，臨去檢討，應做之事未達成者太多，時間過得太快，工作做得太慢，殊自歉罪，再在贛十年所得之教訓，若自始即有努力十年之計畫或許成就較多，過去剿匪抗日，祇是一年復一年的零星混過，纔有今日愧悔、內疚神明。

　　六日 上午匆匆將簽呈核委人員事辦出，幸未致誤，而周章狼狽，已甚可笑。余平日處事，預備工作太差，類多臨時趕急，每當環境變動時，心不易靜，常礙構思，又於事務繁重時，心不易定，常放不下，不知何以任重致遠，宜力除此病。

　　九日晚 總裁官邸會宴，在座有美大使及軍事各代表等，宴後總裁留與史迪威參謀長共商確保緬甸軍事，至近十二時始散席。

　　十日 參加委員長官邸軍事會議，商守緬甸曼德勒軍事部署，余主不可放棄，以免誘發敵人唾手而取之野心。

十二日 董副部長顯光來談，余到美後，若見羅斯福總統談話，對共黨似勿宜太多詬病。午見總裁，決定於十七日起程，請示事件有：1·英、美參謀長會議，並未邀請中國，應否要求參加。2·對共產黨意見之表示。3·對各黨派意見之表示。4·對戰後東方各民族意見之表示。5·對中國軍力之宣傳程度等等共十八條。

晚陳慶雲來談，對余赴美頗表示關切，其所贈言如次：1·到美後與宋部長、胡大使權限要劃分清楚。2·打字雇工，宜找美國軍部介紹。3·宜帶一不懂英文之譯電員。4·對同人應嚴切要求守秘密。5·旅次及寓中，留意文件秘密之保持，皮包帶隨身，毋令人員全體外出，寓中宜有大鐵櫃。6·宋子文祇有部下，無朋友，利用人時講交情，否則棄之若弊，與之來往，瞭解其個性，始能免於衝突。

張治中來談：希望余勿留美太久，多則一年，少則半年，乃佳，謂吾儕不可離開現實過久，其為此言不祇一次，可以思矣。

十五日 總裁官邸晚餐，祇余一人，承指示各事方針，並對余前所請示各項分別予以答解，關於手令所示各事，自非一人咄嗟能辦，但當留意研究，當然此行仍以軍事為重，最後余云：今當遠行，請陳二事：

一、中國已有復興氣象，但立國基礎猶待重建，論事有總理遺教，論人目前在位者似亦各稱其職，但皆一線佈置，恐次縱深配備，以言組織，卻甚薄弱。齊桓公、袁世凱不過一時之雄耳，華盛頓、凱末耳乃百世之師，蓋立國重法度，法度乃為基礎。

二、總裁精神時間之分配，關係重大，頃聞近來見客頗感窘迫，公文批示亦有擱滯，是否精神時間多耗用於修整過去之日記講詞等文字上？總裁曰然。余云：在位者以行為言，在野者，以文為言，長城、秦始皇備胡之言也，運河、隋煬帝溝通南北運道之言也。何必斤斤計較於文字，若有必要，不如令一相當文人出名筆記，如楊昌穀之

記三民主義講詞者，自己僅檢點其要領數條，似亦可矣，總裁頗以為是，談話約二小時始辭退。

十六日 委員長官邸軍事會報，余將昨晚奉命擬覆宋部長電稿呈出討論（關於羅斯福總統劃分戰區主張事）。

十八日 由重慶起飛赴美。

第二目 赴美之任務

中國戰區為擬籌設一種聯合軍統帥部之組織，先議組織一參謀部，以美國高級將領為主，余為副，余即以此資格赴美出席華盛頓軍事會議，為中國軍事代表。（其後參謀部終未設立）。

其次即為委員長三十一年一月廿六日機秘甲六三九八號手令所示，其大要如次：

「此次赴美時，希望儘量利用公餘時間，致力於戰後我國建設計畫之研究，可以國父之建設方略實業計畫為依據，酌採上次大戰後所出版之各種有關新書，擬具一十年實施具體的建設計畫與復興方案，並希注意於下列三點：

一、增修鐵路於十年內完成東南西北四鎮之鐵路。二、西南西北國防工業計畫（可先向經濟部多搜集此種關係材料）。三、籌設軍事科學大學。

以上三點均為戰後建設之重心，務希悉心研究，擬具方案呈報為要」。

自念余所擔任之軍事任務，祇是出席會議申述意見，不易對美政府重歐輕亞之政策發生轉變作用，總裁於余出發前亦已料及。雖然視機會，亦當毋以其為難能便不為也，仍應於此努力，至少望能爭取其勿輕視東方戰場。此外關於經建者，赴美活動，捨用各種專門人才

外，別無良法，此雖亦可就地取材，然隨行人員既不曾有此項組織，又未作有何種準備，臨時招邀，恐亦不易，巧婦為無米之炊，祇有盡己之忠，更無反顧之義。

第三目 赴美之途中

三十一年三月十八日 由重慶起飛，晚十時半始抵印度之加爾各答省會，至省政府招待所休息，省長 Sir John Arthur Herbert 即來訪，略談辭去，終夜電扇未停，濕熱極悶。

十九日 偕保總領事君建往訪省長，談約十五分鐘，余言大要：1．表示與其晤談甚快，並謝招待。2．為委員長致意，並謝其前次之款待。3．從今中印間，軍事運輸交通當更頻繁，以前承多注意，此後仍望特別照應。4．問防空防閒工作如何？

伊答頗誠摯，其大要如次：（1）此間之防空，因地下水床淺，不易挖壕，人民複雜，故紙上計畫雖多，並無自信，刻雖強令疏散一部份人民，數極有限，預定於必要時，將市內流氓苦力等更加以疏散。英官員眷屬等有一部份離加，不能公開行之，恐人心搖動。（2）此間人民可謂盡屬敵人第五縱隊，言下謂自己亦頗有苦衷，余不解其自謂苦衷何在，保君與之在美同學，據告省長乃贊成印人解放，但意見不行，故云。

下午乘火車赴新德里，車站所見民眾多瘦病，其中乞丐苦力且有肢體不全者，車行搖擺，窗外塵土飛揚，箱內汙穢不堪，沿途荒地亦多，人民甚窮苦，鄉村多茅屋。

二十日 傍晚車抵新德里站，站頗高大，在我國尚無其匹，總督派員持片來迎接，及與同人俱宿總督府，高大輝煌、有如宮殿，此乃英人控制殖民地，故示莊嚴之手法也。

二十一日　早約訪總督於 Marquis Victor Alexander Linlithgow，立談約十分鐘，伊先退，此爲印度總督接見外賓之一種法定儀式云。入境從俗，余亦隨之，聞委員長前次來印相見亦如此，此又英人控制殖民地所示之神聖手法也。歸後復派人來告總督夫人欲與余等一面，意在要余等往訪，乃約下午四時往。

　　午依約往訪 General Sir Archibald Wavell，談約半小時，余詢其話大要如次：1·日本軍此後行動如何？2·同盟軍反攻準備應如何？W氏答如下（A）（B）二項：（A）日軍恐不易攻澳或由緬攻印度東北，印軍亦準備在此與戰。W反詢余：日軍是否會攻滇？余答云：交通不便，恐攻外面的印度多，深入向內面攻雲南成份少。W云：日軍攻緬北亦爲內地。余答云：日軍第五縱隊能活動之內地，日軍可能往，否則絕不致妄動，況緬北又有鐵道公路及河川之便。余復詢日海軍若以新加坡爲根據，能否向印度洋活動？W答云：新加坡之破壞，非二、三年不能修復，印度洋之活動不可能。

　　（B）同盟軍反攻應速準備空軍與海軍力量。余復述意見云：海軍無空軍掩護不行，空軍力量之發揮，非地面條件具備不可，英美方面空軍，天上條件如飛機之質量、數量及人員之訓練等俱優，祇地面上空軍根據地位置不好，數量不夠，故必須在蘇境、印境、華境儘量擴充，印與華境內當然不成問題，但因交通不便，運輸油彈不足，依然名有機場，實亦不能作用，故反攻之勝利在鐵櫃中待取，交通則爲鐵櫃之鎖匙，今中、印間交通正在趕築公路，公路實不濟事，必須趕築一條鐵路乃可。W答云：時間問題、材料問題。余云：七年之病，三年之艾，苟爲不蓄，終身不得，必起蓄之，材料不難，祇須：(A) 速由印度蒐集材料，搬屯於塞的亞附近；(B) 撤收曼德里以南鐵路，搬屯密支那附近；(C) 中國正修築中之滇緬鐵道，北段勿停工，將來

西接密支那。W氏極表同意，但是否熱心從事未可知，余到美後當再圖之。

下午四時往訪印督夫人，亦立談十五分鐘，此種自造尊嚴之落伍儀式，時代將必為之淘汰淨盡，應可斷言。晚九時許至站候車赴卡拉奇（Karachi），十時半始開。

廿二日 車中早晚皆涼，中午乾熱，沿途多沙漠，風塵撲入，轉瞬車內器物積塵紙厚，車中水亦如泥漿，真夠人求適應也，一路矮屋茅蓋，瘦骨如柴之印人居之，車站建築則皆新式，附近居民衣著行為，恐百年來不曾少異，可憐。

廿三日 早抵卡拉奇，有 Sindh 省省長代表及省區司令官 Major General Hind 到站相迎，往 Government House。午往訪省長 Sir Hugh Dow，並在其官邸與彼夫婦共午餐，所談皆普通應酬語，唯余詢及其民眾之組織與訓練情形，殊覺失當，談及戰時工作與生活，伊夫人言印度人頗不願勤勞者，猶以為殖民地之土人，故為嗤之耶？

廿四日 上午往訪 Major General Hind，相告以 Sind 形勢，繼談由美運濟華軍用品物，再告以起儲於 Sind 待運為不合宜，應以其西北方之 Hyderabad 城之鐵道交點為宜，其意不甚願我軍用品之在 Karachi 堆積，余未之更言。

廿五日 與同仁赴海灣碼頭，視察貨物起卸諸設備，規模甚佳，錫蘭受敵威脅時，此港將成為同盟各關係國家，尤其是中國，最重要之海港。

廿六日 早由卡拉奇起飛，傍晚到巴士拉（Basrah）旅館，房舍清潔，一切建築與器具，均屬摩登，誠沙漠地區之天堂，步遊市內，五洲民族，形形色色，俱可見之，惟市區房屋不整潔，居民雜亂，無禮貌，四處有搶劫云。

廿七日 早由巴士拉起飛，下午抵開羅 (Cairo)，晚邱領事組銘來訪，報告此間近況，云英、埃間初不洽，二月六日曾有一度武力逼宮之劇，後埃內閣改組，始漸好轉，在此地有十一國軍隊，英公佈有七十五萬人，自土伊而至埃之邊域，即所謂英之近東防線。又告知非洲人大部皆屬英掌握，德、意軍有一部份在埃及西境利比伯邊界與英軍對峙中，時戰時休，（英近東防線兵力爲 8A、9A、10A）。

晚與霍、徐諸君往觀歌舞劇，其中有一段爲本地裸體舞，數女角先後出臺，但以極稀之紗條遮蔽下體，乳部以小罩籠之，全身肌肉顫動，尤以臀部及小腹爲劇，以動人肉感而神其技，實低級之色情興趣。

廿八日 上午美駐埃軍事代表團團長 Brig. General Russell L. Maxwell 來訪，詢及其在非同盟士氣，彼答言兵器待補充，士氣尚佳。以余觀之，英軍官佐幾乎全攜有一軍服女子或爲眷屬，士兵深夜遊行市上，醉歌之聲到處可聞，此種情形，官兵作戰精神似尚有待整飭之必要。

廿九日 上午與同人遊金字塔，觀人面獸身石刻，塔高一六〇米達，全爲大方石塊堆成，底四方形，頂尖，其最大者中有埃王墓，六百年前被盜掘，因就其隧道闢一路入，從而攀登鐵梯三百餘級，上有墓室，室內有一石棺，其旁尚有石穴，爲古埃王藏寶物之所，壁間有通風孔二，土人言：古埃王欲求屍之不朽，故以財寶爲殉云。午在一埃及飯館膳，每人先享以一大麥餅，菜倣西式，粗劣不可口，飯後往 Delta Barrage 參觀尼羅河三角洲水閘，規模宏大，附近公園修飾整齊，在我國猶未曾有。

三十日 早由開羅起飛，下午到卡都 (Khartoum)，宿美空軍營房，屋宇整潔，外間乾熱異常，但不似加爾各答等地濕熱之悶。

卅一日 早由卡都起飛，下午到卡羅(Kano)。

四月一日 由卡都起飛，下午到拉哥斯 (Lagos)，宿於 Government Rest House。

二日 上午依約往訪英屬省長 Sir Alan Burns，照例之應酬，其言 Nigeria 省與黃金海岸、得利敦、巴得斯特等屬地，關係軍事皆重要，英空軍開往埃及及近東者皆由此地運轉，此地現除訓練補充兵員外，並積極加強生產，如植橡、採錫、製植物油類等事業，土人生活因而轉佳，此地土人不盡人人能充兵役，大抵北部人民較宜，黃金海岸當兵比率較此地大。市區店屋多矮小疏散，門前陳列除外來貨物外，土產不多，俱土人經營，人民色黑而貌醜，聞英人言：教育有一高級學校及數中學，但教育力量有限，不易改變其生活習慣。土人不喜學機械，但願充醫生與律師等，容易賺錢，性懶，修路必須有人監工，否則自停手，就樹蔭睡覺，民族意識不強，寧願受治，不願自治，反受土酋之壓迫，英人之統治，一切對之俱較其土酋優，土人多患魚口淋病等症，教育亦衹增加其花柳病云。

三日 早由拉哥斯起飛，渡大西洋，在空中宿，此機原為飛剪號，設有臥舖，戰時拆除，但座椅仍可坐臥兩用，頗舒適，飲食俱佳，聲響不大。登機時，侍者來請退坐後室，云華人應合坐一室，以現座較安適，將以之讓諸美人，嗣由何、尹兩君折之以理乃去，美國人此類岐視華人，可恨，必將有以糾正其此種不良之心理。

四日 早到達那托(Natal)，此為巴西東岸之一小城，戰時乃為交通要點，居民不多，以農牧為生，日本在巴西移民有二十萬，多農業，出產以棉花、咖啡為著，軍警服裝模倣德國，聞戰前曾經德國人在此指導訓練，市民對中國人印象尚佳。團中同人服裝欠整齊，周旋於衣冠楚楚之人群中殊有慚色，因令自今日始，不可但著短袖襯衫，不加外服及著短褲。

五日　仍留那托候飛機，晚膳用巴西菜，口味類中國，尚佳，聞徐培根在旅館二樓浴室被茶役叱云，汝等除將軍外餘皆士兵，宜入樓下大房間浴，小子不知禮固也，恐培根衣服不整，外侮之來，恐亦有自。

六日　由那托起飛，下午到秘勒（Belem），宿 Garden Hotel，與同人車遊市區，冒雨至動物園，紅毛鷺鳥頗多，孔雀皆不入籠，遇大雨群趨亭下避之，亦知愛惜羽毛也。此地乃一古城，第一次大戰前商業甚盛，人民富有，嗣隨世界不景氣，邊形衰落，最近又因戰爭關係頗有復興氣象，城內行樹大者有類牯嶺繁夾蔭道，枝幹皆有寄生物，樹齡當近百年，從十二月至四月底，為此地雨季，赤道附近四季難分，祇有乾季雨季之別，氣候酷類夏季之廣州。

七日　由秘勒起飛，午十二時半到千里達（Trinidad），甫抵站，入休息室，站內屋頂冒煙，殆為烈日曬熱鐵皮瓦而起火，群皆束手，救火車趕到，而水不足，轉瞬火烈，不及一小時，全站俱成灰燼，有如南太平洋新加坡之戰事，可笑也。千里達有僑胞六千人上下，多營商，無業苦力者，貧富相差不遠，人人俱有妻財，我政府應在此設立正式領館，否則可加派識中國語文之副領事為現任名譽領事之助，余至華盛頓當與子文部長言之。

晚名譽領事陳慶景來訪，並邀入市用中餐，先邀至伊家，房屋華麗，花園佈置亦佳，隨喚妻女出為招待。陳君年約六十四五，精神甚健，行動活潑，如少年，談吐亦雅，其愛國心在言語中表露出頗熱烈，招待至一中國餐館，預約有梁珍、李儉及其姪李孟仁等作陪，余因之有所感，僑胞在外，國家民族意識更強，且類皆白手創業之人，至可敬愛，惟我政府對僑胞教育事業甚忽略，不應使其子弟不識本國語文史地，完全被人同化。

八日 早由千里達起飛，晚抵邁阿密（Miami），至旅館，金碧輝煌，為沿途所經之冠，此固美國南部之名城。

九日 上午出遊海濱，見沿途皆為人工填起之各小島通路，其旁富人別墅，參差羅列於樹蔭綠草間，海濱沙灘汽車停放成行，以千百計，俱為浴客乘用者，真盡人間享受矣。

十日 車遊市內，棕樹成林，葉高數丈，幹潔白，其下綠草如氈，間植叢花，真神仙世界，至 Breaker Hotel 午膳，侍女云：此間人十之七八不感覺是戰時。

十一日 晚參觀著名之橄欖球比賽，觀眾情緒熱烈異常，球手則皆特別緊張，一種勇敢協同之精神，殊為可佩。

十二日 午由邁阿密乘火車赴華盛頓，車輛內較寬適房間，俱為美國人購訂，同人則皆處於窄小室內，此種歧視態度，殊為可恨，前在卡拉奇乘飛機，好座位俱為美國人佔去，在開羅登飛機時，已坐定之位置，美籍機員亦欲強求讓開，此種侮辱之來，甚非偶然，美國人人種偏見，要亦積之有素，應有以糾正之。

十三日 午車抵華盛頓。

第四目 到華盛頓之後

民國三十一年四月十三日 午車抵華盛頓，宋子文部長、胡適大使等三十餘人俱在站相迎，一一握晤後，即偕宋至伊家午膳，略談大局形勢，伊言大要：1・美國人心理仍重在先擊破德國，免蘇俄失敗，至陷無可挽回之悲運。2・美國人對蘇俄現已改變其以前失望之心理。3・美國人對中國印象尚佳，雖偶有壞消息傳來，亦均為先入之好印象遮蓋。4・預備本星期四或五日同去拜謁羅斯福總統。5・朱世明武官，頗自高傲，性剛愎不易指揮，並建議不如設一副團長，以

朱兼任，必能樂於效力，請考慮。又言前任郭武官有咽癖，不諳英語。朱爲其所舉薦，對伊亦不甚奉承者，深恐余用之不得法，則余之失敗即伊之失敗，故密以相告云云，余答以容考慮，未表如何意見。

下午走訪胡適大使、魏道明大使（駐法大使留美未到任）。晚與同人共赴宋部長家晚宴，十時子文、子安同步行來旅舍，略談重慶情形及總裁生活近況，余言嫌太盡。

十四日 上午至子文辦公室，續商見羅斯福總統應講之話，並告以總裁之指示，伊復邀拉西門君（波蘭人爲宋顧問）來共商，無結論，復約下午三時再談，及三時至宋寓，有拉西門及 Admiral Harry E. Yarnell 君俱來交換意見，余發表見羅氏時所擬講話之大意，Yornell 君亦唯唯，此君年近七旬，似甚練達。午茶後，子文詢其今後美對敵作戰要點，彼答述大意如次：1．緬甸宜確保。2．中國空軍根據地宜經營。3．太平洋宜對日發動潛水艇戰。4．歐洲宜穩定。5．一切力量宜集中使用。

最後余與子文商定向羅總統講話要點如下：（一）代表委員長與夫人致候總統及其夫人，代表軍民感謝總統領導下美國對華精神及物質上之援助。

（二）一般人俱希望美國從速採取攻勢，蔣委員長意見以爲中國方面，固亦極願美國從早發動攻勢，但爲全局計，仍宜待準備完成再取攻勢爲妥。

（三）英、美對軸心國家作戰，宜用己之長，攻敵之短，美國耗費很大力量在歐洲新闢戰場，若爲使蘇聯在遠東發動對日攻勢之條件，則意義甚大，否則不如專力對日，用己之長，發揮海空軍優勢，先將日本壓倒，而收各個擊破之功。

（四）如美耗費很大力量想在澳洲開闢新戰場，若為掩護海空軍根據地亦自有其意義，否則其利害與往歐洲開闢戰場相同，甚至日軍可以不理，屆時欲越海洋反攻荷印且亦不易。

　　（五）美國展開正式戰似應注意：A・為鼓勵士氣與民心，不可曠日持久，否則祇能表現微小之牽制作用，俱非振作民心與士氣之道。B・日本外強中乾，陸軍自海參威邊境，直到荷、印、緬甸，綿亙數千里，若能將其交通運輸截斷，則可不戰而使自潰，因此則有賴於海軍力量之發揮，海軍須有空軍之掩護，故空軍力量之發揮又為當務之急。發揮空軍力量，除飛機之質量求精、數量求多、人員之訓練求純熟外，其地上條件：如機場之求多，位置之求適宜，油彈儲之求夠足亦為重要，前者我方容易滿足，後者缺欠尚多，急須著手綢繆，可以供給機場而位置又最適當者，莫如蘇聯與中國，蘇聯顧慮尚多，中國則油彈之運輸不易，為求解決此種困難，則須認識確保印、緬為先決問題。確保印度：必須（1）解決英、印政治問題，以安定印度人心；（2）充實英軍軍備，以健強印度實力。確保緬甸：必須（1）加強空軍；（2）統一中、英軍之指揮。印、緬如能確保，然後中、美間交通可以維持，中、印間公路、鐵路始可著手興辦，此實為勝利之關鍵所在。

　　十七日　上午偕宋部長往訪美國陸軍部長史汀生(Henry L. Stimson)。

　　十八日　電重慶請加派何世禮(時任遠征軍兵站副監，美國陸軍參謀大學畢業—編者注)來，補王受慶缺。深夜不寐，念念於此間工作環境之已感可慮，蓋數日來與子文接觸，深覺其支配慾甚強，而忮求心更切，即如本團之租屋及購車等細微之事，亦愛干預，遑論其他。朱世明之驕橫，出於彼口，在余下車伊始，即以為言，並推薦之為本團副團長，朱固聽其指使者，此後恐亦不甚易處。

十九日 乘暇偕李、顧二君外出理髮，至一猶太人店毫不睬理，無禮已極，李叱之，去而他適。李君云：昔伊在此求學時，常遇此種侮辱，學校中理髮匠亦有不為華生理髮者，此種奇恥，當為神明華冑一洗之。

二十日 與宋部長偕往訪副國務卿即代外交部長 Benjamin Sumner Welles，彼特以友誼告余云：見及陸軍人員，應爭議趕速多接濟中國飛機，余曰然，並謝關顧，出就便走訪外部次長。

廿一日 上午十一時二十分至十二時晉謁羅斯福總統（與宋部長偕往），為委員長代致候意，隨由宋部長提出二項要求：（1）擴大英、美參謀會議中國軍事代表加入；（2）軍用品分配委員會，中國須有代表參加。以上二項，均以委員長口氣出之，並由宋交付委員長來電稿及所商定之備忘錄各一紙於羅斯福總統，總統表示尚佳，認為當然之事。

晚八時至十二時，在胡大使寓晚膳，膳後談話甚長，要點如次：

1、伊到美以來經過情形：美國對華借款等事，並非任何人交涉之力，完全為大勢所趨，出於美政府之自動，並引例證云，廿七年十月廿五日辦理之二千六十萬借款，正當漢口、廣州相繼淪陷，情勢惡劣之時，陳光甫與伊當晚正在憂慮無聊之際，忽然財長來電話邀往私寓飲酒，入室則座中並無杯盤，而預有財部次長數人先在其室，至則自言桐油借款已通過，但中國戰報不佳，未知能否繼續抗戰，總統待此消息後批辦，其事之成就實出意外云云。

2、以前各事皆頗易辦，宋子文到此之後，因其性格不易與人合作，相處實感痛苦，伊力持大體，絕無個人功名之計較，事事避免衝突，乃以相安，並舉一例云：廿九年三月間，子文組織現在 C.D.S (China Defence Supply, Co.)（即中國防務供應公司—編者注），在公司活動借款，美財政部長當伊與子文面，疾聲厲色，呵斥子文高

價雇用律師，密向總統府活動，以壓制財部欺總統，子文力辯。財長云：「你是聰明人，漂亮人，心裡應該明白。」以後由在座之財部屬員中間調說，始得下臺，其後談及中間有一項條文，爲一次與六次交款之爭議，殭不能決，幾至不能簽訂，後仍由財部人員爲之設法，由伊出面向財長解說，始得簽字；但宋仍祇與李幹同署名，深恐伊分功，伊亦樂於從旁以觀厥成。

　　胡大使言時，一種君子風度，心氣和平，可嘉，余因言「助人爲快樂之本」。君與宋君，一爲聖賢襟度，一爲英雄手法，宋有其長，短在功利心急，忮求太甚，吾人爲國相忍，當予原諒，適之又復爲密述一事：廿九年十二月一日日軍初進安南，美政府自動借一萬萬元與中國以爲聲援，當晚伊不知有其事，因在外演講，將由紐約返華盛頓，忽接宋處電話，告知子文即晚來紐約，有要事相商，請其務在紐約相候，勿回華盛頓，伊答允之，繼後有李國欽及紐約中國銀行電話，亦同前所云，並言子文處相尋未値，特叮囑轉致。至十一時華盛頓開至紐約火車到站，未見子文至，詢之乃言未趕及班車，明早準來，堅囑相候，伊不知有何要事，信而不疑。及至翌晨閱及早報，見報端公佈美政府已宣佈借款一萬萬元與中國之消息，乃恍然子文昨託故遲滯伊返華盛頓之行，將恐伊與聞其事。余聞乃覺太奇，答以宋或真擬是晚赴紐約，故相約，未必別有心機。適之又言此事先亦不知所以，後聞毛邦初告知云，其晚子文夫婦等原購有紐約戲票六張，擬赴紐約觀劇，忽接財部電，告知一萬萬元借款與中國之決定，明日即可宣佈，宋接電話後即四囑電話告胡大使在紐約相候勿返，此非另有用意爲何？次日伊到華盛頓相晤，子文並無一語言及電話約候事，蓋無理由可說，因絕無要事須在紐約相商也云云。

　　余聽罷適之上述情節，以爲宋、胡同在美與人周旋，內部當力求協調，方免差誤，所述各節，即有其事，吾人爲國家愛惜人才計，亦

當設法匡救其短，忽視其在此狹隘道途上發展漠不關心，宜設法忠告善導，以盡友誼。伊頗覺子文性格不易為力，唏噓而散，臨余登車堅握余手云：「君有諸葛之稱，宜可借箸代謀，為我解除現職，救出火坑」。余極力慰藉之。

廿二日　下午往訪美國財政部長摩根索（Henry Morgenthau, Jr.），其人注意力甚強，目炯炯有光，余致謝其對華友誼，尤其於飛機之接濟極承幫助，又言一國必須有遠大眼光之政治家，此能影響其國家命運，美機至華承閣下極力主張，雖少數飛機已發生甚大效力，在昆明美義勇隊創造二五比七五之驚人戰績，要皆閣下之功。摩氏謙謝外，詢余中國軍急需何物？余言飛機與重兵器。伊唯唯，並言百千架飛機送在他處，未聞有何貢獻，在華百架飛機，發揮若大力量，實所欣幸。李石曾、李幹、尹國墉（仲蓉）、齊焌、霍寶樹（亞民）等先後來談戰爭結束後經濟建設之重要。

廿三日　下午偕宋部長往訪美海軍部長克羅克士（Frank Knox）。

廿四日　下午偕朱武官往訪美作戰廳長艾森豪威爾少將（Dwight David Eisenhower）。詢戰況，承告知今晨會議決定派飛機四五六架，內驅逐機三〇〇架，赴華作戰。前允派華運輸機一〇〇架，已有三十四架在途，經印飛華。余答：今日戰爭是整個性，一切人力、物力之分配，均須依據同盟國整個戰略計畫，在中國戰場作戰飛機之需要急迫，希望分配之飛機早日趕運。

復往訪美參謀長馬歇爾上將（George C. Marshall），其講話要點如下：1．伊對華極關切，作戰廳內亦設有中國組。2．史迪威為其至友，每日均有電報來報告中緬方面軍事情況，且云聞蔣委員長與之相處不甚得，如有必要，我（馬氏自稱）可為之調整，將史氏召回，另派他人前往，當余方欲啟齒加以說明，彼即再言；我們今天不必細

談，祇請君即去電詢問蔣委員長真正意思如何，給予確實答覆，以便處理。余曰諾，乃未與續談此事。3・軍需品之分配情形，珍珠港事變發生以前，美設有一軍需品分配機關，內英代表一，荷、印代表三，加拿大代表一，外交部則代表南美全部；惟美對英國之軍需生產全部情形，則全未過問，一二七事變後，美要求英軍需生產公開，美須代表參加，因此乃將兩國軍需生產分配事改組一管理委員會，其中無他國代表參加，並非歧視，蓋軍需生產祇有英、美兩國耳。4・目前最重要問題是交通運輸，由南美經菲、印至華之航線，須費重大擔負，始能維持，美不惜犧牲毅然負責，可見羅斯福總統之決心。5・同盟國困難在缺乏船隻或飛機運輸之噸位，無論澳洲、夏威夷、阿拉斯加，均深感有此困難而未能解決。6・為補救計，美在英之軍隊刻俱用英之軍火。7・美亦如中國，事先之戰備未周，生產問題如早著手，此日即無如許困難發生。

總其上述語意，蓋已知余與宋部長日前向羅總統所提出之要求內容，故說出許多困難而為解釋，以求相諒。余答之云，中、美有歷史之友誼及羅總統與閣下之關切（伊曾言及上意，並謂美國在軍火生產管理會，即代表中國，決不忘中國之利益云云）甚所感謝；但余等此次來美，並無為中國局部商洽何種利益之意，完全係為整個戰爭而求有所貢獻，以爭取同盟國整個之勝利，因此希望同盟國有一戰略整個計畫，軍需品物，當依據此整個計畫而分配乃佳。

最後再往訪美情報廳 Barton 上校、Martin 中校、Babbitt 中校、Leonard 中校。晚即將馬氏所告關於史迪威事電重慶請示。

廿九日 接見新聞記者約六十餘人，談話另錄，此為余抵華盛頓後第一次發表正式談話，宋部長、朱武官、黃武官、劉參謀、劉參事等俱到。晚赴宋部長寓晚餐，在座有美財政部長摩根索夫婦，席間敘

述中國軍情，摩氏詢及日本飛機製造廠所在，日機開戰以來損失數，日經訓練飛機師人數等等問題。

五月三日 拉鐵摩君來晤，余言余抵美已近三週，關於參加軍事會議尚無消息頗為煩悶，伊自言將訪馬歇爾總長與之一談，如明日晤面不到，則俟伊往加一週後返來再辦。此君對余似甚誠懇，據告伊在此候總裁命，不久將返中國，余欲電請暫留其在此相助徵其同意，彼亦贊成，余即將發電回國。

五日 拉鐵摩君來談，告知居里君（羅總統智囊團之一）願於軍事會議事為余幫助。往訪宋部長：宋昨六時約余談，後因事改期，本早十時許又數次電話相約，最後更約金鎮同往，言有急要相商，至則所談乃是聞畹汀失守訊，深恐在曼德里之我軍受犧牲云云，余告知不致如此，伊又詢敵是否即攻昆明等等，余曰否，一一為之說明，觀其情狀，乃昧於在緬軍事情形，呼喚余供給彼與人談話資料而已，並非真有何急要相商。余回憶陳慶云君在渝臨別贈言，今日相與交接，見其人，聞其事，頗有審慎與處之必要，復自念此行，除負軍事任務外，對組織力之發揮，委員長曾以此相期，自己亦頗以此自任，對子文決不可反「寬柔以教」之原則，慎毋表現不快，且耐心以觀其後。

六日 訪胡大使，託查詢美政府對我要求擴大英、美參謀會議之反應及約訪赫爾外長。

十三日 訪子文詢軍事會議事，美政府答覆何久不見，伊告容當催之，又與言緬甸失守，印度將成日敵侵略目標，囑其從速研究印西（暫用）及北蘇運線，隨偕同赴 C.D.S.，與劉景山復商，乃決具函託黃秉衡帶呈委員長，說明此事，請由政府與蘇交涉假道運輸。

十四日 接鐵摩來談，詢美政府對軍事代表會議意見，不得要領，伊言外之意有二點可注意者：（1）美海陸空軍將領意見多不能一致，總統有時意志亦不能貫徹下行，但各將領對軍事代表主張見解

不致作阻；（2）伊詢宋是否問軍事？並言其自己不欲侵害宋權責云云。

十七日 下午遊覽華盛頓故居及其墓地。華盛頓沒於一七九九年，距今一百四十三年，其居室保全如舊，由各種日用器皿，即可想見當時歐洲文化發達之階段，並今日歐、美生活形態之所由演變，房屋器具，大抵與今日相似，惟廚灶則在一大壁爐間架木柴懸釜於上以為炊，雖煙可避，而釜汗不堪，較吾國之早用煙突不及也。書齋有一地球擬形。當日世界知識及對宇宙觀察殆已相當正確。兵器有小砲及手槍，較吾國當時或更精良。所遺馬車踏鐙有四級之高，車身甚大，想見當時道路必甚寬平，陳列有二掛錶，有座鐘，當時機器已進入相當階段。

十九日 胡大使來談伊近與美政府人員談話情形，因示以四月廿一日送致羅斯福總統電函（委員長之電函）及備忘錄，並余五月十八日致馬歇爾總長函稿，囑其再向美政府詢問對此意見。

二十日 下午 Colonel W. B. Smith 來報云：奉馬歇爾參謀總長之命來告，下星期二同盟國參謀會議第一次開會請余出席；並聲言此次會議同盟國中尚有不感其重要性者，美一一為之解說，頗費周折，美政府並非遲延云云。（似對余五月十八日去函之答覆意）。

廿一日 《時代周刊》（Time Magazine）記者 John Hersey 來訪，詢余日本近來進攻中國目的如何？余答之云：（1）征服中國之迷夢；（2）防礙同盟國利用為空軍根據地；（3）削減中國戰力，以便抽兵轉用於他處。

廿二日 拉鐵摩來談日軍攻擊中國企圖，並告知委員長已復電來同意伊暫留美為余助，約下週後每週來此數次。朱世明來談明日偕訪馬歇爾總長事。霍寶樹、李幹來談，詢問最近運華飛機數。盧祺新、陳亦來談發表委員長來電消息。今日連奉委員長廿二日發來兩電，大

意云：中國戰場最近日軍企圖由晉、魯、鄂、浙、閩、滇各方面進攻，中國雖有準備，而飛機與重兵器極感缺乏，軍心民心，甚為動搖，且對同盟國於東方戰事漠不關心，尤其對於中國戰場更為漠視，極其失望，危險實甚，令將此種實情面報美軍部，並與子文商宣傳辦法。

廿三日　朱武官世明來云：馬歇爾不在華府，乃改訪其次長麥納勒，麥氏反應欠正確。訪居里，告知其委員長來電情況，與談不甚得要領。劉鍇來談，商晉謁羅總統事，言須經外交部時間甚久，乃罷。

廿四日　往訪宋子文，與談委員長禡養二電之處辦。伊言：用軍事代表團名義發表消息不妥，英、蘇代表團俱如此，余言戰報當發表，惟不必定用軍事代表團名義。昨日盧君云用中央社名義，恐於社會影響不大，故改用軍事代表團或即以更籠統之官方消息出之。伊言指責美國政府接濟物質太少之言，恐其更為申辯，則彼此情感有傷，不如由第三者口吻出之，或電請孫科在國內對外國記者說話為妙。子文在美情形較熟習，其與人談話，缺少商量風度，固執己見力阻予之發表消息，余已交付中央社消息，伊密令其勿予發表。

廿五日　總統府情報處 Colonel O. W. Salberte 送來對日宣傳計畫就正。下午赴英國 Sir John Dill 將軍茶會。

廿六日　午十二時至下午一時半出席太平洋軍事會議第一次會。

六月一日　霍寶樹來談 C.D.S 物質租借辦理情形，當囑其每星三來此會談一次，注意下列四點之檢討：1・國內各部份來電所需求物資數量及種類。2・美方對我交涉之反應。3・C.D.S. 已接辦交運情形（物質之數量及種類）。4・此後我方應提出之要求。

魏道明來談在美宣傳事，囑其負責主辦，又談及戰後經濟建設等問題研討之重要。

三日　朱武官同往訪馬歇爾總長，提出備忘錄（根據委員長電示各節另錄存案）。

　　五日　往訪美海軍總司令金上將（Admiral Ernest J. King），彼因中途島正與日海軍鏖戰中，神色頗忙，談十五分鐘即返，余與人晤談不先及目的語必多耽誤，今與金談話正坐其弊，是一教訓。

　　十日　晚赴居里處會談「中、美經濟合作」。在座有：農業部次長阿坡比（Paul H. Appleby）；國家資源設計局局長依里特（Elliot）；財政部司長懷特（Harry D. White）；聯合發行準備局經濟特別顧問漢士（Morris H. Hansen）；外交部長愛克生（Dean Acheson）；外交部額外司長派士華士克（Leo Pasvolsky）；經濟作戰部代理局長斯冬（Stone）。初步接觸交換意見而已。

　　十二日　方顯庭來談，彼現在哈佛研究經濟，力邀其來此幫助設計經建事，伊答云請俟考慮。

　　十三日　下午茶會到有留美學生監督華美協進社主任孟治、周教授鯁生、趙教授元任、永利工廠經理侯德榜。

　　十四日　遷居於 3 West Bradley Lane, Chevy Chase, Maryland，乃所特造便於學習英語文之新環境，令鄺君夫婦（不諳華語者），搬來同居，並與李、顧二君隔離，免共處時操華語，隔壁房東美國人有小子女六人時來共語，不但可資練習英語，且可藉破岑寂。

　　十八日　往宋子文寓與魏道明三人會談，共商在美宣傳事，由伯聰負責總其成，總裁已電子文轉知，並囑給費。此事創議為余，促成亦為余，將來效果如何，尚不可知。子文不肯稍為遠大之謀，頭痛醫頭，腳痛醫腳，沒有計畫行動，更不能與人合作，為可慮耳。

　　廿三日　訪美副總統華萊士（Henry Agard Wallace），並在其辦公室午餐。此人學農，談中國戰後經濟建設，主張農重於工，其思想有偏左氣味。

廿六日　魏道明來談本晨在 C.D.S. 開會，討論宣傳事，祇討論要求統制國內之發言，未及如何確立政策，頗不得要領云。

　　七月二 日出席太平洋聯合國家軍事代表第二次會議（距五月廿六日舉行之第一次會，隔離了約五個星期）。七日參加紐約援華總會七七紀念聯合大會。八日午赴威爾基氏午餐。晚赴奇異電氣公司總經理 Mr. Clark H. Minor 晚餐，在座約四十餘人，皆紐約實業界鉅子，其中有紐約世界郵電日報總經理 Roy W. Howard，對余演說作荒謬之答覆，竟謂中國不應作不平之鳴，彼乃完全親日之徒，孤立派之化身。

　　九日 赴華僑團體聯合公宴，散席後分別至中華公所三民主義青年團團部及美東黨部，以誠摯態度各為之講話數十分鐘。

　　十四日 宋子文迭電約談，問在何處會，余允往伊寓，所談無何，大抵皆要余告知軍事消息，我所欲談之事，伊則吞吐不言，此採訪者流之作風，並非朋友間之研究討論或談笑，令人厭之。從未肯與之絕者，乃顧全大局，抑深中了「不報無道」之書毒？頗自懷疑。

　　十六日 朱世明武官來談，情報蒐集後之整理，先將我所需要對方交換之綱目商妥，以便隨時提出每星期將一般交換情報，作戰有關情報及特種調查情報，總合整理一次交伊主持之。

　　廿二日 午與霍寶樹談美京宣傳事，對子文頗露不滿之色，余滔滔而言，殊為不智，彼等皆非足以影響子文之人。

　　廿九日 訪新任美大元帥府參謀總長海軍上將列希(Admiral William D. Leahy)，其年六十七歲，為美軍人中有政治頭腦者，人頗誠摯，詢以閣下就任後，是否可認為美國大本營之組織已形成？彼答當如是，但此時尚難具體言之。余問此後對聯合各國軍事，當將更加密切合作否？彼答當如是，但初到尚未思及如何著手，並提出此後爭取主動，實為聯合國軍事上要圖。

八月一日 晚九時,胡大使以練習英語為由,妄邀余赴美國友人某君處喫茶,與徐參謀長貿然從之去,至則知為美外交部顧問 Stanley K. Hornbeck 及東方司司長 Maxwell Hamilton 預設之茶會。余久聞 Hornbeck 乃一美國官僚,熟悉中國情形,聞曾在浙江某校任教授,猶以數十年以前之中國人對待我們,完全裝著一副舊時領事、傳教士的舊頭腦,對中國懷著一種次殖民地的舊觀念,除為了保持其「中國通」之資格,不得不與中國人周旋外,對中國絕無好感,對中國人絕無友誼之可言。不久之前彼有電話約來訪,余允之,屆時彼未至,卻反來電話,故為誤會,告知彼在家候余往,何不見至,余令人回答之云:昨日相約是云,「你來見我,並不是我去訪你,我無事欲與談,既然誤會,彼此作罷了事」,可見其人是何等卑劣而可厭。余既往亦不得不虛與委蛇,胡君與之似為職務上之關係頗相敷衍,書生本色到處天真,余則頗自愧悔事前不察,以致盲從,其似孔子之與陽貨遇之於途,不勝尷尬。

四日 美大元帥府參謀總長列希上將來訪,坐談二十分鐘。下午宴請美海軍總司令金上將夫婦、副總司令 C. M. Cooke 上將、Harold C. Train 上校夫婦、Ellis M. Zacharias 上校夫婦等共十二人,普通酬應。

八日 偕胡大使往訪美國務卿赫爾,普通拜訪。辦公室內抽屜及公文櫃被人竊開,憂念不置,回憶三月十二日陳慶云君在渝臨別贈言,早為提及,愧猶未能免有此失。

十日 霍寶樹送到委員長六月九日手書,乃答覆關於四月廿四日馬歇爾總長面囑余轉詢史迪威之去留事,余當日即電請示,久無回訊,六月十五日再電催請,遲遲至今,八月十日始得此覆,仍無斷然之處置,余對馬氏誠難於答解,亦祇有拖之了事。共產黨重利害,不

重信義；歐美人主嚴正，不主寬容，若以專講仁義態度相與周旋，人不以我為德，反以為我可欺，遺患其無已乎？原書錄存，以觀後果：

「熊團長天翼兄並轉宋部長同鑒：兄等皆在美努力工作，為國事著急，故不願報導普通不如意之事，使兄等短氣也。刪電悉，史迪威事已於宋部長電中略示大意，想已鑒及。（宋並未曾相告）中國戰區，至今並未有何組織與籌備進行，對於維持中國戰區，至少限度與其可能之方案，亦尚未著手，空軍建立與補充以及空運按日之總量，陸空軍作戰與反攻時期之整個方案，彼等皆視為無足輕重，一若中國戰區之成敗存亡，皆無關其痛癢，此為中最近所觀察之真相。此人不重視組織與具體方案及整個實施計畫，此其或未習幕僚長業務，或其往昔在華日久，仍以五十年以前之目光視我國家與軍人，故事多格格不入，以後美國如再派人，請再勿派前駐華之武官。緬戰失敗之原因，須待羅卓英不久回國方能明瞭詳情，然平心而論，其咎全在戰略之失敗，而軍隊之優劣，不能說無關係，但並非失敗之總因，然而彼乃完全歸罪於我高級將領，且謊報羅卓英逃回保山，其實彼自緬甸退卻之先，中電令彼與羅先到密支那基地佈置防務，羅則奉命即赴密支那，因中途碰車出軌，交通阻絕，乃折回溫沙，而彼竟自赴印度，並擅令我軍入印，而彼亦未對我有一請示或直接報告（中與史本約有特用密本，平時皆直接通電）於情於理，皆出意外，惟史近病黃膽甚劇，而且為中美國交與保全其友邦榮譽計，實不願多言，在美更不可略露此意，以其政府對我國協助之意甚誠，不可令人對我有以怨報德之想也。故此時對馬歇爾參謀長，不必急於答覆，將來彼或亦能瞭解吾人之苦心乎？故自此緬戰失敗以後，心理上對國際

前途發生另一感想，但此非對戰爭最後之勝敗問題，而實為弱國參加國際戰爭，不僅利未見，而害先入而已。即將來戰後是否能獲得我所犧牲者相當之代價，實成問題，然而此時我國尚有一塊立足之乾淨土地，而我政府幸亦未托足於外國，以寄人籬下，且亦有自立之道耳。吾人之哲學，厚於責己，而薄於責人，故不願暴露人短；而西人之品性，因其為己關係，而不能不損毀他人之信譽，甚至有礙於大局與其國家之宗旨，而亦不恤。中從未曾見推諉罪過逃避責任，以圖自保有如此甚者也。照我國慣例，此次緬戰失敗之總因與責任，應有一軍事審判，方能明白功過之究竟；然而此非今日國際處境之所宜也。但此意切不可為外人略露二點，如其政府願將此事徹底根究，則我可將我高級將領解華盛頓受軍法審判，亦所願也。

　　蔣中正六月十九日八時」

十三日　因中央海外部之委託，上午乘車赴芝加哥轉三藩市視察黨務，鄭、李、陳三君同行。

十四日　下午車抵芝加哥，李總領事自修等來站相迎，隨即偕往參觀博物館等處，博物館中陳列有中國人像及各種手腳模型，俱有輕蔑中國之意，誌之毋忘。

十六日　出席三藩市華僑民眾歡迎大會，鄭炳舜主席，到約千餘人，余演講一時餘，大意講長期抗戰愈戰愈強，最後勝利在我。

十七日　參加總支部特別會議，聽取各種報告。出席救國總會所召集之九十七個僑團領袖歡迎宴，到男女百餘人，席終余講演，大意為僑胞協助抗戰工作可佩，望繼續努力以求最後勝利，又述自己對僑胞政治上、經濟上、事業上、生活上各種感想，意在促其與改進。旋

對其中有關係之一部份領袖談話，力勸其與總支部合作，理直氣壯，亦似能有所感動。

晚對劉伯驥等又欲加以說服，費去三小時之口舌，徒蹈「不可與言而與之言」之失，妄冀不可知之收獲。此與昔時對下列各個人之失敗同出一轍：（１）二十三年在贛勸省黨部李、劉、王三委員之和衷共濟，每至深夜全不生效；（２）同年在贛勸羅隆基、王造時、許德珩等改變中間立場，站在三民主義旗幟之下，爲國家盡力，爲效甚微，方知以言感人者淺，若望頑石點頭，必說者有申公之道力然後可。

十八日 約譚贊、鄺炳訓、梅友卓等同志來談，勸與陳等合作，頗得彼等諒解。下午復約劉伯驥同志來談，彼提四事，含糊允許其二。參加黨部特別會議聽取報告後，講話如次：（１）嘉勉過去努力；（２）指示黨務工作要領及補充意見。晚出席三級黨部公宴，講詞未及準備，臨時湊就多慰勉語。

十九日 偕張瑞康夫婦等遊 Yosemite National Park, California，途經橙及西瓜產區，二次下車休息路旁飲橙汁，小屋取形似橙，開窗營業，一、二少女在內搾橙汁享客，縞衣紅顏，艷麗若月中仙子，回憶我國鄉間道旁茶店，每坐一篷頭垢面之老嫗，穢氣逼人，真不啻人間天上，相去難以道里計。撫州亦產瓜，其推銷方式落後可憐，暑時行人，即經其地，豈易覓得而啖之。晚八時抵達目的地，餐後觀火瀑布，數十百人男女老少遊客，圍坐一廣場中間堆柴燒火，意似不在取暖，而在悅目之火光，旋見七千呎高之峭壁上飛瀉紅光，儼然瀑布，蓋人先於山上燒積柴炭，推落石壁以娛遊客，較我國峨嵋山上之神燈佛光，天工人力，其趣卻又不同。

二十日 晨興，白日照窗，清景似廬山，早餐後乘車赴峭壁頂，見石壁上架有木皮一堆，其高似塔，蓋即火瀑布之來源，沿途見馴熊

來往及野鹿出入林間,時近路旁,亦不避人,又翠鳥松鼠等,爭趨取食遊客所擲之花果,遠望石山積雪未解,山頂樹木梢枝,似為冷凍所致,一似峨嵋山頂景色,石壁上孤松盤蓋,樹蔭風涼,見一老嫗攜少女,不類白人,一若農家婦,頻以果核享松鼠,稚氣可愛,遊人在途且歌且舞,天真活潑,華人重莊敬,尤其女子循規蹈矩,寸步不苟,地亦各異其俗也。

廿一日 抵洛杉磯（Los Angeles）,張領事及華僑各團體領袖皆到車站相迎,隨即赴唐人街中華會館與各華僑領袖握晤,午赴華納兄弟電影公司（Warner Brothers）參觀。公司規模宏大,一切陸景海景,樓台街巷,花木器皿之佈景材料,無不應有俱有,工作人員五千名,經費不製片時每週三十五萬元,製片時倍之,中國誠一時不易辦此大規模之電影事業。

下午赴卓伯靈茶會,有英、蘇領事及其朋友共約二十餘人。此君為電影滑稽大家藝術天才,名聞世界。與之談,即告余以伊致英政府電文大意,主張發動中國式之游擊戰,藝術家猶能有心及於國家軍事,亦可佩也。同人請其表演所擅長之絕技,彼即以指扮作小鬍鬚,而張腿擺出其八字腳,眾客為之捧腹。

晚赴各界華僑領袖歡迎宴,又往出席中華會館歡迎會,此間僑胞多操臺山語,所講演俱難瞭解。十二時許張領事等請觀劇,劇院設備華麗,侍女皆裸體,著短褲及胸罩,臺上戲子數十輩皆然,時下臺繞行坐席間,以肉感撩客,此今日之文明,誨淫之外,別無可言。

廿二日 參觀答克拉斯飛機工廠,此廠創設於一九四〇年,工人二萬六千名,工資每小時至少者六角,出產運輸機、中轟炸機、飛行堡壘,其器材與技術皆非中國今日所能辦。

下午參觀加利福尼亞製船廠（California Ship Building, Inc.）,概況如下:1．建廠於一九四一年二月一日,造船開始於五月十四

日。已造成船六十艘,每艘皆一萬零五百噸,價一百七十五萬元,水手四十人,船身長四百四十一呎,寬五十七呎,行速十一哩半,可謂速矣。2‧資本二千萬、工人三萬,造船架十四,水手修整船內裝置可容八艘,可謂大矣。3‧三十八天完成一船,加船內裝置二十天,因同一式樣工作與在岸上工作多,塢中工作少,事半功倍,所以進度能速。

廿三日 參觀美孚公司製油廠及附近油井,概況如下:1‧每一部門有一管制室,將各部份工作由電錶標示其工作進度,一目了然,可謂能扼其要。2‧油井取油,皆用電動機,回憶我國自流井取鹽滷用牛車,不知何日吾國始可享用到近代科學之賜。

巡遊新唐人街,有次之三點觀感:1‧市中皆古董、雜貨、餐館店及遊藝,無大貿易,華商也者,如是而已,前途不可能有何大發展。2‧各華商領袖人物多無大智識,勞工而已,較之歐美人之在滬經商者,相去不可以道里計,此亦國家責任,我政府固猶未暇顧及之。3‧華商各種事業資本缺乏,國家未有海外金融機關作之後盾,故一切皆不足與前日本僑民競存。

廿四日 往 Los Angeles 本黨黨部視察與各委員談話,後余為講演二事:(一)黨的任務:(1)領導抗戰;(2)鎮壓反動;(3)發展僑務。(二)僑務應注意事項:(1)認識華僑前途之危險;(2)為競存起見,應特別注重智識,故子弟必送入學;(3)黨員在各業中應領導其組織起來,研究求改進僑胞之事業與生活,並可由各業發行定期刊物,以求智識之交換。

在新唐人街見一小小城隍廟,內有一僑胞,著馬掛長衫、戴瓜皮小帽、手時敲銅鑼、口喃喃不知其所語為何,意在眩人使自投硬幣於其旁之一小池中而求福,藉以謀利,因戲擬一聯在黨部交張領事,欲

諷之，設法勸令改業。聯云：「尖帽抱籤筒、圖賺小錢忘大體。當街扮丑角，不謀正業走邪門」。

廿五日 由洛杉磯乘火車經芝加哥返華盛頓。

廿六日 車抵芝加哥，李總領事來站相迎，隨即偕往領事館少憩，據李君談芝市黨部容納百餘行爲不正商人（即煙賭商）入黨殊屬失當，梅友卓等充執委，當然良好青年相與裹足不前，並言伊在此頗不願與同流，言下憤然。其人侃侃而談，亦自持之有故，但其人頗似缺乏政治認識者。唐人街餐館尚堂皇，惟市面陰風慘慘，暮氣沉沉，極少正當商店，大玻璃窗內，十之九皆貼有「公攤開皮」字樣之白紙條，蓋非攤館即白鴿票號，其他古玩店類皆粗劣之土產，玻璃櫃內，塵汙不堪。

廿七日 返抵華盛頓。魏道明來談，伊將調任駐美大使，其所談論較胡適爲強，此後中美外交，或不致如前之陷於停頓狀態中。

廿八日 出席第三次太平洋聯合國軍事代表會議，余於報告末段提促對收復緬甸問題，主席馬歇爾總長但表示同意，答正在考慮，未爲討論，此種會議等於聚餐，無何價值之可言。

方顯廷君偕康利夫（J. B. Condliffe）顧問來談經建問題，培根與拉鐵摩亦在座。康氏之言，頗爲扼要，其大概爲：1・戰時當開通中美路線，解決運輸問題爲主要。2・戰後事業以立即著手培養技術人才，派人來美學習問題爲主要。3・中國不能全由外人意旨計畫，中國此時即宜派遣熟悉美國情形之經濟人才（並指出何廉、顧季高）來美作準備，並研究與美方面接洽問題，如條款之簽訂等，關於經濟事項必先有商酌。

九月一日 魏大使道明，來道對美外交應改變作風，余告以在此大時代中，君負光榮使命，如以革命精神，一掃過去使節之因循態

度，創造新中國外交路線，則成功固好，失敗亦無可非議，最怕不生不死不痛不癢的仰人鼻息坐著等候。

　　晚約居里來餐，詢其對中國近況之觀察，彼云：1．中共問題，視為與前年一樣嚴重。2．經濟狀況與抗戰情緒比前較佳。3．印席事件認為以後影響不好，但不以為於目前戰局有關。4．余申述對第二戰場不同之見解，伊云大計已定，與軍部不宜再談。5．中印空運情形，伊云七月三０六噸，八月約七百噸，九月可達一二００噸，中國此後但須堅決要求一個月五千噸之空運量。6．余詢飛機接濟數量，伊主張勿向美要求機數，應要求編就隊數。

　　八日　訪馬歇爾總長詢以三事：1．此後中印空運能否增加？伊答空軍司令正在設法，但此後生產量因材料缺乏不能增高，而此時埃及、梭羅門等處戰事方殷，需要迫切，無法供應，阿留申群島軍需五十架，亦無能撥給，故飛機數量恐不易增，當從管理方法上著手。2．對緬甸攻勢準備如何？伊答正在考慮中。3．總統昨日演講，指出四個戰區，未及中國，是何意義？伊答總統不致忘中國，支吾其詞。馬氏執拗多偏見，愚而好自用者也。對於中國戰場事殊為忽視。

　　訪宋部長子文，談中國外交情形，本人力主宜取革命外交途徑，美方對吾人一種忽視，及根據其駐華人員之報告：（美今日在華外交及軍人皆三十年前舊腦筋）供給美政府以不利於我方之壞消息，正本清源，必先將此類人員設法使美方更調，易以新時代人物任之，中國馴羊態度之外交，決無成功之望，亦應自求改變，伊答將先與賀浦金斯一談或更赴英觀察後轉偕返國向政府重加討論如何？余曰願勿忘。繼告以中印空運恐無增加之望，宜繼續設法堅求達到每月五千噸空運量乃佳。又談日本集結兵力取待機姿式，若北向蘇俄，固無問題，若西攻印度，以目前印度軍備觀之，恐難保無慮，吾人應設法促美方之

注意充實其軍備,日寇北攻,則我可乘虛略取緬、泰;若其西來,亦有備而無患。

九日 參觀噴火器高熱噴射約三十至五十碼,又煙幕及紅、綠、藍色煙幕,乃與飛機聯絡用者。訪海軍大將希烈:告以充實印度軍備爲重取主動之要圖,並對增強中印交通之重要性。赴荷蘭海軍總司令 Admiral Johannes T. Furstner 上將雞尾酒會。

十五日 拉鐵摩來訪,告將赴華就任宣傳部職務,請辭本團顧問,許之。十月二日奉委員長覆電,告余宜暫留此,不必回國參加十全大會。三日魏大使來談此後宣傳講演,宜組一委員會共籌之,並託余以革命外交理論影響子文,使其歸國可幫助空氣之轉移。耑函呈委員長申述革命外交理論。十日赴波士頓參加明日華僑慶祝會。十一日車抵站,阮本萬君等來接,與同午膳,粗俗叵耐,二時乘篷車赴唐人街,一員警車爲前導,到會所附近一群不整齊兒童吹奏鼓號相迎,其意可感,而兒戲太甚,僑胞多操臺山土語,極難瞭解。

十二日 參觀哈佛大學 (Harvard University) 內有海陸軍初級將校千餘人之訓練班,又其陳列館玻璃製之植物標本甚爲精緻,參觀麻省理工學院(Massachusetts Institute of Technology, MIT),每一畢業生所需費用四千元,學生自任三分之二,又言國外學生有四十二個國籍,成績以華生最佳。參觀 Watertown Arsenal 製造廠,該廠製造九公分米高射砲及六至十六吋海岸砲,每門砲價爲五十至一百萬元,每一發彈價一千五百美元,觀其檢驗各種精度設備,有屬物理的,有屬化學的,頗爲精密。

二十日 赴紐約參觀哥倫比亞大學及李鴻章四十六年前手植之兩株白果樹,畢至公共食堂與中國學生共晚餐,七時許出席學術建國討論會,講演「戰後建設與留美學生責任」。

廿一日 參觀股票交易所及花旗銀行,晚在李國欽君家宿。

廿二日　參觀華昌工廠並往 Jones Beach 遊覽，此處建設經費五千萬元，長十五英里，夏期每日遊客汽車多達七十至八十萬輛，開辦數年即已將建築經費收回，此為羅斯福氏當年為紐約州長，任內甚有聲譽之政績云。據傳：初羅氏有舉辦其事之意，因需費太鉅（五千萬）恐惹非議，不欲由政府發動，乃醞釀輿論，時時發表一種民眾呼聲，以為紐約人口之眾，暑熱之苦，政府不肯為人民考慮任何解除方法，類如選擇適當海濱開闢廣大浴場等事，使擁擠於烈日下之民眾得以少舒喘息，有地消遣，舉手之勞而不為云云，久之民眾漸覺有此需要，俱認為此乃是其自家切身之利害問題，羅氏知其所用之宣傳教育業已成功，自己主張已經變成民眾要求，乃無所顧忌毅然決然而為之，不但毫無阻礙，且得皆大歡喜，真得政治運用之妙。

廿四日　約訪威爾基（Wendall Wilkie）於彼辦公室，屆時彼猶未到，余坐候於其待客室，彼從外面回，過余前不為禮，及余入其室，彼又坐而不起立，祇作一手勢打招呼，余甚覺其粗疏侮慢，即退未與交談，歸後使於總領事告知其故，據答美俗對於熟識友人常如是，非有意慢客，余終絕之。

廿七日　往魏大使旅館約會羅麻羅醫生，其人年已七十八，健壯如五十來歲人，能自由停止脈息，又善為魔術，晚八時後岢誠往訪於其寓所，請教養生之道後並談及大局事，伊能預言，言明年三、四月間日本必敗，德敗在日本之先，中國戰後可收回失土，但國內必分裂，又言余在八個月後當歸國。

廿八日　返華盛頓。

十一月七日　魏大使電告羅斯福總統宣稱上午九時三十分美軍在北非法屬登陸事，日前史太林演講有英美不久亦將攻德之示意，此事事前余迄未得知其詳，情報工作，殊欠週到。威爾基由華帶來木刻及

圖畫，交紐約援華總會展覽，函邀余往參加開幕禮，余以威某前之失禮謝絕之，又由派司轉託為之題字，亦拒之。

八日 近殊憂鬱，殆由於來美半年餘，工作無何成效，繼思環境在人，轉變在我，應毋自餒而致殭似冬蠶，噤若秋蟬。

十日 接張治中佳電，告委員長可允調余回國。訪魏大使，商談余請撤回國事，伊主以反攻緬甸為去就爭，不可太消極，撤回了事，其言亦有理由，余答當加考慮。

十一日 與徐參謀長商談：如能即歸，以誰為代理人？及對反攻緬甸交涉之進行如何？結果乃發一電詢何總長關於緬甸軍事及子文在渝對軍事主張，擬俟得復後再作計較。

十二日 時代周刊雜誌記者 Sam Lyons 偕牧恩波來訪，詢余來美任務，並詢已見羅總統幾次，軍事當局曾否有軍事大計相商，余以實告。

十三日 魏大使來談緬甸反攻事，如北非勝利，聞明年雨季前應可發動。

二十日 出席第五次太平洋軍事代表會議。

廿二日 應施肇基（植之）副董事長約宴於共和樓，在座有魏大使、拉西摩、派爾及太平洋學會我國各代表，席間主人囑述關於太平洋會議，我代表對於軍事發言有何應注意之點，余乃講述數點為其參考，大意如下：1．此次戰爭目的始終欠顯明。2．聯合作戰，應有統一之戰略及其組織。3．對於太平洋作戰應爭取主動，即迅速加強印度之軍力，能恢復緬甸尤佳。4．對軍火分配，應根據戰略任務之輕重緩急共同討論。5．戰後中國根據國土主權完整之原則，應恢復所有失地。6．戰後中國根據世界物質公平支配原則，對於立國所必需而自己所缺乏之樹膠、大米、錫等應享受平等待遇。7．戰後東南太平洋各弱小民族根據三民主義，應主張民族之自決。

廿四日 赴美軍部與馬歇爾總長攝影，電傳回國，並與馬氏談緬甸軍事問答如次：余先告以緬甸敵情，言敵我可用之兵力爲十二與九之比，且敵近來行動或已有備，因此前次所云局部攻勢應特別愼重。馬詢：對局部攻勢是否反對不同意？余云：敵似有備，且其後方交通及可用兵力，俱較我爲優。我意在準備期間，應特別審愼。馬云：時不及待。梭羅門、北非之役，俱爲局部，但所及於全部之影響甚大，尤其中國方面不可久無行動。余云：既已決定從局部著手，則有下列各問題：1．陸軍兵力劣勢，美能增派三師赴緬否？馬答無船隻運輸。2．陸軍兵力不足，能以三、四艘主力艦編成之有力艦隊，出入印度洋，以要擊敵對仰光之海上運輸線亦佳。馬答英將負責，然亦須視北非及梭羅門戰況如何，始能決定。3．敵在緬、越新一帶空軍，據報有八百架，我方將能有優勢空軍使用於此戰場否？馬答伊不信敵方有若大兵力，因敵在梭羅門空戰每次皆劣勢。4．將來指揮能統一否？馬答此問題甚微妙。

廿八日 奉政府電令暫調回國，數日來之煩悶應可爲之消除。

三十日 呈覆委員長蕭電和感電，申述對外發表調回理由。十二月八日奉委員長齊電，曰調回國對外措詞可照余卅電意見，並望於起程前將美國軍需重要工廠尤以（1）空軍訓練編組；（2）陸地空中業務；（3）飛機製造廠；（4）發動機製造廠凡重工業有關最新式之工廠，尤其是汽車製造廠；（5）新式造船廠；（6）造炮廠；（7）製鋼廠；（8）鐵道機關車廠；（9）電器材料廠以上內容管理組織資本等各種設計，詳加考察後再行回國更好。

十一日 奉委員長真機渝電，告前電諒達，兄回國時，先經倫敦轉埃及再回國亦可，總須將英美最近空軍之組織教育指揮及其上下人員戰時工作之精神與重工業之建設，詳加考察爲要。

十二日 由華盛頓搭車赴南方貧瘠地遊歷。

十三日 抵 New Orleans, Louisiana。

十四日 乘輪遊 Mississippi 河，河口兩岸闊如揚子江，惟岸上碼頭工廠林立，行約一小時，見長橋如虹，其建築費去三千萬美金云，此河長一九二七英里，河口附近二００呎，上流約三０至六０呎。

十五日 車抵 Alabama，往鄉村遊覽，所過多牧場，昔植棉，因蟲害（約在一九一九年）棉田乃爲牧場，人民貧苦不堪，黑白人皆散居，各處多無水井，飲用全賴屋瓦雨水，廁無坑，僅在平地搭一小板屋，即爲廁所，蓄家禽種蔬菜人家不多，自耕農約佔三分之一。

十六日 返抵華盛頓。

十九日 約侯德榜來商談重工業調查事，請其介紹製鋼、電器、火車頭、汽車等四項專門人才來華府相助考察。

民國三十二年。一月十日 赴費城（Philadelphia）參觀機車頭工廠。

十二日 至 Bethlehem 參觀煉鋼廠。

十三日 至 Schenectady 參觀奇異電氣工廠，見所製造之巨電纜可通過六萬餘瓦之強電，十萬倍電光顯微鏡，聞又將製造大此十倍之鏡，電視機、高空五萬三千呎零度下一五０度氣溫試驗室，X 光影像機，可透視八吋厚鋼板。

十七日返抵華盛頓。

廿六日 威爾基來電云，聞將返國，擬日內來華盛頓一晤，藉以話別，特問有無時間云云，蓋猶慮余之不願接見，故有是電相詢，因念彼既似已覺其前非，余又何可仍念舊惡，乃覆電歡迎之。

廿八日 威爾基偕泛美航空公司副經理派羅（Sam Pryor）同來訪，相與笑談，前嫌盡釋。此君前與羅斯福競選總統失敗，恐粗疏亦爲其原因之一。

廿九日 飛至 Tva 參觀水利製燐廠、火藥廠、淡氣廠。

三十日 參觀鋁廠。

十日 決定全團分二批返國，余與何鳳山、李明憲同乘火車赴加拿大，然後飛英轉歸。

十一日 訪辭列希總參謀長。訪辭馬歇爾總長，並留其家午餐。

十三日 謁辭羅斯福總統。

十六日 上午十時至辦公室，充滿別時情景，略話昨晚別筵事，重錄余即席贈別詩一絕，交朱秘書傳觀。詩云：「去來冠劍愧馳驅，一醉狂歌且自娛，明日酒醒人遠別，風云萬里在征途。」

下午四時半至車站，乘火車赴加拿大轉英歸國，到站相送者有魏大使與中外官員僑領等百餘人。

第五目　由美之歸途

民國三十二年二月十六日 乘火車離華盛頓赴加拿大轉英歸國，車抵 Montreal，改乘飛機。

十七日 飛抵加拿大首都渥太華（Ottawa），就空軍俱樂部進午膳畢，即赴附近參觀其空軍訓練站（共有三十站），雪深冰滑，寒風凜冽，誠訓練空軍良好之自然環境。下午赴我駐加拿大使館酒會，客約百餘人。晚赴防空部部長 Power 晚宴。

十八日 接見記者十餘人，所發問題，多為來加任務、中、加關係、中國所需援助及對日應採取戰略等，經分別予以答解，滿意而散。上午訪軍火部部長 Hogue，其人頗誠懇。訪總督 Alexander Cambridge, 1st Earl of Athlone，老態若七十以上人，威儀做作，不如印度總督之甚。下午參觀國會，並訪首相 Machenzie King。此人年六十八歲，頗健康，獨身，長於言，態度亦誠摯可親，聞其為相已二十餘年。

十九日 由渥太華乘火車到曼特拉（Montreal）改乘飛機。

二十日 先至曼特拉之建得（Gander）機場，學習高空飛行使用氧氣方法，降落傘使用方法，與防寒衣帽靴著用法，然後機抵 Newfoundland。此間緯度約與我國吉林北部同，室外積雪雖厚，因今日無風，尚不覺寒，地原英屬，前美國以五十隻舊艦換取之為其空軍根據地之一。

廿一日 由 Gander 飛 Prestwick，登機即加著浮水衣，蓋恐海中跳落以備虞，預凶事殊感不快。起飛半小時，即須呼吸氧氣口罩，面具初戴時，未敢少事轉動，及夜半用點心，見他人皆取卸，亦取卸之，微感不適，隨手再罩於口上，呼吸數次，又卸置身旁，乃覺亦無何等不便。

廿二日 晨飛抵蘇格蘭之 Prestwick，因天氣不佳改乘火車赴倫敦，車中設備不若美國之舒適，臥房寒冷，腳凍抽筋，殊以為苦。

廿三日 早抵倫敦。在站迎接者，有我大使館陳代辦維城，葉專員公超及海軍副武官周應聰與英國陸軍部代表 C. Vale 準將等，空軍部代表 Wing Commander Roland Beaumont 準將、海軍部代表 J. R. S. Heyne 上校等、外交部代表 Sir John Brennan 等。訪問英外交部長艾登（Anthony Eden），談二十分鐘，其人風度頗佳，誠典型之英國紳士，所表示皆好感，言望於行前再談。訪問空軍部長辛喜來爵士（Sir Archibald Sinclair），談二十分鐘，其言對勝利自信頗強。訪問英海軍部長亞歷山大（A. V. Alexander），談一小時，其人健談對中國表示好感，甚為親切，夫人亦然。與陳代辦商定，即照其所與英外交部擬訂之三週計畫作軍事參觀。

廿四日 訪問英陸軍部長 Sir Percy James Grigg，此人曾在印度任省長五年，談印度問題，頗以甘地為政客，欲利用機會實不願對日作

戰，印國民黨實為牽制英國運用印度人力、物力之一大障阻。訪問英陸軍參謀總長，並赴英皇宮，簽名賓簿。

廿五日　往 Odiham 皇家空軍站參觀表演：（1）偵察敵情；（2）低空轟炸；（3）低空掃射；（4）投放煙幕彈；（5）滑翔機及降落部隊之表演。空軍站午餐，軍用食品均較民間旅館豐美，我國則恰與此相反。

廿六日　參觀皇家裝甲學校 (Royal Armored Corps)。其節目為：1．戰車射擊：最重車約四十噸，砲口徑最大七吋點五。2．駕駛與保管：一切分部教練甚為切實，我國各教練方式太籠統，不易精熟，且機械少，操作人少，旁觀人多，時間浪費。3．無線電訓練：英制連排均以此指揮聯絡，聞德軍排以下兼用補助信號。4．步兵排攻擊：一班正面攻擊，兩班迂迴，用煙幕掩護，排長位置亦用煙幕掩護，實際利害參半。

參觀陸軍參謀大學（Army Staff College）。此校分高級、中級、低級三班，每級四個月期。參觀空軍參謀大學（Royal Air Force Staff College）。校長 R. M. Hill 少將，有思想，富創造，其教授戰術戰略表解及所用以說明原則之器械，俱為其巧出心裁，殊為可佩。

廿七日　參觀英國會，古色古香，英人頗以自傲於世者，數百議員，常在其中濡染，衣缽相傳，宜其保守之意念特強；然亦英國政治人才之溫室。參觀 Windsor Castle 英皇行宮，為一堡壘式宮室，皆石牆，若一大公寓內多大理石砌成，工料精緻，其前一石築禮拜堂，堂內盡歷代帝王及後墳墓，頗工巧。參觀 Eton College，此為英國有名貴族式之中學，學生年齡自十二至十九歲，修學期五年，學生無大小，一律高帽禮服，余詢校長此何意義？伊答相傳至今，欲改尚未著手，其實此乃英國人自尊心之蓄意助長，校中學生一千二百人，納費年約三百磅。

廿八日　由倫敦乘車行三時三十分至 Bournemouth，旅舍華美，雖我國大城市無有也，人之物質建設，誠我國所望塵莫及。

三月一日　參觀第三十一步兵師戰鬥學校（Battle School）。此各師所自設以訓練師內軍士至少校，人員之戰鬥技術，所授課目至連之動作為止，手做多於口講。校分步兵、機關槍、迫擊炮等三班，三週卒業，本日課目為步兵排及迫擊炮排之攻擊等。

二日　參觀戰車學校 Armoured Fighting Vehicles School，由全國十個戰車練習團中挑選軍士至上尉，加以短期訓練，為戰車野戰部隊教授士兵之用，校分駕駛、保管、無線電、射擊等三班。嗣又參觀戰車實彈射擊架橋演習，各種戰車及其解剖模型、無線電解剖模型及試音，並試坐重型戰車。

三日　由 Bournemouth 抵 Larkhill，砲兵學校，參觀項目（1）室內射擊練習場；（2）室內沙盤目標與地圖對照（根據空中照片）；（3）六及十二磅重彈輕重兩種野戰砲之實彈射擊；（4）各種砲（威力最大者為七吋二分彈砲，射程一六０００碼）；（5）砲校組織（（A）砲訓班、（B）戰術班、（C）兵器班、（D）砲空協同班、（E）測量班）。此校教育要領，在逐次完成其必需之學術，而不在一次求全，因時間要求急迫，且時代進步亦在不斷的變化。砲校參觀畢，晚抵 Portsmouth。

四日　參觀波斯茅斯海港：1·港口有人工築成小島砲台（Seafort），八十年前已有之，內有六吋口徑砲兩門。2·海岸補助砲台，砲新台舊，無何足觀。3·無線電偵察敵機設備，頗為新奇，特種設置機一座，內有四女兵工作，周圍地面置有一六十米半徑圓大之鐵絲網，敵機遠來眼力以望遠鏡不能及者，能於此無線機中聽取音響，乃英最近所新發明。4·火箭。此處有防空火箭一二０餘支，每兩支為一座，數十座為一群，箭徑粗約六吋，射高可達一萬呎，其利

在製造簡單,其弊在每發射後裝填一次,須費七分鐘時間。5．女兵從事於防空通信諸工作甚為有效,聞女子除有子女者外皆有應徵義務。6．至李德上將地下海軍司令部,見其通信設備之周密,回想我大本營在南京地下室之簡陋,方知物質力量之未可侮。7．到海軍學校附近參觀高射台及砲台,見其迎送部隊官兵旗號禮節之嚴肅,深覺禮之關係未可忽視。8．此地陸海空軍三種防務,各有其司令部,不相屬,現參觀之海岸砲兵司令,則隸屬於陸軍區司令部,東西防線長約一百英里,兵力共七團、砲約有三十連,對海陸均可發射。

晚赴海軍總司令李德上將（Admiral Little）夫婦宴,於其私邸。此人一九三六年在華,任英駐華海軍司令官,對華頗有好感,室內陳列多中國器物,席罷與談戰局,伊對勝利頗具信心,其批評日德之失為:日本由上海之役陷入中國泥淖中,及攻擊珍珠港,激起全美敵愾心為失策。德攻蘇,致腹背受敵,頗為不智,謂現在惟有先擊敗德國然後攻日為宜,余提三點詢之:1．日本不至待德被擊破後自己受攻,必應時出擊,故聯軍即英美恐將來必致演成不得不同時對德日作戰,即主動的攻德,與被動的應日。2．擊破德軍,必須以陸軍在歐陸爭取勝利,英美有無如許運輸力,及如許可用之陸軍?即有之,德陸軍非如第一次大戰時受物質缺乏之痛苦,是否易於解決?結果英美欲速將德解決之希望,未必容易達成,恐陷於不上不下難進難退之苦境,而將戰事延長。3．即英美軍在歐洲順利,蘇聯是否亦同時盡力夾擊,有無藉機靜觀,任英美擔當一陣,自己在旁休養生息,甚至半途抽腿?所謂造成帝國主義之火拼而坐待漁人之利。

李德上將聞余言,亦頗謂然,但云日本飛機生產減少,素質近亦降低,德空軍亦已日形薄弱,似祇能應付一個戰場,蘇聯無與德講和之必要,且具發展第三帝國之野心,認為有戰勝德國之可能,當不致

中途罷手。彼此立場不同，觀點亦自兩樣，其言當然如此，亦希望果然如此。

五日 參觀海軍：1・潛水艇；Taku為最大等級，日昨始由地中海趕回備參觀云，重一二〇〇噸，長二七五呎，浮水時最大速率一四・五哩，潛水時八哩，魚雷管十一個（每管重一噸），全程可行一萬哩，潛入一百呎五七秒，潛水三十呎深，則艇身可全掩蔽於水。2・魚雷；大概分三段，首小段爆炸藥，中大段壓搾空氣，爲魚雷推進之原動力，末小段爲推動及轉變方向機械。3・救生設備；潛艇沉沒時，艇員穿戴呼吸器，將水節制的放入艇內一高圓筒中，啓救生門而自浮起於水面，此種器具發明不過十八年上下云。4・快艇：有快砲艇、魚雷快艇、救生快艇，先以快砲艇（速率廿五哩，全程三百哩，重一百噸官兵十八名，兩磅砲二門，半吋雙管機槍二座，自動發射機槍一座，射程一五〇〇碼，（機槍四座製造需時六個月）吸引敵火，繼以魚雷快艇潛進擊之，（廿一吋魚雷，二支無備用魚雷，放完即返，重四七噸，速四十一哩，官兵八名，半吋雙管機槍一座）俟敵艦被擊沉然後再以救生快艇救之。

參觀兵器倉庫（全國共有四所）。內中工作，約分爲驗收、檢查、保管、釘裝、分發等事，有一陳列室，陳列陸軍用各種兵器材料，洋洋大觀，據所掛統計畫圖，一步兵師需用器材如次：裝箱：一七九、一〇一個。純重：一二、五〇〇噸。裝稍後重量：六七、〇一八輕噸（一輕噸佔體積四十五立方呎）。載重十噸火車車輛：一、二一六輛。載重三噸汽車車輛：四、一六五輛。每步兵師約一七、〇〇〇人。

六日 參觀英軍大演習。先至情報室，由一準將將敵我態勢在圖上說明，室中另懸有空軍通信及補給計畫，其中符號亦有該準將所不瞭解者。情報室觀畢，日已過午，乃由Beck少校順道引帶參觀牛津

大學,校中皆古建築,以白石砌成,雕刻頗工,盡屬百年前遺物,英人頗以此自傲,參觀一學院,已至午後四時,原欲再赴演習部隊,因Beck少校安排未善過遲,乃命車返倫敦,本日所參觀大演習及牛津大學,俱因時間太促準備未週,一掠而過,無甚意義。

八日 至 Stratford-On-Avon,參觀空軍人員預選所及接收所,英空軍人員訓練程式如次(共約兩年):1.接收所:三週(此處為之裝備、照相、編隊與再檢查體格及游泳測驗,肺病有千分之三,去年落海生還飛行人員有一千八百名)受普通軍訓。2.初步訓練班:三個月(畢業後有十二小時空中飛行,約需三週)。3.往加拿大途程:(兩個月)。4.基本飛行訓練學校:(四或五個月)。5.軍事飛行學校:(六個月)。6.加拿大返國:(兩個月)。7.高級飛行訓練班:(二至三個月)。8.作戰飛行訓練班:(二至三個月)。

軍官軍士訓練俱由於此,其中百分之三十可選充軍官,在軍事飛行訓練學校畢業後即決定之,戰後曾訓練三十萬人,成功者百分之六十云。受訓人員中百分之四十為駕駛員,其餘為航行及轟炸員等。每次作戰軍官損失約百分之五。

此地為莎士比亞故鄉,順道參觀莎士比亞戲院,此乃紀念建築,頗為近代化,晚宿 College of William & Mary,房屋矮小,頗雅潔,有三百餘年歷史云。

九日 參觀空軍初級訓練班及基本飛行訓練班,晚參觀空軍夜間飛行設備及演習。

十日 參觀空軍高級飛行訓練班,皇家製砲廠及皇家空軍轟炸站。

十一日 克利浦斯爵士 Sir Stafford Cripps 代表其政府假座 Claridges Hotel 設宴招待,到有陸海軍部長及海軍總司令等約共四十餘人,席間主人致詞及余答詞,皆照例酬應。

下午晉見英皇喬治六世，由陳代辦同往，皇宮華麗，但遠不及我北平宮室之雄壯。英皇年約四十歲，談話十餘分鐘，並不口吃，談話時俱立於壁爐前，除未延坐外，無特別儀式，對談亦俱普通話。

赴金問泗大使酒會，與會有荷蘭、比利時、波蘭、捷克等國流亡政府之總理部長等共百餘人，捷克人對華頗友善，荷蘭人冷淡。晚赴陳代辦維城宴，酬答英政府人員，到有參謀總長 Sir Alan Pound 爵士等四十餘人。

訪飛機生產部部長克利浦斯爵士。此人年五十許，其夫人髮斑白，顏容較蒼老，一夕談話中，照應茶點，翻取書冊，皆親自為之，頗類日本高級軍官家中主婦，有時參入談話，或凝神傾聽，殊為可佩。

余首言：聞君由蘇返英時，曾為「戰爭目的」之說明，親到各地講演，實所心儀，戰爭之勝利，固須有賴於人力、物力、財力、組織力、行動力；而最著重要在精神力之號召，蓋師出有名，以直為壯，曲為老，以戰爭目的明白昭告於天下，使世人曉然於敵我曲直之辨，然後人力、物力等始可能充分發揮其作用。

克氏云：英朝野此時祇注重在團結一致，為本國利益上爭取戰爭勝利，其他非所瞭解，因問余：此時英國應用革命方法強政府將戰爭目的鮮明揭出，求聯合國之一致？抑仍應照現政府所取途徑，以英國利益為先，但團結國內一致以抗戰？

余答：國內不團結，不能抗戰，國際不團結，不能取勝，揭櫫正義以昭告於天下，正所以團結國際爭取共同之勝利，今次戰爭是屬於國際性者，祇以自己國家利害以為言，自嫌不夠。時代是進步的，趨向如此，無論你願意與否？自動的或被動的，終必隨著時代走，反時代的一切思想，若不早自覺悟，最後亦必受時代的淘汰。

克氏云：此時英國政府除戰場上失利以外，決難喚醒之，即人民近滿足於消息之好轉，亦難求有大多數之覺悟。中、蘇兩國從事於今日戰爭，俱在各自革命戰爭之後，故不為本國固習所籠罩，一切易於改變，使適應於現時代，英國則不然，守舊思想，根深蒂固，舊時代帝國主義思想，決不容易拋棄，目前現象，較一九一七年大戰時更嚴重；而英國朝野心裡可得而述者：

1．英國政府對國內：但求各黨派之團結，支持政府之抗戰，一切不求多所更張。當英國退出大陸時，國會曾通過一法案，即政府為戰爭可以徵用資本家一切財產，此事至今日猶未見諸實行，工廠動員，完全向政府承造，仍為平時交易性質，即言飛機生產，本人主其事，自開戰以來政府曾費三萬萬磅於飛機製造，盡為資本家囊中物，飛機生產部無與焉，政府對於資本主義之維護，較之一九一七年決心當更堅強。

2．英國政府對國際：仍堅持為帝國安全而戰爭之理想，於將來世界之改造，永久和平之建立，並未加以考慮。

3．英國社會對政府：一般技術人員前仰資本家鼻息，而自居於工人之上者，此時亦常聞有怨言，以為受政府之欺，對於現制深感不滿，本人在各地講演時聞及此類之質詢。

以上情形可知英國方面在各戰場消息好轉時，人民決無改造之要求。

余云：凡事由於思維力主動而為改造者少，由於事實教訓被動起而改造者多，此日之民心，此日之軍情，未必可以長久，反時代政策必待民心軍情受到反時代之教訓而起變化時，始有變化。立於時代之前者，當不計目前一時之利害，最後必致成功。

克氏頗以為然，最後續談及英美先攻德後攻日之戰略。

余云：以目前形勢，英人自以先德後日為得策，但日本決不看著德國被擊破坐以待攻，故其結果英美軍必至同時對德國與日作戰，不過兩方性質不同，一樣戰爭，主動攻德被動應日而已。

克氏云：不然，謂美海軍全力在太平洋，英在美所訂造之俯衝轟炸機，亦全被美取用於太平洋，故表面言先攻德，實際並未後置日本。

余云：美對梭羅門方面之作戰，意在掩護美澳航線，非有積極目的，其海軍自珍珠港被炸後損失甚大，補充至何程度，固所不知；但其全力在太平洋，乃以之為守，非以之為政，則可斷言。英美在太平洋方面至今未見有何主動之攻勢。詞意未盡，時已過子，乃與辭而別。克氏明爽人，所談頗有條理，亦俱真誠，惜余歸寓後筆記不全。

十二日 訪問糧食部長 Lord Woolton。下午在旅館舉行一座談會，討論三個問題：1・英國戰時政府與社會一般工作精神。2・英國之物質統制。3・英國之國防工業動員。

由何鳳山參事主席，到有金大使問泗、郭秉文、葉公超、李德熻、熊式一及駐英使館人員，由施肇夔參事準備一書面提要，再由各人先後發言，因所到人員平時無大研究，故少精彩。

十三日 訪問英空軍參謀長 Sir Charles Portal 爵士，詢以空軍獨立設部利弊，彼笑而難以為答，但云英海陸空參謀長聯合會商，頗俱協同功效；又告日本與美國空軍，皆分屬於陸海軍，似不易發揮空軍獨特威力，轉而形成附屬品，為不經濟。

十四日 郭秉文來談，論英方三種委員會情形。1・戰後救濟復興委員會：各小國俱將各所要求事項開送到會，惟蘇聯沉默，中國亦未提出任何問題。聞美國亦有相類組織，初為英方發動，徵求美方同意，未得贊許，後自發動，由七人組成之（中、美、英、蘇各一人餘由各國推三人），事為蘇方否認，蘇主張祇須四大國代表組織之，不

過議案須全體贊同始可執行，美方頗有難色，將不受蘇聯影響，仍自進行云，李滋羅斯將主其事，伊曾言中國戰後恐不需食料，祇需機器。以告郭君，郭君未置答。2・財政貨幣金融委員會：英擬組一世界劃匯委員會，美擬組一世界平準基金協會，刻未定議。3・經濟商務方針委員會。

郭君又詢余二事：(1)委員長準備將來誰堪寄託國事者？外人多有以此為問？(2)委員長身旁有何人為之研究一切問題之解決？余答：(1)無之，從未聞著意於此；(2)未聞身旁有專任研究之事者。

十五日　余酬宴英政府派來招待人員許立德爵士夫婦（Sir Meyrick Hewlett）、陸軍部伯克少校（Beck）、空軍部鐘斯上尉夫婦（Jones）等於探花樓，酒菜粗劣，杯盤簡陋。不中不西，此華僑從廣東帶來之習氣，可嘆！

下午金大使問泗來談，有一點同感者，即外國政府對我在外使節並不客氣，而我政府對外國在華使節，乃至任何一種旅行在華外人俱太優禮，一極不足道之新聞記者，可以隨晤會最高領袖；上海外國總領事請飯，外交部長每從南京趕赴，此種次殖民地意識，自侮行為，不應任其殘留在此後之新中國。

晚酬宴我駐英倫各機關人員，招待於中國樓，計到四十餘人，極一時之盛，惟菜太粗劣。十六日在李德燣家晚餐，飯後囑簽名，見簿上有蔣百里、張學良夫婦等之名。十七日在金大使家晚餐，菜飯豐美，與昨晚李家相似，為余來英後所僅見。英抗戰四年，國內食物管制得法，故不甚感缺乏，祇是限制頗嚴，新鮮雞蛋，每人每月始許購一隻，現聞可購十隻，肉類及家禽，均不得隨意買，因之市內餐館俱無嘉餚享客。余宿 Claridges Hotel，為倫敦最著名之旅館，皇族貴賓多寄寓之，而餐食之惡劣，令人見而生厭，從未能得一飽。今晚大嚼過量。

十八日 赴大使館 49 Portland Place，參謁總理倫敦蒙難室。室在二樓，室內仍保存當時總理所用之鐵床籐桌，木洗臉架等，牆上懸有林主席題匾一幀，郭大使重修紀念室撰書一幅，孫哲生院長夫人公子等闔家照片一張，胡展堂先生題詩四首，及汪精衛題匾一幀。汪所題字，毫無骨氣，懸於室內，殊有玷焉。事在民國紀元前十六年十月十一日發生，總理在該處凡十二日，至十月廿三日始脫險而出。

下午參觀蠟製人像陳列館，蠟製人像爲法國 Madame Toussauds 達蘇夫人之叔在瑞士京城創始於一七五七年，達蘇夫人青出於藍，巧奪天工，聲名乃超越於其叔父，世遂以達蘇夫人名之。陳列館正式在一七六二年開設於法國，一八〇二年遷來英倫，一九二五年遭大火損失甚鉅，孫總理像毀焉，惟「恐怖室」屹然無恙，一九二八年重修，內有歷朝帝王及古今名人之塑像，蔣委員長亦有一立像，惟不甚相肖，另於樓下有「恐怖室」，陳列兇犯蠟像及各種兇暴殘忍刑具與行刑動作態勢，內照片數幀，攝自我國昔時刑場，斷首凌遲，慘狀不一而足。實應交涉取下，免予觀眾不良印象，當時即告施參事以此意，伊答應即照辦。各項蠟人，近代者神貌皆不甚肖，或非祇技術不及前工，今日形體年年自有其變化，豈若前人蓋棺論定，千古不變者歟？

十九日 訪問英首相邱吉爾 Winston Churchill 於唐寧街十號首相官邸。英人守舊，歷任首相俱居住於此，每次內閣變動，送舊迎新，各報記者自必出入其地，因此爲世人所注目，其實乃一小街，且如盲腸，車馬不通，汽車入內必須凵轉，始能回駛，街口有鐵柵門，兩員警崗位在側，入內車馬必須檢查牌照，街中段有鐵柵，不任通行，十號乃一尋常住宅，陳舊已甚，門上畫有「10」番號。入門有一過道，再進即爲會客室，有一秘書置書桌於其中，首相辦公，即在隔室，室內一大會議桌，容二十餘人，即無空隙矣，余進入辦公室晤邱氏，氏年六十有八，髮疏而白，口含一雪茄，雖病後尚健壯，講話時舌轉不

靈，若醉於酒者然；或人近古稀，固如是耶？握手後坐於邱氏側，一望知爲政客，眼神不定，若有所事，貌似勉強應酬，不擬多所談論，寒喧語畢，余即叩以如有時間，余有數語願與首相談，彼告內閣會議即將待開，但願談一、二問題。

余乃詢以對緬甸攻略意見如何？邱答：雨季期近，明年英美當與中國合力攻取之。余云：在我攻取緬甸以前，日軍力量不斷在壯大，我必須加強其消耗乃爲要著，梭羅門美海空軍予日本之消耗，非日本之致命傷，中國現在重兵器與飛機不足用，雖綿亙數千里之戰線不斷與日敵相周旋，而實際予以消耗亦不大，欲在略取緬甸以前，予日本以有效之消耗，必須加強中國裝備，及時增大其攻擊力量，此點想已見及。邱氏云然；又言攻略緬甸，亦即此意。語似支吾。余乃興辭而出，及鄰室，開會閣員已坐待滿室。

晚王景春先生來談，殊感話長人倦，歷三小時；惟其議論多趣，略記如次：1．曾國藩生也不辰，若與袁世凱相調換，曾生袁時或袁生曾時，中國國運或不若今日困危之甚。2．孔子、秦始皇、唐太宗爲中國三大偉人，孔子統一中國禮教，始皇統一中國政治，否則中國或將如歐洲不知分爲若干國，唐太宗興科舉，使地方才智之士長途赴京應試，不獨瞭解所經各地風土人情，群集首都，得以勾通各地情感，交換其智職，認識中央實於統一思想上有極大成就，中國之統一，此三人偉大之功實多。3．中國文字重象形，亦爲文字統一之最大原素，若如歐洲之諧音者，則各省各自諧音以成字，或使中國之字將比英、法、德、意種類更繁亦未可知。

二十日　遊覽倫敦北郊農村及東倫敦之貧民窟，英以工商立國，一切農產品多仰給於海外及殖民地，是以地雖可耕，而不務農，蓋以耕作收入遠不及作工與經商之更爲有利，故汽車經過各地，除少數可略見有麥苗外，餘均牧場青草或樹叢，甚至爲荒野，爲高爾夫球場。

過一貴族農家，畜有乳牛數頭，一切配製餵養飼料、搾乳、涼乳、裝瓶等皆用機器，牛經檢驗無病，乳亦不復需要消毒，見農家耕作，類皆使用機器，其中有爲政府置備租給農民使用者。

東倫敦爲工人居住之地，素稱爲貧民窟，有深在地下層房屋，白日黑暗，皆賴電燈照明，亦有工人成年子弟失學者。中國僑民卻不如在上海英租界之英僑高樓大廈，而盡跼居於貧民窟裡，且有一街號稱爲唐人街，以比上海英租界真有地獄天堂之別，中國各地僑民何曾得著我政府絲毫持護，類皆獨自奮鬥，奔走四方，其生存力量恐爲人類中所特有，近始尊稱之爲「革命之母」，不知其先人之艱難創業，曾經過幾許年代之馬牛生活，至今就唐人街之遺跡，猶可想像及之，歐美各地莫不皆然。噫：神明之胄，天堂無份，地獄難逃。

廿一日 中央通訊社林咸讓君來談，大意如次：

1. 英美關係：(A)政治上，英內閣以爲美國務院對蘇諒解不夠，美或以英蘇單獨訂立二十年協約而有所不安，對於收復區域政治領袖，英以爲利用曾爲賣國投降份子不足以振作人心，必幫助自由份子，美則不以爲然。艾登赴美或於上二事有關。(B)經濟上，英對美之租借法案，爲美壟斷戰後世界經濟之手段，頗爲英國前途危。(C)軍事上，美海長前有建立五洋海軍之談話，而對戰後空中交通，又大有一手獨霸之勢，北非各地飛行場之經營，即其未雨綢繆之著手，頗爲擔慮。

2. 英蘇關係：德方宣傳蘇軍如至國境後不進，任全力對英，或擊破德軍一直到達海濱，俱爲英國不利，英當有此顧慮，所以第二戰線遲遲不開，但蘇俄對此仍大表不滿，而時猶在對英鞭策中。

下午赴印度獨立派 Swaraj House 所請茶會，主席爲該派領袖甘古利教授（N. Gangulee），到男女客百餘人，內有少數英國人，余於茶會中亦簡述數語，即中、印文化上過去及將來關係，又言抗戰力

量貴團結,「兄弟鬩於牆,外禦其侮」,實為一民族爭生存上不可或缺乏之精神,蓋所以暗示印人之當團結。

英倫印人分三派:(一)印度同盟派正式代表尼赫爾,在國內信徒頗多,殊俱一種力量,英人厭之;(二)國會委員會派,領袖現在柏林,目前其姪在此主其事,主張積極反英,寧願投降日本,脫離英國統治,惟非正式代表印度國會,且無信徒,英人對之更厭惡;(三)即 Swaraj House,其領袖即甘古利,為泰戈爾之女婿,鼓吹印度獨立,在國內無政治力量。

午與郭秉文同遊倫敦銀行街,後赴金大使家晚膳,談最近外交軍事形勢,承贈別五言律詩一首:

喜天翼主席至,詰朝當行,詩以壯之。

「將軍天外至,投轄話參商,飯煮黃粱熟,杯斟白酒香,雍容樽俎會,感慨戰爭場,明日淩雲去,深霄盡此觴。」

酬問泗〔純儒〕大使:

「玉帛干戈兩渺茫,河山收拾費商量,相懷久積愁千斛,乍見真應醉一場,話夜人圍爐火暖,迎春花帶故園香,(當時滿室迎春花盛開)何當寇盜清夷日,再共申江泛羽觴。」(民國十八年,余與純儒同服役於滬濱。)

廿五日 連日候機返國,迄無定期,下午金大使來談,關於戰爭犯數點意見如次:1.亞洲應另組一委員會在中國,英方已有此議。2.對日本戰犯各種證據應多搜集。3.須將日軍殘暴行為,歸到日本企圖滅亡中華民族之政策以立言。4.從九一八事變算起。

廿六日 訪克利浦斯爵士,談三小時,余詢:1.對邱吉爾最近廣播演說一般之反應如何?克氏答:邱氏對內所指示各點,國人以為保

守黨能出諸口,尚屬不惡,大致反應尚無可言,對德注重乃為事實所迫,邱氏對中國全不瞭解,而英國陸軍至今完成可用者僅僅二十個師團,且船運力量更為困難,前在美訂造,而將英船廠改造其他軍用品,珍珠港事發後,美即全部不給貨,即美對英租借法案內所供應之軍需品物,獨無船隻在內,故需要與所損失之差額甚鉅,現有船隻四分之三以充軍用,故無餘力運兵大陸,開闢戰場,德軍所控置歐陸船廠,全部改作造潛艇之用,英美造船目標不同,美方重水面艦艇,英重防潛艇艦,故美開戰初即損失二百五十萬噸,最近六個月,英始增艦船一百萬噸,刻下力爭突尼斯,亦為欲縮短運輸航線,故不得不以全部精神求蘇俄之諒解。

2・詢現在英美全力用在造船,擴軍爭奪北非,求取蘇俄諒解,然則戰爭結束尚屬遼遠?克氏答:然。3・詢打破長期戰爭煩悶,英國最先著手者為何?克氏答:造船。4・詢中、英邦交應求改進者尚多,當如何?克氏答:(一)中英文化組織增強(現倫敦中、英協會無事);(二)中國方面主持中英文化等事者未得其人,宜另選派;(三)多派青年有為之人來英,以求中、英青年之接觸;(四)蔣夫人訪英,能與邱吉爾談,邱必被所轉變。

廿七日 葉公超(時任中國國民黨宣傳部駐英辦事處處長,後任外交部長——編者註)來談,關於我國在外宣傳之缺點:1・指導不夠:國內電報,每多後時,文到發言,機會已失。2・通信工具不靈:收音機不敷用;使館通信袋亦無。3・內外人員多隔閡:在外人員不宜太久,應常調回國,使之熟悉國情。4・人員不敷:打字尚須親為之。5・經費不敷:每月銀行存款祇有一、二鎊。

又言外人對我國之憂慮有次之各點:一、戰時統一,戰後恐仍將分裂。二、中國為人治局面,此後繼起無人,必亂。三、宋等對外談

話，常招人疑忌，最好多在實際努力，少從口上空談。下午乘火車離倫敦至 Bournemouth 候飛機。

廿八日 黃武官來談我國派來英留學之軍佐，無目的，無管理。軍訓部李昌來學通信，已來五年，現在劍橋大學肄業。軍政部派劉但爲、左世彥來學軍需，已來九年，在倫敦大學學數學，已畢業猶未返國。下午起飛抵愛爾蘭之 Foynes 降落，改乘汽車至 Adair，沿途所見市村敗屋頹垣，所在皆是經濟落後甚似我國之鄉鎭。

廿九日 飛抵 Adair，此一小埠頗整潔。居民見及華人，似甚奇異，平時我國人殊少至此。

四月一日 大風雨，連綿三日，余午始得飛離愛爾蘭抵葡京 Lisbon，承李公使等迎候，據談此間一般感覺德軍力似已日形衰替，突尼斯守軍亦因接濟不及，恐難以支持逾兩月，歐洲各地人對德俱無好感，葡人不敢見罪於德。初期新聞，對德消息特多，目下則英美方面較多，並登載在前。葡全國並屬地人口約八百萬（本國六三六萬屬地二三六萬）產魚、麥，常以之向西班牙易鐵間接轉德，德每日必有二、三飛機來此，多爲運物，德有第五縱隊約三千人在此，現雖逐漸減少；但活動未停。葡人對德頗爲敬畏，德人所以未即佔葡者，蓋留此海岸，便利對外交通，且將在歐洲搜羅美金英鎊到此兌換，華僑在此約有百人，多青田籍小手工。

西班牙對德意皆有深長關係；但若德軍侵入，料將抵抗，因德無法接濟西國糧食，故西絕不肯輕於與英美爲敵。法維琪政府現更無力，我駐法使領人員於三月十日已全部遷來里斯本，此爲法政府之示意，美及巴西使館人員，則全爲德虜入德境。余詢我使館在葡有何活動？李等俱言甚難，祇常與英美使館人員來往，敵對國家，早經斷絕關係，即葡政府人員之接觸，亦頗受限制，即請一軍官會餐，猶須待

其政府之許可。余云：在葡人員，應更向英美兩國以外國家活動，搜集情報，供給國內。伊等曰無此經費與組織，可笑。

李公使臨別握手，叮囑託代呈欲調回國，曰年事已高，不宜久滯於外，來此已八年矣，余見其目不能明於視，足不能良於行，在此戰時，精力尤恐不濟，所言尙屬誠意，惟憶去年初到華盛頓時，胡適大使亦爲余言代求脫，及後政府易以魏道明，而又怏怏然不滿於色，聽人之言，亦未可即信其行，姑誌之。

接桂武官永清來電，亦云在瑞士無何活動，欲請調歸國，囑代陳言。齊焌君函電俱言在瑞士如坐孤島，惜不能隨余返國，但未言求調歸國。桂齊兩君受命於外，當有其一定任務，不能自動發揮其工作效能，恐國內亦缺乏組織的經常指導，故更現呈無事可辦之殭凍，發縱指示之不可以已也如是夫？晚一時續飛。

二日 下午飛抵英屬 Bathurst，當地英省長擬請酒會，因旅途勞頓辭謝，夜半續飛。三日午飛抵 Lagos，出站遇錢大使泰等，乃偕當地省長派來相迎代表赴招待所下榻，錢大使奉命駐此，將往倫敦，因得就詢國內近況。代理省長 Glentham 來訪。晚餐與英高級專員 Sir Theodore Adams 爵士及海軍上將 Henry Demhan 爵士等相談頗快，英人之在外地者皆比較誠樸，因飛機機件須加檢查，後日始能續飛。

四日 主人邀往海岸遊船游泳並野餐，余因天熱且旅程疲憊婉謝之，即在招待所休息。室中日光明爽，清風徐來，乃檢閱年來日記，深感自治之疏，悚然以懼，赧然而愧，反省去年四月以後十個月中心靈軌跡，言之可慨。

五日 早起飛，下午抵 Leopoldville。中途所經，多原始森林，川流迂迴其間，不見人跡，水邊有小小白點，起落無常，時而聚散，此殆爲白鷺類之水鳥。下機來客館，自攜大衣提包，步行疲頓，入館分得一室，纔容膝，西曬當窗，更爲悶熱，乃出外散步，殊覺不快，李

副官草率圖省事，未之顧及，余昨夜睡眠不足，易怒，勉自抑制，力戒過去慣病：「凡事祇思頤指氣使，而欲他人心領神會」。因而溫語命李更向館主交涉，爲余另調一室，半晌始就。十小時之長途繼續飛行，中間顛簸又甚，人之困乏不堪。晚飯後，竟在飲茶座上倦而盹。

　　六日　上午九時飛抵 Coquilhatville，降落加油，此地屬赤道，本飛機停靠之浮標，僅離赤道二百碼，天氣並未覺有特別熱，祇似南昌四、五月間。據談赤道氣候，亦視陰晴風雨而異，附近村中黑人多花面紋身，尤以子女在兩眼下劃皮爲紋，另似兩眼，望之儼如四眼狗，其醜可怕，河上往來猶多獨木舟，十時續飛。

　　下午飛抵比屬剛果之 Stanleyville，當地縣長夫人領導遊覽瀑布二處，前者水流寬而頭不高，名 Stanley Falls，與本城同名，一八九五年有美人 Henry Stanley 發現此地以後，由於政治原因，轉入比屬，故以其名名之，附近以土法籠魚，當時其地土人曾助 Stanley 平阿拉伯人，故許以其他漁權，至今存在，爲該村民所獨有，後者水流窄而水頭高。

　　比屬剛果共分六省，土人約一千一百餘萬，歐人約三萬三千，本城土人約二萬五千，白人約一千五百。野多土壘，如大墳堆，乃螞蟻自造之窠，其中螞蟻無數。本地多瘧疾及睡病(Sleeping Sickness)，初期患者昏睡，繼瘋狂，多難醫治，牛馬亦有傳染之者。

　　七日　早起飛午抵 Malakal 加油，乘客俱登岸邊飲茶，見碼頭黑人苦力俱裸體在太陽下工作，婦女則有一白布料纏左肩，並遮下體，男女同處工作，毫不以爲異。下午飛抵 Khartoum，英埃蘇丹總督派員來接往總督府下榻，爲途中太勞頓謝之。

　　本日飛過沙漠地帶，機顛簸特甚，何李二君與其他乘客多閉目危坐，未用食品，余則飲食看書自若，因告語何李須勉強以求適應，當

視作在母親搖籃中，愈搖而愈舒適，則不但不會厭其搖，將反而會恐其搖之或止，現實不能閉目逃避，祇有明目張膽去求適應。

八日 飛抵開羅（Cairo），湯代辦武及英遠東軍總司令部聯絡官 Sherstow 準將、Wimble 少尉與培根、岱峰、樹立等在站迎接，至旅舍休憩，一切建築設備，較倫敦旅館爲佳。九日赴郊外祭故同事王賡上校於其墓地，王君西點軍校出身，患心腎病，國內無醫藥，去年勉強隨余赴美，中途殂逝，可憫也。十日吳景超（經濟部）、陳源（武大）、李卓敏（南開）、桂質廷（武大）及吳貽芳（金大）等來談，伊等爲宋子文發動使赴美爲國民外交活動從事宣傳，並以個人出面爲戰後問題之研究，余叩以在國內曾否會商過，答曰無之。此種無組織無計畫之行動，爲效當有限。

十一日 余偕何、李二君乘原機離開羅，徐、金二君將赴土耳其考察後再返國，下午抵伊拉克(Iraq)之 Basra，此間旅館建築頗摩登，休息後乘車赴市內遊覽，沿路小茅屋極貧苦，居民衣衫襤褸。酷似我貴州境內所見揹鹽巴之苦力。

十二日 飛抵 Karachi，由航空公司招待於一旅館，板壁土牆，破陋不堪，且天氣較熱，人殊不適，全夜未成眠，或亦行近國門，心神額外興奮之故？

十三日 飛抵 Calcutta，見保總領事君健及教育部次長顧毓琇等，據顧君談印度事：1．英人在印度所提倡之高等教育，意在製造統治階級爲英人工具。2．印度國民教育對英文不樂於提倡，故甚落後。3．甘地當不輕於再絕食，因知英人難有轉變，人多以甘地太軟弱，一般敬意，乃爲宗教性，非政治性，故活甘地不如死甘地之更有影響於印度革命之發展。

十四日 午飛抵丁江加油，在機場見中國軍官四人，校尉官階級，皆張唇露齒，臉上筋肉弛鬆，瘦削歪斜，彎頸曲背，實不勝感嘆

之至，此為我國青年，此為我國新軍也，噫。下午飛抵昆明，因時間過遲，止宿於此。余因以前不曾領略碧雞金馬之勝，乃欣然下機入城藉瞻當地風光。至站，站內欠緊張，亦不整潔，較之所經國外各地相差遠甚，站中無電話，亦闃無人，可備旅客之詢問。余因特種地位關係，故中航公司派韋處長駕車來接，初不知有何熟識朋友在此，再三探詢，知劉耀揚君在行營任參謀長，及趨車赴訪。至則一所龐大破舊衙門，聞為當年蔡松坡所駐節之地，入門投刺，劉君正在主持一會議，延入，經會議廳至其辦公室，一種腐敗氣象真令人悲觀，劉君出盒以紙煙供客，其中則皆外國貨三九牌及大炮臺之香煙。

劉君言，遠征軍總司令陳誠亦在此，正與龍雲主席談話，因邀入相見。余與龍君初面，見其身著單呢長衫、黑馬褂，精神卻甚健旺，入座與談，相詢歐美近事，皆甚扼要，深居內地，腳不曾出國門，而對歐美乃及北非之事，俱如此留心，亦殊可佩。

傍晚偕陳誠至中國銀行招待處，參加其款待中央派來出席會議人員之宴會，電燈障故，席上點燭，余座陳右側，彼請余估計今晚燭價幾何？余答不過爾爾，彼告物價已漲十百倍，余始恍然法幣貶值之可驚，忽念及家中生活在余離國後不知如何掙扎。

宴罷與辭修（陳誠）夜話至深更，其言大要如次：一、此間中央各高級軍官漸隨環境墮落，非大加整飭不能用，伊已向各軍官明言，其此次來非為救國，乃為自救軍隊之本身。二、此間當局初不明彼來目的，不免有所不安，經時一月，現在彼此傾談，始無隔閡，伊能相信貢獻個人力量為此間當局作若干幫助，環境可漸漸改進。三、中國問題有二：（一）是否能等待到勝利；（二）勝利之後如何辦？四、中國危機：先由軍事影響到經濟，現已由經濟反影響到軍事，此間軍官之腐化，即經濟問題為其主因。五、委員長亦明瞭近時一般情形，但祇靠小冊子訓話等等，精神上之誡勉，決難為效於今日。余言：希

特勒、羅斯福、邱吉爾之類，皆於物質之實際問題，不肯放鬆，故能鼓舞一時，為眾所推載，我委員長祇以克己工夫，屬望於人人作聖賢，殊難能也。六、經濟問題即政治問題，政治問題，即人事問題，人事問題，即決心問題。余言：決心問題即認識問題，不患他人之指鹿為馬，最怕自己之認鹿為馬耳。

十五日 早由昆明起飛，陳誠等到機場相送，下午抵重慶。

第六目 不平等條約百年紀念之追憶

與施肇基先生(曾任駐美公使和大使—編者注)一夕談：去年（即三十一年）五月四日在美與施先生晚餐於其寓，談及我國此次抗戰，如獲勝利，將來國土收回，各國租界等及其他一切不平等條約是否仍須拱手而讓列強恢復之問題？

施君云：曩在國聯會議有許多關於國家主權問題，余（施君自稱）爭論頗烈，事為土耳其凱末爾所聞，後余因事赴歐，凱氏特約晤談，便道往訪，彼見即對余曩在國聯之慷慨陳詞首致敬佩，並言弱小國家對列強求饒無益，祇有挺起胸膛，對於不平等諸約束自行擺脫，我（凱氏自稱）即如此，余覺其言之足為借鏡。

余云：中國之不平等條約快近百年，其當取消，是總理臨終之遺囑，即我革命之目標，今各地經日軍蹂躪，列強莫不銷聲匿跡，我軍抗戰勝利後豈容以血肉爭回之國土，仍任列強不平等條約之依舊存在，吾儕當向政府建議乘日軍猶在佔領時，即於本年八月廿九日不平等條約一百週年紀念時明白宣言，自動取消。施君極為同意。

取消不平等條約之運動：五月十三日與宋部長子文談中國不平等條約應及時自動取消事，彼意殊不以為然，彼固不可與言者，余深悔失言，但彼為外交部部長，又不得不與之言耳。

十九日 胡適大使適來談，伊近與美政府人員談話情形，余嗣述日前與施大使所談自動取消不平等條約事，彼反應殊平平，一似無足輕重。

六月四日 魏大使道明來談宣傳問題及宋事，余告以中國不平等條約將近一百週年，此時是自動取消之機會，伊有同感，因共研究進行方法。

十日 訪羅斯福總統之智囊團居里，談中美經濟合作事，余便述中國不平等條約正值一百週年，日軍在佔領地區聞已宣傳替代中國人取消，無知之輩，頗以為此是一種道義行為，戰爭勝利後，當然中國將來不願在自己血肉換回之國土，再容忍列強加上舊時不平等條約之鎖鍊，列強亦再無理由更作此種夢想，國內正醞釀著自動取消之議，今我們同在一條戰線，尤其美國實為領袖，且中美有其歷史上傳統的友誼，此時似應由羅斯福總統登高一呼，立將此種不平等條約為中國取消之，目下已成為名存實亡之物，料關係之列國亦當無所顧恤，而必樂於接受，豈不更可以藉此空言，而加中國抗戰以一種鼓勵，增強我們同仇敵愾之心？況且目前美國之軍援物資有限，猶未足以適應中國戰爭之需求，雖其主要原因在於運輸力量之限制，此豈容易得到人人之諒解，正應乘此時期，給以精神上之興奮，由總統出而主張取消以前一切不平等條約，抑可藉以彌補物質上之缺陷，閣下智珠在握，願以此意請代達於總統，共為此換取戰爭之勝利努力一番，不必等到中國之自動取消，如何？居氏聞言頗為感動，答願與總統懇切言之，當席向余索取日人宣傳文字，謂將轉呈。余云：聞日人到處散放有單傳，惜余手邊未有存者。

廿九日 電呈總裁申述與居里所言之理由，並力陳我國宜於本年八月廿九即不平等條約一百週年紀念日，自動取消之意見，久無回訊。

卅一日 林語堂來談，示以所呈總裁艷電，主張於八月廿九日百年紀念我應自動取消不平等條約事，商量如何促其實現。

九月二日 拉鐵摩顧問來告，近奉電召將往中國一行，余囑以到華後宜順應世界新潮流而努力，勿蹈襲十九世紀舊途徑，因談及中國舊時不平等條約事，彼以為此日運動取消非屬急務，目下祇應專心致志從事於爭取軍用品物接濟到中國，余曰物質上援助不夠量，理應由惠而不費的精神上設法援助之，君不當視此為廢紙可任其存在，是否帝國主義侵略中國之舊恨，遺留於中國人民腦海中為有利於今日同舟共濟之和諧，乃將前與居里所談之言重述之，並令其促成居里之協力。

五日 林語堂夫婦攜其三女過訪並午餐，談及自動取消不平等條約事，伊言此時取消不平等條約，則抗戰目的可謂達成一半，似亦太過。又言八月廿九日本國未提出，宜趁本年雙十節日提之。見解極是。

七日 由於月來我方不斷的宣揚鼓盪，美政府與社會人士亦漸俱有同情，露出願自動取消不平等條約之傾向，乃以虞酉電再呈總裁，建議本年雙十節日應自動取消不平等條約，並分電致朱家驊、吳鐵城、陳儀、陳佈雷備述美國輿論對我國不平等條約態度及社會人士對印度議論，我國若乘時提出自動取消，各國無理由可持非議，望就近向總裁進言，斷行勿疑。

十五日 魏大使來談關於此後外交工作之開展，余云應自動取消不平等條約起手。

十月二日 李石曾先生來訪，與談不平等條約應由美社會及輿論方面鼓動取消，伊頗謂然，曰願致力。

取消不平等條約之曙光：十八日魏大使來商談「美政府送來關於取消治外法權文，吾人應取之態度」，結論：如非徹底對不平等條約

有取消之意，則無甚意義，且當電呈政府留意英國之跟隨美國廢除而將九龍除外。若果如此，寧單獨與美訂約，不必英國參加。

十一月八日 訪魏大使，聽取國內對美取消在華特權覆文，並談交涉對策，余主張覆文未及美移民律事在美交涉，應可加入並談。

民國三十二年一月十一日 中英美三國分別在重慶華盛頓兩地簽訂中美中英新約，畢竟是將九龍除外。

二月 余在倫敦，我駐英使館慶祝中英不平等條約之廢除，招待中英人士酒會，余回憶前在美曾電呈政府主張英如不包括九龍租借地在內，應拒絕其與美國同時加入簽訂廢約，今九龍租借地依然如舊，在英有何慶祝廢約之價值，前子文耑程返國簽字，殆以爲勞矣。酒會余未往。

四月廿八日 余在重慶與陳佈雷談前在美迭電呈總裁，陳說關於自動取消不平等條約事，並曾分電致君等，何以未見有一覆電，佈雷云：總裁接電，皆交王寵惠先生核議，王先生主張慎重考慮，故當時皆未即覆。

五月四日 訪孫科院長談及不平等條約事，伊曰君來電主張自動取消，外交部人員俱不贊成，在國防最高委員會開會亦然，惟我（孫自稱）同意，又曰不平等條約雖已取消，英美最近新發起之糧食會議，貨幣統一及將來貿易自由乃至重兵器製作等議論，於弱小國家仍將予以新的桎梏。

第二章　共同抗日期間之中國

第一節　雅爾達羅史會談與中國關係之一二事

　　民國三十四年三月十八日　總裁官邸晚餐，有顧大使維鈞等十餘人，餐後客散，余與文官長吳鼎昌、外交部長王世杰留談。總裁出示美京魏大使道明來電報告與羅斯福總統談話，大要為三事，即史太林所要求事項之關於中國者，囑試詢中國方面之意見：（一）蒙古主權當屬於中國；（二）中東鐵道由中蘇美三國各派一人共負管理之責，以期進步；（三）旅順由蘇聯租借。總裁詢余等意見，並囑研究。

　　當時余答：（一）應使美國瞭解旅順等問題，不僅是中國之利害問題。（二）總裁雖曾在開羅與羅斯福言及旅順將來利用問題，此意美軍部未必盡瞭解，即使瞭解，將形成美國單獨在中國專有之權利，似亦不宜。我以為既不能自保，徒啓蘇聯覬覦之心，可否申言以充國際軍用？將來太平洋國際軍事，美國當是領導人，如此，於美或較適意，亦可以作對蘇說話之口實。（三）蘇聯對我慾望，絕非送以旅順港即可相安，美所提三事，就使中國完全同意，將來蘇聯參加對日作戰，兵臨滿洲，焉能保其不扶植第二傀儡？此不可不鄭重考慮。

　　總裁以為將來美軍必先蘇聯攻佔旅順。余答恐未必然，蓋第一、美未必肯犧牲於完全為人作嫁之要塞攻擊；第二、蘇聯出兵滿洲由陸空夾擊，較美之敵前登陸作戰更為便利。總裁以為蘇聯不敢為少數中國共產黨製造第二滿洲國，以開罪於整個中國人民，余以為若第二滿洲國形成，勢不能以第一滿洲國相比擬，蓋毛澤東非溥儀，共產黨非清朝遺老。如有可以製造時機，蘇聯必然製造。

六月廿三日 總裁召集黃山晚餐談話，有吳文官長鼎昌、陳主任佈雷在座，總裁言六月三日曾召見蘇聯大使，所與談話如次：昔者帝俄時代要求中國租借旅順、大連，從此列強逐相繼要求租借地而開津滬等各地租借之惡例。及從蘇聯首先放棄中蘇間不平等條約，交回租借，至今各國莫不競步後塵，使中國得以達成獨立平等之素願。彈丸之地，為利幾何？兩個民族精神之融和，實為重要云云。蘇聯大使謂將轉達其政府。總裁之言未明白指出蘇聯對旅順之要求，其意即在於此。

又言六月十五日美大使赫爾利提出中蘇有關文件大要如次：一、史太林曰願促成中國之統一。二、史曰如須蘇聯參戰，則有次之各項要求：1．南庫頁島及其南端附近各小島千島群島，應於戰後劃歸蘇聯；2．朝鮮由中、英、美、蘇共負託管之責；3．蒙古共和國仍維持現狀不變；4．東三省有關鐵道，中蘇共管；5．大連國際化；6．旅順應租借於蘇聯。

總裁曰以上各節，是故總統羅斯福在雅爾達會議時已允支持史太林者，蓋不惜犧牲中國一部份，以換取蘇聯之參戰，杜魯門總統亦經同意云。千島群島於美國國防影響甚大，亦不之計，以為不足慮，實一大錯，羅氏當雅爾達會議時，聞精神已頹敗不堪云。

余答云：赫爾利所提，在美之目的為換取蘇聯參戰，若我照其所提與蘇聯以一滿意之承認，則其目的當然要在換取國內真正統一，及與蘇聯十年以上之持久和平，此目的可達，則所犧牲，猶有可說，不過新疆問題，以及其支持我國內共黨問題，宜併解決，又旅順用租借名義不妥，亦未可更開惡例。總裁頗以為然，但曰關於共黨及旅順問題如何為言，應再研究。

第二節　關於中蘇友好同盟條約之一二事

　　民國三十四年七月五日　總裁官邸會談，到有孫科、鄒魯等十餘人，總裁提出宋子文部長由莫斯科來電，請示外蒙交涉事討論。陳立夫、陳誠主不讓步，吳鼎昌、王世杰主最大限度照加拿大辦法，孫科主讓其獨立，余陳述意見四點：

　　一、如我不承認蒙古之獨立，對於蘇聯其他要求能否全拒而不談，甚至或須加大其讓步？能否希望蘇聯之仍可與我訂立互助協定？或不暗助共黨之搗亂？能否將前羅斯福與史太林之默契一概抹煞而置之不論？

　　二、衡以今日內外形勢，上項各節，俱不容我有考慮，答案皆是否定的，而我必須與之談判蒙古問題，當然祇有望其能照加拿大獨立程度辦，比較為宜。

　　三、但獨立之承認，應有所交換，在美國為交換其對日宣戰，在我至少要能換取國家之真正統一，蘇聯再不得助長中共之在中國私擁武力，割據地方。又所謂獨立之蒙古，是有界限的，不容隨意指認或信口擴充，故必須按照原有中國地圖以劃界。

　　最後決定對蒙古讓步，以換取其不為共產黨助，而迅求國內統一，與東三省之完整的相互諒解，及中蘇之和平。孫科、鄒魯等俱唯唯。

　　七日　余奉交擬覆宋電，增加指示談判要點二項：（一）對外蒙讓步必須換取國內統一，蘇聯對中國共產黨，不能仍有任何支持，使與政府對立，形成武力之割據；（二）外蒙疆界必須根據我國地圖明白劃定。

八月五日 余由渝偕宋子文、王世杰等飛蘇，余爲中蘇協同對東北日軍作戰等事以軍事代表資格赴蘇，子文等則爲簽訂中蘇友好條約前往者，

七日下午 即到達莫斯科。

八日下午 王世杰部長與傅秉常大使由蘇外交部長處談話回述蘇聯決定對日宣戰。

十日下午 子文電話約余至使館會談，途中聞司機言日本已願投降，及至使館，知果有其事，子文因此新情況之發生，集議如何進行交涉前案，有無改變之必要，結果決定大原則不變更，且求速簽訂，毋任於日本投降後簽字。

日本之將投降，事先蘇聯早已知之，正好藉口宣戰，日夜趕運軍隊，佔領滿洲。掠奪物資，收繳日滿軍械，阻礙我政府之接收，掩護中國共產黨人之潛入，彰明扶植，迅速蔓延，蓋蘇聯亦實利於此中蘇友好條約之從速簽訂。余知此後蘇聯對我東北，自必加速其軍事之獨佔，決不願與我方有任何軍事問題可談。且看友好條約如何簽訂。本晚我方將與史氏晤談，有人言及若於原案之外發生波折將如何？是否不更少讓？同人慮交涉之破裂，皆主張最後一項（即照中國地圖上蒙古界線）之不必堅持，吾力言不可。

十一日上午 子文在使館集商伊等昨晚與史氏談結果：關於取締支持中共事，不言。關於蒙古境界問題，對方堅持不討論，謂前次宋在莫斯科談商記錄中已明白載明疆界問題不討論者，又曰一九二七年蒙古地圖（我方所持以示於對方者）爲日本人所偽造，意在以一九四〇年蘇圖爲準，余旋將一九三八年蘇圖與我國申報六〇年紀念圖相對照，東南兩邊大致無甚差異，祇西邊蘇圖將新疆阿爾泰山大部及哈密區之一部劃入外蒙，故昨談話不能解決。因此更電重慶請示。

十二日 下午三時至使館會談本晚十二時將與史氏交涉之問題，十時前先後奉到主席數電，大要云：「蒙古事如對方不肯劃定界線以中國地圖爲根據，則決裂亦所不惜」。子文、錢昌照及蔣經國等俱主從速解決，不必拘於確定一界線圖，謂對方絕不肯談此問題，有宋、史談話記錄載明我方已允不談界線者。

王部長世杰主張必須再電重慶請示，余亦以爲可不急於一、二日趕辦，當爭者應力爭，以前雖有談話記錄，並非簽定之條文，今奉新令，情勢不同，自可復議。眾不謂然，強迫王部長必於今夕往談，王堅持不可，拂袖退席，余從旁解說，卒用電話展約，候重慶覆電再談。嗣宋子文與王合擬發一電，曰未解決各事，請授全權，另蔣經國又發一電，曰若堅持根據地圖劃定界線，談判勢必破裂。電文於深夜三時始譯竣發出。

十三日 上午宋子文復提與史談判事今晚必須行之，謂重慶覆電雖不到，可與言蒙古界線即以現在界線爲準，所謂現在界線中國地圖與蘇聯地圖相差甚大含糊了之，但欲速決，求在日本宣佈投降以前簽訂爲是云。當時除王部長外，餘皆慫恿之，吾力主從王言，卒亦無效。

久談無結論，最後王部長憤言：今晚約談與否，由宋院長決定，但覆電未到，決不簽字。子文請傅大使尋二枚硬幣，欲卜以決之，直以國家大事爲兒戲，卒以王部長之堅拒未行。但子文等仍一致主張今晚往談，最後王部長未與復言。晚十時許奉到主席覆電，允俾全權處理未了各問題，因之彼等欣然約史，覆電話定午夜十二時會談。

十四日 晨得知昨夜與史談結果，大致皆已妥定，蒙古界線，仍如彼所指劃，所謂以現在界線爲界線，決定趕於今晚簽字。於是新疆阿爾泰山之大部及哈密區之一部，盡照蘇聯地圖，劃歸外蒙，不復爲中國所有矣。

第三章　抗日之末期

　　余自三十二年回國後，所見國內情勢，自極艱苦，而日本陷入中國泥淖，莫能自拔，又以襲擊珍珠港之後，掀起太平洋腹背受敵之旋風，戰爭心理，業已動搖，盟國戰略，雖屬重歐輕亞，而美國海軍全力並未離開太平洋，且空軍亦正在對日作其消耗戰，日本之空軍，則已見其生產減少，素質降低，此後，空軍強弱是戰爭勝負決定因素，故日本之崩潰，業已鑄定，我們抗戰勝利，祇是遲早問題。重慶時聞有日本求和之傳說，未必事出無因，以尚無確實根據，兩軍對壘，亦自難於直接敲門，但勝利愈接近，困難與危險亦愈多，更宜未雨綢繆，事先為戰後之諸準備。戒慎恐懼，以迎接此勝利之曙光。

第一節　重慶戰時生活與拾遺補闕

　　民國三十二年四月十五日　余自美歸來重慶，戰時氣氛較英美為重，行裝甫卸，紛紛於親友之往來訪問，所見一般衣衫多不齊整，午至山洞與家人團聚，居室服食，甚為簡陋，但重見諸兒女甚樂，俱未言苦，城內屋租奇昂、無所居處，晚借空軍招待所暫寓。

　　十六日　赴黃山晉謁總裁，暢談此行赴美經過情形與觀感所及，惟因旅途勞頓，半日夜之談話殊欠條理，晚就官邸旁客館止宿，張治中、劉峙招宴均未赴。

　　十七日　返城，走訪各院部會首長，午赴張嘉璈家午餐，張群等皆先在座，諸友問答，有如議會之質詢，亦苦事也。

廿七日 歸來已近兩週，連日酬應，心神爲之不寧，而於各處歡迎宴及茶會等又須作一番報告式之講話，不得不分別環境，略事準備，自念愼毋心爲形役，形隨境遷，力持寧靜。

午張治中夫婦來訪，談中央最近現象：一、文武高級負責者，類多庸懦無所作爲，空氣非常沉悶，不是好氣象。二、軍隊除大小雜牌外，即中央軍，亦各人伸張自己勢力。三、人事不上軌道，助長新封建。四、當局之人知而不行，但事粉飾，諱病忌醫，厭聽直言，以致士氣消沉，某公近學黃老，聞其實亦頗煩悶。

傍晚訪張嘉璈，詢其出處，談及中央政局，據云：一、我對某公，一爲畏，一爲愛，故凡所欲言不敢直陳，亦不忍直陳。二、某公對幹部接見機會太少，接見外客較勤，不注意幹部，又責備太甚，人當然不知所從，而傍徨無所依歸。三、白崇禧在中央主張徹底取締共產黨，而桂林則放任之，是否別有用心？

晚赴總裁官邸晚餐，至則僅余一人，所談要點爲：一、總裁曰余當任中央設計局事以便企劃復員建設，同人希望余兼任復員委員會秘書長，此與設計局有密切關係。余答請俟少加考慮。二、總裁詢日蘇今年是否會衝突？余答：或日本今年有新企圖，因而發動軍事，固未可知？但其可能性僅爲二分之一。即有所發動，其爲對西伯利亞？抑對印度？亦祇有二分之一的可能性，另有新情況則非所知，故日之攻蘇，在余認祇有四分之一的可能。三、餐畢吳鐵城(時任國民黨中央秘書長—編者注)來，相與共談，總裁曰近日性情易怒，抑制不了，諸君見我言行如有差失，當直告。余云：過勞則煩，人煩易怒，應請節勞。是晚所向總裁陳言，申述軍事猶未走上正軌一節，殊欠詳盡。

五月二日 返山洞家中與兒女團聚，殊爲可樂，但一念及法幣貶值，物價高漲，戰時生活將難維持，忽呂咸來邀飲，乃共赴歌樂山，並與余妻柏筠攜俊、俠兩兒偕行，在座有王正廷、張學良、曾養甫等

夫婦，皆擅幽默，舉盞笑談，一洗日來苦惱。回山洞寓，少事休息，與柏筠談生活維持之道，見每月緊縮亦須三萬餘元，不勝危懼。商定力圖節約，渡此難關。晚趕回城出席委員長官邸最高軍事會報。

四日 訪王寵惠(時任國民黨國防最高委員會秘書長，字亮疇—編者注)，談英美外交意見，大抵相同，伊言對英政策有檢討之必要，邱吉爾一人之情感不足恃，未可對英人全加忽視，目下關鍵為蔣夫人之能否赴英一行云云。余對亮老(王寵惠)總覺其守成有餘，開創不足，在革命時期，正統之法律觀念太甚。如余曩所主張之自動取消不平等條約電文，即總裁交伊審議而被擱置者。中英關係之轉變，豈僅繫於蔣夫人舉足之勞，其外便別無任何途徑當加研究者耶？

訪戴傳賢院長(戴季陶，時任考試院院長—編者注)，伊曰現在各國各自為其生命打算，英殖民地人民不好戰，不願戰，結果已收百年之利，今日本摧之若枯枝敗葉，宜也。所論甚是，卻無積極建設性意味。

晚訪張嘉璈，何廉(曾任南開大學經濟學院院長，當時任職行政院—編者注)在座，談伊將擬從事民營事業，不欲再廁身政治。余曰民營事業當提倡；但君自身仍宜於戰後為政府建設效一臂之力。何廉曰與總裁談話，至戰後經濟建設問題，囑其與余談，連說至四、五次之多，殷望殊切。繼曰戰後經建綱要有三：一為政策；二為物資；三為區域。此數事有所決定，余可羅致專家為之。

下午四出看屋，皆因價昂租賃未妥，旋復往張嘉璈家晚膳，又談及伊將辦理民營事業。張君故貧，友人集資四十萬元以養其廉，刻將贈借之款投諸某公司，可得六分之息，以維生活云。

六日 訪何參謀總長應欽，談時事皆泛泛，余所言則嫌太躁。晚歸山洞家宴，為吾生日，並勞遠歸，家人言聞余在美原訂二月十五日飛機赴英，後因改道赴加拿大未乘其機，該機過葡，在里斯本海上爆

炸，乘客五十二人，罹難者四十有八，可謂吉人天相舉杯爲慶，余亦欣然欲醺。

七日 在山洞粗理家務，慮及尚留江西一部份家口之安全及生活與此間經濟之維持，頗費周章。

晚六時許總裁召赴黃山晚餐，至則總裁獨坐走廊，見余云：不知君由山洞來，相約閒談，並無要事，乃坐談如次：

一、總裁問日來作些甚麼？余答訪問諸友，談談各人對現局觀感，出國年餘，國內情形以及各人見解俱不甚明白。

二、余詢夫人近或已到華盛頓將往倫敦否？便述克利浦斯之言。總裁曰夫人已去紐約，不往倫敦。余曰，余在倫敦時亦覺夫人不必赴英，但今細思，英議會與皇后俱出面邀請，且其國民亦頗企望，我若以邱吉爾最近演講忽視中國之故，不往，邱氏一人感想如何不足論，於其國民情感與國會及英後顏面卻有相當顧慮，請加考慮！

三、余言在美時羅斯福總統曾面告，本年暑期前必與總裁謀會面，未知以後有無音息。總裁曰無。余云：果再有約，我事前自應準備可能面談之各種問題，但地點不宜允赴美境，羅氏又不能來華，亦祇宜擇中間地點相晤，方爲得體。

四、余曰日蘇遲早會有戰事，或日本威脅蘇聯與德妥協，事俱難知，何妨以此假定情況交各高級幹部作一研究，擬訂應付方略，一面是整理好資料，一面是預事之準備，以免臨時張皇，似宜交與何總長辦。總裁曰然，應即交辦。

五、余曰現時經濟狀況殊當顧慮，不知去年三、四月間羅斯福總統建議由英美接濟中國軍餉每月四千萬元之方法能得再行否？總裁曰此大借款未成以前事，軍餉由英美來發，成何國家？故當時拒絕之，轉爲借款。余曰：此時若有大批現金運入開支軍餉，則今日恐慌現象

當可好轉。總裁曰：今日不單是錢的問題，與國外交通能恢復，物資能輸入乃佳。

六、余言美借款中一億美元之半數爲金儲券，現購此者至期仍不能兌現，祇換得折算之國幣，聞爲美方之意，然否？總裁曰無其事，五億美元中有二億完全由我國自己支配，外傳云云乃悲觀論者之從壞處著想而發。

七、總裁云：今日軍心疲靡爲可慮。余云：軍心、民氣、官常三者俱屬重要問題。關於軍心、經濟關係最大，此日軍風紀之敗壞，類皆由於官兵生活之受壓迫，食不能飽。總裁云：師團長好者，士兵痛苦較少，並非食不能飽。

八、余言戰時軍校與陸大教育制度及一般文官訓練辦法似宜改進，平時採用辦法產量太少，費時太多，不足應付戰時之大量急需。總裁命寫具體辦法送閱。

九、余曰在外使領館情形：(1) 工作不甚得法，外交部指導不夠；(2) 人員與經費不敷，在外武官處宜加派學習語言之武官，南太平洋及北菲戰場我宜有軍官長期在其部隊考察。以上兩種人員，宜新舊輪替調回。

十、總裁曰此後中國建設將要若干人，幾何事，怎樣配合等問題，詳細計較清楚，設計工作重要在此。又問近日見到各黨各派人士否？余答張君勱、黃潤之已見過，周恩來猶未晤面，但聞人言，周對「中國之命運」一書，曾認爲刺激英美尤其是英太甚。問左舜生見談未，答猶未及晤。

夜宿黃山客館，因大雷雨，無蛙鳴之聲，無飛蚊之擾，雖談話太長，就寢即酣睡。

八日早餐復閱「中國之命運」一小時餘，倦眈片刻，十時許總裁乘小轎偕緯國俱來座談，傍午談話中途緯國出而復入，報告好消息，

曰無線電廣播英美軍已佔領莫尼斯,正式電報祇曰接近城郊。與總裁續談大要如次:

一、總裁云:昨談日蘇如有戰事,君言應為準備之事為何?余云:類如(1)收復緬甸軍事;(2)對國內共產黨軍隊之處置;(3)由印經蘇運輸路線之打通;(4)對蘇應派人員先與保持接觸,以免消息閉塞,且以後更應加派大員前往。總裁云:以後加派大員,文官當為宋子文,武官為何人?當加考慮。且曰近蘇聯對在新疆飛機製造廠及礦廠,擬搬回國,蓋防與我無正式條約,恐日蘇開戰後我將予以沒收,此時言撤回,事實決不能辦,用意蓋在要求與訂約,故日蘇開戰後,我是否宜與訂立同盟條約一事,應鄭重考慮。

二、總裁云:君昨言克利浦斯所曰祇可告我者,為何事?余答:克氏言,邱吉爾腦中之中國祇是地圖上之中國,他滿腦祇為對付希特勒事所佔領,對東方問題不大留意。邱氏言先解決德國,然後對付日本,亦不可過於重視,英國僅裝備完成了新軍二十個師,對德亦恐無何積極行動。英朝野對邱氏頗信任,如英軍在外不失利,英政局無變化,英對國際利益並不甚注意,邱氏已言此次戰爭,乃為帝國安全之目的。

三、總裁云:此時人最苦悶,一般人心士氣又不振作。余言:兵法云『先為不可勝以求敵之可勝,不可勝在己,可勝在敵』,今日中國當為不可勝而努力之事正多。若祇坐以等待勝利,則必至人心鬆懈,目下應鼓動全國人心,向著一個「理想」去前進,自然日即緊張,所謂「理想」者,即除此時國際交通梗阻,大量機械不能輸入,我物資建設無由著手,而此外建國之基本工作,若改善政治及軍事等各方面,可作之事正多。例如軍事:部隊一時無機械化裝備,但人才之預備,人事及經理之整飭,皆可著手。政治:即言公務人員生活之

安定,如保險制度等實行可著手。貪官汙吏專用道德法律來防止是不夠的。必設法能維持其生活。

　　總裁令寫出一計畫來做。又云,日本用政治經濟方法來崩潰中國不必怕,英美即無大量接濟亦不必怕,中國可以站住,祇要人心振作起來。余言:人心之振作,固須懸示一種「理想」在人人前面,不近不遠,若即若離。天生萬物,皆賦有其追求本性,禽獸皆然,即如上海賽狗,前面有一電兔,總令其現於狗前面可能追獲而不即可能追獲之間,人人有個「理想」追來,自然會如狗之逐兔,不致鬆懈而自然振作起來。「勝利」本是戰時的一種「理想」。但太遠了一點,容易使人倦望,應該揭示一種較為切近目標,以為不是架空或過高之「理想」。

　　若詳言之,其道有三:(1)哲學的警覺:由道德上發動,如宣傳報仇雪恥等等;　(2)歷史的教訓:由精神上鼓勵,如強調臥薪嘗膽等等;　(3)經濟的作用:由生活上安定,如不饑不寒等等。戰時固當節衣縮食,但人究竟不能離開物質而存在,如苦行頭陀之赤足飲水以度日。戰爭持久,人易厭倦。使物質上不再長期缺乏,忘卻幾分戰時痛苦,庶能望其忍耐而努力向前。羅斯福、邱吉爾最近安定人心,振作士氣,則多由此途徑。總裁所著「中國之命運」後節亦言及此,但與人們當前生活尚不夠密切,似宜於此再加考慮。過去於道德方面之昭告之精神方面鼓勵太多,時久易疲,言多易忽,此日雖不能如羅邱二氏之言提高人們生活,至少不應忽視人們生活痛苦之減輕,為振作人心重要因素之一。

　　午膳後續與總裁談話如次。余言:一、現代國家建設宜以「法度」為基礎:為政在人,政不能離人而治固也,但完全繫於一人之身,危險實甚,必使有「法度」為人之替身,方為長治久安之道。二、造成一種新風氣:上級對次級鼓勵重於責備,同級人員協力先於

批評。然後祥和之氣日長,乖戾之氣日銷。總裁頗以為然命擬辦法。三、設計局工作正加考慮,似有應加改革之處甚多,復員設計委員會,宜可廢止。戰後經濟建設委員會,宜可歸併。總裁似同意。四、今日社會遊資充斥,既不能以公債、儲蓄券之類吸收之。不如開放一部份有利事業,任其民營。例如滇黔、黔渝、渝成、成天等鐵路。此由於軍事政治經濟方面裨益殊大,將來亦然,而政府一時無力及此,不如鼓勵民營,若使龍雲、張公權、陳光甫之類人士領導發動,事或易成。總裁曰如民間有人為之,政府當予允許。

下午隨總裁下山,在車中復談及上項所陳各事,因請於以後講話時明白揭示,鼓動風氣,以便推行。又談及外賓事,余曰二事:(一)接應外賓,包括外國軍官,不宜於同時令本國較其更高級人員作陪,庶易排列座位,尤不宜邀聚全體關係人員參加,有形同開會儀式,但交際人員,階級雖低,不妨加入。(二)文武官員,總宜以階級職位排列座次,階級職位同,則論年資。

九日 訪陳儀,彼云:一、設計局不管年度預算則各機關不重視計畫。二、儒家思想用於今日力圖奮強之時,則效用不彰,歷史上當開國定亂之際,無有用之成功者。三、小錢鬆,大錢不知用法,不足以當國(指孔),庸才不足以言政。

余言:戰爭之洪濤,洗不盡衰敝之渣滓,雷霆之大力掀不起頑固之銷沉,此何故哉?昨在黃山親聆總裁之言,云「近最煩悶」、「社會太消沉」、「人心太頹靡」是否病在「善善而不能用,惡惡而不能去」?此種因循妥協之風,非盡量掃除不可;願君深長加以研究,我們應該向總裁去懇切進言!中和太過,便是姑息,欲圖振作必須採取法家精神。

十日 中正大學胡步曾校長來談,請余主張贛工專與中大工學院合併,伊言總裁令與余商,余答當與地方妥商決定。甘乃光來談:設

計局事,月預算委員會不能即併入,設計與考核相關聯,即年度預算不經設計局,亦必慮人之不重視。

羅卓英來談:曰中央軍事當局不瞭解美軍官內容,望見外人即生畏,釀成藐視中國軍官,自居不平等地位。屈膝求人,亦無效力,美軍接濟軍械有限,即我駐印度兩師,補充至今未全,且所交來軍械,類多為其國內報廢之物,一九一七年製之砲乃刮去一七之一字而改為一九三七之三字。羅君在印度是身歷其事者,所言當亦是實。但與友軍並肩作戰,總宜相諒,忍耐為是,余以此意慰解之,並言友軍援助,有比無好,我國軍基礎未立,如經理人事教育等之缺點尚多,亦有招人譏評之處,望能盡其在我,先行在本身上努力一番。勿計較外人視我之輕重,並言對派出外國觀戰及見習人員,應為有計畫作法,伊頗以為然。

十一日 訪張嘉璈,余詢由政府發動民營趕修昆筇、筇渝、渝成等鐵路是否可行,伊答待考查三兩日後再告。又告以南川煤礦事,伊允調查後再告,並言渝新商業活動更簡而易舉。余曰此時沉悶局面應設法掀動之。王東原來談,問對國防研究院意見,並交給總裁手令「請熊某到院授課云云」於余。乃略述所見,言余一時不願往任教課及精神講話,但願與君等對整個研究院內作一檢討,乃提數原則,彼頗謂然,其要如次:

一、教練學員生,勿太求全備,望供人一生學術之需,若如此則是有違反戰時需要,且學術日新月異,事實亦不可能。二、教練目標,當偏重針對現實需要,以求造就出解決現實問題的身手,如重在建軍,則當提出建軍中重要問題,就以調查現實情況,研究解決方法,即以此為課目,訓練足以解決此項問題之人才,如某項問題仍不得解決,再研究、再試驗,必至解決才罷,今日建軍,是中國問題之重要者,如人事、經理、教育、裝備等等皆是,裝備需要大工業,戰

時或不易求解決，無妨先做奠基之準備，其他固不須待戰後始能辦者。若不如此，空談廣大高深之原則理論，則失之空泛，無濟今日之急需。三、人格之訓練，亦宜以事而實習之，作爲陶冶，老僧坐禪，袖手不動，在院內唯唯者，到院外或將否否之不以爲然也。

譚炳訓來談時事，彼述外地來人之觀感，其要如次：一、中央政治現狀比較各地皆差，來到重慶之人皆有此感。二、行政院主持非人，以致領袖不得不日理萬機。下勞上逸則治，反之無不亂者。三、中央公務人員水準太差，科員多有不能起稿者，但更調殊難，各皆有其大背景，曾部長接任交通，陳果夫交一百餘人名單求安插，現各部俱有冗員，不能裁減。四、中國名爲一黨專政，黨內小組織甚多，（指陳、陳、戴、朱、孔、宋等）以致不見一黨之利，而俱備一黨及多黨之弊。五、甘肅等地盜匪風行，蘭州夜戒嚴，有匪即攻城之風聲鶴唳，谷主席政治之運用不善，事事將開硬弓，不獨對地方人員，即對鄰省主政亦多隔膜，可謂經濟危機猶不如政治危機之重。

徐晴嵐來述張國燾對余批評，曰熊先生政治活動無組織，經濟無基礎，是前清名臣作風，余曰：我不願黨內另有組織及個人有經濟活動。

十二日 訪張嘉璈談戰後民營事業，伊出示最近各工廠希望有一聯合組織，請伊出爲主持。所擬章程，伊甚贊成，並曰但望使一般人瞭解，今日工業面臨崩潰，始爲此著，則障礙自少。訪陳光甫，詢對今日經濟有何方法挽救？伊曰除由國外以飛機運入若干物資外，別無方法。

十四日 下午來黃山向總裁陳述三事：一、設計局應整理：復員委員會似宜歸併或裁撤，戰後經濟建設籌備委員會亦宜歸無或修改，以之專負對外接洽之任。財政專門委員會中預算委員會，宜與設計局有關係。二、國防研究院應改進辦法：原則三項：(1)學術以當前問

題為對象。(2)研究以探求解決當前問題之方法為對象。(3)訓練以培養適合上述(1)、(2)兩項人才之數量質量為限度。以省事省時省經費。三、開拓經濟航運線：由英國方面設法(1)轉變中英空氣，使國民對英有好印象。(2)抑止物價之急漲。(3)使一部份貨幣回籠。

晚總裁來客館並用膳畢，續談大要如次：一、余言經濟航運線事，應早著手，總裁不日親赴前方，此事應交何人辦，（總裁曰孔副院長明日當返渝，可與商處）二、設計局事可否照所陳述意見辦理，（總裁曰當然可照辦，戰後經濟建設委員會可暫擱置）國防研究院事如何？（總裁云可照改進）余復言訓練團高級班似亦宜照改進。三、余曰宋子文年內將復歸，前談日蘇如開戰，總裁曾曰將加派大員赴蘇，文官當為宋子文，此事宜加考慮，英美與蘇兩方外交不宜交彼一人辦，不如另派他人，因蘇聯路線有顧慮。（總裁頗以為然）四、總裁曰此時培養人才最緊要。（余言軍事人才之培養現尚在進行，祇方法稍加改善便可。唯外交、政治、財經等項人才之培養宜特別講求有效辦法，更要重在以事磨練）

十九日 至侍從室研究會講演「美國工業發展之階段與原因及中國工業前途」，太專業化、少刺激性。且講題與聽眾不甚相宜。

張嘉璈來談伊赴英美事已與孔副院長商妥，一月後摒擋就道。余告以二事：(1)關於戰後經濟之研究與接洽固甚重要，但中國將來出入口商務，尤有研究之必要。(2)孔固顢頇尚易與，未可疾之太甚。（張云孔為人不如外傳之甚，既不能去，便當設法彌補其短，惟此意總裁應先瞭解）

王世杰來談二事：(1)總裁有一手令交伊辦，即如何準備建設人才，並囑伊與余及陳果夫商談，約期共論。(2)關於開設「經濟航運線」事，擬俟西藏事英方稍緩其注意力後，再進行。

晚赴中央黨部各部長聯合歡迎宴，席間所答覆各人詢問，大意如次：一、英美對大戰，在鬥智不鬥力，拚物不拚人，其用心似在於充實己力為將來收拾戰局之用。二、英美是一家，決不宜以兩個國家看。美軍部與羅總統是一體，決不可看作羅氏對我國之關心，比軍部更切。不過相為表裡而已。三、革命外交之建立，次殖民地外交心理宜剷除！三種樣式的外交家之應淘汰：(1)買辦的洋奴式；(2)職業的官僚式；(3)儀表的木偶式。留英學生不宜以使英，留美者不宜以使美，餘類推！四、中國人對英美認識不夠由於資料不夠，評論不真，消息太慢。

三十日 俞飛鵬來談伊所經過九省，軍隊狀況，士兵訓練，多因生活壓迫，砍柴種菜而荒廢。至國防研究院講演「美國軍事」約二小時。

六月二日 訪張治中，談建軍問題，伊認為尚非其時。委員長恐因顧慮多，重在計畫作準備而已，言下有消沉之色。

赴國防研究院主持「建軍問題」座談會提出意見三項：一、人事：高級軍官應專業化，軍官應定期調任。二、教育：(1)學校教育改革；(2)部隊訓練加強；(3)建立教導師；(4)派遣赴外國留學生；(學生、見習、武官、考察、義勇)(5)組織軍學研究機構（翻譯、印刷、圖書館、情報室、圖畫組、模型室、玩具廠）。三、經理：調整官兵生活，建立真正軍需獨立制度。

三日 王啓江來告云：李烈鈞、張定璠、段錫朋、程天放、劉峙等具名函控梁棟不適任江西省黨部主任委員職，詢余意見，余謂此乃地方主義，當可不理。下午匡正宇、陸幹芹來談黨務工作，陸為組織部普通黨務處處長，余詢以黨與政工作之區別，所答頗不得要領。余曰黨似神經、政似筋骨。匡曰黨務工作英美祇在選舉競爭，德意多為

正面領導，蘇俄則重潛伏活動，余曰神經應該是潛伏的；英美各黨乃單純政黨不帶革命意味。

四日 贛民政廳長王次甫來談：新縣制中央推行不力，孔祥熙、蔣廷黻、徐堪等更多阻礙。下午應召到黃山散步飲茶，及晚餐後所談彙錄如次：

總裁詢近作何事？（余答與各方友人晤談藉詢對時局觀感，並閱讀總裁近寫各種小冊子）問近著經濟一小冊閱及否？（答尚未閱）問近來一般人心如何？（答因戰事與天氣關係，社會人心不如前之緊張）問黨外人士對「中國之命運」感想如何？（答除普通對刺激英美一點外，一般尚佳）問余對該書意見？余答教育國民是一冊好教本，惟余對該書有下列各點意見：

一、出版前應徵集各幹部意見，乃為組織運用之正軌，出版後交各幹部簽註，即有好意見亦不宜多改，否則於本書會發生不良影響，此種倒置，洽與組織之運用相反。二、書已出版，盡人皆知，關於刺激英美一點，不必要多改動，但可補作一序言，說明本書用意在教育國民。三、如有改動不如將後章數目字從略，蓋數目字不曾精確，精確則形成計畫，計畫不能以書出之，總理著書，乃在未得政權時，不得已之辦法，今總裁與之地位不同，不宜以計畫當書著，且書與計畫體類不同，輕重詳略亦異。四、書為教育國民，可以不必以洋文出版，外國亦不致盜印，私譯少數自可不問。

總裁對一、二、四各點皆同意，惟以三點非數目字則以為人將無所動心，不可再略。晚餐後談話余所陳述之事如次：

一、工建會議所決定之綱領、總則、民營意義似已減輕，國防字樣似太暴露。總裁曰該件事正批閱出門，隨令緯國收回，交余重閱（余乃附具意見數條，大意為工建指導要領：對外少說「國防」、則外資較易吸收，外人疑忌較易減少，外國障礙較易排除。對內多說

「民營」，則社會疑忌較易消解，人民競爭較易踴躍，民富則國富，民強則國強，目下中國產不出大資本家，況將來累進稅還可以節制，不必顧慮資本集中於少數人之毒。因此乃擬修正總綱四項總則一項）。二、動員委員會事事受牽制不易辦。沈鴻烈與陳儀等，昔在地方主持一省之政，頗以能於推動見稱，今各人來中央，俱一籌莫展，其故當思。三、隨赴美各團員已返國，將來之派任職務申具意見。徐培根適任陸大校長；金鎮適任砲兵旅長；何鳳山適任駐外公使。四、經濟航運線事，經張嘉璈等以私人資格與英方在渝關係人談，頗得同意，正分別推動中。五、陳儀對於法家學術頗有研究，請於暇時能召之單獨談論。六、一般人士在今日皆不願直言，應請垂意，最高藝術運用組織在「把自己主張變成群眾意見」或「把群眾意見修正自己主張」。

　　五日　至中央設計局赴王世杰約午餐，在座有陳果夫(時任中央政治學校教育長、軍事委員會委員長侍從室第三處主任—編者註)等七人討論「建設人才之培養與運用，須與建設計畫相配合」談論為：一、培養人才計畫先擬；二、分配運用計畫後擬。

　　培養人才計畫綱要：1．國內學校理工科擴大名額，充實設備，或利用現有設備各科相當年級學生歸併更好。2．國外留學生，儘量派遣，設立專門機構以造就各項人才，整理在外學生與僑工。

　　上述最簡單易行辦法，因詳細計畫理宜依照整個建設計畫，今尚缺如，不能著手。無已乃用現定辦法，悉索敝賦的先就可派人員儘量派出再說。贛教育廳長程時煃來談中正大學事，余以該校未能照創立理想辦理，一個民族精神保壘，中間演出許多怪現象，校長應負責，對之頗表不滿。

　　十一日　至黃山與總裁談話余言大要如此：一、今日處理一切事件多是依靠個人，而少用及組織力，即等於以鉤釣魚，而不是用網打

魚。（總裁令擬運用組織辦法）二、今日一切人事紛亂特甚，應求法律化、制度化，始足以簡禦繁，振衰起敝。三、今日黨政軍各方面之整理，應先就其弊之甚者先著手。（黨）：將各小組織之弊先除；（政）：先從安定物價，或即設法收回一部份法幣。其辦法即將美三億借款，易成黃金運入，以備收購物資由政府控制，因此宜講求積極外交，利用外交資源，在美國選舉期更為有效；（軍）：先從人事著手，即上中級軍官專業化及定期調任，一般工商尚須專業，戒其旁騖，豈有軍官萬能，一若前清之兵備道事事可辦？四、用人宜注意其健康，有病者心理變態，最足以影響其業務。五、總裁示以最近情況以為日本必將攻蘇。余曰日本除非救德之危，否則攻蘇之可能性甚少，但不論日蘇戰爭能否實現，在兩種（戰與不戰）情形之下，所應有之處置，皆宜先事研究，以作準備。（總裁曰甚是）。晚筆記積極外交之簡單書面意見呈總裁備忘。其大要如次：

積極外交，即主動的利用一切外交資源，自發的以去追求達成自己的目的之謂。美國選舉期間，及最近或將爆發之日本進攻蘇俄，二者皆我外交之資源，應為運用之準備。

第一日本進攻蘇聯時，外交之活動。一、對蘇聯：彼有需要中國軍事之協力。因此我在外交上可以有交換之條件：1．假道運輸：印蘇間公路，中蘇間鐵路之一部份利用。2．外蒙新疆未解決問題之求解決。3．國內軍事之統一：斷絕共軍蘇方支援，整編較易就範。若派遣共黨部隊北進策應。利在可以暫時安定後方。害在其可乘機發展，將來難於收拾。4．物資之供給：蘇雖兩面作戰，但對外交通遠勝於我，或可能供給於我之物資不多。

二、對美國：除軍事上需要我之協力外，為維持其國際領導地位與準備下次總統之競選，政治上亦仍有其需要，因此我在外交上可以有交換之條件：1．三億美元借款之改換黃金運華：可以之收購各地

尤其淪陷區物資，以便政府管理物價，有實物在手，更易生效，即退一步言，用之以收回法幣，則可收回六百八十四億五千九百五十二萬元之鉅額。（換算：美金一元兌黃金０點八九一四盎司。黃金一兩黑市價為八０００元法幣）。2・恢復緬甸之軍事：必須美陸軍有三師以上之參加。3・滇緬路未恢復以前，每月空運數量立即增加。

　　三、對英國：除軍事上需要我協力蘇聯外，同時亦望中英邦交之好轉，因此我在外交上可以有交換之條件：1・中英物資租借案之成立，2・中印經濟航運線之開通，3・攻緬軍事發動，英國必先以海軍為主攻取仰光。

　　第二日本不進攻蘇聯時，外交之活動：

　　一、對蘇聯，彼為扶植中共，需要與我維持不能公開斷絕之關係，在外交上我亦不能有何突出之積極活動。

　　二、對美國，彼對我軍事上政治上需要仍有如上之所述，因此我在外交上應以目前經濟危機為口實，使中美關係能從口頭援助走上實質援助，仍以前列(1)(2)(3)項為主要條件，如不能以溫和作法達成，則寧作強硬的轉變，例如表示退出聯合國，回覆前五年單獨對日作戰之本色，免受國人責備，怨懟政府。同時由國內新聞，將羅斯福前次演說對中國接濟之物資，滇緬路斷後與斷前，數目相等之謊言揭露。甚至或宣言抗戰目的，祇在打出日本軍隊於國境之外（此或由軍政高級人員演說，使之聞之）。以上非溫和作法亦自不能輕率，似宜派人與魏大使商先向威爾基陳勒德等做準備。或召魏大使回國面授機宜。

　　十二日　早將昨寫書面意見呈與總裁，下午即同下山，余返老鷹岩寓。葉青由贛來，與談第三國際取消後中共動向，及今後處置，伊曰第三國際取消事，應發動各省加以討論，以利宣傳。中央不善用輿論，每將由上而下方式，任何事皆以最高領袖出面，頗不適宜。又曰對中共問題不是消極可了。

十四日 訪王世杰商談日蘇戰事爆發時中國應有之行動，伊有次之意見：一、是否應即與蘇作軍事同盟；二、對於蒙古、東北四省、朝鮮等問題應有共同信守條款。略談後約明日續談。

十五日 何廉來談，詢以運黃金購物資收法幣事，伊同意。張嘉璈來談，詢以黃金問題，伊認為係有效辦法，余曰君赴美對此問題可便致力，又最近華府將召集之國際救濟復興委員會事君亦可辦，余曰將作此主張並進言，但伊對於黃金問題，無勇氣與聞。

訪王世杰於參政會，續談昨事。結論中英中蘇兩國同盟，不如中美英蘇之四個更為有力，但由中國提之於美？抑由美提？中國更便於申述意見容再考慮。又談及中共問題必須有一解決之法，因之議及整個中央政局實有改造之必要，未得結論，擬約張治中、陳誠再談，但各先以原則向總裁陳說之。

十六日 在張治中寓與周恩來君談話三小時，大要如次：余云：近見各友邦，集中人力財力以從事於勝利之爭取，頗為積極，因感中國可愧可惜之處尚多，物力原無足道，人力尚有相持對消之事，即如國內現時膠著之陝北問題即其一例。中國爭取對日戰爭之勝利，已屬不易，建設戰後之國家，困難尤多，現在不集中國力，甚至演變而走上相互消耗之途，是國家民族之最大損失，君對此感想如何？

周云：中國以一積弱之國，抗戰至於六年，缺陷固多，而優長之點確亦非比等國所望塵可及者，並不足以悲觀，國內許多未能滿足人意之事，固無可諱言，要非無法解決者，陝北問題，即其一例。在余意以為中央有許多事責之於陝北，中共未能一一遵照中央意旨做，亦自有其不能安心之因素在，如中央以為中共握有一部政權與兵力，許多問題有著特殊顧慮，不易著手，但有與中共無關之事，比較重要可以安人心，新視聽者，做之，不獨可以增強抗戰力量，亦可以使中共問題較易解決。據個人意見有如：

(1)對各黨派態度：中央以為中共擁有政權與武力為可慮，必須特別防範，固自有其理由，但其他各小黨派和第三黨之某某，青年黨之曾、左，民主同盟之沈、史、王、鄒，國社黨之羅、張等，或勾銷其（五人）參政會之名，或禁止其言論，均足以使中共寒心，更足以促此類群眾之趨附中共。

(2)對於國內工業：近以戰時利得稅之加重，致使各廠家無再生產能力，相反的，對於囤積居奇之商人，反得偷關漏稅，工商並論且不可，況獨於工業之苛求，必使全國生產停歇，各工廠出頂出賣，迫使停工而走上但囤積材料之路。

(3)特務工作：執政黨之應用政治偵探，監察反動，各國皆然，但偵察之人不宜賦予生殺權，猶之軍隊管理情報者，不兼管作戰之理相同，情報者貴於察察為明，未必事事真確，何可生殺自便，又如國民黨有不少理論家如戴、梁之輩，今以葉、張之言解釋三民主義，反足為玷。以上三項為政治的。

(4)關於軍事者：國民黨有黨軍，自不能望共產黨之取消黨軍，如中央能訓練真正國軍三十個師，乃至六十或九十個師，使全國優秀皆能投入，不分黨派，不分畛域，儘管以三民主義為政治教育之中心，全國亦自無人有話可說，如此不獨於將來決戰有一種新力量，亦可以建立國軍之基礎。

(5)關於經濟者：中國經濟建設，不能抄襲他國成規，自由經濟固不可，計畫經濟管制經濟，亦所不能，中國自有中國相宜之路，即在三者之混合，持論不可太左，陝北較中央目前議論實為更右。

余曰君所談者大都可佩，中央行政未滿人意者，言之尚不祇此，若必視同條件，須一一辦理妥善後，陝北問題始能解決，余恐中間變故發生有出人意外之慮。為珍惜國家民族之元氣，余意以為任何中國人智者之腦筋，愚者之血汗，俱當點滴以用之於爭取勝利，趕緊於建

設上,猶恐不及,若稍浪費,不獨於以後之建國,即目前之抗戰,亦將成為問題。今日有三個時弊。

(1)恐懼之心理:中央與中共曾經過多年之戰鬥,情感上已有甚深之裂痕,中央以為中共無信義,一部份人且以為除武力解決外,別無他法。中共以為中央未予以任何保障,若將政權軍權交出,無異繳械投降,以後便無生存之望。

(2)誇大之情報:中央及陝北,時因一部份不確之情報,而增加空氣之緊張,固然有時亦為一種真事實,而又每多重疊渲染,輾轉擴大,此亦有檢討之必要。

(3)錯誤之觀察:余在美國曾聞有中共朋友言,此日中央內外形勢弱點太多,中共樂得暫作壁上觀,待時而動,不須急於作何種牽就。余以為自從馬克斯之預言以及蘇聯政策乃至中共前數年在中國之行動,無一不是經過根據唯物辯證法之分析而決定者,但錯誤百出,必待事實之教訓始自覺悟,若中共又主觀而自以為很客觀的分析中央形勢,以為弱點太多,可坐待其崩潰,從容取而代之,則此種錯誤不獨中共會招致再次之失敗,中國前途亦受莫大損失。

中央所屬每一寸土,每一個人,每一項法律制度,俱是中國的、中華民族的,不是日本的大和民族的,中共若以為那些是敵黨的,可以不惜任何摧毀,一點一滴都是損失在自己的國家自己的民族上,相同的道理余認為陝北乃至任何黨派,所有的人力物力俱當作如是觀。不過一切制度與法律非中央政府所制定者,不能否認其為私有的非國家的而已。

余深望中共對中央之認識與估量,不會相差太遠,以免影響一般高級幹部之意識將鑄成行動上不可挽救之大錯。吾人必共同努力,從事掃除上述三種時弊,再研求解決問題之方法。余對君言,尚有觀點不同處二:

（一）君言特務殺人之不當極是。但說者以為此種請君入甕之辦法，乃中共抄襲於蘇聯，而中央又抄襲於中共而來者，陝北乃至中共勢力範圍內，處理中央所屬黨政軍工作人員，俱用非人道之慘殺，中央情報人員或亦一種以其人之道，返諸其人之身的報復，不獨俱屬違反人道，冤仇不解而加深，何異於自殺，不論何方，自當嚴禁。

（二）君言葉青、張國燾之輩，人格有傷，余卻不解。渠等先信共產主義而入共產黨，今信三民主義改入國民黨，光明磊落，正其人格之表現。人有意志自由、信仰自由，豈必一入共產黨便須終身者，渠等不是由國民黨之買通，勾結而入國民黨，亦並未在有中共黨籍時，作騎牆間諜之行動。有何可以認為損失渠等人格之處。不然，則戴季陶、邵力子俱無人格，邱吉爾、史汀生亦俱無人格，且君昔為國民黨，今則共產黨，亦不當獨有人格，豈不可笑？又君以為渠等來解釋三民主義，反足為玷，余意不然，闡揚主義，外國人來都應歡迎，何論生張熟魏？這正是國民黨的偉大，不是一種恥辱。主義理論不必拘於一家之言，戴先生根據中國傳統思想，可以從堯舜禹湯文武周公孔子說到中山先生為一家之言，葉先生根據唯物論觀點亦可解釋三民主義為一家之言，於三民主義之闡揚有何損處？

周云：所告甚是，此次返陝北當與中共同人討論之。促成問題之解決，中央不妨多派人前往陝北，如黨務情報等工作，俱可照中央計畫與各省區同樣辦理。我再返渝時，擬多帶陝北不常出來同志來此，以便瞭解外間情形，張治中先生告我意見二則：一為交出政權軍權，一為兩黨合併，我往陝北當盡力主張，對第一點多多具體表現，對第二點當待以時日。黨之合併，不外兩黨聯合，與一黨中容有派之二途，總裁在漢口有一次談及此問題時曾作戲言：你們可在黨內成一共產派，可知總裁對此不能化合成為一體之兩黨，亦已顧慮到。

余云：君意甚善，今日中共之視其握有之政權軍權，一若乞丐手中之蛇耳，國人不宜視中共為乞丐，中共亦不宜故意玩蛇。君言當促其於此節先有所表示，可謂看透中央情形，先施之效，決不落空，君固熟知中央當局之作風，猶中國之傳統主義，不似外國商業行為必須以手模腳印始可為憑。余猶有一點意見，以為陝北不可學蘇聯及新疆昔年對外封鎖辦法，致使內外情形隔閡。其次以往慘殺政策，不合中國國情，亦宜早為改變。

周云：毛澤東正提倡三風運動，此事當易照辦。

晚宴沈部長鴻烈(時任農林部長——編者注)及海軍中將劉田莆等。與沈談話如次：沈云：伊所主辦物價事，困難殊多，若非年事稍長，早已決裂，現仍忍耐，力求事事有濟。擬先出巡各省，求將關係物價可以解決之問題解決，一面與各部磋商可辦通之範圍內事，求得一適當之解決，然後回部，將所認為主要之「糧食」價額及「貨幣」意見，明白提出主張，不行則去。

沈部長所述困難，大抵有次之各點(1)整個中央機構複雜，權責不明，有的有責無權，有的有權無責，人事紛亂，思想落伍，能力太薄弱者亦系列高位，不有徹底之改造，勢將無法推動(2)孔之思想、徐之思想，根本反對管理物價，完全自由經濟，與總裁不同。(3)因孔、徐之根本反對管制，所以會議僅類罵街，當總裁面不說，背面見人即罵，殊屬難堪(4)管理「物」不能說一句糧食話，管理「價」不能說一句貨幣話，說即招致臭罵(5)從前本為對總裁直接負責之機關，現在經過孔，一事莫辦，從前為我主席之會議，現在由徐運動移於孔宅，一事莫辦(6)中央大員對總裁思想根本反對，對地方情形根本不明，如此焉得不糟（所謂大員蓋指孔、徐）。(7)孔對貨幣一任亂發，絕不思補救之道，我（沈自稱）提出運用黃金使法

幣回籠，孔則反對。徐對糧食根本放任，除重慶一部份公糧外，對各省絕對不同，我主張限價，徐不但反對，且予大罵。

十七日 訪陳儀談時局事，頗爲感嘆。伊曰內閣無責任，老衰不退休，非大加改造不可，但恐總裁重情感，不能於此時有決心整飭。晚赴英大使館宴，英大使對余回國後所發表之談話深致感佩，並告贊同由中國派遣學生五百名赴英學習工業。余答甚重要，有益邦交，仍望於學生以外，有更多之人士接觸。

十八日 錢昌照來談，余主張派遣大批工業學生赴英美事，立意甚佳，但願勿爲人利用之，使經濟意義轉成政治作用。（按其所指乃爲教育部）。羅隆基來談將回贛，並曰政府使文人不能從事自由職業，即欲使之餓死，又申明飛機帶狗風潮與伊無關，純爲三青團對孔之打擊。

張治中、王世杰約談時局。王云：統一與民主二事爲重。張云：必求統一則不知要待至何時。余曰：不妨並進。三人結論必須改弦更張，詳細辦法必須待改革原則無疑義之瞭解後，始可討論。

晚晉見總裁，陳述次之意見。余曰：設計局所設計者多明日之事，余頗覺今日當前局勢，其急要有甚於明日者，歷次聞總裁之言，覺所認識與余等所認識略有出入，請申言之：

（一）今日時局相當嚴重，未可過於樂觀，由中外反映之情緒即可知之。「國內方面」：在政府：中央各人之悲觀，地方各省之失望；在社會輿論、清議、童謠，皆不置理，人心浮動，青年煩悶。「國外方面」：美報對中國危機之指摘，時代雜誌五月號謂中國已瀕於南宋時代之危。

（二）振起之方，決不能祇從精神上之鼓勵，要從現實事物兩方著手：「關於事者」，即政府問題，職與能如何聯繫，權與責如何分明，今日政府有職者不問其能，有能者未必當職。有權者未必有責，

有責者未必有權,此種現象充分暴露,任其久延,必至遺誤。「關於物者」:即物價問題,物資如何有,物價如何平,此即前所呈之黃金路線棉布路線之必須其走通。

三、改造之決心?事窮則變,不變不通,與其坐以受困,何若起而突圍,一個革命領袖,總要站在時代前面為領導,若再後時,國家損失不可數計。當今萬事集中於總裁一人之身,雖苦口婆心,盡極家長之能事,終亦無濟,應請於改造勿更遲疑。

總裁唯唯 令以書面送閱,並囑速即接收設計局事,余更請仍由王世杰續任,俾余得有餘裕時間,研究目前更急待解決之諸問題,總裁謂可兼顧,且先接任設計局事。因此退而走訪陳佈雷告以上談各節。佈雷言事與總裁見解不合者,頗難於行,伊主張請照分令簽註「中國之命運」辦法,使各幹部分別陳述對時事意見,以資檢討,更為有益。

廿二日 訪張嘉璈,談昨與總裁談話情形,伊曰時機太早,恐無以改革之可能。

廿五日 下午奉召晉見總裁於黃山客館,少坐即談設計局事,余曰王世杰近於設計工作亦有興趣,不如仍由伊主持,余但在旁為計畫軍事之建軍及復員,如此則無官職之掛礙,可以靜心考慮大局有關之各問題,在總裁前貢獻參考資料。

總裁云:設計事重在開創,仍由君往接任;並曰有幾位無官職掛礙之人在旁時常商論大局,事頗重要,君可兼任,餘俟物色,吳鼎昌君亦願作此事,惜貴州省事仍為重要,一時不能任其離開。余舉邵力子,總裁曰其年紀已大,思慮不清,看事不明白。旋步行同來草廬,總裁曰攻略緬甸問題,近似可解決,余問美有陸軍參加否,總裁曰無,不參加亦不緊要。

余問由美運黃金事如何？據余最近計算三億美元黃金僅重二六七四二公噸，總裁曰已令向美政府交涉，日前羅斯福來電詢中國經濟情形，物價高漲，是否如報載之甚，我（總裁自稱）即就此將運金事提告。余答一般普通交涉，無妨試試，但恐無效，結果非準備運用余前所建議之意見辦理不為功。

總裁曰今日雨止，可望天晴，今年年歲，當不成問題，人心可以稍安。余曰天時雖好，人事尚須盡力，年豐可使人心稍安，但不足望其振奮，總裁曰誠是，但如何使人心振奮起來？

余答言：前承令草擬「振作人心，鼓舞士氣，整飭官常」（即使有積極工作精神）方案，因之仔細研究，以為在物的方面，仍有賴於前所陳棉布航線、黃金航線開闢之成功。在事的方面，主要仍在立制度，行法令，今日之弊無甚於制度不立，法令不行。制度不立，則不能久，政無制度則重人，於是無論黨政軍，在上者各效孟嘗君，爭相養士，接納私人。在下者如蟻附羶亦各相趨依附，將來結果，必使國家形成一種結核病。至其極，億萬人而億萬心。

法令不行，則不能大。治無法令則重情，於是無論黨政軍，在上者失去曲直是非之準則，以親疏論賢愚，以愛惡論能拙，以喜怒論升黜，以恩怨論予奪，一切祇憑個人情感。在下者，亦不重視自己之賢愚能拙，乃至功罪，祇須奔走鑽營，不得罪於巨室，為其升官發財之不二法門，將來結果，必使國家法紀蕩然，士庶廉恥掃地。

齊家與治國其道不同，中也養不中，才也養不才，是齊家之道，重在於「情」。約法三章，殺人者死，是治國之道，重在於「法」。若以家長方式治國，則優容壞法，而國不治。若以治國方式齊家，則涼薄賊恩，而家不齊。稍用茶點，時已七時有半，話乃休止。總裁返山墅，余亦回室，構思接續談話要點。

八時總裁偕緯國來草廬晚膳，膳時余將所計算美元三億換算黃金噸數及以黃金搜購物資售回法幣之利害與數目表一紙陳之。總裁則以手校「中國之命運」再版稿交余審查。膳時及膳後所談大要如次：

總裁云：本午君言制度未立，法令不行之弊誠是，細思其要不外三事，（一）銓敘，（二）主計，（三）官吏之退休，祇要此三種制度建立起來，推行順利，則其他各事可以迎刃而解，君意如何？今日問題，就是要有人將此等制度與推行方法詳加研究，正不必待諸戰後始行。

余答言：上述三事誠重要，但仍覺不是應該儘先著手之事，既成之法制，如「行政三聯制」與「物價管理法」等等，可謂已經研究詳盡，規劃周到，今日所行之結果如何？直可謂行之毫無效力。焉知將來即使頒行「銓敘」、「主計」、「退休」等法制，不陷此同樣命運？余意除弊應先去其甚者，今日政治上其弊最甚，為害最烈者，莫如次之三事：

（一）兼職之官太多：一官兼數職，職職不能盡，曠盡一切之職，誤盡一切之官。賢者短於時間精力，不能有所建樹，不肖者反得尸位，有藉口之資，此種辦法，不獨毀滅現有人才，且恐阻礙後進之路，使新人才無由培養，永遠不能產生。此種辦法，不獨不能希望現有事業之進步，即欲維持其不遺誤亦不可能。總裁今日身兼之職，已難勝數，上有好者，下必有甚焉，此今日兼職之所以風行。毫不為怪。言組織之運用，在橫的方面破壞法則，莫此為甚。

（二）直轄之事太多：每部門皆有由上而下單另一貫之系統，以為如此便捷，確實，效率較大，財政部如此，省財廳縣財局可無事矣，現在內政部民政廳職權內事，已有劃出一部份另成機構別立系統者，內政部民政廳可無事矣。此類事實不勝枚舉，總裁用兵及用人行

事，亦每喜用直接指揮辦法。如言組織之運用，在縱的方面破壞法則，莫此爲甚。

以上縱橫兩方面組織法則之破壞，皆應檢討。中國之大，萬幾之繁，不得不用機器方式之組織藝術以爲治。若仍憑舊日手工業方式之個人技巧，未能有濟事者。中國舊時政治家祇重個人，如管仲與諸葛亮之類，在齊蜀一隅之地，未始不可爲治於一時，及至全國統一，如宋明之世，即以王荆公張居正之才，亦覺其展佈之難矣。

（主）今日最需整理之機關：1. 國民參政會：必須加以尊重，付予權力，然後參政員可爲社會重視，議案可爲參政員重視。政府各種法制政策經過參政會之討論通過，則執行時群衆視之更親切有味，比較不會漠不關心，即使今日之參政會不能盡如理想，亦當按照此理想教育而訓練之，此亦訓政之責任。2. 最高國防委員會：必須使變成英國戰時內閣相類之機關，許多重要國防有關之事，應交其議定，以免萬事決於一人。3. 行政院：必須使變成與日本責任內閣相類之機關，一切行政臧否，皆由其負責，以免萬事集於一身。

總裁云：我亦時在考慮，問題在人耳。今無其人，任何良法美意，俱不能行，勉強行之，更足以招致紛亂，戰時局面，利於安定，稍一不慎，其弊不可勝言。

余答云：「今無其人」四字，實足以阻喪總裁改革之氣，妨害國家進步之程。余意關鍵不在於「無人」，而在於「不知人」，故不能「善任」。譬如對弈，雙方運用同一質量與數量之棋子，善用之者勝，反之則敗。楚漢之際，項羽祇知自用其拔山之力蓋世之氣，而終敗於勇士如雲，謀臣如雨之亭長。當時豪傑之士，豈無人哉，項羽視之則若無，故雖有韓信陳平之才而終不能爲其所用耳。戰時需要安定，一時苟安，如春燕巢幕，更當思危以慮遠。

廿六日 上午總裁來草廬，並午膳，續談如次：總裁問：蘇聯大使見及否？宜常與之談談。又言國內各小黨派份子，理之更多事，不理社會亦即不爲重視，伊等便無作用。周恩來日前所告君之言，曰政府不理，反促彼等依附共產黨，此乃欺人之談，此輩依附誰，誰即遭殃。今日共黨本身，亦且不能爲害，因國際局勢已改變，國內青年亦不易爲其所煽動，朱德毛澤東決不相下，其內部必呈分裂。毛澤東字筆醜劣，可想見其爲人，伊有親筆信在我處，（隨即出示）君可閱之。余答云：蜂蠆有毒，若使各得其所，能以採花釀蜜，乃爲上策，尤其共黨，未可小覷，日寇退出國境時，如共黨軍隊竄入東北四省境收拾便不容易矣。共黨之處置，今日能辦，以辦了爲宜。

下午與總裁同車下山，總裁曰雨水已足，今年當保無慮，余答曰棉布、黃金、雨三者，俱爲今日最需要之物，雨承天賜，棉布黃金須在人求。棉布路線亦可有開通之望，刻下仍須在開闢黃金路線上盡力才是。晚在城簽註「中國之命運」意見，最重在第三章末段畢。

七月三日 吳次長國楨(時任外交部政務次長，後任宣傳部長和上海市長──編者注)來談棉布路線事，何鳳山言：英友告渠，美方從中作梗，未知有無進行可能，恐無大成功希望云云。

七日 王世杰來談，曰已奉總裁批示飭與余談商設計局交待事，余告以宜仍舊由君擔任，伊頗有難色，約下午再談。下午王世杰、張群、張治中俱來，共談設計局事。王云：經濟建設不如政治建設之重要。求戰爭勝利，必更須求和平勝利，否則戰爭無意義。國內共黨問題，若任其自然演變，必於將來爭取和平勝利時，成爲一不利因素。目前統一與民主二事爲最急切。晚郭泰祺(時任外交部長，後任最高國防會議外交委員會主席──編者註)部長來餐敘，言棉布路線之開闢，中英租借法案之商談，英大使曰待宋子文訪英時進行。

十一日　家由山洞遷居汪山十五號。晚赴委員長官邸軍事會報，中間議及軍需問題，何總長云：本年陳軍需處長良，整理頗得力，已節省出軍費三億元，委員長云：二百億軍費省出三億，尚何足道？陳良祇重宣傳，並未認真整理。何總長云：軍需處長豈能為力，整理之責，全在軍師長，現在狀況，軍政部長令，且不為所重視，有許多事改革不動，軍需處長有何威力？余聞其言，深覺不容忽視，蓋軍中紀律如此，令不能行，禁不能止，要非一朝一夕所養成。軍師長自視為天之驕子，有恃無恐，當然難於層層節制，責任猶在上層，若不速加整飭，勢必日趨腐敗。

十二日　接王世杰來函，囑接受設計局職務，並曰擬在日內交代，望勿更遲，余思未接正式命令，當然不應接受，況余根本殊不願任其事，函婉謝之。

十七日　至委員長官邸參加軍事會報，委員長言美已允黃金二億美元運入中國，大為欣慰。散會後，擬照前建議以之搶購物資，轉收法幣，因知今日財政當事者，祇顧應付現實開支，墨守成法，恐不足以勝此任，乃主張另設立一經濟作戰部以專任其事，商之於張群、吳健陶、徐晴嵐等俱有同感。

十九日　向總裁陳述意見如次：1. 黃金運用如不得法，其效不宏，則此後將更無詞向友邦談借款 2. 不宜用之以直接換取法幣，作補救金融財政之急，或以支持工業維繫軍需 3. 宜用以為經濟作戰之資源，此日外因日敵之封鎖與突擊；內因管制尚不得法，農則減產，工則停止製造，但囤原料，商則少賣緩賣，囤貨以居奇，我經濟已形成殭局，若不及時打開，以求復活，則黃金二億美元，不過僅足以換取一年半載財政上之輕鬆而已 4. 宜即設立一經濟作戰部，用黃金以搶購物資。

總裁云：設計局可兼辦，余答非執行機關不宜兼。乃令擬草案送閱再定。晚復以所與總裁陳述意見，語於張群、徐晴嵐、吳健陶等，彼等似皆料其難於實現者。余曰事即不行，言未可已。

廿日　與陳方談經濟作戰部之設立問題，伊曰孔必不易同意。余亦曰然，早已料及，但必如是主張。晚沈宗濂等再與研究三事：(1)中國戰時經濟動員圖表；(2)黃金運用；(3)經濟作戰部。

廿四日　張君勱來訪，伊言建軍為建國之本，而軍備可為建軍之中心，願吾力任其事。又言共產黨問題，無論如何解決，不可暗中動手，必中外皆明瞭我解決之理由正當，如英人處置印度事者。張嘉璈來訪，曰對共黨問題，應有專人負責辦理，一切處置，應根據政策決定，政策應使中外人士一致明瞭。

廿五日　與陳儀至黃山出席總裁別墅軍事會報畢，同往訪陳佈雷談設計局事，余託其代為推卻，彼曰恐不可能，勸勉強任之。

廿八日　赴總裁官邸早餐談設計局事，余固辭再四，曰祇願為拾遺補闕之任。總裁曰且接任，可兼顧，最好在八月一日前往。無已且將就之。繼言外交事。余曰宋子文既在英，王世杰又將往，宜有指示，使彼從事於中英國交好轉之活動。總裁曰然，繼云英人重實際，空言無益，且在實際不得已時，英人亦善於忍受，余曰此乃英人之險鷙處，戰場無軍事赫赫之功，會場擅政治運用之妙，戰爭勝利祇憑力爭，和平勝利，有賴智取，今英蘇間尚多隔閡，我自應綢繆於未雨，未宜以今日無大干係，便漠置之。

廿九日　與吳敬恆先生談英國事，伊云英國紳士階級觀念甚深，在公共汽車中遇工人撞痛其腳，當面不聲，隨後自己摸摸了事，蓋不願輕與交言也。派遣人員赴英，必須從政治、經濟、文化、工商業、與海陸空軍，各方面皆重要不宜但派學生，便以為夠數。在陳佈雷處

午膳,彼亦有感於黨內派別之弊,曰黨中各小派,組織自己勢力,終歸於人有損,於國有損,於己並不見有益。

八月二日 國民政府主席林公(指林森,其去世之日應為一九四三年八月一日──編者注)逝世。

四日 赴總裁黃山官邸早餐,談話如次:總裁言:昨日圖表中所言物資金證券事可以做,希更擬具體辦法,須將其要旨與大綱寫出。余答言:當即遵辦,但此不過經濟當中問題之一面。今日政治機構能否執行,推動順利,亦為此問題之另一面。

總裁言:政治改革亦殊重要,九月初擬召集臨全會議,將國府主席問題解決。(余詢是否由總裁兼,抑另推人?)仍由我兼之,以免他人爭議。(余詢自兼之利害如何?)兼亦無何不可。(余曰若果自兼,當再加考慮)君(指余)可再加研究之!屆時擬宣佈於明年雙十節召開國民大會,並實行憲法,若屆時國內軍事政治仍不能統一,則但宣佈而不實行。此事必於與羅斯福會晤以前宣佈,免太遲人將以為受羅氏之影響。(余曰總裁所言上述三事,皆必先為充分之準備)上述三事,君研究之再談。

五日 總裁來汪山余寓所,廊外晾衣錯綜,室內兒童嘈雜,甚覺不安,即就客堂窗前坐談約半小時。總裁曰戰事一結束,即可能需要舉辦之工業有幾?宜提出,使美國知之,並為準備投資辦理。言未及詳,余不知是為向羅斯福將來晤面時提?抑擬飭我在美人員向其政府提。故未贊詞。總裁匆匆,但囑為之研究。

六日 早錄就發行金證券大綱送黃山,順道訪陳佈雷,與談日來所與總裁陳述各事,伊神態似甚消極,以為政局殭凍,一切難望有變動。

七日 與王世杰談三事:一、為九月臨全會之召開:其中重要二事:(1)國府主席繼任人之推舉:總裁為顧慮各老先生之互不相上

下，有自兼之意。(2)準備宣佈明年雙十日頒行憲法，但必屆時軍政皆統一始能施行。余與王世杰皆不贊成總裁自兼，蓋以國府主席對政治不負實際責任，且不能兼理他職。否則修改法制，法因人變，不妥。又對頒佈憲法以為不是形式手續之事，必有真確決意及周到準備，即在實施之前，按日計程，宜將其必備條件先事進行，著著以行動表現之，乃能不成為具文。

二、為與羅斯福會晤時，彼此提出問題之推想與答覆。王云：對日本政策，國內民主政治，中英關係，中國戰後對美需求等事，當能提及。余補充之云：對遠東各民族問題，將來國際員警在中國駐在地點，尤以航空基地等問題也許談及。

三、為如果在明年雙十頒行憲法，則為其遂行順利計，應積極有所準備，且在頒行之前，必有一次本黨代表大會之召集。且在此大會之前應作者何事？亦須先準備，時間僅有一年之久。余曰此時是否宜與各黨派人士先作一二次交談，以便瞭解，伊等心目中有何意向。以上三事約重加考慮星期一再談。

傍晚無車，勞頓不能步行，乘滑竿返汪山，沿途見貧民疾苦及當前轎夫以肩力爭生存之慘狀，真令人有活地獄之感。自據肩輿彼如牛馬，饑溺之懷何在，人汗浹背，我汗浹顏。

九日 王世杰來續談日前研究三事，結論如次：一、總裁兼主席非改制不可，利少害多，不如不兼，但注重政局之革新。二、宣佈憲法如不能實行，更使國民起不良反感。若以此為手段希望共產黨放棄軍政權，恐不可能，希望屆時輿論予以打擊，恐無大效，亦未可必。三、對羅斯福問題，主要者能做到四強戰後處理佔領地，相與尊重原有主權。有種協定，否則中英美三國，否則中美兩國為之。

吳鐵城（時任國民黨中央秘書長，後任行政院副院長——編者注）來談，對中共可以輿論壓迫就範。余曰輿論當然要用，但近日輿論未

將人壓迫到，反惹出蘇與美報紙常刊出於我不利消息甚多。且我所望在中共取消其分割之軍政權，而輿論卻鼓吹取消共產黨，步調不合，指導欠周。

訪王寵惠與談會羅問題，伊言四國協定事，宜在總裁會羅以前，由羅提商史太林，使不致疑我之發動，未知能做到否？余曰羅求會面恐對內作用亦所不免，（即對威爾基），又談到國民大會問題，伊言戰時召集，人不能到，更糟。又談居里來介說中英同盟事，未爲總裁採納，謂不可忽視三萬五千萬印度之人心。晚接陳方電話，知日前所陳總裁經濟作戰及運用黃金發行物資證券之意見圖表，已交孔部長召集關係人員討論，群議頗不以爲能行。此固在余意料中，付之一嘆，不願更復爲言矣。

十一日 王世杰函催派人前往設計局洽辦接收事，乃派徐晴嵐往。與陳方談余即接辦設計局事，亦不擬積極進行，此日中央情形蓋不容人之積極工作，積極於局部亦無益，祇是徒勞。

十二日 甘乃光來談設計局事未可以圖急效。王又庸來，略談設計局事，伊不甚感有何興趣。

十三日 張嘉璈來談設計局事：余曰：設計範圍未定，經濟建設與黨務、政治、軍事等皆有連帶關係不可忽視。在萬衆萬心之今日，等於大海摸針。張云：範圍當不僅限於經濟，任何一種經濟計畫，必與其他政策有關連，故對其他各種政策，更當研究。最重要在一一將整個成套設計清楚，包括人事應如何？訓練應如何？每一設計準備完成後，即送陳採納，將各事設計清楚即可退出設計局，費時一年便可，又局中人員不在多，宜擬定題目約外面重要關係人，組織專門委員會計畫之，局中職員不過爲之紀錄繕校而已。伊又曰與陳佈雷曾談及目下要務有三：

一、全國各部部長、各省主席，黨部主任委員人員如何始可安排適當，有誰在為領袖考量其事？二、領袖身旁必有老成人數位為人事之調協者。三、訓練方法宜加改善，一等幹部，未可用目前方法訓練之。

十五日 總裁約同車赴山北遊，在車中所談如次：余請示設計局副秘書長人選，可否以何廉任之，承允可。繼詢張國燾如何，似為可用，承示其人可以任糧食部或社會部次長。總裁云：郵局訓練出人才不少，頗適今日需要，日昨大公報社論為郭某所著，其人即貴州代理郵務長，才華甚好。詢余知否有善作時文之人，擬將覓以辦報，答容徐物色，又詢張嘉璈行未？答下週行，因轉陳張君昨言三事，總裁頗以為然。繼於張之為人備加贊許，但言其人任事不肯太負責，是為在黨關係太淺，不容易應付黨內諸人。余言張君廉正難得，且思想總是站在時代前，其用人亦重提攜新人物，如以為其可用，宜暗示黨內諸人網羅之纔是，並一面令其早有所準備，總裁曰已囑其在國際金融與貿易上做準備工作。

十九日 檢討余返重慶四個月中，所感覺到者：一般戰時生活，較他國確是皆更艱苦，而各部門戰時工作，較他人未必盡夠緊張，余以閒散之身，欲為補闕拾遺之事，旁觀者清，徒言者易，雖亦知無不言，言無不盡，究所獻替，為效幾何？殊用疚心。

第二節 復員及戰後經濟建設之企劃

民國三十二年八月廿日 余到設計局接任秘書長事，局長為總裁兼攝。曾為動員，今更為復員，並其後之經濟建設計畫而工作。

二十三日 與陳佈雷、陳方談副秘書長事，彼等曰周梅蓀不至願意，錢端升、楊端六亦似俱不可能，且亦未必適當。但余早已屬意於何廉。周、錢、楊諸君，比較接觸少，並非不欲借重之。

二十四日 沈鴻烈來訪，言伊此次巡視西北七省，感覺各地缺憾太多。黨務：人事派別鬥爭之白熱化。政治：機構橫的直的俱太繁複，人事尤爲紛亂。軍事：各主管不以訓練及作戰爲重，好橫干地方政治，地方官有如牛馬。又託余代陳環境太壞，不欲與人合汙苟同，又不能與之破裂，痛苦異常，總動員會兼職，宜以讓諸張厲生。

廿五日 出席中央黨部中委談話會，關於共產黨問題，余發言太盡，有如本黨不照英美辦法得有第二友黨互相砥礪，則須仿蘇聯辦法，且時能清黨以自新。不然，黨外無黨，黨內必然有派，腐化者昏庸包庇，惡化者偏激朋比，革命精神勢必掃地而難與共產黨鬥爭云云。

廿七日 張嘉璈與何廉來談設計局事。余示以王問白改革意見，張曰調查資料重要，必須確實並充分。

廿八日 甘乃光來談設計工作，(1)工業計畫最重要。(2)平衡種類毋太多。(3)平衡意義應爲宣傳教育。

三十一日 主席第六次聯席會設計考核，聽取各人意見，其重要者(1)設計：應分類、分級、分區。與預算配合。有數字與無數字者要分別；(2)設計與考核：應參照軍事計畫與檢閱辦法； (3)設計對黨務，考核對軍務，應加調整。

下午出席黃山總裁官邸特種小組會議，到者除小組人員外，有吳敬恆及各院院長。討論十一中全會提問題計有三種：(1)憲法頒布問題；(2)對共產黨政策；(3)修改國府組織法。

九月二日 張嘉璈來辭行,余交與貨幣金融各種計畫,囑帶美研究,並囑到美考察宜作兩個半年打算,勿作一個整年打算。伊贈余言,曰安心設計工作,此時不宜多談貴戚事。

錢昌照送來派遣出國學習人員意見。並告此日時弊,對派遣人員宜注意。備述教育部某某次長索取美金公債二千元事。貝淞蓀小姐託陳長桐為辦留美許可證,要求趕辦,某乃以此要陳為之代購,蓋官價美券千元法幣二萬元,黑市則值七萬元。事雖細微,若任其發展,恐將影響此後大批學生之派遣。

盧作孚來詢設計作法,並述意見:一、劃分部門:每部門必有數位專才負責。二、與執行機關密切聯繫:為對院務會議、四聯總處會議、動員委員會等各部執行負責者。並考核各部設計(戰時及戰後)預算。三、蘇聯設計權威:十六人決定全國人行動是其特點,其第一期注力在調查,一切建設以經濟為中心。四、當網羅社會產業權威人士而共圖之:當不慮其自利,蓋現代管制方法有標準產量,成本會計可據(余處即託其調查權威人物姓名)。

三日 蔣夢麟(曾任教育部長,時任北京大學校長—編者注)來談云:(1)中央政治機構複雜,缺乏重心。外省來陪都之人,若無親友,即難覓住處,訪友則無車馬可用,走路一日不能詣三兩處,有事接洽,互相推諉責任,處處答覆雖圓滿,處處結果皆空言,轉輾曲折,終無解決。(2)美軍官在華印象太壞,人人作書返國,類皆惡宣傳。有一美友與言,昔美軍在法對德作戰,見法社會之腐敗,戰後驚德人事事較法人為勝,自笑以前槍口向錯了敵人,在華美國軍人如赴日本,將來難保不有同樣之感慨。

四日 徐子青來談:言聞余及張群均主張黨外有黨,此事祇宜談於室內,公開主張,必為人攻擊目標,云云。晚訪張群,與談時事,並告以徐子青之言。伊知此事為某系在參政會之黨團人員製造而出

者,叮嚀再四,為余顧慮。余云:此日政局,若圖苟全,將憂讒避毀之不遑。於國家何益,我輩年逾五十,為國家努力,不過有三個五年而已。消極敷衍,日復一日,坐視國家前途,未可樂觀,當言而亦不言,是誠何心。故余主張吾人對國家態度,應重加審慮,不宜太自愛惜,今日國家之命運,尚容袖手作壁上觀?伊言願共思量。

朱家驊病腳,不良於行,余往視之,便談黨務。余勸與鐵城當十分諒解,始為黨前途之幸,伊頗以為然,望余亦為鐵城言之,余聞各省黨部人事派別鬥爭之白熱化,皆導源於「上有好者」。朱、吳尚可與言者,意氣相持,親痛仇快,治本不可忽,欲先調解以治標。

五日 張君勱、陳光甫過談。言憲法何日頒行為另一事,重在政府此日作風當加修改,政治為眾人之事,必以群力謀之,始能有進步。

十日 出席十一中全會第五次大會後,午與彭學沛、張群、蕭同茲共應召在總裁官邸餐敘,談及對共產黨問題決議草稿,余主刪其有刺激性語句,總裁交余修改。自念「無仇人之心而有仇人之色」危道也,盡意修改之,印就送出。

十八日 沈部長鴻烈來談,曰所主持之「國家總動員委員會」事不容再靦顏維持下去。其原因為:一、政治經濟一切權力完全操在孔某一人之手,而彼等經濟思想與主席意旨南轅北轍,全然反對統制物質,故動輒掣肘,一事莫辦。二、即行政權如平價基金之動用,物價增長之核准,原屬本會職權,行政院輒自批辦。三、孔某此次在十一中全會之侮辱,徐某平時會場之詈罵皆所不能再忍者,沈託余為轉達總裁毋再批駁其辭職呈文。下午孔副院長(指孔祥熙,時任行政院副院長,兼任財政部長和中央銀行總裁—編者注)約其談話。又述其內容:大意為「孔曰全會所說全是總裁示意」。其實為孔之推避責任。又「孔曰聞參政會有人正醞釀風波,謂因我(孔自稱)在全會發言對

君（指沈）侮辱，將予報復」云云，爲余參考，余愧無力能爲掃除此乖戾致之氣，祇有一嘆。

二十四日　陳誠來談關於遠征軍事，不能將滇南、滇西、桂南三方面指揮統一，殊爲牢騷，並言曾呈請辭司令長官之職，委員長覆示大加申斥，以爲類於軍閥思想云。故來問計於余，陳君有責任心，但喜攬權太過，當然軍部不爲同意。余詢之：吾輩主張何以每不能見採納，是否亦有反省之必要？伊言小人有組織，我輩不能在黨外更作任何組織耳。復詢其張厲生之爲人，伊言可作朋友，但對 CC 有組織，仍不易相處。余勸之耐煩。

廿三日　黃山總裁官邸晚餐談話如次：總裁詢參政會最近情形如何？余述本屆無重大案，但一般對政府頗覺老衰，又所質詢，政府對之態度不佳，多以爲不負責任之問難。余意政府陣容亦似老衰，沉沉有暮氣，外人（以前德蘇，現在美國人，俱以言之）共黨及各黨各派，（帶有指摘）黨內同志（無論老年與青年）各地方來陪都人士（軍政長官，各大學校長等）俱以爲言。奈何琴瑟不調，不思更張？且會議之質詢，正可用以策勵政府，他山之石，可以攻玉，聞土耳其革命後常利用之以收宏效，今不但不加利用，反加厭惡，視同毀謗，殊爲失策。總裁未有何表示，復詢余兼任內政部長意見，余立即辭謝，言素不主張人兼職，自己當更不兼，願專事設計工作，完成復員及戰後十年建設計畫。

余因便陳述現在設計局情形：所事祇有「交議」、「交審」、「建議」諸端，職員則有領薪專任委員二十六人兼任十五人，每月開支經常費十五萬元祇值戰前一千五百元耳，凡所審議，豈能精細過原來計畫機關。即所建議亦不過論文式之提案性質，不足以言計畫。所謂計畫必須係一整體性、有目的、有綱領、有範圍、有步驟等等，分交各主管機關擬具各部門計畫，更由本局分析而綜合之，再擬訂實施

方案。政府之組織、社會之運動，且必俱與配合。今局中實並不如此，若不改進，等於虛設，不如裁併。總裁令加改進，並曰預算當然可以增加。

余又曰設計工作，固須具備其所必需之人力財力，但亦必給予相當之事權，與充分之時間。且必以戰後經濟建設為其中心，固然未必可能摒棄一切雜務，亦當力求避免，庶能望有成就，總裁頷之。

廿四日 赴黃山晉見總裁，專為沈部長日前所託代陳辭職事。余曰：此祇是政府中一部分乖戾現象，恐最大原因是思想上衝突。根本取消自己決定之政策，不獨難望事功、人力時間，皆屬浪費，似應立加調整。

廿五日 訪陳佈雷，商談如何可以打消總裁令余兼任內政部長之意。陳曰總裁期望寄內政於軍令，以應戰時之需要。余曰素不主張人之兼職，寧願專事設計。陳曰：君殆欲供設計局為避風之地。余曰誠不願厠入今日之混亂政局，但余自赴美之日，總裁即嘗以戰後經濟建設相屬望。在美十個月，於軍事無所爭取，於所令經建之考察研究諸端，亦未得有充分時間精力以為之。今於設計任務既堅辭不獲，故擬專心試將戰後經濟建設，集群力以作成一個五年或十年之計畫，此外雜務，且將摒去，況又責以兼理內政，豈能不咋舌卻步。陳曰欲求解脫，當覓替身，余曰陳儀當優為之，請君代達。

廿八日 王寵惠邀集余及何應欽、陳佈雷、王世杰會談，討論國府改組事，伊等多主不更動，余見環境不可能多所改革，而伊等又非願批逆鱗之手，免於失言，乃亦不提出吾之主張。

廿九日 約集何廉、甘乃光、程伯臧、程孝剛等商談設計局改組事，宣佈何任副秘書長。徵詢各人對設計工作意見，並述己見五段法。

下午應召赴黃山官邸晚餐。總裁詢此次參政會反應。余陳所聞，因備述對國府改組各人意見，及余個人主張，曰政治上用壞一個人，其害甚於做壞一百件事，正宜饜眾人之期望，及時簡賢任能，更張一番，把眾人之呼聲，變作自己之主張，是政治運用之最高原則。隨又詳談此後設計工作之展開方法。總裁旋復再三以兼長內政部事徵余同意。余曰官事不攝，古有明訓，且總裁亦嘗有一人一職之昭示。官不兼職，本已可專責成，空位不礙賢路。內政部若必易人，不如以陳儀專任之。

　　總裁復言：贛省黨部主任委員梁棟，在中正大學及參議會講演失言，及宣傳工作與民國日報辦理不善，伊敬讓來言梁之長短。余云：梁雖余所推舉卻與無任何私人關係，此人確為黨中忠實可用之才，或因湘籍，贛人容有地方畛域之見。贛中黨務工作人員派別分岐，前向中央推舉梁往，欲其能作中流砥柱，無倚無偏，其出言失檢及宣傳領導之未盡得法容或有之，要為另一問題，尹君敬讓聞與黨中小組織有關，似當誡以識大體，同志間必須合作。掃除黨之結核病態乃佳。

　　總裁云：果尹有小組織，當去之不令回贛黨部。余曰：尹事容與朱家驊部長一談。中正大學校長胡先驌甚不相宜，不但不能望其照著該校最初創立的理想去做，恐怕望其辦成一普通大學亦不可得。深悔前次推舉之不當。

　　總裁云：誠然，胡乃一不識事之書生，隨詢繼任人選。余曰吳有訓、蕭蘧似較相宜。總裁曰段錫朋如何，答恐段不願就。承示則不如蕭蘧，令余與陳立夫部長商之。

　　十月二日　總裁召晚餐談話如次：總裁詢內政部長何人為宜？謂陳儀為浙人，行政院部長浙人太多，不宜。余曰以陳果夫調銓敘部、賈景德調內政部如何？總裁曰不宜，以李培基如何？否則以李調甘肅省主席，以谷正倫長內政部，以蔣司令長官為豫省主席，唯社會部谷

正綱宜另調任，不宜兄弟二人同在行政院任部長。又內政部次長以何人爲宜？余曰，宜以一較長有學識，一較有經驗者充之。

總裁云，以贛民政廳長及君前所薦舉之張國燾二人任之如何？余唯唯未置言，總裁又曰重慶市長宜調一新人任之，賀耀祖推行不力。余對以贛建設廳長楊焯庵任之似爲適當。總裁同意。

三日 訪何廉，告以內政部事經已辭脫，將可崇心從事設計工作，相約甘乃光研究本局改組計畫，根據所擴張之工作範圍定組織，訂編制，訂預算，並物色各組人選。

十一月 與林語堂商論東南亞總司令蒙巴頓來渝，中國應持之態度，及提出問題，結論後提出三三原則，可作參考：（一）三元：亞洲軍事與政治，當然須以中國爲主，或由中國邀請英美共商決定，至少三國元首平等共同負責。（二）三國：由三國元首決定後，宜有詳細計畫，在中國組織中英美三國參謀部，直隸於中國元首幕下以處理戰時軍事。（三）三路：將來進攻日本，漸近至日本本土時，軍事乃至政治之處理更須明確規定，現在即應委任一東亞總司令麥克亞瑟，東南亞總司令蒙巴頓共同商處。

十二日 赴總裁召晚餐並談話。總裁云：內政部長事，久思仍未得妥，前商之李、谷等人，俱不適宜，君言我（總裁自稱）有兼職，我可放棄，惟內政部事仍須君兼，設計局祇要得有好的副秘書長相助爲理，半年即可樹立基礎，以後工作自易展開。余云：此事總裁屢以爲言，固當遵命，但恐精力時間兩俱不夠，將來毫無表現，轉爲總裁知人善任之累，余固無此勇氣，亦並無此信心。總裁云：我決定君兼任之。余答：如以命令行事，當然祇有服從，今承垂詢，敢不正對，願總裁不強令承乏。

十三日 因昨見總裁堅定之決心,恐以命令從事,將難逃避。因約程希孟來,託其將各國內政部組織及工作情形搜集材料,以資參考為備萬一之用,但仍當多方設法求擺脫。

集合有關人員討論復員問題:一、前任所擬訂「戰後建設五年計畫」中第一年復員範圍太廣,且所準備之二十六案皆湊雜,不成一個整體計畫,應為修正。二、決定重訂原則三項:1・復員方針:不超過動員之反面範圍。2・復員要領:力求與建設計畫相啣接,在建設計畫未能確定以前,儘可能先將有關復員事項確定或假定之。3・復員計畫擬訂之程式:(一)確定大綱。(二)根據大綱收集各部院會之復員計畫。(三)本局再為分析而綜合之。

與吳鐵城、甘乃光、郭泰祺餐敘,言及五日所談外間常聞人議論余等為「政學系」事,吳曰若果真有組織,或能於政局發生一種有效作用。因凡所被指為政學系者,皆一般潔身自好之士,且頗具有相當能力之人。余笑云:我等厭惡他人在黨中有小組織,豈自己更尤而效之?歷朝季世,皆有黨爭,小人朋比不必論,君子有派別,為害亦烈,今日國民黨為政黨,走英美路線?走德意或蘇俄路線?混淆不清。若將其組織及運用檢討一番,酌量自己的歷史與環境而加以整理,並時常照蘇俄辦法,清除其中腐化惡化份子,則以之完成革命任務,為用有餘,不然增加小派別,不但徒勞,且將轉成毒害。同為一黨,在此時祇宜分析現實時局,提出主張。協助同志事業,研究方法。根據群眾意願,反映要求。採取「共扶元氣迴陽九,各放光明照大千」的途徑,以求化除乖戾,感召祥和,以求整個局面之漸趨好轉。黨中比較接觸多而意氣又相投者,不妨時常過往,即每週敘談一、二次,此能幫助時局之觀察,商量問題之解決,並可互相作懇切之批評,亦即採取共產黨小組運用之辦法,雖然黨中無此規定,亦非

節外之枝。最後談及對外政策,群以不宜忽視英國而專注意於美,亦未得有具體結論。

十六日 與陳光甫,翁文灝等談建設資金問題。余曰:建設資金,對外接洽,對內分配應否另組機構辦理,以及內資等集之方法應如何?僑輩中尚有何人可與討論此事?陳云:戰後三年內,工業化建設,恐不能十分著望,祇宜注重其次者,如幣制之改善,則人民安心投資。發展國外貿易,則可換取外資。發展交通,則工業始有希望。戰後國際借款,恐不能希望一國對中國單獨投資,據傳美已提出國際銀行之組織,將來國家需要借款,俱非由此途徑不可。而國際銀行審查各借款國家果有益於人民生活提高,有利於國際安定之建設,需要當無困難,否則仍有問題,此為一種國際「新哲學」,因此,辦理其事,則以另組織機構為宜,但孔宋俱不會放手。內資之籌集,非將幣制、貿易、交通三事辦之有效不為功,屆時政府祇須協助,人民將自起謀之。僑輩中可與討論此事者尚不多,劉攻芸猶少經驗。

十七日 何廉、翁文灝(時任經濟部長,後任行政院院長—編者注)、范旭東等來寓餐敘。余提「設計幹部人選」與「建資對外接洽對內統籌支配案」二事討論。翁云:中國現在從事設計者有三方面。

一、宋子文用拉西門介紹托朗(Trone)來渝,帶有兩箱蘇聯材料,主張全部仿照蘇聯辦法。其實:(1)中國不能閉關,不能不講求效率,(托氏答覆翁詢「中國工業效率重要」,云「不怕效率低,祇有進步便可」);(2)中國不比當年蘇聯全無外資可用(托氏主張全仿蘇聯辦法,祇要不嗜殺,不用政治犯作工)。托氏之主張,不定能合中國國情。

二、陳立夫領導之「國父實業計畫研究會」做出許多數目字,且為「中國之命運」書中之根據,數目字誠重要,但比蘇聯第一個五年

計畫數字還大,其玻璃每年出二千萬噸,且勝於美國一年產量,(范旭東插言何處有許多鹼)故其所計畫者,尚有待於研究。

三、經濟部所擬五年計畫,原爲資源委員會錢昌照所擬之工業建設五年設計,經工業建設會議討論後整理者。

設計有關人選問題,可以上三方面人員資參考。

余曰:設計五件事:(1)目標確定;(2)政策對照;(3)各部門設計分配;(4)設計局之總合;(5)實施方案釐訂。當爲其事而求其人。伊等所推薦人名,由何筆記之。續商第二案,余提出王文伯、徐晴嵐兩草案討論,伊等無何具體意見,余乃述己見如次:一、組織建設基金委員會,屬於國防最高委員會。二、以外交、財政、經濟、交通、農業各部部長,水利委員會主任,設計局秘書長爲委員,總裁爲主席,不設副主席,主席缺席時,互推臨時主席,不必以孔爲固定代表主席。三、對外接洽:政治性者由外長,財政性者財長,交通性者交長,各自秉承會之決定而自行分途接洽,當然根據總計畫經過會之審定。

上述各項之理由爲:A・建設資金:不獨外資,須兼顧內資,而外資不獨向一國借貸,且所借貸不僅是金錢,所用不僅是一種事業,故不宜由一方面人主辦對外接洽對內分配事。B・資金與計畫要配合:故不宜使接洽及支配之人與統籌計畫之人脫節。C・接洽之人:若祇某一個人,或某一方面人,則其弊將有次述之四點:

第一、不能會全部利用國際甚至某一國之各方面之機會。第二、不能會全部瞭解國內各種事業實際之需要。第三、不能免有好惡輕重主觀之偏見。第四、防止經濟專權。

翁、何皆極表贊同,乃囑何起草,翁主張調整有關經濟之各部門職權與名稱,並組織經濟最高會議,余以爲此乃第二步事。

廿日 與陳立夫、何廉共談設計工作事。陳云：中國抄襲美蘇德等國辦法以建設經濟，而都祇得一鱗一爪，故不易成功，昔蔣百里有言：「國防與民生相適合者強，相反者亡，相違者弱」，今中國經濟制度與金融財政，乃至民生，俱不配合，所以寡效，建設不能有所表現。賀耀祖(時任重慶市市長—編者注)和沈鴻烈先後任主持經濟委員會總動員委員會事，為用非所長。又言此後中國應加強勤儉之提倡。

余曰：中國連年戰亂，何曾做過有相當規模的經濟建設。德蘇先進，當可借為他山之石，國情不同，亦自不容完全仿效。言經濟應該與金融財政相配合。特我政府似亦從未有餘暇顧及到整個經濟建設問題，故零亂至今。經委會總動員會秘書長等職，實際為政務官，似不必要定須專家，祇要是通才，有氣量而能運用專才者便可，至中國今日提倡勤儉，似祇應限用在某種浪費時間精力與物質之方面言，不應及於一般，蓋中國人猶未逃出非人之生活，日日似在死亡邊緣爭生存，大多數人民如貴州之揹鹽巴，四川之抬滑竿者，朝夕以汗流面，勤無可以更勤。冬天褲子且無著，儉亦實難再儉。正應提高其生活，使達到最低水準，勤祇能求其效率化，儉祇能求其經濟化便可。

廿八日 朱家驊來談黨務，余告以黨與政之工作性質不同，黨如神經，政為筋骨，不善用之，黨政自多衝突，彼反應甚少，匆匆起立而去。

廿九日 與張治中、陳方會商針對總裁缺陷，共同向總裁條陳。各抒所見後交由陳方執筆，余總述其要旨八項。一、此後十五年（預定三個五年計畫）成就能幾許？總裁自揣是中國之武王？抑望勉為周公？蓋破壞與建設不同，奪取與鞏固異趣。二、軍事為立國之要，經濟決定軍事，政治決定經濟。三、組織重於個人（少忙）；制度重於應付（少煩）；法律重於命令（少錯）。四、齊家之道，不能用於治國，齊家重情，治國重法。仁義不宜偏尚，在乎有禮為節。儒家農業

社會之政治理論,不足饜工業社會之要求。五、民主與集權是相反相成的,前進與保守是相剋相生的。六、言語:責斥人之短,不如鼓勵人之長。為政不在多言,重在力行。七、決策:勿輕於決定,決定後勿輕於動搖,或中止。勿以事之困難輕易政策,要求政策貫徹,衝出困難。八、培養人才:以事練之,不令人兼職;以法訓之,不重在言教;以權發揮之,不許越權,亦不應干預及牽制。

與何廉、盧作孚(時任軍事委員會水陸運輸管理委員會主席—編者注)商談航政。盧言:戰後中國航業需要船隻,惟有取之日本,始可望無條件,美國自由船有多,但不合中國之用,一為吃水二十呎,中國無此多數深水港,容量一萬噸,中國無此大量貨之吞吐碼頭,改裝不可能,濬港太費時日,此外較優之船隻,決無可分與中國,且戰後各國皆需船,彼亦不能不求較有利益,較有保障,較有關係之其他國家而貨易之。因此所望於美國者,祇有造船廠之機器與工人,但此亦不能望人贈予,必須以借款或投資方式始可與之洽商。此後投資,政治性質者必然減少,將轉變而為經濟性質,講利益,講保障,不然希望甚微。借款當較簡單,若投資,則「優待股本」,不涉及管理權者,不必限制。「普通股本」於管理權有關者,似宜外資不多過內資,且各層級職員,必須用中國人,國際航線,限制自可減輕。航業管制航業,不若航政管制航業。國營不若民營,官商合辦,雖有董事會,仍必仰承官方意旨,中國茶葉公司即其例證,在官辦或官商合辦事,未能做到企業化以前,絕對不宜主張官辦或官商合辦。

三日 宋部長子文來談:中國建設當有整個計畫,伊願在外幫助一部份交涉事,但不涉及內部分配問題。外間誤會以為干涉及部份事業實屬錯誤云云。余曰:經濟建設必以舉國之力而為之,始能望其有成,將來有賴於幫助者正多,外間誤會不足道,繼詢將來外資性質,君以為經濟性質為多,抑政治性質為多?聞國際銀行勢必成立,以後

中國需要之資金,是否必由此路進行?宋云:將來政治性質之投資,不易希望能有大量。

十二月五日 張治中來談,我們欠缺運用組織力量。感於開羅會議,英美領袖攜帶僚屬眾多,其政治、經濟、外交、軍事各有專門之人,皆我望塵莫及,殊為國家之前途憂。

六日 與吳鐵城、甘乃光共訪王寵惠,談開羅會議情形。

十一日 與甘乃光等商談明年設計局工作計畫,甘云:中心工作當為:1·草擬五年經濟計畫,(利用現有材料,並派員查勘結果,求其能比較確實),確定經濟國防中心區。2·擬訂適應經建之政府組織。3·健全各級設計系統。4·草擬建國綱領(政綱、政策)。

十二月十二日 西康省主席劉文輝來訪,伊言四川軍政人員過去是由相輕而至相鬥時期。最近已知相賴而至相親時期(對四川軍政當局言)。於中央初由希望時期,及現在又到失望時期。我有兩點感覺:(1)民怨未可忽視,今中央法苛不足惜,法外之為擾者更多,地方政府不知所措,中央猶一意為之;(2)我(劉自指)個人來渝,人無可與商談,事無可能解決,皆因關係太淺,信用不夠,自知不足作為領袖之幹部,其如我者恐不止少數云云。伊與余為少時同學。昔在川與劉湘爭雄長,地方彩色甚濃厚,與中央甚少接觸,自感孤單,持與吾之舊誼,來相聯繫。(此乃日前伊派其秘書長孫際旦來為余言者)舊時四川地方軍人氣習太重。

余乃懇摯與之言曰:(1)四川有其歷史地理及民情之特殊關係,故過去乃至今日,皆表現著一種特殊現象,過慣了關著夔門不問天下國家事的生活;(2)君之地位乃在昔時環境中所造成,此後作風,是否仍舊者為宜?抑以力避舊時影響,而適應現時代需要為宜?應有明智的思辨,作正確的決定;(3)解決西康問題,必須四川支持,更必須國家有力量,因知任何地方、任何事俱與整個國家相關聯,君似宜

站在國家立場,以國家利害為利害,而論地方之事;(4)所言與領袖歷史關係太淺,信任不夠,未足稱為幹部,此則不足為慮。君但以幹部自視,盡其幹部之任,領袖自必以幹部相待。

十六日 晉見總裁陳述二事:一、關於劉文輝事,余曰劉此次來渝與談數次,覺其精神頗不安定,自言歷史太淺,未能見信任,在西康工作多不能見諒,每為讒言者所中傷,余意其所接受到領袖精神之感召或淺,如十九年時之陳濟棠然,似宜請加意。總裁云:川中將領,每喜玩弄手腕,不易相信人,亦不易為人相信,吾對各將領各幹部,祇須其能為國家或地方建功立業,如馬鴻逵、馬步青之類,無不親之信之,並不重歷史,嘗有多年幹部,因不能稱職而受懲處者。伊在西康當努力勛名,吾自重之。如前之以兵押汽車運煙土,賣煙土以購槍枝,又欲霸糜十七師十八師以為己用,而壯聲勢,又利用共黨青年黨以為政治上勢力,中央應其請派人赴西康組織黨務,伊復以青年黨等擅行滲入,並有一縣暗殺黨部人員,此皆他省所未有之事,伊今日有錢、有地位,何必如是作法,祇要其能改變作風,如馬步芳、馬鴻逵等之開辦實業,開闢道路,豈不於國家於地方大有利哉。可明告之。余曰劉之思想,似稍陳舊,已明白指摘之,幸伊頗有覺悟之表示,當更以總裁之指示轉達,求其能為之有所轉變。惟請稍加顏色,予以為善機會。總裁曰近日頗忙,伊返任以前,當再召見,詳為之言。

二、關於行政改革事:余以近據由地方視察回渝人員報告,(如林語堂、呂咸、劉文輝等人)地方對中央政治施設,頗感痛苦,似宜在明年召集各省主席來渝,開一次行政檢討會議,亦可以為將來改革之資。承示同意,隨筆記下,曰可以行。

十九日 劉主席文輝來談,余忠告之四事:一、宜多與有國家觀念、國家知識朋友來往,對於地方觀念太深抱著名利祈求之人談話,

須特別謹慎。二、川康黨務宜淨化，宜與中央黨部多接洽，此後中國之建設，必不能離開三民主義，故對總理遺教宜充分研究，以三民主義為號召，始為有力之號召。三、川康政治，宜力求前進，過去各種舊作法，與時代不合，應有改變，識時務者方為俊傑，一切惟以事實加以說明，此時如禁煙如築路，及其他各種地方建設，俱當積極進行，以求有所表現。四、吾儕皆係正式軍人出身，所領導之軍隊，宜盡力求其國軍化，若形成個人的地方武力，則不獨釀成新中國統一的障礙，且亦吾儕個人之恥辱。與君為舊學友，敢以直言，幸勿見罪。

伊答前三點當立即實行，後一點因一般幹部已落後，需相當時日之準備，始能見諸事實，惟方針必不變，定向這條路上走。晚偕劉主席文輝赴中央黨部吳秘書長宴。

廿日 偕劉主席文輝晉見總裁，並同餐敘。融融然。

廿二日 總裁官邸會報，請示本局兩委會主任委員人選，政委會以孫科、經委會以翁文灝，總裁俱未確答，祇曰待考慮。

廿七日 出席中央紀念週，總裁講歲終感想，大意為各機關汙亂，主管官祇在自宅辦公，不往機關主持其事，如昔時北京段政府。又各主管人員辦事每多敷衍，不肯認真，引三十三年度預算之編審事為例。

民國三十三年。一月三日 出席委員長官邸軍事會報，委員長決定在英海軍未能攻緬以前，我在滇陸軍不單獨攻擊，即或不為英方諒解，亦所不顧。

二月九日 陳佈雷、陳方來談國防最高委員會之各甚門委員會之合併或改隸於設計局事，伊等不覺其有何意義，繼談總裁近來心意，要維持國人民族傳統精神又兼欲採用最近世界勃興各國（指德意）之方法，此本矛盾。蓋最近新興各國所採用方法，與英美絕不相同，而為彼邦朝野所嫉視，故在我偶有仿效，修正又修正，已屬困難萬分，

且有修正後而仍不得人之諒解者，本來抗戰爲自己國家事，現已高調爲世界和平而戰，更屬作繭自縛，即欲偶用他人試用已效辦法，亦不自由矣云云。

十日 與吳鐵城、甘乃光會談：吳云：史太林與羅斯福最近似有默契，囑魏道明(時任駐美大使，後任行政院副院長—編者注)來共研究。甘云：中國政治負責者多不著重客觀事實，不願意服從事實，好爲主觀之論。羅斯福近答記者詢問蘇聯改憲法意義，羅言不懂，及記者再詰之，則曰非有勇氣不能出此言。吳云：伊昔在粵任主席時曾養甫任財政廳長，嘗值紀念週作報告，遇空襲警報，曾依然不停止講話，伊主席當即條示可休罷，乃退席，同人謂爲膽大，當場有某西人在，則謂其正因無膽力，故不敢下臺。

十一日 楊焯庵來報告社會中層分子議論。並請示與宋子文應否連繫，余曰：凡爲國家努力之人，當無條件爲之役，若爲個人者，爲之友亦要當心！

三月九日 黃山晉見總裁，承指示本局政委會可以孫科爲主委，經濟委會可以陳光甫(著名銀行家，時任中美英平準基金委員會主席—編者注)爲主委，又以審議會應定爲最高經濟決策機關，關於外資等籌集與利用，曰應在局中專設一組，須得一中外人望俱孚者主其事，屬意於張嘉璈，余答恐伊不願即返。舉陳光甫以代之，承同意。

餐後隨總裁散步，承詢近晤魏道明否，答嘗晤談，總裁曰擬不令其返任，但伊又不願赴土耳其。以之幫助王寵惠，令陳佈雷或甘乃光任一人退出一席讓之如何？余問用意何在？總裁言無他意。美人對之不甚洽，余曰外間未聞有其事，魏之爲人能以國家爲重，又有政治頭腦，恐駐美歷任大使，皆不能及之，伊在美顧全大局，爲國家彌縫了不少差缺，特爲一般人所不及知，殊不宜調，尤其使赴土耳其於左遷。總裁云：土耳其現在實爲重要。余曰：不如以王芃生任土大使。

總裁云：王不諳英法語文，且現在職務不易覓人接替，魏法文甚佳。余曰：不宜因其諳法文便令前往，又曰以之幫助王寵惠更非必要，不如仍令返美為宜。總裁曰再考慮。

繼談及都市建設問題，余言都市建設除現代化之要求外，應注重國防意義。因此似宜派人赴蘇聯考察一遍，然後再來準備都市復興為佳，范旭東願赴英美考察工業，亦願赴蘇，不如令其兼帶數人先走蘇，總裁曰甚善，可加派數人兼考察集體農場合作等事，令余草擬辦法呈閱。

十六日 何鳳山來報告新疆來電云：最近蘇聯飛機，連日擅入我國境，幫助邊匪轟炸國軍，事態嚴重。共黨將來之為患，必與蘇聯勾結一氣。中國之禍不在國境之外，而為禍之源，則不在國境之內。

十八日 晉見總裁，陳述對共黨意見，大要以為中國處理共黨問題，每為國際顧慮，常陷於進退不可，周旋不能之苦境，蘇聯則不然，對國內事件完全自主，（如賦序各邦之外交軍事權改動憲法）對國際間事亦然（如承認巴多克里奧政權）。余對中共將來問題以為有「三更可慮」之感：1・美國在戰時對我處理中共事，尚如此時時發出許多荒謬言論，戰後必「更」麻煩。2・蘇聯在戰時對新疆哈薩克事，尚敢公然派飛機援助，轟炸並掃射我國軍，將來對陝必「更」支援。3・陝共在今日與敵（日軍）對峙時，對中央尚如此跋扈，戰後到處可流竄，其後方無顧慮，必「更」難收拾。因此中共問題之解決，宜趁在戰時，不宜施諸戰後，請加考慮！

又報告陳光甫意見，不主張另組國際合作委員會。及孫科願加入設計局工作。總裁繼曰審議會可請夫人加入。

廿五日 晉見總裁，承詢對魏道明事意見，余主即使回任，謂其與赫爾交往頗洽。但總裁仍以其對美社會情形不甚了了，並欲調回，令余將此意商之。余請示對本局政治計畫委員會，即遵前論發表以孫

科爲主委如何。總裁意猶豫，又問其次尙有何人，余以王世杰對，總裁曰再考慮。

總裁詢軍事組之職權與人選，並曰建軍計畫可不必顧慮，即由組作之。王文宣不適任其事，最好有一留德學陸軍者，余久思不得其人，後以杜建時對。總裁云：無已，亦可以之充任。

余言建軍復員等事，我中央機關缺少統籌機能，恐時間不容再遲，應請考慮。總裁皺眉久不語。余復言：用孫(指孫科—編者注)意當在培養，起陳(指陳光甫—編者注)應加以鼓勵，總裁亦未有表示。余又曰近與朱紹良(時任第八戰區司令長官—編者注)談西北軍政，均有待於改進，其言要點有二：1．軍事、經濟責任，若加重於司令長官，庶能不增預算，士飽馬騰。2．政治、付權省主席，對中央所定現行各種法令，可酌量變通，以符當地實際需要，庶能化除梗隔，雨施雲行。

最後陳述范旭東願先赴蘇，張君勸願赴美負側面宣傳之責，金問泗可調土耳其，商震赴美任務似應明白予以指示，朱世明似不宜再回任。總裁曰然。

廿六日 上午訪魏道明於徐經理寓，人多未及詳談伊事，約明日考慮後回覆。下午連接總裁兩次電話，先詢已否向魏談，余以其須明日答覆，無可以告，乃答未詳談，約明日再談。總裁曰得有答覆，盼即以電話告，半小時後，又來電話囑勿言。余不知何故，總裁於魏事如此之費神焦思。當即訪魏，不晤，旋又以電話告知暫勿與人言。

卅一日 赴蘇聯大使潘友新午宴，潘言已電蘇京爲余搜集設計資料云。

四月十四日 赴中央黨部晚宴，歡送商震，並爲王世杰洗塵，戴院長傳賢主席，講話冗繁，令人叵耐，余厭之，疊紙爲戲。散席後，戴問余：「我席間所講話如何？實係胡湊」，余不知其是否見余有不

耐聽之意，故爲是問？殊覺慚然，自思吾之慣病，每於他人講話時，偶遇冗繁，即露倦容，處世勿忘恭儉，小子誌之！

十七日 總裁電話，曰派張嘉璈出席美召集世界航空會議，囑電張親自參加，勿辭。魏道明來談，述總裁昨與談關於此後中國各部派人赴美，必須經過使館，又令將C.D.S.改隸於使館。

五月二日 張君勱、章伯鈞來談黨派問題，余曰共產黨破壞國家之軍政統一，爲黨派以外之事，伊等亦主不能混爲一談。

三日 許鴻來談贛省派別，及外省人在省政府任委員者之是非，未免畛域之見。下午出席孔副院長召集談話會，到有各黨各派人士及宋子良、蔣經國等，席間討論經濟及物價等問題，黃炎培曰過份利得稅徵收之不合法，孔否認之，結果約高局長來說明，黃所云云，殆屬偏見，孔先生耐煩解說，席間言雖冗長，爲政者亦自有其不得已之處，難盡爲人所諒解，而終能使之釋然。詞之不可以已也如是。

九日 閱大公報社論「工業政策與外資」，對於國防工業與民生工業之配合，國營與民營之劃分等問題尙未確定，深以爲不足以引致外資。此等問題皆本局所宜速爲解決者，而皆尙未之著手，甚爲焦慮。

最近總裁兩次手令研擬發揮總動員力量，至今猶未得有具體方案提出，深滋慚疚。

卡伯爾（Cambell）來見，由沈宗瀚翻譯，曰中國有關經建各法令頗引起外人疑慮。余言戰時尙無新法令製作，余深信將來法令，決不致惹外人疑慮，中國此後經建事業有賴於國際合作者甚多，將來法令必可使外人樂於在中國投資。

十二日 出席總動員委員會張厲生召集之討論物價穩定案，席間徐部長堪發言最多，且甚蕪雜，余有倦容，頻頻自制，始稍平復，顏色聲音在待人接物之間不當任性，幸能力矯前非，未臻輕慢。

十八日　張治中來談其在西安與林祖涵所洽商中共問題，及對黨政改革意見，決定明晚約張群、王世杰商具體辦法條陳。

十九日　赴張治中寓晚餐，到有張群、王世杰，共商時事，未得結論。張治中主張商擬政府改組名單送呈總裁參考，張群等不贊成。余則同意之，曰不妨一試，卒未通過。張群主張從改正領袖作風始，王世杰主張改制度。張治中又言改正黨的作法，余同意王之主張從改制度入手，以影響領袖作風，變更黨的作法，所見不同，各未相強而罷。

廿日　出席第十二中全會開會式及預備會。上午朱部長家驊來談全會形勢，及年底初代表大會有召開之必要，又 CC 活動情形，黨內更有小組織，必然破壞黨的團結，殊甚憂慮。

廿一日　出席第十二中全會第一次大會。下午主持經濟組審查會。

晚赴吳秘書長鐵城寓談話，到有張群、甘乃光，決定約集張治中、白崇禧、宋世杰、陳慶雲、朱家驊等會談，並主張三事，(1)支持組織部；(2)改選常會；(3)年底年初召開代表大會，改選中委。過家驊處，告知項所談支持之意，並談本日會中 CC 組織活動，殊於黨不利，應加以糾正，化除乖戾。

廿二日　出席全會第二次大會，及經濟審查組第二次審查會。訪陳光甫談美副總統華萊士來華將關心於我國農業問題，張嘉璈由紐約來電，囑局中準備方案與之商談。

廿七日　全會五次開會後，經於昨日閉幕，氣象不佳，殊為鬱悶。下午訪吳鐵城，談黨的前途，伊述朱家驊辭組織部長及陳果夫接任影響，將引導黨走向狹隘之路，並告蔣經國所與談，對大會感想，謂此後黨與團分裂可慮。陳方來談對全會感想，謂黨國前途實為黯

淡。用人不為事擇人，祇以果夫為陳英士之姪，而付以黨組織部之重任，黨將越來越小。

六月六日 傅斯年來訪，先談國際情形，重在中蘇關係，次談教育問題，其言(1)中國人格教育之傳統，惜當事者言行不一，將必愈演而至愈壞；(2)西洋傳統一在學術自由，一在人道主義；(3)戰後趨勢必至文武合一，男女分途；(4)戰後中國要大學分區，並力言師範學院制之不合宜。

九日 閩省財政廳長嚴家淦來訪，談地方財政問題，頗有條理，其人亦甚通達。

十二日 出席中央紀念週，沈部長鴻烈報告農林部工作，未帶講稿，而條理清楚，數字詳盡，據余所聽各部份報告，當推沈部長為第一。朱家驊來談本日中央黨部常會，吳鐵城對江西選舉案作袒陳之報告，不顧是非，其他相類之事猶多，此君言時侃侃，行則靡靡。

十三日 到吳鐵城宅晚餐，有張治中、甘乃光、王世杰等，共談時事，吳鐵城說話殊近無頭腦，甘乃光退言伊係武裝敵人。

十四日 赴張小梅家與吳鼎昌餐敘，談時事，言過多，且太直。

十六日 赴總裁官邸午餐，痛陳時局危機，及一般人士心理，與黨、政、軍、經濟等各部門內在弱點與外來反映，頗承不以為謬。下午主持軍事小組討論航空設部及國軍編制問題。晚吳鼎昌、何廉來談時局問題，以為沉痾日深，不能及時改革，勢將不治。

廿一日 晚赴林園總裁歡迎華萊士(時任美國副總統—編者註)宴，此君素左傾，必於我國處理共黨問題俱有影響力，是禍是福，視我運用方法如何。

廿四日 夜深獨坐，沉思紆結，萬目時艱，愧無匡濟，在渝知友，所見亦不盡同，頗有落落寡合之慨。一代之盛衰興亡，領袖自是決定力量，而攀龍附鳳之輩，要亦非毫無擔當能力之人所可濫竽充

數,劉季本一亭長,祇以知人善任,故有猛士如林,謀臣如雨之盛,始得馬上以定天下。上有高枕肆志之主,下有指鹿爲馬之奸,此秦之所以自亡也。每思前史之跡,徒增杞人之憂,徬徨竟夕。

廿五日 外交部情報司長何鳳山來言吳國楨難與共事,語以溫良恭儉讓之修養,當求阻力化爲助力。且吳之爲人,大致不差,事有不稱於心,亦未必盡爲人之不是,君子貴於自反,即小處有不易與,爲國相讓,亦不爲恥,未可計較。

廿七日 參加行政院會,會中主席報告華萊士副總統來與所講話大要如次:一、來渝動機:新疆事發生後,美人憂第三次大戰恐將發生於中蘇邊境,因決派伊來專任爲中蘇求諒解。二、駐蘇美國大使之傳言:美大使曾與史太林談話後,特來西伯利亞見華氏,曰蘇願美基於友誼協助諒解,勿爲仲裁方式。三、華氏意見:伊甚願能善用中共兵力以對日,謂中共爲無理論無背景之黨。四、主席答語:中共雖爲中國內政問題,美如願從中調解,亦所贊成。

午吳主席鼎昌(字達銓,時任國民政府文官長、總統府秘書長—編者注)。來餐敘,據談對中國現勢觀察,結論有二:一、軍事非友邦協助難求勝利。二、政局非至不堪收拾,決無望改革。余答曰然。吳又述主席告伊關於華萊士在渝對談情形,除與在行政院報告相同者外,更有較詳數事:

一、華氏出發後,美外交部遵羅斯福總統令,擬致駐蘇美大使向史太林談話訓令,大致曰美不干涉中蘇事,惟以盟友責任,深不願中蘇不睦,美不利用中國以對蘇,亦不利用蘇聯對付中國,但願中蘇互相諒解與合作,維持太平洋之和平於永久。羅氏閱後認爲不夠,乃親加兩項(1)聲明美國確認中國爲東方和平關鍵;(2)確認蔣主席領導之政府必須全力維持到底。其外交部以爲太硬性,不宜。羅再考慮一日後,復曰此時外交宜坦白真誠,仍須照增入。駐蘇美大使,乃以之與

史太林談。史氏亦曾坦言伊不滿意中國現政府，但中共之黨無理論，第三國際已取消，蘇聯亦不作其背景支援之，中共固中國內政範圍內事，不欲多言，然若善用其力以對日，伊亦表同情，美如不以仲裁方式而以友誼從中斡旋，蘇亦樂於接受。凡所對談，皆有記錄，華氏到達西伯利亞，史氏派有一人隨美大使來與華氏面談。主席問此種記錄稿可否密示？華氏曰不便，但大意即上述三要點而已。二、主席答云：如美關心此事，將來由美中蘇會商解決，如三國會商不便時，或中蘇會商，美從旁作一觀察者協力，中國均願接受。三、送華氏上飛機時，主席與之同車坐，並曰中共問題，美如願從中斡旋，亦所願聞。華氏答事關內政。主席曰即為內政，中國因感於美國善意，亦歡迎協力。華氏答將來派人赴陝北調查。四、吳問：關於東北事何不與之併談？總裁曰尚早，現與英正商緬華軍入緬後與地方政府及人民關係應如何解決問題，將來東北問題，正可與此併談。

吳鼎昌又問：曾談及我國經濟財政事否？主席曰華氏專為中蘇問題來，不便言，但談話時，華氏曾言中國經濟如不設法，恐有走入共產途徑之危險。主席乃乘機云：誠如君言，實有同感，故派孔副院長赴美商借物資，同時乃檢交孔帶美腹案交華氏，並託協助。

余言：史太林對美大使之談話中，有中共之黨無理論，第三國際已取消，蘇聯亦不作其背景云云。此乃完全一種奸雄昧世欺人之語，是否華氏信以為真，抑故為傳達，借刀殺人，轉以欺我？世界有共產主義，即是中共之理論。世界有共產黨，即全是中共之背景。蘇聯更不除外，此乃極淺近之常識。史氏之險詐，可不待攻而自破。余以為華氏不是天真輕信，而是思想患有左傾之病，願意作史氏之應聲蟲，若主席不察，歡迎華氏居間斡旋解決中共問題，彼等必然左袒。

吳復述其對各黨各派領袖之談話，曰諸君今日要求國民黨公開政權，實行民主，國民黨亦祇此路可走。但黨內卻有人以為國民黨之政

權，為鐵血爭取而來者，他黨要政權，亦除非由鐵血奪去不可，如此則國民黨之外，祇有中共有此力量，諸君任何黨派皆談不到。萬一中共代國民黨而興，諸君彼時再要求分掌政權，豈非夢囈？諸君今日挾中共以與國民黨爭，人焉得不厭忌？余為諸君計，祇有站在政府方面，以和平運動方式，善相商論為宜。且國民黨有其悠久之歷史，有其內在之困難，一味講理論而爭政權，不為國民黨設身處地而著想，恐蔣總裁亦不能強制黨內人們贊成，事必逼成殭局。舉一例言：國民黨黨費之鉅數，乃由國庫撥支，一旦政權公開，勢必停付，諸君試思是否逼人走絕路？諸如此類之事尚多，公開政權，實非國民黨之不履行，特各黨各派所應在事實方面多加體察，使執政黨有轉旋之餘地，乃易實現耳。

余言國民黨訓政之目的在實行憲政，公開政權是國民黨最後責任，特以中共不法之政黨在干擾，與抗日長期戰爭之牽制，所以耽擱下來，君所云云，亦祇其細微之末節耳。

七月三日 朱霖來見，談航空工業問題，周至柔、毛邦初互忌，周以朱好政治活動，並以其在美時求余說航空工業引港廠事為例，引喻失當，當然亦可見彼等忮求之心理。中國航空事業正在幼稚時期，二三領導者，實不宜彼此對銷心力於無用之地。

五日 赴林園總裁茶會，為夫人赴巴西餞行，並說明社會對總裁私德上謠言之來源與影響。在座除總裁及夫人外，有戴、居兩院長，及數外籍記者相繼發言。與會者五六十位高級幹部及外籍友人，無不釋然，對總裁更深其信仰。

九日 出席委員長官邸軍事會報，湘局好轉，日軍因後方兩翼之打擊，及交通接濟之困難，又整個太平洋局勢之逆轉，已陷於非撤退不可之苦境。

十三日 赴總裁官邸晚餐，總裁詢：對時局意見及社會一般人心如何？余答：衡陽穩定，塞班佔領後，人心較安定，惟終覺我國愈戰愈強之努力不夠。

　　總裁詢：五日茶會所講之話，影響如何？余答：誠可使奸僞之計不售。此外更陳述：(1)關於張嘉璈函呈各事（原函奉閱）； (2)推薦王懋功任考核委員會秘書長； (3)行政院善後救濟方案請予再加考慮。

　　廿日 與陳光甫、何廉、彭學沛等討論行政院送來善後救濟案，另具意見數則，提供主席指示孔副院長。

　　廿七日 出席黃山整軍會議。委員長致開會詞，大意指示國際對我之惡劣印象，及我軍政之腐敗情形，極其危險並恥辱。余敬聆之後，感想有二：(1)憂危之念有餘，振奮之氣不足，如此祇有消極之戒懼，缺少積極之奮發，結果會使人走上退縮保守之路； (2)凡所提案，多屬費詞，似皆可付之於行即可解決者。

　　廿八日 續會，先後有六案，余準備發言，終無機會，默然至散會而退。

　　廿九日 赴委員長官邸午餐，承詢對時局意見。余答：日前大公報社論，頗爲中肯，今日內政外交，未可再以不變應萬變之態度不求改革。軍事一誤再誤，至有今日之腐敗，宜即從人事上調整，在整軍會議中一般之感想，以爲今日現狀，與委員長之期望有相當之距離，諸議案不易得結論，即勉強決定，實行時亦必無預期之效果，諸幹部皆在五十歲上下年齡，豈一、二次訓誡所能轉變之者，今日之勢非改弦更張不可。

　　委員長詢將先更調軍政部長，何人適任？余答：人事若必更調，張治中似爲適當，如以陳誠，固較鋒銳不講情面，但恐其操切，人事上不易和諧。

委員長曰陳任之無何困難。余曰：政治上負責者，對委員長思想似亦跟隨不上，宜同時加以改革，蓋管教養衛，有其當然之順序，不能管即不能教，不能養更不能談及衛，衛以軍事爲重，軍事力量如虎之爪牙，若其四肢筋骨五臟機能不健全，爪牙何由有力，今日政治不改革，經濟建設亦談不到，則軍事整理，祇是空想。

委員長云：先將軍事整理，即著手政治改革。余曰：今日局面，乃革命局面，我不革命，人將起而代之，我若弄手段，事敷衍，孰若昔年北方之徐世昌，今如捨革命之路而不行，即全能仿效徐世昌，亦必終歸失敗，革命之法即照理智、憑力量、斷然不爲妥協也。十八年打武漢，我附從眾議，曾建言忍耐，勿用兵，免破壞統一。委員長答我：革命者不稀罕假統一，於是決然興師。今日政局之安定，亦假安定，何故稀罕之？

委員長頗以爲是。續詢時局之危險性。余答：中蘇外交迄未調整，是爲禍的根苗，若美能從中斡旋，一般認爲無害，無妨試之。但華氏所傳史太林之語，怕是言不由衷。中共關係，迄未明朗，乃蘇聯之所操縱，今日戰時，尤於將來戰後，危險甚大。美以史迪威將軍爲亞洲方面軍事指揮者，欲將中英美包括陝北之共產黨軍隊均隸之其麾下，有考慮之必要！中共不能無條件解決，將允許之條件交諸美人之手而轉付之，何若我自付之。繼言史迪威是否可請更調？委員長皺眉久之，言已不可更調，似頗不願續談此事，乃罷。

三十一日　訪張厲生(時任軍委會政治部第二副部長，後任組織部長和內政部長—編者註)談政治改革，伊意見要點有三：一、社會優秀人才應輪於下次黨代表大會盡爲羅致以爲中委，三五百人不爲多。二、政府用人應輪次培養，不宜任一人掌理一職達十數年之久而不更動。三、約集數友常常交談（王世杰、陳方、王寵惠等皆可）。

八月九日 吳鐵城、甘乃光來談，甘曰有一青年外交家言，我黨執政以來，對外交人才，不曾少加培養，反不如北洋軍閥時代之注重外交培養人才，顏惠慶、施肇基、王正廷、顧維鈞、乃至胡世澤之類，皆昔時所培養者，國民政府對外交人才，祇有利用現成，甚至時加摧毀，其所任用之人，每多輕率，事前不加選擇，事後隨意棄置，如楊杰、賀耀祖、劉文島、程天放、邵力子等即其明證。

十日 訪王世杰，談與中共交涉案尚未有結果，又日來向主席陳請二事：一為最高國防委員會會議之改革，一為國家預算審定機關之變動，均因政局之膠著，未有變動，祇將本局政經兩計畫委員及審議會人選開陳，以便決定進行組織。

十四日 至黃山總裁官餐敘，總裁云：現在黨政軍幹部未能各自發揮力量，盡到責任，中間且多不協調，已失去組織力量，令本局研究具體方案，以便整飭，余臨時承命，愧無以對，擬返局研討之，用人毋重三緣（血緣親戚、地緣鄉鄰、事緣故舊），論功不分恩怨，天下為公，信賞必罰，善善而用，惡惡而去，不亦可乎。

廿九日 翁部長文灝來談納爾遜來華，應統一準備與之交談。

九月一日 出席黃山總裁官邸會議，討論招待納爾遜、赫爾利，及與商議戰時援助與戰後復員我國所需要物資問題。主席當即指定宋子文總其成，辦理招待及交涉事，戰後復興所需物質案由設計局準備，翁部長會同辦理。

三日 應總裁召赴黃山談時局。余言大要如次：一、目前一般人心，並未因歐洲軍事之進展，及本國年歲之豐收而消除沉悶。眾望喁喁，仍在政府之有所革新。

二、革新之要在人事調整，（總裁曰輕事更張，危險實甚）余曰各國政局時有革新，人事更易，並未聞有何危險之事例，（總裁曰各國人才眾，不似中國之貧乏）余曰本黨執政有年，早應有所培養，今

日之人才貧乏，乃過去太不肯以事培養人。今若再以此為危險憚於更調，將來人才之貧乏現象，恐有更甚於今日。今日世界各國領袖，無不儲才，文相武將，當不止一二班數，今總裁手下幹部，一班亦不能全，否則遇事必不致有非親勞兼攝不可之現象。長此以往，乃真危險。（總裁曰即如行政院長今有何人可勝任者？軍政部長亦然）余云政治革新，不是更換一、二人即為盡其能事者，若行政院長須變動，不僅易一院長，必改變過去作風，任一院長，即須授權於此一院長，使其能負全責，並將此一院各部人選亦交其提出才行。（總裁曰當然如是做，但試言誰可任其事）余言人當以事練，事當以輪試，目前何妨以孫科試試，（總裁曰不易使）余言果得適當之人副之，而各部部長能得人，組織健全，未必不可一試，且天下完人難得，貴在加意以事訓練之。（總裁詢其次）余復以張群對。繼及軍政部，余以陳誠對（詢其次）余以 張治中對。

三、余歷言黨須作育人才，並舉英國工黨與王世杰一段話為證，黨近十餘年確已坐失機會，未在作育人才上留意，又舉外交人才缺乏，以甘乃光日前一段話為例。

四日 出席外交部會談商討與納爾遜洽談案。晚張治中來談總裁擬任伊為軍政部長，徵詢同意，伊猶豫，來商於余，余主應慨然擔承。

五日 至吳宅與吳鐵城、甘乃光會談，問及政局變化事，余不欲多言，鐵城以為消沉，余仍默爾。

十一日 出席最高常會議事畢，委員長報告美國納爾遜與赫爾利來華任務三點：(1)商討中美共同作戰計畫； (2)中蘇關係之協調； (3)中國戰時需要接濟及戰後中美經濟合作問題。下午陳儀來談，述何應欽言，將辭軍政部長職，欲伊出而繼之，詢余意見，余亦贊同，並允代問主席意旨。

十三日 出席國民參政會,代表國防最高委員會報告三十四年度國家施政方針,共三十五分鐘,講話時江西土音太重,人不易懂,且太快,人不易明,宜自改進。

十四日 赴總裁官邸茶會,在座為各黨各派及各學者參政員,總裁曾囑多與左舜生接洽,故余特與單獨談青年黨事,並語張君勱,曰頃曾請示總裁,承允派伊出國為宣傳工作。

十五日 赴參政會聽取林祖涵報告中共問題,及張治中報告中共問題洽商經過。晚左舜生來寓餐敘,與其談話大要如次:一、各黨各派能否合組成一個大黨?二、如組成為一個大黨,標示之政策為何?三、以後青年黨有何枝節問題,願為幫助解決。

十七日 出席軍委會高級幕僚會議,商討中美聯軍總司令職權等事。

十八日 錢昌照來寓談時局,曰翁部長頗消極,因王世杰言外間盛傳CC將有奪取代之行動。余告決不可信,囑轉致之。錢君固一正直人,但所言多臆度,殆不安耳,彼見解則不差。

十九日 赴黃山總裁召宴為納爾遜餞行,在坐有何應欽、陳光甫等約四十人,余席接赫爾利。赫氏詢余近日如何?余驟聞不解,經子文譯告,甚為慚然,近來頗不欲續習英語,經此次刺激後仍應習之,人盡可能之事,余何獨為不能,英語未見比日語、德語難也。

廿日 羅家倫來談,出示蘇聯地圖,詳述其擅劃新疆地境圈入外蒙之陰謀。

廿一日 張禹九夫婦來訪,曰君勱出國,宜告以任務,最好為對中共問題作宣傳。沈鴻烈送來東北復員計畫綱要頗中肯,分交審查。盛部長世才來談慶林事,並畜牧業之重要性,希望復員建設計畫時留意。

廿二日　赴翁部長文灝宴，為陳光甫等餞行。席罷，翁談納爾遜來商生產局事，宋子文云，已內定曾養甫主持辦理。此君非適任之人，相與慨然。繼述歷年來錢昌照個性之難處，余稱其有容，不失領袖風度。錢君固有所短，仍當為國家愛護之。

廿三日　接王世杰電話，知美國以租借法案款為中國訓練技工一千二百人，又批緩辦，為受某種刺激所致，詳約面談。又曰李璜向總裁請求我中央黨部通令各地方黨部勿與青年黨人相敵對，以示友好，已承允辦，囑轉鐵城，因電話告知鐵城，分令免除糾紛，認清友黨，不應以敵黨視之。

廿四日　蔣經國來訪，詢贛中情形及時局，伊主清黨。詢幹部學校辦理意義？伊曰實現總裁教育思想，並培養幹部生活智慧。余以為宜照黨務學校性質辦理告之。

廿六日　葉公超來談：伊對國外宣傳，頗有見地，其言二事：一、孔祥熙刊發「理財成績」三萬冊，為人不齒，寄倫敦五百冊，已原封打回。二、華萊士報告羅斯福總統四要點：(1)中蘇中共問題。(2)軍政改革。(3)財政改革。(4)非由美之加以壓力，則不易成功。

下午應總裁召赴黃山參加討論會。到有吳鐵城、張治中、張道藩、陳立夫、梁寒操、張厲生諸人。討論問題為：(1)對國內國外壓迫空氣之應付；(2)對黨內同志隨意發言之紀律問題；(3)黨的改造及代表大會之提早召開。

總裁指示(1)絕對不為任何壓力動搖。政府決不為空氣所播動而改組；(2)外人之干涉絕不受；(3)凡引外人言論自擾者，罪浮於漢奸，必加以裁制；(4)此時口言民主之人，另有作用；(5)代表大會宜提前召開，以整理黨。內外空氣，不過是一種輿論，所謂壓力，不過是時代思潮，總裁堅決意旨，此時自不可能有急切之轉移。余但就第

五點發言如次：在召開代表大會以前，對黨之改造應先研究，必有具體腹案，開會始能有濟。

廿八日 應總裁召赴黃山談話。總裁詢：近有何見聞？余答(1)略聞美政府對我要求收回租借物資之支配權未予贊同。有人以為強爭或於戰局有害。聽之則於國體有損，頗為總裁之應付為憂。(2)聞納爾遜建議我國宜有生產總局之設立，人選總裁已內定為曾養甫，曾君勇於任事，為其所長，但以之獨當一面，則似不宜，猶偏裨之不宜以為主帥也。(3)總裁昨晚指示不動搖態度，固自有其理由，但內在弱點，正不必因人之指摘而停止改善，空氣即是輿論，壓力代表思潮，大政治家應知利用，化阻力以為助力，太史公曰「善者因之，其次利導之，其次整齊之，不善者始與之爭」。今日軍、政之改革，雖不得已而暫付停頓，然亦不宜便不加以準備。軍、政之改革，固仍當從黨之改革起。往昔中國之政治家，祇是運用到少數人才，不敢奢談有黨，今言軍及政之改革置黨之腐敗於不顧，結果影響所及，勢必牽連軍與政使同歸於盡而已，片面改革必不可能。黨應如何改造，不是召開代表大會即可解決，必有徹底之研究，綿密之準備，加以堅強之決心。(4)昨晚有兩種意見，未便公開表示，其一為黨內執行紀律問題，余以為同志中言論行為之出軌出紀律固然不合，但黨內並無集中意志之訓練，意志不一，言論行動，自難免於紛歧，「漫令教齊謂之賊」，無集中意志之訓練於其前，對於言論行動之有參差者，便以紀律繩之於其後，紀律有時會窮的，不是黨的積極辦法，余慨歎往事，以為此類之錯失不少，如汪精衛、張學良等等，俱在黨內有相當長久之時日，彼等走上反動，或有幾分生性，要以往黨中亦殊少思想訓練，尤其在高級幹部當中，人曰赤化，我曰黨化，其實我黨則有之，化則未也。因此犯紀律者層出不窮，即能一一制裁，亦不過捨本逐末

之事,嫌太消極矣。其次為一般幹部對參政會黨外人員關於審查預算及調整權之要求,每表示厭惡,以為得寸進尺,謂不宜痛快給予。

余以為此正本黨訓政之成績,訓得一般群眾對政治到有過問之興趣與要求,豈不甚佳,彼能勝任,我當樂而予之,彼不勝任,我當教而試之,何庸其深拒固絕?

總裁云:羅斯福有一電致史迪威將軍,為上兩星期中到的。大意問我(指總裁)何以不接納授權於史之要求?謂當此戰局緊張之時,宜即以指揮全權予史!否則此後發生惡果,責任當由我(指總裁)負。其所謂全權,不獨軍隊之指揮,連租借物資之支配,亦在其內。史接電後即示赫爾利。赫云:交我(赫自指)轉,不可以原電送蔣委員長!但告以大意可也。史不從其言,且曰你是總裁代表故相告。但我(史自稱)必親交蔣委員長閱;赫云:如此,結果是你自毀。

史不聽,翌日史、赫二氏同來,由史將電文譯就交我(總裁自稱),我接閱後置之茶几下,未之睬理而另談他事。赫氏見機引史同退去。史至赫寓,曰蔣委員長接電無反應奈何?赫曰當然不出我料,事壞矣。次日赫求來見?我未允,允於再次日見,再次日即上星期二,在黃山為納爾遜餞行,赫偕來,我出電示之。伊等俱云:此為軍部犯罪行為,羅總統應未閱稿,至多以電話告羅。

我乃正色語納氏云:君歸為我致意羅總統,祝伊健康,並煩告我願為伊友人,事事無不可坦白相商,惟有三事我絕不能接受商量者:即一、為於三民主義不合之事;二、為有損害中國主權之事;三、為有損害中國國格及我個人人格之事。中國軍民俱願為美國之朋友,亦願虛心學習為美國學生,但絕不能為美國奴隸。納氏唯唯,答曰美軍部作事不擇手段,與貴國凡所商論,當然不可相強,貴國如可以強壓而服者,豈願抗戰七八年?

史氏曾向我（總裁）言：中共事祇需伊赴延安談三日即可解決，並意欲撥給新兵器五六師。余正色告之云：君若此，余將取銷君參謀長職務。故我（總裁）決心電羅斯福請將史撤回，謂伊絕不能與我合作。囑赫氏轉致此意，赫氏草一電稿，並以示史。史云，如此祇是為蔣委員長說話，憤形於色。赫答：若如君言，我另草一電，主張君即返美，並陸續將駐華空軍及司令部人員撤回，君料羅總統能聽之否？史答當然不會聽，不過可以威脅蔣委員長使受商量。赫答君言差矣，蔣委員長不是可以威脅的云云。赫氏比較通達。

我（總裁）曾先電孔祥熙，囑轉羅斯福二事：（一）租借物資，必須中國自己支配，不能交史支配。（二）對中共問題，願勿助長其氣燄，使不易就範。羅氏當已接悉，因此其現來電，不問是其親自核過，抑僅於電話中同意，態度俱屬不合，我今置而不答，但與談史之撤換事，伊如不接納，我可將其來電，公諸於世，使天下尤其美國人民，得知羅氏政治作風，恐亦將影響其政治生命，此最後一張牌，我固不願輕於攤出。我初接其電頗憤惱，繼思我之欲撤換史，正苦無機會發言，今得其電，正可利用此良好機會為之亦得。君（指余）慎勿將上項所言事外洩，我未為一人道及此事詳細內容。（余答曰外間略知有委員長將撤換史氏事，群疑羅氏久無回電來，恐致決裂，為戰局憂。但余料祇委員長有決心，電發出，已成功一半。余在美時與馬歇爾談史事，其時馬氏曾表示有可以調回之意，當時曾電請示，久無回電，及奉手諭，飭勿與言，故史氏得以拖到今日，子文知其詳，會當與子文研究，羅氏回電何以遲遲？但余料美方必然同意撤史）。

總裁又曰生產事應予納氏更重之責任！此與國權無關，派曾養甫任局長，但求能與合作便夠，無大關係。余答云：若然，後必有悔，似仍以翁文灝任為妥。總裁言翁魄力不足以打開此局面。余答固知總裁意已決定，不會改變，余但願將所言保留之。

總裁續言：君（指余）這第二點（參政會之要求事）甚是；但第一點所言思想訓練，其效力是有限度者，對青年黨員可發生作用，黨內一般頑固者，如昔之西山會議派等，即總理在世，伊等未必能一心一德，總理復生，伊等故態亦難望有改變，不可教者也。

余答：可教者教，不可教者亦不宜聽之。處置之道，不外數種，（一）爲蘇聯式之殺戮，中國人除漢高祖外不願採用；（二）爲歷史上很多的優待功臣方式，使之美衣豐食，閒度餘年，不任其當事！（三）則清黨方式驅除出黨。今我黨病在並未之教，何以知其不可教？何以又不爲適當之處置，一任當權當位？黨之生機停息矣，以人身爲喻，豈可祇有飲食而不排洩者。人之爲物如一碗熟飯，利用及時啖之可以養身，置之不用，久必腐敗，聞其氣且足以致病，黨中同志，不善教之，又不處理其不可教者，黨尙何所爲用耶？願總裁留意耳。

晚王世杰來談，略述頃與總裁談話大意。伊詢余赫爾利欲赴延安與中共談兩事。「（一）爲美蘇俱不欲中國分裂，決不同意中共之不合作，反抗中央。（二）英美對日反攻，並不以爲中共軍隊是一種力量，打算在內。」應否允其前往？

余答大意尙合，但此事應先請示總裁，赫氏既受命以私人努力，幫助中國之統一，當然與中央係一致的，如此則赫氏果赴陝，必須由政府派遣，並伴同一適當之翻譯人員偕往，赫氏同意則可。

十月二日 張治中來談史迪威將軍問題。伊大不以總裁處置爲然，以爲未預想及後果，言後果有三，(1)照撤換；(2)拖擱；(3)不同意。如此則於抗戰有害，此日目標在攘倭。此外一切當放鬆。任史指揮華軍，宜大膽放手做──以爲美決不至扶持共產黨。其言似是而非，因其不甚瞭解英美國情及心理，一味容讓，不獨有失立國之道，

必然助長中共氣燄,中共打通了美國路線,更不易就範。故不欲與之言,以其不易明瞭,且不虛心聽人話者也。

四日 王世杰來談,伊認為總裁處理史事不妥,頗見憂憤之色,此君遇事太小心,每每舉輕若重,對史事之見解,不出余所料。晚吳鐵城電話,曰與孫科已說妥,不復在黨外發表自己主張,謂午間已與總裁晤談。

七日 參加中央黨部餐敘,討論全會、代表大會、參政會、國民大會等召集方法之時期,群不主張召開各會,曰必須軍與政有所改革始能振作人心,轉移時局,乃決議作成具體意見,陳報總裁。

十六日 訪宋子文於化龍橋,談史事,伊亦同余所見,謂總裁去電,美必撤換之。又談美為我訓練技術人員案,美大使高斯曾提出須有百分之三十文法學生。昨李濟琛函介彭澤湘來見,意在求用,伊昔留俄學政治經濟,曾任中共中央執委,王又庸稱其比張國燾強。今又來談,乃託其先且赴桂約李濟琛來渝,免作奸人造謠資料,伊同意。

下午約吳國楨次長來談,囑向美大使高斯詢問技術人員赴美受訓練彼與宋部長言,主張其內須有百分之三十之文法人員,是何用意?晚到總裁處請示彭澤湘是否須派赴桂邀請李濟琛來渝,承示應即派往。並報告高斯所言為其個人意見,赴美受訓人員,應仍照原計畫派。晚應約赴何應欽處會談,徐永昌、張治中、錢大鈞、熊斌、劉斐(時任軍令部第一廳中將廳長、軍令部次長—編者注)、林蔚等到,討論軍事調整,當舉出三人,(何、張與余)向委員長報告共同意見。

十八日 偕彭澤湘晉見總裁,辦理伊赴桂接李濟琛來渝事。後批給旅費太少,顯不重視,余另為湊增之。

二十日 參加委員長官邸會報，得悉羅斯福總統覆電昨日到渝，史迪威將軍事已得圓滿解決，允即調回，月來群疑滿腹，眾難塞胸之問題，一旦廓清，可稱快事。

十二月三日 近頗煩悶，原因當不外：一、時局艱危，愧無能為匡濟，黔桂軍事，相繼失利，人心震撼，己亦為之不安。二、行政院人事更動，主席再四令余兼攝內政部長，余既決不苟從，擺脫亦不甚易，此實意外之煩惱。三、因奉主席令擬行政科學化之組織要領，及搜羅人才，運用幹部等具體方案，費時月餘，猶未全部脫稿，以致精神為之不寧。

四日 參加國府肇和起義紀念會畢，旋續舉行新任各部長就職典禮，繼開最高國防會常會，臨時提議又以宋子文代理行政院院長。晚與錢昌照泛談，適王世杰亦來，乃共論及最高國防委員會及軍委會之改組事，勸余進言，余唯唯，而自忖余言未必見重，數數反招疏辱。殊不欲更為之。

七日 深夜吳鐵城來電話云：黔戰事頗有進步，三合與八寨相繼收復，我軍正反攻獨山，並囑余當勿埋頭為戰後設計，對目前戰局應分心力以為謀劃，又言蘇聯報紙對我太無禮貌的攻擊，殊堪研究云云。余自忖度，己非當事人，實際情況未甚明瞭，不應旁鶩，且以前好為盡言，絲毫於事無濟。國家事有其氣數在也。

八日 下午楊焯庵（曾任江西省建設廳廳長，時任重慶市政府秘書長兼中央設計局委員—編者注）來談，曰子文約伊詢問社會對新任行政院長觀感。又言人曰伊不重組織，是否需要有政治性組織？楊答不應當內有組織，當本天下為公之意，親賢任能，為已足。繼言友人曾養甫告伊亦曾與子文談，子文曰當今可為總裁之助手者有三人，即子文自己及王世杰與余。可惜三人少聯繫，尤其余對伊尚多誤會。應否

相機略為解釋？余曰不必！因告知子文之為人，及近頃所曰誤會之所由來，且言國家當此危難，共圖匡濟之不遑，有何誤會之足云。

萬耀煌來寓談半小時許，曰伊與張群研究日寇軍事趨向，以為將圖我川滇（成都昆明），南北雙方並進。余云擊破中國不足以解決戰局，中國可能敗而不可能滅，日寇必不出此。

十日 總裁召談，詢問軍事局勢。並徵求余回任軍事工作興趣，擬以充軍委會辦公廳主任或軍令部長。余答：請聽完成設計局工作，不願轉任軍事文筆承轉工作。

民國三十四年。元月一日 陳誠來賀年，並持共同具名報告底稿就正，略為潤色之，擬明日即繕呈總裁。東南之行，應可告一結束。

二日 到局，見有職員猶未免新年舊習，對工作似仍在休假中，晤陳誠，知軍政部照常辦事，自覺慚然。下午訪陳立夫，主談贛省黨務，囑持大體，勿操切過甚，期息糾紛。

三日 應召赴委員長官邸會商東南軍事統一指揮機構之設立，及有關人選問題，到有俞飛鵬、陳誠等各部長及錢大鈞主任等。

四日 赴王世杰處午餐，有宋子文等在座，談此後對各黨各派之如何參加政府工作，伊等俱主張在行政院設置戰時政務委員，仿照英國戰時內閣例，余亦贊同。子文言願意以後常常會談，余答甚佳。

十一日 赴總裁官邸午餐。談話有次三項：一、陳述設計局羅致全國專才學者成立一「計畫建設學會」之意義，及歸併國防最高委員會所屬之各專門委員會事。二、湘省政府改組，薛岳曾建議以譚道源繼任省府主席。余言：譚為湘籍，且屬軍人，才雖平平，在此戰時宜從薛請。三、贛省黨務糾紛之處理，余建議以項易胡為書記長，地方黨部糾紛，皆導源於中央，應改善中央領導辦法。

陳慶雲來談僑務，余告知對華僑應從大處著眼，勿以祗求其擁護中央為已足！因述有關事，如：關於政治者：海外僑民，宜提倡其在

當地變客爲主，不當永作僑居。不必斤斤計較國籍。世界各地英僑，今日俱已自成邦國，如美利堅、加拿大、澳大利亞、新西蘭、南非等國，今日之主人翁，皆昔時當地英吉利等國僑民後裔，所謂落地生根者，此上策也。關於經濟者：(1)僑民資財，宜使儘量爲發展當地事業之用，何必斤斤計較其僑匯？彼等匯款回國，大都用以在家鄉做祖祠，修神廟，當然亦有舉辦國內實業之事，此亦足影響其在外經營，所謂剜肉補瘡之拙計。(2)英日等國，對於在外僑民事業，無不以國家金融之力量爲經濟上支持，以異地移民之方式作謀生的指導。我國在外僑民，類皆祇憑自己命運，流蕩天涯，掙紮生存，至今猶多未脫離苦力生活，政府對我海外僑民似亦宜有積極的輔導政策。關於文化者：宜提高其文化水準，鼓勵華僑子弟入學，必有現代智識，以繼續其先人事業，始能立足世界競爭生存，其他有關文化之事亦當有計畫的爲之倡導。後續談及黨代表大會時海外代表百餘人之運用。

十二日 往視張治中病，伊云：陳誠城府，近亦難測，此後與其談論軍事，須稍慎重，不宜過分直率，免滋誤會。訪朱家驊，邂逅陳立夫在座，告以解決贛省黨務糾紛意見，盡將所聞贛中情形，詳爲轉述，伊頗爲不快，支吾其辭，不似有採納人言之意。

十五日 昨接王世杰通知，總裁令參加參事會報，研討國際、外交等問題，午間首次出席，至則知爲對黨外人員宣佈組織戰時行政會議案，漸有開門氣象。晚吳鐵城（時任國民黨中央秘書長—編者注）、甘乃光（時任國防參議會秘書長、后任中央設計局副秘書長—編者注）來談，關於代表大會事如次：一、代表大會籌備會人員，宜增名額，免爲部份人包辦，易使促成黨之分裂。二、籌備會首應草一宣言，指出此後黨的新任務，鼓吹黨外人才入黨。三、準備改組方案，使黨內同志一致認識其需要。四、研究憲法草案，使具體修正案能提會討論。

十六日 何鳳山(1938-1940年任中國駐奧地利維也納總領事，曾給數千猶太人發放赴中國的簽証，史稱「中國的辛德勒」，後任中國駐埃及大使—編者註)來告黃埔同學對全代大會意見。晚何鳳山偕蕭作霖、唐縱等來告青年團及軍隊代表應依法力爭。

十七日 出席中央黨部中委談話會，討論六全大會問題。

廿七日 靜思近來每日均有黨務纏繞，己為中委之一，未可謝絕，但自顧信任不夠，事權不屬，決不濟事，此後當摒棄此種雜務，撙節時力，一意以求設計局工作完成為是。吳鐵城來談，周恩來到渝後，共產黨態度愈益鮮明，彼黨拉攏民主同盟中各黨各派，宣佈對時局主張十條，我黨乃立於被動。余曰是黨之關門主義為淵驅魚之結果。

廿八日 赴總裁官邸晚餐，談幕僚之運用，令研究幕僚核心組織。

廿九日 吳鼎昌來談，余提出幕僚核心問題，相與研究。繼復述近為雜事干擾頗苦，影響本身業務，思有以屏絕之，伊頗具同感。並言日前曾對主席言，今後其本人工作態度，（一）研究內外政治情報。（二）收集內外政治意見。（三）如奉有指派，與各方接洽。（四）如奉有指示，發表政治意見。但儘管個人政治意見甚多，自任文官長職以後，從不再談個人意見。又言曾陳述對共黨等最近「國事會議及聯合政府」之主張，伊以為此種黨派分贓要求可以不理，祇須堅持國民大會之召集；至選舉法，不妨交參政會議定，以輕責任云云。余曰高見甚是，惟國民黨是執政黨，一國之當家。對於一國之事，有責任為之擇人而任之，對於一國之人，有責任為之擇事而與之，各黨各派之要求，恐不宜不理，亦不能不理，太史公有言「善者因之，其次利導之，其次整齊之，不善者始與之爭」，當有權有力之日，一味否認現實，不為釜底抽薪，將來揚湯亦難止沸。國民大會之

召集,乃治本之計,治標方法實不容其忽視,各黨各派,蜂蠆有毒,你捨我取,共黨方欲利用之,居為奇貨,今日不為區處,此後更難收拾,我深杞人之憂,所談關於自己言行認定立場,不欲多事一節,甚屬高明,此亦「君子思不出其位」之道,愧尚未能,但當學步。

　　三十一日　出席中央黨部特別小組會,余陳述意見二項:一、孤立共產黨:則當扶植各小黨以拆散民主同盟。二、調整本黨工作方法:分清敵友!以求適應新環境現實之需要。

　　二月一日　赴陳立夫召集茶會,在座除果夫、立夫外,大部皆贛籍中委及一部份黨省委,談論贛省黨務糾紛,徵詢解決意見。余發言太盡,不知以善養人,而欲以善服人,當然未有人能服之,不獨足以招忌,恐將更以惹禍,雖所言皆為根據事實,在座者當無不會諸心,但不願出諸口者,或亦一時稱快。而余當眾暴露他人隱諱,行行如也,誠不得其死然。當場余所言之大意為:黨員相呼皆曰同志,志同理應道合,即相互間有意見之或異,要宜尊重黨的組織公開坦白討論,以求解決,不應各自樹立門戶,另畫圈圈,以相暗鬥,彼此之間,不僅如吳越之肥瘠漠不關心,且有甚於兄弟鬩牆必須爭個你死我活,江西黨務糾紛,導源自我中央黨部之派別,所謂「上有好者,下必有甚焉者矣」,今日在座俱為黨中同志,談話不應言不由衷,而應儘量坦白,中央派赴各省之黨務人員,無處不有朱系(朱家驊)陳系(陳果夫立夫)之別,此人盡皆知之事,中央若果祇有一個黨的大圈圈,沒有各個人的小圈圈,感召所及,地方誰敢自成派別,入主出奴,互相火拼?朱陳兩位先生俱是潮州人,潮州人先團結,江西人自會團結。不獨江西之黨務糾紛可以立息,全國各地方之黨務亦當永不會發生糾紛云云。

四日 至國府，晤吳鼎昌，談幕僚長會議事，是否主席即以此作為日前所談之一種幕僚核心組織，此種辦公式的會議，恐無若何效能之可期。

七日 總裁召赴曾家岩官邸晚餐，承詢事：（一）日前所囑研究最高幕僚長會議組織如何？余答：各人品質不齊，不易發揮組織力量，才識各異，難共討論問題，繼分析吳、張、陳、陳、陳諸人性格及其長短，並曰各人職位不同，各盡其本身責任，爲日不足，能有幾何精神時間，作出位之思。以爲不宜有何組織，若祇爲聯繫作一種會報性質，或總裁有特別事項諮詢等，隨時召集之，似無不便。總裁曰然。

（二）侍從室諸人祇宜辦文書，對於人才之鑑別與聯繫及政令之是否貫徹，政策之如何決定，俱不能辦，擬即改組，或以之併入軍事委員會辦公廳，如何？余答：侍從室當然祇宜辦文書，它不是中書門下省。對人才之登庸，國家有其一定政策。論學術有考試，評審資格有銓敍，計功過有各主官，總裁所應留意者，祇在物色少數人，即所謂一等人才，獨當方面之任者，此亦不可責諸侍從室，且侍從之名，本不甚適宜，即將其任何改組或擴充之，俱屬徒費。對政策之擬訂，是各院、部、會主管應盡之責，若彼等祇知埋頭事務，要待總裁躬自爲之，則上勞下逸，即使侍從室萬有萬能，國政亦將廢而莫舉。軍事委員會屬於國府，顧名思義，不宜干政，亦不能問黨，其辦公廳何能肩荷此等重任。今日之要在於各院尤其行政院之院長得人，而以最高國防委員會爲一最高決策機關，充實其秘書處，相信如此，則可望減輕總裁宵旰之勞。

總裁云：關於人才登庸事，銓敍部、廳及第三處，各有機關，關於政策之擬訂，亦各有院部會，但俱不能達此任務，必有一最高中心，爲之領導，使漸就軌道，望即研究辦法，決然進行組織，至國防

最高委員會秘書處，王寵惠不能有為，但要改變亦須待六全大會後，惟在此以前，應即準備，不必避嫌，至人選即在王、吳、吳、沈、王數人中任之。

余曰：機關不能達成任務，恐皆運用者之未得法，或領導者之未得人，很少由於其本身組織章制上有何缺點。所謂運用未得法者即如不予之當予之權，不問之當問之責。所謂領導未得人者，即如本不是為事而用的人，既知不能勝任而又不為之更調，一個機關不行，另組一個以代替，一些人不行，另加一些為領導。此種近於疊床架屋。若果為其本身組織章制上有缺點，則當即為修改章制，甚或可以併其機關而裁去之。決不可容存一種有名無實的機關作點綴，此事應請重加考慮。

（三）設計考核人員何日可以召見，共見若干人？余答：人數已另單奉呈，時日可聽指定。總裁云：召見意義，一、詳與各優秀幹部晤談，名單可由主管人員開列；二、可作一次檢討。余曰：近日政與軍之改革已粗見端倪，黨猶未之著手，關於黨務似宜加以改革，其中人員，是否可以調整？總裁云：黨亦宜調整，惟一時尚無適當之人。

八日與吳鼎昌商論智囊團組織事。晚赴總裁官邸晚餐參加幕僚長會議，討論對各黨派問題。

十四日 與吳鼎昌銓商論主席私人秘書組織草案，復交局抄繕之。

廿日 出席總裁官邸，參加幕僚長會議，總裁指示國民參政會展期二三個月開會，並防舊金山四月廿五日四強與盟國開會之際，共黨及各黨派以不出席下屆參政會，搗亂舊金山會之空氣。

三月十日 電美張君勱（時任中國民主同盟常委、國民參政會參政員、著名政治家和哲學家—編者注）告政府擬派伊出席舊金山會議，盼其樂就。

十五日 與青年黨劉東巖談舊金山會議事，余詢如政府果派李璜（中國青年黨發起人—編者註）爲出席舊金山會議代表，伊能否果如君言：不論其他黨派態度如何，皆可不顧？劉曰必然，余乃允爲轉陳並請指派。

晚與王世杰共向總裁陳述：張君勱回電，言他黨如亦出席，則伊亦願任之，語氣似不肯獨任代表，不如在青年黨中再派李璜爲一代表，據劉東巖曰李將不顧一切可出席，總裁乃同意，令即與劉李左等言之。歸即約劉東巖來與之言，恐其前言之不實。囑即轉知李。

十七日 劉東巖應約來談，赧然曰李璜不願就代表事，聞之頗不愉快，但未對劉加責備，僅將其託余轉呈總裁之書交還，未允爲之轉遞。

十八日 接王世杰電話，知其昨日下午已將李璜事陳報總裁，余乃不再進告。人言不可以輕信，己言不可以輕出，當聞劉言「必然」時，何不從其他方面設法加以核實後再作主張？

十九日 劉東巖來談，據言李璜事，可望轉旋，並請約明早九時接見左舜生商之，余允可。復接張群電話，曰李璜事劉東巖曾電告知西康劉文輝主席，彼力勸李尊重政府意，李已電左，請爲決定云云，因囑余與左一談。電話請總裁將代表案暫緩一、二日發表，並告以頃與劉、張所談情節，以便使李參加。總裁曰可。復接張君勱由美來刪電，曰其本人無何意見，可聽命政府代表出席。

與顧維鈞大使談昨總裁所示魏大使來電曰羅斯福與史太林在雅爾達所談關於中國事，詢伊觀感；伊曰美應尚未決定，亦自不能由其決定任何具體事項，羅氏所言作用，恐一在試探我方意見。一在對我國內情形，稍示壓力。

晚在家中約吳鐵城、朱家驊、王世杰、甘乃光等晚餐。商議六全會後黨的改造。公推甘擬大綱。又六全會代表提名委員會人選，當即推定九人，由鐵城面陳總裁決定之。

廿日　左舜生、劉東巖來談李璜事，余未顧及對方心理，一味表達自己意見，言及左所要求必須與共產黨代表同時發表一節，表示絕不可能。左乃不得不答以「如不能照辦，願勿將李單獨發表，否則不敢負責」，其後劉君雖力言可以大膽發表。余當然以左君態度既如此，不願向政府陳辭以絕之。午與宋子文、王世杰商談李璜代表事。雷震來訪，請試用電話與璜一談，接之，不通而罷。

廿一日　接見沈清塵，是李璜介紹來者，意求錄用，其人似譚炳訓類型。

廿九日　自廿四日起傷風發熱，今日仍在家休息，總裁派侍從室錢主任來視，與之談，因詢總裁此次在滇情形，及舊金山會議代表中加入董必武原因，並託代為申謝。朱家驊來視疾，與談六全會代表選舉情形，告應注意二事：一為提名委員會名單。一為東南等省代表交通工具問題。

三十日　精神較爽，約劉東巖、李璜來談，告知已為宋子文言約帶劉東巖赴舊金山會議事。

四月二日　甘乃光來談六全會提名委員會人選事，伊曰尚屬不壞，惟尚有朱家驊不可為友之成見在。晚與甘乃光、陳慶雲偕至吳鐵城家，談提名委員會人選應加補充，決由其簽請增加張治中、朱家驊。張治中、朱家驊來寓，余告知增加提名委員事，彼等以為吳鐵城言行常脫節，作事太不緊湊，決再由余切囑速簽，並更增王世杰、孫科二人。

三日　早訪吳鐵城，告知昨與張治中等所商，伊允俟三青團來正式文件後再辦，其作事之不緊湊，果不出張等所料。吳有訓來談中正

大學校長蕭蘧家屬在昆明生活不能維持，余語之：文教人員今日誠苦，但此乃戰時一般之災難，余私家生活亦復如此，實無餘力可為補助，煩轉致蕭，當勉強暫代設法每月接濟二萬元，吳君頗為諒解。陳慶雲來言吳鐵城面面要好之敷衍態度，宜勸之改變，否則面面將俱開罪，而無一相信之友。

六日 吳鐵城來談六全會事，伊曰昨日與陳誠談，主張清共紀念日（四月十二日）由陳誠請客，拉攏二陳、及張、陳、吳、朱、王等，團結合作。又曰若秘書處與組織部不能合作，則會開不成，意重在要合作。又曰添加提名委員會事，必須余等向總裁進言，伊然後簽呈請示，由其談話語氣觀之，毫無肩骨者也，不可救藥。

晚應召赴總裁官邸晚膳，在座有吳達銓、吳鐵城、王世杰、陳誠、張厲生、陳佈雷等，討論日本內閣塌台，鈴木出任首相，及蘇聯宣佈廢止日蘇中立協約事。余因昨日四弟之喪，心神不豫，默未發言。

七日 出席總裁官邸軍事會報，總裁預料日本在最近將來作戰，必以三處為游擊之地：一為其本土，一為我東三省，一為我南部。又言建軍當在六個月以內竣事，否則美將不為軍械之接濟，故八月以前，軍隊必須到達縮成三百五十萬之數。又大申斥軍令部、政治部，對宣傳之不力，盛氣不可向邇。治中當時申明數語，更使憤激，余欲有所陳述，亦因之中止。

九日 赴陳誠寓晚餐，到吳鐵城、張厲生、陳立夫、陳佈雷、王世杰、段錫朋、朱家驊、甘乃光等。此為吳鐵城所發動，欲以聯絡各方情感，以利六全會之順利進行，枉費時間之官僚辦法，毫無作用。

十日 在行政院向總裁陳速六全會代表提名委員會增加人員事，承准派張治中、王世杰、朱家驊列席。

十一日 朱家驊來告列席提名委員會會議情形，並曰幸為列席，否則多數有為同志，必被擯棄。

十八日 吳鐵城、朱家驊、王世杰、白崇禧、張治中、陳誠、甘乃光、陳慶雲等來余家餐敘。討論六全會後黨的改進方針，結論大要如次：

一、各人向總裁陳明此次選舉不能由某一部份人包辦。二、擬定政策以便號召統一主張（由熊、甘、王起草）。三、選舉法提綱（由朱、吳起草）下次餐會提出討論。四、中委名額決主張由二六○增至三○○名。五、六全會中委由代表中圈定，分別負責試題名單。並劃分次之範圍：1．海外、廣州、廣東、上海、並東北一部份（由吳、陳負責）。2．軍隊（由白、張、陳負責）。3．教育（由朱、王負責）。4．地方（由熊、朱負責）。

廿二日 在家與王世杰、甘乃光餐敘，討論「政治改革方案」當由世杰執筆成稿。惟關於「黨務改革方案」余與乃光意見尚未一致，容再研討。

廿四日 赴白崇禧家餐敘，到者除上次人們外，加張群一人。決定「政治改革案」交王世杰，「黨務改革案」交乃光，選舉法要點八項交吳鐵城辦。

三十日 往吳鐵城家餐敘，討論六全會事，將中委及各類代表名冊，共同審定各人背景。又組織技術人員辦事處，推陳誠為總負責人，朱家驊、吳鐵城副之。於是此一場黨的改造運動，始得具體化。可望按日計程以開展。

今日黨的改造運動，由上不成功，由下不夠力，祇有控制中間矛盾，而將那些反對腐蝕分子的各個部份組織起來，此各個部份之分子，大抵皆為黨中更進步更革命而心較不是復古的，反民主的，以及自私自利之關門主義者。若不是腐蝕分子的造成此種矛盾對立，則任

何個人是無法掀起改造黨之運動的。若是腐蝕分子壓不下去，則恐我們革命的黨，將會變成他人革命的對象。

五月三日 夜在家會談，到有吳鐵城、張治中、陳誠、王世杰、朱家驊等。本日下午朱家驊在伊家約集所謂合作餐敘，陳果夫兄弟及張道藩亦到，討論協商辦法，當決定共同提出四八０人候選名單，並用無記名連記辦法選舉中委。王世杰大不以為然。散後，偕張治中、陳誠又來憤然詰責，余乃再約朱家驊、吳鐵城等來共同研究，結果議定四八０名候選名單可共商定，惟二四０名中委名單不應共同提出。陳誠曰此應各行其事，朱家驊主張拖，任其決裂。吳鐵城意則在妥協到底。張治中厭倦而先退去。

五日 屢搖吳鐵城、陳慶雲電話俱未接到，殆欲躲避？

六日 李中襄、陳際唐、胡運鴻等來談江西中委候選人，李曰江西人要團結，多爭取。重視地區，不重人選，當余指示胡應為王次甫推薦人，伊等聞之色沮。

晚參加總裁官邸談話會，總裁言大會主席團人選不當，內有二人，一在東北曾為敵人任教育廳長，一為有案為閻錫山電請扣留者，責備陳果夫弟兄蒙蔽。又言三青團本午會談攻擊主席團及組織部為不合。

九日 王世杰來告，頃在陳誠寓與陳果夫弟兄等共商定選舉法修正案，伊仍不主張記名。又力言大會後最要在改組行政院，並叩余孫科、宋子文二人何者適任，意在探明余對宋之態度，余答云，在目下形勢，宋將不致更動，於其適任與否，未贊一詞。

十日 總裁在第六次大會講話內容有九點，其中關於黨者：「有加強各專門委員會功能，要有最高指導機關，改革黨的活動方式，發動自我批評等要項」。皆屬一種意願，黨內負有權責之諸幹部，誰能秉承之以為有計畫之推動者。

十三日 赴總裁處餐會，到各院院長及吳鐵城陳果夫等約二十人，余談選舉事。空氣凝固，無法打開，散席後過朱家驊家，告知以上情形，並述觀感。

十六日 朱家驊來談：辭修等與陳氏兄弟協商情形，事前不與同人商談，事後議定名單，復未向同人報告，反與陳等共守秘密，殊爲憤慨。伊尙欲在指定餘額（三百六十名外之二〇餘名）用競選法求補救，余意淡然，不欲再談。平素責人之自私腐蝕黨者，今竟同流合污以自私，且腐蝕及其自身，黨之前途可知矣，此輩人定將一搖身而變成黨的附骨之疽，在黨內自己暗鬥會有餘，去黨外與共產黨明爭則不足，我不怨人，我祇惜黨，改造之運動不成，黨之氣數盡矣。

夜來輾轉不寐，今及黨國前途，殊深杞憂，黨之不黨，何有於政軍，自必江流日下，將視共產黨之逐漸發展以至於不可收拾。欲趁上次大會，擺脫中委，並申言放棄中委候選人權利及選舉權，再辭卸一切官職，退出政治漩渦，作一閒人。在抗戰勝利即將實現之今日，人亦不致議余逃避艱危。默念「樂遊原」唐人絕句，至三時三十分鐘後始寢。

十七日 早朱家驊來寓復談大會事，仍主指定餘額應在會中選舉，並言對方請以三六〇名淨額爲候選人爲不合，囑余向總裁言之。余告之殊不願再與聞。午後伊復以電話相詢有無向總裁陳述。余答曰，未有。晚應陳誠約餐敍，復談選舉事，伊曰各人意志不一等現象，余辭先歸。何廉、邱毅吾、張國燾、徐學禹、王次甫等來問選舉事，余告知日來形勢，並囑人自爲戰。

十九日 閱提出候選人名單，結果余所提舉於總裁名單內十六人，其中孫越崎、梁棟、何廉、劉攻芸、魏道明、翁文灝、張嘉璈、盧作孚、張國燾、王次甫、曹浩森等十一人慨被圈及。

廿一日 出席第廿次大會並閉幕禮，選舉結果，所提十一名候選人內，何廉、王次甫、梁棟、盧作孚落選。晚就榻後反復思維，以為對政治宜早作脫身之計，勿復陷入泥淖，自洗不清。

廿二日 參加總裁召宴於軍委會，到此次出席六全會之軍事代表，席間總裁指示今後對有國際背景之共產黨，非使服從政府命令軍令，決難與謀任何合作，彼黨志在消滅本黨，宜注意防範云云。

廿三日 在局與何廉談時事，伊力言為政治活動者，太清高則易陷於消極，主張與吳、陳、張、白、王、等談話，勿太消極，以免瓦解，被人利用，並言政治主張；不可放棄，又言政治之事，不是一步可幾，政治上人，亦不可一刀兩斷。感於彼言，返室自我檢討，以為余終不能對於人，知其不可與而與之，對於事，知其不可為而為之。晚應陳誠約餐敘，到有吳鐵成、張治中、張群、朱家驊、甘乃光、陳慶雲等，談一中全會所應討論問題，余不覺有何興趣，未之發言。

廿四日 黃旭初來訪，詢李濟琛在桂遇險事，伊言為中央特務機關所指示，若然，不知是何居心？

廿九日 彭澤湘來談李濟琛(號任潮)來渝事，伊頗以為是有條件的，對張炎之死且為抱屈，對兩廣政治多致不滿，祇得聽聽自然。張治中來寓又以內政部事來商，余堅決絕之。朱家驊來告官邸談話情形，亦以內政部事相詢，余答之不願與聞。晚自檢討，妄以為國家盛衰繫於黨之領導，最近為黨之改造費去精神日力不少，捨己耘人，思出其位。見他人在政治上所用之鬥爭方式，以為近於妾婦之道，豈可以妾婦之道報之。

三十一日 出席第三次大會，選舉常務委員，提名五〇人，陳、朱、張、吳、組織者十二人，多數未得選出，選出者類皆 CC 範圍中人，余所提出兩名單雖皆列入，卒以七十餘票未得選。

與張群、吳鐵城在吳寓聚談，對全般形勢分析，以為此後黨務重心在 CC，政治重心在 TV（宋子文）。對余加入行政院事，張群主張甚力，其意見：一、為政治不宜與實際太脫節，太脫節則無以為號召。二、為個人不宜一味自為「清高」，因國家事不是一部份人所可包辦，政治事不是涇渭可以明白劃分者，行政院是英國責任內閣，反似戰時混合黨派之內閣，進入之，決不會被認為 TV 之人，且個人作政治事，與現實太脫節，不獨不足養望，與人事漸漸疏遠，必致與各方面關係由短少而致斷絕，由今日常委之選舉可以證明資望與關係之重要。余認為伊言祇注重現實，計較利害，故答之曰容考慮。

六月六日 在陳誠處談及湘粵浙政府改組消息，談話中處處覺伊愛攬事權，如欲將軍令部發表軍事消息等事搬交伊主持之類。

九日 總裁召赴老鷹岩官邸餐敘，陳佈雷在座，吳鼎昌後至。承示數事：一、對敵人及偽組織此時應設法運用。二、上海平津東北三處接收工作宜早為準備。三、上海以余、東北以張群為宜，平津何人為宜？四、浙粵湘三省主席何人為宜？

余對上述各點概答之曰：1．共黨現正派部隊擾亂大江以南，對敵偽有無聯繫不可知？故我欲運用敵偽組織，最好能避免與共產黨軍隊正面衝突。若我不欲與共產黨軍隊正面衝突，則必須與中共在政治上得有協商。欲與中共協商，必須得有其後台蘇聯之諒解，故先解決問題是對蘇聯之政策問題，此後純以我國利害為主動向之談商？抑必須與美英協同動作？似宜早為決定有所區處。2．運用敵偽組織：宜先確定對戰敗日本處置之方針，若本寬大原則，則此善意必於事先儘量使戰犯以外之日本人知曉。3．上海不如以俞鴻鈞或吳鐵城為宜（總裁曰吳將用於廣東，上海關係重大，在開始運用敵偽，君往為是）。4．北平日前總裁曾曰派孫連仲並將增設兩戰區，綏遠方面以傅作義，冀察方面以孫連仲任之，似甚適當。5．東北：第一：中央

有大員，俾以綜合黨政軍指導之全權，第二各省（以分為十個小省為宜）應先確定，使為準備，（總裁曰大員即以張群任之。分省以舊道為單位如何？余答任張群似甚適當，惟以舊道單位為分省標準似嫌多）6．總裁曰浙江以湯恩伯、湖南以王東原、湖北以沈鴻烈為宜，湘最難治，譚道源、毛炳文俱不適用，余曰不如調王往湖北而以沈易湖南。

十三日 約集王芸生、王芃生、陳傅生、王又庸、陳儀、吳鼎昌、楊宣城、沈鴻烈、林定平、孫秉乾、余紫驤等餐敘，研究「處置日本問題」。

十四日 張治中來談國防及建軍問題與陳誠之為人。

十五日 羅家倫來談新疆事，為誤於顢頇，鄧廳長曾赴伊犁，不信高某報告，以為無事致有其失，又另某處變故，亦由鄧之無能所致。新疆諸事變，皆為蘇聯在後導演，羅君過於對鄧責備，無濟於事。

至宣傳部與王部長世杰晤談，告以總裁將命余赴東南事，謂上海事非所願聞。伊曰如肯擔任內政部長，則東南事自然可免。

晚至總裁官邸餐敘，承略詢對大局感想後，又提出東南問題，問余就便兼任上海市長或浙江省府主席，前往容易與敵偽接觸，如何？抑或用一更空洞職名如「東南宣撫使」名義前往工作？余答請待考慮。總裁即令草擬一方案呈核，並囑於十日內即赴第三戰區顧祝同處開始活動，余答請俟研究。關於人事者余建議：上海市長在吳鐵城、俞鴻鈞、袁文卿、沈怡四人中擇之，浙江省府主席在陳果夫、陳立夫、徐恩曾三人中擇之，設計局秘書長在何廉、吳鼎昌、甘乃光三人擇之，總裁俱未作確定之表示。晚赴紅岩新村訪吳鼎昌，商談東南之行，伊主余承新命。

十六日 與何廉商處東南事，伊主余往就。並曰徐學禹適任上海市長，因與王又庸更共研宣撫作法。與陳儀研究東南問題，余提議伊往東南，及保徐學禹為上海市長，余赴華中。伊同意，但對偽軍主張徹底解決，不用寬容政策。

下午參加主席官邸幕僚會談。主席提示二事：一、設立主席辦公室，每日召集各幕僚長辦公一小時。二、飭甘、徐、陳等編造各級辦事幹部手冊。

十九日 交王又庸草擬東南宣撫使者或特派員公署條文。與陳誠商討東南之行，伊主張與余頗近似，對偽不宜寬假，對敵言動宜慎重，研討政策，到前方不如在渝為便，未可匆匆出發，宜將對敵偽應考慮意見，函陳總裁。

下午晉見總裁余陳述意見二事：一、華中方面事以吳鼎昌任之為宜，否則余亦願往，東南方面則由陳儀任之。二、上海市長以郭泰祺或徐學禹任之。南京市長馬超俊似不適當，不如以沈怡任之。

總裁云：人事問題容後考慮。偽方人員秘密事俱由無線電文中洩漏，如君往前方，偶與敵偽有接談之事，亦難免不由此洩漏，宜為預防。又龔德柏於敵方情形頗有研究，可帶之赴前方工作。設計局事可暫由翁文灝兼代。晚與張群談東南事，伊不主張余任之，謂除余所顧慮者外，即與第三戰區司令長官顧祝同在權限上亦難分清楚。

二十日 與吳鼎昌商處東南事，伊主設立復員委員會，余以委員資格，來往於重慶與東南之間。余答此不甚妥。對敵方談話，不宜草率。此意且宜為總裁詳陳之，因總裁於此猶未深思。常有想到一點做一點之弊。

二十三日 總裁召赴黃山晚餐。吳鼎昌、陳佈雷在座，總裁述近與美及蘇聯大使所談關於雅爾達事。最後詢余何時赴東南？余答：與敵方周旋，未可輕率，須先有準備，稍費時日。

廿五日　張治中來寓，告以黃山談話大要，並商談余東南行止？伊主張有「自守」原則：即不找事，如被找作事，可作則作，不願作則不作。勸余辭新命！蓋前往東南，不能指揮顧祝同(號墨三)，不能作其貴賓，當然也不能做其尾巴，但仍當用書面向總裁請辭，言詞委婉意思懇摯，態度堅決為宜。

應約赴朱家驊處餐敘，到有吳鐵城、陳慶雲、甘乃光、白崇禧、張治中、陳誠、王世杰等。討論聯繫，張治中等之意注重談組織規約，陳誠、王世杰態度在遠避，王世杰又注重要有主張，未得具體結論。余曰此後餐敘一宜為有準備的充分討論，二宜為有結果的集體討論乃佳。

廿七日　與王又庸、何廉商談東南行止，又庸主張如次：一、不宜久做幕僚。二、如在中央現勢下，黨（陳）、政（宋）、軍（陳），中心形勢已經決定，既不願長內政則不如赴地方工作。三、應概允任上海市長較與敵偽接近，便於運用。四、對上當勿規避勞苦。五、自處勿過多顧慮。

何廉曰上海為一地方，除言與敵偽周旋較便外，其他工作不能有何特別表現，此後中央應有變化，不如就任內政部長。余曰：我所注重在工作效率，深不願站上一個不能有效的崗位，故不得不稍加審慎耳。

廿七日　參加委員長官邸軍事會報，承詢及黃主席紹竑事，余曰前傳聞其病重，實不確，彼處境困難，如中央不能予以支持增加其兵力與財力，則不如請准其調換工作。後復申請准予東南之行緩議。

七月十三日　主席召談二事如次：一、余任上海事，甚為重要，仍應由余往。余答云上海任務不外三項：(1)對敵運用，此時無可為力；(2)對偽宣撫，有第三戰區司令長官顧祝同早在洽辦；(3)對上海

收復，屆時重在軍事，余無指揮部隊之權，難期有所效用。堅決固辭，承允考慮。

二、詢經濟建設計畫內容，並言貿易當計畫在內。余答述其內容大要後，主席又言應電飭各省市政府將復員及建設計畫擬送來局。

廿四日 主席召赴黃山官邸晚餐，承詢赴滬工作如何，余堅決辭謝，又詢往東北如何，吾力薦沈鴻烈。

廿八日 參加主席黃山官邸宴會蘇聯大使等，余作陪，但座列第二席，此乃或將有事被遣往蘇一行之徵兆。

三十日 應召謁主席於曾家岩，談東北事，令余前往任軍事代表兼行政長官事，先往莫斯科與蘇聯商談，向東三省共同對日作戰問題，余唯唯祇答請許再加考慮。與張治中商東北事，伊主余往，義無可辭。

三十一日 與何廉商討東北之行。伊曰內政部及上海方面等事俱已一再堅辭，今似不宜更有推託，極主余任之。余亦知勢在必行，乃相與商談局中工作之如何繼續完成，並一面為赴蘇之準備。

第五編

抗日勝利與東北禍患之勃發
——民國三十四年至三十六年
（西元一九四五年至一九四七年）

第一章 東北之錯綜

第一節 多難之前身

我國東北邊境，歷被俄寇所侵蝕。及至一六四四年，更深入至黑龍江地區。蠶食鯨吞，迄無寧歲，迨於今日，僅剩有現在之所謂東北九省區域。復以美蘇雅爾達之秘密外交，慘被暗中出賣，迫我於八年抗戰疲弊之餘，不得不忍痛而訂立所謂「中蘇友好同盟條約」，明白將旅大及長春鐵路之主權拱手以分讓於蘇聯。

一九四五年蘇聯無恥的在日本投降前二日，無戰亦宣，以藉口出兵東北，強佔地方，搶奪物資，所有當地工礦機器、人民財貨，莫不名之為蘇軍之「戰利品」，拆運洗劫一空，且不之足，必欲全部赤化之以為蘇聯之外府，於是將其唾手而得之日本關東軍投降後所繳納的武器，裝備其所一手扶植之中國共產黨，以作自己替身，欲以掩盡世人耳目，來阻礙我政府根據兩國剛訂而墨跡猶未及乾之「中蘇友好同盟條約」之接收工作，造成一種軟硬兩難下手接收之尷尬局面，比以戰爭從日本人手中奪回而更為不易。

第二節 中蘇共同對日作戰之迷夢

美國實過高估計了日本的國力，而又過份珍惜其自己的人力，不願犧牲，視疲憊之日本，有如負嵎之虎，莫之敢攖，必欲慷他人之慨，利誘蘇聯參加對日作戰，以減輕其自己的擔負。蘇聯固已早知日本凜於「無條件」三字之苛酷，欲投降正苦於無路可走，而自己求染指於對日作戰，又感於「有條件」三字之莫由藉口，欲宣戰而苦於無

隙可乘。會逢其時的羅史有雅爾達之會談秘密交易，故一拍即合，以無條件投降之敵人，作有條件宣戰之對象，這種無本生利，不勞而獲的生意，算是第二次世界大戰中，蘇聯最陰賊險狠的投機。

在一九四三年（即民國卅二年），中國亦已知日本之投降祇是時間問題，不過基於美蘇之協議，又我在八年苦戰之餘，亦自不容更持異議，而不能不忍辱的與蘇聯商訂所謂「中蘇友好同盟條約」，痛心的以讓雅爾達暗盤的兌現，又以蘇聯之既允對日宣戰，乃不得不與之商議共同向東三省出兵對日作戰之事，於是在一九四五年八月初派遣軍事代表（余適當其任），與當時專程赴蘇商訂「中蘇友好同盟條約」之宋院長子文等共同前往。卅四年八月七日余等飛抵莫斯科，其時廣島已被美原子彈轟炸。八日我王外交部長世杰與傅大使秉常和蘇外長談話，知蘇聯決定對日宣戰，但十日日本已表示願意接受波茨坦宣言。日本既已投降，中蘇共同作戰之目標消滅，蘇方自無須與我再談軍事，祇日夜趕運其軍隊，進佔我東北。此種無戰而宣，不獨換取了「中蘇友好同盟條約」之訂立，並且以之作爲不必作戰亦可出兵之護符，南下深入，竟及於我山海關口，其部署不是共同以對日本之作戰，而是單獨爲對我國軍進入之阻礙，俾能控有餘裕之時間，消極的破壞我政府之接收，積極的扶植其替身中國共匪新生武力之成長。

第三節　對日僞接收之迷夢

日本投降以後，各淪陷地區，當然是要從日僞軍手中接收，當時以爲陷敵愈久，地方毒化愈深，接收自必愈爲困難，卅四年八月十五日余在莫斯科時，史太林即曾爲余言：日本必再起，東北事不易辦。莫洛托夫在餞別宴上，亦曾舉杯對余言，奉祝赴東北順利，並曰日佔領已十四年，接收事頗不容易。孰知東北的接收，與關內各省不

同，它不是從戰敗的日偽軍手裡接收，而是要從無恥的以戰勝者自居的蘇軍手裡接收。移交的快慢，要由他們決定。移交於我政府軍或移交於反政府的非法武力，也要由他們決定。

本來根據「中蘇友好同盟條約」祇是接收蘇軍佔領地的一種和平交涉，當日本投降以後，在東北沒有使用武力的對象，也無戰爭的需要，但蘇軍佔據東北後，阻擾我國軍進入，延宕其撤兵的期限，造成東北反政府的非法武力，亦即新生的中共軍隊，來接替其佔領，因此我政府接收工作的對象，名為蘇聯，實是中共。日本一手造成的偽滿，祇是空名，蘇聯一手造成之匪共，卻具實力，為我政府接收東北主權的真正障礙。

真正障礙的產生：東北共軍，在日本投降以前，僅熱河南部有李運昌部約三千餘人。卅四年十月上旬，林彪、張學詩、李運昌、聶榮臻、呂正操等，始先後由蘇軍空運到達東北，組織民眾，當時各地所謂非法武力，不過二萬餘人，其後用強制手段，壓迫民間武力參加，及在蘇軍支援之下，至十一月底即增加至十五萬餘人，及十二月國軍出關開始接收，彼又積極擴充，由山東熱河方面潛運兵員，由蘇軍接濟武器及掩護。截至卅五年二月止，已約有四十五萬餘人。

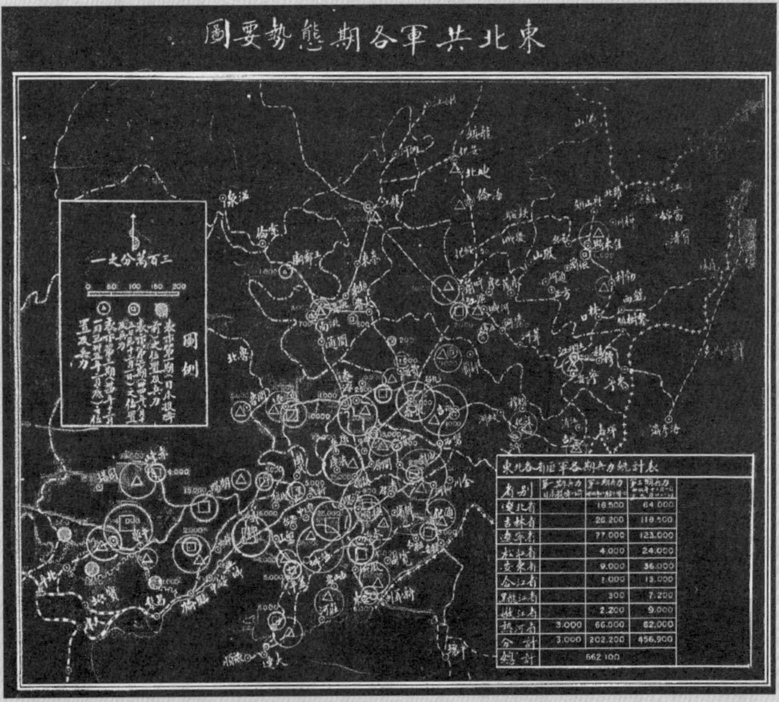

第四節　與蘇俄直接間接的搏鬥

蘇聯在日本投降後，大量運兵趕赴東北，深入及於張家口、山海關之線，視東北為其不戰而獲有之佔領地，難得會逢其時的有中美兩國之天真，一方信賴中蘇友好同盟條約，可以暫得苟安，在八年抗戰疲憊之餘，百端容忍，欲求喘息之少蘇，一方受人玩弄於股掌之上，完全麻木，信賴其出賣中國之雅爾達協定之尚有若干拘束力，可以範圍出柙之虎。一九四五年八月十日哈立曼奉命通知宋子文，作為紀錄，謂美國政府認為彼所提出之提案，業符合雅爾達協定云云，（見美國白皮書第四章二條約之談判）；但九月十日（中蘇友好條約訂立於八月十四日），美國駐蘇大使館卻有超出其時一般美國當事人之遠見，而致電於其國務院，概述蘇聯在遠東之意向，其大要為：

（一）該約之用意，不必係獲得現在已為紅軍取得之任何當前目標。即無此種條約，該項目標包括東北及遼東半島之佔領，亦已獲得。

（二）關於東北協定之效果，不應引起任何幻想，蘇聯自願撤軍並允許中國控制民政，反映史太林及其顧問人員之政治風度，已達成熟程度，但吾人須明瞭蘇聯地方當局，對鄰邦之內政，不能一貫保持如克里姆林宮之克制態度。蘇聯以佔領國之主動地位，與其地理上之毗鄰，以及國力之優越，甚至俄軍撤退後，亦易保留其主持地位，在莫斯科談判中，雙方均默認中國東北之官吏，應大部份對蘇聯勢力表示溫順。根據最近廣播，中國共產黨軍隊，曾奉共產國際命，進入東北，與蘇軍合作，接受日本投降。蘇軍當局及其同情者，在蘇軍撤退以後，自將在東北鼓勵利用此種共產黨軍隊治理東北。

（三）外蒙古之內部政權，並不因其獨立而變化，惟一之影響，厥為其不復為中國之藩籬，而其為蘇聯將來擴展工具之作用則將增加。

(四)、蘇聯共產黨，能繼續支持中國共產黨「民主化」計畫，並以政治壓力迫使國民政府妥協。（見美國白皮書之二——美國對於該條約之反應）。

　　根據以上之事實，在日本投降之後，日本與僞滿之勢力業已掃地無餘，中國共產黨軍隊除在熱河境內僅約有三千人以外，實毫無力量之可言。以上三種，皆不是接收東北之障礙，唯一之障礙，乃爲巧取強奪東北之蘇聯，在日本投降後，方始出兵無恥自稱之戰勝，強顏佔領之，視爲己物，一方面頑強阻止國軍之進入接收，一方面趕速培養中國共產黨軍力之由無而有，由小而大的新生蔓長。

　　及至中國共產黨在東北羽毛豐滿之後，蘇聯作保姆任務終了，纔將其漫無紀律的軍隊全部撤去，以前我所謂接收等等費去的時間，不是爲向日本或僞滿交涉，亦不是爲與中國共產黨周旋，完全係爲對蘇軍直接之搏鬥。

　　孟子曾言：戰必勝，攻必克，其先必約「與國」。孫子亦言：上兵「伐謀」，其次「伐交」。最不幸當時中國共產黨已有其親如父子、誼似君臣的蘇聯爲「與國」，間接之共產國際，不斷的卵翼呵護且置不論，反之如我們素共患難之朋友，轉而臨時抽腿，卻步咋舌，一若惟恐惹禍之上身，竟袖手而作壁上觀，並將物資之接濟亦爲之中斷，（當時在東北之我新一軍及新六軍等皆美國之裝備，彈藥均缺乏，而無法補充）。一方面更在蘇軍撤退之後，中共烏合之眾，戰力尚未十分長成之前，似猶恐其將被我國軍擊滅，聯合組織所謂三人小組，來到前方，（我政府與美國及中共各派一人），作其與虎謀皮，明知無效之調解，遂使在東北幼稚之共軍，有所庇護，蘇其喘息，獲得補訓之餘裕而坐大。及後東北共軍到達與我國軍等量齊觀之階段，彼有西伯利亞無盡之奧援，我祇聞美利堅無情之毒詛（當時魏德邁等皆公開渲染我政府之貪汙無能），共軍乃乘機踏隙，不斷的再四反

撲，此時我國軍名爲與傀儡共軍之直接交鋒，實亦與強蘇聯之間接搏鬥。八年之前，中國孤軍抗日，可以開始，八年之後的今日，中國孤軍剿匪，不得全終，蓋東北之剿匪，實間接之抗蘇。回憶日本侵華後，雖有僞滿僞汪之作倀，然俱不如中共之蒂固根深，日本三島之力，亦遠不如蘇聯雄跨歐亞，況更有共產國際之撐拄。我與蘇聯在東北直接與間接之搏鬥，乃純爲收復故土，八年抗戰之最終目的，亦祇惟力是視義無反顧者。

第二章 接收東北之綢繆

第一節 東北復員準備

　　民國三十四年三月九日 總裁在黃山談及復員事，余言東北四省與內地各省情形不同，復員工作宜有專人負責，早為準備，最好能將預定此後在其地任接收工作之人為佳。總裁詢何人相宜，余舉沈鴻烈。總裁同意。余言對外暫不宣佈，但告以擔任調查研究工作，由中央設計局組織東北調查委員會使沈主持之，如何，總裁曰可。

　　廿七日 余乃與沈鴻烈商組東北調查委員會事。

　　四月五日 農林部長沈鴻烈奉命兼任東北調查委員會主任委員。原在重慶尚有熱、遼、吉、黑四省政府。劉多荃、萬福麟、鄒作華、馬占山分任各該省主席，每月經費每省三萬元。則仍其舊，但其有關人員大多羅致於會中為委員。東北調查委員會因東北四省，人事複雜，直至七月七日方告成立。九月廿日始擬定東北復員計畫。

第二節 東北接收人選

　　民國三十四年四月五日 東北調查委員會以沈鴻烈為主任委員，當時主席所預定即以其擔負接收東北之任。至三十四年六月九日主席官邸餐敘，主席提示，內外情勢漸見有利之轉變，對敵人及偽組織，此時宜設法運用，東南平津及東北三處接收工作，宜早準備，東南以君（指余），東北以張群為宜，而以沈鴻烈調任湖北省主席。

　　七月廿四日 主席又問余往東北擔負接收任務如何？余堅辭，並力主仍照前議，以沈鴻烈任之為宜，且言祇要信任之，沈必能勝任愉

快。總裁曰宋子文言,其耳聾難當此任。(事後沈為余言,宋曾當面告渠,西安事變時,張學良預定渠為海軍部長,或因此故不令再往東北云云)。

廿八日 參加黃山主席官邸宴會,主客為蘇聯大使,此外則其館高級館員與中國赴莫斯科會議人員,余作陪。但余坐於主席右側,位次為第二席,儼然客也,殊為詫異,不解何故?是否主席將勉強分配與蘇聯有關之工作,使余擔任?豈日前所詢東北之事,不容辭去?悶然而歸。

三十日 主席召談於曾家岩官邸,以甚深之倦容,為余言東北事,曰君曾屢辭不願往東南任宣撫,倘以君往任東北軍事代表兼行政長官如何?余以前曾堅辭東南之行,今承問及東北事,明知張群不能往,又不便再舉沈鴻烈。未忍更抗顏固執,乃答請許再加考慮。

八月一日 余決定奉命任軍事代表赴莫斯科與蘇聯協商共同出兵事,四日總裁指示赴蘇商談軍事之要點;一、中國戰區蘇軍與統帥問題;二、蘇軍如進至熱察區應歸屬我十二戰區司令長官指揮問題;三、其他兩國盟軍協同作戰等事。

十四日 晚在莫斯科宋子文告余曰:「東北行政長官事,已奉主席電由君任之,而軍事代表則由張治中任之,張未到以前由君暫兼」。聞訊甚為詫異,蓋與上月總裁在曾家岩官邸所示不同,又為何無直接電示於余?余故未深與子文談,但唯唯擬俟返渝後再說。未幾返抵渝。

廿三日 吳鼎昌語余:總裁決定東北事由余專任之。張治中將往西北云云。東北環境險惡,內外情勢複雜,最初複員業務調查研究工作委之於沈鴻烈,即以準備其任接收,旋因情勢轉變,又議及張群,嗣後詢及於余,後更分屬於余與張治中,最終決定乃命余專任其事。其間余一再堅辭,推舉原來預定之沈鴻烈,非畏事,確因余與東北關

係素淺，更無準備，未敢輕為嘗試；亦非自謙，確認沈與東北淵源甚深，人地熟悉，且於事已有年餘之準備，為事求人，未敢見賢不舉，始終不獲允准，無已始慷慨而受命，且謂此行無異投入火坑，宋子文在莫斯科傳示主席電令，即深寄予同情，謂余今後往東北任務艱苦，並戲言：「我（宋自謂）此來為有期徒刑，君將往東北，等於無期徒刑，若令我亦長期與蘇聯周旋者，則其煩惱必致胃病不治（時宋正病胃）」。不意再四更張之人選中，生出如許波瀾，猶給外人不少誤解。

第三節　接收任務之紛雜

民國三十四年八月廿日　余自蘇聯返國，飛抵重慶，已知接收東北之工作，落在自己肩上，受命雖正在勝利之日，而所負卻屬艱鉅之任。國人如醉如狂，方歡欣鼓舞於八年抗戰之凱歌聲中，以為從此昇平，唾手可得，誰復慮及為中國北方數世之患的蘇聯，藉口對日宣戰，業已出兵深入於我東北之堂奧，其為禍或將有甚於九一八時之日本，余事前既無所準備，倉卒就職，於事必須從頭探求，於人必須從新識別，環境有類夜半深池，心情真如盲人瞎馬，焉得不臨事而懼。口佔一律以自儆：

「誰為天下事憂先，苦戰熬煎歷八年，勝利狂歡騰率爾，太平癡夢漫酣然，強梁北國鯨張吻，伏莽南天虎搏肩，黃雀豈應忘在後，祇誇螳臂可捕蟬。」

分別訪吳鼎昌、張群、吳鐵城、張治中等接談受命東北事，彼等皆鼓勵吾力肩艱鉅。

廿一日　應召赴黃山官邸午餐。總裁詢在蘇情形，並示以東北新任務。余概述東北處理意見，承示俱可照辦，命即擬具辦法及人選。

下午約設計局東北調查委員會沈主任委員鴻烈，商談東北接收各問題，並詢該會以前調查研究所有可利用之資料。何廉交來東北人士調查名單及行政長官公署編制。

廿二日　與張群、沈鴻烈、何廉談「組織行營」、「東北省分重劃」、「經濟主管人選」等問題，由張群代發電致猶在美國之張嘉璈速駕。與劉斐談共軍擾亂情形及參謀長人選意見。訪熊斌託收編關內偽滿部隊。致電吳元敏。

廿四日　劉斐、錢大鈞、賀國光來訪，與談行營編制及參謀長人選。約會吳鼎昌、張群、沈鴻烈等，商談主席交下各方薦舉東北各省人選名冊，討論各省政府主席、市長、廳長人選問題。事前於此，余固不曾有何準備，臨時驅市人而戰，頗感周章。固常廣諮博詢，慎重區處。吳鐵城來訪徵詢黨部對東北各省政府主席，市長人選有無啓示。朱家驊、蔣經國、王芃生、俞飛鵬先後來談東北問題。余向俞飛鵬商談借重沈怡任大連市長事。

廿六日　王世杰來談東北各項有關接收問題。約同明日偕往見主席。杜聿明(時任昆明防守總司令及第五集團軍總司令，後任東北保安司令長官—編者註)來見，主席對伊任務並無明確指示。彼似信其可能赴東北服務，約其明晚來寓晚餐，可與參謀長何柱國等一談。

晚擬定明日陳報主席事項：1‧東北偽軍情形及收編方針；2‧東北各部份事主要人選名單；（省委容後再定）3‧黨務進行方針；4‧鐵路董事長，外交特派員人選；5‧旅順市及其行政區，軍事委員會人選；6‧經濟政策；7‧處理日韓居民（包括僑居與歸化二種）政策；8‧接收東北之先遣人員（參謀長、參謀、秘書及交涉員）。

廿七日　訪陳立夫，詢其對東北黨務有無特別處置，抑將來與內地各省採用同一方式。據言尚未考慮，請俟研究再與余談云。白崇禧來談東北事，並介林家訓等數人隨用。沈鴻烈來談頃見總裁談話情

形，謂政委會主任委員已承允不堅令擔任，唯所希望之鐵路董事長未言及。（昨余曾為推薦）

廿八日　赴劉哲、蕭振瀛、莫德惠午宴，在座有傅汝霖、萬福麟、于斌、關吉玉、劉多荃、張振鷺、張潛華等。席間談東北事。莫德惠代表言三事：（一）組織希望經濟與政治合組一委員會；（二）鐵路接收時劉哲希望參加；（三）用人希望多用本籍者。

晚赴主席官邸餐敘，商談處理毛澤東來渝後一切問題，決定除必須徹底解決軍事統一、政令統一外，餘均可寬容。

傅斯年(國學大師，時任北京大學代理校長，後任台灣大學校長—編者註)來談蘇聯及東北問題，謂赴東北應慎言蘇事。又為協助修正各新劃定省份之名字。

廿九日　翁文灝(時任行政院副院長—編者注)、蔣夢麟(時任行政院秘書長—編者注)、張厲生(時任內政部長—編者注)先後來談東北事。於行營之組織，慮與行政院系統有分割之虞。厲生建議於行營外設行政院行署。夢麟曰行營處理政務，與院權限有問題，行政院不能命令行營，院方將感困難。余曰行營內有政委會，行營組織條例中已有政經兩會條文由院方另定字樣，故當無上述各顧慮。

九月一日　赴吳鐵城、張群、王世杰三人公宴，主客為毛澤東，另有周恩來、王若飛(時任中共中央南方局工委書記—編者注)等，毛與余同年，尚強健，十年前江西之死敵，今日杯酒言歡，天心厭亂，希望是敵皆能化而為友。

六日　召集東北九省政府主席及大連哈爾濱市長討論推薦各省委員、市局長人選，及省市縣制度等問題，當即分民、財、教、建、市五組，各指定二人研究，約期再商。溫晉城來，約其赴東北政委會為秘書主任，彼答：俟與陳果夫、程天放等一商，並慨言人事上力量對

消之害，隱隱指黨內同志不能互相協力，余明知晉城已捲入黨內派別之漩渦，但彼君子人，正欲用以消除派別。

廿日　與各省主席市長言，廳長局長之人選宜重視主管部意見。與朱家驊(時任教育部長—編者注)、張厲生談各省市教育民政廳局長人選。

廿二日　與張嘉璈商談經委會章及其人選。行營會議、政治經濟兩委員會合開第一次會，決定各部份接收工作，各自擬一計畫。

廿三日　朱家驊來談各省主席所再遴薦教育廳長未能盡照伊所提名之人，頗為不滿。此君個性甚強，余為之解說，曰余對各省主席曾告知各廳長人選，宜力求尊重主管部意見，但亦希望各主管部亦能採納各直接負有責任之省主席意見，庶能雲行雨施上下無有隔閡，兄當亦以為然，彼意稍釋。與俞鴻鈞商談各省市財政廳局人選及法幣與偽滿貨幣兌換之確定標準。

廿六日　為與行政院作密切之聯繫，特將政經兩會編制先面交蔣夢麟秘書長閱過，然後再正式提出。訪蔣夢麟商處各省省委中之犯有案者，須加變更，計安東等省共有五人。

廿七日　訪宋子文院長與談三事：（一）法幣貶值、比價日有不同，東北用幣最好必帶法幣前往，暫時軍政等一切經費，先由中央銀行向偽滿銀行提用，一面迅速準備另發行一種單行於東北之新幣，對偽滿貨幣按一與一之比價。（二）長春鐵路路軌蘇方有改寬之說，我宜先發制人，向其提出不改寬主張。（三）維持東北經濟事業。必須早具決心與準備，準備即新幣之印行。以上三項伊同意。最後余復申言政經兩會此後方針在求貫徹中央政策，亦即推行行政院政策，彼頗欣然，謂將盡力支持。

訪陳誠部長，與談三事：（一）東北軍區劃分不必以參謀長何柱國意見為然，贊成部提意見。（二）東北部隊副食費，主張勿如內地

辦法,免從地方人民擔負,須全由中央發足。(三)政委會內設有一軍政處,以上三事伊皆同意。晚赴蘇大使晚宴。

廿八日 胡家鳳、文群擺脫贛職來東北相助,今日飛到,大為欣慰。

卅日 與曾琦談:為言青年黨勿為共產黨之尾巴,當要挺然以第二黨自居,伊頗覺悟。伊言張作霖不失為一時之傑,其用人有獨到之處,如於王永江、姜登選、楊宇霆諸人信任不移,政治軍事卒有相當成就。又言用人之道,老者用其望,壯者用其才,少者用其氣。

十月一日 尹仲容來告宋子文院長本日接見蘇大使,談話中關於蘇軍撤退一節,蘇大使言蘇軍之在東北者,已定十月中旬(十一日至廿日)撤退其大部份,十一月底大部撤完云云。與徐部長永昌、林次長蔚、張廳長、蔣特派員經國等,商談蘇大使所提撤兵問題。

二日 至行政院與宋院長子文、陳部長誠、商參軍長震、蔣特派員經國會商處置蘇軍撤兵通告,商震交出美方意見書,亦主與蘇方切商,蘇軍必俟中國軍隊到達後始撤,各人對此無何異議,經國即飛西昌,將以請示蔣主席作決定。

又商談東北用幣問題。余主勿帶法幣往,陳誠未理解,強言士兵登陸後不得不使用法幣,經余與宋子文院長再四告知法幣比價不穩定,伊始悟而未再言。宋嗣約俞財政部長鴻鈞入室囑伊與余邀張嘉璈再談具體辦法。

三日 蔣特派員經國由西昌返,傳蔣主席命令余九日飛長春與馬林諾夫斯基(Malinovsky)元帥面商撤兵問題。派定飛機七日三架,九日兩架備用。下午即確定分兩批,先遣一部份人員於七日行。

七日 乃由董副參謀長彥平率領先遣人員分乘三機飛平轉長春。

十日 余與第二批人員分乘兩機由渝飛平。

十二日 余由平飛轉長春。

第三章 接收工作之阻擾

第一節 長春與蘇軍初步交涉

　　民國卅四年十月一日 宋子文院長在重慶與蘇大使談話，蘇大使云：蘇方已派定馬林諾夫斯基元帥與中國最高統帥部（指東北行營）商量撤兵問題，時間訂於十月十日至十五日。於是我方決定七日先遣董副參謀長彥平率領行營第一批人員飛長春，余與第二批人員九日續行。

　　十日 余抵北平，聞八日董副參謀長所率領飛長春之三機祇有安全到達之電報來平，另有同樣一電致渝，皆蘇方代拍，以後並無消息，預定該機九日飛返者，今十日亦未見來，因滋疑慮，蔣特派員建議明上午暫不續飛。

　　十一日 上午航站接長春站電云：「手續未備，不能起飛，尚在交涉中」，電文無首尾，因慮或為不能自由發電。十二時乃接長春有二架機起飛電。其另一架則無消息。余決定毋復等待，明早準備全部儘機續飛長春。

　　十二日 飛抵長春，馬林諾夫斯基元帥之代表一中將及其長春城防司令等，在機場作禮貌上迎接，聞地方民眾請求參加歡迎者，事前皆被蘇方拒絕。嗣由蘇軍招待余於一普通住宅內。其他人員皆如此分散安置，一切警衛、廚役、司機等皆係俄人，反客為主，蘇軍已儼然以東北主人翁自居，氣勢咄咄逼人。

　　十三日 午後一時，為禮貌上的拜訪馬林諾夫斯基元帥於舊日關東軍司令部。彼以戰勝國對佔領地之態度，作無恥的驕慢，未來回拜，即約午後三時至六時在彼司令部會談。

與馬氏第一次之會談：我方所擬初步與談問題預定要點如次：

一、關於撤兵者：詢其撤兵計畫，告知我方接防計畫大要。二、關於登陸地點：商取我接防部隊在大連、營口、葫蘆島、大東港登陸之協助及其後鐵道運輸之便利與安全。三、關於交通者：（一）恢復客運至少公務人員先有通行便利。（二）平津與熱河至瀋陽交通之修復。（三）長春與重慶間空運之開設（毋須經大使館洽商）並哈爾濱、瀋陽、大連設置航空站。（四）蘇軍沒收之交通通信器材，希望移交於我，以應急需。四、行政即行交接：發還各地員警槍枝。即行接收偽中央銀行，又中國銀行及其他商業銀行亦任開業。蘇軍沒收各行偽鈔及各印刷廠之移交。五、希望蘇方協助船舶飛機，以便向後方接運接防部隊。

十三日 下午余偕張嘉璈(時任東北經濟委員會主委員—編者注)、蔣經國等往為第一次與馬林諾夫斯基元帥正式會談，我方根據預定範圍，分別提示，其中主要者仍在軍事，我方期在蘇聯撤退以前，能有相當軍隊到達，以維持各大城市之治安，故注重於海陸空運輸事項之商談。當日提出者：（一）海運登陸港口及輪船之指定；（二）陸運鐵路車輛之撥用；（三）空運少數部隊至瀋陽長春等大城市之降落。

馬氏答覆除空泛的關於行政接收，蘇方可以協助，關於經濟接收可以派人商洽外，關於軍事運輸者，完全出於無誠意態度，明白拒絕，或故意拖延。其措詞大要為：

一、根據中蘇友好同盟條約，大連為自由港，中國軍隊不能由此登陸。營口、葫蘆島、安東三處港設備狀況不悉其詳，並聲明安東港不在其管轄範圍以內，渠無權答覆。輪船亦未有剩餘，無法撥借。二、空運中國軍隊至東北各大城市一節，應由兩國政府解決。

以上經過三個小時之會談，馬氏對我方所提主要部份之答覆，可謂毫無結果。故使我方接收部隊不能如期到達，則其所謂「商量撤兵」更有甚麼問題可談，即所謂行政接收之協助，經濟派人之商洽，俱屬空言。晚與張嘉璈、蔣經國商談後，隨即電報中央。

十四日　召集莫德惠、齊世英、張潛華會談、囑即轉知地方人士，各黨部同志，毋因軍紀及物質問題，以言語文字刺激蘇軍。因蘇軍之態度曖昧，可能發生事端，切誡行營人員外出審慎。派董副參謀長將長春附近號稱八路軍等假借名義招兵搜槍等事實，提向蘇軍交涉取締。

十六日　取締第十五集團軍總司令所派來東北地下工作人員之活動。舉行第五次會報：知市內員警中共黨活動情形，各分所巡官共派來八人，內有二人為共黨，此為黃中校所主使云。（黃為蘇軍中校華籍共產黨）。金鎮報告：本日到軍官學校視察，見有自稱八路軍之勞工群眾二、三百人，有蘇聯軍官騎馬者，在前領率將存校匿藏步槍（前學生所匿藏者）約六百枝取出，口說繳送城防司令部，究不知實際如何。由此可知蘇軍之在東北乃另有其目的，甚為顯明。

與馬氏第二次之會談：十七日與馬林諾夫斯基元帥之會談，我方仍堅持海運大連登陸，故提出如下之各要點：

一、中國軍隊兩個軍由海船運至東北，可於本年十一月初旬在大連登陸，請蘇方協助。二、另兩個軍由陸運經山海關進入，請蘇方將山海關至瀋陽之鐵道及時修復。三、若干憲兵及員警先行空運到達東北各大城市，並由行營派人赴各地籌編若干保安團隊，請蘇方予以便利及協助。四、行營先派人赴各主要城市如大連、哈爾濱等地視察，俾便入接收準備。五、希望先接收交通事業及偽滿政府與日本民營之工業機構。

馬氏先通告蘇軍自各地撤退之日期,以十二月三日為止全部撤入蘇聯國境:(營口)十一月十日;(多倫諾爾、葉柏壽至瀋陽之線)十一月十五日至十一月廿日;(長春)十一月廿日至十一月廿五日;(王爺廟、哈爾濱至牡丹江之線)十一月廿三日至十二月三日。

馬氏對於我方所提各項問題,毫無誠意商談,力事推拖。關於海運事全未提及,同時又鄭重聲明,謂中國軍隊進駐某一地區時,須待蘇軍自該地區全部撤退之後,在此種情形之下,蘇軍不可能掩護中國軍隊之前進。此已顯然暗示其時必有一種反動力量成長前來阻礙。其他答覆則大要如次:一、山海關至瀋陽鐵道蘇軍可以修復,但車輛希望由關內撥用;二、中國方面擬空運少數部隊至各城市一節,蘇方不表反對;三、行營派人赴各地籌編保安團隊事,須俟請示政府,始能答覆;四、對於我方所提行政接收問題,須俟請示政府;五、對於我方所提經濟接收問題答稱如下:偽滿郵政機構現已解體;鐵道電訊及其他電業,現在軍事佔用期間,不能移交;各種工廠大部均為日本所經營者,屬於偽滿者甚少。又約定有關經濟各項問題,以張主任委員嘉璈與蘇聯駐東北軍總司令部經濟顧問斯拉德考夫斯基為交涉對手,有關軍事各項問題,以行營副參謀長董彥平中將與其副參謀長巴佛洛夫斯基中將為交涉對手,另行商談。

十七日 派員飛渝報告與馬氏兩次會談詳情,並請中央注意二事:(一)接收部隊之及時來到。(二)東北工礦等事業及資產,應將日偽經營部份作為賠償中國損失之用,及時向蘇聯政府交涉。

晚行營第六次會報,關於蘇軍將我已接洽收編之在瀋陽北大營偽滿部隊金鈍等所率領三團繳出兩團槍械事,決定交董副參謀長提向蘇軍交涉,發還槍械,釋放其長官。

廿六日 蔣特派員經國與蘇軍巴顧問談話,知蘇方在蓄意製造事端,陰陽變詐,其所表現於談話者:一、對我東北黨務認為係反蘇組

織，且言各地活動正在發展中，情勢嚴重，範圍普遍，而黨部之反蘇行為，乃有人指示，已得證據；二、對我行營行使職權，將多方阻擾，並問行營既為收復事而設，可否取消，故示輕視侮辱之意。蔣特派員與彼所談，乃一種有計畫之作為，一一予以反駁，但彼執拗如故，不可理喻，乃商定由余再與馬氏直接談之。

廿七日 指示蔣特派員答覆蘇軍巴顧問要點，聲明行營立場，又將其談話及我答覆內容詳電報告中央。下午奉蔣總裁酉亥渝機手令，飭負責指揮監督東北所有黨部人員，並令各地黨部一律停止活動。因召集張嘉璈、蔣經國商討處置辦法如次：

1・將所奉中央電令大意口述蘇方知曉，以明過去黨務非屬行營管轄，並告知中央已決定整理；2・將手令下達於各黨部主管人員遵照；3・組織一東北黨員登記處，登記在東北黨員以便稽考；4・停止活動後另成立一東北中蘇文化協會，改變活動方式，並藉以收容各工作同志。

與馬氏第三次之會談：廿九日與馬氏之會談，除整理黨務及省市行政接收人員前往各地等事外，主要仍在部隊運輸問題，大連登陸為蘇方堅強反對，我為爭取時間，乃不得不暫允保留，以待兩方政府之商處，而先聲明在葫蘆島、營口兩處先行登陸，及空運時間之商定，馬氏答覆為：

一、中國軍隊可於十一月十日以前在營口登陸，如在葫蘆島登陸，蘇方亦無異議，但安東港口設備已破壞不能登陸；二、中國軍隊至長春瀋陽等地，須在蘇軍在該地完全撤完了以前兩日實施：（我方以為時間過於迫促，要求提前至七日實施，彼僅允請示莫斯科再答覆）。

卅日 奉蔣主席廿九日手書如次：

「天翼吾兄：刻與美軍商定，我軍決在秦皇島先登陸一軍（即十三軍）先頭運輸，至另軍約須下月初旬到達葫蘆島，如形勢未能變更，亦仍在天津登陸，由鐵路向東北運輸，惟與蘇軍仍應繼續交涉，要求其負責協助我軍在葫蘆島登陸，一面必須要求其由瀋陽至山海關段鐵路負責保護，協助我運輸，此應作為主要交涉也。

中正三十四年十月廿九日十八時」

十一月一日 顧慮蘇方態度之惡劣，與張嘉璈、蔣經國等商定二事，採取慎重步驟。一、各省市行政接管事，必待國軍到達後行之。蓋蘇方百端阻擾，而馬元帥又經面告關於接收事，彼須去電請示蘇政府猶未得覆，故得暫時靜候。二、蘇軍撤退後，我國軍猶未到時，長春治安之維持方法。余主應與馬氏交涉，使其在此期間仍留一部份蘇軍負責維持之。蓋我方所期望之事：（一）營口登陸部隊由鐵路運輸一部份來，為蘇方所阻。（二）就地收編保安團隊，更為蘇方所忌。而嚴加反對。（三）空運一部份部隊先來，又為蘇方限制時日，祇允我在其撤退前三天起運。在此種蘇方有計畫之阻擾之下，我軍絕無方法可望及時達到長春。經國以為即向馬氏提出，亦必無效，乃決定一二日中重加考慮慎重處置。

五日 因蘇方態度變詐，長春附近中共地下活動，愈益惡化，前日巴佛洛夫斯基中將向我董副參謀長聲言：關於行政人員各地接收可以隨時前往，關於空運部隊，馬元帥已規定於蘇運撤退前四天降陸，用意殊不可測。余乃約馬氏作最後之會談。

與馬氏第四次之會談：此次會談仍遵照蔣主席之指示：「大連登陸事，不因蘇聯之抗議而改變，仍應與交涉」，乃約馬林諾夫斯基元帥作一次有決定性之談話，不再聽其推諉或敷衍，故主要仍在提出大

連登陸之原則問題。馬氏依然堅持大連為自由港，強說中國軍隊不得在此登陸。並聲明現有某種武裝部隊，已由瀋陽開至營口，故蘇方對中國政府軍隊在營口登陸，亦不負安全責任。余乃嚴正聲明，謂貴元帥在海運方面，拒絕中國軍隊在大連登陸，在營口登陸，則表明不負責安全責任。在陸運方面，復拒絕協助中國軍隊之輸送，在空運方面，更限制其時間，實不符合中蘇友好同盟條約之精神。在此種狀況下，行營之接收工作時逾一月，而無法開展，責任應在貴元帥方面。中國軍隊不能進駐東北境域，國民政府不能接收東北省市行政，其責任亦在貴元帥方面，會談無結果而散。

此時蘇軍所卵翼之各地非法武力，已漸形成，足以為我接收之牽制。故蘇方對我態度乃漸漸揭開其偽裝，顯露出本來面目。無所謂友好，更不少加顧忌。發縱指示其豢養之走狗非法武力，在行營尚無警衛力量之前，策動暴亂，行營鑒於形勢之險惡，而我軍警部隊因海陸空三路運輸計畫俱為蘇方所阻礙，自絕對無法可以及時到達長春，乃決然於十一月十五日明令撤出長春，暫移北平，向山海關轉進，但留軍事代表團（以董副參謀長彥平為團長、胡世杰等為團員）隨同蘇軍總司令部進止，保持聯絡，長春附近不法份子地下活動亦愈加劇，而漸至公開。

十六日 清晨起，市面共黨便衣密探四布，蘇軍控置之公安局張貼佈告標語，誣稱行營及黨部指使國民黨員翟永祥暗殺其警士，標語中並有驅逐東北行營，打倒暗殺組織字樣。同時行營自來水及電話宣告中斷，公安局並以七八兩中隊及重機關槍數挺包圍行營，強迫原任行營警衛勤務之第五中隊繳械，嗣經我軍事代表團長董彥平中將嚴詞交涉，蘇軍初則諉為毫不知情，繼始作態查詢，謂將予以平息。

十七日 行營及各省市接收人員始全部得以撤至北平。

第二節 交涉頓挫中行營撤移北平

自民國卅四年十月八日以來，其間行營所與蘇軍馬林諾夫斯基元帥之商談撤兵及接收等問題，以蘇方之毫無誠意，拒絕我政府所派軍警部隊由海陸空三方面任何一種之運輸，一面儘量加速製造其傀儡非法武裝，威脅已到達長春之政府各部份所派遣之接收人員，情勢險惡，余奉命回渝報告與蘇軍交涉情形，乃於十一月十二日飛抵重慶。張群晤面即語余曰：主席此次電召君返渝報告，已決心將行營撤回關內云云。及見蔣主席，報告在長春所與蘇軍交涉經過畢，即商定將東北行營撤移山海關，一面作各種必要準備。主席官邸晚餐，魏德邁將軍亦在座，共談東北近況，及關於接防談商情形。

十七日 即接長春電云：行營人員外出必有蘇軍保護始得安全；公安局中央銀行等已由延安派來之人接收；市內已張貼詆毀本黨及國軍之標語；公安總隊已貼佈告，要求市民協同撲滅本黨份子，另長春電稱昨夜東南二道口匪軍暴動，槍聲不絕，又市口有數幢大樓已住滿匪軍，市內大卡車甚多。

中午與張群等討論東北問題，余主張與蘇方交涉，如不能合理之解決，應即廢除「中蘇友好同盟條約」。張群以為太早。下午在主席官邸會議，到有閻錫山、何應欽、程潛、陳誠、徐永昌、劉斐、王世杰、張群等。商處東北問題，擬定明日對蘇大使覆文，決定祇專提出空運部隊到長春，以驗其誠意如何，果然允我空運，則可許其延展撤兵期限一個月。

民國卅四年八月十四日 莫斯科史太林統帥與宋院長子文簽署的一九四五年七月十一日第五次會談記錄。蘇軍進入東三省者，聲明在日本投降以後，當於三星期內開始撤退，最多三個月足為完成撤退之期。同年十月一日在重慶宋院長與蘇大使之談話，蘇大使稱蘇軍之在

東北者已定十月中旬（十一日至廿日）撤退其大部份。十一月底全部份撤完。

依照以上兩項記錄，蘇軍之在東北者，應該於十一月十四日以前至遲於月底以前全部撤完；但實際在其搜刮物資及扶植中共非法武力等工作尙未完成以前，決不會撤退，而且必須更無恥的製造許多事端，作爲延遲撤退的藉口，今我擬許其延展撤兵期限一個月。即應在十二月底爲止。

晚沈市長怡交來張嘉璈在長春與蘇經濟顧問第二次談話，其要點在於將東北所有工礦等事業中蘇各分其半，又交來王又庸轉述非法方面意見，其要點在於以民主實驗之名，將東北政治中共與中央各分其半。

本日我在長春行營人員，奉令正開始撤出時，在飛機起飛之前，巴佛洛夫斯基中將突來電話向我董副參謀長聲言：萬一蘇方機場地勤人員阻止華方飛機起飛亦無關礙，請待晤商，並務希於飛機起飛以前會面。蓋行營之突然撤退，似出其意料之外，一若爲時過早，使其對中蘇友好同盟條約有違反之嫌，乃不得不又造作一種藉口。在當日下午一時巴中將向我董副參謀長聲稱：奉馬元帥命令轉達根據莫斯科命令，蘇軍未得其他命令以前，緩行撤軍，並加強數處城防，以便中國政府在東北樹立政權，以協助中國政府履行一九四五年八月十四日之條約。其後於廿二日馬元帥又親自向我軍事代表團長表示友善，並言希望行營早日回返長春。一切均可商談。莫斯科命令緩行撤軍，緩至何日卻未說出。

十九日 我外交部向蘇大使表示如蘇方對中國軍隊之接收予以協助，則我方可同意蘇軍撤退延期一個月。

三十日 蘇大使訪外交部王部長世杰,送致一照會,大意云「蘇政府同意撤軍延期至一月三日,並言對我派人與馬元帥商談細目,伊政府已令飭馬氏遵辦」。

十二月一日 主席官邸會談,張嘉璈、蔣經國在座,主席指示東北經濟合作方針,並言撤兵期限。(一月三日)經國當向馬元帥聲明,可即以蘇使原函示之。余提出二事:

第一:政治可以商量之限度:一、祗要不私擁武裝,各級政府用人可不論黨派;二、省縣政府職權,在開國民大會以前,應依照中央法令所規定,不能擅自變更。(主席曰縣政府產生方法可以考慮);三、一切選舉,不許有暴力威脅;四、不准有武裝之任何政黨可以公開活動;以上各點主席同意。許以照辦。

第二:黨務應予調整:總裁指示省縣黨務,凡重複機關,其人員一律撤回中央,(當時東北各省縣黨部皆有陳立夫、朱家驊各自派遣人員互不相下),此後省縣黨部主任委員,由省主席縣長兼任,書記長等,就當地工作有成績之黨部人員擢充。

下午至外交部與王世杰、張嘉璈會談。出示魏道明大使來電,知美對華政策並未改變,杜魯門總統並不為人所製造之輿論動搖。張嘉璈說明經濟合作腹案:

一、易貨可訂協定;二、投資可歡迎;三、技術人員可優先聘用;四、重工業會社所屬事業,對方有願合作者,可開列相示,以待商討,但不能包括全部或整個東北之含有排他性者。以上各項必須在政治問題解決後始可討論,王世杰外長云:總結必須說明經濟問題,必須在行政接收及完全撤兵之後始能討論。

三日 因前奉靖字第一號命令,其中行營與保安司令部指揮系統不明。詢問何總長應欽、劉次長斐解釋,何總長允為查明修正。

五日 與張厲生、楚明善等會談盟旗處理問題。

六日　與吳鐵城、陳立夫、余井塘等在中央黨部會談黨務，陳立夫言辭氣色中頗現不甚瞭解，因約明日再談。

七日　續會，井塘主張東北黨務採取秘密方式，鐵城反對。余主張黨務行政公開，其他工作秘密，用人宜儘當地奮鬥有成績者優先拔擢，且必須先得余同意，工作方法定須酌度時地之宜。

七日　下午蔣主席召見，承示覆張嘉璈、蔣經國微亥電稿。即余所草呈之意見稍加增刪者。嗣語余曰：「人謂君對東北人不甚客氣，望與天津之張作相、王樹翰等善與周旋」，余唯唯。退而自省：慢人足以敗事，余亦有是過歟？「君子尊賢容衆，嘉善而矜不能」，何爲有慢人之色，難得主席之誠勉，應力反省！

蘇軍之再延撤與我部份之接收：余於十二月八日飛抵北平即作書致張嘉璈，與言法幣與偽幣不宜定比價。並書致蔣經國，告王世杰部昨與蘇大使口頭聲明內容，並囑其二十日以前回渝，未明言將使往莫斯科，伊當然可會意也。

九日　我方因蘇方藉口蘇軍大部隊方開始調回，若祇延期一個月又須轉去，往返太爲繁促不便，於是我政府復同意蘇軍延期至二月一日自東北撤退完竣。因此得就我空運部隊及行政接收諸問題成立諒解，蘇並同意派兵協助我接收行政。

根據以上協議，此後始得到其佔領部份之撤手移交，其後於十二月廿二日接收長春，廿七日接收瀋陽，卅五年一月接收哈爾濱，一月八日接收遼北省，十二日接收松花江省，廿四日接收嫩江省，在軍事方面，我進入錦州部隊於一月十二日接收新民，一月十五日進駐瀋陽鐵西地區。

十日　杜聿明來見，告知中央黨部將派人員赴錦州工作。詢其部隊在關外現時所發經費情形，據稱前在渝與陳誠部長商擬：士兵暫借每月一〇〇元；官長暫借每月照舊章一〇〇元；副食費每月三六〇

元。又請補足第五師出關特別費，給予之一次犒賞金，照前規定：將官每人二〇〇〇元，校官一〇〇〇元，尉官五〇〇元，士一五〇元，兵一〇〇元，余允犒賞金照補發。

十一日 蔣主席飛蒞北平。

十三日 蔣經國由長春來平，同至行轅會談東北事，承主席指示：其大要為：1.經濟合作：蘇聯以為彼將以戰利品之半數讓給中國，換取合作，我方不能承認之。以其借合作之名攫取我一部份之物資，反不如由我方作為讓予，以酬其出兵相助之勞。2.交涉進行：除留張嘉璈在長春與之談判外，蔣經國宜於廿日以前到渝轉莫斯科與史太林直接談判，東北乃蘇聯盟友之土地，不能視如德國者，戰利品之廣義解釋，不能用之於東方云云。

十二日 接見王樹瀚（號維宙）談東北問題，此君是東北君子人，識大體，有見解。十三日接見張作相（號輔臣），亦東北老成人物，識大體，甚健壯。張學銘人平平，但似有阿芙蓉之癖。

十四日 參加懷仁堂茶會，蔣主席對黨政軍人員訓話，消極憂危之念多，責備市內零亂不清潔，謂為死氣沉沉。

十六日 接見萬福麟，他是東北舊式軍人，願以軍委會委員資格派往東北工作。

十七日 召集政經兩會委員及各省市主席市長會議：余先報告最近中蘇間情形大要如次：一、軍事：錦、瀋間車運問題迄無回音，大約蘇方不肯負責解散各地非法武裝，表面如此，實際祇是予我方以牽制之成份多。二、行政接收事：大連市接收問題一再推諉，不屬管轄，聯絡官亦未確實允派。三、經濟問題：所爭戰利品解釋仍未一致，重工業當中何種為蘇方感覺興趣，希望合辦者，名目方始開出送來。因此經濟蘇方催迫要有迅速具體之解決，皆我方所不願倉卒與之談者，當前不能求得解決。

因此中央決定空運部隊緩出發，將來擬酌派部隊隨各主席市長前往接收事，亦不易行。最後乃詢各人對接收時期之選定意見。大抵政委會各委員均主張速接，各省市人員聲明候命照命令行事。一般情緒尚佳。

旋即率領各省主席市長晉謁蔣主席承示：1.大局漸好轉，各人應準備早往接收。2.對各人安全，是所置懷，不會忽略，各人應放膽工作。3.各省武裝實際要充實，形式宜縮小，勿張揚，要各省互相協助，自信互信。

下午接見翟文選，言用人特別重要，甚為明達。馬占山請補充軍械，將所部編為一個軍，交董英賓領率，自己解除軍職，隨在政委會工作，言頗率直。

十八日 蔣主席飛返京，下午蔣經國到平來見，詢其在長春與馬元帥所談概況。談及各主席市長赴長時間，渠言仍宜請示。部隊接防計畫，渠答杜聿明擬有一電稿，已交董副參謀長與馬元帥商談。

詢張嘉璈最近與蘇方所談經濟合作情形，據稱輕工業及滿鐵附屬工業，可望蘇方撤手，重工業卅餘種，蘇方提出總名單要求我方表示意見，何者願意與之合作。（此乃原由我方要求蘇方先表示者）張嘉璈就名單加以研究，並曾密約當事日本人提出意見，以為參考，因擬成一案，送請中央決定，彼擬明日飛京請示。余囑此後必須由中央出面辦交涉始妥，彼有同感。此外商談者：

關於各省市接收事，彼主張速辦。關於團隊收編事，彼主張令杜聿明停止進行，將所派遣人員交各省主席市長辦理。關於關外餉章事，當即約陳良、楊綿仲兩署長來商定，兩案內乙案薪餉照關內增加五分之一，公雜費增加百分之卅，副食數量增加，但折算宜不出四五〇元，頗為適用，並須帶京請示。關於券幣匯率，余主不強定，彼原意亦然。余囑以美金、黃金為準再考慮。關於銀行事決定本月廿二日

開業。關於通券事，決定用登記辦法收回錦州杜軍加印之法幣。各省市主官前往接事時，準備各攜帶四〇〇萬元券幣先用。

最後彼以各省負責人不易協調，一切經濟事業能手甚少，頗為厭倦，請許六個月後擺脫。余語之「子不嫌母醜，狗不怨家貧」，做中國人寧不知中國人有如許，厭之無益，何處不然，豈止東北一隅，且吾人亦不應避難就易，相與慨然。

二十日 張嘉璈自京返平，來告其在京所受蔣主席之指示：1・第五師可空運一團先往長春，分送各省市人員前往接事。2・杜軍下月初旬始可向瀋陽推進。3・各市長可即往接事，省主席月底、月初亦可往接。4・經濟合作事可先與蘇聯談，中央可派人往東北。5・各省市改編軍隊事，由行營經辦，保安司令部可不必辦。

廿二日 派遣董參謀長、關處長赴錦州視察，主要任務如次：1・與杜詳商進出熱境事。2・收編各地團警之限制。3・冀東剿匪計畫之商討。4・日本飛機投降之收容。5・一般情況之視察。

廿六日 訪李主任宗仁，商熱河策應及冀東剿匪策應事，彼苦無多兵力，熱河方面可能有兩師出古北口（九十二軍），冀東除縣保安員警外無兵可調。訪孫長官連仲，詢冀東各縣保安員警事，伊稱尚未編整就緒，約須一個月後始可用云。

民國三十五年。一月一日 晚接天津電話，知遵化陷匪，我第三總隊退至唐山附近，牟廷芳軍長請調第五師往。

二日 赴津視察，並部署冀東剿匪，趕調第二總隊空運部隊赴平（天津至山海關，屬東北行營管區）。

六日 與李主任宗仁商定共電呈覆委員長，由候軍長率領56師及由保定調來之22師略取古北口，策應杜軍，向承德方面威脅。由牟軍長率領5師及43師之一部向豐潤、玉田方面牽制。據張嘉璈電告長春近況甚悉，乃決定自十日起空運在平各省主席赴長春。

余九日飛錦州，杜聿明來報告昨今兩日我軍在營口及葉伯壽作戰經過，知遼熱境內匪軍，戰鬥力殊脆弱，承德殘匪共約一萬餘人，不難按照預期肅清之。

十日 奉中央頒發停戰命令，限十三日午夜起生效，於是一切軍事停止，所有行政接收工作亦皆為之頓挫。

自卅四年十二月以來，一部份佔領地之移交，祇是蘇軍以掩世人耳目的一種點綴，當然不會繼續的、全部的移交下去，為被迫於我方合理的催促接收，乃老羞成怒，一變其態度，而暴露其本來的猙獰面孔，在軍事上藉口交通技術上之困難，無期延宕撤退。

十六日 蘇軍在軍事方面將我收編之保安總隊一千餘人藉端繳械，在行政方面，對已接收之各省市多方牽制，同時發生殺害撫順煤礦特派員張莘夫事件。在此期間，蘇軍所卵翼之中共非法武力，雖在各地皆已逐漸成長，並四出流竄，究猶未臻強大，不足與我東北國軍抗。故蘇軍猶不能即撒手卸其襁褓之責，從而更以其「母雞護雛」的可恥態度，怒目張翅，四顧尋仇，而為牽制，同時欲以影響美國人怕事心理，促成政治協商會議之早日發生作用，從事軍事調處。

廿一日 周至柔（時任中華民國空軍總司令—編者注）由渝來，傳達蔣主席密令：大意為接防各地，勿分散兵力，勿與蘇軍混處一地，加強警戒匪軍襲擊要點。往視杜聿明病，因為言加印法幣之處理，及其在山海關設立之檢查貨物站，應予撤除，彼猶強為解說，堅持己見，因其病甚，未與多說，容徐圖之。

廿三日 王鐘特派員與杜聿明長官商擬處理加印法幣辦法，概以存入銀行，即兌十分之一，以後每月兌其二十分之一，准予照辦。鹽務接收委員顧建中來見，聽取處理鹽務報告，渠認為公賣則損失甚大，求採用半加稅之商銷，並已電報財政部，得覆允照辦云。余方憤其不照行營令公賣，而擅向財政部請示。但亦幸未照行營令行之到

底，蓋公賣於國家損失甚大。行營前所主張，乃遵照數月前在行政院商定接收要點中所規定，未能就地詳審實際情形。管子云：「令不行，令不法也」，何怨人之不奉行。如不善而莫之違也，則一言可以喪邦，豈但壞事。為人上者，可不慎歟？

余到達錦州，考慮行營駐地問題。馮庸主張駐山海關或唐山。乃採取沈鴻烈議：行營駐錦，政治中心即移於此，長春恐一時不便往；但令秘書長赴長春。處理日常事務，並為聯繫政委會主要人員及參謀長等軍事人員來錦。

廿四日 熱河主席劉多荃來見，指示改旗為縣，縣長可用王公而另派一副縣長。省府之各廳處將來如有必要亦可照此原則辦。

廿七日 與杜聿明言處理東北軍政方針在以建立良好制度為重，勿擅創立特殊辦法，首先樹立軍隊補給制。

廿八日 到北平，連日先後接見長春來各人，聽取關於與蘇軍談判。孫特派員越崎報告：廿六、廿八兩日張嘉璈與蘇方經濟談判情形，蘇方強橫，無可理喻，東北以後經濟事業，當為其一手攬盡。不獨此也，遍地其所培養之毒菌，暗長潛滋，不可已止。將來政治收拾亦不易著手，現各省縣城，十九盡為匪佔，可憂之事，莫此為甚。越崎言蘇聯目的非僅在經濟之滿足，而實在扶植親蘇政權，確屬實情。美方之強迫我與匪為政治協商，軍事調處，正蘇方之奸計得售，匪可從容坐大矣。潘特派員公弼報告由長來此，因在長發電不便，來平可詳電部報告一切，得部指示，即返長工作，一若與行營無何關係者，因有客在座，不耐其煩未與多言，乃揮之去。此人不諳事，雖非有意擅專，要當有以詳細告誡之。

張潛華來見，聽其分析環境，故意張大其詞，如言有人計畫攻擊政學系（其意蓋以為余是政學系，耳食之徒也）。又言張嘉璈專擅，

杜聿明亦然，東北老派不滿 CC 陰謀潛滋等等，頗多錯誤，當即予以矯正，囑但研究本身任務：即黨在此時所應作之事，毋旁及其他。

二月二日 張嘉璈由長春飛來，晚約來寓與沈鴻烈、胡家鳳等泛談待商各事，沈鴻烈提出意見云：中蘇交涉不應由蘇軍與東北地方官辦，亦不宜在長春辦，又言中蘇交涉事，雖有確定之策略，未可踏九一八時之前轍。

三日 張嘉璈來寓，另單提出十九個問題相商，大體皆為解決，有一部份與昨日所談，並擬一電稿交其審閱後發呈中央請示。

四日 接見共軍第十八集團軍參謀長葉劍英，彼以北平執行部委員的身分，公然來詢東北問題處理意見。余正告之，此乃中蘇交接問題，不應有中國的任何黨派利用外國人來破壞，葉未始非與一群人前來觀氣象察虛實者。

五日 連奉中央兩電：其一指示瀋陽未接防以前，勿派任何部隊赴長春，蓋以蘇軍之行動叵測。另一轉示莫斯科給予紅軍訓令：「蘇軍在東北如受中國軍隊任何阻撓，可即尋釁解除中國軍隊武裝云云」，蘇軍在東北企圖影彰明甚。

八日 接見李處長誠毅、林處長立，看杜聿明 X 光照片，知其病頗嚴重，為之憂念不置。

九日 接見沈市長怡，詢其在渝重向財政部直接請借員警服裝經費事。財政部亦竟許之。本日始將地下武裝收編之調整辦法批定。

十日 熊斌市長來談，曰我黨同志對政治鬥爭殊不力，實一大危機，共黨在冀則如水銀潑地，無孔不入。

十一日 錢昌照過平來訪，與談時事，痛感政協會之被共黨利用，深嘆蘇聯之強暴陰狠，美國之軟弱顢頇，我政府之寬容姑息，共產黨之狡詐毒辣，四個因素湊合，將釀成東亞之危機，世界之禍亂，不獨東北前途之凶險。

十二日 接見新六軍軍長廖耀湘,聽取其部隊運輸報告,李誠毅先已將其履歷及各種關係報來,故雖初見,亦頗瞭解,並便接談。

十三日 與張作相、王樹翰談話,余提出三點徵詢其意見:1.對蒙古原則:於現時王公,將來青年,勿為偏重,談話時宜勿顯露太盡,著重在維持現狀,以利接收。對蒙人經濟文化等當然將來須為積極改進。2.對民意機關:先由錦州附近著手建立,繼續準備九省之實施計畫。3.對九省之收復:作最不利時之打算,準備以對淪陷區辦法派人赴內地建立政權。彼等皆表贊同,惟以第三點實施不易,言將研究,另述意見。

十四日 奉蔣主席電,指示如次:甲、蘇軍在東北企圖之判斷。1.阻擾國軍接防,延遲撤退期限。2.卵翼奸偽造成第二華北,陷我軍於進退維谷。乙、對策:1.不再許蘇軍撤兵之延期。2.趕運國軍先控置於山、錦、瀋之間。3.接防軍不與蘇軍混處。4.要點有蘇軍者,力予交涉接收,接後堅備其防。5.要點無蘇軍者,可能佔領則佔領之以設防。6.新聞記者無論中外籍,儘量使入內視察。7.中蘇協商紀要,奸偽阻擾情形,以及接收狀況,隨時通知美大使及馬歇爾元帥。上電所示判斷是正確的。

十五日 召集蒙古王公等茶會,聽取對蒙事意見,中間有于篤等報告蒙古情形頗為精彩,會中于篤代表在平蒙古人士請願四事:(1)統一的內蒙高度自治;(2)勿採用省縣盟旗雙重制度;(3)反對移民屯墾;(4)尊重蒙古知識青年意見。

十六日 見鄭介民,稱中央派定徐高參永階、秦高參誠至二人主辦潛伏東北之日本殘餘部隊之處理事。

廿二日 馬處長漢三來報告蒙古代表行動。午接見各代表,楚吳二君陪來者:瑪尼巴達喇、包丹剳布、阿成嘎、桑條剳布等共四人,自稱東蒙古人民代表團,瑪言無蘇聯背景,無共黨關係,並為完全民

意推舉者。余先詢王爺廟概況,次詢其來意。彼答伊等來平要求中央允許統一的高度的蒙古自治。余告之:「東蒙古」為他人分裂我之暗示名詞;「人民代表」非由國家法律產生者,不能言稱;「自治問題」,總理主義的昭示,總裁言論之主張,政府法令之規定,皆無一字不贊成蒙人自治者,惟今日蘇軍尚駐境內,共軍更控制四週,蒙人無自由可言,即君等之召開會議得千餘人集結一地,乃至尹等由王爺廟乘火車至長春,倘非蘇軍及共黨之默許,豈能辦到,慎毋相欺,君等在王爺廟一切,俱所深知,希望善自珍惜,毋為德王之續,待中央接收時盡力協助,以保存地方元氣,減少國家損害,人民痛苦。瑪為人甚狡,口唯唯,自曰決不為德王之續,但無意間曾流露應付蘇與共黨,言不信任何主義。四人皆單獨接見者,與瑪談約二時。餘皆十餘分鐘。瑪善於應付,包似一書生,阿為人似不難與,桑頗強項。

鄭洞國來見,請求薦舉其為東北保安副司令,余允電保,此人尚單純,事為杜聿明所屬意。董參謀長請病假,詢胡秘書長彼是否真病,胡曰因近日吾之督飭言詞筆墨間太嚴厲,疑為不信任者,欲辭退,故先託病。是吾之過歟?晚往董宅視之,並飭送醫療用費卅萬元。

廿八日 馬歇爾元帥及張治中部長等一行到北平,余與李主任宗仁等往接之,西苑飛機場完全由美國人反客為主的擅自支配。自軍事調處以來,中共人員更儘量利用此協商機會,四出作其「高級間諜」、「政治炸彈」、「心理毒藥」之活動,進出於我軍事後方、政治內層,儘量與其劣勢的軍事表裡為奸,我中央方與推誠,而各地前方,卻已深受其弊。

例如,美國人的無知玩火,意想與虎謀皮,來強調其政治協商的主張,對共方是給予一個喘息機會,對我方是投了一劑糜爛人心的毒藥,確實已影響我方的民心與士氣,祇看我們一部份高級的文武幹部

之談話：前三週（即二月六日）吳文官長鼎昌，由渝回津過談，據云「政治協商會議」的結果，總裁在國際聲望更高，並曰蘇聯不至太惡作劇，余曰但願能如此，這一齣戲恐怕是蘇聯的幕後導演，美國的臺上扮唱。若以後揭開出來是一個騙局，則蘇聯的陰毒可恨，美國的幼稚可憐，中國人的顢頇可恥，後悔當莫及了。

今晚（二月廿八日）張部長治中(他是與馬歇爾元帥同來北平)、孫連仲等來寓餐敘，談協商會議事，及停戰整軍諸問題。張治中言有次之二點：1.最密消息，共黨內首腦頗不滿蘇聯在東北行動，有愛國家民族之傾向。2.蘇已不足領導世界革命，史太林言論俱偏於民族主義者。

以上兩點若因受了職務及環境之影響，而以訛傳訛，猶可原諒其無識。否則是有意為中共作心理戰的義務先鋒，向我突擊，則不可原諒，想不至如是，張治中為余多年摯友，中央高級幹部，所見猶有如此偏差，原應予以嚴正的駁斥，但因時間已晚，祇答之云：君是協商會中重要份子，職業關係，所謂「子為漢臣焉得不云爾乎」，君所說的，恐不可靠，至少我不敢信。蘇軍對我態度已似無所顧忌，非法武力亦似羽毛豐滿，到處乘間竊發，故我方於軍事不得不特別提高警覺。

三月三日 行營兩電分呈蔣主席及中央黨部，報告蘇方對我態度已在急劇轉變，傾向惡化：一根據王家楨、董彥平寅東電報告，蘇軍在長春強派電業管理局長；一為長春二十二日廣播塔斯社消息，蘇方誣東北有國民黨人勾結日本殘餘部隊反蘇，並言張莘夫之死，出於彼等之手。

三月四日 奉蔣主席寅江手啓電，令余進駐錦州指揮（杜聿明病未痊不能前往），並即恢復建平，作進取承德之準備。往視杜聿明

病,並告知本日赴錦,彼詢余對鄭洞國事區處,余曰前已電保,容再電催,請早日發表,彼在病假期中蓋甚望能以鄭攝其事。

四日 奉蔣主席支手啓電云:在杜長官離職養病期間,著坐鎮錦州,直接指揮軍事。余不攬事權而亦不願推避責任,但應爲人勿招怨嫉,使杜能安心養病,明瞭余爲暫攝,中央不至另行派人接替其事。於事無耽誤,尤須使主席對東北免懸慮。

五日 李誠毅處長來見,示知所發呈蔣主席支電,彼頗表欣慰,謂中央可不另派員接替杜聿明事,彼可安心養病。

第三節 停戰期間行營移駐錦州

自民國三十五年一月十日 中央停戰令頒佈以後,我軍不能向有非法武力之地前往。所謂共軍(即軍事調處以前之非法武力)則可在蘇軍掩護之下,大事擴充,乘間抵隙,避實擊虛,鼠竊狗偸,爭城略地。一月間攻佔營口。山西共軍約四萬人經熱河之平泉、建昌進入東北。二月間共軍蕭克部攻陷建平、建昌。河北共軍萬餘經冀東熱河進入東北。山東共軍四萬餘,經威海衛、煙台、龍口、利津等港口船運東北。山西、河北、山東各共軍佔領區,大舉抽丁運往東北。三月間林彪部攻陷四平街,阻止國軍北上接收長春、哈爾濱。熱河共軍進攻淩源、朝陽。山東楊昊夫、黃克誠等部及壯丁,經膠東半島船運東北約八萬人。晉冀察地區由陸路間道出關進入東北者約三萬人,共軍在東北有蘇軍之憑藉,其勢日益猖獗,杜聿明臥病在平,故余奉命直接指揮軍事,移駐錦州。

三月五日 飛錦,在機場李誠毅處長來見,報告杜長官言,曰對鄭洞國事,如荷同意,仍請發電請求。胡秘書長云,李請取呈蔣主席電稿一閱,余言可。鄭事余固已同意,杜對此猶未安心然。

六日 召趙參謀長大偉，劉處長伯中來商擬攻略承德計畫。晚擬報告兩件，一為此間急迫需要補給情形；一為對承德軍事計畫之大要。明日交王副主任叔銘(時任空軍副總司令兼參謀長、北平行營副主任—編者注)飛呈蔣主席之函如次：

「主席鈞鑒：

（一）承德平原各附近共匪計有第二、四、八、十二、十五、廿七及新一、二、三等九個旅（旅各三團），另有十八個團集結於古北口附近，其裝備皆優，戰力亦強，我對承德勢須集結優勢兵力，以期一舉收復。

（二）匪軍主力均集瀋陽附近，我駐防於錦州至瀋陽彰武間之二軍，新六軍各師及新一軍之五十師，以在共匪環伺中，時有被襲擊之可能，難以抽調轉用。且此次匪於平原附近向我第五師攻擊，又竄建平，其企圖似在乘蘇軍撤離瀋陽前，將瀋陽附近之我軍吸引於平泉方面，以便於蘇軍撤離之際襲取瀋陽，打擊我軍。為免中其陰謀，亦為不擬抽調之一因也。又二○七師雖在溝幫子打虎山間集結，因係智識青年，未有戰鬥經驗，祇宜於擔任掩護任務，用於熱河方面作戰，殊非所宜。

（三）基於以上原因，故擬挨新一軍之卅師全部到達後集結平泉，（預計寅真以前可全部到達），並十三軍之四師、五十四師、五十二軍之一九五師及九十四師軍之五師，統歸十三軍軍長石覺指揮，除因三十師騾馬難以如期運到，機動性缺乏，暫分置於淩原平泉及黨具，為總預備隊，並以確保後方安全外，其餘分三路向承德前進，奏功後，並進出灤平以西碾子上筐子欒夾道營之線。

（四）所可慮者：(1)我軍迫近承德時，若共匪忽以執行部或鈞部名義之停戰令提出，以圖阻止我軍前進，其時究應如何處置，乞示。(2)預計我軍向承德方面前進時，古北口之匪，大有向該方面轉用增援之可能，擬懇電飭北平行營李主任令九十二軍對古北口之匪，施以牽制，當否乞示。

（五）昨午准鄭委員介民寅微電。建平共匪已向承德撤退，退出後我方原有人員可回建平。暫不必採取軍事行動等由，刻正電詢撤退確期及準備進駐中。查竄擾建平之匪為廿二團之一部，約千餘人，估計其力量，不足以威脅朝陽或葉柏壽，如其不自動撤離，則擬於向承德方面前進時，派出一部推進至建平附近，祇監視其行動，暫不收復，留作我軍收復承德之口實，如其自動撤離，則可資口實者當可消失，能否仍按預定向承德前進。

（六）據報瀋陽蘇軍，似可有撤退象徵，其集結外圍之匪，綜計約五萬七千餘人，近復調動頻繁，據報稱有十二萬之衆，且聞蘇方已補充其輕重武器，似在乘蘇軍撤退竄入市區，並打擊國軍，故擬俟蘇軍撤退之後，以少數兵力開進市區接防，藉以維持秩序，以主力區分若干縱隊進據外圍要點，並掃蕩散匪，使無可乘之機，而我收安全防禦之效。

敬請

鈞安 職 熊式輝謹上 三月七日

七日 王叔銘（自 1946 年 6 月起，任空軍副總司令兼參謀長、北平行營副主任—編者注）飛來錦州，親遞到主席手示，大要為告誡營長以上人員對於東北各地蘇軍演習應沉著，如受侵犯，應本國民革命精神與國土共存亡。下午五時接瀋陽彭主任璧生電話報告，曰上午蘇

軍催我即接渾河橋防，當即請其先告知我方瀋陽整個撤防計畫，以便分配兵力，始可接防，但蘇軍迄未允告知。現在瀋陽蘇軍部隊正事集結與登車，開始輸送，未知為換防？抑演習？或撤退？乃為次之指示。

1．此次蘇軍行動詭秘，故在其情況尚未明確以前，我軍應先集結，採取待機姿勢。2．為避免與蘇軍之衝突，必確實查明蘇軍已完全撤出，我軍方可西進。3．不與匪軍爭城，重於城外圍，捕捉其主力而殲滅之。

七日 熱河省劉主席來見，與商定：(1)熱西及北部照收復淪陷區辦法，派人潛入，樹立人民自衛武力與匪對抗；(2)熱境縣與旗之存廢，可不受行營恢復八一四以前狀態規定之拘束，改回民國廿三年以前狀態（即平泉復改為縣）。

韓涵來見，面陳三事：(1)制度：希望行營早為規劃；(2)財政：與偽滿不同，各縣必須大減員；(3)人事：所帶出關人員及原地之人俱不堪使用。余告之：先將目前及此後地方政府所應作之事研究清楚，制度由此以決，財政由此而定，人事由此為準，而求其改進，因指示須速研究：(1)在已收復地區如何協助軍事防剿土匪；(2)在未收復地區如何派人潛入爭取民眾，照淪陷區辦法樹立政權；(3)偽滿時代所舉辦而我仍須繼續之事。提出方案，交由熱安兩省府人員共商進行。

秦靜雨來報告熱河情況及參加執行小組在平泉開會情形，曰美方提案祇令共軍退出沿路六十華里，我軍行動殊受牽制，當令提出對案，在共軍之據點承德外六十華里，我方亦可活動。但對共軍竄擾地區，應無限制掃蕩。

八日 給瀋陽附近各軍訓令，即推進瀋陽附近為接收準備；五十師原在平羅堡者，改在平安堡，對法庫、鐵嶺方向，須加注意。奉蔣主席電令鄭洞國為副長官兼代長官事。部隊當然仍交回其指揮。

九日 行營以長春、瀋陽兩地在蘇軍掩護之下皆有相當力量之非法武裝潛伏，乃給各軍一訓令，大意為我軍必確知蘇軍撤退後，以整然之態勢接收各該市及其附近地區，如遇匪軍阻礙，必捕捉其主力，一舉而殲滅之。

十日 電令石覺軍長速派隊解建昌之圍，並掃蕩朝陽至葉柏壽間鐵路沿線匪軍之竄擾。

十一日 瀋陽蘇軍突然撤退，至十四日全部撤完，匪軍避戰，亦隨向東南逃竄，因決定先完全將瀋陽市區及其附近接收，其他四週鄰近省縣境域，仍為非法武力所潛伏，有待肅清。

十五日 因各部份接收工作之紛亂，飭各部特派員組織統一接收委員會，並指派陳地球、邵逸週二人赴瀋陽指導分會工作。

接長春及四平街劉主席電，知蘇軍早已由開原、四平北撤，四平被匪圍困，因改變掃蕩遼南，收復撫順、遼陽、本溪、海城、營口計畫，決定以新一軍主力北進接收四平、開原。新六軍及第五十二軍對遼南平原暫守，以待後續軍到來再行進剿。

十六日 匪軍圍攻四平，我方被迫撤退，省政府人員被俘。旋蘇軍通知四月卅日以前將自東北撤完，但表示不能等待國軍到達，而僅能將防務交付地方現有武力，換言之即遞交蘇軍一手培成之非法武裝。我方為策萬全，乃先將留在長春之接收人員運返瀋陽，繼將哈市、松江、嫩江各省市接收人員撤至安全地帶，蓋此時各地蘇軍所卵翼之共軍，不獨羽毛豐滿，而且可以遠走高飛，不再以地下武裝自居，旗幟顯明，攻城掠地，以西伯利亞為後方，不斷的擴充與壯大，來與我在東北有限度數量之國軍相爭奪。

十六日 接長春董副參謀長、四平劉主席電，知四平附近情況，及蘇軍某中將正式通知我方要求將機場地勤人員撤出，但來件未有署名，董副參謀長未之接收。蘇方詭詐，莫知其居心何在，四平中蘇友好學會會長被刺身死，是否亦為蘇方所造作，皆不可測。乃復電查詢蘇照會未署名原因，如屬忘署，則其要求為真，此是否由我地勤人員方面所引起（因金司令曾有電來，曰警戒線內常有蘇聯軍人闖入，已下令嚴禁，如有違抗制止，可以開槍射擊之，請予備案，余已覆電不允與蘇軍直接發生衝突）。有之，則當調整其關係，否則撤退長春，我方之接收人員，宜早空運返平。

余因七十一軍之兩團今日到達秦皇島，出乎意外之速，又深慮化冰後，遼南平原河川橫亙，進軍不易，乃將部署再加調整，對收復遼南平原軍事，乃不予停滯，決令新六軍及五十二軍同時行動，收復撫順、遼陽、海城、本溪各地，本日即將命令下達，爭取時間，天寒水猶未解。

十八日 長春為共軍攻陷。

廿五日 三人小組之將來到東北從事調處之消息發佈後，眾議紛然，東北接收，乃中蘇兩個根據條約相互交接問題，與關內不同；且三人小組來到東北調處，則依協定將步熱河劃分境域之覆轍，東北九省除我軍所已接收及掃清之一部份外，其餘皆將名存實亡，勢必俱為蘇軍一手分佈之傀儡所謂非法武力所有。乃決定將以上意見電呈採納。

廿六日 蔣主席見美方陳得爾，亦面述不贊成三人執行小組來東北調處之意見。

廿七日 再電呈蔣主席，陳述執行小組不宜來東北調處軍事，以免非法武力之儼然形成合法對象。

廿八日　張嘉璈渝來電，曰張群提余不如將政治委員會主任委員擺脫，蔣主席贊成，並曰莫君繼任亦可，特電徵余同意。余念東北行營，原屬一種臨時接收機關性質，主任權責不明，原應根本裁撤，不僅政委會等於贅疣，當即建議將行營一併裁撤並辭主任職，單辭政委會主任委員，無甚意義。

廿九日　北平執行部人員白魯德少將等一行八人來錦州轉瀋陽。

卅一日　鄭代長官洞國報告新一軍進抵開原受到堅強抵抗，匪方有蘇軍參加，其火力尚大於我軍云。

四月二日　馮庸報告城內學生示威遊行，反對三人小組來東北調處軍事。並有打倒熊XX，擁護杜XX、鄭XX等口號，又言臧、高等之對余頗不敬，及徐、卞等之另有企圖。初聆之頗詫異，繼思馮言未必盡實，即電話詢之趙參謀長、韓市長等，俱言學生遊行秩序甚佳，無反動口號，馮傳言有誤，馮為人輕信易言，以訛傳訛，好為此道耳。

范漢傑前第一戰區副司官，持蔣主席親筆函來見（原函如下）：

「天翼吾兄勛鑒：東北執行組方針及我方應取之態度，特派范漢傑同志來錦面詳一切，並留其在東北協助一切可也。

順頌

戎祉　中正手啟　三月卅日十五時」

其人身體魁偉，言談樸質，帶有電台及第一戰區黨政處副處長與地下工作之劉某等多人來，以後任務，猶有待於中央指示，此時余亦不明，決先委任為軍事特派員。

第四節　行營進駐瀋陽

五日　余飛抵瀋陽，晚九時原約定接見白魯少將者，彼時病不能行，轉派 CAPT. L. T. Yanny, COL. Tou V. Grant 等三人代表來見，詢問政府小組何時來瀋事。

六日　瀋陽秩序不佳，各部份接收事頗紛亂，乃召集各部會接收人員，聽取其報告，並就統一接收委員會瀋陽分會之開會，指示如次各點：1·由二〇七師酌派部隊為接收監察處服務（羅師長友倫辦）。2·由警備司令部組織緊急巡查隊，並規定緊急用電話線及號碼等（彭司令壁生辦）。3·接收各產業，必須統一，其證書須標明地點、種類、時間，接收人姓名，以前簡單封條，一律取消（分會董市長文琦辦）。4·軍事機關及人員已佔有房屋應速查報（彭司令辦）。5·生產事業，除已交各部會接收之國營者外，余應另組一管理處，速擬規章呈核，恢復開工（董市長辦）。所需技工可將在瀋日本人分別組織應用。6·市內破壞房屋，除已交給各部者外，余應另組房產管理處，從速著手修整（董市長辦）。7·關於軍用日用必需品，應組織一軍用合作社（其章程及籌辦由彭司令、董市長商擬）。8·各接收事業周轉金，可編造預算書呈請核發。

下午接見軍事調處北平執行部副參謀長鈕先銘，商談編組東北三人小組各小組事。召集鄭洞國、范漢傑、趙家驤、彭壁生、關邦傑等，隨又增加鈕先銘、余紀忠及政府方面三人組組長組員等會商小組工作。聽取鈕君與美方代表談話結果，知廿七小組為指導各組之中心組，十分重要，又美方堅決主張小組即須派出。乃決定以趙大偉暫兼廿七小組組長。先往與美方代表單獨晤談，再加入三方組長會議，決定小組出發時間、地點與任務。下午六時趙大偉前往，頗形緊張。鄭洞國、范漢傑、余紀忠、彭壁生等圍爐坐候消息，該小組長會議通宵

未散,數次電話詢之,及天將曉,電話亦無人應,以爲會散,乃相與退去就寢,余一日疲勞,精神尚可,范等呵欠再三,昏然欲睡。

七日 上午趙家驤、袁仲珊來報告昨夜至今晨三小組會議經過,知我方因趙君之肆應有方,已爭取了美方對我不但瞭解且予同情,結果小組分派於我方意想中之撫順及開原,其任務亦與我方意想相合,祇事調查,不任調處。接見共方組長四人,彼等來見,乃照例之禮貌拜訪。饒漱石,贛人,新四軍政委,軍調部顧問,似爲其中之領導,亦猶未脫撫州人鄉氣;其餘三人爲:李聚奎,湘人,軍調處執行處副處長;張經武,湘人,軍調部共方副參謀長;許光遠,湘人,軍調部太原小組共方組長,軍校三期畢業,曾任抗大教育長。

東北三人小組今已遵令成立,但各地共軍自停戰命令頒佈後,並未停止其避實擊虛之竄擾,在東北境內,各地小股活動且不論計其較大者,有如一月共軍先後攻佔我營口;二月蕭克部攻陷我熱河之建平、建昌;三月林彪部攻陷我四平街阻止我軍北上接收長春、哈爾濱;熱河共軍攻淩源、朝陽,本四月初共軍竄迫我長春。我軍除在不得已時出於自衛之還擊外,從未積極的展開過攻勢,坐視匪之橫行,莫之制止,此種「寧人負我,毋我負人」之態度,在軍事上祇有等待覆滅。

晚奉蔣主席手諭一件如下:

「天翼吾兄:我軍應在四平街以南地區與匪決戰,以期徹底消滅其主力,則今後東北即易爲力矣,如兄等同意,則新一軍暫緩北進,即在現地整頓,而調新六軍第五十二軍以及其他有力部隊全力北進,與匪以殲滅之打擊,並準備用空軍臨時助戰,以期一網打盡,爲東北根本之圖也,希以此意轉示鄭、梁各副長官、趙參謀長、各軍師長參謀長可也。餘詳另函。

中正手啓　四月六日正午」

　　此函由范參謀長漢傑轉，如漢傑同志不在錦州，請拆閱後轉示。
　　上函所示，至爲正確，惟余亦祇有轉知鄭等，作一種商量式之指示。又須以告范，蓋此函由彼轉來。蔣主席似甚重視之，亦欲其參加意見然。兵凶戰危，信任貴專，事權貴一將在外，君命且有所不受，不然築室道謀，眾口交雜，形成議會，鮮不敗事者。今日事權，當屬諸何人？舉棋不定，危道也。東北行營主任，原是軍事最高長官，而東北軍事，則以屬於東北保安司令長官之指揮，杜聿明長官離職養病，乃於三月四日以手啓電令，命余坐鎭錦州，直接指揮軍事，但未及一週，即三月九日又奉令以鄭洞國爲副長官，兼代長官事。當然部隊仍交回於兼代之人指揮，一切由其處斷，今函示云云，事有差誤，責任究屬於誰？
　　又連奉蔣主席同日發手令三件如下：
　　其一：

　　　「熊主任：我軍應集中所有全力，凡最有力之部隊皆應向北抽調，先擊破四平街以南之匪部，故應從速調整現在散漫之部署，至於新到後續部隊，應全力控制於北寧路全線。而津漢空虛，更應從速負責增強其兵力與防務爲要。

　　中正　卅五年四月六日」

　　其二：

　　　「熊主任王副主任：瀋陽錦州應派機保護基地，前方如有需要，應派機偵察匪情，協助我陸上作戰，若在緊急戰況或發現重要有利目標，亦可對匪射炸；然此祇可偶然爲之，不可常用，惟蘇軍所駐地點及其附近上空，應避免進入，以免發生波

折，故偵察機北至四平街以南為止，若炸射動作，僅以前線作戰最烈之地為限也。

中正 卅五年四月六日」

其三：

「熊主任：新一軍方面戰況如何，無時不在深慮之中，詳察我軍在東北部署散漫薄弱，而在北寧全線基地尤為空虛，此最為不可，應即重新調整，尤應將第五師歸還津漢方面其本軍之建制，切勿再事延宕，以免貽誤大局，如我軍決心向北挺進，則對南除收復本溪湖以外，不必要求發展，應暫取守勢，而用全力向長春挺進，對法庫康平方面，是否應用七十一軍全部前進？亦應研究，中極不以現在此種散漫部署為然也，目前匪部主力，全在瀋北，應抽調新六軍及其他有力部隊向北推進，集中全力擊破其四平街以南匪部而消滅之，則大局定矣，而今後新到之六十軍等，應全部控置於北寧路全線，萬勿再忽視後方交通基地，此次東北作戰，如果一地略遭挫失，則全局皆危，國脈將斷，希兄負責審慎，勿使有萬一之挫失也。

中正 卅五年四月六日」

此三手令中指示東北我軍部署散漫薄弱，謂應重新調整。乃於晚召集鄭洞國、范漢傑、趙家驤、劉伯中，嗣後增加關處長邦傑、鄭副軍長明新相與商討後，交鄭代長官洞國處理。

八日 晚擬呈復蔣主席五件手諭，繕託楊高參帶渝，至曉六時始寢。

九日 因廿五師攻擊本溪之頓挫，晚赴長官部聽取詳報，並予鄭代長官及趙參謀長以指示。

十日 因北路受阻，東路頓挫，調整部署，將昨函重加修正，呈報蔣主席，特約楊高參振興，由北平返瀋交其調換飛遞。

十二日 先後接奉何總長卯佳午電云：後防不可少忽，主要兵力不宜遠出，又蔣主席手啓寅灰令一元電再指示四點。以上指示固當注意，惟現時兵力不敷支配，即縮守一隅，亦祇坐而待困，因再電請加速海運後續部隊前來。

十三日 奉蔣主席電令限誓日以前佔領四平街。

十四日 重慶派來三人小組吉倫將軍、張治中、周恩來等，由馬歇爾元帥之代表吉倫中將率領，一行有羅柏森公使、柏爾格少校等共七人，又同來者有徐部長永昌、俞次長大維、秦次長德純、鄭委員介民等達瀋陽。

十六日 以前的東北空軍仍直接隸屬於中央參加作戰，如同友軍，不能正式給以命令，故其時行時止，不甚緊張。飛機固不多，但空運機本亦可用，因無隸屬關係，使用必須向中央請准，行營不直接指揮軍事，但中央亦未將空軍指揮權屬於東北保安司令長官。不得已令代為向中央陳述之。今日始奉到蔣主席准予使用之電令。

十七日 接見遼寧省黨部代書記長張偉光，告知遼鞍黨務糾紛囑其與羅君商量整理。黨務如此，行營坐視，不能有所為力，去年初到長春，因蘇方之藉辭指摘，曾受令指揮監督，但此並非實際有效之一種章制，事過境遷，黨仍獨行其是，數月來為對蘇交涉及對匪軍事，紛紛擾擾不與聞黨事，亦可藉避嫌忌，稍減愆尤。

十八日 電話北平蔡文治，詢所來電主派小組赴長春事，彼尚不知長春被圍已無法進入，來電所言乃其個人意見。杜聿明來瀋養病，至行營報告治療經過，步上三樓。初余甚慮其病體未痊，再三囑且勿來，俟余往其寓晤談，畢竟自來，意在重禮。但其今日來瀋，張揚過甚，盛況空前，特別發動全市極大規模之歡迎儀式，見者側目，恬不

以為怪；雖其用意別有所為，卻又不自知己之越禮犯份。本日長春陷匪，秦靖宇報告熱河情況亦甚緊張。

廿二日 盧振江來轉達蔣主席面授軍事機宜，並手諭一件如下：

「天翼吾兄勛鑒，東北軍事甚為焦慮，特再派員前來授旨，務希照辦為要。

順頌

戎祉 中正手啟 四月廿一日

漢傑同志可先回渝面報中正」

蔣主席對於東北軍事焦慮萬分，又派人員前來授旨，余忝負重寄，但於軍事有責無權，部隊之指揮是保安司令長官之事，余固不便過份干涉。近來東路北路兩方面大軍俱無進展，此種現象，上勞主席之憂慮，余自亦不能不有疚於心。現一九五師膠著於北路，而東路攻勢又已停頓，容向長官部詳察其究竟再作區處。

胡秘書長來言：遼寧人士對王家楨為理事長兼生產管理局局長事，頗認為事權太重，允改暫兼。又曰北平甚多批評馮庸者，謂余信任之為不當。余言伊為政治委員會委員，何曾另加顏色，政委中無幾人熱心從事者，伊獨愛奔走而已。晚召長官部劉處長伯中來，詳詢其北路軍事後，指示之如次：四平方面今日各軍既仍無進展，匪有三方鐵路線為其運輸援軍，我軍與之持久，後慮甚多，應速打破此膠著局面，打破之法不外 (1)增強兵力或再抽調第八十八師前往，以備不虞，則在東路行動應暫停止；(2)毀滅四平街，再取昌圖之線以自固，則第一九五師仍可南調。以上二案速回與杜長官商定而行。

又本晚迭與空軍吳司令研究明日空軍行動，余意在：(1)偵察三路遠距離外匪情，並炸毀其道路橋樑；(2)壓制半拉山門、四平街、八面城方面與我對峙之匪；(3)自朝至晚飛機使用不可間斷。

廿三日 杜聿明來報告對四平街攻勢之繼續部署，蓋余昨晚為劉處長言膠著太久，則顧慮益大，宜有以打開此沉悶局勢，今其將八十八師集結，而不即北進亦佳，乃同意其處置。梁華盛由四平街附近返，報告七十一軍前次之失，殊為可恨。晚杜聿明電話報告，八面城東南地區之匪有向北退模樣。

廿四日 約范漢傑來，詢所與黃、王等商訂組訓民眾委會辦法。言未及畢，伊即告其來瀋時蔣主席示意，在代杜聿明指揮部隊事，范來時帶領一批屬員，並附有電台，浩浩蕩蕩，神秘人所難測，今自述其內容如此，余曰何不早為我言？北平英文小報日前載杜聿明到瀋民眾十萬人手搖國旗，夾道歡呼，並有日本婦孺在內，余亦到場云云。此種不實之宣傳，有謂為其作用在於對范，示毋問鼎之意。噫！對事總遲疑，對人不光明，適足長亂。

今日奸匪勾結蘇軍協以謀我，軍事之緊張可知，而我獨於主帥人選猶舉棋不定，一月之間，凡三易手，現在瀋陽者，余為行營主任，名則軍事最高長官，而於軍事有責無權。鄭為副長官受命代理司令長官者，而於指揮有名無實。杜為真正司令長官，名雖病假期中，實際卻仍在指揮軍事。范漢傑曾秘密授意旨，隱隱然對杜有取而代之勢，故軍事上重要命令之傳達等，莫不身與其事，杜之返瀋，力疾從公，實有所為而然者。誰實為之，孰令致之，焉得不誤時僨事？

廿六日 趙毅來見，陳述東北不滿之現狀與整理意見，謂尚傳道之條陳，乃其主張，並曰東北軍事成功不在余份，失敗則一切責任皆將歸之於余。馮庸昨來見，所陳亦多不滿現狀之意，今日之事祇望艱危共濟，功罪誰復暇計，俱為一笑置之。晚王叔銘來報本日空軍偵察匪情，大概四平街東通海龍與北通公主嶺大道上，皆有匪增援部隊。此種現象，殊為可慮。亦固意料中事，當即電話告知杜聿明，並問有無注意。

趙家驤(時任東北保安司令部參謀長—編者注)自杜聿明處來,言杜擬明日親赴四平督戰,並已令廖軍長準備抽廿二師偕同北來,將使其率領廿二師及一九五師之兩團東出,截斷與海通通路,更邊而截斷長春路以合圍,蓋本日情形新一軍及鄭洞國在前方俱已呼急,不得不如此,以作士氣,藉圖四平之早日攻下。

余告之云:杜所主張亦是一案,惟余意不盡同。杜案之利在能應付匪東北兩方援軍之進擾;但未必定能在短期內奪取四平,若四平方面是野戰,猶易為力,今四平城形成一陣地戰,合圍後未必能於二三日內突破之,如是則廿二師又將陷於外圈之膠著,彼時匪聚益眾,我軍力量不能超越以過,直取長春或公主嶺,在當地再膠著,將更為不利。余意另有二法:1.圍城部隊作後退配備,以大圈圍,而集結有力部隊邊出東北方捕捉敵之援軍為野戰而殲滅之,屆時城內匪出則更佳,可免其負隅而易圖擊破。2.同上方法使用大量空軍轟炸,將城毀滅之。

趙答將以商諸杜。余乃結論,除上事待與杜商外,更須知新六軍零細抽調,不甚相宜,因再告以三事:(1)將圍殲部隊稍後撤,作以火力封鎖配備,集結主力於適當地區,準備野戰捕捉匪之援軍而殲滅之,不必定須調廿二師。若為作新一軍之士氣有其必要,則調之亦可;(2)明日砲兵用燒夷彈對市內射擊;(3)空軍準備大量炸彈,候區處定,再實施市內轟炸,(余即電話告知王叔銘)趙答以上三事,亦須俟明早與杜商之。時已半夜一時矣。

廿七日 余核定「政制草案」及「統一接收辦法草案」後,作一工作檢討如次:一、軍事:(一)以目前六個軍(新一軍、新六軍、第五十二軍、第六十軍、第七十一軍及九十三軍)兵力,接收廣大區域勢不可能,且後防未固,因此宜:1.北方不能深入,四平街不必急於攻堅祇監視之,集結主力準備捕捉匪之援軍與之野戰而殲滅之。

2・東面祇求適當時期略取本溪爲止,以待後續兵團之來到,再圖進展。3・西取法庫。4・南須擊破李運昌之股匪,安定後防。(二)加速組織地方武力,並運用之以減輕國軍負擔。

二、政治:(一)速將政治一般原則性條文確定之。(二)規定政制財制等,爲收復地方準則。(三)規定潛入未收復區黨政軍統一工作方法,即速準備人選開始行動。(四)設立幹部講習會(地方工作幹部)員警可先辦。(五)組織政治幹部從事研究工作。(六)推動政治委員會會議及經常辦公。

三、經濟:(一)加緊「統一接收委員會」本會工作,速將接收辦法核定,並速成立「物資」、「房地產」等組及人選。(二)加強分會指導監察工作。

四、宣傳:(一)督飭宣傳部潘特派員先將所呈計畫實施。(二)先開辦一日報於瀋陽。(三)搜羅宣傳人才。

五、黨團:調查並運用現有人員望能推進黨與團之活動。

廿七日 接見由渝來之舊三省黨部書記長:遼寧李仲華、吉林栗直、黑龍江樊德潤。據稱同由渝來,將領導各該省黨務之進行,以待中央新任負責同志來到。余乃爲述從長春至此經過概況,伊等是何來意,中央未有通知,余因無由揣測,但余「與人爲善」之意不因人而異,仍當以善意迎之。不知中央對各省黨團負責人選何以至今猶未見決定。

劉處長伯中來報告情況並本日計畫。言新廿一師接第二師防,第二師、第廿五師及第一九五師之一團由趙公武指揮爲左接防兵團,新六軍、第八十八師由廖耀湘指揮爲右接防兵團向本溪湖前進。余意北路尙未穩固,東路兵力不宜急於遠出。且本溪爲山地,新六軍不宜使用。又匪既在金家屯地區,遠邊本溪,撲空則轉折費時,攻堅則曠日時久,皆非所宜,勢不宜盡,力不宜竭,新六軍雖負有防守遼寧之

責,卻含有戰略總預備隊之意義,遂以遠出,大不相宜,希將此意返部告知趙參謀長及杜長官考慮之。

廿八日 接見余紀忠(時任國民黨中央宣傳部駐東北特派員、東北行轅新聞處處長兼中蘇日報社社長—編者注),詢其所辦中蘇日報概況及對軍部辦報意見。聽取其言齊世英在瀋活動情形,意在聯絡黨與團,並離間杜聿明與余殊不謂然云云。又言東北訓練事甚重要,但謂不宜由余直接派人辦理,以防夾擊,不如招致蔣經國一部份幹校人員來主持,訓練事應以第三者出面,此第三者要能為有力量之進步份子,東北之事排除既成勢力不可能,妥協對於有組織者絕無效,祇有一法求發生代替作用。言下對陳儀頗致敬佩,於蔣經國似甚推崇。又言余近月來對杜病關切,於情感聯繫有很好影響,是一種成功。此君之言,縱橫氣味太重,余於人於事,祇知為國家無偏私,為職務不偷惰。天下無事不有阻礙,世間無人不逢橫逆,內省不疚,何所顧忌。

廿九日 杜聿明、梁華盛(時任東北保安副司令長官,後任吉林省主席—編者註)由四平回瀋,報告北路情況,精神旺盛,氣象殊佳。

卅日 董文琦市長來見,報告齊世英在瀋活動另有作用,將對余準備攻擊,對楊焯庵簽發蘇地產證亦在搜羅證據以作控告材料云,又言徐主席偕齊訪杜為離間之計。杜聿明報告本日情況:北路匪略有增加,一般尚無變化,東路我軍皆已照預定進展,惟第八十八師前進稍緩。

五月一日 約見在東北地下黨務工作人員一百一十八人由三省黨部書記長率領而來,與講遇難各人員之撫卹救濟辦法,並予以慰藉。與張作相、王樹翰商談地方武力之收編,伊等均主必須慎選主持人,張素不好收編,言之頗有難色,嗣及政制財制,王頗同意,詢以此後作法,王答一意為之,義無反顧。接見萬福麟之子國賓,談其父事,

彼坦白誠摯告余曰：其父因省府解組，先未得知頗有誤會。馮庸少年、相提並重、亦不滿，又傳聞將特別倚畀張作相，不願爲之下等語，余一一爲之解說，似漸了悟，並願持函赴平勸其父與馬占山來瀋，允作書交之。

高主席惜水來言：馬志阮、陳楚才、龔天民等皆曾與日本相勾結，不宜俾予事權。寗思承主張東北特殊化的高度自治，如係出於無事做，故唱反調，則猶可原諒，否則狂悖不宜引用。董其政來見，彼爲臧啓芳之代理人，齊世英之好友，人甚平易，爲一學者風度，言語從容，態度祥和，恐未必如馬、董等所言完全不可與者，伊報告接收各大學、博物館、圖書館等情形，請示對師資訓練注意之點。余指示二事：1．強調國家意識民族觀念；2．注意科學以正其趨向。末請撥款，准先撥五百萬元。

遼寧徐主席來言綏中等三縣民眾組訓事，允爲撥發員警槍枝，又示知分會不能直接處理工廠及省亦不能經營國立農場，此人大言不慚，言多不切實際，自作聰明，恐不易有成就者。

四日 劉主席維翰來言地下武裝收編之不可爲用甚詳，告余不宜偏賴之，其信然歟？

六日 軍令部科長高德昌來見，傳達蔣主席代電一件：令以新一軍、新六軍主力擊破四平之匪，順取遼源。晚擬就覆函，已至深夜四時半，準備明日交盧參謀振江飛遞者，行營無指揮軍之權，但時時奉到此類電令又有其傳達之責。尚有差誤，咎將誰歸，猶尸其位，能不慚懷？會當掛冠以去。

十日 杜聿明召集各部隊長舉行綏靖會議，來請余往訓話，余甫入座議事正在進行中，杜未先說明會議意旨，忽起立以爲請，余簡單指示數事即止。彼等大部份皆素未曾經過余指揮，隨在皆表現出一種生疏隔膜，此後當注意在此種情形之下祇宜以德服，不可以力裁。化

除乖戾，感召祥和，庶不償事。統一接收委員會舉行第十二次會議，對軍方強佔產業，房屋及物質等事，頗多議論，余指示不可揚湯止沸，徐爲釜底抽薪。

十一日 第六十軍軍長曾澤生、第九十三軍軍長盧濬泉率所屬師長潘朔端、隴耀、許義等來見，有不安之色，其意似在(1)兩軍不令在一地使用，故予分開，似尚不被信任。(2)補充不能如其他各軍同等待遇，似屬有欠公道。前者確爲中央當事者多餘之顧慮，我曾解說數次無效；後者余可爲之補救，因溫語慰藉，並多方曉喻，幸曾澤生昔在滬時曾任余領之第五師教導團營長，余言頗易爲所信從，轉相傳告，暫得無事。

十二日 劉時範來言收攬東北人士之重要，並曰寧思承被長官部委爲顧問後，到處爲杜聿明作份外宣傳，余告知寧之爲人高惜冰前已詳言之，彼復述及昨日綏靖會議，批評政治不能配上軍事，余告以軍事比較簡單，政治確難期其速效，可聽人批評。

十五日 齊世英來見，極言承認王星舟之在瀋工作爲不合法，請根據吳鐵城電撥救濟同志卹金三百萬元。余告知王星舟亦係中央所派來者，款已照撥交於王星舟在前，不能重發，否則必俟王君繳回，始可再劃。召見王星舟，詢其會否與齊共商辦理撫卹事，一如余所函囑者，王答言未與齊商，惟齊知之，並力言齊之破壞行爲，不是中央黨部意旨。董市長文崎來言王、齊間情形，不如另電吳鐵城以爲解決，免爲任何一方見怪，余答可如此辦。今日乖戾之氣，彌漫到東北，地方淪陷十四年，尚未完全收復，猶不觸目愴懷，通力合作，而互相傾軋不已，中央來者，攻擊同爲中央來的人，當地人對當地人更相鄙薄，此種敗亡氣象，抑國運之所鑄定者耶？

廿二日 黃仁霖、倪文亞等前來設營準備蔣主席明日蒞瀋，聞對此間軍事將予停止行動云。

廿三日 蔣主席偕夫人、白副總長、張主任委員蒞瀋。大抵重在各處視察,尤其留意於此間複雜之人事。約一週之間,至行營省府市廳圖書館等處巡視,舊皇宮遊覽,紀念週等集會講話,並出席市民歡迎大會。至卅日離瀋飛北平。

六月一日 奉蔣主席由平來手書如次:

「天翼吾兄勛鑒:昨已安抵北平,約星期日回京,途中研究東北內部,以人事之關係最大,中意如兄以行政長官兼遼寧主席,則瀋市長人選是否以徐箴為宜,亦希考慮詳覆,鄭道儒來平時擬另予位置,在其任務未發表以前,暫以梁華盛代理省主席名義行之如何?

中正 五月卅一日」

二日 連日與張主任委員嘉璈及胡秘書長家鳳、董參謀長英賓等檢討內外環境,以為行營機構,根本可以裁去,若言調整其事更難,中央一貫作風,全國一般趨勢,已積重難返,自愧不才無能匡濟,若更尸位,徒以自誤誤國,故決覆函敷陳利弊,呈報裁撤行營並准辭本兼各職。

八日奉主席手書如下:

「天翼吾兄主任勛鑒:二日函悉近日回京事忙不能詳加研究,一俟稍暇再行商討,惟行營此時不能取消,兄亦不能擺脫此重任也,停止前進令既下,我軍在此十五日之內,必須絕對遵守,勿予匪方稍有藉口之資料為要,若匪不能在此期間內就範,則十五日之後,我軍仍須照預定計畫一舉而收復安東、通化也,安東省主席趙家驤趙公武皆可,屆時當再決定,惟現主席高惜水應予安置,中意高任瀋陽市為最宜,董文琦調永吉市長,而現任長春代理市長,一望而知其為弱不勝任者,亦應從

速決定人選,希詳報。鄭直儒決調關內任事,彼亦甚願也,公權兄均此不另。

中正 六月七日」

九日呈覆主席上函並再申請辭職如次:

「主席鈞鑒:手諭奉悉,停戰期滿後,局勢變化,尚不可知,言協商、政治上如何區處?若破裂軍事上如何措施?皆當重加檢討,先事綢繆,日昨職曾電乞晉京請示,俾能更瞭解於中樞意旨,以期肆應得合機宜。正待核示,復奉訓諭。關於停戰期內軍事杜長官另有詳呈。關於安東瀋陽等省市人事,恐須至月底始可著手調整。若蒙准職入京,擬俟從容面陳。長春市長趙君邁被俘,在此停戰期內或可望能釋還。此人盡忠職守,理應為之保留。尚傳道乃吉林省委現暫兼代市長,貌雖不揚,才殊特出,即就其學識經驗言,亦屬各省委中之佼佼者。各省府主席備致贊揚,訓練團高級班,當有成績可考。擬候趙市長歸來,彼亦即將調回吉林民政廳長原任,此時似不必變更,職前令其兼代者,以長春初下,吉林省府,長春市府俱無人在瀋,亦迫不及待耳。關於行營之存廢及個人進退。並蒙指示,無任感悚!謹更就此節,略陳下懷:

竊以為中央軍事系統既加調整,地方駢枝機構,自應廢除,東北行營,原屬臨時性質,就此裁撤,亦甚合宜。保安司令長官,可以負軍事之責,各省、市政府可以分負政治之責。如謂東北經濟事業,宜就日偽規模,暫時維持其整體,不便零星分散,則可另設一「東北經濟建設總署」以處理之。如此辦法,行營裁撤,實簡而易行,於軍事、政治、經濟各事業了無防害。若以行營此時未可裁撤,必須變相留存,則當避免形成

無用長物,而設法求其發生應有之效能。不揣冒昧,敢陳三事,敬乞垂察:

一、收復東北,當確定以軍事為中心:東北外逼強鄰,內伏狡匪,敵偽力量雖已消失,封建意識猶有殘遺,無論武力接收必須軍事為之前驅,即以政治協商,亦賴軍事作其後盾,故現在乃至將來,一切政治、經濟必以軍事為之保障,亦必賴軍事始易推行,亦因此主持東北方面之事,決不宜使用軍事以外之人。蓋無軍權任何才智之人,不可能有所作為,此輕重之宜,一也。

二、治理東北,當沿用治邊之方式:古今中外任何國家治理邊疆,另有其一種特殊方式,其特點則在於中樞對於邊疆主官之能「專其信任」,「一其事權」。信任專,則人心自附,阻力可以變成助力,事權一,則威令自行,敵人可以化成友人。在今日言之,人、財、事三者之處理能得稍予便宜,黨、政、軍三者之一元化,能得稍符名實,亦可謂專信用一事權矣。否則文法繁密,人求無過,責權牽掣,內外相煎,上下交困,邊事敗壞於冥冥之中,若問責任,盡可推,即並株連,事亦無濟。此成敗之關,二也。

三、主持東北當重選適當之人:職以駑駘,謬承驅策,雖欲竭其智慧,然而自量德力,無補艱危。處此環境,實非所宜,若復濫竽,更深罪愆。務乞曲賜鑒原,准許解職,再三考慮,以為此時中央人事調動,並不為難,前參謀總長何應欽,武漢行營主任程潛、第一戰區長官胡宗南,保安司令長官杜聿明,任選一人,勝職萬倍。以之主持東北方面之事,莫不遊刃而有餘。此關係人事得失之分,三也。

以上所陳不勝冒瀆，無任惶罪，當否仍乞鈞裁。至職私願，祇求解除現職，並不敢上勞懸慮，另望安置，得居閒散之曹，仍效犬馬之力，使革命人格得以保全，不因戀棧自誤誤國，即所以盡忠於鈞座也。臨穎不勝屏營待命之至，肅此敬請

鈞安

職　熊式輝謹上　六月九日」

十日 奉主席手諭附六日所致馬歇爾將軍函稿一件如下：

「天翼吾兄：除停止追擊命令與正式宣佈談話文告見於報載以外，另有致馬歇爾備忘錄一份，亦甚重要，請兄與光亭(杜聿明的字——編者注)詳閱為要。

中正　附書六月」

附六月六日致馬歇爾將軍函稿

「馬歇爾將軍閣下：

閣下五月廿六日大函所示之建議，余根本上極表贊同，為使閣下建議之意及目的更為明晰起見，特為提出下列數點，尚祈參照。余過去五月來所獲痛苦之經驗，使余於應付共產黨時更為準備切實，誠盼閣下對於下述各點予以充份之諒解與支持：

（一）閣下建議余下令國軍停止前進攻擊及追擊共黨，此固不僅為閣下之願望，余最近前往東北時亦抱此心願也。是以余今日已下令在東北之國軍自明日正午起至六月廿一日正午止，此十五日內准停止對共黨之一切攻擊，前進及追擊，並盼在此期間中對於業已簽訂為協定之詳細實施辦法均能完成，立即在東北首先實行，並請閣下在此時期內議訂實行二月廿五日

所訂整編及統編軍隊之整個計畫，並將實施之具體辦法示知為荷，至於閣下暨中共代表所建議派遣執行前方小組往東北一節，自可派往長春、先作準備工作，俟具體辦法能解決之時，再行開始其任務。

（二）關於修復鐵路及恢復交通一節，余認為有關此事之決定權應賦予美方代表，即由其決定最後完成修復之時期及進展。否則即無從保證其實現。

（三）余特為強調一點，即政府接收東北主權之神聖職責不應久延。是以一月十日停戰協定中所規定政府對於收復主權保持自由行動一點，應始終予以維持。例如倘共黨仍繼續其目前所為，在長春以南之海城附近攻擊國軍，則國軍仍有保留其反攻之權。

蔣中正 一九四六年六月六日」

十八日 奉主席手諭一件如下：

「天翼、光亭二同志勛鑒：停戰令期滿以後，我軍行動應重加研究，切勿稍有疏忽，免誤全局，否則功虧一簣，不能不為之戒慎恐懼，尤以東北地位與處境更不可不熟慮深思，期無萬一之錯失，以東北兵力在此兩個月內，無法增加與補充也。故照現有兵力，在停戰期滿以後，積極攻取安東與通化，同時並進，及至佔領以後，是否更覺防廣兵單，此其一也。以政治略與戰略論，我軍對哈爾濱之進退取捨之方針最為重要，我軍此時如能用全力佔領哈爾濱，先打通哈爾濱至瀋陽一段鐵路，於外交與政治上自為有利，先取而且不患共匪破壞該路，如此比較先取安東、通化為安全，而且兵力亦容易集中與運用，預料此時進佔哈爾濱時，外交上不致發生困難，故此時先佔哈爾

濱，而置安東於緩圖亦一方案，應加考慮，此其二也。但安東、通化不先收復，則匪之山東來源不能斷絕，而且我瀋陽側背時受威脅，中意在此二案之中，必須決定一策，否則期滿以後，暫時不動為宜，故派至柔兄前來面商一切，望詳加研討後，決策呈核，再行實施可也，餘不一一，皆由至柔兄面達一切，不贅，順頌

戎祉

中正 六月十七日」

廿二日 近週身體不適，時有腹泄，精神疲困，每念時局，更切憂心，停止軍事行動期限易滿，前方兵力既感不足，後方補充，尤其是兵員，較匪且相形見絀，政治協商徒資人之利用，不可樂觀，全面衝突起，不獨軍事，即經濟與外交無在不為可慮。

七月一日 核發呈覆主席宥電所詢「東北行營，長官部、政、經兩會三頭並立之調整意見」函。大意仍是反覆陳述行營之可以取消，不知能否被採納？今日不生不死之混沌時局已堪焦慮，而行營權責模糊，玩日愒時，更深苦悶，屢請辭職，不蒙允許。所謂調整所有機關職權等事，殊難信其果能見諸實行。

核發與杜聿明聯銜呈覆主席艷日手諭電，大抵陳述先取安東之利，求於本月四日以前決定，軍事並須公開進行。

三日 李祖慶、岳成安先後來報告中央黨部來文及文強公函，檢舉東北漢奸案，余均未准進行。此日正與蘇匪作爭奪戰，對日偽舊惡，應予寬免，安反側，所以防止為淵驅魚。一面電呈中央說明。

十六日 呈覆主席函一件如下：

「主席鈞鑒：迭奉鈞諭，以瀋陽市政須重選精明強幹人員主持。查現在市長董文崎，先國軍入瀋與蘇軍周旋，不無勤勞

可錄，或因其為水利專才，難以應付繁劇，擬請以調任永吉市長。至真為瀋陽市擇人，在未改為特別市以前，亦殊不易。經鄭重研究仔細觀察，ⅩⅩⅩⅩⅩ俱不適宜，ⅩⅩⅩ太老實，ⅩⅩⅩ應予安置，辦事勇氣稍差，ⅩⅩ略欠經驗，但好研究，肯任勞怨。以上謹舉所知，究竟以何人繼任為宜，仍乞核示祇遵！

前次白部長在瀋陽條陳，關於東北各省主席人事之調整及保安團隊之編練，頃接國防部代電云，經奉批示照修正迅速辦理等因，交職擬具實施辦法，職酌量現實情形，再四考慮，以使減輕國軍之負擔。現已在各省總數之中撥出十二個團，令杜長官先行招練，祇待中央槍械發到，即可成立。至省主席人事之調整，此時似不宜操之過急，一因尚未收復之省，即予更調，無裨實際，即任軍人，同樣不易潛入；二因此項各省主席須用軍人之消息，日前不知何人在津益世報製造謠言，公然發表，以致現任各省主席極度不安，醞釀社會引起一種反感。故若此時貿然不顧，勉強行之，必致發生非軍人中極不良之影響。而且就已收復之三省而言，吉林遼北兩省主席已屬軍人，祇遼寧主席為文人。此時如予更調，必引起全部之不安。加之如以外省人繼之，實不相宜，本省人中，部隊尚需要其統率，以待使用，未宜即以擢調。ⅩⅩⅩ人過於老實。祇適於充當省委或保安司令，難勝主席之任。故竊以為此時與其操切調整省主席人事，不如先充實其省委，在東北各省府委員七人之外，准增二人，以軍人充之。其中一人以指揮團隊，一人專任民眾組訓工作之輔導。至將來國軍進展達到某省，其主席必須更調，且有確實精幹之高級軍官堪以接充時，再陸續調整之。似為妥適，是否有當？務乞指示，俾有遵循，肅此敬請

鈞安

職 熊式輝謹上 七月十六日於瀋陽」

十七日 白崇禧部長來書勸勉備至，覆之如次：

「健公賜鑒：頃奉手示，至感關垂，上次旌麾蒞瀋，曾將東北情形披陳概略，備以大義相責，自顧菲材，敢避勞怨，特恐內深尸位之疚，外招戀棧之嫌耳，今協商未就，前途變化尚不可知，不欲遺人以苟免之口實，復承鼓勵，當不再為煩瀆之請，祇得聽其自然。知公顧念，敢述衷曲，誠不堪為外人道也，肅此復頌

勛綏。

弟 熊式輝敬啟 七月十七日」

廿三日 江西王副議長孟迪來書慰勉，覆之如次：

「孟迪先生左右馳系方深，辱書藉悉一一，無任感紉，東北各事雖不易處，但既不容退避，亦惟有盡其心力以圖之，不為瞻顧也，承示各節，至佩遠識，已囑平秋兄等相與研討，容後再行詳達，耑此復頌夏安

熊式輝 敬啟 七月廿三日」

廿四日 主持政常會，決定各省員警總隊改為省保安司令部，設置區司令，並先編練廿個保安團。

廿五日 劉廣沛來云：共黨李立三(時任軍調部東北三人小組成員、中共中央東北局敵工部長和城工部長——編者註)來瀋分署，美人擬接見，應否許之，余答自不能禁。

廿六日 董文崎報告與李立三所談通電案，杜聿明來報告與李談話情形。

廿七日 李立三來見，同座有蔡宗濂、王洽民談約一小時，所談無何重要性，惟在談話中，可以窺知共黨與我決無和平解決問題之誠意。

廿八日 李修業報告與李立三商辦遣送共區日僑俘事，董文崎報告與李立三草訂接電條文。杜聿明報告再與李立三談話腹稿，並請示應否發表，告以不必。

卅日 周軍長福成來報告五十三軍在秦皇島及綏中防務，言批定購馬款尙未領到，余乃爲電話劉司令酌先墊五百匹馬價款，劉以未奉有中央電飭發，答將電中央備案，劉之此種態度當然是拘於中央法令條文，未可強制，中央並未授余有此批發事權，何足怪之。

八月八日 接見各省市黨團主委共十一人（黨部主委有遼北羅大愚，哈鐵單成儀，牡鐵王守正，東蒙金崇偉，安東李光枕，錦鐵董尙德，遼寧石堅。團部主委有嫩江劉博崑、大連王傑夫、遼寧劉廣瑛等）。彼等陳遼數事：（一）請借墊經費；（二）對漢奸之檢舉，民主同盟份子之檢舉，對共黨之防制等，但對於其本身有許多問題則未有言及。

馮庸、馬毅、張振鷺來報告錢公來（時任東北大學教授，1925年后曾任人東北國民革命軍第一師師長，九一八事變后，組織東北義勇軍抗日－編者注），約明日上午往談接收事。請且勿理。因此君昨晚到瀋，即言不拜會任何人，不受款宴，今日發出招談簡，約余及張嘉璈赴伊旅館詢接收事，太無禮貌。與胡秘書長家鳳談勿理錢公來問題，伊畏事，期期不以爲然。與張主任委員嘉璈談之，伊同意。

九日 錢公來爲禮貌上拜訪，余亦不復計較其前事，接見與之談，其人美髯，亦不似何狡獪之流，年老氣盛，特欲以直沽名者，成見甚深，所謂成見，亦祇是道聽途說，執非爲是，輕信易言。其今日之來此照例拜訪，聞因今晨張振鷺曾往忠告之，勸其當守常禮，頓悟

前失。彼在重慶每逢東北人士集會或參政會有機會時，必對余任意誣衊，大肆謾罵，余視若瘋狂，從不與之計較。

張振鷺來告今晨與錢所談，謂其人無他，甚耿介，家窮；但不受人接濟。其在渝子女學費，乃伊所助，與伊頗交好，實一正直之人云。齊世英來訪，意在求同意撥給工廠交黨部辦，俾可以籌黨費，謂此為陳果夫之言，余答敵偽廠規定由經委會理接收有案，所言撥交黨部一節礙難照辦。末詢余曾語張道藩，言彼與王星舟不睦事，余曰，然，君固曾向余面言如此。

馮庸來告昨與錢公來談話情形，並言錢與王寒生為兩岐，錢立場重在黨與中央政府，王則重於私人之利。此君好臧否人物，議論多憑意氣，不盡可信。

十二日　第廿一師隴師長四日來函，辭氣不佳，應加以慰勉，覆之如此：

「光宗師長勛鑒：八月四日函悉，至慰，補充各事，已嚴令趕辦，瀋長鐵路修復需時，運輸困難，未知貴訓應補充之武器彈藥器材等，在八月底以前能否如數送達，時在念中。勝利因素有三：物質條件之裝備優良僅佔其一，此外技術之熟練與軍人精神之修養，尤為重要，望及時親自督率，趕加訓練，中上級將校必須與士卒生活工作保持一體，訓練乃能有效。至精神教育，則當從提高敵愾心，加強自信心著手，一面積極要求軍紀之嚴肅，愛護人民，人民如水，軍隊如魚，魚無水不能活，切望留意也，耑復順詢

　　戎祺

　　熊式輝　八月十二日」

十三日　杜聿明與梁、趙、董、關等來商討熱河軍事，仍以鄭洞國赴平主持，部隊則以孫渡直接指揮之。乃電話長春召鄭即返瀋。

十四日　鄭洞國來報告長春情況，並言即將赴平。乃面語所聞彼在長處理各事，皆甚適當，為各方所稱譽。

十九日　鄭洞國由平返，聽取其與李主任宗仁商談熱河軍事情形。

廿日　杜聿明來函商關於六二師及新六軍事，意見概同，乃具函奉呈主席，函文如下：

「主席鈞鑒：平錦路行動，經派鄭副長官洞國去平謁李主任，商定本行營以第十三、第五十三、第九十三等三個軍，北平行營以第九十二軍，遵照指定日期開始，昨鄭副長官返瀋報稱，李主任為加強關內兵力，仍欲交六二師林偉儔部留駐關內，並經派梁處長述哉飛牯面請鈞座裁可等語，竊查東北地區防廣兵單，迄至目前尚未能抽出有力部隊作機動使用，此次六二師乃依原訂計畫開至東北。再目前東北我軍形勢，在瀋吉與打通兩線上，均因兵力不足而形成弱點。東北共軍在蘇方支援下，勢不可侮，且其兵力較優，時思蠢動。熱河方面行動時期，難免其不大舉來犯，為確保目前東北局面，並隨時伺機開展計，新六軍抽出後，亦請祇控置東北地區內，俾作機動使用，暫勿他調為禱，以上敬乞鑒核示遵。敬請

鈞安

職　熊式輝謹　上八月廿日」

上函交羅師長帶牯面呈，但望六二師仍能出關調換新一軍之防，新六軍抽出後亦能暫勿離開東北境。

廿二日 吳處長報告辦理冬服情形,並曰在余病假期中,已由參謀長書行發電中央,請款卅億,另令陳特派員,逕撥十億。余以其超過實際需要,即予制止,改電中央修正冬服請款為七億。並令陳特派員,廢止前參謀長代行發款指令。吳處長復來說明冬服請款事。余決定祇准定做四萬套備補不足。張元濱送來美氈夾棉之皮大衣代替品式樣,問可否採用。此間冬時冷風似箭,代替品不能禦寒,告知速轉呈中央設法由滬撥運皮大衣來。

廿六日 奉主席手諭如下:

「天翼主任吾兄勛鑒:羅師長攜來各件,均已分別交各主管機關辦理,增加糧食,可無問題。惟東北部隊必須強制添食雜糧,或每日增食一餐點心,此點心即以雜糧製成,否則每星期三、六兩日或每星期三(日)多增一餐雜糧,而此雜糧製成之食物,必須特別精緻,務使人人愛食,則數月之後漸成習慣,各部隊皆將要求添食雜糧矣,此全在主管者運用,而默化者。關於第六十二軍加入東北事,當時據報以為新一軍全部控制在南滿,並未有守備任務也,故准六十二軍改調冀東加入掃蕩任務,昨見羅師長,乃知新一軍有一師守備鞍山不能北調,無任繫念,刻令陳總長修正計畫,必須使新一軍全部北調,新六軍全部集中控制,使之參加攻略熱河也,惟聞六十二軍已到冀東開始掃蕩,如此則一時恐不易轉移,好在掃蕩時間最多半月或待告一段落,再令歸還東北也,惟新六軍必須全部迅速抽出集中,此時南滿鞍山一帶防務稍減亦可,而且工事已成,則在附近各軍中先各抽一部接替新一軍防務,使之能即日全部移接新六軍防務為要,此事必須切實辦到,並令杜長官遵行,而切於一星期內(九月七

日前即將新六軍全部集中）實行勿誤，關於攻略承德關係之重要與應注意之點，已詳於光亭函中不贅，務望集中全力，如期貫徹為盼！

中正 八月廿五日」

卅日因鞍山海城及熱河方面情況變化乃呈覆主席一函如下：

「主席鈞鑒：羅師長返瀋陽攜頒手論，暨手啟未有防戰作及未艷辰防戰作兩代電，均奉悉，經與杜長官詳商，呈覆如下：

（一）新六軍已接替鞍山海城間防務，該地當面匪軍增集萬餘，似有牽制我軍西調，窺窬鞍山企圖，故目前無法抽調，且照鈞座意旨抽調該軍，原為攻略承德，攻取後仍調東北，刻承德已克，依目前情況，以現有兵力配合九二軍。不難打通平承路，新六軍亦無抽調必要矣。（二）鄭副長官進駐榆關，必要幕僚，仍以保安長官部派遣較為方便，行轅另派連絡參謀，以便聯繫確實。（三）承德方面軍隊及由孫總司令渡指揮。（四）赤峰、開魯、圍場如不收復，熱河不為穩定，刻正詳確偵察各該方面情況中，俟明瞭後再行處置呈核。（五）其餘各項均遵照辦理，以上謹呈鑒核敬請

鈞安

職 熊式輝謹上 八月卅日」

九月一日鄭洞國來請示對熱河、冀東軍事，當指示：（一）承德雖於前日佔領，但對張家口赤峰方面之匪，仍當戒備其反撲；（二）先打通承古路（允發給熱河各縣槍枝）；（三）冀東應分區綏

靖，扶植地方武力（允發給各縣槍枝）；（四）指揮部應請孫長官多派遣幕僚參加，注意協調。

二日 余紀忠來言，長官部不應發帖招待明日勝利節外賓，請行營補發請帖，余曰不必。晚余紀忠來談國際形勢，以為美在歐洲以英法為第一線，在亞洲則美自居第一線，蘇聯既不要求美軍之在平津撤退，而單獨自東北撤退，是不欲於東方與美作尖銳之衝突，此後情勢如無大變，蘇政策亦不至大變。余曰蘇方正待從容消化其得自雅爾達美方所許諾之似乎合法的利益。自不願節外生枝的與美方刺激。而自東北引退，但其自家雖已引退，卻栽植了一個強有力的替身，所謂東北共軍，顧頇的美國人，方且在間接的幫同其灌漑。這就是蘇聯已夠毒辣，而不須再事變更之對我政策。

三日 宴錢公來、郭任生、胡伯岳、金靜庵、王寒生等，聽取彼等清查接收工作意見，頗多可採，其有與實際情形不符及未瞭解中間困難處，余皆懇切予以說明。

五日 上主席一書如下：

「主席鈞鑒：承德隆化克復後，擬先以石軍鞏固該地守備，同軍集結承德以南地區，俟北平行轅部署就緒，即會同打通承平路，惟冀東各縣率多土共，值此青紗帳起時期，此剿彼竄，一時難收徹底肅清之效。現共匪圍攻大同至緊。倘大同有失，則察綏聯繫隔斷，華北影響實鉅。職綜觀全局，並與杜長官詳商，僉以為平承路打通後，即宜結束冀東掃蕩，抽調部隊直迫張垣，當此匪軍集全力圍攻大同之際或不難一鼓而下，如此即可直接爭取張垣鞏固華北，間接亦可解大同之圍；葛薨之議，未審當否？尚乞鑒核示遵。敬請

鈞安

　　　　職　熊式輝謹上　九月五日

　　六日　電催北平李主任宗仁會師攻略承古間地區，免以後張家口匪之回竄增加困難，且防政協會之阻礙復生。電話張嘉璈囑即確定生產局任務，一為辦理接收保管部省以外工廠。二為經營官營工廠。其統制民營及提倡民營事業則由經委會直接負責處理之。

　　十二日　杜聿明奉令赴牯嶺，乃使帶呈主席書二件，並為口頭說明之，其一為詳陳余不願兼任東北黨務指導委員之理由，蓋該會委員有行營次一級及次二級之機關首長在內，而開會時之主席則規定輪流充任，中央此種規定及指派，似全未顧及實際之人事關係，余未被指定為開會之主席，故不得不辭之，其一為關於軍事者。原作如次：

　　「主席鈞鑒：

　　（一）對安東、赤峰、張垣三案，均經職等熟籌，認為於九月中旬實施最為有利，茲將由杜長官帶呈，乞賜核定。（二）等觀察現勢，我軍若在九、十月間行動，蘇方似尚不致出面相阻，在我亦不宜因此顧慮，坐視匪之自大，以失時機。至多祇能且做且看，俟發現蘇軍出面阻撓時再作計畫，似亦不遲，況彼時我且有詞可藉，進止向如。（三）此間因國軍兵力不易再求增加，乃不得不自求充實之法，因此杜長官收編有自新軍約八萬人，中央因經費關係，限令於本年底撥編，並停發其糧餉，在兵祇嫌少之日，應請確多寬限。（四）保安團隊步槍已領到七萬餘枝，猶欠三萬之數，又迫擊砲、輕重機槍已承批准之數，猶全未蒙發給，擬乞務飭提前趕運，以便加緊教練及時可以作用。以上四項敬乞覽核，餘由杜長官面呈

　　　　職　熊式輝謹上　九月十二日」

電孫科院長，請於審查東北漢奸檢舉處辦條文，採取寬大方針。

八日 錢昌照(時任資源委員會委員長─編者注)、孫越崎(時任資源委員會副委員長─編者注)來商談東北經濟復興事。錢曰此行希望能確實解決東北重工業上諸問題。工礦事業費願能予以協助，創業費則由中央撥匯，葫蘆島港口碼頭，已請中央速撥款趕修。孫曰關內外貨車不應在山海關起卸，檢查者不應阻礙車行。（長官部擅設之檢查處，允嚴令取消）輕工業祇宜專辦數事，如棉紗、玻璃、火柴、麵粉等。

余言希望昌照對整個東北經濟共相商酌。余亟欲有一健強之經委會。孫如不能長留此，應另覓一人主持此間重工業。另介紹一人主持輕工業，並希望中央在計畫上，辦法上與東北作一密切聯繫。

王時澤代理東北航政局局長來見，老大似不堪繁劇者，注意力甚差。余囑其設法浚營口港，答解含糊，祇謂浚後可容三千噸船入口。

十二日 青年黨領袖曾琦與劉東巖來訪，談話如次：

曾云：一、對東北首在收拾人心，現尚多不滿意之人，如何能使各得其所。二、在東北服務對中央有關全局問題，亦不可不留意，願余每季赴京述職一次。謂於蔣主席可以進言。

劉云：曾在牯嶺向蔣主席陳言，如軍事外交情況許可，中央宜先收復三北（東北冀北陝北），否則亦應收復近三北（蘇北皖北鄂北）。

余言：（一）東北人地方性多疑善變，余不能求鄉人皆好之，祇願其善者好之，其不善者惡之。余望有大學者坐在東北來講學十年，現在徵集本地忠孝節義史實，以備編製歌謠戲曲。（二）國內問題，乃國際問題之縮影。共產黨不可能與謀協調，因為共產黨非中國的，乃世界的。朱毛在中國之行動，恐亦難於自主。（三）余亦願時赴中央，近聞張君勱受葉某等人包圍，當函勸之。對貴黨亦有兩點意見願

貢獻：1．高級幹部應更求一致，地方黨務始易展開。2．對外態度應更求明確，昔青年黨前身國家主義派，反對聯俄容共，一時頗得青年人同情，今若模稜於國民黨與共產黨之間，不生不死，不痛不癢，將成不是官僚而官僚化矣。曾君曰共產黨組織力強，余答此別黨之組織太自鬆懈，相形見巧而已，共產黨若除其土匪作風，恐怖政策，其身手與吾儕何以異？

十四日 李守信來見請予補給，並發助槍械二千，余告知須向前方去努力，勿久在後方耽誤，如收復小庫倫，當予槍枝補助。

十五日 趙家驤電話云，陳誠與杜聿明到平，明日飛瀋。

十六日 午集各軍師長等約四十人會餐，陳誠報告中央對各地剿匪軍事及蘇北隴海路作戰情形，並其個人與各軍師長講話。後余與彼及杜聿明等十餘人討論東北軍事，因戰略須配合政略，故先以協同進取張垣為主，對安東暫不發動。

陳誠一見余即問勞怨如何？謂勞怨亦可藉資修養。豈彼覺有內愧於懷者歟？其與杜聿明偶談及烏拉草事，余在旁未之瞭理，彼似有其不安之色。關於烏拉草事，當時北平小報曾有如下之一段不平記述：「卅四年十一月十二日熊主任到重慶報告東北情勢，決定將行營撤出長春，隨即電令行營遵辦，因在當時蘇匪勾結，情勢險惡，限令空運先撤人員，後運行李，行營與中央各部會及各省市人員所遺留在長行李共一四三大件（其中屬於熊主任個人者大小七件），統交給行營交通組負責運輸，及陸續運達北平之後，外間突然發生一種謠言。謂行李皆貼有行營封條，此乃東北三寶：貂皮、人參、烏拉草等等，熊氏去東北僅短短一月，即滿載而歸，令人值得稱羨云云，謠言到達重慶，有人即利用之，組織一個請願團排隊遊行，並向正在開會時之二中全會請願，要求懲辦貪汙的熊某。全國主席團推出陳誠等接見，由陳答覆請願團云：「政府當徹查有之自必依法處辦」。返報大會，識

者嗤之，以為當時不對眾糾正，反以「莫須有」口氣說當徹查，是有意釀成疑案，蓋此事在行李到達北平時，係由在平之行營及中央各部會、各省市政府接收人員，各自按照交收底冊加蓋圖章領回，而胡秘書長家鳳（秀松），且故意將熊主任之七件行李俱令打開，讓人看過，謠言早息，不過在重慶仍有人利用之云云。

十八日 孫立人（時任東北綏靖副司令兼新一軍軍長及長春警備司令─編者註）、賈幼慧來請示，告以對第六十軍注意三事：(1)情感上毋以優越自居；(2)教練及補給等能幫助處須盡力；(3)協同作戰時，毋過高估計其戰力，勿以太重任務屬之，且須特別照顧。曾澤生等來請示，告以對新一軍聯繫，並述與孫、賈所言大意，使之安心，並囑對工事及政訓工作宜加意。

廿一日 召杜聿明來，面告以三事：(一)中正大學所接收之房屋及物資應呈報；(二)彭壁生應加懲處，並勒令繳出私自沒收之萬能顯微鏡。(三)余紀忠擅賣公物，應令申復。又另屬於部隊者三事：1．各部隊官兵在當地結婚者，應將妻之姓名家世報查。2．預擬我軍將來進入哈爾濱、大連、安東等市，嚴肅入城時軍紀之辦法。3．在此暫時停進期間，應加強部隊訓練，將部隊分為三類，注意下列各點：(1)挺進或掃蕩軍：應使輕快能機動，突擊深入。杜言匪化區不易行動，余言可用「敵境內作戰方法」，建立威德，則民眾不敢附匪，信賴我，樂為我用。(2)一般部隊：應注意三事：(A)匪軍戰術之研究與對付；(B)子母堡之演習；(C)新兵之實彈射擊。(3)清剿部隊：對散匪之搜捕與民眾之組訓。

廿五日 昨晚餞別清查團錢公來等，張嘉璈、杜聿明等均在座，錢等談話均甚公正。嗣錢復單獨問余言：我初於公不甚瞭解，此番親來，耳聞目見，乃知為東北之苦心，公明正直，不辭勞怨，真地方之福，祇恐當地諸幹部能力尚多不夠云云。相與傾談甚久，前嫌盡釋。

余既謝之,且曰,先生來到桑梓,領導清查,賢勞備至,而老成持重,謀國公忠,更切心儀。散席後歸賦二絕:

感時憂憤聞高論,間轉詞峰及賤名,纔識盧山真面目,輕車今日到行營。謀國公忠識老成,更披肝膽論生平,今日相逢因恨晚,月明萬里海天清。

並截首句,親為書楹聯以贈別,上聯乃指其當未識余時,在渝參政會指名謾罵,妄肆攻訐;下聯則謂其在瀋陽清查接收,發言公正。

十月一日 赴鞍山視察,魏副院長道明適來遊東北,因同行,當日返。

二日 至四平視察,與省政府省黨部及第七十一軍等幹部講話,下午車赴長春。

三日 分別與新一軍、市府、長春大學及各界人士講話,並赴前日本關東軍司令部,偽滿國務院,大陸科學院視察。去年十月間余到長春,時在蘇軍佔領之下,行動處處受其威脅,蘇軍紀律極壞,姦淫掠奪,市內外日夜皆有槍聲,此乃蘇軍故意造成之恐怖,以便其所栽植之非法武力潛滋蔓延,四出活動,因之行營人員相戒勿外出。余在長春月餘,余亦未曾一窺市區內外,今日軍巡一過,所見街衢屋宇,規模俱較京滬宏大,不失為一現代都會。可與中國式之北平媲美,聞日本人當年野心,預備作其大陸之陪都云。

四日 專車經小豐滿赴永吉。梁主席率黨政軍人員及市民歡迎甚盛。地方淪陷十四年,最近又遭蘇軍及非法武力之踐踏,無怪一般人民親如重投慈母之懷抱。小豐滿發電廠六座和水力發電機,被蘇軍拆取其四以去。其中皆美、德、日三國所製造,美造最佳,日造為劣,員工勤苦,歷經變亂,仍未輟工,保護周至,可嘉,乃發給慰勞金三十萬元。到永吉巡視省府、省黨部、青年團部、及第三十八師師部、

第八十八師師部、第六十軍軍部、與各主幹人員晤談片刻，頗為愉快。

五日　由永吉回長春，接見新一軍師長唐守治、李鴻、第七十一軍師長韓增棟。告知彼等在前方要加意政工訓練，以軍訓、以功考，使士兵自己示範，整飭紀律。又特別集合二四兩總隊官兵講話，加以慰勉。

十日　國慶紀念，余猶臥病，趙家驤來言杜聿明欲暫留彭壁生任警備副司令，余未准之。

十一日　余紀忠來報告明日將在黨政會報提出伊申復被控案內容。

十四日　奉蔣主席手諭一件如下：

「天翼吾兄勛鑒：

張垣既克，停戰雖勢在必行，但何日開始實行，尚難決定。東北軍事，對安東與通化，此時尚不能積極整個之計畫，但不如作消極的漸進之步驟，即逐步推進，能進至何地即進至何地，但須作隨時奉令即行停止前進之準備為要。總之，對安東與通化之收復，在內應作有計畫之行動，而對外似在無意之間能一舉獲得之式行之。惟停戰令既下之後不能再有行動耳。希照此意能在十日內收復安東，則或有可能，過此則再無此機矣。

中正　卅五年十月十四日十時」

馬毅忱來見，言來問候。此人前辦東北先鋒報，專事向余攻擊者，今持報來請補助，面不變色，心有怍情，故言時囁嚅，刁風不可長，未之睬理。

十五日 董市長文崎來告：共黨以破壞各地電源電路來要挾開放小豐滿至哈爾濱電路，余答待考慮。因答覆蔣主席電示聯山關攻取事，召集杜聿明等來商，決定對安東一氣呵成，不宜但取聯山關而止，蓋此處為匪陣地帶。若如此行動，則第五十三軍宜請調回，余意保定方吃緊，張垣匪退並未被消滅，此時難望五十三軍之調回，不如就現有兵力再作計較，因念及保安團數額尚未足，乃面飭杜準備更加招練廿八個團。

十七日 奉主席手諭一件如下：

「天翼吾兄勛鑒：

近日各報關於收復盛（新）京與國軍向安東、通化進攻之瀋電，不斷宣傳，究何作用？杜長官關於收復清源等地，亦對記者發表談話，又引起外人之責難，令後萬不可如此聲張，並對新聞電報要機密，非正式的檢查或延扣。總之，東北為國際最大注意之地，軍政當局如不慎重自持，宣傳技術若不特加研究，則一言喪邦，不可不為之切戒也！

　　中正　十月十六日」

十八日 陳誠派機來接赴平商軍事，午即飛平，晚乃往招待所顧祝同處會談軍事。到有陳誠、顧祝同、李宗仁、孫連仲、王耀武、傅作義等，所談大抵屬於各部份報告，匪情及應注意方法，未及作戰部署與任務。

十九日 奉主席手諭一件如次：

「天翼主任、光亭長官勛鑒：前函諒達，收復安東未知時間能及否？巴黎和會，結果歐洲與近東重要問題並未有所解決，俄國對我東北之干涉尚非其時，故吾人尚有豫餘時間策劃北滿，但安東如能在此次停戰令以前收復更妥，否則蓋平岫巖

應可相機收復也，自中聲明以後，中共尚無反響，惟我軍仍應作其不接受修件之準備，即使停戰令發表，亦必有三、五日之猶豫時間耳。天翼兄如能於下月初來京一敘甚盼，否則請公權先來協助國大之召開，請先準備為荷、順頌戎祉。

中正 十月十八日」

下午出席各主官軍事密談會，余於國防部指導，述其意見，當在會中陳述兩點：（一）打匪主力，勿但打通路。（二）每區一個目標（匪主力），統一指揮，大家皆同意，陳誠結論亦如此。

廿日 周福成來陳述志願：（一）願兼軍長，否則寧任軍長，不任主席，如軍改為整編師則可兼。（二）如任主席則願赴松江，不赴安東。

廿二日 熊斌來電話，告知彼已被調卸任北平市長職，不知為何原因，李宗仁主任亦事先未聞。中央任免地方官每每如此，突如其來。

廿四日 返瀋陽，後勤總司令黃鎮球（劍虛）、副司令黃維（培義）來請示後勤各事，黃維對接收工廠所持見解太主觀。

廿五日 高惜冰來見，報告準備接收安東事項。晚杜聿明電話報告本日十六時我軍已到達安東城。

廿九日 奉蔣主席電令軍隊勿過莊河熊嶽城線以北，當即轉飭杜聿明辦。又詢通化、緝安何時可下，答預定通化十一月二日，緝安五日。

十一月二日 高惜冰將赴安東任來辭行，並請指示。自曰：此後自言十二字「忠於職務，忠於主任，忠於國家」。東北此日以人和為重，此君於各方人事頗好。洪鈁就統一接委會秘書主任事，來謝委請

指示，余告之：（一）趕速整理業務力求事功。（二）恢宏胸度，協和人事。

四日 杜聿明報告安東軍事，第二十五師受挫情形，請轉呈中央勿遽將所收編支隊裁去。能添遣兩個軍來東北收拾全局更佳，否則第五十三軍及第十三軍請調回。余告知支隊可逐次收納於准編收降之六個師額內，餘俟轉呈。

六日 召見余紀忠，告知工廠被蘇軍破壞殘影之攝片，應為宣傳中重要工作，不應反以攝製鴨綠江等戲劇式影片為重，速將計畫修正。又工廠破壞情形，不盡在室外，故必帶鎂光燈，更須先計畫，為有系統之攝製，事前要先謀之於各該廠專家，攝影時亦必帶同其前往指導。

七日 王星舟來詢對東北國大代表之指示。余告之，消極方面不必顧慮任何反動，積極方面提不出任何要求。盡恐人之藉端利用。彼欲借款一百萬元未之允許。

約集胡家鳳、王樹人、董彥平等談東北國大代表事，決定每人給予補助費券洋二十萬元。

八日奉主席手諭一件如次：

「天翼主任、光亭長官：國民大會決如期召開。在開會期間不能不暫時停戰，故決日內下令，定於本月十一日正午起，關內外全面停戰，但匪心決難望其誠服，故我軍在停戰之時，更應積極準備，嚴防其突擊，並乘機整補，萬勿因此懈怠，將來命令雖不明定停戰期限，但不久匪必向我乘隙進攻，望密告各將領切戒與嚴防勿誤。

中正 十一月六日」

杜聿明已令各部隊在十一日正午以前收復長甸河口及輯安各要點。十日呈覆主席函一件如次：

「主席鈞鑒：

（一）高科長德昌八日午到瀋陽，攜頒六日十二時手諭奉悉，遵即轉飭加緊完成限期前可能完成之工作。（二）安東之役我軍行動迅速匪未及料，我所收復之各城鎮破壞尚少，一切尚易恢復。（三）通化之役我軍分向寬甸、桓仁、通化廣正面前進，原擬收復通化後，於本月五日可下輯安，嗣因廿五師於賽馬集受挫，致誤佔領輯安日期，刻先頭部隊距輯安尚有六十餘公里，惟後路散匪猶未肅清，地形又較複雜，唯已飭積極推進，但未知能否如期於十一日上午趕到。（四）第廿五師於上月卅一日於賽馬集附近之受挫，蓋以疏於搜索，中匪埋伏，而匪又為第十旅及十一旅集結之萬餘人，後因氣候不佳，空軍難予協助，經兩晝夜苦戰，李師長正誼被俘，官兵傷亡四千餘，刻正收容整理中，匪軍亦傷亡六、七千人，尤以十一旅受創最重，殘匪向寬甸，桓化間山地中竄去，我新廿二軍刻掃蕩中。（五）前在海城大石橋間被匪虜去之一八四師官兵兩千餘，由楊團長朝綸率領逃回，經匪發覺截擊，傷亡逃散六、七百，其餘千餘人已到柳河，由新卅師收容，已飭補送棉衣，妥為處理。（六）收復地區逐增，成股散匪有待肅清，因之漸感兵力不敷分配，為準備不失機宜，執行爾後任務，仍擬飭在此停戰尚未妥定時期，趕調一、二軍控置於東北，或先將五十三軍開回，以免將來移動，惹人注意。敬請

鈞安

職 熊式輝謹上 十一月十日」

十一日接俞濟時電傳諭「共黨猶無誠意商停戰」。及告知杜聿明；軍事不須停滯。

十三日召集鄒靜陶、楊作人、趙康、張培哲、孔祥集、王學業等六人談話，令成立研究蘇聯問題小組，另約張特派員、魏副主任等參加。

廿一日函呈主席一件如下：

「主席鈞鑒：

（一）前奉手諭飭作收復白城子敦化之準備，經一再研究，以白城子，敦化與哈、齊兩地相較，前者一則為鼠疫發源地，一則山林叢密，而後者則地處要衝，為北滿之重心，且地形平闊，攻取自易，今日匪軍在東北全局猶有分庭抗禮之勢者，亦正以其盤據哈、齊、控制北滿故也。至蘇方態度，在我未以武力試探以前，似不能謂必為可慮，安東可為例證。以職愚見，以用兵略取敦、白兩地，不如收復哈市，齊齊哈爾較為有利也。

（二）收復安東、通化之前，因停戰命令將頒，為爭取時間，故竭盡兵力之所能，儘量收復要點。現要點雖已收復多處，但殘匪猶憑藉山林，此剿彼竄，有待肅清，加之地區遼闊，交通破壞，各方策應難期靈活，已使該方面之兵力抽調困難，全盤局勢周轉不靈，為防範匪之反撲，為準備爾後任務之達成，勢非增加兵力不可。已為戎馬機瀋代電所呈，杜長官亦當面陳其詳。

（三）地方團隊正積極編練中，惟限於裝備訓練，短期難以為用，前撥出地方團隊名額廿個團，交杜長官編練業已成立，本月終可募補中，再編練廿個保安團，服裝經已籌備，年

前即可成立。以上部隊步槍可以足用，惟輕重機槍、迫砲，連同各省保安團地內尚缺輕機槍三千餘挺、重機槍八百餘挺、迫砲二百餘門，至衛生通信器材，俱付闕如，四處散匪，皆攜有重武器，我守備地區部隊若武器相形見絀，則難以相持，擬乞仍飭提前撥補。敬請

  鈞安

  職　熊式輝謹上　十一月廿一日」

另詳函致陳部長誠、劉斐次長，說明東北概況，意在使瞭解，堅請增軍理由，以上各件交杜聿明明早親自飛遞。

廿三日　石志仁來見，彼為鐵路運輸、車輛、修理材料等事來瀋，言中央各種復員經費之支配，皆儘南方各省，以為北方危險，實屬錯誤，將兩敗云云，所言殊是，允為之協力。

廿七日　吉林省政殊為可慮，且就其被人非議之數事作一書與梁主席言之如次：

「華盛主席勛鑒：近聞地方人士議論吉林省政長短，以兄新研初試，銳意求治，一時人人不易諒解，宜也，未以為意。頃更接閱筆錄數事，指摘甚多，特檢付一閱，有則改之，無則加勉，內省不疚，人言固無所恤，但翼翼小心，敬勝則吉，君子之所以寡過也。

  省府最重要任務，在推行中央政令，監督地方自治，不宜忽略此兩事，而多自作主張。重要興革，能上陳化為中央功令，或下導而變為地方要求，乃最高明，此是政治宣傳教育，亦是政治藝術，並非所謂推避責任。至平常舉措，大抵解除大多數人民痛苦，勝於籌謀一部份人民福利，不必斤斤求急功近利為佳。

地方官最偉大貢獻，在培植地方人才，且此亦可以免遺人以口實，尤以辦理有關經濟事業為然，此為用人藝術並非謂同鄉便有如何罪惡。以上二事願留意。

語云「王者有師臣，霸者有友臣」，焉得可為師友者，日夕相處？吾人忝居地方首長，日所接觸類皆部屬，過與不及誰復能直言之，輝常以此自危，想兄當有同感。最近聞巡視各處地方情弊，自更明晰，明年施政計畫如何？望早為擬訂也，專此即頌

勛祺！

熊式輝 十一月廿七日」

廿八日 召見張廷孟，詢最近在瀋空軍兵力及協同陸軍作戰情形。並示不可因停戰令而自懈，又空運建設各事可直陳勿諱，當予支持。

廿九日 杜聿明由京返報告在京情形，對所希望解決各事，並無結果，應召往京，乃備詢問對蘇行動有無顧慮。蔣主席指示對哈爾濱、大連不宜即取，又聞桂永清私告英美將於明春四月完成工業動員。

周文蔚由京返，帶來王又庸函，其中建議余擺脫東北現職，加入中央新改組之政府工作，將於國事較有補益云云。中央環境更複雜，豈區區一人之力所能匡濟，東北事誠不可為，屢辭不獲准，祇有鞠躬盡瘁，盡其在我，不可為而不得不且為之耳。

十二月五日 覆長春第一軍孫司令立人一函如下：

「仲能吾兄勛鑒：北風夕厲，懷念匪任，頃展十一月廿八日手書，藉悉一一，至慰，我奉令停戰，匪則到處竄擾，此次伏龍泉農安一帶之捷，備見因應得宜，當足以打破匪方企圖

也；惟散匪流竄靡常，兵來匪去，地方殊苦，尚希扶植當地團警及民眾自衛力量，徹底清剿，以絕亂源。北部匪軍備戰日亟，事或有之，誠不可忽，但望策勇所屬，於駐地加強工事，並隨時準備兵力之機動使用，妥為防範。剿匪之困難，在不易得其大股而加以殲滅打擊，故有時尚須用減灶之計，以圖引致，若其自投羅網，豈非省我捕捉之煩？松花江畔匪軍蠢蠢欲動，我宜一面妥為佈置，時時調動，使匪不能盡知我之虛實，一面注意激揚士氣，提高各級官長之旺盛企圖心。但求無過者不能有功，力求有功乃能無過，利用機會策立勳名為要，崇復願頌

軍綏

熊式輝 十二月五日」

六日 並以昨覆孫立人司令書，大意分函致曾澤生等吉林長春前線各軍長提高警覺。

八日 奉主席手諭一件如下：

「天翼吾兄勛鑒：東北今日之急務，應速修復古北口至錦州鐵路，凡有枕木鋼軌，應以此為最優先使用，請全力督成為盼，東北今日之形勢，無論政治軍事與交通各業務，皆應以西重於東，南重於北，故必須在遼西盡力拓展與鞏固，則進佔退守皆可確保安全，請照此意旨努力實施，如果寬甸河口之電廠俄軍尚未交還，則對輯安暫緩進取亦可，並請轉告光亭長官是荷。

中正 十二月六日」

十二月九日 梁主席華盛來見，報告接余手書感激誠勉，深爲愧罪。言有二困難，一爲黨部爲有計畫之攻擊；一爲自己太努力之過。言時淚下。余誡之：勿懼怕外來攻擊，要防止自家有短處，做人攻擊目標。不能說自己努力太過，要防止自家努力之不盡合乎人情與法理。

十日 與張嘉璈談其在京與蘇大使談話情形，蔣主席對其工作詢問繼任人選？是彼當不久即須離開現職。又言及取消檢查解凍物資，速設林管局，開航民用航空等事。

十二日 交通特派員陳地球來請示：1．決定葉古線先辦，2．赤葉線不拆，3．改正調配委員會組織，4．徹銷各種不合法檢查，5．加強護路軍力，均允可照辦。又告現有各種檢查其數如下：（一）長官部；（二）監察處；（三）憲兵團；（四）警備部；（五）軍運部；（六）督察處；（七）鐵警隊；（八）海關，請調整檢查機關並公佈檢查內容。

十三日 於上午幕僚會批准馮庸送呈物資解凍辦法。指示檢查調整要領，關於檢查「物」者，其檢查人員，以稅務機關爲主派遣。檢查法規由經委會擬訂。關於檢查「人」者，其檢查人員以警備司令部爲主派遣。檢查法規由行轅擬訂。

十四日 趙家驤來言冷欣頗欲充行營副主任，輾轉曲折最後乃是請予保薦杜聿明。余言過去主席一再指示不設副，故萬福麟、何柱國、馬占山請之俱未成，余不能以文電薦，如有機會面陳主席，容可試之。此蓋杜意甚明。余方爲東北收復前途慮，何彼等偏有如許閑情，念念於自己不必要之空虛名位，猶以爲保安司令長官尚不足爲所欲爲否？近來凡自京滬返瀋之人，詢以京滬近情，俱報景象不佳，回顧東北今日之人心趨向，前途危難，恐不堪言。

十五日　與張嘉璈談：吾人今日在東北特別注意二事：一、嚴飭紀律，尤其對於軍隊。二、嚴治貪汙，此等消極工作必須做到乃佳。

十六日　胡家鳳請示為杜聿明請青天白日勳章事，飭照其所請轉呈之。許鵬飛報告彭案，據言贓物可能繳出，恐於長官部高級人員有牽涉，飭依法辦。

十八日　鄭洞國、趙家驤來言，自新軍餉額之保留，殊為必要，請求與陳誠部長商之。余曰中央對此事頗多指摘，陳誠且言為余之責任，意謂吾之不負責也。此十二萬人名額，宜早編併入保安部隊。

廿三日　決定收編原則：在收復區不准立番號，祇許歸編入保安團隊；未收復區不給番號或隊長頭銜，祇許委為參諮議。

第五節　四平街勝利後辭卸東北職務

三十六年一月一日　在行轅舉行元旦及頒佈憲法慶祝會，並團拜後至市府廣場檢閱自衛隊一萬四千餘人。

二日　奉蔣主席亥卅夕手諭，令撤換吉省主席以順輿情，並言蘇讓共軍接防大連事應不確，由蔣經國面詢余對大連收復意見，又盼余最近期赴京一敘。經國送來手諭，並言王部長世杰有意將大連與哈爾濱同時提向蘇聯商談之意。詢余意見，余曰用外交方式談接收事是可以，但不必把哈爾濱與大連同提。蓋哈爾濱蘇必推卸責任，且我有力量即可前往，不必定需與蘇方談。此時與蘇談祇當提旅順，旅順解決，大連亦自解決。

繼前任吉林省主席鄭道儒之後的梁華盛，其用捨皆秉承蔣主席之意決定。余於人事未能如昔在贛時之毫不顧忌，進退以法。今日環境不同，蘇匪逼處，祇有委曲求全，能不敗事乃得。人視余為「太妥協」亦無不可，舊時在江西偶因一二人之任免，引起外間不少攻擊，

以為余對某部份人有成見,難為之解說,現處於東北支離破碎之日,當不再使其發生任何人事上猜忌,增加困難,故於梁事,雖奉令撤換。猶為各方說明,使之瞭解。

三日 往視杜聿明病,聽取其對東北軍事意見,彼曰規復中東路須向中央陳請三事。(1)增加三個軍(以一軍增左翼出白城子,以一軍增中路出哈爾濱,控置一軍為總預備隊)。(2)增強輸送力(希望增撥汽車,否則准各部隊購足騾馬並編大車隊)。(3)保持自新軍額。又先行肅清收復區散匪,則必須將十三軍及二〇七師調回。

四日 張嘉璈來商生產局改組事及輕工業輔導委員會之設立,並談經濟政策其大意為:1・方針:穩定東北經濟,加強與匪經濟鬥爭。2・要領:消滅投機,打擊暴富,平均財富分配,防制勞資鬥爭。3・辦法:(a)幣制(穩定流通券); (b)物價(用補貼分配方法); (c)增產(重工、輕工、農業三方面); (d)流通(配合港口鐵路運輸); (e)金融(縣銀行、合作社、常平倉)。

又王枕心由京來遊晤談,枕心言京同鄉望余轉任京職,意乃以余在東北,即不辭勞怨,亦難望有成就,朋友之關懷是誠可感,本人之自覺何嘗不然?即中央及在中央之友好,且亦曾一再言及行營制度之可議,部內同僚感於權責不明,動多牽制,早有勸余知難而退之建議,余並不以此為可戀之棧,惟恐有臨難苟免之譏,知其不可為而為之耳。

七日 溫晉城談東北事,主張余擺脫東北職務赴外充大使,蓋亦有所感而發。

八日 因余即將赴京,乃與張嘉璈談時事,彼言須視馬歇爾曾否有何具體意見,此後中國為和平?為戰爭?抑為拖延?由經濟立場言,拖延甚危險,又戰爭久不決,亦等於拖延。余言本身無主張,賴

人作調處最危險，能戰始能言和，等待拖延不能倖致，東北之事，此後恐不能太倚賴中央。

九日 余由瀋飛平，訪李主任宗仁談時事，彼言目下中國最嚴重問題：一、爲經濟之崩潰，二、爲軍隊補充竭蹶，三、爲各省無建設力量，即無財力又無權力。又曰參謀總長及國防部指導行轅體制不合，白部長崇禧對彼文電皆稱鈞鑒，又何能不顧一切，程潛前曾爲此故不願就武漢行轅主任職，又市長易人（指北平市長熊斌事）行轅毫不與聞，行轅亦等於虛設云云。

與胡適談時事，彼言目前問題：(1)軍隊紀律不如前。(2)經濟之紛亂可怕。(3)國民黨內太複雜，將來必分，不如在蔣先生領導時任其分爲兩個黨，舊招牌無論那一部份承繼，其他一部份名目可新設，領袖可暫超然。

接見王樹人，聽取在京開會情形之報告，並言羅、邱、史在莫斯科會議協定中，對中國須求有一個「和平統一的聯合政府」，羅、邱亦俱受人愚弄，因此美國政策不得不受此影響，現此中國亟須改組政府，參加各黨各派人員，其意義即在於此。

十一日 抵京，晚與白部長崇禧偕往蔣主席官邸晚餐並會報。詢及東北情形，余請將十三軍及二〇七師之一部調回，承示可先將在華北二〇七師一部調回。言及收復北部各省，希望在三月以前增加三個軍兵力，承示在三月以後可增四至五個師兵力。承詢物價，答瀋津爲一〇〇與一一五之比。

十二日 晚赴白部長崇禧宴，有張治中、劉斐在座，劉大放厥詞，對軍事當局深致不滿。劉雖分屬軍人，尙不脫狂士習氣，凡所指摘，固爲事實，亦未顧及訐直之嫌。

十六日 與王部長世杰談東北事。余言關鍵在蘇北戰局，蓋東北問題之解決途徑有四：一、爲利用國際關係：若美蘇無破裂且妥協，

並以同一態度以對我，則無何可為利用之希望。二、為運用外交方法：蘇方利用其所栽誣於我在東北各種責任，以迫我承認其所要求在東北之經濟合作，並保持其所卵翼之共黨在東北之地方政權及武力。如我願意飲鴆止渴，或可暫得一時表面之安靜，否則亦無何可為運用之希望。三、為採取政治途徑：今日共黨態度，料定了美國和我們的弱點，看清了蘇聯和共黨的機會，和談幌子可以丟掉，決不與我恢復和談。四、為憑藉軍事力量：則視力量如何？蘇北戰局未結束以前，恐一時亦不能即有何好辦法。

十七日 熊在渭來訪，彼言余在東北工作有須檢討者：1.太親細事，2.未能選拔新進，3.對工作人員生活清苦未予體恤。是余之過歟？當自省。

訪翁文灝談大連事，彼曰對美通知如不理，殊覺應加考慮。陳立夫來談取銷東北黨務指導委員會事。

廿二日 王部長世杰來商談大連事，伊主緩提，余詢何辭以對美方之通告，伊言無甚重要。

二月七日 吳雲鵬來談，言蒙古盟旗有代表求見，詢為何事？彼云(1)蒙藏委員會宜改為邊務部；(2)自治委員會存廢宜有決定；(3)盟旗制度如何宜有解決。余告之曰；今日交通發達無邊遠；自治慎毋釀成他治。語未竟適離席接電話，彼則乘此請辭，殆不快意。

王冠吾來談，先言東北人對余如何不諒解，伊在監察院阻止彈劾，案之成立，頗為費力；後言請撥款補助同鄉會。

午晉見蔣主席，請示處理大連政策，余言略取之利有二：一、為軍事上遮斷東北與山東匪之連絡，且可節省南部防務兵力；二、為政治形勢及經濟交通俱為有利。如不略取，雖似有負美國通告之善意幫助；但大連之事，關係國際，實蘇聯對國際之一強暴痕跡，非同哈爾濱可比，置之使長留此一創痕，世人當不即忘，若我對收拾全部力量

準備充分,則同時經略南北,便即取之,否則力量不足收拾北部,不如將大連暫時擱置爲宜。主席同意,謂取之將更多事。

吾力陳東北保安團隊,不獨地方之需要,國軍之撥補亦深利賴,數量大不夠用。打開江山,不應一味惜財用。主席曰東北負擔力量能勝者,可酌量辦之。

主席云:經濟委員會、主任委員張嘉璈如調中央,何人繼任?余答翁副院長文灝如何?主席言其活力差。余舉何廉,承以爲宜。余言:關內省縣與僞滿省縣財政比較狀況,力陳應思補救,南方各省應先著手整理。非工不富,非利用外力不足以言工,但省不能辦,何妨不必等待中央在統一後整個開始,先准南方各省分別介紹與外國投資者接洽,俾能合力興辦,或亦可藉此消弭亂源,承以爲然,囑與當事人談之。

八日 訪宋院長子文說明盟旗事須注意廢盟意見。伊主新收復區仍應收稅。社會處之設立,雖爲院令,未設可不設,已設亦可裁。其他凡沾及地方農工貸款,皆未有具體答覆。與商保安團經費事,亦俱無何結果。伊但囑協助多收大豆,任其出口,反對限價。

晉見主席問余何日返,余言政經兩會如須改動,應否在京商妥後再行?承示兩會暫不動,余答下星期二飛返。嗣余復言在東北今日局勢,中央任事多所牽制,難期有功,可否請予少許便宜?例如保安團人數,造彈經費等,往復呈請,久不獲得解決,廢時誤事,承示可照余意辦理。明知中央機關積重難返,間以一部份有成見之人,決非主席一語可以濟事,余亦不能再請給予任何具體有效之保證,恐怕說過即了。

九日 訪谷部長正倫,商定東北每月軍糧運額五萬大包。

十二日 返抵瀋陽與張嘉璈商政經兩會之整理,物價安定之措施及伊繼任人選,相與嗟嘆。

廿一日 奉主席手諭一件如下：

「天翼吾兄勛鑒：臨沂收復以後，對黃河南岸之共匪勢如破竹，不難於一個月內肅清，此後關內僅為黃河以北之問題，務望關外亦能積極整訓，期於今春南滿與熱北之殘匪同時肅清也，公權兄函請面致為盼。光亭同此不另致書也順頌戎祉 中正 二月廿日」

廿二日 約集九省主席談話，由彭主席代表提出意見，及即席答覆如次：1·請求撥發各省為輔助財政收入之資者：敵偽工廠、房地產、果園（允可分別配辦）。2·請許舊三省金融機構合辦一九省公有銀行，吉林之永恆，遼寧之東三省官銀號，黑龍江之廣信公司（允考慮）。3·特產盈餘撥助各省指出口貨品（答正擬辦）。4·國營事業盈餘，勿撥中央，請留地方用（答正擬辦）。5·農工商貸款請加額（允先共撥九億元）。6·中央機關支出皆由流通券發行付與，請中央將此額法幣撥存關內銀行立戶，以為流通券通匯之用（答此時不行）。

另由劉主席提：1·各縣保安大隊仍請補助（未之允許）。2·收復地區土地整理（飭行轅頒布辦法）。3·救濟善後物資聞有三十八萬噸，祇到七萬噸，已分發三萬噸，請飭查報（允即飭辦）。4·開拓田不應全歸軍用（允轉呈中央）。

廿三日 趙家驤來請示長春後退配備，放棄九台、德惠，以圖集結兵力於長春農安案。經與董英賓往返研究，以為不妥，蓋九台與農安為長春門戶，失一則堂奧太露，後囑與杜聿明再研究，結果乃決定於九台置一營兵守之。

廿五日 奉主席手諭一件如下：

「天翼吾兄勛鑒：公權兄函請即轉交，望其明日來京也，順頌

戎祉 中正 三月廿四日」

廿六日 王世杰來瀋，每與談及中央人事，彼勸余，對宋子文及陳誠認為當互求諒解。或有所為而言。

三月四日 馮庸來言王化一、馬愚忱二人請予以顏色，其人不壞云。余領之。

五日 分別約見與談。王在平、馬在瀋，皆曾極其反吾之能事，其妄也不為怪，正可藉作警鐘，豈可望頑盡化廉，敵皆成友，使天下聲音入耳俱快意哉。

作事當留意培養替身，古人亦曾言之，余曩服役桑梓十年，於江西人士中，平時固不曾用意於此，所以江西有今日之混亂，今於東北，自不可與江西比，然為天下得人者謂之仁，亦未可不以為意。熊在渭曾言余有此缺點。今張嘉璈將返京，繼任便苦無理想替手，已為焦心。

六日 召趙家驤來見，告以此次長春軍事缺點：1.部隊防守不堅（陳家灣守軍一團，戰纔三日，即被消滅）。2.情報不確（所報此次北面匪廿萬人東西八萬人不確）。3.追擊不力（此次行動太緩）。4.此後部署勿再蹈覆轍（即被匪疲勞攻擊，如犬欺牛，最後力疲氣衰）。以上四點長官部應加檢討，並注意「提高士氣，充實戰力」二事。

八日 高惜冰主席來見，報告柳河等縣失陷，縣長被俘，人民逃來避難者甚多，言下涕淚交流，頗見其熱情並對責任之重視，言將即赴梅河口視察，設法救濟。拭淚而去。

奉主席手諭一件如下：

「天翼光亭二位同志：奸匪敗竄以後，其死傷與損失程度究竟如何，如我軍乘勝進佔哈爾濱，祇就東北原有兵力佈置能否足用，如以為可，則進佔哈爾濱亦無不可，否則仍照原定方案不如暫緩也，請兄等決之，並詳報計畫候核為要。此次保衛德惠與松江橋頭堡之各主管長官，希即詳告。並先晉一級，其所部官兵皆應重獎，望擬定辦法，一面呈報，一面發表，如祇一團則應命名為德惠團或中正團亦可。特致立人一書，望轉交為荷。

中正手啟三月七日」

劉廣瑛來告瀋陽張子文等所發動組織之老人團宣言，擬定待發，中有調和國共之爭條文，殊屬荒謬，囑伊設法糾正之。徐箴主席來告本午市府前有數百民眾示威，要求改瀋陽為特別市，並將向行轅及省府請願，意在與省府難堪，並言內幕似為董市長指使，風傳得余默認為之。彼自言流言止於智者，固不之信，實亦疑有其事。余淡然應之曰勿為意，余固未聞有其事，恐董亦不致如此笨拙，出此無聊手法。言後彼頗似領悟，因誠以為政之道，胸中當自有尺度，衡量是非，方不為浮言所惑而自擾。當即電話詢董，董云誠有人來市府前將與議長勸之散，徐亦辭退。

胡秘書長來談，聞市府請願民眾對省府有何惡感，當董市長請行轅派員前往解說「瀋陽市未即改為特別市經過」時，已即派王又庸往，至則群眾除言改市事外，並言及請罷國共內戰，王以言出荒謬，囑以書面呈出。

奉主席電令即派重要人員飛京陳報旅大情形，及接收程序。接王世杰部長電略云：蘇大使來部正式通牒，望中國政府從速建立旅大政權，並合營長春鐵路，盼余能自請赴京一商。

即交董參謀長召集鄭洞國、趙家驤、廖耀湘等為軍事組，胡秘書長召集徐主席、張外交特派員、大連市黃秘書長等為政治組，約於明日分別研究並指定董參謀長準備赴京陳報。

九日 上午聽取軍事組各人陳述意見。廖軍長報告最詳，其大要為：蘇軍在旅順軍區內數約二萬人（另報有六萬人），匪軍有四萬人，如我往南進軍，蘇軍當不致顯然阻擾，目前我方團長與彼軍官會面，其所表示尚為友好。惟普蘭店以南，我與蘇軍兩防線中間之匪，非擊潰之不能前進，如此則現在軍之兵力不敷，必須增加一師，將二十二師調回建制乃可，並須另組有戰鬥力之保安團四個，以便挺入市內，國軍祇控置於金州即可。如有必要再遣一小部前往。余為結論，並指定鄭洞國辦，調回二十二師事，廖耀湘編組保安團，服裝由關邦傑通知行轅準備，諸事均限一週內辦竣。

下午聽取政治組各人陳述意見，余為結論，並指定徐箋電催旅順胡市長即來瀋，張劍非通知擬議之金州縣長呂律來見。對旅順軍區，旅大市界，應準備劃清資料，準備派員參加將來與蘇軍接觸時所用之聯絡組。胡家鳳準備接收時銀行之設置，交通恢復時需用之人員器材，救濟物資糧食等；黃光斗準備大連員警之趕速編成。又指定張劍非、黃光斗及韓等三人準備召集旅大金三處行政幹部，先事研究，舉辦一短期講習會由韓召集。

三月十日 郭特派員克悌請示水豐電廠，交涉月餘，蘇方迄不理會，如何處置，囑具書面敘述經過，附具意見，呈待考慮。召見張廷孟，聞尹對杜聿明甚不滿，又於宣傳犒賞均不及空軍，頗有怨言。因面詢其究竟，據言杜在長廣播戰局事頗不謂然。且對空軍太漠視，又招待記者於住宅及於食宿等事，均多微詞。余略予解說，並囑其將長春附近作戰有勞績人員呈報行轅，待辦核升，關於勛章獎章金等事可呈請候核。

十二日 鄭洞國言七十一軍向農安集結時被匪衝斷，又德惠、長春間有匪數股竄入，杜長官乘車由德返長途中亦被匪截擊，情形頗為緊張。杜聿明電話報告，亦大抵相似，余乃決函李宗仁主任，由關處長明日飛送，催調回察東之八十九師歸建。

十四日 余協中（時任東北中正大學代理校長、文學院院長，其子余英時先生為本書作序—編者注）請示學生遊行，反對蘇京三外長會議，莫洛托夫提議以中國問題列入議程，應否勸止，答應聽之。

十五日 與胡家鳳談：高主席惜冰今日將辭職呈文經批慰留者，全部仍於報端揭出，言外之意乃因柳河等縣被放棄，縣長被俘，災官成隊，難民成群，而抱怨於軍隊之不力。措詞欠當。

吳瀚濤、韓俊傑兩人均不肯就聘為物價調節委員會常委及監委，皆恐分勞分謗，不願擔當。今日士風澆薄，人少氣骨，見利爭先，遇難必避，恬不以為怪，余愧為領導，不能鼓舞人心，造成時勢，責亦難辭。

十六日 杜聿明由長春來電話報告農安圍城之匪已被擊退，請示行轅應否按上次例，發給參加此次戰役軍師以慰勞金，允之。此種擊退而已之勞，應不足獎，以杜親往指揮一場，聊資鼓勵，否則恐其氣之衰歇。此役缺點甚多，須令細加檢討。

張司令廷孟報告，此次長春戰役，杜聿明祇講態勢，不講時機，致匪安全逃脫。新一軍行動太緩，實行命令不徹底。七十一軍奉行命令，亦加商量打折扣。杜親自指揮師團長，幕僚祇帶一處長。二十二師行動頗敏捷，惜守農安之七十一軍有三個團在控置，祇派遣小部隊出擊，故未收夾擊之效云云。皆為應檢討之事。

十八日 令關吉玉赴經委會照料，吳瀚濤、韓俊傑准其辭聘。

奉主席手諭一件如下：

「天翼光亭二位同志：關於收復旅大政權方案，已囑董參謀長面達不贅。第二次匪部反攻長春，其意在演成拉鋸戰，使我官兵疲勞，而彼乃得乘機伺隙以襲長春，故第三次第四次之反攻，亦將繼續而來，因之我軍對長春據點之固守，必須指定部隊，使之專守長春核心工事，切勿如過去市內防務之空虛，不僅長春，即瀋陽亦應如此，茲決定在已成立之保安團中，長春與瀋陽各調集四個至六個團，專供防守市區核心之用，除步兵輕武器已配發者外，所需重武器必須配給之，種類數目，希詳報候批，惟此八個至十二個保安團，應即派定，一面調集瀋、長二市，一面呈報番號，以備四、五月間中來東北時親自校閱也，餘不一一。

中正手啟 三月十七日」

十九日 召見高惜冰詢其辭職之意，據告：一、軍官生活與士兵太懸殊。二、政治人員思想動蕩、不安本分、圖結黨羽。三、安東鐵路不能恢復。四、鳳凰城、本溪間軍隊紀律太壞。五、保安官兵損失五百，縣行政人員被俘七十，難於救濟。六、難民救濟與工貸皆無法辦。七、縣保安大隊無法籌經費，增裝備。八、省保安團撥歸軍直接指揮等等，悲觀前途之不易辦。

余誠之云：主持一方面事勿太敏感，要堅忍。分別將其所陳述各事。指示處置，望毋自菲薄，應有擔當艱鉅之抱負，不可知難而退，令人竊笑。乃唯唯，言當再思之。謝樹英來見，將代擬請撥造車廠電稿呈核，允發去。胡家鳳來言，此事交通部與資委會相爭甚烈，不宜介入。余言見有是非，當為獻替，即發勿慮。杜聿明由長返瀋，來報告此次德惠農安作戰情形，並召鄭洞國、趙大偉等來共商對桓仁方面部署。律鴻起電話報告，國軍今日上午十時進入延安。

廿日 電請中央補充械彈（計通化三次、長春三次拉鋸戰役，我軍損失共計達二十七個營）。

杜聿明本晚將再赴長春，來請示，余誠之云：第一須將松江南岸部署調整，防匪之再犯；第二加強據點工事；第三檢討此次作戰得失官兵功過；

二十三日 余紀忠來言昨接京電，曰三中全會已將政經兩委會撤銷，取消東北特殊制度，各省政府直隸行政院，中蘇日報已登出。

律鴻起電話報告，余紀忠所言專電消息，乃所截得中央社電，事為朱舜青、齊世英等九十餘人提會，由王德溥、傅汝霖等說明，通過交中央政府辦理，後中央社來電不發表。詢以何故？曰該兩會取消後無下文，東北當局難辦，故不發表。

召集馮庸、王墨林等商處上述消息，準備本晚以記者問答方式發表一新聞，大意為說明兩會之存廢，悉聽中央決定；但所有政策與業務不變，業務在機構裁撤後如何推行，中央當另有規定。

召集鄭洞國、董憲章、趙家驤、關邦傑，詢問通化戰況，知匪對通化已合圍，三公里以外據點盡陷匪手，我軍彈藥甚缺乏，本日飛機祇送一次。因即電話令張司令廷孟明日飛機主力助戰，並派 B25，C47 二架往復投送彈藥，據答可投三次。

二十五日 杜聿明來報告長春檢討會軍事得失，言及更調三十師師長，意氣頗盛。余告知不如重視主管軍長（孫立人）意見，將三十師及三十八師兩個副師長同時保舉，任國防部擇拔一人為三十師師長，伊頗以為是。孫立人電話申述三十師師長以副師長擇充不當，意欲以三十八師副師長升充，言杜長官未之允，頗氣憤。行轅章制，總轄軍事政治經濟三部份事，於軍事人員之升降任免，皆直接於中央，人事更有系統，行轅不能過問，故明知有所不當，無法加以矯正。政經兩會固可裁，行轅本身亦實當廢。

二十六日　手令憲兵沙團長，云：翔實查拿佔領房屋及拆毀房屋之不法軍人。

二十九日　接馮庸自薦為瀋陽特別市長函，又同時致函胡家鳳，亦以此為言。前日中央社發表瀋陽改特別市消息時，伊即來言臧某對於此缺運動甚力，猶不知其為夫子之自道。

三十日　接陳誠總長寅感電，詢杜聿明處分唐師長守治事，謂據孫軍長立人梗電申辯其冤，並自請處分，囑告詳情，以便核議云云。平時於人事調動，諱莫如深，今偏於此案，獨來詢問情形，既非交與核辦，又不是付來審議，故未予睬理。

四月一日　王部長世杰來電，略言世晨已將接收旅大事照會蘇大使，彼言當轉告其政府，大概對我軍入大連事尚有意見，但我照會，係通知性質，非徵求其同意者云云。接趙家驤由京來電（趙為日前陳總長電令其赴京報告接收旅大軍事）言東北保安團，行政院以經費困難，呈蔣主席批准減為五十個團，殊不可解如是之以事為兒戲。

二日　孫桂籍來見，因邵靜陶等多人皆言其才，接談後知其人口齒伶俐，甚聰明，昔曾在外交宣傳黨部等機關服務，自言無特長，亦無對某一項事業有專工之意，但指定工作，皆當唯命，似一通才，宜為公務人員。

三日　杜聿明來報告，通化附近戰況，八十九師失利，獨立第二十師情況不明，又言蔣主席有調孫軍長為副長官之意，已交陳總長辦理云云，人言杜孫間鑿枘難容，杜必去之然後已。

五日　趙家驤來報告在京所辦各事，及京中情形，言各方對孫立人之去職，頗以為適當，蔣主席對孫印象極壞。又言陳誠曾將某一科員之條陳，簽請撤銷東北行轅，與北平行轅合併，主席批緩議。

孫立人電話來詢其調職事，有無辦法轉旋。告以恐不可能。又言潘(指潘裕昆，黃埔出身，曾任新一軍第 50 師師長—編者注)新任

軍長難領導,因此恐新一軍會弄垮。余告知此時君不宜多講話,要以大局爲重。約其明日來瀋一談。軍人乃國家干城,自分系統,無異割裂國家,其弊有不可勝言者。孫立人此次調職爲杜聿明所請,而趙家驤赴京促成之結果,事已決定,余不能再爲之翻案。大敵當前,人事乖戾若此,夫復何言。

六日 劉安琪來報告旅大,鄉鎮保甲人員訓練準備就緒,預定明日入團,請示注意事項。余告以二事。一、爲當以國家觀念民族意識之加強爲訓練中心。遼東半島,久受日本管制,工業交通等建設,政治等施爲,俱較我內地爲佳,接收人員之學識經驗,卻未必定比日本人強,如此將來人民觀感必有今不如昔之慨,若加強了國家觀念民族意識,則即有所缺陷,人民亦會有「子不嫌母醜,狗不厭家貧」之自覺,能免彼我之分。二、爲團內職教人員,乃至工人,尤其辦庶務者,必須注意,必使受訓之人一有接觸,即受到一種強烈的感召,庶此短期訓練始可望獲得相當成效。

孫立人由長春來,將爲昨日調職事面呈衷曲,請求暫緩發表。余固知木已成舟,勢難改變,乃告知中央經已決定,不易挽回,強勉挽回,以後亦難久處,宜顧全大局,且就新職。

七日 接見臨第六師參謀長曲煥文,因職務事極怨憤,策加撫慰,氣漸平。初余不欲見之,嗣知其人將調職乃傳見,若不接見,恐其怨氣更甚,接談之效用甚大。楊繼曾署長應約由京來,共商兵工增產事,結果槍炮彈及裝藥均非由海外購入不可。另約與陳修和來共談,由陳繼續與法領事商,以大豆易貨,若能輸出大豆,約值二百萬美元,則此間兵工材料可足一年之用。又八一迫擊砲亦可代造,發交保安團用。

孫立人電話請發電致陳總長詢問伊調職事,允之。杜聿明電話請余函呈主席請兵,令擬稿來待核。

九日 與楊繼曾署長等商定兵工增產計畫,因具函呈請主席造械彈款六億,修工廠款九億。

十二日 令空軍偵炸天津附近往大連百餘艘匪軍帆船。

十三日 奉主席電調孫立人為副長官,遺缺以潘裕崑繼任。接張嘉璈卯真電,曰近二月來流通券每月發行七十億,增加數約佔發行數20%,一月份東北區中央收入僅一億八千萬餘元,標賣敵物資約二億元,一、二月間匯款出超約三十億元,近因黑市下落,每日匯出款額約有券洋二億元,深為焦念。

十四日 與杜聿明商定準備裁併自新軍七個支隊以節流。

十六日 胡秘書長與沙靜先後來報:吉林有倒梁醞釀,王卓然在東北大學秘密煽動台灣第二事件,梁主席間有偏私可議,其醞釀容或有之,但亦必有貪汙事實始可檢舉。在東北欲煽動出一台灣第二事件之民變,誠不解其導因何在有之,殆為失意政客之故弄玄虛,以自抬高其「能生事」之身價而已。

十七日 馮庸、來先容、王樹翰等五時請接談,及時王樹翰、馬愚忱、王化一、劉廣瑛、王星舟、馮庸、王家楨及劉瀚東、吳煥章、關吉玉、彭濟群、吳瀚濤等十二人來會談,請求保舉東北賢才,參加新組政府工作。允為發電,囑共商擬送核。為天下得人謂之仁,余固樂於從事,焉得賢才而舉之,私衷卻不勝其徬徨然。

十八日 關吉玉、文群、陳公亮、李曉東等報告會商平衡預算情形,言東北中央收入二〇〇億,支出政八八〇億,軍五四〇億,地方不足一四五億。擬定開源辦法:一、增稅(目與率)二、變賣(房地、果園、物資)三、徵實(田賦)。

節流辦法:一、政經機關人員緊縮。二、貼補費檢討。三、保安費節減。

此外匯款問題，治本將券洋定比率使關內外流通，治標(1)工商匯款嚴審。(2)由平津收回黑市。(3)各行辦通匯。

餘指示開源方面對於工商公共事業之發展。未可忽略。節流方面注意祇能在合理範圍內行之。恐無大裨益，券洋定比率應否顧慮引導遊資到關外作祟。

二十日　董副參謀長明日赴京，來請示，囑注意此間兵力不敷，調派往收旅、大一節，應力加陳說。潘裕昆明日返長春，接任新一軍軍長職，來請示，囑注意先求安定，次求整理。

廿一日　金靜庵來見詢其所主辦史地學會情形，並囑其工作注重：(1)刊物發行；(2)戲劇編導；(3)歌曲編製；(4)古跡修整。

廿二日　津鴻起電話報告，金鎮為瀋陽市長消息。此事吾事先毫不知情，亦猶李宗仁之不知熊斌市長之更調然。東北與北平不同，行轅有一政治委員會，余且兼其主委，今瀋陽市新舊市長之任免皆可不問，是中央之於政委會，視若弁髦，而又不即裁廢之，殊不可解。

廿八日　毛文佐與文強先後來告日本人口供：馬、閻、傅等有組織事。午與馬占山餐敘，彼亦言及日本人勾結事，恍忽毛、文消息非虛。主張萬壽山、蘇炳文俱來東北工作，請給名義，又言地方部隊待遇不平，語中常言地方人妄主用台灣方式解決地方事。余多方為之說明，似較瞭解。最後諷其保持令節以全終，彼又似自覺深承愛護。

五月三日　馬愚忱、張寶慈等三十餘人來請願二事：一為瀋市改隸勿延期，一為查辦徐主席。余答前者殆因新設機構與緊縮案不符，但余願盡力為市轉請中央從早實施。後者道路傳言未足信，余信徐主席不致妨礙改隸，望勿將問題複雜化，眾亦釋然。

九日　梁主席華盛來見，詢其職員有若干姓梁者，及走私事之有無？彼答姓梁職員有四人，如有走私者，查出即辦，余誡以社會反應，必須注意。

十日 赴安東視察，欲藉以鼓舞一般公務人員之工作精神，車到安東站，由站至市，學生民眾夾道相迎者數萬人。到鎮江山江月樓之望山廬休息，此地乃舊時日本商人遷山住宅，樓上涼台，可望鴨綠江對岸韓境市鎮，俯瞰全安東市。旋與高主席等巡視各地，經鎮江山頂東天閣，又至江橋橋頭，鐵橋二座並列，橋中為中韓國界，橋不長，在黃昏時此端猶能望見彼端二蘇聯哨兵屹立之人影，江山依舊，昔中國人自己不能保障，至淪落於日本人之手，今後由蘇聯之兵而佔有之，天道無親，土地不會認故主，在人之好自為之。

十一日 視察各機關，檢閱駐省部隊及省保安團，市自衛隊等，及各種集會講話，後問律鴻起，對來安東感想。彼曰此行對高主席加以扶植，彼自當感動。余曰我們不是為的某個人，而是要來為在安東的人打氣。

十二日 招待各機關團體及各界紳耆並講話。對市民及學生講話。又觀察大東港，此港水底工程已完成百分之六十，堤岸石砌，祇成一公里許，碼頭船塢俱未竣工，一切完成後可泊四千噸船隻云。曩沈鴻烈建議以為大東港可以運兵登陸，實屬錯誤。與高主席、陳公亮、潘簡良等商議農貸，當批增四億七千五百萬元。又批准五月以前各縣市請增補助費一億五千萬元。

十三日 參觀各工廠學校、法院，與高主席及省府各委員話別。余示以二事：（一）安東天、地、人與物各種條件都夠。英雄有用武之地，諸君宜及時勉求建樹。（二）作客入門，應就想及出門事，作官上任，應就想及下任時，方會善用其精神與時間，不致玩歲愒日。

十八日 赴視杜聿明病，在其室與鄭洞國、孫立人、董英賓、趙家驤等，商談軍事，深感最近敵我態勢，我方可慮之處太多，頗為嚴重，中央或未盡明瞭，群請余赴京面向主席陳述，余決定明日一行。

十九日 飛平，二十日由平飛京，中途遇大雷雨，降落徐州，到陸軍總司令部，與顧總司令祝同、陳參謀總長誠，述東北近況，並詢悉魯蘇戰況。四時續飛，五時抵京，下機即偕俞濟時局長往見主席，陳述東北近況，請求三事。1・增派兩個軍兵力。2・從速發給所請械彈。（保安團隊重武器及彈藥）。3・增派飛機。當即承召空軍周總司令至柔，面令派機 B25 九架。P51 十餘架。又電話後勤黃總司令鎮球與余商撥械彈。又召劉次長斐來討論處置。結論不能抽派部隊赴東北，當承指示：「應就東北現有兵力，大膽轉移，抽調集結，但守永吉、長春據點，瀋陽及其附近要點，其他放棄亦所不惜，祇須集結兵力，擊破匪軍，以求安定，不可貪佔城市，分散力量，處處薄弱。」

廿一日 早與張嘉璈商談經委會主任委員暫以關吉玉代。九時晉見主席，承示：「固守瀋陽集結兵力，先擊破清原方面之敵，遼南兵可抽集，地方放棄無關。空軍及械彈可充分接濟」。請示應否順道過平與李主任宗仁商詢抽調兵力出關事？承示不必，謂不能不有自力支持決心。旋即辭出。起飛北返下午二時到瀋。晚往視杜聿明病，即就其室召集鄭洞國、孫立人、趙家驤等商議，遵照中央指示要領，飭擬集結兵力，轉移攻勢方案。

廿二日 攻擊長春機場之匪已擊退，但八十八師九十一師尚無與匪脫離消息。小豐滿被匪砲擊。

上主席書一件如次：

「主席鈞鑒：

職日前晉見，祇就東北方面利害多所請求，煩擾鈞慮，惶愧難安，但此間實際情勢與前半年迥異，亦必須縷陳梗概，為我中央統籌決策之參考。面承指示，返瀋後，與杜長官等商討再四，力求仰體鈞旨期以自力支持，方案另繕陳鑒核。可能移

轉之兵，已儘數集結，但兵源糧源（如安東遼南）及能扼制匪軍流竄之咽喉地帶（如普蘭店），得不放棄，暫不放棄。期以少量次等部隊及保安團隊，自新支隊等，分別接防（如渾河南岸及赤峰等地）。藉圖保持。目前我軍兵力雖為劣勢，而團隊仍在趕練，果裝備依期完成，兩三月後亦能不無小補。況我各軍將士，忠義之氣可用，誓尚竭盡心力打開難局，上舒鈞念也。惟補充戰力所需要之械彈器材與大米務乞嚴令寬籌，並能及時送達，不勝迫切感禱之至，肅此敬請鈞安

　　職　熊式輝謹上　五月廿二日」

廿三日　匪復來擾長春機場；梨樹附近發現匪跡。

廿四日　梨樹老四平陷匪，半拉山門附近匪擊退，長春匪攻擊頓挫，農安我軍已撤出，一二八師撤出被阻，走小豐滿，陷圍場之匪攻隆化，攻秦皇島北戴河之匪被擊潰。

廿五日　匪揚言圍攻四平。葉赫站、紫路樹有匪蹤，梅河口匪攻甚烈，石門寨沿線被匪攻，我已派增援部隊前往。四平之匪有南竄情報。

廿六日　四平方面匪之動向不明，梅河口孤軍被匪圍困不能派隊增援。奉主席電云：「四平匪潰竄，或留者不多，我軍可否不待集中完畢即前進。」因召集鄭副官長董趙兩參謀長，空軍王主任，張司令等餐敘，會商研究情況，並決定俟情況稍明再辦。

廿七日　梅河口我守軍陷於苦戰（晚已將密電本焚燬），下午昌圖有小匪，匪主力動向不明。與關吉玉、胡家鳳及楊焯庵與各礦場場長十餘人會談，決定煤增價，自六月起定為一七〇〇－一九〇〇元，並允補助各礦場械彈，令各增強工事，主持辦理工會。

與余紀忠、文強會談，飭辦檢舉東大不法學生，杜聿明頗猶豫，電話令其斷行。與鄭洞國、董英賓、趙家驤，研究情況，對匪一二縱隊主力動向不明，由梅河口之危險，恐不能保三四縱隊不能會合南來。因決派董參謀長明日飛平與李主任試商兵援事。午召集鄭洞國、孫立人、董英賓、趙家驤、王叔銘、張廷孟等軍事會報，飭擬活用永吉之兵力案。並決定派董參謀長明日飛平與李主任商請為援。附致李主任宗仁函如次：

「德公賜鑒，此間戰況，特派董參謀長憲章飛平面陳，如公有勉可為力之處，望加援手，並速決斷行。唇齒相依，緩急之際，想公亦必能為之審度也，耑此敬頌

勛祺

弟 熊式輝敬啟 五月廿七日」

廿八日 亞西司來電，囑旅大視察人員緩行。梅河口尚在我苦戰圍守中。四平匪一二縱隊主力已脫離北竄。馬占山來陳說徵兵利弊及東北大局收拾意見，主強發動民軍力量，給予北五省綏靖總司令等名義。

張作相、王樹翰、馬秀芳、鄒作華、馮庸等，來會談徵兵得失及馬占山意見：鼓勵未收復區域之工作者，力能爭取一縣一省即委以為縣長省主席，或給以警備司令名義。共匪勾結蘇俄，其破壞與蔓延係急性的，從下面鼓勵的，以對日偽方法對付之不盡適用云云。余答容研究。擬另約，張、王單獨商談再考慮。午軍事會報研究情況。重在集結兵力，補充戰力，當前則急在解西安、西豐、海龍之圍，救梅河口之急。

廿九日 匪一、二縱隊證實南竄，三、四縱隊有向南移動消息，空軍因陰雨未出動，梅河口守軍消息不明。軍事會報鄭洞國、董英

賓、趙家驤俱主傾永吉長春之兵出四平夾擊。余以為匪軍大部既已知其南來，則即遵中央二十日之指示，「大膽轉移兵力，捕捉敵之主力而擊破之」，故同意此案。但杜聿明持反對意見，以為匪六縱隊有跟蹤而來之虞，我軍出長春未必能入四平。（餐敘時，孫、王、張、易先到，猶言匪一、二縱隊南來之不確，趙到報告各情況，始證實其已南來）。

晚余與杜聿明再商永吉、長春抽兵夾擊案，告知戰略運用正當如此，彼仍不同意，謂當請示中央。彼負部隊直接指揮之責，此事余固不可強制。軍事方案亦不一定有絕對的是非，祇有相對的利害，且余亦正欲派人赴京報告此間遲疑不能決之嚴重狀況，乃允彼擬定三案帶京請示（一案分點固守，二案傾南北之兵夾擊匪之主力，三案抽出永吉、長春一部份兵力為夾擊之用）。不得已余再為附呈主席一函如下：

「主席鈞鑒：一週以來此間軍事變化甚大，我 88D（D 為師的意思－編者注）、91D 祇收容四五千人無甚戰力，刻在昌圖整理。184D 在梅河口孤軍苦戰，已全部壯烈犧牲。在永吉老爺嶺團收容僅三百餘人。現在我總兵力為五個軍 N1A（即新一軍－編者注）、N6A、52A（即 52 軍－編者注）、60A、71A 另兩個師，猶須除去以前損失，及此次 88D、91D、184D 及 N1A 之損失，在所餘戰力甚為薄弱，其隨時編補，類皆新兵，訓練尚未盡完成者。刻匪一、二縱隊主力南下，已達開原附近，昌圖本晚被圍攻甚烈。據綜合情報三、四縱隊亦已由東移動竄來，與匪之一、二縱隊會合。我軍集結，因受匪牽制，行動甚遲緩。且所能集結瀋陽附近之兵力，仍屬劣勢，不能構成反攻力量，退守瀋陽城市，地形不佳，工事尚未達堅強程

度，糧食在青黃不接之際，收購甚難，僅祇足月餘之用。若四週陷匪，後方交通定不能保持，將形成孤島。即葫蘆島補給基地，雖已抽出熱河孫軍一部份兵力與保安團隊據守力量有限。以後即有應援部隊，若葫蘆島有失，亦難應援前方。綜合敵我情況，我軍形勢已至極危險之階段。

　　杜長官擬定三案，其中抽永吉、長春兵力夾擊之案，實不失為較適當，而又不敢斷行，必須並三案請示中央，祇得特派董副參謀長彥平持案飛京請示，職頃飛電請派白部長健生務於即日飛瀋一行，以便中央瞭解此間情形，坦率披陳，敬候裁示敬請

　　　鈞安

　　　　職　熊式輝謹上　五月廿九日晚十二時」

　　三十日　匪向開原附近竄，匪三、四縱隊行蹤未明，昌圖被匪圍攻。下午蔣主席與劉次長斐同蒞瀋陽，兵力部署仍不肯用南北夾擊方案，祇決定放棄安東，抽增少數部隊，至多可解四平之圍，坐失捉捕匪主力之良好機會。後患將無窮矣。

　　三十一日　昌圖開原被匪於晚間攻擊，廿一師行縱不明。令高主席惜冰來瀋商處安東撤退事。蔣主席上午飛離瀋陽。

　　六月一日　召集戰時工作最關重要機關首長，舉行第一次會報以期迅速處辦戰時各部份業務。令余紀忠處理大學學生反動醞釀遊行示威，反內戰等事，必須消滅於無形，取締宜在事先，力免臨時應付，甚至發生慘案，更為反動者利用。令關吉玉暫停發遼南西棉農貸款三億元。令杜聿明迅將遼南、安東徵兵趕辦趕送瀋陽。

　　午軍事會報，昌圖四平之匪，夜間攻擊，拂曉即停，昌圖城內糧彈可慮，陳明仁軍長電話云，有彈則可守相當時日。城外有匪二萬

餘,衝出則危,趙大偉請撥發兵工廠裝甲車五十輛,及未修竣工尚堪使用之五十輛,以先應用,准之,長官部送來令稿請核(令稿乃抽回安東之五十二軍直屬部隊令保安團隊相機駐或游擊),不准,另令俟先將中央接收及省府人員與物質予以處置後始可撤軍,且對將負游擊任務之團隊,應為詳細之指示,並必預配給無線電台。核定孫軍對熱河、錦州。葫蘆島防守部署令稿,使暫勿急於集結。乃先撤至義縣、北票、錦州。葫蘆島先令王景南團隊構設工事。

二日 昌團昨晚被匪猛攻,來電四次催糧彈。海城退出之第廿三師已取得聯絡。午軍事會報:趙家驤報告:昌圖城內已陷於混亂,恐已陷敵,我南北兩方皆已派隊收容,廖耀湘意見:廿五師調鞍山,準備維持安東現狀,余謂與集結兵力原旨不合,余指示此時宜專心集結兵力,鞏固城防,先求擊破開原方面敵主力為第一要務。王叔銘報告:隆化情況,傅作義步騎各一師日內可到,隆化之圍即解,承德亦無威脅之虞,北平城內學潮與城外散匪相呼應,但尚未嚴重。

行轅週會余講話大意如下:「(一)、國家形勢:正如抗戰時日軍佔領香港及侵入貴州階段,中國抗日由孤掌難鳴轉到與國際同舟共濟。共匪最後掙扎,已用出最後手段。軍事則各處攻擊。政治則利用和談,經濟漸而走入下坡頹勢。二、東北形勢:已由接收廣大地區,轉變到集中兵力,消滅匪軍,故不惜放棄少數地方,免於分散兵力,但駐在之地,必須堅強其防禦力量。(三)、社會各方面:應該集中物力財力,協同政府。政府一切機關,應該集中精神與時間,協助軍事,同心戰力,以爭取最後之勝利。」

召見瀋商會金會長,告知大局形勢,囑協力軍事,因詢問市中存糧概況,據估計約有六百火車數,果如此則楊焯庵所報可維持四個月之食用則欠確實,雖麵粉豆類未算入,亦不能相差如此之甚,聞之頗為焦慮,因即召詢關係主管人員,並嚴令催購。

召見劉翼峰，詢其糧彈情形，所答不得要領（每師月需糧二五０大包），彼曰軍米在瀋祇存有三五０００大包，吉、長存數能剩幾何，伊尚不知，乃召董參謀長來同加檢討，並囑趕緊設法囤積十個師六個保安分區之三個月用糧彈數。召見關代主委吉玉，交辦(1)清查存糧，催促搶購，限制分配，大米應即購進；(2)即飭有關工廠開工製造有刺鐵絲。召見文處長強及周世光等，聽取鎮壓學潮事。飭知應為積極行動，在學生及民眾中，即速組織積極分子，為肅奸工作。召見彭司令璧生，詢問城防工事及材料徵集情形。召見金鎮市長，詢問組織市民情形，據稱業已進行，與周言不同。召見高主席惜冰並董英賓、胡家鳳，共商處安東事，高頗自信以為其幹部及力量尚足以支持苦幹時日，必要時可改變態度，從事游擊。乃指示其三點：

（一）、暫維現狀：五十二軍直屬部隊不遽撤，但省府各機關及部隊不必要留之重要人員器物，即秘密調瀋。（二）努力支持：俟以上人員器物撤退後，開始陸續將五十二軍直屬部隊撤出，其後如果無匪進境，則保持省府政權之行使，不經棄原區域（三）轉入游擊：如有大股匪進境之可能時，應不俟近至外圍受包期間與匪保持相當距離，即轉變地方，從事游擊，匪大股來則我走，匪大股走則我回。」

馬超俊到瀋訪問，彼曰經過濟南，見其發動民眾三十萬，組織自衛，參加保衛工作，聲勢大振，因之匪不敢進竄，因覺聲勢作用亦殊重要，至少可以肅奸，防制匪之滲透。

三日 匪今日進入新老開原，其東有萬餘人，分頭向開原後路壓迫，經我軍猛烈炸擊，頗受損失。鐵嶺東李家臺子亦有戰鬥。安、瀋路因匪竄近黃花。距路六十華里，故決令高主席惜冰明飛安恆準備游擊。午軍事會報：確定收編騎兵，增設一騎兵軍。

四日 開原鐵嶺附近之匪車馬向南行動。

五日 我軍收復開原車站及老開原。

六日 老開原及四平鐵路正被匪破壞焚燬中。召見余紀忠、鄒靜陶、趙漢野，告知近來宣傳甚多錯誤，恍惚在幫匪做宣傳。如南京中央日報載中央社長春電云「匪在安東境設立航空學校，企圖空襲南京」云云，又標題不書匪軍而書共軍，應即加以糾正，並徹查是否有匪類滲透在內。

七日 匪一、二、三、四、六縱隊，及五一師五二師，楊靖宇、李紅光支隊等，全聚四平開原以東撫順瀋陽以北地區。

九日 余飛長春觀察，王叔銘、關邦傑等同行。途中瞰視鐵嶺開原四平一帶，見我空軍 P. S1 飛機輪流在各該處盤旋偵察。地下工事亦可望見其輪廓，沿途未見匪蹤，人民亦未見有在屋外行動者，開原四平間鐵路沿線枕木皆在焚燒中。午抵長春，至軍部，即電話永吉梁主席曾軍長等，訊問近況，加以慰勞。梁言彈藥不足，令勿在電話中言，防匪竊聽，詳可電報，將令飛送補充。曾曰士氣振奮，但請留意補充，又請特別表彰梅河口壯烈殉國之曾團長等。

接見潘軍長趙市長，潘曰三八師必須調長春，彈械希望速補充，趙市長請電朱部長飭黃如今校長返校。對少校以上軍官及黨、政、團、參議會與社團人員七百餘人講國家及東北今日形勢又守城經驗二十四點，與民眾協剿之效用等。五時由長飛懷德、八面城、昌圖、撫順等上空視察，抵瀋環市飛看城防工事。晚召見趙家驤，令三八師仍開長春，又劉德溥部改師，令即發表。電話關吉玉轉令小豐滿朱廠長速撥永吉、長春用鋼筋與水泥。

十日 海城、拆木城附近有匪千餘竄入，已由廿五師派遣一團並第十支隊赴援。

十一日 四平街之匪似有合圍進攻模樣，通四平地下電話線已被截斷。由保定來援之五十三軍已有二列車到達唐山站。

十二日 昨晚匪攻四平，有砲五十餘門，昨晚營口中紡公司工人搶掠廠中紗布，旋即平息，秩序甚壞。本溪東方一橋被匪焚燒。平瀋路留守營附近一橋被匪焚燒，五十三軍七個列車尚停古冶。

接見馮庸及吳、吳、關三主席，彼等對組織民眾不贊同用協剿字樣。余言不可在名義上帶灰色，必須旗幟鮮明，喚起同仇敵愾之心。馮言此時政府與人民中間尚多隔膜，東北淪陷多年，對國家觀念模糊，不如先用清鄉字樣，且使圈入，次求其出力協剿，及議定改用清鄉委員會，以策動民眾協助清剿。余紀忠對馮等云云甚為顧慮，謂不可使其為組織性發展，否則後患可虞。余言時局穩定則顧慮自少；但此時如不用之，捨棄則反成為離心力。彼等小組織不必過於重視但不忽視可耳。

十三日 本溪自早三時起陷於混亂，上午十一時鐵路人員全撤出，下午八十二軍派加強團一個前往。見董彥平等，聽取視察旅、大情形報告，知為已非中國之天地。約見馮庸、王星舟，先後談話，示以共濟之誠，望堅持國家立場，勿為地方觀念太深之人所利用。

十四日 四平昨晚匪攻頗烈，西南有一連陣地被陷，我守機場兩營部隊壯烈犧牲，空軍協力不夠。昨赴本溪之部隊已向火連寨站前進，晚決增派一個師前往。午軍事會報有五十三軍軍長周福成及王理寰等參加，該軍到達祇一師，其餘猶滯天津附近，待路修復，始可開來，保定猶有五列車待裝載，因滄縣失陷，十六軍赴保部隊轉滄縣，故無車運載。當即電話飭陳地球催平局設法派車往。接見馬愚忱，詢清委會感想，伊以為應有效用。嗣詢東北前鋒報何以仍未糾正其張揚匪燄之態度，且至今猶時稱共軍不稱匪軍，嚴查有無匪類滲透。

奉主席十三日正午手書，研究後再覆，原書如下：

「天翼吾兄勛鑒：光亭病狀如何，無任繫念，第五十三軍集中瀋陽後，當可打通四平街鐵路線，未知由四平打通至長春一段，有否把握，務希切實估計詳報，下列各點亦希妥籌密告：

一、長春與永吉兩地能否固守三個月。

二、此時大石橋與營口應可派正規軍固守，尤以營口為然，究派何部及如何決心與計畫。

三、錦州與葫蘆島防務，應積極加強，並指定得力部隊固守核心工事，以防萬一，如何計畫。

四、聞四平街士氣最抵落，如飛機仍可降落，應由兄或派高級人員以中名義前往視察與慰勉。

五、東北將領之生活與舊習應徹底改革，自高級軍官本身做起，一面組織整頓軍紀督察組，負責執行，先由瀋陽做起，如何實施希詳告，如欲收復失土，完成革命任務，非從本身之精神與修養做起，徹底革新，則不足再言剿匪矣，希向我各將領共同一致努力實施。

六、長春、吉林、四平街、新民、鐵嶺各地部隊，請派專員與王副司令叔銘為我前往慰勞，並勉其作三個月之固守準備，以防萬一，如兄或光亭能親往慰勉更好。

七、第五十三軍集中後之全般計畫，希函告。

八、各地守軍應下決心作固守三個月之準備。

九、此時必須增強北寧路後方聯絡線之防務，尤以營口、錦州、葫蘆島三地為然，務希即速著手佈置勿忽。

光亭均此

中正手啟 六月十三日正午」

十五日　昨晚三時匪眾一部攻入我四平西南角，又東面匪聚結，有進攻模樣。午軍事會報，知四平缺口，空軍掩護之下，可能彌補。綜合各方情況，我五十三軍即全部到達，亦不能形成優勢，因我方兵員械彈之補充太遲緩，當地戰力恢復不易。中央統籌全局，對東北此時情況，未必特加審慮，故決派孫副長官飛京一行，遞函呈報主席及分致白部長劉次長，各函如下：

上主席函一件如次：

「主席鈞鑒：遼東遼南匪均竄入，北部匪之第六縱隊亦已到達四平附近，詳情由副長官面陳。茲將有關戰力補充數事分呈如次：

一、五十三軍兩師基幹甚好，如能將此間團隊抽撥一部，使其增編一師，酌添武器及通信器材，俾以新師番號，短期內即可多一師兵力，蓋正式編制內之部隊，較易訓練，且作用更大。

二、N1A, 60A, 71A 損失武器，迭報請補充，迄未見運到務乞准予提前撥發。

三、東北各軍師炮兵，均有損耗，前請補充奉批庫存缺乏，暫緩補發，現匪軍砲兵甚多，每攻一地輒集中五六十門（昨攻四平，在四平南面已發現匪砲五十餘門，發射砲彈二千餘發），我軍砲兵反較劣勢，擬請撥 105 砲兵一營，山野砲兵兩團，以強戰力。

四、此間徵兵已不能進行，前定徵額八萬，僅徵及三分之一，各部隊亟待補充，擬乞准由關內增撥四萬人，趕運東北，俾可早日充實兵員。

五、東北大米已不能購得，曾迭電請求將五、六、七月份一次運濟，但迄今祇運到四萬大包，務乞飭查趕運。

六、彈藥在瀋存數不多，雖永吉長春此時可以空運，仍未敢如數付運，因瀋陽必須留用，不能空庫發出。務乞飭查迭電所請趕速船運，其中有極缺之3G輕重機槍彈，60迫砲彈，七九輕重機槍彈，六五步彈，希望空運一部份先來。

七、保安團隊全無通信器材，無法就地挪用或購買，務乞飭查案撥發趕運。

以上所謂七項亟乞鑒核批示為禱。再匪方集結其一、二、三、四、六縱隊之十五個師之主力，其他獨立師保安旅等雜色番號部隊尚未計入，我軍反攻兵力雖加五十三軍之兩師，亦不能形成優勢，聞王鐵漢之軍，任務尚不甚重，是否可以早抽調撥，冒昧請求。考慮蓋兩軍對峙，兵力懸殊，兵力劣勢者愈益損耗，增援如救火，早一著即勝一籌。當否仍乞鈞裁。肅此敬請

鈞安

職 熊式輝謹上六月十五日」

致白部長（指白崇禧－編者注）函如次：

「健公賜鑒：此間迭次會戰，軍力消磨，損失甚重，既無增援之師，而補充器械亦不足數，且屬太遲，因之其力大減，其數可驚，為章兄日前來瀋，知之甚詳，明知全局各地均頗緊張，言兵言械，俱非容易，惟東北匪力增加甚速，我則不然，相差懸殊，戰力愈弱者損耗愈大，因之影響士氣，動搖人心，今日東北情況卻實如此。去年如有兩軍兵力增加，則局面可以鞏固。今春來此，亦可維持，現即增加同樣數量，僅足以圖挽救目前之危

局，若復必俟山東戰局結束一、二月之後，始調兵來，在此期間，反攻力量不足，分點固守，亦屬不易，意外之事，殊不可測，萬一有失，不獨軍事勝敗關係，恐牽制全局，補救無術矣。王鐵漢之軍，聞在京畿附近，集中較有可能，未悉得及時抽調來援否？擬乞公酌量進言，救兵如火，早一刻即勝一籌。

公去年在瀋擘畫諸端，未得盡行，致有今日之失，如更不為輸血之計，前途有不堪問者，非敢故為危言以聳聽，諱病忌醫，顛頂徒招敗滅，乃不得不為公直告也，匆此不盡萬一，余託孫副長官面陳。敬頌

痊安

熊式輝敬啟六月十五日」

致劉次長（指劉斐—編者注）函如次：

「為章兄勛鑒：遼東、遼南門戶洞開，股匪紛竄，影響人心士氣甚大，反攻兵力並五十三軍計入，未為優勢，分點固守，在今日情勢之下持久不易，王鐵漢之軍、聞所擔負任務，尚不甚重，能否不待一月後，先調來援？請兄考慮，救兵如救火，先一著即勝一籌，昨四平被匪圍攻甚烈，南面匪炮五十餘門，射彈二千餘發，此時匪之火力反較我為強，昨晚匪已迫近外壕，殊為擔慮，而我南北兵力，不能出而策應。蓋匪一、二、三、四、六縱隊計十五個師，其獨立師保安旅尚未計入，我軍不得不加慎重也。五十三軍祇到一師，餘尚在天津保定，未知日內能否通運也。此間情形吾兄熟知，若但恃敵之不來，不盡我之力而為備，意外事變誠所難測，萬一有失，立即影響平津，牽動大局，不獨東北一隅之存亡問題也。高明能不以為危調聳聽否？書不盡意，余託立人兄面達，耑此敬頌

勛祺

　　弟　熊式輝敬啟　六月十五日」

十六日　午四平陳明仁軍長來電，言兵力不足，求援。下午電話則稍安定。十三師向本溪，猶未與匪接觸。

十七日　四平進入市區之少數匪，尚未消滅，東面又有兩連陣地被陷，匪全力從各面猛烈來攻，大石橋匪之攻勢猛烈，營口增援部隊在東西老邊被阻，正對戰中。晚陸空報告，四平市內之匪，全被我軍擊滅，乃分令嘉獎，並犒勞陸空軍各一千萬元。雖一次小勝，亦可以振作士氣。

十八日　上午報：四平西南隅又有第一第七等獨立各師番號之匪突入。下午陳軍長指揮所移至東區，空軍報告西北角亦有一部匪衝入，陳軍呼援。本溪方面，有匪三、四縱隊加來情報，我軍攻擊尚未佔領市區。營口正被匪攻擊中。

書覆主席六月十三日正午手諭如次：

「主席鈞鑒：杜長官病日見痊癒，因最近注射美國發明對結核病特效藥，腳痛亦止，頃與職面談，告以經國同志傳達鈞旨，不勝感激，惟以轉地療養，此時極不相宜，不如實際由鄭副長官代為操勞，不必明令派代，如此既可節勞，就地休養，亦可就近照料。一俟戰局稍定，再行轉地療養。伊本人已逕電呈覆，職意其病尚非急性症候，經醫檢驗與腎無關，亦以不更張較妥，以免影響人心士氣，資敵宣傳。茲謹將六月十三日手諭垂詢各項分別呈覆如次：

一、四平被圍將近一月，最近匪攻益烈，經六晝夜鏖戰我軍雖傷亡慘重，而士氣益振。十四日晚以還，匪以精銳之一、五、六各師主力突入市區西南隅，連日經我陸空軍之協

力，日夜衝殺，至昨十七日始將突入之匪聚殲殆盡，戰局略趨穩定，擬俟匪攻勢頓挫，我周軍全部到達後，即以全力向北出擊，與匪決戰，當可解四平之圍，打通四瀋段交通，至四長段之打通，仍須相機行之。

二、長春永吉兩地，已飭作固守三個月準備，惟該兩地之交通，業已被匪截斷，苟四平可保，俟我主力集結，擊破外圍之匪，則聲勢較壯，固守亦易，如四平不守，則南北陷於隔絕，長永形成孤立，固守三月之期，殊無把握。

三、營口大石橋前為徹底集中兵力，故僅留少數團隊據守，惟遼南之匪陷蓋平後，聲勢甚囂，昨日大石橋陷入匪手，營口告急，為遵

鈞座指示，已飭廿五師主力及暫廿二師，保十區車運海城，協力在營口之保十三區，一舉擊滅大石橋方面之匪，規復大石橋後，留置一部正規軍加強該地工事，持久固守。

四、錦州城防由暫十八師主力負責，孫總司令直接指揮守備，葫蘆島由何世禮指揮，以交警第三總隊擔任守備，刻現兩地已逐次完成核心永久工作。

五、四平及各地視察慰勉事，自當遵辦，軍紀督察組，行轅正在組織，先由瀋陽再推及各地，執行整肅軍紀，激勵士氣，振作人心，實施詳情，請俟續報。

六、第五十三軍之一三０師已到達，其餘尚在途中，本日聞有一團在天津下車，詳情未悉，不知何時可全部集中完畢，將來擬用與新六軍等向北轉移攻勢，因十四日本溪方面之匪有竄入瀋陽附近之可能，故以較優兵力，向此匪予以殲滅打擊，乃以207D主力、195D一部及130D出動，期於短

期間將匪殲滅或予擊退，再行抽回瀋陽附近集結待機，詳細計畫，長官部已另案報陳。

七、目前北寧路，後方聯絡線，尚無情況，可能發生匪之威脅者，有四方面：北面彰武方面。在四平對戰以前顧慮尚小；熱河方面：在葉柏壽附近匪軍被我擊退後，顧慮亦不多；最可慮者，為海面（因旅大有船隻可資匪用）及營口方面，現我軍擬予大石橋方面之匪以打擊，意即在阻止匪軍遼南區域之活動。

八、各戰略要地已飭作三個月固守之準備，惟當以工事囤糧尤其囤彈為先決條件。關於工事，已飭就近徵取材料，發動民眾逐次完成，囤糧一項，由各地搶購雜糧充數，分別囤儲，大米須中央運濟，惟武器彈藥以歷次戰役之損耗甚大，從未補足，擬乞

鈞座轉飭聯勤總部按迭次呈請數字，迅予補發趕運，爭取時機，免滋貽誤。

九、此間官兵士氣，固在極力鼓勵，惟氣生於力，如何補充實力，應乞

鈞座統籌兼顧，及時設法，實力愈增耗費愈少，而士氣亦愈振矣。以上所陳當否仍乞

核示祇遵，飛機趕送，草率不恭為罪，敬請

鈞安

職　熊式輝謹上六月十八日」

十九日　昨夜四平市區內匪我戰鬥激烈。上午九時，四平轉盤附近省府房屋為匪佔，中央銀行焚燬，戰鬥在其附近展開中，匪向東區攻擊甚烈，空軍因敵我太接近，不能協力轟炸，且因分赴本溪及大石

橋作戰，機數亦不能多派，又以日來投彈偏差炸死我軍士兵百餘人，受地面部隊之責備，以為是奸細行為，王叔銘憤言不敢再為投彈，經余斥正，後亦釋然，而天雨雲低，卒亦未能前往。下午七時，四平仍在惡戰中，匪向東區砲轟甚烈，西區匪已進入不少。

陳明仁軍長有一遺囑，電趙家驤轉致其夫人，曰三日內援兵不到，將無見面之日云云。乃於下午作書勉勵之，明由飛機投送，其書如次：

「子良吾兄勛鑒：匪軍猛犯四平，已達一週。兄督率守軍，艱苦應戰，至為繫念，四平安危，關係東北全局，與念及此，寢饋難安，應援之道，無時不在籌劃；唯以匪軍到處竄犯，兵力集結為難，致延時日。刻營口本溪附近之匪，業經我擊潰，各軍即可集結北上赴援，長春鐵嶺兵團，則已於今昨兩日開始行動，惟須各路均到達預定位置，始能作積極之攻勢。尚望努力苦撐，爭取時間，吸引匪眾，以利我南北援軍之夾擊。勝負之機，即決於此。我在四平部隊傷亡日眾，但匪之傷亡十倍於我，除飭空軍連續協力外，切望吾兄堅持：「勝利屬於最後五分鐘之意志堅強者」之信念，則在兄部最艱苦之時，亦即匪軍總崩潰之日。自古名將勛業，無一不在危疑震撼骨山血海中得之，傅作義之守涿州，楚溪春之守大同，不獨今日社會，將來歷史亦著光勞。吾兄策立殊勛，此其時也，臨書神往，不盡一一，專此順頌

捷安

維之、雲程、白水、健青諸兄均此

熊式輝六月十九日下午」

本溪之匪第十一旅及三軍分區本日九時被我擊潰，上午十時我佔領本溪，匪向東南方退竄。大石橋已佔領，犯營口之匪昨深夜被我痛擊，向蓋平潰竄。召見高主席，詢問安東撤退時失職人員之懲辦，及到瀋學生三三〇〇人，難民二〇〇〇人，員警一四〇〇人，團隊自衛隊四九〇〇人，公務員七〇〇人等之安置事，令團隊自衛隊交王景烈率領守備海城。召見余紀忠，決定新報罰停刊三日，以其妄載南京來之縮短戰線國軍撤出東北議論消息，並電京追究發電之該報採訪人員。召見文強，令派密探加入難民群中。召見彭司令沙團長，審閱瀋市警戒圖。召見聯勤副總司令陳良、劉翼峰司令、董參謀長、關處長等，商談糧、彈、械、券幣、冬服、兵員、日僑俘遣送、刺鐵絲及水泥購運等事交案與陳帶京催辦。（電話陳公亮備款發定購製冬服材料十億）。

　　電話北平李主任宗仁，催即開拔留置天津劉師。彼答天津保定勢將與匪決戰，天津週圍有匪六七萬，不能令即開瀋，電話中難與爭論，乃允再與天津孫連仲商之。電話天津孫長官連仲，商談開拔完畢，詢津情，據言十里外皆匪，共有十萬之數。

　　見張廷孟司令，與商增調飛機來瀋及迅速出擊事，彼頗熱忱，一面主盡力支持四平，一面增強會戰準備。電話關代主任吉玉會同徐主席、陳特派員、彭司令緊急處理糧食三事：(1)處辦購糧不力之錦州縣長。(2)搶運鐵嶺糧。(3)派兵押護糧運。

　　二十日　四平匪攻擊未甚激烈，西北角突入之第七師部隊已被我消滅，東西兩區交通恢復，又攻擊鐵道橋之匪亦被我擊退。營口之匪昨晚又反攻，本日我第二十五師與匪對峙於大石橋附近，左翼後有匪數千竄入，下午八時我將大石橋收復，俘匪數百。

　　午後黨政軍特別會報，會中馮庸委員發言，語無倫次，其大要云：(1)政軍對人民已絕對無威信。(2)到底何地必守？何地不守？(3)

政府對人民取之者多，予之者少，故已怒氣衝天。(4)軍政人員何以不表示與城共存亡等語。神色緊張，十足表現其一種慌亂心理。余斥之，亦為對會中各人所必要之說明，其大要云：1.軍隊之轉變陣地，省縣政府之移動位置，皆根據戰略，遵從命令之行動，其擅自撤退者，必予懲辦，此於對人民之威信何關？2.軍事進退，完全在要適應當時情況，有時本身尚不自知，何能對人民預言？3.中央對東北地方，較其他省份，予者多（如田賦一元拆高粱僅二斗，中央於田賦取額祇是百分之十五，較關內一元拆米四斗，中央取額為百分之三十者如何，農貨東北五省為廿九億券幣，何省可與比倫？）4.土匪流竄，應該隨地予以擊滅，何用表示與城共存亡，有時奉命固守之地被匪圍困，表示不退決心，如日昨四平陳明仁軍長寄出一件遺囑給其夫人，此非處處皆所必需。大事難事看擔當，逆境順境看襟度，希望各人固守自家崗位，各人盡到各人責任，最後成功在我們。

見孫副長官立人，聽取其在京晉謁主席情形，並奉其帶來主席手諭，所指示不必待第五十三軍集結，即速北上援四平與此間計畫相同。乃覆電告已遵辦。

廿一日 四平車站爭奪戰甚烈，請求空軍協力，匪炮瘋狂射擊司令部中彈死七人。洮南、開通間有匪列車南駛，至開通北端為我空軍發現炸之起火，內有坦克車及彈藥，彈藥猛炸將我空軍帶隊機衝落，駕駛員跳傘而下。

十一時至杜聿明病室，聽取各軍師長會商出擊準備，余指示：1.此次乃為殲滅匪主力藉解四平之圍而作戰，非單為解四平之圍而驅散匪軍以了事者。2.前進雖求穩妥，但仍當顧慮四平守軍之持久力，及本溪大石橋匪之捲土重來，故各部隊行動不應濡滯。3.各部隊長注意我剿匪歷次之教訓，特別要：A.協力 不顧本身利害，先應友軍緩急。B.聯絡 對長官部及友軍間，每日及每重要時間，必

須通信。不可或有間斷,對部屬更須密切,勿失掌握。C‧警戒　對前方後方及左右俱須遠遠搜索,密密警戒。D‧旺盛企圖心　必須由軍長至排長,人人皆有殲敵而不是僅僅打走敵人之企圖。此後論功行賞,祇計斬虜多少人,繳獲若干械,不問佔領幾何城市。E‧各部隊大軍必須準備充足,四平附近人民俱已逃空。

召見馮庸及馬曼青,誠勿輕言,與俗浮沉,隨聲附和,要力矯今日頹靡風氣,作中流砥柱乃佳。

奉主席手諭一件如下:

「天翼吾兄勛鑒:來書詳悉,凡可能之事,皆已督促各部照辦,勿念。關於四平得失,無任繫慮,瀋陽增援部隊,應即向四平前進勿延,不必待第五三軍之集中,但其後續一師,必令其迅速車運無誤。關於作戰意見,已屬孫副長官面詳,不贅順頌

勛祺

光亭長官均此

中正手啟六月二十日」

廿二日四平西區之匪昨夜猛攻五次,均被擊退,請求空軍轟炸西區,晚報四平我空軍轟炸西區,成果甚佳,投二五〇磅彈三〇〇枚,火燒煙高四千尺。撫順南三十里我小據點守兵兩連被匪數千圍攻中。朝陽有匪三四千人,有向我攻擊模樣,我守軍有兩加強營,有工事城牆,另有準備一團兵赴援者,不足慮。午後三時孫立人飛長春,鄭洞國同時赴鐵嶺,分別指揮南北兵團。各付予剿匪用手冊三本,囑注意南北兵團通信及協力時機。

召見徐主席令查辦各未奉命擅自撤出縣境之縣長,並告知外間對彼批評:1‧對擅離職守各縣長不辦。2‧各縣問題不予解決。3‧祇

在公事文字上挑剔。4．用人則買好長官部，以求保障自己位置，抵抗外面攻擊。5．自大自滿，兼軍閥官僚兩種作風，不接受他人忠告。朋友同事縣長等皆不能說話，人未開言，自己滔滔其說。6．省府內韓鍾成一派，其他成一派，相互暗鬥，朱且不安於位。以上各點有則改之，無則加勉！

至杜聿明病室語以三事：

1．反攻部署已定，刻所擔慮者在(a)四平之持久力能否待及援軍之到達。(b)南方各處之匪能否在我反攻期內不騷動。(c)昌圖之攻略能否不膠著。(d)西豐之掩護右翼部隊，是否過遠孤立。(e)匪主力若東北閃開而避戰。(f)泉頭要口之奪取等等。皆當預爲之所。2．對外間批評徐主席之用人與長官部關係（林袁等）應加檢點，力求避免。3．營口軍警檢查所之貪汙，支隊領款之分贓等，傳言必須根究。

訪王樹翰與談時局及人心趨向。此老明達，所見大抵相同。今日之事，但求盡其人力。

廿三日四平之匪晚夜猛攻四次，早突入東南角千餘人，午，四平請求子彈。晚，東南角之匪三五十成群退出。撫順南方五十里之救兵台我兩連守兵被匪圍攻，消息不明，晚匪猛攻後，傷亡四五百人而逃。蓋平方面匪集結萬餘，有進攻大石橋模樣，後果攻來，至晚被我擊退，朝陽光面與匪對戰頗爲激烈。

午軍事會報，瀋陽存彈僅五個師之一基數，在途者亦祇兩個師一基數，明日仍須每日三十噸數照投送四平。又飛機數亦不敷調配，並電中央請速補充。

主持第十一次特別會報，詢問余紀忠，並面斥馬毅民報社論「端午感言」純屬反動，何以不察，飭令處分，停刊三日，並追究執筆人，又加強檢查（軍息）及事前會談（政訊之意見交換）誡以不可太圓通懦弱，不任艱難，悲觀過分。

廿四日晚　匪自九時起全力猛撲，有砲五六十門，全線肉搏至本晨四時始被我守軍擊退，同時鐵路以西地區大火，至七時我始知爲匪所縱。午四時防區由空軍觀察已恢復昨日之原來態勢，且略見擴大。開原附近我右翼兵團進到威遠堡附近，中央隊進到馬冲河附近，左翼部隊進到昌圖十公里。救兵台我守軍殲匪近千，匪向東潰竄而去。大石橋匪退蓋平。晚四平之匪圍攻甚急，分三路皆已接近衝殺中，匪砲似祇剩十二門，我空軍徹夜皆往協力陸上作戰。

　　廿五日　四平之匪昨徹夜猛撲，但砲火銳減，前二日在四平向老四平，老四平向八面城道上有匪砲車西移模樣。我攻擊軍左達昌圖附近，右達蓮花街南端。午我攻擊軍到達南城子昌圖站之線，匪我在昌圖附近及其西二公里處激戰中。晚四平之匪自八時起又向我猛攻，砲兵爲盲目射擊，天主堂被匪佔，我空軍予以轟炸起火。朝陽我援軍到達，形勢穩定。

　　廿六日　四平之匪，昨夜八時至今晨六時，攻擊極烈，我官兵疲甚，匪砲祇有八門。我昌圖方面攻擊軍早六時半已越昌圖站北進，周軍跟進，在向八面城方面道路上。及午我軍已過昌圖四公里，昌圖以北陣地中空軍偵察，未見有匪，四平軍似已在南北地區收復一二條街，四平遼源間有匪車三五西走，八面城有匪一裝甲車西走，八面城西安間有匪活動模樣。晚我攻擊軍已到宗頭站。四平之匪攻擊自晚八時起祇有山砲三、四門。我長春兵團尚在范家屯附近。奉主席電嚴催北進，限本星期六解四平之圍。

　　廿七日　四平之匪昨晚八時至今晨七時，攻擊甚烈，全線肉搏，均被擊退。白晝停頓，晚八時攻擊復熾。我攻擊軍九十三軍到昌圖站，一九五師到昌圖城，五十三軍到四方台，皆已到達預定明日攻擊準備位置。

總觀日來敵我氣勢，欲捕捉匪主力給予殲滅之打擊，殊無確信，且恐攻勢之偶一膠著，四面發生其他問題，若匪全師而退，我分途追擊，軍力亦感不足，不能不早為之備，乃決電告知劉斐次長，彼或較易瞭解，並請其轉呈主席，請派王鐵漢軍來，同時王副主任叔銘亦加電報告主席，關內各地固亦甚緊張，但王軍此時並未擔負有何重要任務，宜可以請。

　　昌圖王立凡部到東西八百天地，雙店子有匪兩師，四平東半拉山門附近集匪七八千。晚長春堡附近空軍轟炸後，匪冒彈赴援。全正面爭奪戰，匪憑重疊數線之工事，我軍前進頗難。左兵團周部到達八百天地，進展亦難，重砲未曾趕上。右兵團之一部，則已到達泉頭東高地。預定明日再從正面攻擊，同時以周軍向東南席捲以為策應。我軍攻擊無大進展，有呈膠著模樣，因電呈報主席並請能派王鐵漢早來。

　　見劉安祺，告知中訓分團此後訓練，準備加強四事：1. 崇重軍中幹部及與作戰有關之黨政部門幹部。2. 訓練方法應改用美國輪帶式。3. 對匪作戰伎倆及我應付方法。4. 對匪攻心伎倆及我應付方法。

　　閱民報轉載美報孫科最近發表「第三次世界大戰在東北醞釀」之警報消息，此項警報原文未及見。晚宴中央軍事慰勞團傅團長汝霖等三十餘人，席間余致詞，大要為：1. 東北勦匪戰爭，乃為民族自衛戰爭。2. 保衛東北，乃保衛國家民族的生命線。3. 對匪攻城不足慮，攻心伎倆甚巧，為國人所忽略，應請傅團長等來東北給我們精神上鼓勵，使軍民一體，意志集中，力量集中。

　　與杜聿明言，注意攻勢之膠著，久拖不利。興城騎兵應加調赴昌圖左翼。

　　廿九日　四平昨夜匪仍作肉搏攻擊，砲擊我司令部甚烈。昌圖我軍拂曉攻擊奏效，已突破正面陣地，十時三路追擊。午軍事會報研究

追擊部署，批准處辦營口軍警督察處寧處長案，執行死刑。見董文崎，聽取其報告在京開會及京中情形。據稱一般氣象不佳，每聞由京來人所言類多喪氣語，但各地方能有朝氣，亦能返映及於中央，當洪楊之亂，曾左之輩皆如此，未應聞董言而自餒。

三十日 四平昨夜一時，匪攻約半小時，即分向西北東南兩方潰退，今上午九時半，我北上之師與四平守軍會合。老四平與八面城間潰退之匪萬餘人及東南方面潰退之匪千餘人皆被我空軍轟炸，但我部隊向西追擊行動太緩。東面新六軍前線，戰鬥頗緊張，原調往之五十三軍未曾到達，廖報其當面之匪有 6D, 52D, 7D, 6D, 0D, 10B（B是旅的意思—編者注），11B, 12B, 16D, 17D, 18D 番號。北票，與大石橋方面皆甚吃緊，情況不明。晚大石橋失陷，王景南行蹤不明，其部兩團被匪繳械。

下午四時五十分余飛四平視察，慰勞將士官民，同行者有王副總司令叔銘、趙參謀長家驤、關處長邦傑、律主任鴻起及新聞記者數人。飛至四平上空，地面猶有七八處燃燒之火未息，空中聞有焦豆味，蓋車站屯豆尚在焚燒，未被救熄。五時半下機時，陳明仁軍長及劉主席翰東等到場迎接，囚首垢面，眼赤唇黑，衣履汙敝，握手相慶慰問，同車入市。沿途所見，盡為被破壞之碉堡工事，副防禦物（有以飯鍋水缸床架桌椅等物為之者），洞穿之建築物，縱橫斷倒之電線，死亡匪屍及騾馬等。街市兵民俱面呈饑疲之色，少數難民三三五五在斷牆破瓦中搬移桌凳，有尋覓自家已反閉之店戶門窗者，亦有以麻袋收裝道中散佈之大豆者（當時士兵多有以已裝包之大豆當沙包用為槍座者）淒慘之狀，無殊地獄，道路行人多以巾布掩鼻，到處屍臭。所有我軍大小碉堡多被匪砲所擊毀，揭頂成一破穴，聞被圍攻最烈之二十日內，匪曾發射十萬以上砲彈，我軍司令部及省市政府形成彈巢，四平此次惡戰，慘烈之餘跡，要為歷來戰役中所罕見。匪死傷

近五萬人。俘虜七八百人，其中日韓籍者不少，據俘虜供稱：指揮匪砲兵射擊者，多為蘇聯人，勾結外力，毀滅自己國家，赤色漢奸之肉，誠不足食，八時返瀋。

令明日飛送防疫隊前往四平協助掩埋及防疫。令明日空運衛生人員醫藥材料赴四平，同時將其露宿傷兵四千餘名中重傷者先運瀋陽。晚宴戰地視察第六組王勁修和于天寵等。

七月一日 四平雖已解圍，匪軍主力並未被我擊破，N6A 在歡喜嶺、53A（A 是軍的意思—編者注）在南城子方面並有戰鬥。北票仍被匪攻擊甚烈。大石橋雖已收復。王家善部隊仍不夠防守。

往視杜聿明病，彼呈請病假赴美就醫，余囑遲一短時再說，原呈收置之。見高主席，談關馮等小組組織事，彼言雖不可忽視，亦不必重視。

見慰勞團錢公來：彼表示關切，商余謂將電呈主席，陳說東北主政人員不宜更動，又言在京東北人士相集，曾謀於彼，言政事應求交於張作相主持云云，余告以我們不必多所陳說，一切當聽命於中央。人固不知胡家鳳、王又庸、溫晉城等之早已屢勸退休，余恥於知難而退，故亦未更言辭，若有自動願來作替身之人，豈不甚佳，惟恐其言之未實。

二日 匪與我兩方主力俱無積極企圖，各地區尚有小接觸。午軍事會報暫停，此後軍事注重在戰略以及訓練補充等問題之研究。

六日 關、吳、吳、韓各主席筆記條陳交王又庸送來，其中有：1.國大及主委人選請予支持。2.失學失業救濟費，印書費各券洋三億元，即分撥未收復省份。3.關內外速通匯等等共十二條，多屬久待而不能范任省份人員一種苦悶心理之表現，抽象原則性之話言，可為參考。

七日 軍事已漸趨於靜止狀態，即小有接觸，亦儘掃蕩殘匪之驅逐戰，匪我兩方此後當在爭取時間，比賽戰力之生長。午，鄭、孫兩副長官、趙參謀長、廖軍長等來行轅商談部署之調整，決定派董副參謀長、孫副長官準備飛京陳述補充，及關於杜聿明病假事。帶呈主席書如下：

上主席書 七月七日

「主席鈞鑒：總動員剿匪令頒佈以後，全國人心士氣，為之一振，攻心重於攻城，我於攻心工作，可謂今方開始，此事仍有賴於中央不斷努力，特別強調，今日之匪，勾結外力，則剿匪戰爭即為民族自衛戰爭，若以此為號召，則我民族戰鬥體方易構成，萬眾自然一心，愚昧之見，不知當否？

目前東北當務之急，在爭取時間，趕緊補充人馬與器械裝備，訓練部隊，充實戰力，準備應付奸匪於青紗帳起時之捲土重來，遲亦不出於八月將又來犯。此次會戰，匪除圍攻四平，兵員傷亡稍多外，主力並未受我重大打擊。據報其補充兵已有十七萬人在哈市、牡丹江、佳木斯、齊齊哈爾四地區。我人馬器械之損失，已超過七個師之數。後方補充，何時可以到達，猶難確計。第五十三軍來此增加，僅為兩個師，新生戰力，需要時間，殊為焦念，刻此間後方空虛，大石橋兩度淪陷，刻方收復，本溪方面，兵力殊單，北票陷匪，亦以當時無兵赴援，嗣將長官部特務團六個連併合第七支隊一部開往，終無濟事。

有限數之廠礦，若遭破壞，煤電即告匱乏，冬季便難度過，此與關內不同，雖稍分兵力，亦必須確保者。此時兵力而又分無可分，故切望最近期內能有一部份生力軍前來，俾得預防意中並非預防意外之事，同時並乞嚴飭撥補之新兵及器械，

務限於七月內運到，以便早日分配，早日著手訓練，總期在八月以內，部隊編練能粗具規模，勉強可以代用。在此期間，又深慮人事更張，影響戰備工作。職擬於郭總司令來瀋將補充各事會商後，即偕同赴京一行，蓋東北情形及有關人事與補充各節，必須面陳，並請指示之處，非函電能詳者，至乞允准。余由孫副長官代陳。肅此敬請

鈞安

職　熊式輝謹上

再陳者：新六軍新編之一六九師，請暫准編為兩旅四團者，因急於使用該部作戰，人事以將就原制為宜，若一變更，足以削減戰力。千乞暫時賜准，以後再照中央定制變更為禱。郭總司令三兩日未必能到瀋，補充事不能稍延，故仍派董副參謀長率領有關人員，即日飛京，切望能速商速決，即決即運，不能再誤時日。前次蒙發給各保安團隊一部份之輕重機槍及迫擊砲，在長春四平交通斷絕及安東撤退時始到瀋陽，致有始終未能使用及者。衛生通信器材，迄至今日亦未運到，後方困難職亦所深知，但可能快運者，務求能趕一程，有裨於戰力之成長甚大。同一作戰，在於比賽補充。同一補充，在於比賽時間，故職冒昧瀆陳乞寬恕其罪。」

八日　聽取賴處長報告，四平傷兵，無衣、無被、無藥、無較好食品，主要原因當在運輸不及，但經辦衛生人員，從無報告，應有其責，除一面發動市內民間醫生看護前往服務外，並令飛機趕送，劉司令趕備藥物載往。召見補給區衛生處長王維，當即交軍法處收押，並電令陳軍長將四平第三十後方醫院院長押解來瀋訊辦。午往機場接陳

軍長明仁，劉主席翰東，此二人守四平有殊勳，應加獎勞，擴大宣傳。

晚十時二十分接見關主席吉玉、馮委員庸，久聞彼等有小組織，余殊未之措意。近又聞彼等與中央某某默契為倒吾之活動，更笑置之，深夜求見，謂將陳述關於社會最近情形，流通券與東北影響，民眾動員協會募款計畫等重要事，余亦欲藉明其意向，且耐聽之。告之今夜無事，可從容盡言，彼等屢雜發言，當然事前經已準備者，大要如次：關馮言：外間不滿者謂行轅對省市縣政不察，無能者不撤調。余告之：省主席市長之撤換，無實在違法失職之法律根據，余不能申請中央辦，即使中央有文電查詢，地方有人民指摘，亦必一一確憑事實，未可貿然輕聽浮言。縣長好壞，亦不能但憑余所聞知一二事為據，當尊重省主席總考績之百分數。關馮言：馬愚忱等之不滿，謂余演講曾引用「麻拉巴子」字樣，太失體統。余告之：余確曾有一次演講用了「麻拉巴子」字樣，皆是指馬愚忱等說話失體。中間兩件事：一為他說於今「麻拉巴子，被非麻拉巴子統治」，是有意在挑撥地域惡感，余焉能不以理折之。一為馮、王等在參議會之講演，有「中央應在此時下罪己詔」及一些「麻拉巴子」之詞句，余指出之，謂此是受了共匪分化之毒，破壞中央威信，製造中央與地方之對立。一般人褎如充耳，用心不良。社會上正消極之氣沉重，恐將積非成是，余忝負方面之任，豈忍坐視邪說橫行，小人道長、君子道消，故不惜辭而闢之。

關馮言：東北流通券膨脹之結果，毒害了東北人，務須速為確定比價，並通匯勿受限制。余告之：券由中央銀行發行，東北人民並未有獨特擔負何種責任，法幣之膨脹，已勢不可遏，流通券雖膨脹，遠不如是之甚，尚不至集中在東北作祟，且東北有特殊之生產力與相當之生產量，今日可抑制物價之突飛，將來可使券洋之比價增大，如東

北人士果盡短視,來要求確定比價,並無限制之通匯,余亦可以代請,但將來法幣狂瀾一擁出關,便難收拾。

關馮言:民眾動員協會籌款計畫,其數額將盡行攤派於在東北之中央各機關,多者數千萬,或月捐二百萬。余告之:民眾協助動員,意在使有錢者出錢,有力者出力,奈何不在民眾方面分攤絲毫擔負,盡以責之於中央機關,如此勢必增加各機關預算,等於由國庫間接開支,豈不與動員之意相反。彼等唯唯,不復嘵舌而退,時已雞鳴三點。

乖戾之氣,源流有自,當然不是無組織性一類人,容易以誠感,以德化者。祇以其為東北幹部,余以「與人為善」之懷,明知不可與言而與之言,在所不恤,人事當盡,故不得不耐心於此做一段宣傳教育,不欲疾之以甚。

十一日 接見傅團長汝霖,彼曰慰勞團來到東北後,各方觀察所及,個人有兩點感想:一為行轅權力不夠。二為東北兵力不夠。此人頗較一般人士高明通達。劉主席翰東來見,曰與陳軍長共在一城,難與相處,請辭主席,誠勉退之。

陳軍長明仁來見,請將 71A 調離四平,示以不可,詢問與劉主席何相齟齬,彼曰當四平被匪攻擊時,省府屢為轉移位置之言。劉主席是軍人,欲率省府撤出四平,當時為鞏固軍心,誓以死守起見,曾在聯席會上宣言,吾輩當與城共存亡,此後任何人不得有動搖軍心降低民氣之言論與行動,否則不論軍民文武一律以軍法從事,在座之劉主席聞之自然不甚愉快,因此在被圍攻期間怨言百出。及至四平圍解,戰火蔓延,車站堆積之大豆,一部份被拖散焚燬,其餘存完好者,省府指為盡屬於某合作社之物,劉主席准其據為己有,後經存豆人向軍隊哭訴,軍部始將實際狀況呈報行轅,請示辦理,行轅指令按原存各戶存數比例,將焚燬散失數額分攤損失,其剩餘完好部份,照

各戶原存比例發還，如此辦法本屬公道。劉主席又疑爲軍部故意與之爲難。又言劉翰東是陳誠總長之親信幹部，遼北主席，聞亦爲其所推薦，將來若向陳總長直接告訴，深恐有不測之禍，故求遠避，如不能調離四平，則請准辭去 71A 軍長職，余誠勿過慮，且曰劉甚忠厚，不致相誣，陳自高明，亦難蒙蔽，從前曾共危難之朋友，更當有感情，更當容易相處。

十二日 陳總長奉派來此商處一切補充事（主席庚電所示），午飛抵瀋陽。下午與陳總長召集有關軍事人員會報，由趙參謀長報告軍事情況。晚與陳總長召集黨政人員舉行座談會。

十三日 見金市長鎭，聽取其報告關、馮等小組織情形。

十五日 迭次與陳誠總長談商保安團問題，彼仍不認識其重要性，而堅主裁減，余告知此即變相之國軍補充團，匪軍戰力恢復之容易，乃由於補充迅速，乃由於善用地方部隊，此後與匪競爭生長戰力，各省保安團數額，當然應儘量擴充，彼終不以爲然。

十六日 政委會第四十三次例會，鄒委員作華提出臨時案，請發民眾動員委員會經費，未准許，彼出言無狀，余置未理，不欲疾之以甚。

十七日 至陳總長處會商補給各事，陳對長官部指摘甚多，似不適當，語云「所藏乎身不恕，而能喻諸人者，未之有也」故雖嚴詞厲色，人不但不畏其威，反以賈怨。

十八日 早陪同陳總長來行轅與在瀋陸軍少校以上及附近部隊之軍長師長講話，陳所講頗扼要，能針對現實，殊佳。余因尚有東北經濟關係等事項，須與陳同機飛平與張嘉璈等商處，行前召集與會之各軍師長言數事，使在午後檢討會中提出研究，其大意即爲：1．節省子彈（根據羅友倫雞冠山戰役之報告）。2．愛重武器（由董參謀長提出例證）。3．整飭風紀（根據四平戰役報告）。4．改變作戰以驅

逐敵人佔領地方即為滿足之心理，必須認識殲滅敵人，虜獲武器，方為勝果（根據四平戰報）。

與趙家驤往視杜聿明病。因彼已定明早離瀋，與言早去早返，醫藥之需。如有外匯不夠，余當為設法再請之。

十八日 晚到北平，即與張嘉璈商處各項經濟問題。

十九日 晚與陳總長、李主任、傅、孫兩長官談時局，不甚得要領，因各人所見不盡相同。

二十日 見熱河劉主席芳波，彼力言熱河省政當由軍事首長兼，辭意甚堅，並謂已託陳總長轉呈，但答且聽中央決定。午飛返瀋陽，與各僚屬及徐主席、金市長會餐，因述天津市城防情形，令金市長即往參觀。

廿一日 召見謝樹瑛、邵逸周、陳修和，令檢討在此動員期間工礦事業如何與軍事配合，須加調整，為求兵工便利，務使生鐵與焦煤屯入瀋市。召見陳軍長明仁，誠以譽之所至，毀亦隨之，四平成名，更宜戒慎，個人生活，望能及時改善，打牌非罪，成癖為罪，望自克制。昔岳飛好飲，高宗誡之竟絕，主席嘗謂君有不良習氣，可以自省。部屬以君曩時練兵至嚴，後漸懈，可以自省。幸勿志驕於業泰，心怠於成功。見騎兵軍長張東凱、王照坤，聽取報告各支隊情形。

廿三日 午與張作相、王樹翰餐敘，對彼等函陳意見，特致感佩之忱，余曰公等首引范文子之言「唯聖人能內外無患，自非聖人，外寧必有內憂」，今四平之圍雖解，猶不能謂為外寧，而內在可憂之事，已不勝其枚舉，我看東北前途，真似臥於積薪之上。公等於明權責一端，責我宜以張居正自任，何敢望其肩背，且今日國家氣運，不會產生張居正，祇合造成熊廷弼。忝以不才，能免為熊廷弼之繼亦幸矣。公等且言及「如中樞未能付予應付危局所必具之權責，則當以去就爭，必得請而後已」。國家用人行政，每一時代有其每一時代的一

種獨特作風，積重難返，儼然形成一種氣運，不是一二人之面質庭爭所能轉變的。我亦曾屢屢言及此臨時特設之行轅可以裁撤，或請辭職，皆未蒙允許。胡秘書長等多年僚友，相知甚深，所見所聞，俱亦相當正確，早以應該知難而退相規勸，我特恥於臨難苟免，不能效法掛冠而逃耳，相忍至今，我雖當局，猶未盡迷，公等旁觀，自更清者。承教各端，願天心之未厭，就人事之能為，在此一日，所當唯力是視。相與噓唏罷席，猶若有言之未盡者然。

廿四日 接見關、彭、吳、韓、吳等主席聽取其對省縣保安團隊及人民自衛隊意見，大都可用，其要如次：1．自衛隊應建立在資產階級身上，使各地富農出丁出槍出餉以自衛。2．縣保安大隊應仍舊貫。3．省保安應充實為六團。

代表蔣主席授四平會戰有功將領勛獎，並訓詞如下：

「今日舉行隆重的授勛典禮，本人代表主席對各位於四平會戰有功的將領們授勛，與有榮焉。各位在以前抗日剿匪諸役，大都是身經百戰，屢建功勳的人。四平之勝利在各位光榮的歷史中，不過是其一頁。而且四平勝利，不過是剿匪勝利之一部，是各位功業之開端。蓋匪雖潰敗，實力未全消滅，可能在其喘息稍定之後，捲土重來。而我剿匪工作，必須再接再勵，要將匪軍完全消滅，才算是掃清了建國的障礙，才算是各位事業之完成。

我們要以李存勖小勝而驕為戒。蓋驕者易餒，驕足以忘我而忘寇。我們要以范文子因勝而懼為師。惟懼者知戒，懼然後有備而無患。昔晉樂武子謂：『楚自克庸以來，其君無日不討國人而訓之以民生之不易，禍至之無日，戒懼之不可以忘。在軍無日不討軍實而申儆之於勝之不可保，紂之百克而卒無

後』。此楚國所以能長保其勝利。戚繼光守邊禦夷，亦曰：『不恃寇之不來，要恃我之有備』，此戚氏所以能長保其勳名。

今日國難方殷，不是我們飲至策勳，奏凱高歌之日，匪氛未靖，正為我們勵兵秣馬，枕戈待旦之時。願各位將領在受勳之後時時念到勝利之艱難，勳名之不易。戒慎恐懼，才能長保其勝利，憂勤惕勵，才能長保其勳名。

怎樣戒慎恐懼？每日要問：『敵情準確不準確？』『戰備週到不週到？』『軍紀嚴肅不嚴肅？』

怎樣憂勤惕勵？每日要做：『精神趕快的激厲』，『技術趕快的訓練』，『裝備趕快的整理。』

我們要這樣來保持我們永久的勝利，我們要這樣保持我們永久的勳名。」

召見劉主席維之，指示其發動民力搶修遼北省境內公路。召見高主席惜冰，聽取撤出各縣保安大隊及自衛隊活動情形，安東縣保安大隊及自衛隊共有兩團之數，無所統屬，今即撥補國軍。於廳長明日返京，乃託其帶呈蔣主席一函，陳說我方一切補充事事落於匪方之後，請求嚴令催辦，原文如次：

「主席鈞鑒：自五月下旬以來，仰賴鈞座德威，東北艱危，幸得搘拄。但竊念小人行險，僥倖難常，此後若仍無生力軍之增加，則未來之危險，將有甚於前者。在此間今日交通破壞（瀋長鐵路為甚，兩三月內不易修復）。兵源糧源，二者俱竭，欲求新生戰力，事事仰給後方，而運輸亦殊不易。四平解圍，瞬近一月，新兵補充，至今祇到二千四百名，上次欠數四千四百名在外，據報匪方已訓練之新兵，則已步行陸續到達西

安附近之前方矣。我無線電偵察台，報告近數日發現匪方通信，忽已增多新無線電總台兩座，分台八座，是何原因？正在續探。又日來永吉四平方面，匪頗活動，而昌圖、遼陽附近，皆有小股鼠擾。又據諜報，牡丹江匪首會議，謂八月初旬，將為第六次之進攻。

我軍新生戰力，尚未形成，一切補充，猶需時日，坐視匪軍著著爭先。乘間竊發，以為主動，此職等之所以日夜焦思，惶恐無以為計者也。除每日電請中央及贛鄂等六省催辦外，敢就於廳長回京之便，託代陳詞，敬乞

鈞座於新兵補充等事，再賜嚴令，限期到達。爭先一日，即有一日之利。蓋兵員器械不獨編配訓練之需時，而交通運輸，實費計慮。今日運輸工具已感缺乏，將來交通路線恐受干擾，匪軍並未遠離鐵路沿線，依現有我軍兵力，將來欲切實掌握瀋長交通路線，亦極困難。故吉長，四平等地補充必須爭取在匪尚未發動下一次攻勢以前完成之，乃為容易，並非危詞聳聽也。

此外因我軍佔領地區之縮小，及青黃之不接，糧價飛漲，不獨軍糧，即民食亦感困難，搶購食糧，需要大量券幣，加之鐵路之修復，煤礦之維持，以及軍費之支付等，前請準備券幣數相差甚鉅，不敷支配，至盼張嘉璈先生來此一行，相與商處，否則擬請准職赴京三兩日，除面陳軍事，並請示外，其他亟待與各部商討問題，亦得求一迅速之解決。以上所陳當否仍乞核示祗遵。肅此敬請

鈞安

職 熊式輝謹上七月廿四日夜」

廿六日 召見徐主席、趙副司令，問遼寧省縣團隊及清勦散匪等事。彼等皆祇慣於辦理平時例行公事，猶不瞭解動員時應各在其本崗位上自動尋找自己所應做之事。可嘆。

廿七日 據報資源委員及航空工業局，紛紛呈請將東北工業機器物質拆運入關，此間人心為之不安，因電呈主席，請予嚴令禁止，其原文如下：

「限即到南京主席蔣。密。資源委員會及航空工業局。紛紛請將東北工業機器物質搬運華北，此種表現，大有準備淪亡之勢。在此匪亂未平之日，若果我中央採取此種失敗主義者之錯誤政策，必遭地方堅決反對，社會醜惡批評，更足助長奸匪覬覦之心，喪失人心，敗壞士氣，所得者少，所失者多。

務乞嚴令禁止，當否敬乞

鈞裁

職 熊式輝 午感」

下午 接見馬占山，勸余放開手做，對伊前所要求事項，希望批准，對張學良表示好意，以期收拾人心云云，意義與言詞兩俱含混，令人聽不了了，彼等殆有所醞釀，其人忠厚，詞不達意耳。

接閱天津東北同鄉會翟文選等條陳意見，希望張、萬、馬為三綏靖司令，並以遼寧者為總司令，此三人在昔誠有聲望，今日以為號召，是否足以應付共匪，誠一疑問，交董參謀長擬辦。

廿八日 晚與劉主席維之餐敘，言省縣政府編制人事。余意此日遼北可採用戰時體制，文武一途，平戰兩用，機構如此，工作亦宜先事調整，令明白與溫、易、李等再共研討之。

廿九日 晚偶然展閱「烈皇小識」不覺難以釋手，隨筆摘其要點並誌所感，旋即綴成書後一篇，三時始寢。

『讀烈皇小識書後 七月廿九日夜
　莊烈帝自稱朕非亡國之君，在位十六年，亦曰憂勤，然卒無以起季明之衰敝，乃至無面目以見祖宗，身死社稷者何哉？明之宜亡也固矣，神宗怠荒，二十餘年不視朝，不聽政，危亂已徵；光宗不祿，熹宗以昏庸踐祚，忠奸莫辨，至死不悟，於是國體傷殘，邊疆破碎，雖有善者，亦難爲繼，況於抱薪救火，自速其焚者歟？莊烈起於信邸，明知天數，猶欲賴人事挽回之，是有志於中興者矣，而始也定逆案，一囊頌疏，按名列入，雖曰除惡務盡，而廣搜樹怨，實啓廷臣門戶之爭，終焉分遣中官，內外之訌，更無已止，緣瀆爲猜，因激成愎，可信未親，可親不固，是用股肱之寄，惟溫周之斤斤自守，漫無經畫，乃得以相安，魚鯁加貶逐，而自謂文臣之可殺者，奈何惡之而又不能去，是諸臣之誤朕？抑帝之自誤耶。寇深難亟，朝廷方略，惟聞急於考選科道，南遷則狐疑莫決，閉門守備非人，即其施爲次第之間，已非轉亂爲治之道，城下兵臨，倉皇應變，豈待中極殿之召問，始知文武大臣束手無策乎？故君子以爲庸臣固足以誤人家國，而非亡國之君，何由而致之哉。』

　八月一日　趙家驤電話云：已接國防部電令王鐵漢軍本月十二日可到一部，廿日可全部到瀋。當四平街苦戰之日，千呼萬喚，充耳不聞，今日卻姍姍其來矣。

　馮庸來告其所得中央消息，云何應欽將返國，陳誠或來東北，白崇禧赴主西北，程潛任總長。彼夫婦與陳誠夫婦音訊常通，所得消息當有可信。東北局勢，陳若果來，則「專其信任」、「一其事權」可以辦到，豈不較強於余之在此萬倍，但願消息之是實。

　四日　于斌主教到瀋，來言魏德邁特使在京談軍事經濟辦法，曰東北兵力不能將匪肅清，且難自保，不如放棄之，集中兵力先肅清華北云云。余意以爲其言亦有其見解，若交與聯合國，付之託管，或亦

緩衝之一法，若但放棄，無異雙手奉之於匪，匪內據人力物力特富之東北資源，外藉運輸補給特便之蘇聯援助，勢將急速壯大，此日匪軍兵力號稱五十萬。轉瞬倍蓰，靡以入關，則我欲集中於華北之兵力轉而應付之不足矣。且此二策皆難獲得中央之採用。

晚奉蔣主席來支電，大要為決定取消保安司令長官部，以之併入行轅，派陳誠來瀋協助辦理云云。余乃召集董參謀長、胡秘書長會談，余曰行轅同人素主張余適時引退，余恥於知難而退，有苟免之嫌，特戴此鐵指圈於左手以自戒，時時摩撫之，決不敢逃避現實，在危難之際圖卸仔肩，自動辭退。今奉主席電示裁併機關，竟勞陳參謀長來協辦，再徵之馮庸、關吉玉等之報告，及各報端所載消息，中央似已內定更調東北負責人員，故我應即電中央呈請辭職，彼等皆同意，乃囑胡秘書長草擬呈覆主席來支電，並推陳誠繼任。

五日 美魏德邁將軍以特使身分來東北，到天津即電話通知瀋陽美總領事轉達我方，謂不欲於晚間另有宴會，願在茶會中多與各人接談云云，中國人宴會之濫固有可議，但魏氏之此項通知，極不禮貌，以為輕人，實以自輕。下午接魏德邁將軍之拜訪，照例祇是一種行客禮貌，不應有多談話，彼則剌剌不休，且甚瑣碎，如問余瀋陽醫院共有若干，病床共有若干，又情報用無線電台共有若干等。及至茶會。當取用肉片時，彼語余曰，此物士兵最需要，頗帶有譏諷之色，美國人一種淺薄粗鄙之氣，現之於面，亦一特使也。

六日 陳誠到瀋，與談取消長官部併入行營事，彼似胸無成案者然，談及東北行轅事，余因聞馮庸所接京訊，及張君所傳周某之言（謂陳位居參謀總長，殊不自安，將設法出東北云云），極力推重之，並告已電中央呈請辭職，願其以參謀總長之重望前來主持，則軍事形勢當為一新，彼謙言外間謠傳彼將來東北，此乃內部人所製造，

不足信之云云。晚與董參謀長、胡秘書長商談，再發一電致張群，請其就近促成余辭職電之獲准，並主張陳誠來接替余任。

　　七日　陳誠來寓午餐，談及魏德邁事，彼曰昨夜與魏談話，魏言：東北人士既不滿於熊某，政府爲何任用之。當然魏到瀋陽，東北人士容有此類之攻訐。辭修轉述其語，則意在給余以暗示。不知魏氏之言，對政府已殊不禮貌。余故調之曰：君何以答？彼支吾其辭，似愧失言。

　　十一日　接岳軍電，曰主席對余辭職事不允即准，當即覆電陳誠在此言行，並請其設法促成余早日解脫。見陳明仁軍長與談 71A 繼任人事，誠勿與陳總長言語衝突，態度應謹慎蓋慮其性情暴躁，易於惹禍。

　　十二日　再電呈主席辭職，並請由陳總長留瀋兼攝，又將上電告知張群，並託其設法催辦。

　　十六日　接張群覆電云：昨又婉陳余辭職事。主席似尙有考慮，依彼揣測，可望擺脫。

　　十七日　與陳總長談兵團編成，及錦古線之進剿利弊。意見多不相近，祇好聽之，彼固將來之繼任人，但說明利弊，盡其在我。見劉安祺，令其準備赴 71A 軍長新任，誠善與陳明仁相處。見孫立人泛談 N1A 前途，彼曰潘重財色，領導人望不孚，未可樂觀。李鴻較有希望，應加培植。

　　十八日　奉主席篠電及覆余辭職之未微未文電者，大意曰時局步入艱難，賴吾人和衷共濟，完成革命，望竭盡賢芳，勿萌退志。乃召董參謀長、胡秘書長商覆，大意云：此間人事和協，自度才力不勝，仍乞裁可。

　　二十日　行轅接有袁守謙請轉陳總長青幹未皓電，大意曰奉兼團長蔣（主席）手令，特派陳誠爲東北各省市黨部團部統一組織委員會

主任委員，全權處理東北黨團一切事宜，所有黨團有關人事之任免調遣，概歸該主任負責處理，至該統一組織委員會之組織與人選，亦由該主任委員就地決擇辦理可也云云。東北行轅事權之當統一，中央必至今日纔知，但在我未有明令發表，陳誠繼任之前，即忽忽而有此手令，亦太慌張矣。

廿三日 接見陳雪屏，彼述魏德邁在津與張伯苓談話，據稱魏氏醜詆政府，並毀蔣主席為中世紀人物，在現世紀執政，張氏拍桌斥之，認為侮辱。又魏氏在平曾與人言，伊來華並非慮美蘇有衝突時求得華方為助，渠言十五年之內，美可獨立擊敗任何國家，即與蘇聯戰，決不求助於華云云，若果所傳是實，則魏德邁之乳臭更為可知。

廿五日 奉主席回電覆示，勉勿引退，又接岳軍(張群)電云，將轉陳為余設法求擺脫。

廿八日 接岳軍電，曰余辭職事已允由陳誠兼任，年來心身交困，屢辭不遂，今承允退，得不為熊廷弼之續，是誠大幸，乃召董參謀長、胡秘書長相談，準備一切移交手續。

廿九日 作書致陳司令明仁，告將暫別，誠謹慎為人。

九月一日 新任陳誠來寓午餐，促其早接事，告知交代已準備，將令董參謀長、胡秘書長留瀋辦理，彼曰初到各事尚有賴於指點，可否請暫留瀋數日，余曰舊令尹之政，當以告新令尹，允為勾留三五日，因與談各部隊現狀，特囑王鐵漢之第五十二軍，士兵多關內籍，初到錦州，應令稍習水土，尤其此間風俗氣候等，不宜急於使用。

三日 召楚明善與陳誠共談蒙旗各問題。

四日 陳誠來寓話別，於彼所諮詢各問題，次都俱為詳述，特別強調四平戰後，匪我兩方損失俱大，刻正在與我比賽補充整理，希望我能不落在匪後，彼曰，然。一似頗有把握者，無怪其於節日在舉行

交代時演講，有「不許匪有第六次來攻」（四平之役是匪第五次之攻擊）之言，既余告之曰，我明日即將離瀋赴平。

　　五日　上午九時飛離瀋陽，過山海關，懷古口佔二絕：「天下雄稱第一關，可憐萬里海連山，風雲想像熊經略，同此驅馳幾往還。」「未聞地利勝人和，固國山谿不足多，一遣宗文生氣盡，（熊廷弼經略遼東，神宗後遣，姚宗文視遼東士馬，與廷弼議多不合，乃與劉國縉相比，而傾廷弼，終於棄市傳首九邊。）長城自壞可如何？」

　　午飛抵北平，在機場與李主任宗仁及諸故舊把晤，心情愉快，不似以前經過此間，總是行色匆匆，身不自主，侷促之如轅下駒也。晚寫日記，檢討東北於役兩年間，初乃不欲爲而強爲之者，內外交迫，心身俱瘁，及後知其不可爲，而又得不爲之，所幸未致敗走入關，而在四平戰勝之後，得以辭去。易曰：「嘉遯貞吉」，君子進以禮，而退以義，所謂正志也。

附錄

張作相[1] 王樹翰[2]書

　　翼公將軍主任麾下：昔者范文子士燮春秋時代之賢大夫也，因晉勝楚而懼，嘗曰：唯聖人能內外無患，自非聖人，外寧必有內憂。賈誼當漢帝之治世。乃曰夫抱火厝之積薪之下而寢其上，火未及燃，因謂之安，方今之勢，何以異此。作相等居嘗伏誦此言，以為前古知治體者，莫范、賈二氏若也，今日中國號稱戰勝強寇，詎意勝利以還，時僅年餘，而禍患重重，烽火遍於朔方，東北九省，尤有岌岌莫保之勢，其危更甚於積薪抱火，此真所謂外寧必有內憂之時也。邇者共黨南犯，勢若燎原，四平被圍，安東退卻，開原、本溪、大石橋，皆告不守，戎馬將竄及瀋郊，幾於風聲鶴唳，一夕數驚，幸將軍指揮若定，化散為整，部署已定，遂以飄風疾雨之勢，一舉而復本溪、大石橋，再舉而下開原昌圖，遂解四平之圍，謂非兵機神速，出奇制勝不得也，或以破賊為可喜，作相等則以為極可懼，或以為從此可保半年無事，作相等則以為此半年內，應有截然不可犯之準備，而不再為共黨所乘，老子云「兩軍相交，哀者勝矣」，此即范文子因勝而懼之意，試觀近一月內，各地屢告不守，而四平一彈丸地，獨能與共黨血肉相搏至十八日之久，豈非兵法所謂置之死地而後生者乎。愚見

---

[1] 張作相（1881年2月9日－1949年5月7日），字輔臣，一作輔忱，生於盛京義州（今遼寧義縣）。重要奉系軍閥，與北洋軍奉系首領張作霖早年即結拜為兄弟。民國後任27師師長，東三省陸軍講武堂堂長，親手培養提拔張學良。1924年為吉林督軍並幾次出任吉林省省長。期間，修築吉海鐵路，創辦吉林大學，與自來水廠等民生建設。"九一八事變"後，張作相被迫辭職，1933年寓居天津，在天津英租界當寓公。1945年日本投降後，拒絕到南京就職。1949年4月，張作相因患心臟病，病故於天津寓所。(編者注)。

[2] 王樹翰（1874－1955），奉天盛京（今遼寧瀋陽）人，字維宙，清末舉人。1913年後任奉天南路觀察使、黑龍江龍江道尹、奉天財政廳廳長、吉林政務廳廳長。1924年後任吉林省省長。1927年後任國民黨政府委員、東北政務委員、東北邊防軍司令長官公署秘書廳廳長。與張作霖，張學良從過甚密。(編者注)。

以為臨事而懼方能制勝，有備無患乃可圖存。謹就所知，摭舉四事，一曰明權責，二曰嚴紀律，三曰修戰備，四曰急先務，請為覼縷陳之。

何謂明權責？即委任而責成功之謂，請以明代成事為喻，神宗初年，張居正為相，李成梁、戚繼光為將，一守遼東，一守薊鎮，畀以捍衛女真、蒙古兩族之任，居正以尊主權，課吏職，信賞罰，一號令為主，雖萬里外，令朝下而夕奉行，以此衡諸今日之東北，何獨不然？將軍受中樞之命，得以東北行轅主任指揮監督九省二市之行政，又畀以節制東北駐軍之權，是將軍之權位，即等於清季之東三省總督也，然揆其實際，則又如何？今之東北保安司令官，為東北駐軍之主帥，上受成於參謀總長，而又稟命於將軍，是否於統一指揮一節，發生疑問，且陸軍之外，又有空軍，空軍之外，又有後勤總部，同為軍事之機構，復各有其系統，亦未必盡受成於將軍。至其他直隸中央各院部會之機構，又屬指不勝屈，行政系統之外，又有黨團，其所處置各事，更不必關白於將軍，又可想而知也，愚以為中樞如欲保東北，非設置一統轄軍民全權在握之行政長官不足以挽回當前危局。將軍宜以張居正自任，而保安司令長官比之李成梁、戚繼光，由將軍委以疆場之人任，而責其成功，必有明效大驗可睹，否則主任自主任，長官自長官，彼此不相統屬，各自為謀，一如清代之督撫同城，徒見其有互相掣肘之弊，而無指臂相使之效，則又何貴有此兩首長哉？宜如何改絃更張，是在將軍善圖之，此屬於明權責者一也。

何謂嚴紀律？即綜覈名實信賞必罰之謂。作相等謂必罰尤重於信賞，何以明之，子產為政於鄭，先鑄刑書，諸葛亮治蜀，主用嚴刑，亮之言曰：「寵之以位，位極則賤，順之以恩，恩竭則慢，吾今威之以法，法行則知恩，限之以爵，爵加則知榮」，此皆必罰重於信賞之明證，漢之李廣、程不識皆為名將，廣行軍無部曲行伍，人人自便，不擊刁斗自衛，不識正部曲行伍擊斗，軍不得自便，然其後廣軍久無功，且遭覆敗，究以不識為可法，今國軍之在東北者，不得謂無紀律，然其紀律亦不得謂嚴，近一年來，中下級軍官紛紛在駐在地婚娶，有室家者十人而五。杜甫詩云：「婦人在軍中，兵氣恐不揚」，誠為鞭辟近裡之語，軍人而許攜眷，則將各顧其室家，而大減其親上死長之心，故曰兵氣不揚也，若乃假借軍人地位，佔用敵產，一人而分佔數棟，又嘗利用地位而圖利自肥，皆與軍紀有關，恐尚有甚於此者，設將軍不加裁制，得而裁制之？又聞守開原、本溪、大石橋之某隊，於應死守之地，一聞少數共黨來犯，即棄其堅固之陣

地，以資敵，且先地方各機關而撤退，若張居正為政，必難逃駢首之誅，僅聞對此棄城之將，予以撤職，未嘗從嚴懲處也，死守四平之陳明仁，固應重賞，輕棄要塞之守將，亦應嚴罰，賞罰嚴明眾志乃奮此屬於嚴紀律者二也。

何謂修戰備？即先事預防，有備無患之謂，晉樂武子謂「楚自克庸以來，其君無日不討國人而訓之，以民生之不易，禍至之無日，戒懼之不可以忘。在軍無日不討軍實而申儆之於勝之不可保，紂之百克而卒無後」，按楚之日即於強大，由於遵此教也，近人論戚繼光守邊禦夷之功，亦曰不恃彼不來，恃我實有備，其終又歸美於張居正之能倚任責成，今日東北之共黨，含有國際背景，實當以勁敵視之，以故前後發動攻勢至四五次之多，而後劇於前，愈演愈烈，最後一月，共黨之攻勢，傾其全力南下，以期奪取瀋陽，幾乎共黨處於主動，而國軍反處於被動，使國軍有疲於奔命應接不暇之勢，將軍感於瀋陽根本之地，實力空虛，乃不得不忍痛放棄安東，集中兵力以保中長路線，然竟由此轉守為攻，予共黨以重大打擊，此亦將軍運籌帷幄決勝千里之功也，驗以已往攻擊之劇，益懼來日應付之難，作相等以為局勢演變至此，非飲至策動，奏凱高歌之日，乃臥薪嘗膽，枕戈待旦之時，蓋必有倍蓰什伯於往日之準備，而後可以應方張之寇而有餘，若寇至則皇皇然若禍至之無日，寇去則欣欣然以為不值一蹶，則足以怠我而忘寇，度我國軍決不出此，而將軍亦必有以申儆之，至應如何設備，亦為略舉數例：昔者吳起為將，能與士卒同起臥，且能吮病卒之疽，故士卒咸願盡死，而百戰百勝；廉頗為趙將，亦百戰百勝，及一為楚將無功，乃曰我思用趙人，蓋廉頗生長於趙，視趙人如子弟，而趙人亦奉廉頗如父兄，以父兄子弟之親，而臨大敵，勝則相讓，敗則相救，宜其百戰百勝也，今日東北駐軍則不然，或南人為將，北人為兵，或內地人為將，而東北人為兵，將與兵夙不相習，情意隔閡，且以未經訓練之兵，倉卒應戰，聞砲聲則股栗，往往十逸八九，為之將者，亦以兵非親信，厚加揣防，此其所以有士無鬥志，望風而潰之後果也。作相等以為中下級將校宜多參用東北人及河北山東人，例如某團營士兵，南人多於北人，固應以南人為將，若北人多於南人，或東北人多於內地人，則應分別以北人及東北人為將，以統率之，如此則可收將士相習，情誼相誦之效，而於作戰時，自能發揮其親上死長之心，此其一。往代宋與遼金交戰於河朔之地，遼金利用平原之地，以鐵騎突擊宋兵，銳不可當，終成北強南弱之勢，古

今情勢，並無二致，東北地勢平曠，尤利於用騎，必步騎配合得當，乃易於呼應，此次共黨南犯，雜有蒙古騎兵，聞者為之變色，即由國軍未能充實騎兵所致，為今之計，必須增練騎兵，且新練騎兵，必須自成部伍，不宜分散於各軍各師，以削減其兵力，此其二。此次共黨傾巢來犯，是否具有二十餘萬之兵力，雖不敢定；然其實力厚於前數次則為顯然之事實。國軍感於兵力單薄，不敷分配，乃有縮短戰線，放棄安東之決策，此次四平之捷，亦由守軍與空軍援軍配合所收之果。來日共黨兵力再厚於此次，究應如何應付，實應先事而籌，論者多謂應發揮地方力量，以與國軍相配合，實為扼要之圖。國軍本身應行調整加強，並應增調援軍，以厚實力，可不待論，至發揮地方力量，應由加強保安團隊及訓練民眾作起，現制保安團隊分為兩系，一隸屬於各省主席，二分隸於各軍，指揮本不統一，又因器械不精，子彈缺乏，殊無作戰能力，有事之日，決不可恃。現宜仿照正規軍隊組織，分為若干團，平時受各省主席之指揮，不再分隸於各軍，但有事時，悉皆受保安司令長官節制，配備機槍快砲，悉與正規軍隊一律，如此則多一地方保安團，即等於增國軍一團，戰時不敷分配之慮可以免矣。訓練民眾，以不妨農工商作業為主，應以一鄉或一保為訓練單位，略仿前代團練成法，有事集而為兵，無事散而為農，每保限購槍若干枝彈若干發，槍彈由官發，以精良可用為主，並應厚加獎勵，以能訓練民眾之縣長為最上考成，其他行政作為次要，就遼寧一省論之，期以三月，則可訓練二三十萬之民眾，以此鉅額援助國軍團隊，勢力自然雄厚，共黨亦不敢輕來嘗試，此其三。上舉三例，應立即予實施，不得稍事猶豫，迅赴事機，猶患其緩，此屬於修戰備者三也。

何謂急先務？即分別緩急，知其所先務之謂，子貢問政於孔子，孔子曰：「足食，足兵，民信之矣」，今日東北之急務，應不外此三項，足兵一項屬於軍事，足食一項屬於經濟，民信一項屬於政治，蓋就孔子之言，求之，亦足概括而無餘，今之東北行轅統轄軍民兩政，於主任下設政治經濟兩委員會，又於行轅之外設東北保安司令長官，而受行轅主任之節制，是於足兵足食民信三者亦各有負責之人及機構，亦不得謂為不知急其先務矣，關於足兵一節，已具上文修軍備一項之中，茲所論者應為足食，民信兩項，就足食一項言，應先確立經濟制度以與東北之農工商業相濟，現所屬行之徵兵徵工徵糧徵物質等項，皆足以影響民生，而使之不安，試問農不安於獻畝，工不安於機杼，商不安於闤闠，國家恃何術以養稅源，人民

恃何物以納稅，然則確立經濟制度，並非當前之急務乎？他姑勿論，近月經濟委員會規定東北大豆之購買及出口，概由中央信託局一手包辦，由其定價收買，壟斷市場，賤入貴出，經手之輩，厚自膏澤，歸公家者所餘亦屬無幾，而猶號稱以百分之八十歸諸地方，此何異弄朝四暮三之故智，而坐視幣值下跌，不及出賣時之半，此豈非愚人政策之尤者乎？為今之計，應另組設農產合作公司，採用理事制，許公正商民參加，不得再用官營事業一手包辦之制度，又應令各路局充分借給車輛，以利運輸，農產暢銷，金融活潑，市場自有生氣，而足食之條件具矣。

再如幣制問題，亦為民生榮枯所繫，吾國幣制亟應全國統一，不容再有單位不同之貨幣存在，凡稍具經濟學常識者，無不知之，今則東北自發流通券，其與國幣比值，初定為一比十三，後改為一比十一點五，而實際所值僅為一與十之比，且有日趨下跌之勢。由於軍政各費日增，生產事業萎縮，有以使之然也，謂國家預算有常程，臨時支出，亦有預備金可供支付，何必多此一種發行權及一種不同單位，而使東北人民多增一層困苦乎？夫琴瑟不調，則改絃而更張之，以言東北幣制，正應改絃更張，改更之策，莫如統一幣制，俾與內地一律，此應當機立斷，無庸躊躇者也。就民信一項言，應莫急於心理建設。或謂心理建設，應從講學做起，一當如王守仁之在明中葉，二當如曾國藩之在清季世，故此二氏亦能統兵破敵，大收講學之效，然樹人之計，遠則百年，近亦十餘年，未可責效於旦夕之間日，管仲謂衣食足始知禮義，孔子謂先富後教，是則足食在先，民信在後，衣食不足，何暇受教，故必民生安定，社會繁榮，而後可談心理建設也。即如徵兵一節，本為國民應負之務，然公務員子弟可以有術避免，而農民則否，法令規定應入伍者，不過為年屆二十一歲之人，今日徵二十九歲新兵，入伍例應於訓練一年後編入正兵，今則入伍不久即調前線作戰，又二年之後例應退伍，今則長年遠戍，更無退伍之期，以此而言心理建設，則適得其反，即失信於民，何能再談民信，嘗謂東北居民擁有五十畝以上之資產者，實佔十分之七八，又皆為社會中堅人物，畏共黨如蛇蠍，日盼政府之勞來安築，此種傾向中央之心理，不待建設而已足，故今惟農安於畎畝，工安於機杼，商安於闤闠，如此乃可使人民深信而不疑，此屬於急先務者四也。

綜上所陳四事，皆就犖犖大端，略舉綱領，用備聽來，屬於明權責一項有為中樞所已付予將軍者，設不能盡其權責，此責任應由將軍負之，其

咎不在中樞也，若為所未付予之權責，而為應付危局所必具者，將軍既受命中樞，專閫一方，應向中樞陳明原委，必得請而後已，否則即以去就爭之，前代受命專閫之疆師，有賜尚方劍之前例，即以曾國藩之節制四省，凡巡撫提督以下文武大員，亦無不能警懼聽命，蓋於此著稍一放鬆，則一切措施皆無精神可言，至於紀律嚴明，不過為實施權責之表現，能將權責貫徹於下方，則紀律不期嚴而自嚴矣，若乃修戰備急先務二者，實為必須屬行之件，無論未來之共黨情勢如何嚴重，但在我應作未雨之綢繆，充分準備，乃可以應敵，而不致為敵所乘，在我對於足兵足食民信之三條件，皆有充分之發展，而取得相資相成之勢，則共黨任可凶狡皆不足畏，孔子嘗以「臨事而懼，好謀而成」八字詔人，范文子於晉人勝楚之際，獨曰外寧必有內憂，此即臨事而懼之旨也，此所謂懼，非張皇失措之謂，乃謹慎之士，乃可付以大事，如諸葛亮是尊，將軍能重念賈誼之言，以抱火厝之積薪為懼，時時如臨大敵，日討東北之軍若民而申儆之，凡屬不急之務，皆應置為緩圖，如此則東北局勢乃可有恃，而無恐。作相等樗散下材，識見短淺，對於軍民大政何敢妄有陳說？特以盱衡時局，心所謂危，不敢緘默，用是直達胃臆，貢之左右，倘荷　恕其愚狂，見諸實施，曷任感幸，專此敬陳

祇頌

勛祺

張作相　王樹翰三十六年七月

第六編

中國在抗日勝利後之厄運
——民國卅六年至卅八年
（西元一九四七年—一九四九年）

第一章 日本投降後之中國

第二次世界大戰之後（即一九四五年），戰敗如德、意、日等國之悲慘且不論，即戰勝諸國，亦莫不千瘡百孔，力盡精疲，其間如美如澳，遠隔重洋，災害尚淺，即素稱富強之英、法，同屬陷於窮困，未能例外。至蘇俄在戰後之轉禍爲福，赤燄益張，要皆憑其天時地利，加之陰賊險狼之人謀，能玩弄諸友邦於股掌之上，巧取強奪之所致。我中國在孤軍抗日以前，掄指十餘年，已有其時作時輟之內戰，元氣用索，國脈傷殘。八年抗日之後，舉目無隙地，又有其如蛇如蠍之赤禍，到處橫流，人民嗟怨，生活恫搖。

第一節 中美之關係

中美關係歷經磨難。美國先有雅爾達協定，剮我之肉，補人之瘡，不足更加以威脅。加上中美之間爲了史迪威，受害不淺。史迪威之人格與能力，俱不足以爲高級統帥或幕僚長。就其在東方之言行即可證明。

（一）史氏人格之卑鄙險詐可於其一九四四年兩次向華盛頓報告中見之。九月廿二日史氏向參謀總長報告其時對蔣委員長行動之估價云：「蔣介石現仍採其素行之政策……實則彼相信吾人在太平洋之進展，已迅速而有效，毋須彼個人再作努力……」。

九月廿六日又報告云：「蔣介石無意對於戰事之推進更作努力，任何人作此努力，必被排斥，或竟予摒除……蔣介石相信彼能繼續運用其如不對其支持則將拆夥之故技，榨取美國之金錢與軍火，彼相信太平洋戰事即將結束，由其拖延之技術，彼可將整個負擔加諸吾人，

彼無意創立任何民主政體，或與共黨組織聯合陣線，彼已成為中國之統一以及抗日合作之主要障礙......現余益信，基於上述理由。美國不能於蔣介石當權之日，自中國獲得任何真正合作......至其現有地位，則固假手於一黨政府反動政策，及以特務人員壓制民主思想等手段以予維持者也」。

（二）史氏能力之薄弱，可於蔣公一九四一年六月十九日所覆余函中見之。六月十九日蔣委員長覆熊團長式輝函云：

「刪電悉，史蒂威事已於宋部長電中略示大意，想已鑒及，中國戰區至今並未有何組織與籌備進行，對於中國戰區至少限度與可能擔負之任務，如空運建立與補充以及空運按月之總量，陸空軍作戰與反攻時期等問題，尚未有何方案，彼（指史氏）等皆視為無足輕重，一若中國戰區之成敗存亡，皆無關其痛癢，此為中(指蔣中正)最近所視察之真相，此人（指史氏）不重視組織與具體方案，及整個實際計畫，彼或未曾習幕僚長業務，或其往昔在華日久，仍以十五年前之目光視我國家與軍人，故事多格格不入，以後美國如再派人，請其勿派前曾駐華之武官，緬戰失敗之原因，確是戰略上錯誤，而彼乃完全歸罪於我高級將領，且謊報羅卓英逃回保山，其實彼自緬甸退卻之先，中已電令彼與羅先到密支那基地佈置防務，羅奉令即往，因中途撞車出軌，交通阻絕，折回溫沙，而彼竟自赴印度，並擅令我軍入印，且彼並未對我有一請示或直接報告（中與史本約有密本平時皆直接通話），於情於理，皆出意外。惟史近病黃膽甚劇，而且為中美國交與保全其友邦榮譽計，不願多言......吾人東方精神，厚於責己，而薄於責人，不願暴露人短，而西方人性格，每因其為己關係，不顧損毀他人之信譽，甚至有礙於大局與其國家之宗旨而亦不恤。中從未曾見推諉罪過，逃避責任，以圖自保有如此之甚者也。照我國之慣例，此次緬戰失敗之責任，應有一軍事審判，方能明白功過之究竟，若此非今

日國際處境之所宜，則不必爲外人道，如其政府願將此事徹底根究，則我可將我高級將領解華盛頓受軍法審判也。」

由以上檔觀之，且不論史氏能力如何，即以其人格言，豈足以爲蔣公之幕僚長或統帥之替身？但羅斯福總統於一九四四年卻堅持，必以史氏於短期內統率中國所有部隊，不知史氏之人格與能力，是昏瞶；知之而猶派遣來華，俾以重任，是愚蠢，其於一九四四年再四致蔣委員長函件如下：

一九四四年七月七日，羅斯福致蔣委員長函：「余以爲現今局勢已極危殆，爲拯救此危局計，所有在華武力，包括中央武力在內，亟須交由一將軍全權予以調度......余擬擢升史迪威爲將官，並建議閣下自緬甸將其召回......授以統率中美各部隊之全權......倘此徹底及即時補救辦法不能立予完成，則影響吾人共同目標之達成，誠非淺鮮」。

蔣委員長覆函：「對上項建議在原則上贊同，惟認爲實施該項建議之第一步，應由羅斯福總統派一信任之美國大員遄赴重慶共策進行」。

按蔣委員長之覆函，措詞委婉，乃國際間應有之禮貌，其中所云「美國大員」自不是臨時擢升爲將官之史氏。「遄赴重慶」，自不是可由緬直接召回之史氏，豈須解說，一閱便明，而羅斯福總統不知是有意抑無意的卻強詞奪理，而一口咬定認爲係蔣委員長之同意，故七月十五日再復來一函如下：

「余甚樂聞閣下在原則上已同意將史迪威將軍置諸閣下直接管轄，授以統率所有中國軍隊之絕對權力......同時余再度促請閣下立採必要步驟，俾史迪威將軍能短期內就任新職」。

按此覆函，一味強執己見，全非對照蔣委員長去函作解答，姑無論史氏是否爲一適當之人選，而此種故事曲解，以之對付並肩作戰友軍之統帥，亦未免意氣太盛。

八月十日,羅斯福總統再向蔣委員長發出如下函件:「余謹建議由余委派赫爾利將軍為余個人代表......關於閣下與史迪威將軍關係之調整,余信其必有貢獻......」。

按史氏乃臨時纔擢升之一將官,必強欲使之來華統率數百萬大軍,且明知其與蔣委長已似薰蕕不能同器,難以協調,猶一意孤行而使赫爾利前來調整關係,此何等輕率,夫豈和衷共濟之道?

八月廿三日,羅斯福總統復有下列函件,催促蔣委員長迅授史迪威將軍以指揮所有中國軍隊之全權。

「......余認為目前軍事所需積極步驟。亟應予以採用,余謹促請閣下立採必要措施,俾史迪威將軍能以短期內在閣下直接管轄下統率中國部隊......,至吾之所以堅請閣下迅授予史迪威將軍以指揮全權者,無非以此事如進行過遲,則於中國及其他盟國早日擊敗日本之計畫或有嚴重影響......,余復以為劃由史迪威將軍統率下之軍隊不應有何限制,舉凡用以保衛中國,攻擊日本之軍隊,均應由其指揮,當敵人正逼近,吾人且有釀成嚴重後果之時,凡能協助吾人殺敵之人,吾人不應拒予借重......」。

按蔣委員長在羅斯福總統再四催迫,仍不敢苟同,而以三軍命脈交於一曾經考驗而決不能勝任的史迪威之手,但其時亦不願中美關係因之而露裂痕,尤其對羅斯福總統之善意,總希望給予時間,俾其能自瞭解,翻然改圖;不意九月初旬羅氏續有如下之函件:

「關於中國戰局最近之報告,使此間參謀長官與余個人深信閣下將於最近面臨一項引為隱憂之重大危機......余於最近數月內,曾一再請求閣下迅採激烈行動,以消弭此一逼近中國及閣下之危機。事至如今,閣下尚未授與史迪威將軍以統率中國部隊之全權,致使華東區域相繼失陷,其可能後果如何,誠難設想。」

按此函乃完全為一種威脅，此函並譯文，乃由赫爾利偕史迪威同時晉謁蔣委員長，函件則由史氏親手呈交。蔣公接閱一過，即以置諸茶几上，未作任何表示，半晌赫爾利乃目矚史迪威，悄然同退。後蔣公即覆電羅斯福總統，請其將史氏撤回，電發數日，猶未得有羅氏覆訊。當時重慶方面，多惑於史氏平日之自我宣傳，曰若彼離華，則美國必將全部人員撤退，且停止一切接濟，因之頗為擔慮。

余適晉謁，蔣公語余以羅氏來電及所覆電內容，余即答曰，祇公有請其撤調之電發出，不必待羅氏覆訊，此事料已成功一半，蓋余在華盛頓時，馬歇爾曾告我：史氏誠其舊屬，然若在華服務，人地不宜，祇須蔣委員長有電來，即可更調，此事主張應是馬歇爾，羅氏決不致堅持前議。後余遍訪重慶諸友，惟宋子文部長與余所見相同，不久羅氏覆電到渝，同意照辦，群乃為之釋然。（上述所註共八件，皆錄自美國白皮書）。

其實，中美邦交素稱敦睦，尤其在此次聯合對日作戰期間，精神物質上之援助更屬難能而可貴，無奈其朝野上下，尤其是在華服務的人們，無不深受有中蘇共產黨宣傳之毒，每於不知不覺中，形成一種對中國的「倒幫忙」。就心理作戰的原則上論之，不獨害了中國，同時也是害了美國自身。當時一種流行的毒詛，徒「長敵人志氣，以掃自己威風」的悲觀言論出於美國人之口者，指不勝屈，茲僅錄「白皮書」中其自述之一段以代表之。

「……美國政府復自使領館之其他來源，接獲種種使人失望之情報……是項報告，對美國主管當局頗有裨益，該項報告所涉範圍甚廣，包括自一九四三年初至一九四五年初兩年以上之期間，當時尚不知對日戰事已近結束，其要點如左：(1)略；(2)略；(3)中共已成為中國最有朝氣之力量；(4)國民黨及國民政府日趨解體；(5)此兩敵對勢力，勢將釀成內戰，從而招致如下之結果：（甲）妨礙抗日戰事；

（乙）迫使中共投向蘇聯；（丙）甚或引起美蘇紛爭；(6)中共終將獲勝，似已無可致疑，蓋以國民政府雖自美國以及其他外國獲得援助，然而該項援助，究不足以彌補其本身在組織上之弱點；(7)在此不幸之矛盾局面中，美國應就中國各項政治力量，以和平步驟重新予以調整，藉以避免內戰，達到此一目的之最適當方法，莫若鼓勵國民黨之革新，能在聯合政府內成一主要力量，此舉如告失敗，則吾人應擺脫國民黨之牽累，而開始與必將統治中國之共產黨取得若干合作，俾能保持獨立地位，並對美國親善……；(8)上項政策：對吾人戰事亦有相當幫助，此點在吾人對日作戰中，應為主要考慮。」

美國朝野上下，歷年以來，口口聲聲都說幫助我政府是「防止共產黨」，國際間包括蘇俄在內，亦並不會承認中共為一政府或交戰團體，而馬歇爾偏要自說自話的替中國共產黨之非法武力平昇一格，把他和與美國並肩作戰的友邦中華民國國民政府，視為「中國兩大集團」交戰中的各一造，在白皮書中有云：

「關於美國軍事援華之計畫，馬歇爾所處之地位實為尷尬，蓋彼一面充任中國兩大集團之調人，而美國政府在另一面又繼續供給軍械軍火於其中之一造，即國民政府。因此乃於八月暫行停止援華計畫中可能與繼續從事中國內戰有關之若干部份，停止軍事物資中作戰用品輸出之許可證。至九月底由太平洋區域運華之作戰用品遂暫告中止。」

中共深切瞭解美國人心理之厭惡共產主義，但其政府乃至外國官員中，已有不少之共產黨員或其同路人之滲透，而一般則又是天真得可欺的，故儘量假裝，避免成為厭惡之目標而自宣傳為土地改革之民主份子，茲但摘舉羅斯福總統之代表赫爾利在一九四五年之觀察云（見白皮書）：「……共產黨實際並非共產黨，而實際係為民主原則而奮鬥。」

其實，共產國際及蘇聯之與中共實為一體，有如公孫三代父子之親，決非國際間任何友邦或盟國可相比擬，中共一切行動無時不受共產國際之指導與蘇聯之扶掖，美國人夢想，猶時存懷柔中共，欲其轉向美國親善，而不投入蘇聯懷抱，受人玩弄於股掌之上，至死不悟。茲但摘舉一九四四年羅斯福代表赫爾利及另一代表戰時生產局局長納爾遜在莫斯科與莫洛托夫談話，彼等認為重要而可信，並經常提及於嗣後各報告中且曾於十二月間發表論述，頗自以為得意的說服了蔣委員長，已使之相信：（見白皮書）

「……莫洛托夫嗣謂：中國若干地區之人民，確甚貧苦，彼等因不滿現狀，而自稱為共產黨，實與共產主義毫不相涉，一旦經濟有所改善，彼等必將其目前政治傾向置諸腦後，蘇聯政府不應與此等共產份子有所聯繫，且從任何方面而言，亦不能任此情勢之咎，整個局勢之解決，端在使中國政府能為大眾服務，具有擔當艱鉅之能力，並給予人民以比較正常之生活。莫洛托夫最後稱：倘美國能助成中國之統一，軍事及經濟情形之改善，及選擇最佳人選擔任是項工作，則蘇聯方面將至感欣慰」。

「當余（赫氏自稱）初抵重慶之時（即九月間）蔣氏認定中共為蘇聯政府工具，蔣氏現在（指十二月間）已相信蘇聯除否認中共為真正共產黨外，並有如下態度（一）不援助中共。（二）不望中國有內戰或其他內部糾紛。（三）願與中國保持協諧關係」。

一九四五年二月四日，赫氏向國務院報告中又復提出莫氏之言：「一、所謂中國共產黨事實上並非共產黨。二、蘇聯並不支持中國共產黨。三、蘇聯決不期望中國分裂或內戰。四、蘇聯對中國待遇在華蘇僑頗感不滿，但仍坦白希望在華關係日臻密切與和諧……」

美國以為國民政府應採取民主方式（即任共產黨之主張組織聯合政府），迅與共產黨組織聯合政府，消滅內戰。其實，共產黨先天性

是不可與人合作的,過去中國之廣州、漢口、以及近來世界各地之粉紅色政府,無不隙末凶終,是世所皆知的事實,美國慷他人慨,又欲以中國來做一次實驗。中國共產黨之非法武裝,經過數度之調處,而無形的已使之合法化。共產黨世界其他國家亦常有之,祇應視同政黨之一,而不是與政府可以相提並論之另一政府,但經過數度之協商,則無形的又使之形成一個儼同世界已承認之邊區政府,於是我欲求和平,反不能和平,求民主更不能得民主,蓋共產黨之行動素不和平,而其本質尤非民主,特美國人之釋信易欺,自墮於共產黨之圈套而不自知耳。(見白皮書)。

「一九四六年八月十日杜魯門總統致蔣委員長函,對於中國惡化之情勢,及國共雙方極端份子自私之行動,表示關切,彼述及一種日見加強之信念,認為有人正企圖對於解決主要之社會問題,寧訴諸武力而不願取民主方式,彼謂美國政府與人民,仍堅決希望協助中國在一真正民主政府之下,完成永久和平及穩定之經濟,但除非能於短期內提出確切證明,使人相信關於和平解決中國內部問題,已獲真實進展,則杜氏將有重定美國立場,並向美國人民解釋之必要」。

「八月廿八日蔣委員長之答覆,將戰之咎,歸諸中共,並指責中共政策之目的,係在用武力奪取政權,推翻政府,及建立極權政體,後彼謂國民政府之僚屬固犯有過失,但如與中共之破壞行為比較,則甚微小,而國府對違令之部屬已予嚴厲之處分,彼宣佈其擴大政府基礎,容納各黨各派及無黨無派人士之政策,並謂其能否成功,端視中共對國府呼籲所具之誠意如何」。

「八月卅一日杜魯門總統再致蔣委員長函:強調必須藉政治統一之方式,以迅速結束中國之內戰,方能便於美國實行援助中國復興工業與農業之計畫。」

關於組織聯合政府一事，美國以前百端縱容及後明白了受人欺弄乃翻然改圖，迄至一九四八年，始有杜魯門總統招待記者之談話，以及八月間美駐華大使館之建議與馬歇爾國務卿對大使館之指示：

「三月十一日杜魯門總統對記者之談話……吾人力之所及，實不願任何共產黨人士存在於中國政府或其他地方」。

「八月十日美駐華大使館之建議：（一）鑒於以往世界各地聯合政府之情形，「美國將力求阻止組織包括共產黨之聯合政府，且以為繼續並加強援助國民政府或為太遲，但係達到此項目的之最佳方法」。（二）如情形演變結果，須對中共作相當讓步時，「美國力量應用於設法停止戰鬥，惟須中國分成若干極不關聯之聯邦為基礎，此項聯邦之地域分劃，儘可能使無中共參加之各邦政府，在中國留有最大部份之土地」。（三）如中國恢復區域制度，則美國將供給經濟援助與各區域政府，以增強其地位，俾使中國人民反共之特性，得以顯現，因而等於減弱彼等對中共之同情」。

「八月十二日國務卿復指示大使館參考下列各點：（一）美國政府對有中共參加之中國聯合政府，不得直接或間接予以任何支持，鼓勵或認可之表示。（二）美國政府無意再為中國作調停人」。

另外，美國以為國民黨乃至國民政府已腐敗而不可救藥。其實，國民黨有其數十年來與共產黨周旋之經驗，國民政府揹著十餘年中國內亂以及八年抗日戰爭後瘡痍滿目的重大包袱，其一切應付之未能盡如人意者誠然有之，此時友邦不稍設身處地的寄予同情，反受共產黨之利用。中共抄襲列寧對付克寧斯基政府之故技，儘量喧染政府之腐敗貪汙無能，宣傳於內外。而美國一犬吠影百犬吠聲的做了共產黨的義務宣傳員，一九四三年初至一九四五年初美國當局所接得美國外交人員、遠東專家、戰區工作聯絡人員等之失敗主義悲觀論調之報告，不勝枚舉。茲但摭拾所謂美國特使，所謂美國總統代表之魏得邁於一

九四七年八月廿二日在南京所發表之聲明，以作各種謬妄報告之總代表。

魏德邁來華僅僅一個月，彼至各主要城市訪問，多著意與一般失意政客或中共同路人接談，自命為深入下層，可以掘發黑暗一面之真像，不知以耳代目，察察為明者，已被奸人牽著牛鼻子，鑽進了他人圈套而不自知。據胡適之語人云，魏氏無科學頭腦，與彼晤談，痛詆杜聿明，謂曾在東北刮有兩列車古董進關，胡氏問何年何月？何地起卸？何人見證？科學時代的吾人，不應道聽塗說，作不能求證之妄語，魏氏啞然無以應。彼到瀋陽時，余曾以茶會招待之，備有牛肉小片作點心，彼且食且舉以示余曰：「作戰士兵需要此物」，余漫應之曰，此以享嘉賓，士兵有士兵規定之肉類食品，夫以一身著中將軍服之總統代表，有如是輕率不禮貌之語言，向我胡扯，宜其到處狂妄見人亂罵也。

「八月廿二日魏德邁在國府委員及各部會首長聯席會上發表演說，蔣委員長及夫人與美國大使均在座，其演辭中，對政府軍事之措施，及國軍將校痛罵為腐敗與無能，聲稱國民政府不能以兵力擊敗中共，祇能從事即時將政治與經濟狀況之改進，贏得中國人民忠忱熱烈及實際之支持，彼更強調此等改革之有效與及時，將決定國民政府之成功與失敗……」

按上述魏氏演詞，完全是中共向我欲言而未能痛快出諸於其口者，所謂心理作戰中攻心之毒質宣傳，一一借此蠢才魏氏如蓮之舌盡情而傾吐之，據「白皮書」所載，其後猶有司徒大使一段畫蛇添足之報告如下：

「魏氏演詞，人皆認為逆耳，蓋與會人員，大半為舊式學者」。

按細味司徒之言，隱約是以己及魏氏為新式學者而自居，美國派遣此類糊塗東西，來濫竽大使特使之任，焉得有不自誤誤人者。「八

月廿四日魏德邁離華時在南京發表之聲明......今日之中央政府，祇需將其當權人物之貪汙無能者，免除其在中央及地方所在職位，即能獲得並保持中國大多數人民一般熱烈之支持......欲重獲與掌握人民信仰，中央政府必須實施即時的、激烈的及廣泛的，政治與經濟改革，空談不再有效，實踐方屬必要，政府並須承認：武力本身，決不能消滅共產主義」。

第二節 中蘇之關係

中國在八年抗戰疲憊之餘，歸馬放牛，休養生息，猶恐恢復之不濟，何況兵連禍結，喘息不遑。赤匪與蘇俄乘間抵隙，內外呼應，來相凌逼，我仍欲如抗日之初，以孤軍與之周旋，幾何不見其勢窮而力絀，議者猶以當時政府貪汙無能，以致政治無法清明，財政經濟頻於崩潰，黨之領導無方，因選舉而愈失人心，軍之措施失策，因裁編而更喪士氣，乃大陸失敗軍事以外之最大原因。此固亦為一部份事實，而皆盲人摸象，要為不識大體各執一端之言。

或曰：孟子言戰，重在「約與國」；孫子談兵，重在「上攻交」。惜當日我政府似未慮及於此，但一九四四年我忍氣吞聲的遷就羅斯福雅爾達之協定，而訂立中蘇友好同盟，一九四五年強顏耐心的勉從馬歇爾軍事調處，似已委曲求全，盡其以弱事強之能事，自問當可無所獲罪於美蘇，但一方面美國有其主觀認識之錯誤，以為中國共產黨不是真正的共產黨。

舉凡可以助長敵燄，瓦解我之民心士氣者，蘇俄無所不用其極，明明是我並肩作戰之盟邦，又似將由友之化而為敵也。繼有蘇俄強迫造成莫斯科友好同盟之訂立，盜人之鈴，掩己之耳，猶有不足，再加以明目張膽之劫奪東北。更不惜其精神物資併力以扶植中共，舉凡可

以離間我友邦者,無所不用其極,明明是處心積慮以謀我之敵,反而獸心人面,口蜜腹劍的由敵之裝而為友也。

蘇聯有其先天性侵略之野心,必須恢復帝俄時代在東方所已獲得之權益。例如,一九四五年二月十一日,美英蘇在雅爾達簽訂之協定,蘇聯加入對日作戰之各項政治條件,已充分暴露出其對東方侵略的真面目,其原文如下:

「三大國領袖,蘇美英同意在德國投降及歐洲戰事結束後兩月或三月內,蘇聯應加入同盟國方面對日作戰其條件為:(一)外蒙古現狀(蒙古人民共和國)應予保持。(二)俄國前於一九〇四年日本偷襲侵害之權利應予恢復:甲、庫頁島南部及其附屬各島嶼應歸還蘇聯;乙、大連商港應予國際化,蘇聯在該港之優越利益,應予妥保,並恢復旅順租予蘇聯為海軍根據地;丙、通達大連之中東鐵路,及南滿鐵路,由中蘇各設之公司共同管理,並經諒解蘇聯之優越權利應予保障,中國保留在東北主權之完整。(三)庫頁島應交還蘇聯。協定中關於外蒙古及上述之港口與鐵路,應得蔣介石委員長之同意,依據史太林元帥之建議,羅斯福總統將採步驟以獲得此項同意。」

而且,蘇聯必須扶植中國共產黨奪取政權。例如,一九四五年九月十日美駐蘇大使館致國務院電云:「……根據最近廣播,中國共產黨軍隊,曾奉共產國際命,進入東北與蘇軍合作,接受日本投降,蘇聯當局及其同情者,在蘇軍撤退以後,自將在東北鼓勵利用此種共產黨軍隊治理東北。……同時蘇聯共產黨能繼續支持中國共產黨民主化計畫,並以政治壓力迫使國民政府妥協……」。

美蘇隱衷皆各有其本身之利害,彼已與我無相「與」相「交」之必要,我雖不曾疏慮,其何能以強求?或又曰:孫子言戰「非力不動,非得不用,非圖不戰」,當時既自知其勢窮力絀,則當「不合於利而止」(孫子),奈何不貫徹馬歇爾之主張軍事調解,政治協商,

委曲求全地組織聯合政府,而「以怒而興師」「慍而致戰」(孫子)。在一九四八年共匪軍力數量雖多,質量猶劣,主戰者亦知兵之動之未必利,用之未必得,而環境之惡劣,岌岌不可終日,此孫子所謂「非危不戰」之時也,亦未可以主戰為非破釜沉舟,背城借一之壯舉,果俔俔伈伈遷就而與共產黨組織聯合政府,不獨以往中國廣州、漢口容共之前車可鑑,即最近世界各地其他粉紅色政府之覆轍,誰肯明知而故蹈?至一九四八年以馬歇爾之顢頇,亦自覺其以前主張與中共合作之謬妄,出爾返爾的而有八月十二日對駐華大使館之指示云:「美國政府對有中共參加之中國聯合政府,不得直接或間接予以任何支持、鼓勵、或認可之表示」(見白皮書)。馬氏慷他人之慨,翻然改圖,言之固易,而我若盲從組織聯合政府,疽已附骨,割之也難,此蔣公明智之所以未予曲從其請,此蔣公英勇之所以寧危而戰也。

第二章　平京局勢漸感不安

第一節　北平退居

　　民國三十六年。九月六日 天高氣爽，心靜神寧，閑思一代興亡，儻有數在，白香山寓言題僧詩有云：「劫風火起焚荒宅，苦海波生蕩破船，力小無因救焚溺，清涼山下且安禪。」時局如斯，不可則止，我且將以舊都作清涼山下居之。懸車養病，閉戶讀書；但以今日之天心人事覘來，又不知能有一、二年時間之餘裕否？

　　整日孫連仲、張伯瑾、杜建時、萬福麟等十餘人及新聞記者三十餘人，先後來訪，談時事，問出處，皆簡單以答，謂將在平就醫，暫不他往。

　　七日 奉總裁由牯嶺來魚電云：「望早日來京襄助，並參加全會為盼」。當即覆電云：「耳病在平治療，擬俟稍痊，再晉京請訓，全會已專電請假」。同時分函吳秘書長鐵城、張院長岳軍，告以療疾及請假等事，並謝此次得卸仔肩，極感關懷，自今不願從政，惟望大局平靜，容有一二年時間就醫乃為大幸，因病暫不能赴京。

　　昨接張院長申支電約赴京，函謝之如次：

　　　「岳軍吾兄勛鑒申支電敬悉，弟五日抵平，即將赴院檢查身體；近以耳疾，頗感苦惱，曩日無暇顧及，延誤至今，茲決在平徹底療治，即費一、二年時間亦所不計，因此不擬南行，而未能聚首都門一洗渴塵，祇有悵惘，此次得卸仔肩，極感關切，從今誓不作官，留得少許精神日力讀書。兄必許其知所自量歟？忽不盡懷，耑此敬頌

勛祺

　　弟　熊式輝敬啟　九月七日」

覆吳秘書長函如下：

　　「鐵城吾兄勛鑒：辱書至感關懷，弟患耳鳴有年，時愈時作，曩以無暇顧及，延誤已久，今故留平治療，平日讀書太少，亦欲藉養病可以稍事補充，但望有一、二年時間之餘裕，不知天如人願，時局亦能允許否，心實為之懸懸。勿謂言之過甚耶？江雲在望，不盡神馳，忽此復頌

　　黨祺

　　弟　熊式輝　敬啟　九月七日」

十九日　馮委員庸來書存問，並摭拾流言以示關懷，覆之如次：

　　「獨慎吾兄勛鑒，風雨同舟，別後無時已懷，辱書至感存念，輝解職來平，適以耳疾加甚，多年未治，不欲再誤，即暫留平就醫，亦以藉資休息，除鷲之馬，身心一輕，非可言喻，承示傳聞各節，殊不足道，是非之口，祇宜置之，流言止於智者，望相與一笑，不聽自敗，輝幸得一時自在，寧復為計較耶？復頌

　　時祺

　　　熊式輝　敬啟　九月十九日」

二十日　與胡家鳳、張群、王又庸、溫晉城、鄒靜陶、徐晴嵐、運（老羽，老在上、羽在下）等餐敘，晉城等主張余應赴京一行，靜陶等則主張從緩，余意仍在可止則止，不欲前往又自惹近政治漩渦。

　　群言陳誠接事後，對於軍紀政風之整飭，雷厲風行，人心為之一振。余曰：陳之鋒銳，極為可佩。各人處事，各有作風不同，又因觀

點立場亦未必一致,故所表現當然兩樣。陳一到東北諸能措置裕如,皆為余所不及者,權力不同也,當余在任時,對軍隊有統轄之名,無節制之實,對黨務團務,不但實際不能過問,且反受其牽制,政治之用人行政,亦祇賴預算為之控制,得以稍稍行使其監督之權,而重要人事之更換,如大連、瀋陽市長之調動等,仍事前不得與聞,行轅有若弁髦,陳以參謀總長地位兼攝,於上述一切自無困難可言。當時我們若稍事操切,則裂痕立見,為仇者快,眾亦釋然。

廿四日 胡家鳳、溫晉城來談:彼等明早赴津轉京,溫曰願余作黨內藺相如,胡曰黨內無人是廉頗,余一笑置之,溫曰東北黨務壞於朱家驊之拉扯,人固有其偏見也。近日瀋陽來人過談,無不以行營新任(指陳)對前任(指余)猶多未甚瞭解然;此殆由於陳之輕信易言,以致每每現諸辭色,滋人誤會,因念余在東北兩年,應無任何私隱,足貽人口實,有之必為奸人造作,故事挑撥者,此固無傷於余,恐將有以誤陳耳。劍霞來晤,談及云相與喟然,因作一書託其便帶瀋致陳如次:

「辭修吾兄勛鑒:別後抵平,適以耳疾加劇,乃暫留此就醫,兩週以來,道路傳言,殊多可笑,尤以自瀋來者為甚,其中且有含挑撥意味者弟固不以為意,深慮是非之口,未必祇限於北平有之,萬一在瀋陽兄亦有所聞,願加留意,細為審察。吾儕相交廿載,公誼私情決不應為人戲弄,淆亂黑白,致抹煞人格,互啟猜疑也,此日世風漓薄,人心詭譎,凡有所聞,必先查證確實,方可現諸辭色,否則難免不為人所利用。

高明以為何如?余託霞兄代達,不盡一一,忽此即頌
勛祺
弟 熊式輝敬啟 九月廿四日」

廿五日　張院長群由瀋視察回平，過談，曰陳對余多稱能忍耐，有涵養。並無指摘之詞，又曰京中如再電催赴京，不可久留平，至將來願否再負任何新任務，當可自由，但似不宜拒之太甚，因今日國家環境仍在惡劣之中。余曰功罪在事，毀譽在人，皆不足論，匹夫之責，所未敢忘，但余此後決不復作官，耳病非短期可痊，惟願大局能有一兩年時間之安全，容留余於平就醫，此時不擬赴京。

廿七日　自念入關以來，返吾初服，方以自幸，不意在平養病未及一月，而流言遠播，及於南昌，李委員德釗馳函存問，覆謝之如次：

「劭周吾兄勛鑒，奉書承示謠傳各節，至感關懷，輝亦偶有所聞，皆一笑置之矣，為官是義務，不是權利，世無人願作終身之官。輝二十年來為國家服務，曾無一日自在，心力交瘁，厭倦已深，似亦應可許其稍事清閒，不意勞肩甫卸，外間便有如許猜測，不謂其為犯罪，便疑其為被斥，此種唯官主義社會，直欲逼人生不離官，死猶帶爵方休，封建意識之遺毒何足道哉？高明當亦以為然也，復頌

勛綏

熊式輝　敬啟　九月廿七日」

廿八日　盧漢主席由瀋觀光回平，過談云：二十二師在錦西損失二團，副師長自殺，四十九軍損失兩師以上，聞此種現象為東北對匪作戰從未曾有，經過長、吉、瀋、錦，所見文武官員俱動搖不安，陳總長本人亦頗懊喪。

三十日　王委員次甫由瀋陽觀光返平來晤，云：在瀋與鄭洞國、焦石齋等談，公在東北，凡所統率部隊，素無隸屬關係，自來習慣皆不易指揮，然兩年來作戰，區處裕如，聞初不免有多少疑忌，後經感

召,莫不精誠相與,上下一心,雖外間仍不斷有人從事於挑撥離間,終屬徒勞。從來作戰,除戰場上例有傷亡外,絕無整個部隊被匪吞蝕者,今則不然,一般人心皆為惶恐。

近日由瀋來平晤談之人,每多如盧、王兩君好作悲觀之論,此殆陳誠接事後雷厲風行的整飭軍紀政風所造成之不安現象,未必盡為事實。

十月一日 接陳誠覆書如次:

「天翼我兄勛鑒:劍霞兄來瀋奉讀手示、敬悉我兄蒞平後小住就醫,至為繫念,承示道路傳言,瀋中尚無所聞,縱有弟亦決不輕信,我輩相交廿年,精誠無間,且均為委座幹部,在反動者,固惟恐吾人不分,而吾人之互信,弟以為決非任何人所能動搖也。專肅奉覆,並頌

勛綏

弟 陳誠 十月一日」

十月四日 總裁蒞,將飛瀋視察,下午晉謁,報告交卸後在平治療耳病。談東北軍事,以為可慮。余曰:如有增援,則宜從速,未知山東方面有部隊可抽調否?總裁言魯境匪待清勦,一時不能抽兵。問東北匪軍兵力及新兵補充難易。余概陳匪之實力後,特別指出匪軍用硬拉軟騙方法,就地補充較我為速。但以敵我現在情勢論,若我無何錯誤,不為匪所乘,應暫無可慮,問瀋錦間車程,答:需半日。言及杜聿明事,余曰一部份東北人欲藉外人之口故毀之耳。因述王化一與魏德邁往來情形,及胡適面斥魏德邁妄信人言杜運兩列車古物入關,毫無證據之荒謬。應請明察。後承囑赴京任職,余亦不解何事,但表示不願再擔負任何職務,今耳疾待療,願暫留平。

九日　總裁自瀋返平，行轅召見，承示赴瀋視察情形，以為軍事可漸穩定，謂將返京，命余亦即前往。余答時事艱難，固當效力，但自顧不能有何獻替，請俟耳疾稍愈再行。

月來瀋陽與平津之間，時多誣蔑前東北行轅言論，尤其是天津期世報及另兩小報，不斷造謠，胡家鳳、關吉玉等迭勸早日赴京，以免外間多所猜測，所有朋友，除胡適贊同余暫休者外，無不主張余赴京消弭是非者，乃與杜建時、鄒陶商談，決定赴京一行，續任官職與否，自可不受任何拘束，自己抉擇。

十日　柳克述來談，以為國事前途，雖不定悲觀，但艱難殊甚，徐學禹、鄭彥棻、劉博崑、上官紀青等先後來談，則皆悲觀之論。

廿三日　朱代傑來言大局殊可慮，陳誠在東北情況甚危險。

廿四日　楊焯庵由瀋來平，代達陳言三事：（一）瀋平間挑撥之言定多，望注意，彼決不致受人愚，亦未聞及，在平當不少此類事，願亦勿理，又自曰主席幹部數人，豈容奸人離間。（二）彼對余絕無何不諒解，即有人挑撥，亦絕不受者。（三）曰余在東北時，第二處未努力，致使余對外間奸匪活動不及知，最近伊已捕獲匪諜七十餘人（其實此案乃北平查獲並非伊在東北發現者）。又第一處戴處長誤余事不少（其實戴主辦人事承轉而已，決說不上誤事）。又黨與團俱受奸匪離間與余搗亂（其實國防部之掣肘甚於黨與團）。又東北匯入關內之款數在五千萬以上，共三十餘起已查出收受機關，乃利用銀行私自匯出者，此等匯款，無一件與熊先生有何關係者。以上各事務轉達熊先生云云。來說是非者，便是是非人，此地無銀三百兩，又何必多費唇舌，匯款無一件與熊某有何關係，必待查而後知之，已帶三分侮辱。不知今日狡匪環伺，乘間竊發，不於軍事竭其心力，作未雨綢繆，而斤斤於瑣碎以整飭軍紀政風之美名，驅除異己，而快私仇，一旦匪軍反攻，殆矣，此之所謂不務正業者歟？

晤李主任宗仁,知石家莊北來之羅軍四個團全被匪虜,現頗感束手,據言陳總長,要抽傅軍一部出關,北平方面乃不得不撤出石家莊之羅軍來填防,因無陸空運輸工具,徒步出發,被匪旁擊。

下午見東北情報主任文強,彼頃由瀋飛來者,言東北情形殊惡劣,軍隊損失,計有國軍正式部隊十二個團,保安暫編師三個團,及一個師情況不明(N1A 一團和 49A 四團欠 20W、53A 四團欠一營,93A 二團、T57D 三團、T51D 情況不明),黨政工作全停歇,軍事陳總長已不復有主張,糧源剩遼寧四個縣,煤源營城子已失守,阜新撫順被攻,北票亦被攻,阜新且被大破壞,各將領及東北人士俱甚失望云云。

廿五日 見王捷三(行轅行務處長,陝人,曾任教育廳長,及胡宗南秘書長)言祝主席紹周,胡總司令宗南用浙江人,頗失地方人心,胡治軍直接操人事權,致使軍中缺乏情感,故戰力甚弱,現十八個旅已損失其五,陝晉局勢可危。

廿六日 見焦石齋,據告瀋陽情形岌岌可危,鄭洞國、廖耀湘等皆言軍無鬥志。陳總長事事有主張,惟於作戰無主張。見關吉玉,曰東北危險,糧煤俱成問題,若六個月以內不能將匪擊潰,則將形成一有強大力量之國際武力,東北之匪不能以與關內之匪等量齊觀,對陳少批評,但曰政治已就擱淺。

第二節 南京之奔走

來平月餘,所見所聞,皆足增人憂念,河北地方,除北平市之外,所在多有共匪之竄擾,近因東北軍事稍受頓挫,陳誠主任以兼參謀總長名義,令北平行轅強抽傅作義軍之一部出關,致忽遽而調石家莊前來填防之羅軍四個團,全被匪虜,北平為之震動,愈感空虛,加

之錦州至山海關鐵路時被截斷，東北謠諑紛紜，人心搖動，整個北方之軍事部署，非重加調整不可。李宗仁主任向余蹙額，自言束手莫辦。

十月三十日　余由平飛滬，館於張嘉璈官舍。

三十一日　與張嘉璈、張君勱（時任中國民主社會黨主席—編者注）等談大局，俱云：最近三個月甚危險，宜在南京與諸友研究對策，輔助元首，對美軍無人留心，不思爭取，欲坐待人來相助，不是辦法。王世杰敬事，但少魄力，張群無主張，人詬之云：「天天開會，人人握手，事事交辦，件件不決」。余曰彼亦何能一手撐天？當今是非不明，大亂之源，在平曾覆鐵城函，囑毋怠意，以今日之天心人事觀之，恐亦難及兩稔。動身前所聞平津諸友言，可為寒心，事關氣數，豈一二人所能為力？明莊烈帝猶說：雖天數，亦賴人事挽回，吾人當然不容坐視，余自赴京，但絕不擔負任何機關一部門責任，祇願從旁盡其匹夫之責，伊等亦頗謂然。余復云：今日燃眉之急，固為軍事，但物價少予安定，亦不可緩，兄等宜速設法；君邁云：國防部必須改造，余曰赴京當加研討。

十一月二日　余由滬抵京，與張群、王世杰、吳鐵城、朱家驊、陳佈雷、黃紹竑等晤談，孫院長、白部長處，下午走訪，皆未及多談。

三日晚　總裁召餐在座有劉斐等八人，略言及北方情事，中央殆亦接有電報，餐前談片刻，猶承詢以設計考核事，余惶恐不知所對，此何時也，「不問蒼生問鬼神」，原擬陳述之詞，因在座人多，止而未發，便辭出。

四日　兩日在京所見所聞：黨於選舉以前難期改進，政在敷衍，無所作為，軍祇維持現狀，不易能求變動，一切作風皆已殭化，暮氣沉沉，敗亡當不出一、二年之內。余亦應勿妄期奇跡能有突變。

五日 曾慕韓、劉東岩來談時局，並告其所與魏德邁、周以德談話情形，勸余留京長內政，或赴美爭取援助。又曰張群太和平，無殺著。

訪王世杰談外交近情，余詢魏德邁對東北主張：何以有謂其主張放棄東北者，（總裁電及胡適、于斌等面告），有謂其深恐中國不能保持，故特來華者（張嘉璈、羅時實等面告）。彼曰魏氏離美時，美報確有主張縮短防線者，彼在美亦曾力正其謬，魏氏在華有無其主張不可知。有謂我國某銀行家曾為是言者。又魏氏曾妄言東北宜由四國代管，彼亦曾力加駁斥云云。

晚赴張群院長官邸餐敘，與張嘉璈等共談時局，張群院長意甚覺轉移之不易，敷陳困難，旨在操輛破汽車，送一部憲法交至下一次國民大會了事云云，余曰亦當盡人事以聽天命，相與默然而散。

七日 訪白崇禧談戰局，先述東北緊張情形，知無兵可派往援，伊主不得已時寧放棄吉長，談長江軍事，伊云：已奉命將往九江設指揮機構，不便言辭，已召湘鄂贛皖豫各省主席來京會商防務，由伊主持。

九日 主席官邸召見，在座有陳佈雷，先談宣傳事，余言對外對內皆缺乏。故外無同情之與國，內而人心士氣皆不振作，此時鼓舞人心振作士氣實為急務。次言及余當掛一主持設計考核事名義，余謂無此必要。出佈雷更言，主席之意，在留君為政治參謀，使有一機關可用若干助手，並非考設工作望在今日推動之。余慨然曰，一切反綜覈名實之措施，正所以造成今日危亡局面，君何不為主席言之？

晚與白崇禧會談，彼云（一）不願赴潯設指揮所，（二）言大局危機及陳某某輕舉妄動，相與慨然，囑與張院長群談之。訪張群，告以昨與白崇禧晤談事。並得知徐州附近日來情況更緊急。

十日 劉斐來談，覺軍事之嚴重性逐漸增大。訪吳鼎昌，述以昨在主席前所談各事，並談大局近況。彼云：凡是自己造成之局面，自己不易改變，主席及張院長之處境俱如此。並云：彼於主席近亦不復如前之時有建議，蓋已缺乏其刺激性。

十二日 與張治中遊五洲公園，談時局，以為至此嚴重階段，應共促張院長積極負責，當分別往與商談。

十三日 與張治中共訪張群，商補救辦法，約日內邀集吳鼎昌、吳鐵城、白崇禧等共同討論。

十四日 訪白崇禧，並約明日往與張院長共談，彼言陳某之輕率謬妄處，難以彌縫，又曰明日會談不宜有吳某參與，某神志不清，難以守密，深有同感。

十五日 黃紹竑來談：京滬空虛，各省空虛，石門陷後，匪北竄則平津危險，南竄則長江動搖。又云：無錫鄉間有匪潛伏，揭示反徵糧，諸暨等縣有匪之第二重政府，特當事不敢報云。赴張院長處會談，到有吳鼎昌、吳鐵城、白崇禧、張治中等。張院長云：劉斐條陳，主設軍政統籌策劃組織，軍心民心如何振作？統帥方法如何改善？政經如何改造？針對其條陳主席該如何作？某自己應該如何作？請教。

吳鐵城云：（一）主席傍應有數人不管機關職務，專代籌劃全局。（二）各部門主要幹部應有密切工作配合。（三）公務人員士兵生活須加改善。吳鼎昌云：鐵城言（一）、（二）項俱能為主席採納，但決不易持久。張治中云：主席有隨機應變之天才，勿慮其窮而不變。此時但願張院長挺身多負責。（一）國防部不變更制度，則變更人事，或將軍政再屬於部長或以白先生接陳為總長。（二）外交、經濟、財政等政策應確立並力行。（三）民主政治陣容，美輿論多不滿，我應如何加強。

白崇禧云：統帥部統帥方法應改善。張院長又云：能有數人為主席寧靜籌劃全局，及各幹部主要人能會合討論重要問題，已於時局有若干幫助，亦恐不易實現。

　　余云：今日一切最後決定當在主席，但凡重要應興應革之事，不論能否被採，吾儕皆當言之。人人言，時時言。院長在此時環境及權力所許可之範圍內，其所應為並能為之事，應儘量儘速為之，至對主席要陳說甚麼？對院長要做些甚麼？短時期不能完全想到說到，吾輩散席後各自研究，提出條文再談如何？乃散席。白崇禧、張治中出門時言與我三人合擬條文為宜。

　　晚與盧作孚談。彼云：我們對民盟不爭取，而驅之使附匪為失策，政府中各黨派分子人數並非不夠，特運用不夠，即所發生作用，尤為不夠，余約其研究辦法，容俟張嘉璈來共談。

　　十七日陳立夫來訪，談時局，多悲觀之論。張嘉璈等來談，續及財政事，盧作孚云：內閣單易一二人無益，萬一一個能人上臺，而政會經會立院等，消極不理，積極阻礙，則財政經濟之僵局仍不易打開。張嘉璈云：宜在政院外另組一小組，由孫科及陳立夫與張群組成之，一切事先由此小組討論後交院部推行，免去各種周折與牽制。余不主但易一人，宜為局部改組。張嘉璈云：至少陳啟天、左舜生對調。

　　三尺之冰，非凝於一夜之寒，欲挽救今日危局，豈少數人之呼號所能為力？日來坐不安席與諸友往復商討，蓋亦知其不可為而為之，聊勝於束手待斃耳。

　　十九日　主席召見，奉交剿匪各文件，命余草擬「新剿匪手本」，余雖認為不急之務，但亦未便辭不接受，當此心緒不佳，搦管寫作，實一重累。承示設計考核事可作罷，但照余願望，掛一戰略顧問名義。並曰宜住在京，準備每晨約數人來談話，談軍事經濟等問

題，張嘉璈可作爲其中一人，其餘人數不可過多，至多四五人即可。余曰此事甚爲重要，群議皆然，願早實現。

訪張嘉璈遇張群在座，談物資（生活必需品）之管理分配於九大市事及金融管制等問題，知張嘉璈前收次所談者，張群未爲瞭解，余乃主張先列出題目，即擬定各問題解決方法，再議人事，未可空談不決，決又不行。

張禹九、張肖梅私語余曰：張群是中國人作風，張嘉璈有西洋人氣味，其間有相當隔膜，故問題多客氣不能披瀝盡言。如對派遣貝崧蓀赴美事，張群以爲不可，又不肯直言，即其一例，希望余居間爲之打通。

晚赴徐堪處餐敍，到有張群、張嘉璈、松舟、盧作孚、張禹九、張肖梅等談財政金融事，徐堪、松舟主改革幣制，張嘉璈不謂然，張群不左右，徐堪言組最高五人組，解決一切問題（主席、孫、張兩院長、張君邁、曾崎），提四要點（一、改革貨幣。二、整理稅收及支出。三、管制金融。四、管理分配生活必需品於九大市），張嘉璈言先行其三、四項，次及其二再行其一。

廿一日 陳伯莊來言現時急務：一、政策人事之改進。二、領袖作風之改進，謂一切反時代之作風，皆爲戴、陳所誤。又曰大學之道不足以打共匪，議論悲觀。晚訪張群知與張嘉璈等所商議各事未能即行，深引爲憾。

廿六日 隨主席飛北平，晚在官邸共餐。主席指示研究華北作戰計畫，及統帥人物與指揮機構之調整。當即取閱羅廳長澤闓帶來之原案，並述意見，羅亦以爲然。余即向主席具申如次：（一）作戰計畫不宜爲指揮將領代擬，宜交其自擬呈核。（二）總指揮人選重要，各路指揮亦重要。（三）兵力計算應除去地方留守及部隊缺額。（四）傅

作義負總責，及兩綏署取消事可辦，但當先與之商談一遍。主席同意，乃即退出，往訪李、傅商辦。

訪李主任宗仁商談上事，渠作戰意見主以主力出滿城；余示意照原案出河間滄洲為宜，渠亦贊同。訪傅作義，商上事，伊頗不欲單純任軍事，謂單純言軍事不能有功，意欲兼主冀省政，余同意，並主兼黨務，一元化，告之將代陳說。

廿七日 主席召見，報告昨晚與李宗仁、傅作義所談。主張河北省政與黨務由傅兼，並謂孫連仲欲去，此正其時，蓋在危疑震撼之日，河北地方觀念，西北軍團體思想，俱可沖淡。主席意不欲即動，謂俟省政不能配合時再談。

訪傅作義，告知上意，伊猶以為不可。囑俟明日再代陳說，並告將詢問孫有無對省政厭倦之意（杜建時曾言孫頗為各方所不滿，且意倦於省政）。

李宗仁、孫連仲來談上事，余未多發言，孫並無倦勤意。晚主席召餐（李、傅、孫、陳、上官、徐等均在座）談上事，傅態度如前，蒙允准，囑偕赴余處再談。李宗仁、傅作義、孫連仲共來余寓談上事，結論主席之意已堅決，不可再辭，但當研究如何作法。

廿八日與華北各將領開會檢討軍事，李主任宗仁講話：一、賞罰不行則軍紀不振，（此殆對中央直屬部隊言）二、情感不週則團結不固。其他皆就指揮機構，軍隊改編等有關事項討論，就近呈請主席決定。

晚主席官邸會餐，討論作戰方案，余便向主席言熱河劉篤荃辭職事，承詢何人可代，乃舉石覺、陳繼承、孫渡、上官雲相等備參考，主席意仍飭劉勿辭，俟戰局稍定後再談。

廿九日 李宗仁、傅作義來商，曰孫連仲辭意堅決，擬先慰勉之，不可，則令其自向主席申請為便，余甚以為當如此。至主席官

邸，代擬手令，取消保定，張家口兩綏靖公署，調孫傅二人為北平行轅副主任，設立華北剿匪總司令，以傅作義任之。午後會談軍政各事。孫連仲未再言辭職，（余因午前已曾向主席言孫決意辭職，不如即以傅兼，承允可照辦）乃更向主席密陳，孫即不自言辭，即前說似宜從緩，又熱河以楚溪春任省主席，如陳誠不任其離開東北，或可勉強飭遵，主席允可。天津警備司令，李與傅杜均贊成馬法武，並託代陳，主席不可。主第二戰區應劃入華北行轅管轄，其下編兵團，由傅指揮之，主席云：閻錫山不至同意，部隊或可由傅指揮，亦未可料。主席令余留平處理未了各事，並語孫等，諸事與余再商談，旋與李宗仁等同送主席至機場飛返南京。

　　赴機場時，與孫連仲同車，車中談話，彼又言決辭，並告知主席曾詢轉任熱河省主席兼管轄冀東、錦西清剿事如何？當未敢奉命云。余詢與綏察對調如何，彼亦不同意。

　　返寓與傅作義同車，為述與孫所談各事，並告知余當使軍政黨一元化，以利清剿，必徹底並平穩使其實現乃佳；便語此後可慮者有兩事：一為對中央直屬部隊之整飭，賞罰如何求能必行。二為對河北地大、人多、口眾、匪化深，與綏察不同，清剿有關之技術及環境之應付，所需要之政治幹部，如何求得，當細思之，彼頗有同感。

　　三十日　孫連仲來談，並表示打消辭意。下午李宗仁來談孫連仲擬俟軍事告一段落再辭。津警備司令以馬為宜，侯不可，胡勉可，但皆非理想人物。

　　十二月一日　孫連仲來晤，再表示不即堅辭省府主席事；但余奉主席電曰孫連仲辭意如不可挽回，應即由傅作義或楚溪春繼任，不可再延誤，盼速辦並覆。乃往與李宗仁商，請其更與孫連仲切實商定。晚李宗仁來告，頃至孫處有客在座未談及，明日再往商。

二日 奉主席冬午電，曰閻主任覆儉電，贊同傅作義主華北剿匪軍事因之應即照手令發表傅為華北剿匪司令，敘明冀、魯、熱、察、綏五省為其轄區，催令傅作義務於本星期內成立總部，並立即宣佈就職，勿予匪以乘機之間隙。

約傅作義來談，示以上電，允即遵辦；但仍望能暫兼河北省政。講剿匪理論，彼云：軍事二分、政治三分、經濟五分。共產主義對資本主義革命，三民主義對共產主義革命：—民生主義（一）以合作組織改造農民生活，對富農要使自耕自衛；對中農要使自衛，對貧農分三種，老弱疾病救濟，有力者強使工作生產，地痞流氓加以管理。（二）以經濟性各種組織，改造工人生活，如參加勞力資本之類。（三）以經濟性各種組織，改造士兵生活，如同鄉會訪問家庭，幫助其家庭生活。並擇優示範（擇有功助士兵）並給獎狀、獎章、獎金等，總之，使剿共乃為人民利益，並非專為國家，更非為政府。人民口號為：反饑餓、反恐怖、反殘殺、反破壞、保國家、保生命、保生活、保自由。

下午訪李宗仁，詢其與孫連仲所談事。知彼又決定辭省府職務，乃約傅作義來共研究，陳覆主席東午電四項：（一）傅作義充暫兼河北省主席，俟孫電到京再發表。（二）上官、宋、鄧任副總司令，馮、陳擇一任副主任，否則馮仍任副總司令，陳專任警備總司令。胡不願任津警備司令，仍請以馬暫充。（三）劉辭熱河省主席，請以楚溪春繼之，並先發表。（四）調董其武任察省主席，董遺缺以鄧寶珊繼充。

訪孫連仲，談及省政彼又似不欲即捨，曰年底赴京解決。

三日 孫連仲來詢余對伊應否辭職意見，言省政固不易為，但若中央能相諒，亦自非不可為者。余乃正告之：河北為四戰之地，冬春之際，軍事自必緊張，省政亦必更加困難，中央與地方兩面責難之

外,復有軍隊從中增加省之擔負,如地方之供應等等,戰時在所不免,將亦為一種責難。君能乘時解除肩負,於個人或屬至幸,於軍事由傅統一負責,可能較君為之更為便利,大局不無裨益。孫聞余言,更詢主席之意如何?余答主席亦深以大局及君之困難為慮,故與李主任云,不得已可調君任京衛戍總司令。余無意見,在君自擇,衛戍總司令地位亦殊重要,聞他人有求之尚不蒙允許。彼仍言當俟赴京求擺脫。

晚傅作義來言明日赴張家口,本週內即在當地宣佈就職,因平及附近少完好房屋,不欲使人遷讓,就職後當分赴保琢津等處視察,亦不欲用招集各將領來此會晤。又言彼現在之秘書長閆又文頗有政治頭腦。

四日 李宗仁、孫連仲、劉篤荃先後來寓談論國事,多悲觀,余雖亦有同感,但不願更為洩氣之言,祇說是歷史在轉變中,一時之現象。李宗仁言,張蔭梧由國防部派來行轅服務,狂妄而貪名利,動喜謾罵,臧否人物,近對傅作義攻擊不遺餘力,請中央將之調開。中央對軍師長人選,似宜慎重升調,最好能重視主管官意見,其他一般軍事,均似有檢討改進之必要云云。希望余返京轉呈。

五日 孫連仲來催電中央代請撥臨時費六十億,並表明決辭省主席職,因各廳長俱已送來辭呈云。

六日 李宗仁來談孫連仲辭職態度反復再四,應明白勸之。並曰軍紀吏治督察團,徒使滿城風雨,增加人民對政府反感,得不償失,請轉中央早為結束。

孫連仲來談,對辭職表示堅決,胡伯翰來表示不願擔任津警備司令。馮庸來談,曰余與陳誠當同救東北危局。余言東北之事關係國家利害存亡,我雖離職,但可能為力處,自必從旁協助。

七日 余由平飛滬轉京。

八日 晉謁主席,報告華北情形,主席言前定傅作義兼河北省事不如改任董其武爲是,傅作義仍兼察政,以資鎭攝,熱河主席不如由馮部中馮治安繼任,免使以前西北軍幹部失望,此政治上之運用,余無復可言。馬法武及張伯瑾事等,容再考慮,余悉照余多電辦。下午訪陳儀,勸其允任參軍長,伊云已過退役年齡,殊屬不宜,余亦不復爲言。

九日 陳明仁來,報告本月四號部令其停職事,答當再向主席問明。晚晉見主席,談陳明仁事,余力言其有功,不可聽人任加誣蔑,並詳細說明其招怨之由,主席意頗謂然,言不知國防部四日發出之停職令,余請召見之,並請委以綏靖區司令,承允可,但云陳誠當爲結束其免職案。繼復言及杜聿明事,余未畢詞,主席即怒形於色,謂其不應撥移物件走,余爲之解說,亦不盡以爲然,且云彼在美有存金,人言鑿鑿。

陳儀來談,告已請准不任參軍長事,並言:主席作風一時難改,吾人不可太急切希望好轉,此後主席祇須求黨如何能與行政院不相牽制;行政院應由何種人才組成之,即用何種人。又主法委員不能求其人人爲才,至少要有一部份認爲是人才者當選。彼決然仍擬返滬長住,主席今晚曾與言希望彼長住京相與談論政事,彼意恐招是非,且認爲無益,不能有所幫助,徒惹黨中攻擊,將又以爲政學系(註見後)有何陰謀,並且貢獻空言,不能實行,徒費口舌,若作方案,久之執行部會亦將感煩厭,不如袖手爲佳。

需要說明的是,「政學系」之一名詞,乃由「政學會」強牽出來的,「政學會」原是民國初年北京國會議員李根源等所創立,楊永泰當時亦確是其中一分子,民國二十年間,楊任南昌行營秘書長,余爲參謀長,朝夕相處,外間乃將余牽及,亦指爲是舊政學會中人。張群與李、楊素相善,更指爲是政學會重要分子,此外凡未有其他派別彩

色，而常與余等稍多接觸者，如吳鐵城、陳儀、王世杰、翁文灝、張嘉璈、何廉等等，亦莫不加以政學系之頭銜。究竟「政學系」三字，是由何處產生？是自何人呼出？至今猶未分明，或疑為乃共產黨所製造，用以分化政府方面各幹部，希望其將彼此相猜忌我黨同志，或亦因有少數人之意氣，不知不覺而隨聲附和，以為此日南京真猶有二十年前「政學會」之游魂依然存在，杯弓蛇影，不獨遍揚於國內，美國一般耳食之徒，亦且以訛傳訛，信以為真，至見諸公開文字，而筆之於其政府所發表之「白皮書」，至今猶有人鑿鑿言之，甚矣其毒之深也。故陳儀云云猶慮及之。

第三章 無可挽救之艱危

第一節 東北之危局

民國三十七年一月二日 與張群談台灣事，余言中央應有一定政策，注意經濟，勿使國際引為笑話，以為中國政治無能，同胞失望，以為中央一味剝削，最好約陳儀、魏道明面談，使能各盡其責。

四日 湯恩伯來談軍事，彼頗悲觀，謂陳誠任參謀總長誤盡國家。

九日 張群電話，告予東北狀況可慮，囑為研究。晚劉斐、湯恩伯來告東北近又損失兩師之眾（195D及43D），陳誠來電告急，又出示李處長來信，曰建議都不被採納，主將徘徊無定見，坐失時機，致令損兵折將。余上午已聞曹君立瀛由瀋來告，東北工礦事業已岌岌不可終日，瀋陽市民搶米，政治已窒息，軍事敗象已徵，茲聞軍事近情，亦深覺東北已經十分危險，劉、湯二君又以為不去陳，東北必失，全局皆將受其影響。

訪張群，告以東北情形及劉、湯意見，相與嗟嘆久之，余曰東北事余不願多言，尤其有關於陳誠者，但今日已危在旦夕，應不避忌，決意將向主席直陳一番，並主張以何易陳，見納與否，不計。

十日 張群電話告知主席即將親赴瀋陽。劉斐(時任軍令部第一廳中將廳長——編者注)來問要如何始可望能維持東北現狀？余述意見謂其急切需要如次：一、必須先設法團結軍心，定安人心。二、注意遼西遼南犄角之勢，保遼西必須掌握遼南。三、雪地空軍威力甚大，宜速增加空軍，錦州有機場及機庫。四、無論多少，宜有一部生力軍向葫蘆島登陸，非獨對匪之示威，更重要意義在振作自己軍心。五、秦

皇島與開灤鐵路運輸宜速恢復，否則煤運斷絕日久，秦島與上海兩方面人心影響俱大。六、一切反宣傳應立予掃除，經世日報文字應令李主任取締。

訪張治中談東北事，伊曰已於四日向主席陳說，謂制度與人事宜檢討，軍政與軍令宜分開，並以顧易陳，主席未置可否，顧左右而言他。晚赴張群處餐敘，彼述上午與主席談話，曰大局可慮，人人言之，惜不易上達。

十一日 關吉玉來談東北事，伊主張委任萬福麟、馬占山、鄒作華等為游擊司令，以備瀋陽不守時潛伏地下工作，殊屬荒謬。晚訪劉斐，詢知瀋陽近況，伊曰陳留東北，東北必失，陳回中央，大局必壞，陳在東北之失敗，由於不明匪情，不明自己軍隊情形，不明社會一般情形，官兵對伊不滿，人民對伊不滿，伊概不知。主席祗知陳不明敵情，其他則不知之，陳親近言陳留東北，於公無益，於私有損。一般將領言陳留東北，中央即增兵，亦必白送。陳於會報時發言，一味不自認錯，但指摘他人無用，並力言必辦廖耀湘及新六軍軍長與廿二師長，否則不能打，主席初同意，經我（劉斐）勸阻，乃未在會議中提出。張群來言瀋陽情形險惡，圖補救之法，伊主張分別向主席進言，劉斐從軍事，張治中述所聞，余直言，伊亦儘量陳辭。繼復談及黨事，余言余不復欲再行黨員登記手續，伊頗同意。

十二日 劉斐電話，言已將瀋陽情況直陳主席。下午劉斐、張治中先後來談東北善後問題。晚劉斐、湯恩伯來言東北事，知已定派衛立煌(曾任同盟國中國戰區中國陸軍副總司令，後任東北剿總總司令—編者注)易陳前往任剿匪總司令事，恐已無濟，可嘆。

十三日 偕衛立煌訪張治中，商其出處，余固心知無可濟事者，因主其要慎重考慮；但彼似求之不得者，且將欣然從命，天下真有此

懵懂人,東北前途,不堪設想。下午電話告知張群,以衛立煌赴東北事,並不可樂觀,希注意。

十九日 與澳使館秘書李貴芳練習英文會話,並晚餐,余詢其曾到過北平否?彼答擬於四月以前一行,必須在北平未爲匪陷之時前往云云,李爲華裔澳洲人,其言如是,足以代表外人對時局之觀感,噫!

二十日 主席召見,承詢大局形勢,余陳述昨晚李君之言,謂一般人認爲危險,並曰政治、經濟、外交、軍事、社會等方面形勢俱不佳,其中當以軍事爲最甚。今日軍事頗堪憂慮,(承詢誰言之者)?余曰自南至北,由外而內,人人皆如此言。並述余意,軍事有三事可陳:一、中央統帥部,宜加充實,以免主席親自操心,陳誠現恐不宜再任其事,是否召何(指何應欽——編者注)返,而令陳暫休息養病。二、方面之任,宜授以權,清代曾、左之所以能成其中興之功,並非其時中央有能,祇是方面大臣有權。而今在外者,事權不一,故不能有功耳。三、部隊之編制人事待遇等事宜改進。

承詢東北局面如何?余曰甚爲可慮,因東北已失去戰略持久之條件,蓋未能鞏固各方據點,掩護資源,控置內線交通,轉移兵力,糧源既斷,後方交通線亦復不通,實難持久。

承詢衛立煌前往如何?已晤談否?囑與其研討此後作法,余答前奉飭告知事,已爲言及。衛往祇官兵心理可望較安定,其他問題,仍不能解決。承詢官兵心理如何不安?余曰軍心對陳誠俱感不安,廖耀湘等皆想擺脫,陳在東北施爲最不當者,如將新一軍新六軍等部隊拆開與保安團混合編成新軍數個,新成者不定能即時用,舊有歷史之部隊,卻因之而力量銳減,此兩敗之道,殊不可解爲甚麼在狡匪當前,乘門竊發之際,等於在暴風雨之下,還如此從容去拆屋架屋,請令衛注意及之。並謂如余處理東北事,必再以杜聿明前往任軍事,彼情形

熟悉，且曾一度受人打擊，必能憤發以圖功。因俱言國家對將才宜加愛惜，杜平日雖喜愛露頭角，練兵打仗卻甚認真。承示對杜並無何成見，杜有病耳，余言杜病已痊，正擬赴台灣遊，詢已起程否？余答尚未往，如召見，當召之來，承示俟其遊台回滬後再來。

晚張群為衛立煌餞行宴，余亦往，因語衛云，主席數令我與君談東北事，甚愧無多貢獻，今願贈別一言，君往最好任趙家驤為參謀長以應付倥傯之局，必能措置裕如。

廿七日 劉斐、湯恩伯、盧作孚等來談時局，湯云：時局如此，應問：（一）日敵遺械及美國租借之軍器物資如許，我所練成之軍隊何在？（二）曩以為雜牌必須淘汰之部隊，何以現任剿匪俱能戰能守？（三）二十餘年所培成之將才在哪裡？作孚云：軍隊之所以不能戰，一因在編制上就已將原來歷史性故為摧毀；二因在配屬上又故為拆散，屢雜而錯亂之；三因在補充上不顧地籍。相與喟嘆，余曰半由氣數。

三十日 徐永昌(時任陸軍大學校長、國防部長——編者注)來漫談時事，彼閱大公報載杭州祭朱天神故事，論崇禎亡國之因，謂今日風氣頗相類似，相與慨然。剿匪手本稿完成，繕訂後即面呈主席，並請假返贛一行再轉平，藉覘華北局勢。

二月廿二日 飛抵北平，晚鄭洞國由瀋應召赴京，過平來見，面述東北軍事情況，知已敗壞不堪，彼曰明日飛京，將請求二事：即派遣三兩軍部隊出關打通平瀋交通，否則即派遣大量飛機運輸糧食赴瀋。

三月一日 傅作義處晚餐，與蕭一山、鄭道儒等共談美國人態度之惡劣，傅曰：馬歇爾傲慢之氣形於步履，魏德邁初至綏即藐視我部隊，及見兩次演習後，觀念漸變，彼等要皆已深中中國共產黨宣傳之毒者。

七日 奉主席寅陽手啓電云：「請兄早日回京爲盼」，余思大局敗壞至於今日，誰復更有迴天之力？而又不忍坐視，奉召愴懷，不知所措。

八日晚 與杜建時談商余之南行問題，彼曰知其不可爲而爲之，且儘可能盡其心力。

十日 呈覆主席電，曰遵即回京。

十三日晚 與杜談美方人員多被共產黨惡毒宣傳所離間，魏德邁云：「中國方面並非浪費，祇是化公爲私耳」。此等以耳代目之謗毀，殊爲可畏，中央當設法糾正。

十六日 由平飛抵京，即與白崇禧、張群、劉斐、湯恩伯等晤談，知已確電何返，但去陳某尙無表示，余將擬呈五事：一、撤陳某正是非，安軍心。二、不分派別，信任方面大員。三、獎有功。四、擴充能戰部隊。五、不能戰部隊雖親亦宜懲處。

十七日 上午出席華中區綏靖會議，晚晉謁主席，承詢北方情形因陳以上擬定之五事，又另及。

一、華北傅、楚到任後，局面轉佳，傅有生長戰力之能，若有六個月時間可望鞏固華北，支持東北，但須中央速給予械彈，彼已有練就之新兵十二個團，並已向綏徵兵十萬，察六萬，此人有思想、有辦法，爲南北各將領中首屈一指之人，似宜加以扶植，若望其抽兩軍速援東北，必須速給器械，如無好槍，先予破槍，其省府有五個修械所可以趕修。二、東北局面，中央調送大軍前往既不可能，瀋陽又不可撤出，則宜肅清遼南鞏固遼西，已定赴東北之第八軍宜早調往。三、天津市長杜建時頗能組織民眾，但現下正在選舉市參議會議長，黨中兩派及團，三方面各不相下，若議長不能如杜市長之希望選舉得人，將來又必步上海後塵，此治亂關頭，影響甚大，中央應予適切之指示。四、陝北人言前途甚爲危險，胡宗南治軍長處多，短處亦甚不

少，必爲匪所敗，承詢何故？答人言胡不信任師、旅長，愛直接掌握團長，且不懂政治，器小任重，省主席祝紹周人頗能幹，但對地方情感太惡，故陝西有殺浙江人口號，管見以爲此西北一隅，關係大局，人事調整宜著手於尚未潰敗之前，承詢如何辦？答：可否即以鄧寶珊易祝，將來再以杜關二人中選一人替胡，承示此時俱不宜動，余言當有此腹案。

繼續陳述對時局意見，余言：我黨有過去光榮史績，主席有八年抗戰之偉烈，不應在勝利後，反爲共匪所苦而至於今日地步，此非匪之厲害，乃我本身之太不厲害，猶如疾病，必由於人本身之衰弱或錯誤而始生者，今局勢敗象未泯，必有其原因在，主席在廬山十餘日亦曾否對時局作一番檢討？承示未曾得，因小病一週，後欲爲之，京電催返甚急，乃返。余答：如猶未也，似應作一番大檢討，爲一番大革新？承囑陳述所見，余答：據個人平時考慮，以爲今日有二大病，一屬於施爲次第之間，一屬於主席之個人者，請先陳其次：領袖個人作風，關係全局之成敗利鈍，先哲有言：一正君而國定，故一切革新，祇繫於領袖舉手之勞，此外皆在其次，事不勝其枚舉，言亦恐其易忘，請簡單列舉古今中外最著名之領袖人物，失敗者二人（希特勒、莊烈帝），成功者三人（漢高祖、唐太宗、羅斯福）繫之以事，則其得失，便於記憶可爲借鏡。

嘗閱德人所作「心理學」一書（政治心理、戰爭心理），其中有一段關於領袖之心理者，彼言領袖慣易患：(1)親細故而忙，而睡眠不足，致以煩燥易怒，而招遺誤與過失；(2)常有優越感，輕視他人，以爲俱在己下，自然更不會從人諫語，喜聞已過，終至孤獨，以驕而敗事，德人作此書，蓋專爲希特勒閱讀者，希氏竟坐其病而失敗，我在京聞各方人言，包括陳佈雷在內，主席亦時有此病，乃舉一、二事例以爲證（略），並將原書折角奉呈披閱。

又閱「網鑑總論」言及明莊烈帝敗亡之因,曰「一柄兩操,明知故用,因激成愎、緣瀆為猜」,並將原書拆角奉呈披閱。

此外成功之領袖三人,漢高祖不過是知人善任,今日之事多敗於人謀之不臧;唐太宗不過是從諫如流,今日之事或歉於患言之不入;羅斯福不過是善用組織培養幹部,今日之事乃害於有組織之形,無組織之用,有幹部之名,無幹部之實,主席如作個人檢討,此五人之得失似可以為參考。

主席言:一柄兩操之事是對信任幹部不專,我無其病,國防部人言余每每直接指揮軍師,或干預部中廳處事,從過去軍政部何應欽為部長起以迄於今,余絕不願多操勞,超越層級過問其事,奈彼等每每頹廢而不知理,乃不忍坐視其敗壞,故常常加以指示,此並非故為一柄兩操者。余答:此即一柄兩操。承詢有他事證否,余答:黨務有朱、陳之分,特務有軍統、調統之別,員警有署校之異,等等皆是。承示特務乃性質不同,各由其歷史造成之結果。

主席言:余用人素不猜疑,素不任有牽制。余答:不然即就各省言,省保安副司令等官,不允由省主席選任,必由中央直派,即為牽制。承示此為制度,余言此即牽制之制度,滿清人事制度,亦為中央集權,但考選府道縣長,分發各省,除極少數特殊者外,決無帶缺出京之事,今中央分發各省之人,動有指定之職務,非以候補者,各省主席不得視其人之能否,為之先後次第,一到地方便走馬上任,誰復更能指揮如意,此非牽制如何?

主席又語:即以東北為例,君在東北,予曾面授全權,君不知運用,反以為未全信任,以致事事姑息,軍隊紀律敗壞。余答:東北事,主席未言及不敢提,既言及當便陳明,以為殷鑑。我奉命出關,名義上是黨政軍三方面的首腦,誠然曾一再奉有口頭及文電,明示授予全權,但實際卻大不然。先言黨務,初到長春,見東北各省地下黨

部兩派爭持不下，蘇軍即藉口認爲是有組織之反蘇，事爲親者痛，仇者快，乃令一律取消，重就當地黨部人員加之整理，擬成立一整理委員會，中央黨部指爲毀黨造黨，不問當地實際情形，直接區處，另令組織一整理委員會，任命委員十一人，我與杜聿明、余紀忠等皆爲委員之一，會章規定委員十一人輪流主席，開會時我必須與更次一級之部屬輪流爲主席，尚有何全權可說？承詢爲何當時不講？余言此豈待講，中央始能明瞭耶？況並曾有杜聿明赴牯嶺晉見時託其代陳原委，當時屢電堅辭，承電慰留，不准者再四矣，此其一。

次言政治，即如瀋陽市長之更調，事前事後，本人毫未聞知，迨董前任與金後任中間發生了問題，始稍稍知其情節，此能謂政治方面已受有全權耶？承示金市長爲君所保薦者，余言余從未曾有過口頭或文電保薦以金易董之事，承示可再查，余言：對主席豈敢當面撒謊？此其二。

再言軍事，當新一軍到達錦州之日，氣候已冷，我檢閱部隊，見官兵頭上冒蒸氣，咳嗽之聲不絕於耳，一翻其身上外套，知皆爲美製絨底，不足以禦邊地之寒，當即允許該軍迅換羊皮外套，歸令兵站發給，乃以必須總長有令始可照辦，後經嚴令強制，等於搶奪，新一軍官兵始免於受凍。及後四平街之役，官兵四十餘日夜苦戰，始將匪軍擊退，當日我飛往勞軍，瘡痍滿目，遺屍遍地，我即以主席名義犒賞官兵三千萬元，事後呈報中央，中央電覆此後賞金，須先報准然後可發，電亦主席名義發出者，以上二事，容爲各部所擬辦者，但去年五月間主席親蒞瀋陽，面飭直接指揮事，惟軍隊人事，必交杜聿明負責，在軍事猶能謂受有全權者耶？此其三。

以上說明並非敢有絲毫怨憤，特以證實信任不專，有責無權者難言事功耳。主席無詞，但曰余認識不夠，未領會主席信任之重，且力言對余決不是以尋常部屬看者（因余曾指出北平市長之調動，以何繼

熊、李主任宗仁亦同樣事前不知），旋復指出去年五月間匪五次攻勢時，余不主固守永長而主集結永長兵力對匪作一決戰，爲不沉著，言將孤注一擲以了事，若非主席親往，則已不堪設想云云。余以爲此乃戰略原則之運用關係各人見解之問題，仁智不同，軍事方案沒有絕對的誰是誰非，當時若照余主張能集中兵力補捉匪之主力予以決戰，又爲知不較僅解四平之圍爲更得計？因牽涉太多，余亦未及再加辯論，茲將當時情況附錄於後以資參證：

三十六年五月間東北情況：

1．五月廿日余在京見主席，請求增援兩個軍及團隊械彈之速即撥發，空軍增派機數，承示二、三項可照辦，陸軍部隊決無可派，宜就東北現有力量，大膽集結轉移，但守永吉長春據點，集結兵力擊破匪軍主力，以求安定，不可貪佔城市。

2．五月廿七日派董參謀長赴平商請李主任援助無效。廿九日梅河口守軍消息不明，開原方面匪軍一、二縱隊已證實南移，鄭副長官、趙參謀長具申意見，主張將永長兵力南調夾擊，余同意。告知杜聿明，杜以放棄永長應請示中央，乃決派董參謀長攜三案赴京。路（一）分點固守，（二）傾南北之兵夾擊匪已會合之主力，一、二、三、四縱隊。（三）抽出永長一部份兵力爲夾擊之用。

3．五月三十日主席蒞瀋，決定不抽永長之兵，但放棄安東，調回五十三軍留安部隊（一團餘），主席離瀋，在汽車中，余猶力陳放棄安東所得轉移兵力有限，若欲擊破匪之主力，仍當設法抽增永長部隊，主席默然。但亦未承採納准予變更調度。

4．六月十日始知五十三軍將來增援。

按以上情況，請增援兵力全無望，當時匪主力正集結在開原附近，而五月三十日以前並未決定放棄安東，且安東兵力有限，可抽調者一團而已，則余廿九日主張轉移永長之兵夾擊四平開原之匪，乃當

然可行之事，這正是兵力的活用，不自膠著，如何能說是不沉著至指爲將欲孤注一擲以了事，幾乎不堪設想云云，我想這是出於讒惹者之口，譖入主席耳中，乃以爲詬病，不然「不可貪佔城市，大膽集結轉移兵力，擊破匪軍主力以求安定」，此乃五月二十日主席當面的指示，豈有反以此相責備者？

余繼續陳說上述今日之另一大病「施爲次第之間」的意見：中央一切措施，輕重先後之順序，宜有加檢討者，例如昨日主席在華中綏靖會議說：「此番決議必須執行，無論黨政軍那一方面，余皆絕對負責」。由於以上說話，便成反映到平日令之不行，乃需要主席如此的親自「旦旦信誓」，管子有言「令不行，令不法也」無賞無罰，自然令之不行，禁之不止，不以嚴行賞罰爲重，先著手於此，而徒然在口頭在文字上費工夫，祇見其「言者諄諄」、「聽者藐藐」終不濟事；又如主席電令，時有於尾端加以「中正手啓」字樣者，以爲此則必行，但沒有一種賞罰觀念在後面，依然不足以推動疲玩，此俱過去之事實。承詢亦有賞罰不行之例證否？

余答：個人原不宜說，但以主席立場言之，不應否認現實，免重蹈前失，即如胡宗南在陝西之失敗，何以不見處分？陳誠在東北之處置乖方，何以不問？

主席云：胡已撤職留任，陳不宜處分，免爲匪所竊笑。余言：此誠適得其反，壞人壞事隱瞞不了天下人，我能信賞必罰，實足以餒匪氣而振作自己軍心，陳即不加懲處，豈可仍令帶職養病，罷免參謀總長之職，亦不當爲耶？承示繼任之人未定。

至此，余自覺「我已盡其心，亦已盡其言」，不宜再有所陳述，乃曰除賞罰事外，應檢討者尚多，時間已晚不能盡，主席乃曰：今日談話甚好，時晚且止，江西省政府擬易人，誰可爲省主席者，余舉魏道明、彭學沛，謂湘贛將爲工業區，省主席宜選一懂經濟兼通國際情

形者任之。承示魏在台不宜動，彭不甚負責，問其次，余沉思未及答，主席復問胡家鳳江西情形熟悉否？若以任主席如何？余答亦可，承詢胡君現在何處，電即來京，余告在南昌，當即去電召之來。

第二節 政局之悲觀

民國三十七年三月二十二日 胡家鳳來談，余詢其主持贛政自信如何？先是十七日主席提以胡主贛，余同意。十八日告知張群，彼言在此軍事為重之時，恐不勝軍事要求，當日主席曾約張群談各省主席易人事，殆彼已將其顧慮為主席陳說，十九日下午主席電話詢予致胡電已發否？答已發，惟人尚在途未到京，主席囑到京晤及暫勿將前談之事告知，決心殆有變動；惟胡家鳳一到京，即已略聞風聲，與其隱瞞不告，不如將先後情形全盤使其明白，原議即或變更，料伊亦決不致有何不滿，乃語以原委，彼對剿匪軍亦言甚多顧慮，又言在杭州見其圖書館等設備，甚感贛省之窮於財政，愧無辦法，余聞其言甚為失望，幸彼自己亦主張聽其自然，祇好如此，余不提出變更前議，但若原議變更，余亦將予以同意。

四月四日 出席臨全會，見討論總統、副總統候選人時，潘公展、雷殷及劉谷等講話態度，覺其俱非真為當國謀，多數主張總裁出任總統，嗣總裁宣佈自己不願為總統候選人，並說明與民元總理讓袁環境適相反，今日政治、經濟、軍事俱已有基礎，總統應求黨外人為候選者，但由黨推舉之，如此可以領導全國之力以從事勘亂，不致由一黨甚至一人獨肩其任，決定案交會再討論，隔日報告全會，散會後邀徐永昌（次辰）來寓餐敘，余言總裁今日宣佈不願為總統候選人，至為高明，此乃黨國新生命之轉捩，知予之為取，乃足以為政，今當戰後百孔千瘡，危機四伏，總裁進一步必成眾怨之府，退一步將為眾

望所歸，次辰曰：總裁之言難保其無變動，更難保左右之不勸進，最好君能於此時再將其利害關係向總裁剖陳一番，余深以為然，晚電話官邸請見。

六日 主席始召見，問有何事陳說？余答時間已過去，已無何可說，承詢緣由？余答：前晚請見，欲向總裁陳說不願為總統候選人之決定至極高明，如此則萬方有罪，不致罪在一人，所裨於統一與戡亂者甚大，但本日臨全會又已通過與前日總裁意旨相反之案，故無可再論，主席云：陳立夫等對國大代表無確實把握，保其屆時不投我為總統之票，以其將來紛亂不堪，不如即照彼等預定允諾之，余亦不復為言。

七月十五日 與陳伯莊邂逅京滬火車中，談時局，渠言已不堪挽救，當思第二步辦法，若到一適當地方去，圖保一隅，渠願相從以避難，余自念言：此「山雨欲來風滿樓」之風聲歟？當應之曰「覆巢之下無完卵，於今何處是桃源」。

九月廿六日 徐永昌來談大局，頗悲觀，謂我們治軍手法不改，即戰勝一、二次，亦無補於危亡，況屢敗乎。濟南之失，由於吳化文之叛變，吳固不致於叛變者，實有以驅之。蔡承新來談滬經濟狀況，甚憂搜集黃金之蠻幹，恐不久將有一種惡果，不早之圖，補救無及云云。

十月十三日 至京訪吳鼎昌、何應欽、顧祝同等，凡所與談，對於時局無一不抱悲觀者，「是何楚人之多也」！噫。

廿六日 滬各報載長春失守，鄭洞國殉職，不勝傷感。

廿七日 至南昌，三十晚與胡家鳳、胡嘉詔、洪軌、羅時實等談大局，及美國近況，與本省對時局應作最好希望、並為最壞打算。

十一月八日 由贛赴杭，車過衢州，湯恩伯主任來車中敘談，始悉瀋陽失陷，全軍覆沒之訊，殊深痛惜，更切憂危之念。下午至杭，

陳儀主席來迎,同赴伊寓,談時事,知大局不易撐持,彼曰政局不改觀,國內外形勢俱不能轉變。聞余將入京,曰亦恐無補救之策可籌。日來杭州市內有搶米風潮,乃為電話告知贛胡主席酌速撥米運杭救濟。

九日午 車抵上海西站,因工人罷工,車不復駛北站。晚訪張嘉璈,適張君勸亦至,詢京滬情形及時局,均以為已至無可挽救地步,政局不能更新,決無方法可以收拾人心,恢復信用。張嘉璈曰:徐州戰訊本日獲小勝,擊破匪一個縱隊,今日鐵路工人因要求米而罷工,亦已解決,即可復工,南京有張群復出組閣訊,聞予將赴京,謂亦不能有何貢獻。今日滬市搶米,風聲鶴唳,人心極為不安,傍晚有水電工人亦將罷工消息,使人赴市購洋燭,四尋皆未購得,聞係被人搶購一空。

十日 張國燾來談時事,勸余赴京一行,即無匡濟之策,亦示關心,免人議袖手旁觀,余曰即將往,正不知何以圖挽救耳。

十一日 湯恩伯(克乾)來談時事,彼主張余出任東南軍事,曰閩浙贛須為未雨綢繆,吾人不能束手待斃,余曰大廈將傾豈一木可支,彼勸余即入京對總統貢獻: (1)安定現局。(2)準備最惡劣時期之措置之意見,以明急難之義。余曰我正在考慮,時至今日,諸事嫌遲,大錯早已鑄成,積重久已難返,任何人不可能有奇蹟,我當入京備諮詢,但是亦從未見有何裨益,承君估計太高,殊以為愧。

十三日 張群由京電話約赴京,並曰行政院事正與總統商議中,惟意見頗不相同,余答少遲即往。

十五日陳儀來訪,詢其在京糧食會議情形及與總統談話,知政局甚少希望改善,軍事前途亦不易樂觀。

十六日 徐晴嵐來言:今日一般人之逃避心理與失敗主義殊不當,由世界大勢之演變看,中國事仍有可為,應作積極之準備,大意

在促成責任內閣之實現,與世界同情之爭取,頗中肯,但難題即在如有命運鑄成一般責任內閣決產生不了,若真正能有責任內閣出現,美援或可望能繼續來。

十七日 與張嘉璈、張君勱、何廉、盧作孚等談時事,作孚言今日挽救危局誠不易,若對內能(一)於南(不是宋子文)、中、北三方面將領完全信任,付以大權。(二)於各省地方政府亦付予方面權。(三)將行政院改成責任內閣,似比萬機握於一人更有力量,對外美方不信任中央,即許其直接支援各部隊及地方以救急,一面求增空運力量,如此或可漸圖轉變。余言美國近百年史,對外雖無領土主權之侵略,而其支配慾甚大,馬歇爾在華作調人,不曾看透共產黨之野心,而頑固的膠執己見,強人從己,其援華之半死不活辦法,即欲迫我就範,組織聯合政府。馬歇爾愚而好自用,不可能望其有何轉變。

廿二日 陳伯莊(時任京滬鐵路管理局局長—編者注)來言徐蚌戰況轉惡,黃伯韜兵團情況不明。晚與張群、張君勱、何廉等談京中近況,張群曰:渠不願即出組閣,但感於私人情誼,建議(一)組織幹部,改造中政會決定一切。(二)伊願赴美與馬歇爾折衝,但不是作為出而改組內閣地步,總統先欲強其出組閣,繼亦允照兩項建議辦,已與陳立夫、陳佈雷等商討,立夫提請張群組閣,願力為支持,方辦護照飛機赴美。忽聞顧大使來電,曰孔祥熙受命為總統私人全權代表,電華盛頓黃仁泉等準備行轅,又曰總統兩親筆函分致杜魯門及國會者已投送云云,乃決不赴美,如是沉寂八日,至前三日,總統又召詢,彼直言不願赴美,總統亦不復言及其事。日前常會舉人代表進言,總統告之云:共黨目的在推倒彼個人,以使全部瓦解,彼不中共黨之計,退位或自殺,言中聽不出有何旋轉乾坤之辦法,張群言至

此，感慨不已，但固囑余赴京與諸友共商辦法，余言我將往，但決不會有辦法。

廿四日 邱毅吾來言大局似已絕望，陳伯莊電話告知京中人心動搖，毛人鳳等家眷紛紛離京遷滬。

廿五日 風聲日惡，滬江非久居之地，家人俱來，兒女輩擁擠小屋中，終日擾擾，心神為之不安，原託魏道明代為安頓家口於台灣，但京滬傳言，政府亦將以之為我最後根據地，有仍將委諸陳誠手之消息，魏道明恐亦不得久留。此島安危，要當繫於國際局勢之變化，我之人事猶非決定因素，付託於誰，聞有腹案，是木已成舟之事，斷難轉變，祇有敬而遠之，乃決意將家口託鄭澧照顧，移家澳門。

廿七日 余抵京與張群談，彼對時局極悲觀，曰軍事無把握，知蔣夫人本日已飛美國，聞係馬歇爾同意者。邵力子來談時事，主和亦無具體意見。吳鼎昌談時局，但曰渠將臨難不苟。何應欽談時局極悲觀，渠言內閣改組必辭國防部長職。劉斐談時局，謂我們平素不用專家，不重組織，故多敗事。彭學沛談時局，主張要麥克亞瑟來華相助，頗有見地，又曰馬歇爾必去職。

廿八日 顧祝同談軍事情況，認為必敗。何應欽電話相邀數次，至則出示其本日所呈總之「勝利計畫大綱」，主張政府遷粵，設剿匪總部於南昌等等十餘條，謂時已不可再誤，對於剿總主持人，言不願自居，蓋謙詞也，余以為主動便佳，勝於束手坐敗。

王世杰談美國對華政策，渠與馬歇爾在巴黎商談內容，渠亦主麥克亞瑟來華者，言馬氏未辭職以前不易成耳。渠津津然言此時如何形成一種新力量來挽救危局，但未有具體指出。余言能繼續得到美國的援助，就形成了精神上與物質上的新力量。渠言匪得京滬必趨閩粵，香港亦有問題，台灣到急時恐美方將出面佔領。蔣夫人下月一日可到

華府，杜魯門派遣何人來華案，昨已提國務會，蔣夫人告必須待其到後始可決定。

晚擬定四事，明日晉見總統陳述，（一）挽回頹勢，爭取時間必須穩定徐蚌軍事，至少不至潰敗；（二）政府須有安定環境，主動遷都，避免慌亂；（三）爭取與國，轉移外勢，中國近數十年之立國，皆有賴於國際均勢之局面，不可以為抗日勝利後，即可自立自主而獨往獨來，現今世界任何一國皆不能孤立生存，共黨背後有蘇聯，等於他的祖國，我一個友邦美國，親不能固，危道也，祇要於今日頹勢挽回有利，一切皆應忍耐將就，促成其改變對華政策，共匪之在中國得勢，即蘇聯之在中國得勢，美國當不致抱隔岸觀火之態度，因此我們若真誠肯去要求派麥克亞瑟來華，不怕他攬權，俾予信任，這是挽救危局唯一有效辦法，此外皆緩不濟，項羽剛強，實係脆弱，劉備堅韌，始有成就。（四）爭回人心，轉移內勢，機警應變，沉著不是麻木，堅決不是剛愎，從前作風有當改變者即予改變，此時用人更要推心置腹，不能疑忌，昔慈禧猶能信任曾、左、胡、李等漢人，反危為安，若僅憑個人才力及所親近滿臣，恐江山早已不保。

廿九日　總統官邸召餐，有何部長、顧總長、唐生智、唐生明、劉建緒、張鎮、俞濟時等在座，各人皆有普通談話。余略述前上海工商界與司徒大使談話內容，詢問總統何以無答覆，是否對工商界不便多言？究對其內容以為可行否？總統云：彼等亦未說得太明白。余曰爭取與國之必要，及麥帥能來，甚為有利之意，總統似以為然，但曰馬氏當政，麥帥不得來，余曰夫人在美當促成之。總統輒言，今日人心浮動，為美人撤僑影響，意似全受美人之累，余因在座人多，不可更多說話，承詢何意見，答曰無，蓋此時不宜說話，即說亦不會發生任何作用。總統又自言，今日失敗為當然之事，必須失敗，始可甦生新局面，今日局勢並不甚足惜，又言過去軍事教育殊為失敗，余亦

未插一言,繼詢余曾晤彭學沛否?答以晤及,余因告以彭過日本時與商震之談話內容:(一)麥帥自願來中國。(二)彼來可任海陸空軍指揮,一如艾森豪之在歐洲為統帥,不礙英皇與英相之尊嚴。旋各辭退,離席時,總統再詢余有無事談,余見總統並無留余獨談之意,人多亦不能暢言,乃答曰沒有話,及出,復詢余數日內乃在京否?余答曰在。若總統真有求人直言之意,再召余者,余言始有作用,又迭承詢赴台灣否?余皆答不赴台灣,將往廣東。歸途沉思成敗興亡,儼有數在,當不繫於唇舌之間,不勝傷感。

　　晚訪王世杰,鼓吹麥帥來中國為挽救目前危局最有效辦法,囑其設法促成。在座有彭學沛亦以為然,王憂前方軍事不能撐持,獲得旋旋時日,憤言何、顧等奈何不親往前線督率,又言你若肯去,我陪你同去。余答我等去能有何幫助。彼復言我軍隊不能打,由於軍官有錢,士兵苦,余曰,軍隊之敗壞主要原因在人事之不合常軌,過去用人,故使上下牽制,破壞層層節制之用,完全要中央直接發生關係,此所以上級不能管下級,紀律之所以不易整飭,軍隊無紀律,百弊叢生,當然不能打仗,其責任在上不在下。陳誠治軍,幫助了共匪,戕賊了自己,王素與陳表同情者,余言及時,彼則支吾其辭,余亦不之顧及。

　　三十日　馬國琳、王次甫來談時事,言江西胡主席為文人,恐不足坐鎮,勸余返贛練團隊。余告以今日非復曾國藩時代,地方各自練兵,不足以抗匪,應籌糧徵兵以供中央軍用,復告以國際力量運用重要。劉斐來談,頃伊與總統談話,陳述收拾人心意見,戡亂與建國用人可以不同,戡亂時期祇要反共者,應不分遠近親疏恩怨而團結之。訪張群,告以挽救目前局勢,必須促成麥帥來華之事,彼云無望,余曰若此事無希望,則戡亂前途恐亦無望。

十二月一日　王又庸來告陳伯莊約其赴滬商孫科組閣事，謂孫猶未考慮名單。如中央不予負責，或美國無反應，彼將趑趄不前。王懋功來談，曰總統有二特長，一為決心堅定；二為不失時機的變更決心；今則顧慮多，失去了此兩種特長。李副總統宗仁來談，伊與總統言今日主持軍事青年，既不知彼，更不知己，甚為可慮。沈鴻烈部長來談，海軍分三個艦隊，船太雜，人太年輕，油船使用技術不夠。李秘書（澳國大使館秘書，華裔澳籍）來談，曰外人尤其是美國人對戰事極悲觀。曾有美國人言十一月十五日匪必入南京，又言三十日必入，又言聖誕節以前必入，與賭彩，李君已勝兩次，現聖誕節賭彩尚未決勝負而已，又言外人群議總統個人管事太煩，應有七、八個幹部為之負責，則美國人態度可改變，美援必更有希望增加，外人以為蔣夫人赴美將無大效，轉不如派政府大員作正式訪問為名正言順。

二日　訪李副總統宗仁談上海自衛事，彼云政府祇要默許，則地方人士將可向英美合作共求安全，此實夢想，朱毛不是洪楊，認錯時代矣。訪顧祝同談軍事，謂近日形勢略見好轉，但新生力量似無把握，余貢獻先練下級軍官及軍士，與趕修營房意見。談東北失敗之由，彼言師長以上有錢不願戰，亦一重要因素，實則重要原因所在，彼猶未言及。

三日　訪張治中談時局，伊言不能再戰下去，祇有和平統一，余言今日談和即是投降，彼引列寧與德和故事；且曰既不能認戰為有前途，則前途祇有希特勒與昭和之兩條路線，又曰中國現局，麥帥來固可補救一時，但為國家前途計，一邊倒的外交殊為危險，美蘇不一定會打，即使打，即使美勝，必利用日本兵，將來中國仍是不能抬頭。況且美蘇之戰，美決不易獲勝，因歐洲各國不安定，一開始必為蘇聯佔領。二十世紀乃社會主義世紀，英美資本主義國家，自身且不能保者。余言：二十世紀真是社會主義的世紀，但不一定是共產社會主義

世紀，乃斯拉夫民族與盎格魯撒克遜爭領導世紀，三民主義原欲自保獨立之中間路線，倒在一邊固屬非計，腳踏兩邊船，恐怕祇是開門揖盜，即談和也要能打才行，蓋能戰始能守，能守始能和，否則不是和而是降。彼曰政治應聯蘇，經濟應聯美，這不是甚麼腳踏兩邊船，余曰那就是單相思，約明日再談。

訪王世杰談時局，當加強江防，祇求軍事能穩定三四個月，始有餘裕作重整工夫，又曰軍事穩定之後，必須有革新措施；（一）停止黨活動加以改造；（二）立法院應議決戰時軍政府體制，授權政府興革，又曰馬歇爾將連任，麥帥來華事無望。

四日 張治中、盧作孚來共談時局。盧君分析歐洲情形甚清晰，曰美方努力於防止蘇聯勢力之更伸張，又曰中國現下戰固難，和亦難。張君主和，力言中共無力全吞中國，蘇聯亦不欲其如此刺激美國，必將以聯合政府作緩衝，猶美蘇今日虛為委蛇局面。

盧云：歷史上蘇不曾有做過緩衝事實，若要走中間路線，當世界伸手與蘇合作時，蘇應早有與世界相苟安之機會，即不然，英國所行乃社會主義，蘇當引以為友，此且不為，誰復能作蘇聯緩衝之友？東歐諸國先後一一皆俯首貼耳於蘇聯指揮之下，成為紅色之政府，法、希、意三國先為聯合政府，今皆將共產踢出，成為白色之政府，粉紅色政府決不能獨出現及存在於中國者，且中共領導之人，即欲走中間路線，恐亦不能控制其自己的組織。又曰張君所謂朱毛皆曾受過中國文化之薰陶，決不能以純共產黨之毫無理性視之云云，實則不然，當中共未叛國以前，其在京渝活動份子，無一言行不同於我人，如愛同鄉、講學誼、重舊交等，不能謂其如此，即忘卻了其主義，拋棄了其組織。

張云：從基本上看同意盧君之言，從目前次一階段看，蘇聯與中共必不採非敵即我之手段，仍將採為友的緩衝政策。

余曰：現下情勢不是主和不主和問題，是能和不能和的問題，軍事上要能守，造成一種敵我兩方皆不得不和之勢，始可言和，否則我和人不和，徒然洩己氣而張敵燄，若能和成而真正可以腳踏兩邊船還算不錯，恐怕到頭一邊船都踏不上，而陷入深淵。

下午 赴吳鐵城家與張群、張治中、盧作孚等復會談。張群先言孫組閣受命經過，次及與黨一致辦法，須張治中參加，邵力子、陳立夫亦參加，言蔣公曾云：孫謂張治中、邵力子為進步份子（張治中極力謝絕）。作孚言：除人事外，孫曾否談及事的作法？（張群曰曾力請其述所主張但亦未具體言及）。吳鐵城言：究竟蔣公任孫是何意義？余曰：張群有條件不能照辦，胡適不幹，急不及擇耳。鐵城復曰是否為遷粵之需要？余言：孫組閣首應摸清美國真正態度。張治中云：首應撤免宋，召回孔，法辦小孔，以振人心，且須有可為號召辦法，以號召人才入閣。本晚吳鐵城、張群將赴滬與孫談商組閣事。

五日 邵毓麟來談，言麥帥對中國事非常關切，以為內政整頓不如軍事勝利為急，與馬氏見解不同，對張群赴日極禮重，又言東京與麥帥聯繫工作不夠，且不宜間歇，請余留意。下午關吉玉來談，東北棄守時混亂狀況，極言國軍紀律之壞，又言糧食前途危險，本年徵收一千九百餘萬石，而支出在七千餘萬石，相差五千餘萬石，軍糧五百六十萬人份，在濟南、長春、瀋陽等地損失九十萬人份，糧額移攤他處，其數未減云云，彼堅決要辭去糧食部長職。

訪張治中，遇盧作孚在談國際局勢，作孚結論：言和須有可和環境，與能和準備，否則終將被消滅，且共黨領導人即使有採取並存，造成平衡力量以防制蘇聯以己為傀儡之心，未必能為蘇聯所容忍。迄今總統未有召談，余乃決定本晚返滬，收拾書物離開京寓，殊覺悽然，到下關登車，站內混雜已不堪矣。

七日 湯恩伯來談，滬市外將構築工事，余告知市內亦有其重要性不可忽。董文琦來談瀋陽撤退及遼西潰敗情形，並曰共匪到瀋之後，強佔房屋，搜購衣物，軍紀極壞。

九日 程滄波來詢軍事消息，主張孫速將內閣組織成。

十日晚 張群、張治中來會談：彼等述及日來與孫科接談組織內閣事，先詢以政策，無結果，及表示由京來五人俱願參加，一致共患難之意，又無具體意見表示，祇口發牢騷之言，手持英文報紙，曰馬歇爾已表示堅決，不變更對華政策，意態闌珊。

張治中云：來滬時總統言萬一孫不幹，你幹（指張治中）。自量不如張群適宜，願輔助張群出任艱鉅，以為孫在今日尚如此，復何希望，與其由彼將來做壞了費收拾，不如即任其走不登臺之路，免費時害事。張群云：萬一孫決不幹，應由張治中任之，蓋彼親蘇容共形色顯明，更易收合殘局。

余曰：孫果不幹，你兩位任何一人為之，其餘一人必須相與合力，且所組成之內閣，不能專講舉黨一致，必須講求舉國一致辦法，因蔣公已感覺其夫人在美呼籲業已無何效力，態度不復如前之堅執，曾對張群及張治中言，可將軍事、財政、外交等一切交諸內閣全權負責，伊可不問云云，將外黨（除共產黨）領袖及社會領導人物加入，軍事上立即加強江防，主要在海空配合，集結陸軍主力於江淮間，以固北岸，外交上必須設法爭取美國同情，使其明白表示態度，而以蔣公態度為探求對方之資本，對孫祇勸導其赴京，當面與蔣公商議，不迫問其政策，亦不強勉其登臺，聽其自己知難而退。

十一日 張嘉璈來談時局，曰在滬美國人以為中國已無可救藥，祇有聽其淪陷於匪，俟自然領袖出來，必須三五年之後，屆時美蘇即使有戰爭亦已過去，故曰此時援助中國，已無補於美國人對蘇，此蓋商人頭腦之看法。程滄波來詢時事，曰孫上臺決無好希望，不如任其

流產。楊焯庵來談時事,曰今日局勢之造成,中國負一半責,餘一半應是美國人負之。殊不知美國之客是中國請來的。王又庸來云:陳伯莊言孫必登臺,蓋有人在後主使之,彼之小朋友除鍾天心認為不宜逃避外,余如伯莊等俱不贊成彼之上臺,蓋認為不但無辦法,且恐更將弄糟。

十二日 晚與張群、張君勱、張嘉璈、邵力子、張治中等餐敘於張肖梅家。張君勱主張內閣人員宜同一主張,如主和則主戰者不必加入,內閣關於和戰態度不可再含糊。張嘉璈云:蔣公已有肯卸仔肩態度,內閣成立之後,是否會有其他變化?邵力子對張嘉璈之言甚重視。張治中云:孫閣今日擬定之人,有三種性質,一主和、二可戰可和、三為曩之所謂頑固派,如君勱之言,必欲清一色,則孫將藉口他人不肯齊來,因謝不敏,而此日前方正在作戰,即刻提出妥協內閣,恐亦不可能者。

十四日 陳伯莊電話曰聞傅作義已因不堪共匪壓力而提出妥協條件,保持九個軍,已停止作戰云(空軍傳聞)。

十八日 陳大慶、張雪中、萬建藩來談時事,囑其注意後方新生戰力及善用地方力量。

廿四日 與張君勱、張嘉璈、張群等共談時事。余云:今日趨勢祇有三途:一潰、二拖、三挺,無計畫之挺等於拖,亦即是潰,一般人以為某公下野即有救,怕沒有如此簡單,蔣公下野,歸納各黨派人士傳說,不外有三個因素:(一)軍民離心,(二)美國壓迫,(三)共匪指為目標。實則:(一)軍民祇是部份動搖。(二)美方確已顯示不友好。(三)某公已自言共匪係以彼為目標,作射人先射馬之計,但其決不退位或自殺。余認為若盲然下野,其結果,必將1、政權崩潰,使美國容易改變外交對象,予共匪以有利之幫助。2、政治及技術幹部瓦解,而各自逃散或找出路。3、軍隊土崩魚爛不可

收拾，因此未可輕率主張，必須特別審慎：祇要江淮軍事可暫保守數月，徐圖補救，猶自可及。祇要黨能開門，讓中央立即組織舉國一致之內閣，一新中外耳目，蔣公肯授予全權，自然人心一振，大局可能改觀。祇要新內閣對外對匪作進一步接觸，以求更明顯真實之內容，而以蔣公之暫時離開爲最後王牌，亦不難想出辦法。今日問題決不是單純的，蔣公下野便得解決的。君勱云：新內閣即能成，宣傳工具握在國民黨之手，新內閣亦難有展施。

廿五日 張治中電話告知：漢口白崇禧有電到京致張群與彼，大意在勸蔣公考慮進退事，又言徐州南下兵團已陷絕地，消滅僅是時間問題。

廿六日 劉斐來云：徐州南下兵團梁等主張宜揭宿縣，杜聿明來京直接報告總統，許其向西繞道，大兵團行動如此輕率，爲有不自招敗亡者，今已被圍，以三個兵團之主力，欲求避戰而繞道，真是兒戲，其敗滅僅時間問題而已。

廿七日 賀耀祖來，出示日本新聞報，載有共匪廣播戰犯名單，余名亦在其內。張群由京電話云：蔣公接白電，正考慮如何下臺辦法。

廿八日 劉斐來談白崇禧電京具申意見影響事。

廿九日 與張君勱、張嘉璈談台灣省政府更換主席事，知中央將以台灣爲最後退步之打算，並仍信任陳誠甚深，又聞蔣經國將主閣。與張君勱、張嘉璈同訪何應欽，詢問京中近情，知彼不願任軍事指揮責任。張治中在座，亦言彼將赴蘭州，不問中央事，彼又言蔣公先擬任陳誠爲閩浙台軍政長官，後爲人反對，乃以主台省政，又方天亦有任贛主席訊。

卅一日 一年將盡，萬念憂心，去歲九月余離東北，私願大局容許一、二年時間，俾能仍留平休養，今竟不可得，其真氣數耶？慚愧

年來奔走呼號了無濟於危亡之局，何哉？匪黨武裝原不足以為我敵，徒以蘇聯在後支持，形成一種變態之國際力量，我自抗日中途，曾與美國同患難，共利害合作無間，今竟凶終隙末，雖有匪蘇之離間與破壞，而在我與國無親，親不能固，亦當自反其交鄰之道，蓋自政治協商之騙局揭穿以來，馬歇爾剛愎自用，從不自承其曾受匪黨愚弄，返國之後，更堅持其冷酷的對華政策，於名為國共，實則中蘇之生死肉搏最後關頭，抽身袖手，作喜戚無關之壁上觀，我則仍以八年戰後之瘡痍，一國殘破之餘力，孤軍而與誼似君臣，親同父子之匪蘇鬥，其勝負豈待今日而始知？

在其間吾人亦曾努力於妄求奇蹟，以為若能攀得麥克亞瑟元帥來華幫助軍事，或能起死回生，轉變中美之關係，一新軍民之觀感，故余亦不厭再四向總統及張院長、王部長陳說其利害，不幸皆得著同一口吻之答覆：「馬歇爾在位不能通過」，略無考慮的輕輕把這一點「希望為奇蹟而未得為奇蹟」的活動，打得冰消雲散。

但其後方知事竟不然，麥克亞瑟之不能來華，因另有其原因在，某日余專為此事之檢討與王世杰談，王語余曰，其前在巴黎開會時，馬歇爾曾向之提議，美可派遣麥克亞瑟赴華替蔣總統指揮軍事，請為問同意否？王果電京請示，總統覆電緩議云云。余甚懷疑王言，彼於前答余詢商時，明明親口說：「馬歇爾連任，麥帥來華事無望」，何前後言之自相矛盾？一次余與胡慶肯閒談，偶及於此，胡蓋當時同王赴巴黎與會者，據言確有其事，請示電稿，乃出其手筆，覆電到巴黎時，且有同事彭學沛，聞之以為國事絕望，倖倖歸國云云，噫「天心未必真亡我，人事無如祇快仇」。尚何言哉！噫。

程滄波（曾任中央日報社社長，時任新聞報社、立法委員——編者注）自京來云：明日元旦，總統將有宣言，內容為求和平，個人進退在所不計，若和平不可得，祇有用兵到底，後聞閻錫山等不同意而

刪去,總統已知共黨目的在推倒彼個人,以使全部瓦解,上月二十二日曾告黨中同志,決「不中共黨之計,退位或自殺」,今亦竟有退位宣言,未必確認爲和平之眞有希望,或迫於外無以轉變美國之對華政策,內無以挽回一般失敗主義者之逃避心理,不得不作此退一步之措施,而從此土崩泥爛,紐解綱絕,人爲刀俎,我爲魚肉矣。

第四章　遷就和平與加速崩潰

　　共產黨先天性就不是和平的，在階級當中還講鬥爭，豈能在黨派之間反講和平，尤其中國共產黨與國民黨，第一次和平合作在廣州，而有十五年（一九二六）三月十八日李之龍之變亂。第二次和平合作在漢口，而有十六年（一九二七年）二月廿一日徐謙、鄧演達等之分裂。當其時中共勢力微不足道，尚復如此，如今其歪曲之宣傳工作已浸潤而遍及於中國內外。其破壞之軍事力量，已蔓延而深入於大江南北，不獨共產國際及蘇聯作其誼屬君臣情同父子之奧援，即與我素相好之美國，亦不知不覺的受其硬欺軟騙，為之搖旗吶喊，對我來一次最後之拆臺，中共「民主化」計畫，蘇聯曾以政治壓力迫使國民政府妥協（見一九四五年九月十日美駐蘇大使館報告）。毛澤東的聯合政府要求，赫爾利會給它附註後而轉致，為甚麼他不想用不戰而勝的辦法，以和平之餌來釣中華民國之魚？蔣公曾言：「共匪係以他為目標，作射人先射馬之計」，當然射馬是手段，射人乃目的，和平合作也是手段，奪取中華民國整個政權乃是目的，一切不便於他達到奪取整個政權目的之任何和平方式，他決不將就的，不過可利用以瓦解你的人心，冰銷你的士氣，先射你的馬，後射你的人，這類便宜他是要撿的。所以中共在三十七八年之間，依然放出他一種言不由衷的和平空氣，中外皆有一部份人，尤其是美國人，卻真相信由此可以導致和平，由此可避免內戰，以為蔣公乃和平合作之障礙（見史迪威一九四四年九月廿二日對參謀總長之報告），祇要蔣公一退，則和平即可立現，而國內一般失敗主義者之逃避心理，亦至無可挽回之地步。

　　於是三十八年元旦蔣公發表和平宣言，一月廿一日宣佈退休，二月八日中央常務委員會在廣州開會，推定劉建群等研討謀和途徑，十

三日代總統李宗仁派遣私人代表顏惠慶等飛平試探和平，三月又派邵力子等與中共周恩來約定四月一日談判和平，四月十五日中共提出八條二十四款之和平協定，強迫政府於二十日以前簽訂，十九日政府決定拒絕中共所提和平協定之簽訂，廿一日中共揭開和平假面具，軍事行動開始，即在荻港強渡長江，不是想「與虎謀皮」的去遷就和平，或可能「困獸猶鬥」的崩潰無如此之速。

第一節 總統發表和平宣言後京滬景況

民國三十八年元旦 程滄波由京返滬來訪，語余曰：宣言發佈之前總統曾詢「和平之主張」宜由人民發動？抑宜由政府自動？當時同行之潘公展答云：人民並未明白要求，更無言及總統下野事，滄波則慷慨直陳：人民之表示到處可聞，宜由政府先制而發，又述：「和平宣言」乃陶希聖手筆，後段昨經閻錫山不同意，但終未被刪去。余詢吳逸民等，滬市民對總統文告反應如何？俱言一般人對之並不重視；詢張嘉璈，則告人有謂為係一種和平攻勢，余則以為係一種混亂之開端。總統自發佈宣言後，時局混亂，了無曙光，政府遷台、遷粵轉展遲疑，求和求援之議，俱甚渺茫。

二日 陳伯莊由京來言，李副總統有受匪離間唱逼宮之嫌，余問李憑甚麼力量？恐不可能，王又庸曰今晚赴京將往說李。胡適云：現實無法轉變美國人成見，馬歇爾離華時與彼談對總統深致不滿，余曰馬歇爾與魏德邁是一類愚而好自用的東西。

四日 張嘉璈來，曰張群由京來電話，促其在滬找黃潤之等設法試敲和平之門。

八日 何應欽電話約談，余晚往訪，彼告以總統仍欲其出任軍事統帥，自顧無能當家，未敢輕試。余勸之云：時局需要義當勉從。

九日 酆景福來曰將赴京開月會，聞有人重提東北事，有涉及余者，意在毀蔑，將爲制止，余告可聽之，無大關係，因詢監察院對於在東北對匪作戰凱歌而旋的我，如此有興趣的來加毀蔑，何以對他人則默然無議？酆曰他人且有爲之喊吶作掩護，夫復何言。嗚呼，此國之所以將亡也。

十日 杜建時（天津市市長）來電，曰天津市周圍匪攻甚急，情形危險，找空軍無往協力者；又曰市府辦公，夜在軍部參加作戰，殲匪甚衆，身體尚佳，請釋念，日前彼有辭職意，余聞之，勉以當重人格，臨難毋苟免，若彼果作犧牲，余實致之，愧無法爲之援手，寢饋不安，奈何？

十一日 電話詢京顧祝同總長，知和局無何發展，而徐州方面杜聿明統率之三個兵團又被匪消滅，徐州方面，臨陣易將，以杜作爲萬應靈丹而使用之，固屬不當，今日杜之下落不明，余又已覺有歉於懷者，蓋杜自東北卸職至京以來，總統曾斥之不予接見者，本人力爲言，謂一將領十年培養之不足，一旦毀之有餘，杜爲有用之材，不儲爲他日用，終後悔。總統電台灣召之到京加以顏色，其後令赴瀋陽，忽又調往徐州，皆急切臨時差使，指揮作戰，臨陣易將而卒不免，此又余所疚心之事。

十二日 張群、魏道明由京來電話，曰和局無進展，時事可慮約余赴京。

十七日 與賀耀祖同赴江灣視何應欽之病，便談時局，相與嘆息。何深顧慮馬歇爾對蔣公之有成見，復言蔣公說以軍事相託，實無法爲之，余言爲個人計，此日軍事誠不易爲，但爲大局計，似應勉任其難，何又言，對方以「解放軍」爲名，我方自不宜再以戡亂字樣用於軍隊，我以「和平軍」名軍，以示志在和平如何？余言和平爲名亦合，總部所在，應力求於前方，最好能在南京不動。

十八日 胡家鳳來談江西環境困難，力言不可爲之意，余答言果不可爲亦當向中央明白指陳其事實，否則近於臨難苟免，六十餘歲老翁尙何顧恤，余前函主聽其自然者，非謂當貪戀，實以在官言守，不當見可而進，知難而退，彼仍堅主辭職，余乃言將所受掣肘的事實直陳，若中央能爲改善，則當此難危之日，不宜固以辭職爲請，其再思之。

吳國楨(時任上海市長——編者注)談京中近況，彼告已爲蔣公進言，即根據勃羅門日前談話，電杜魯門聲言如果杜有同意，自願退避云云，並擬就電稿交張群轉呈，未蒙採納。余即電話南京詢張群京中景況，彼答曰蔣公對外，不願取吳言方式，彼等正在商討此問題。

廿一日 各方電話均傳總統退休，晚在張嘉璈餐敘，張君勱、張禹九等夫婦等俱在座，相談時事，謂總統旣已退休，則此後撐持危局更須爭取時間，是爭取美援以求南北之對立？抑與共黨講和？此爲一大分歧論點，不要築室道謀，議論未定，敵已渡河，孫內閣對內有無議和之擔當力量？對外有無求援之活動智謀？皆成問題，俱料其必無可能成功之望。余言與共黨言和必無成就，共黨佔優勢決不妥協，妥協即非共黨，我方和即降，降即亡，若美國能先爲聲援，即實力一時未至，亦足以振人心作士氣，保守江南，不是難事。

第二節　總統退休與政府之播遷

民國三十八年一月廿一日 總統宣佈退休，國事已不堪問，官吏惶惑，人民怨嗟，一方面對政府之失望，一方面怕共禍之臨頭，一月之中，物價扶搖直上，政府無復有人過問，京滬道上，殘兵敗卒，秩序紛亂，以致鐵路擠塞，交通部部次長則已先後病假，中央機關形式上亦不存在。

廿二日 京滬舊日僚屬紛議，危亡迫在眉睫，希望余出來參加挽救工作，推李懋、易希亮等來言，余曰今日不是可以興師勤王時代，余昔年既失望於曲突徙薪，此時尚何可求其揚湯止沸，苟能以爲力，豈至及於今日，彼等相與唏噓，曰如此，則祇有各自避地，不能束手待囚，嗒然以返。

廿四日 魏道明來談時局絕無旋轉之道，勸余南行。午與張群、魏道明、張嘉璈等餐敘，旋張治中、邵力子亦來，共談和平進行方法，邵言吳鐵城調子太高，而彼所云云，則盡類似投降亦無不可神氣，毫無結論。晚與盧作孚同訪張群，蓋彼即將赴川，詢其此行能否將西南做成一個中興基地，彼言將往與四副主任、四主席共商辦法，而自己無何把握，作孚以爲用遊說方式爲不智，余亦認爲築室道謀甚爲危險，大家觀望必然同歸於盡，劉備據巴蜀猶可三分天下，此時要在四川將領有死裡求生之決心。作孚云：言戰應有周到之準備，言和應爲最大犧牲，否則猶豫於兩可兩不可之間，祇有坐誤。余殊覺悲觀，以爲張群雖負有腹心之寄，能否大刀闊斧以開闢此一新氣運，恐亦成事在天，未可爲過高之估計。

廿七日 何部長應欽以車接余往伊家會談，在談有居正(曾任司法院長16年半—編者注)、傅汝霖、王世杰等，何先生語多吞吐，余主其應負收拾殘局之任，彼深慮事多掣肘，余言時至今，尚何肘之可掣，不應多所顧慮，蔣鼎文、陳繼承俱爲同意。

廿八日爲農曆除夕，王世杰來談時事，彼言今日局面，我們幹部均應負責，陳張咀咒領袖，殊不合情理。余曰：兄言誠是，但我自三十六年東北解職以後，即已甘願退休，暫避權位，逢長不幹，逢主不當，興亡言匹夫之責，容或有之，其他則非所願承，從事政治，有其進退之節，不合則去，磊磊落落，如平時位居顯要，參與密議，所謂

股肱心腹之輩，此日竟出怨言，而曰「人為亡國之君，我非亡國之臣」，誠屬厚顏。

　　二月一日　關吉玉(時任糧食部長—編者注)來言都門混亂情形，各部員司聚眾要挾發遣散費，毆長官、毀保險櫃、搶分財物、及於長官之手錶、水筆，李代總統之代表到平見及葉劍英，言共方以李無實力，和戰俱難作主，不足以為談判對象，又言薛岳在粵言三事：（一）湘贛兩粵乃真正反共。（二）反對某某為封建象徵。（三）歡迎行政院遷粵，李代總統當然應在京。

　　二日　往龍華機場送張群飛渝，握手話別，虔祝團結西南之馬到成功。陳伯莊、徐梗生持李代總統函來邀赴南京共商國事，余言承邀甚感，唯自顧了無可為貢獻，李公環境固極艱難，但望注意：（一）必與蔣公聯繫；（二）府與院須力求配合；（三）社會、敵、共、友邦等在各方面的真實情況要明瞭，其中（一）、（二）兩項張群可從中為力，我已與之談商，彼赴渝約一週即返，當可往京為李公之輔佐，余則並此等區區亦難效力，言之有愧，赴京無何作用，轉增是非。

　　張嘉璈來談孫閣多半垮臺，李公甚欲張群繼之，張群在渝部署，恐須二、三週耽擱，不如以何應欽過渡，此時中央紛亂更為危險，又曰孫之行政院長與吳禮卿之國府秘書長，吳鐵城之外交部長，皆蔣公臨去時所區處。何部長應欽仍託病不肯擔負軍隊統率之任，曰海空軍經費皆須由中央銀行發，不經過院部，余（何自稱）豈能肩此艱鉅，誠亦有其苦哀，後復曰當赴京一行，但不任國防部長名義。

　　十日　陳作莊來談，彼自杭說陳儀返，言陳儀乃悲觀投降主義者，謂其負有方面責任之大員態度如此，實出意外，欲為孫奔走聯合滬浙等地方力量為粵屏藩，恐亦無望，湯恩伯為人如何？將往說之。

參謀總長顧祝同知其即將登機飛京，在其寓見所有送行來客皆談笑從容，吾深願其將能為今日之安石謝公也。

四月八日 關吉玉來言共方無最後通牒明文，卻有要求渡江及十二日接收國軍投降之說。

十六日 吳鐵城來談和議決無成效，共方堅持軍隊必須渡江，吾人應為離滬之準備。

十九日 余赴京，詣顧總長官邸，與顧及蔣鼎文、吳忠信等晤談，知共方所提八款廿四條所謂「國內和平協定」已無商量餘地，至何（應欽）新任院長官邸，與何及張群、張君勱等晤談，知八款廿四條詳細內容，商談各款應付，無何結果。至李代總統官邸，李言共方態度陡變，恐係國際關係，蘇聯見阻於歐洲，將求逞於亞洲，又言蘇方對我規避接觸，約宴其大使，則託故言辭，約來見（蘇大使在粵）又託病不到，蘇方蓋不欲我之和談成就，且料亦無何結果者，故力避介入耳，今日此種情勢，必須蔣總統復職，始足以領導作戰云云。訪吳鐵城，彼言蔣總統三次下野，皆因桂方關係，又言彼來京已打破擁李倒蔣之分裂陰謀（指中委中有一部份人擬宣言掃除和平障礙者之提議）。

二十日 邱毅吾來談近日局勢轉變，李代總統不易領導，宜勸蔣公出山，余答恐亦祇有此一法。國事敗壞已至不堪收拾地步，智者不能輸謀，勇者難於盡力，何院長強余留京有何用處，乃與蔣鼎文同車返滬，及晚砲聲隆隆，我軍艦正向對岸發砲轟擊，顧總長祝同亦在收檢圖書，託陳繼承帶滬準備離京。

廿二日 程滄波來電話曰江陰要塞叛變，戴司令投匪。

廿三日 何院長應欽到滬，使葉公超來寓相約在虹橋警備總部晤談，見面相與浩嘆，彼曰望同赴粵，艱危至今，朋友當相伴，余無詞，亦正擬南行，乃允偕往作客。

廿四日午 由江灣起飛，機場已紛亂不堪。下午四時半抵廣州。夜間各方故舊十餘人，先後來寓傾談粵中政局內情，僉以為廣東乃革命發源地，政府南遷至此，莫不寄望以為復興根據，而一般將領對中央缺乏推戴之誠，猶多雌黃之口，對地方既無團結之意，更少領導之人，李漢魂因李宗仁、白崇禧堅持，勉就參軍軍長，陳濟棠因孫科之拉攏，出赴海南（任海南行政長官兼海南警備司令—編者注），俱似無關大計，人心乖戾，氣象陰沉，祇是坐以待亡而已，珠江難保，相與浩嘆。

廿七日 赴何院長寓，談大局，頗為憂慮，閱顧維鈞大使來電，曰美輿論對長江不守極為失望，並建議應有一宣言以正視聽，其要點在：（一）破壞和談責任在共方；（二）南京撤守乃預定計畫；（三）集結兵力所以謀持久之戰云云，余亦同意，以為對外對內皆有必要，尤於各地方負責首長應使瞭解，且告張群正從事於西南各省之聯繫，亦應有通電示以大意，俱以為然，乃交黃少谷秘書長辦理。

五月一日 訪白崇禧，見其神色鬱抑，言蔣總裁若再出山，則宜速行決定，否則付託他人，便應予以權力，又言李代總統亦應早來穗，商談具體辦法，不行則再引退不遲。訪何院長應欽，晤及陳立夫等談大局，何頗消極，已備函向李辭行政院長之職。

二日 與張嘉璈談近日大局情形，彼認為相與團結事極重要，勿以救目前，而以謀將來或有望，目前之失敗命運已決定無可挽救，又以台灣為根據，不能但注重於軍事，宜作自由區域，從經濟上與共黨作比賽，美國友人多作如是想，惜今日台灣形勢未必然也。

三日 何院長已辭職，不須更要我在此作伴，乃即赴香港安置港澳家屬，廿二飛返廣州，下午與張群、吳鐵城、吳忠信、朱家驊、蔣鼎文、顧祝同私談政局，無不痛心疾首，相與長嘆而已。

廿四日 李代總統約談，彼對蔣公主張出山直接負責。余曰此誠公之明智，體國之忠忱，果真實與蔣公為一體，打破共匪離間之毒計，宣傳「桂系」是與中央對立，絕對不會合作的，則今日殘局，尚有一線希望，公當向蔣公坦白陳言。

廿五日 何院長來談，曰此間將派人赴台謁蔣總裁陳辭，大意約有四點：（一）總裁親自領導黨，號召全國，支持政府，貫徹剿匪政策；（二）李代總統領導政府革新政治實行憲法，予之職權；（三）重建黨政聯繫制度，設立最高委員會代替政委會；（四）不問黨派，不計恩怨，團結凡有決心剿匪份子，加強反共戰線。約吳忠信來商，吳辭以有事外出，並曰李代總統今晚約會亦將不往，約吳鐵成來商，吳至即照筆錄以提會云，余意度之，持此四點赴台恐無效應，但此間一般人心趨向如是，儼同鑄定，難為變更，余亦不願多費唇舌。

廿六日 吳忠信來談，彼今日不願偕於閻、陳、朱、吳等赴台理由，又言蔣李間心理上障礙最難消除，此最重要的關節，一般人還未瞭解，外傳蔣不肯放手信任人，因之李亦不能放手去做事，這是現實問題，以僅有之兵力財力，當然不肯輕於予人，試作孤注之一擲，況於不為笑臉者？更難放心。噫，此公之言，真透闢入骨，世間現實如此，祇憑過高之理以論事，宜其無濟。

何應欽院長既已辭職，繼任行政院長非閻即居，乖戾氣潛伏於每一個人心欸中，國事寧復堪問？任何人恐皆不易撐拄此欲倒之南天。下午陳慶雲來晤，曰鐵城勸伊赴海外作宣傳，伊辭謝，未言何故？繼曰赴海外為蔣公事宣傳，當孔宋及二陳關係未斷以前言之無效，為孫事宣傳，早失信仰。替李白事宣傳，所不樂為。由陳君之一席話，亦可反映出此日之人心矣。噫。

余於三十六年由東北卸任，養疴北平，憶曾於九月廿五日與張群晤談，彼勸余曰：如京中再有電催，應赴京，不可久留北平，余答

云：耳病一時不易痊癒，但望能有一兩年時間容留於此就醫。余果不幸而言中，僅僅兩年，非但不能容留於北平，勢恐並不能容留於廣州，可爲痛心。

著者後敘

　　民國三十八年五月廿七日，余由廣州飛乎港，寄居羊城亦已逾月，目睹人心乖戾，土崩之勢已成。在三十六年九月以前，余尚當方面之任，已自愧其無力能為曲突徙薪之謀。三十七八年間，雖嘗以閒散之身，奔走平京，不自揣量，妄圖補救，終於揚湯無以止沸，人事固所當盡，天數抑亦難移也。下午到達九龍，聞吳鼎昌、魏道明、王寵惠、陳方、陳其采、谷正倫諸人均在港，余亦懸車暫息，及後長江、川江與珠江流域相繼棄守，至民國三十九年（一九五〇年）三月廿八日，西昌撤出，大陸乃告全部淪陷。

　　總理致力國民革命，中道崩殂，總裁繼之，建立國民革命軍，是在憂患中成長的。北伐興師，掃除軍閥，如摧枯折朽，不三載北伐告成，抗戰八年，骨山血海，得道多助，終於制勝強鄰。豈知南京受降之鐃鼓，即為大陸淪陷之喪鐘，數百萬戰勝之師，竟波頹瀾倒於五年之內，而不得不退守台灣。古人所謂猛虎物不能害，反為毛間蟲所損食者，其我中華民國之謂歟？國民革命數十年來，株積寸累之功而盡棄，夫何言？

　　余個人日記，從不間斷，但自離開大陸之後，耳冷心灰，亦不敢更有一言涉及時事，茲所摘錄，僅屬於民前五年至民國三十八年間事，切齒腐心，濡筆編次於大陸淪陷之後。

編者後記

　　塵封 50 年的熊式輝先生回憶錄終於得以問世，實現了熊式輝生前的遺願和熊式輝家人的心願，更為民國史的研究貢獻了新的資料和新的解釋。

　　2003 年底，陳一諮先生向我推薦熊式輝的回憶錄和日記，後收到熊式輝三公子熊元健先生所寄的《海桑集》全文，希望我幫助編輯與整理。對此，本人通讀了《海桑集》數遍，並做了大量筆記與眉批，深信《海桑集》具有一定的史學價值，各種原始電報和信件彌足珍貴，為民國史、國共關係史、中美關係史、中蘇關係史、江西和東北地方史，以及蔣介石的研究，提供了豐富的資料和獨特的視角。

　　2004 年中秋節，熊元健、陳一諮和我與明鏡出版社的董事長何頻先生在紐約見面，確定由明鏡出版社出版《海桑集》。隨後，為了全面瞭解熊式輝先生的生平和日記，我赴美國哥倫比亞大學東亞圖書館查閱了熊式輝的日記原文、信件、電報、照片等原始檔案。2004 年 11 月，我訪問了由熊式輝一手創辦的原國立中正大學（現為江西師範大學），並在江西師範大學歷史系教授梁洪生先生、熊宏偉先生和地理系教授劉影先生的安排與陪同下，專程赴熊式輝的故鄉—江西安義縣萬埠鎮鴨嘴壟村進行實地訪問，參觀了熊氏宗祠和熊家舊居，翻閱了熊氏家族的族譜，并向當地鄉親瞭解了熊式輝在江西期間的點點滴滴。同時，熊宏偉教授幫助收集了熊式輝先生擔任江西省主席十年期間的大量資料，美國聖地亞哥大學歷史系孫綺教授幫助解釋了中美關係方面的歷史細節，並提供了有關疑難英文的翻譯，美國法萊茲大學歷史系許光秋教授提供了一些中國近代史方面的諮詢，夫人沈瀾

女士也提出了許多文字方面的修改建議。沒有上述學者專家、行政官員和安義鄉親的幫助、指點，我就難以全面瞭解熊式輝的生平與經歷。

經過兩年多各種前期準備，2007年夏，熊式輝家人正式與明鏡出版社簽訂了出版合同。期間熊式輝先生的長子熊元俊先生傾注了大量的心血，並對編校、出版等事宜，提出了許多指導性意見。在隨後的編輯、校對、注釋的過程中，熊式輝的五公子熊園傑先生和熊元健先生作出了極大貢獻，他們對出版社完成的《海桑集》電子稿，進行了仔細的通讀和糾錯，同時幫助我編輯、整理、注解了有關熊式輝生平的照片、手稿、電報和信件，完成了全書的人名索引，並為我解答和解決了書中所出現的許多歷史疑難。此外，熊式輝先生的夫人顧伯筠女士在生前十分關注《海桑集》的出版，本人曾計畫採訪她老人家，但最後未能如願，祇是設計了一些問題，通過熊元健先生對她進行了採訪。另外，熊式輝的七女熊安華和六女熊恪華幫助校對了所有英文人名與地名。如果沒有熊式輝子女、顧伯筠女士、以及為了出版此書而盡心盡力的所有熊式輝先生後代、親戚、朋友和部下幾十年如一日的推動、策劃和奉獻，此書的出版是不可能的。

此外，我想就本書的編校作一些說明。

其一，本書的唯一作者和真正編者是熊式輝。1969年，熊式輝編輯完成了他的四十餘年之日記（1907-1949年），取名《海桑集—我與中國國民革命》，側重整理和記錄了有關熊式輝本人政治、軍事和外交的寶貴經歷，刪除了有關生活和家庭方面的內容。所以，讀者所見的此書並不是熊式輝的日記原文和全文，其體裁也是回憶錄與日記並存。筆者希望，一旦條件成熟，熊式輝日記的原文能夠儘早全文出版。

其二，本書出現的各種歷史細節的筆誤，本人儘量尊重原作，但進行了加注。同時，為了幫助讀者了解一些重要歷史人物的背景，對書中所出現的近百位歷史人物做了註解，表明此人當時的身份，並對重要人物的字和號注明了他們的具體姓名，便於讀者辨別。同時，本書製作了近 400 位重要人物的索引，附於書後，方便查找。

其三，本書的篇、章、節、目基本按照熊式輝的原稿，但為了保持各章節之間的平衡和緊湊，本人做了一定的增刪。同時，為了便於現代讀者閱讀，本人對一些深澀語言、錯別字、不當標點和用語，在徵得熊家主要成員同意之後，進行了必要的糾正。

其四，《海桑集》祇代表熊式輝對民國歷史的個人見解和認識，不代表編校者和上述專家學者、熊家親人的觀點和立場。我們所做的祇是真實地呈現熊式輝個人的經歷和觀感，我們的初衷和心願是為海內外專家學者研究民國歷史，提供一定的史料借鑒，保留一段民國重要人物的歷史見證。

洪朝輝　　2008 年 5 月 30 日於美國印第安那州

人名索引

二畫

丁惟汾, 116

三畫

上官雲相
　　上官參議雲相, 231
于右任, 78, 116, 119
于學忠, 198

四畫

尹仲容, 492
卞宗孟, 21
孔祥熙
　　孔副院長, 197, 220, 221, 245, 258, 274, 401, 424, 451, 454, 671
文群
　　文廳長, 173, 213, 229, 238, 252, 264, 492, 575
方志敏, 111, 167
方振武, 93, 96, 101
方聲濤, 75
方顯庭, 344
毛邦初, 338, 445
毛炳文, 472
毛慶祥, 103
毛澤東, 14, 15, 18, 27, 96, 198, 384, 409, 415, 490, 683
　　朱毛, 99, 100, 102, 105, 106, 107, 110, 136, 138, 146, 149, 152, 157, 164, 185, 193, 198, 203, 547, 675, 676
犬養毅, 105
王又庸, 118, 199, 214, 215, 223, 230, 242, 243, 246, 274, 280, 420, 456, 472, 473, 474, 501, 558, 568, 602, 641, 675, 679, 684
王世杰, 34, 35, 317, 318, 324, 384, 386, 387, 399, 402, 405, 410, 411, 415, 416, 417, 418, 419, 420, 426, 439, 441, 442, 447, 448, 449, 450, 451, 455, 456, 457, 458, 459, 464, 465, 466, 467, 468, 474, 489, 490, 500, 502, 503, 567, 568, 647, 648, 657, 672, 674, 676, 681, 687
王正廷, 116, 390, 448
王次甫, 213, 214, 225, 228, 238, 252, 401, 468, 469, 470, 674
王克剛, 234

王孝魚, 21
王忱心, 209, 214, 228, 229
王芃生, 472, 489
王叔銘, 515, 526, 527, 580, 583, 585, 594
王東原, 237, 397, 472
王芸生, 472
王冠英, 153, 202, 220
王若飛, 490
王造時, 218, 349
王階平, 21
王樹人, 554, 563
王樹翰, 503, 510, 529, 575, 580, 598, 608, 619, 624
王戀功, 221, 446, 675
王濱海, 228
王寵惠, 204, 220, 383, 391, 420, 426, 434, 437, 447, 463, 693

五畫

史太林, 355, 384, 385, 386, 420, 437, 443, 444, 447, 464, 480, 483, 500, 504, 512, 638
    史氏, 339, 387, 444, 454, 627, 628, 629, 630, 631
    斯大林, 16, 18, 35
    斯達林, 18
史汀生, 31, 336, 408
史迪威, 31, 33, 325, 339, 340, 346, 347, 447, 453, 455, 457, 627, 629, 630, 631, 683
左舜生, 199, 393, 450, 464, 465, 650
甘乃光
    甘乃光副秘書長, 240, 242, 243, 245, 269, 270, 275, 317, 319, 396, 420, 422, 426, 428, 429, 434, 437, 441, 442, 448, 449, 459, 465, 466, 467, 470, 472, 474
甘迺迪, 11
白堅, 72, 73
白崇禧
    白崇禧主任, 96, 146, 149, 192, 195, 208, 210, 217, 219, 236, 240, 247, 269, 276, 281, 317, 318, 390, 441, 467, 474, 489, 539, 589, 613, 648, 649, 650, 662, 680, 690
白魯德, 519
石友三, 102, 107, 114, 115, 134

六畫

伊羅生, 14
伍文淵, 76
伍戚, 87

伍朝樞, 118
吉倫, 524
有吉明, 186
朱克靖, 214
朱家驊
　　家驊, 72, 208, 263, 317, 318, 322, 382, 424, 427, 432, 441, 442, 459, 461, 465,
　　　　466, 467, 468, 469, 470, 474, 489, 491, 502, 642, 647, 690
朱培德
　　朱總長, 75, 81, 89, 101, 104, 117, 200, 258
朱紹良
　　朱總指揮, 88, 122, 266, 320, 439
朱經農
　　朱教育廳長經農, 215
朱琛, 232
朱熊芷, 213, 215
朱德, 14, 96, 107, 206, 415
　　朱毛, 99, 100, 102, 105, 106, 107, 110, 136, 138, 146, 149, 152, 157, 164, 185,
　　　　193, 198, 203, 547, 675, 676
牟廷芳, 506
艾森豪, 32, 339, 674

七畫

何世禮, 336, 592
何成濬, 92, 103, 106, 111, 120, 189, 219, 221
何柱國, 489, 491, 560
何廉, 268, 352, 391, 405, 421, 422, 426, 428, 430, 432, 433, 442, 446, 469, 470,
　　472, 473, 474, 475, 489, 565, 657, 671
何臧, 76
何鳳山, 359, 368, 402, 415, 438, 443, 460
何應欽
　　應欽, 26, 101, 111, 112, 114, 115, 116, 117, 131, 134, 148, 173, 197, 217, 219,
　　　　221, 275, 317, 426, 449, 450, 456, 500, 534, 613, 660, 664, 669, 672, 680,
　　　　684, 685, 688, 691
何鍵, 106, 107, 149, 190, 193, 219, 221
余井塘, 503
余協中, 19, 21, 570
余紀忠, 520, 529, 545, 549, 551, 554, 572, 580, 582, 585, 586, 595, 598, 665
余漢謀, 192, 193, 221, 255, 256
克羅克士, 339
吳有訓, 427, 465
吳忠信, 146, 689, 690, 691
吳國楨, 443, 456, 686

吳鼎昌
　　達銓, 246, 384, 386, 411, 442, 444, 460, 462, 463, 471, 472, 473, 487, 488, 489,
　　649, 669, 672, 693
吳鐵城, 240, 317, 318, 319, 324, 382, 390, 419, 429, 434, 437, 441, 442, 448, 449,
　　451, 456, 457, 459, 460, 465, 466, 467, 468, 469, 471, 472, 474, 488, 489, 490,
　　503, 531, 647, 649, 657, 677, 687, 688, 689, 690
宋子文, 11, 16, 31, 32, 33, 34, 117, 126, 132, 147, 197, 219, 258, 263, 322, 326,
　　334, 337, 343, 344, 345, 378, 386, 388, 394, 399, 415, 417, 430, 437, 448, 451,
　　456, 457, 458, 465, 468, 471, 483, 487, 488, 491, 492, 493, 567, 631, 671
宋哲元, 101, 205
岑春煊, 75, 77
希特勒
　　希氏, 194, 380, 394, 663, 675
李中襄, 153, 202, 220, 468
李之龍, 82, 683
李正誼, 225
李立三, 539, 540
李宗仁, 82, 83, 99, 100, 105, 106, 107, 108, 112, 190, 191, 192, 195, 240, 318, 552,
　　553, 570, 576, 647, 652, 653, 654, 655, 684, 690
李品仙, 192, 193
李烈鈞, 220, 276, 400
李琨, 235
李雲波, 238
李誠毅, 510, 513
李漢魂
　　李主席漢魂, 237, 238, 255, 256, 690
李聚奎, 521
李璜, 14, 199, 451, 464, 465
李濟琛
　　李主任濟琛, 99, 108, 192, 193, 207, 255, 456, 470
李贊侯, 168
李瀰, 138
杜聿明, 36, 37, 285, 489, 503, 505, 507, 508, 509, 511, 512, 513, 522, 524, 526, 527,
　　529, 530, 531, 534, 535, 537, 539, 540, 542, 546, 548, 549, 551, 552, 553, 554, 555,
　　556, 557, 558, 560, 561, 562, 566, 569, 570, 571, 572, 573, 574, 575, 577, 578, 580,
　　581, 582, 596, 598, 600, 602, 603, 608, 636, 644, 656, 660, 665, 666, 680, 685
杜建時, 439, 640, 645, 652, 662, 685
杜重遠, 199
杜魯門, 385, 502, 634, 635, 671, 673, 686
沈怡, 472, 473, 489
沈鈞儒, 196
沈鴻烈, 281, 318, 402, 422, 432, 450, 472, 475, 486, 487, 489, 508, 509, 577, 675

汪精衛
    汪兆銘, 82, 88, 99, 101, 105, 106, 107, 112, 118, 199, 200, 239, 241, 252, 258, 278, 370, 452
谷正倫, 427, 693
谷正綱
    谷主任委員正綱, 240, 253, 322, 428
佟麟閣, 205

八畫

卓如, 220
周至柔, 209, 445, 507
周佛海, 113, 239
周作孚
    周專員作孚, 228
周恩來, 12, 28, 29, 234, 240, 251, 393, 405, 415, 460, 490, 524, 684
周梅蓀, 422
周渾元, 86, 218, 219
周福成, 553, 586
季山嘉, 82
居正, 104, 105, 414, 608, 620, 621, 687
居里, 280, 341, 343, 344, 353, 381, 382, 420
拉鐵摩, 318, 341, 342, 352, 354, 382
易簡, 85, 218
林彪, 17, 37, 136, 481, 513, 521
林森
    林主席, 118, 418
林錫光, 223
近衛文麿, 234, 239
邵力子, 89, 199, 408, 411, 448, 672, 677, 679, 684, 687
邵毓麟, 322, 677
邱吉爾, 32, 255, 370, 373, 374, 380, 391, 392, 394, 395, 408
邱新民, 235
邱毅吾, 469, 672, 689
金問泗
    純儒, 366, 439
金毓黻, 20, 21
金靜庵
    金毓黻, 20, 545, 576

九畫

俞飛鵬, 400, 458, 489

俞濟時, 556, 578, 673
俞鴻鈞, 318, 322, 471, 472, 491
哈立曼, 483
姜伯彰, 240
威爾基
　　威爾基氏, 345, 355, 358, 404, 420
施勒辛格, 11
施肇基, 33, 116, 356, 380, 448
段祺瑞, 76, 80, 167, 259
段錫朋, 400, 427, 466
耶爾達, 18
胡先驌, 427
胡步曾
　　胡校長步曾, 396
胡宗南, 270, 534, 646, 662, 667
胡家鳳, 264, 492, 509, 554, 561, 569, 570, 571, 573, 579, 584, 602, 641, 642, 645, 668, 669, 686
胡祖玉, 89, 112, 201, 218
胡漢民, 79, 83, 112, 119, 147
胡適, 11, 18, 19, 31, 32, 33, 322, 334, 335, 352, 376, 381, 563, 636, 644, 645, 648, 677, 684
胡麗生, 186
范旭東, 430, 431, 438, 439
范爭波, 203, 235
范漢傑, 519, 520, 526

十畫

倪文亞, 531
唐子敬, 284
唐生智, 24, 82, 101, 102, 103, 104, 275, 673
唐式遵
　　唐總司令式遵, 223, 240
唐有壬, 168
唐紹儀, 112
孫中山, 10, 80
孫立人, 549, 559, 572, 573, 574, 575, 577, 578, 580, 597, 615
孫科, 118, 269, 343, 383, 386, 436, 437, 438, 439, 449, 456, 465, 468, 547, 600, 650, 675, 678, 690
孫哲生, 370
孫連仲, 266, 471, 512, 552, 595, 640, 652, 653, 654, 655
孫越崎, 469, 547

孫殿英, 105
徐永昌, 199, 456, 500, 661, 668, 669
徐向前, 14, 185
徐恩曾, 319, 472
徐堪
　　徐部長堪, 242, 274, 275, 278, 319, 401, 651
徐晴嵐
　　徐秘書晴嵐, 242, 261, 264, 267, 274, 280, 398, 416, 417, 420, 431, 641, 670
徐學禹, 469, 473, 645
桂永清, 242, 558
翁文灝, 218, 322, 324, 430, 436, 454, 469, 473, 490, 564, 657
袁世凱, 75, 76, 78, 259, 326, 371
馬占山, 486, 505, 530, 560, 576, 580, 612, 659
馬林, 109
馬林諾夫斯基, 16, 36, 492, 493, 494, 495, 498, 500
馬愚忱, 567, 575, 576, 586, 605
馬歇爾, 31, 32, 36, 339, 341, 342, 343, 344, 346, 347, 352, 353, 357, 359, 454, 510, 511, 512, 524, 535, 562, 631, 632, 635, 637, 638, 661, 671, 672, 676, 678, 681, 684, 685
高晉生, 21
高惜冰, 531, 553, 567, 571

十一畫

商震, 236, 439, 492, 674
康澤, 218, 231, 239
張公權, 396
張竹君, 72, 73
張自忠, 108
張作湘, 510
張作霖, 26, 80, 95, 96, 201, 492, 619
張伯苓, 616
張君勱
　　君勱張先生, 198, 199, 222, 244, 393, 417, 424, 439, 440, 450, 463, 464, 547, 647, 670, 671, 679, 680, 686, 689
張廷孟, 558, 569, 580, 595
張宗昌, 96
張定璠, 87, 276, 319, 400
張治中, 12, 28, 76, 207, 210, 215, 217, 218, 219, 221, 235, 236, 266, 270, 273, 276, 280, 281, 285, 323, 326, 356, 389, 390, 400, 405, 408, 410, 415, 432, 434, 441, 442, 446, 449, 450, 451, 455, 456, 459, 465, 466, 467, 468, 470, 472, 474, 475, 487, 488, 511, 512, 524, 563, 649, 650, 659, 675, 676, 677, 678, 679, 680, 687
張輝瓚

張師長輝瓚, 111
張振鷺, 490, 540, 541
張覺吾
　　張參謀長覺吾, 235
張國燾, 319, 398, 408, 421, 428, 456, 469, 670
張維
　　張專員維, 220
張勛, 76
張發奎
　　張司令長官發奎, 84, 255, 256
張善群, 76, 77
張經武, 521
張群
　　張主席, 104, 115, 210, 217, 219, 221, 223, 240, 242, 271, 317, 318, 389, 415, 416, 417,
　　423, 424, 441, 449, 458, 464, 467, 470, 471, 472, 473, 486, 487, 488, 489, 490, 500,
　　519, 615, 616, 641, 647, 648, 649, 650, 651, 656, 658, 659, 660, 661, 662, 668, 670,
　　671, 672, 674, 677, 678, 679, 680, 684, 685, 686, 687, 688, 689, 690, 691
張道藩, 218, 318, 451, 468, 541
張嘉璈, 189, 199, 221, 244, 278, 389, 391, 397, 398, 399, 402, 405, 411, 417, 420,
　　421, 422, 423, 437, 440, 441, 446, 469, 489, 491, 492, 494, 495, 497, 498, 501,
　　502, 503, 504, 505, 506, 508, 509, 519, 540, 546, 549, 560, 561, 562, 565, 567,
　　575, 578, 607, 608, 611, 647, 648, 650, 651, 657, 670, 671, 678, 679, 680, 684,
　　686, 687, 688, 690
張潛華, 490, 495, 508
張學良, 96, 100, 104, 105, 106, 107, 121, 143, 172, 197, 198, 369, 390, 452, 487,
　　612, 619
張學銘, 504
張繼, 118, 267
曹浩森, 80, 113, 117, 218, 322, 324, 325, 469
梁華盛, 526, 529, 532, 561
梁鴻志, 167, 168
莫洛托夫, 480, 570, 633
許世英, 168, 213
許光遠, 521
許崇智, 78, 104
許紹棣, 213
許占元
　　許團長占元, 215
許德珩, 187, 218, 229, 349
郭泰祺, 415, 429, 473
陳
　　陳組長方, 223, 274, 317, 318, 322, 417, 420, 422, 432, 436, 441, 447, 693

陳立夫, 218, 219, 274, 317, 318, 322, 386, 427, 430, 432, 451, 458, 459, 461, 466, 472, 489, 502, 503, 564, 650, 669, 671, 677, 690
陳光甫, 337, 396, 398, 424, 430, 437, 438, 439, 441, 446, 450, 451
陳佈雷
　　陳主任佈雷, 117, 217, 223, 242, 258, 269, 274, 317, 318, 324, 382, 383, 411, 417, 418, 420, 422, 426, 436, 437, 466, 471, 473, 647, 648, 663, 671
陳鐃電
　　陳委員長鐃電, 232
陳明仁, 582, 591, 594, 596, 601, 615, 621, 656
陳果夫, 258, 270, 398, 399, 402, 427, 441, 461, 468, 469, 472, 490, 541
陳書農, 223
陳誠, 95, 133, 146, 153, 172, 193, 203, 211, 216, 217, 218, 219, 236, 237, 240, 254, 255, 256, 266, 269, 270, 322, 323, 379, 380, 386, 405, 425, 446, 449, 458, 459, 466, 467, 468, 469, 470, 471, 472, 473, 474, 491, 492, 500, 503, 548, 552, 553, 561, 567, 573, 607, 613, 614, 615, 616, 641, 644, 645, 646, 653, 655, 656, 658, 660, 667, 672, 674, 680
陳肇英, 77
陳銘樞, 84, 114, 115, 116, 118, 152, 154, 193, 194
陳儀, 230, 253, 283, 320, 321, 322, 324, 325, 382, 396, 402, 410, 417, 426, 427, 449, 472, 473, 529, 656, 657, 658, 670, 688
陳慶雲, 275, 326, 441, 458, 465, 466, 467, 468, 470, 474, 691
陳毅, 29, 207, 263
陳調元, 86, 93, 96, 103, 104, 120
陳獨秀, 109
陳濟棠, 112, 123, 124, 149, 190, 191, 192, 194, 256, 435, 690
陳繼承, 218, 652, 687, 689
陸榮廷, 77, 78
章乃器, 196
鹿鍾麟, 105, 221

十二畫

傅汝霖, 572, 687
傅作義, 471, 552, 583, 594, 646, 652, 653, 654, 655, 656, 661, 679
傅秉常, 387
傅斯年, 18, 442, 490
傅維本, 21
彭文應, 235, 237
彭壁生, 520, 549
彭學湛, 236
彭澤湘, 456, 470
曾山, 29, 229
曾伯芹, 238
曾雲霈, 167, 168

曾慕韓, 199, 648
曾養甫, 188, 270, 390, 437, 451, 452, 454, 457
曾澤生, 531, 549, 559
植田, 203
湯恩伯, 227, 472, 658, 659, 661, 662, 669, 670, 678, 688
湯斐予, 113
程天放, 113, 400, 448, 490
程時煃
    程廳長時煃, 203, 228, 242, 252, 402
程滄波, 242, 678, 681, 684, 689
程潛, 500, 534, 563, 613
華勒斯, 31
華萊士, 344, 441, 442, 443, 451
賀世縉, 213
賀國光, 155, 271, 489
賀龍, 96, 186
賀耀祖, 103, 240, 244, 274, 280, 317, 318, 428, 432, 448, 680, 685
鈕先銘, 520
項英, 207, 210
馮玉祥, 80, 94, 99, 100, 101, 105, 106, 107, 108, 121, 221, 318
馮獨慎, 21
黃紹竑
    黃主席紹竑, 231, 233, 240, 474
黃新富
    黃司令新富, 249
黃光斗
    黃局長光斗, 569
黃旦初
    黃局長旦初, 249
黃郛
    黃外交部長郛, 89, 168
黃潤之, 203, 393, 684
黃興, 10, 72, 73
傅汝霖, 490

十三畫

愛克生, 344
楚明善, 502, 616
楊永泰, 89, 111, 113, 146, 155, 168, 169, 173, 189, 218, 656
楊如軒, 84
楊宇霆, 197, 492

楊希閔, 82
楊廷亞, 249
楊杰
　　楊參謀長, 89, 92, 103, 168, 201, 448
楊虎城, 198, 199
楊亮功, 235, 264
楊威伯, 21
楊焯庵, 264, 428, 437, 457, 529, 579, 583, 645, 679
楊焯庵
　　楊廳長焯庵, 224
溥儀, 384
溫晉城, 21, 490, 562, 602, 641, 642
萬福麟, 117, 486, 490, 504, 529, 560, 640, 659
葉公超, 368, 374, 451, 689
葉伯壽, 507
葉挺, 207, 263
葉楚生, 253
葉楚傖, 242, 270
葉劍英, 509, 688
董文崎, 529, 532, 537, 539, 540, 601
董必武, 465
董彥平, 496, 499, 512, 554, 586
董顯光
　　董副部長顯光, 326
達賴, 112
鄒作華, 486, 580, 659
鄒魯, 386
鈴木, 168, 466
雷雪瓊, 213
雷潔瓊, 214, 253

十四畫

廖磊, 214
廖耀湘, 510, 528, 569, 583, 646, 659, 660
廖士翹
　　廖廳長士翹, 220
熊式一, 368
熊斌, 456, 489, 509, 553, 563, 576
熊遂, 118, 121
熊漱冰, 229
福田彥助

福田師長, 25, 89, 91, 93
管野鑑, 105
維丁斯基, 109
赫爾利, 385, 448, 449, 450, 453, 455, 630, 631, 632, 633, 683
趙亮功, 112
趙家驤, 520, 521, 523, 527, 532, 548, 551, 560, 561, 566, 567, 569, 572, 573, 574, 577, 578, 580, 581, 583, 585, 594, 608, 613, 661
趙登禹, 205

十五畫

劉子貞, 235
劉文輝, 434, 435, 464
劉田甫, 409
劉多荃, 486, 490, 508
劉東巖, 464, 465, 547
劉峙, 87, 103, 148, 205, 240, 322, 389, 400
劉建緒
    劉總司令建緒, 673
劉家樹, 153, 202, 257
劉鍾藩
    劉秘書長鍾藩, 220
劉斐, 193, 273, 281, 323, 489, 500, 557, 563, 600, 647, 649, 658, 659, 661, 662, 672, 674, 680
劉湘, 434
劉廣濟, 284, 285
劉震寰, 82
劉翰東, 607
影佐, 168, 169
德王, 191, 192, 199, 511
摩根索, 31, 339, 340
樊鐘秀, 106
歐陽永, 223
潘公展, 319, 668, 684
潘奎松, 284
蔣中正
    蔣公, 83, 118, 119, 120, 121, 122, 348, 536, 628
蔣介石, 9, 12, 15, 18, 21, 24, 25, 26, 28, 29, 31, 32, 33, 34, 35, 36, 37, 38, 202, 223, 627, 638, 694
蔣夫人
    宋美齡,
    夫人, 197, 374, 391, 672, 673, 675

蔣光鼐
　　蔣蔡, 152
蔣百里, 219, 369, 432
蔣廷黻, 322, 401
蔣經國, 28, 34, 35, 209, 210, 214, 230, 248, 252, 259, 261, 264, 265, 387, 388, 440,
　　441, 451, 489, 494, 495, 497, 498, 502, 503, 504, 505, 529, 561, 680
蔣緯國
　　緯國, 393, 401, 413
蔣鼎文, 26, 95, 127, 151, 152, 172, 687, 689, 690
蔣夢麟, 423, 490, 491
蔡文治, 524
蔡廷楷
　　蔣蔡, 146
鄭介民, 510
鄭洞國, 511, 513, 517, 520, 522, 523, 527, 542, 544, 561, 569, 570, 571, 572, 577,
　　578, 580, 597, 643, 646, 661, 669
鄭道儒, 532, 561, 661
鄧子超, 253
鄧文儀, 264, 285
鄧如琢, 83, 84
鄧演達, 84, 231, 683
鄧澤如, 112
魯滌平, 106, 111, 115, 118
黎元洪, 73, 76
黎錦紓, 213

十六畫

閻錫山, 500
盧作孚, 199, 206, 270, 275, 278, 423, 433, 469, 470, 650, 651, 661, 671, 676, 677, 687
盧君云, 343
盧漢, 643
盧豫章, 74
蕭大鈞, 231
蕭作霖, 460
蕭克, 128, 155, 156, 193, 513, 521
蕭純錦
　　蕭委員純錦, 188, 207, 213, 214, 264
蕭淑宇, 209, 210, 214, 215, 218, 228
賴世璜, 2, 24, 75, 83, 84, 87
錢大鈞, 95, 202, 219, 456, 458, 489
錢子壯, 104

錢公來, 540, 541, 545, 549, 602
錢昌照, 263, 268, 269, 272, 319, 324, 387, 410, 423, 431, 450, 451, 457, 509, 547
錢復, 549
錢端升, 422
閻錫山, 100, 104, 105, 106, 107, 108, 121, 468, 653, 681, 684
鮑羅廷, 83
龍雲, 192, 205, 379, 396

十七畫以上

戴笠, 231
戴傳賢, 116, 118, 197, 391
繆斌, 228
薛岳, 192, 230, 234, 236, 237, 238, 458, 688
韓光第, 102
韓復榘, 99, 103, 105, 107, 108, 213
顏惠慶, 116, 448, 684
魏道明, 33, 219, 335, 343, 344, 345, 352, 376, 437, 438, 439, 440, 469, 502, 658, 667, 672, 685, 687, 693
羅卓英
　　羅總司令卓英, 238, 347, 397, 628
羅家倫, 92, 450, 472
羅斯福, 18, 31, 32, 33, 278, 279, 280, 281, 326, 327, 334, 335, 337, 340, 342, 355, 358, 359, 380, 381, 384, 385, 386, 392, 395, 404, 412, 418, 419, 437, 443, 451, 453, 454, 457, 464, 629, 630, 631, 632, 633, 637, 638, 663, 664
羅隆基, 186, 187, 218, 349, 410
譚平山, 269
譚延闓, 78, 101, 104
關吉玉, 490, 570, 575, 578, 579, 582, 585, 614, 645, 646, 659, 677, 688, 689
關邦傑, 520, 569, 572, 585
饒漱石, 521
顧一樵
　　教育部顧次長一樵, 282
顧祝同, 117, 152, 172, 173, 192, 198, 213, 221, 253, 255, 284, 285, 286, 317, 319, 320, 322, 472, 473, 474, 552, 669, 672, 675, 685, 689, 690
顧柏筠
　　柏筠, 390, 391
顧毓琇
　　教育部次長, 378
顧維鈞, 117, 448, 464, 690
龔楚, 15
龔學遂, 153

《真相》系列(44)

書　　名：海桑集——熊式輝回憶錄(1907-1949)
編　　校：洪朝輝
發 行 人：何　頻
責任編輯：張　芸
封面設計：一　劃
出　　版：明鏡出版社
網　　址：www.mirrorbooks.com
電子郵件：mirrorpublishing@yahoo.com
通訊地址：P. O. Box 366, Carle Place, NY11514-0366, USA.
　　　　　電話：(516)338-6976　傳真：(516)338-6982
國際統一書號：978-1-932138-70-2
定　　價：HK$ 142
版　　次：2008年6月第一版
　　　　　2008年10月第二版

明鏡出版社　書目

(一) 中國局勢系列

序號	書名	作者/編者	香港平郵 HKD	海外空郵 USD
1.	鹿死誰手	何頻 高新	80	18
2.	解放軍武器裝備	林長盛	110	22
3.	解放軍攻打台灣	何頻	120	22
4.	解除中國危機	陳子明 王軍濤	111	22
5.	中共"太子黨"（上下冊）	何頻 高新	168	30
6.	中國第一家族	高新 何頻	99	20
7.	江澤民面臨的挑戰	王紹光 何頻 吳國光 高新	105	21
8.	鄧小平之後的中國	何頻	110	22
9.	江澤民的幕僚	高新	96	20
10	致中南海密劄	何新	128	24
11	中國復興的動力	楊雪野	105	21
12.	中國導彈及其戰略	趙雲山	128	25
13.	北京地下「萬言書」（售完）	石柳子	95	20
14.	中國跨世紀大方略	陳子明 王軍濤	83	19
15.	新三國演義：中港臺政局	吳國光	75	17
16.	趙紫陽最後的機會	袁會章	98	21
17.	關鍵問題	唐逸鴻	96	21
18.	中國的陷阱	何清漣	107	21
19.	鄧小平的遺產 江澤民的困境	麥傑思(著) 袁希正(譯)	98	21
20.	中國下一步怎樣走	黎萍	87	19
21.	靜悄悄的革命－－中國當代市民社會	李凡	107	21
22.	憲政中國	諸葛慕群	65	16
23.	江澤民的權謀	石沙	99	21
24.	溶解權力—逐層遞選制	王力雄	93	20
25.	降伏「廣東幫」	高新	99	21
26.	中國老百姓的權利	諸葛慕群	98	21
27.	中國需要什麼權的政府	諸葛慕群	118	22
28.	中國二等公民—當代農民考察報告	白沙洲	108	21
29.	朱鎔基在1999	宗海仁	88	19
30.	中國之毀滅—中國生態崩潰緊急報告	鄭義	129	24
31.	角力十六大—中國未來控制權	吳稼祥	88	19
32.	中共「第四代」權力部署	伊銘	98	23
33.	中南海日記	吳稼祥	95	21
34.	曖昧的權力交接	宗海仁	95	21
35.	胡溫新政	伊銘	110	22
36.	聯邦化：中華第三共和國之路	吳稼祥	88	19
37.	俞梅蓀與中國新民權運動—中南海秘書為何成了民間代言人	張耀傑	98	21
38.	趙紫陽與中國改革	陳一諮等	98	21
39.	中國上訪村	廖亦武／高氏兄弟	108	21
40.	達賴喇嘛與中國——西藏問題的解決之道	Melvyn C. Goldstein 著 楊和晉 譯	90	20
41.	中國工人階級狀況	於建嶸	125	22
42.	中國貪官在海外	洪雷	96	20
43.	中共十七大幕前戲	陳曉銘 楊韻 謝冠平	98	22
44.	我們向誰控訴？—國祥航運公司虧損紀實	華梁興	88	19
45.	胡溫之劍——打賈排黃誰是最後贏家？	歐陽詮 白曉雲	118	21
46.	中共十七大佈局	陳曉銘 楊 簡方延鴻 謝冠平	118	21
47.	中國軍事決策機制及台海衝突	約翰·劉易斯 薛理泰 著 薛理泰 譯	120	23
48.	十七大之變	夏飛 楊韻 白曉雲	90	20
49.	太子黨和共青團—習近平PK李克強	夏飛 楊韻 白曉雲	125	24

50.	溫家寶變閣	楊韻 方延鴻	95	20
51.	公共情婦—中共官場「色無戒」	楊韻 方延鴻	100	21
52.	中國反恐大佈兵	雷亦鋒 伊傑衛	118	22
53.	西藏之亂：掩蓋與扭曲的真相	吳靜怡、張燕秋	120	22

(二) 掌權者系列

序號	書名	作者/編者	香港平郵 HKD	海外空郵 USD
1.	中國新諸侯	何頻	98	20
2.	中國政府領導者	何頻	115	22
3.	解放軍現役將領名錄	何頻	89	19
4.	中共最高決策層	何頻	95	20
5.	江澤民的權力之路	高新	105	23
6.	跨世紀接班人胡錦濤	任知初	97	20
7.	中共最高決策層(修訂版)	中國局勢分析中心	98	21
8.	中南海七巨頭	伊銘	99	21
9.	誰領導中國	高新 何頻	125	24
10.	朱鎔基的內閣	寧鄉漢 文思詠	108	23
11.	鐵面幸相朱鎔基大傳	高新 何頻	106	23
12.	中國情報系統	艾夫提麥爾德(著) 李黶(譯)	77	18
13.	江澤民傳	杜林(著) 楊鳴鏑(譯)	105	23
14.	中國黨政軍中央領導層	高新	95	20
15.	第四代	宗海仁	125	24
16.	胡錦濤傳	文思詠 任知初	118	22
17.	領導中國的新人物	高新	158	42
18.	溫家寶傳	高新	88	20
19.	胡錦濤傳(修訂版)	文思詠 任知初	129	25
20.	胡錦濤團隊(原名：團藝組織中國—中共政壇的明星和黑馬)	艾仰樺 陳曉銘	98	21
21.	內閣新三角—溫家寶李克強王岐山迎戰危機	楊韻 方延鴻	125	24
22.	中國新權貴之 孫子世代	文子 武姬	98	22
23.	官商竊國錄	杜知根、沈雋	118	23

(三) 真相系列

序號	書名	作者/編者	香港平郵 HKD	海外空郵 USD
1.	真假毛澤東	趙無眠	100	20
2.	文革大字報精選	譚放 趙無眠	145	26
3.	紅衛兵與嬉皮士	任知初	83	18
4.	文革大年表	趙無眠	113	22
5.	中國大逆轉	華民	125	24
6.	天安門	卡瑪 高富貴	100	20
7.	胡耀邦下臺的背景	王若水	115	23
8.	真假周恩來	趙無眠	96	20
9.	從華國鋒下臺到胡耀邦下臺	胡績偉	99	20
10.	天葬：西藏的命運	王力雄	123	24
11.	天安門之爭	封從德	107	22
12.	許家屯回憶與隨想錄	許家屯	100	21
13.	789集中營	曉涵 米雅	101	21
14.	陰謀與虔誠：西藏騷亂的來龍去脈	徐明旭	109	22
15.	中國勞改營紀實(新鬼, 舊鬼)	司晉 安妮生(著) 梁定正 吳 蒙(譯)	93	20
16.	美國間諜在中國	餘茂春(著) 李黶波(譯)	105	22
17.	百年功罪	趙無眠	99	20
18.	毛澤東與康生：鬥哲學大鋼整人教	巴彥泰	75	17
19.	毛澤東執政春秋	單少傑	135	26
20.	中國「六四」真相	張良	180	45

序號	書名	作者/編者	香港平郵 HKD	海外空郵 USD
21.	「遠華案」黑幕	盛雪	111	22
22.	張學良世紀傳奇	王書君	188	46
23.	中共壯大之謎——掩蓋的中共抗日真相	謝幼田	98	21
24.	晚年周恩來	高文謙	129	25
25.	證詞	廖亦武	115	22
26.	民權保障同盟的暗箱黑幕	張耀傑	88	20
27.	浴火重生—「天安門黑手」備忘錄	陳子華等	125	24
28.	「六四」參加者回憶錄	(「六四」十五周年紀念文集)編輯委員會	90	20
29.	重審林彪罪案	丁凱文主編	180	43
30.	中共歷史的見證——司馬璐回憶錄	司馬璐	125	24
31.	餓鬼—毛時代大饑荒揭秘	賈斯柏·貝克 著 姜和平 譯	118	23
32.	中國牛仔—毛澤東的公案·行為及心理分析(上下)	陳小雅	168	39
33.	人民心中的胡耀邦	蘇紹智 陳一諮 高文謙 主編	125	24
34.	林彪與文化大革命	吳潤生	96	20
35.	中國「廢片」——毛澤東的命案	陳小雅	95	20
36.	百年之冤——替袁世凱翻案	張永年	125	24
37.	林彪事件完整調查(上下冊)	舒雲	172	40
38.	歷史塵埃——袁凱、汪精衛、林彪後人訪談錄	高伐林	116	23
39.	極端十年	柯雲路	110	22
40.	林彪畫傳	舒雲	168	30
41.	內蒙文革風雷	高樹華 程鐵軍	125	24
42.	百年林彪	丁凱文	129	25
43.	中共創始人訪談錄	王來棣	98	21
44.	海桑集——熊式輝回憶錄 (1907-1949)	熊式輝著 洪朝輝 編校 于英時序	142	30
45.	高層恩怨與習仲勛——從西北到北京	溫相	128	25

(四)世界觀系列

序號	書名	作者/編者	香港平郵 HKD	海外空郵 USD
1.	中國如何面對西方	蕭旁	79	18
2.	日本如何面對中國	夏冰	95	20
3.	日本新陰謀	天元	107	22
4.	美國重新發現的中國	謝翔	80	18
5.	江澤民西遊記	時鑒 胡楠	95	20
6.	菲德爾·卡斯特羅:二十世紀最後的革命家	程映虹	109	22
7.	俄國新總統普京傳——從克格勃到葉利欽的接班人	何亮亮	80	18
8.	世界憲政潮流—中外憲法比較	曹思源	90	20

(五)浮華世界系列

序號	書名	作者/編者	香港平郵 HKD	海外空郵 USD
1.	推動美國二十五雙手	柳食野 季思聰	80	18
2.	糊塗學	李夢悟	92	20
3.	美國商務法律引導	張辛欣(譯)	88	20
4.	情義無價	劉丹紅	105	23
5.	中國怪狀	伊銘	85	20
6.	古玩談舊聞	陳重遠	129	24
7.	文物話春秋	陳重遠	125	24
8.	不朽的謊言	賈鴻彬	109	23
9.	摧毀亞洲:索羅斯風暴	季思聰 丁中柱	88	20
10.	美加簽證移民引導	奚蒙	96	21
11.	「鐵達尼號」的漂浮與沈沒	季思聰 季思亮	77	18
12.	中國當代民謠	陸非琅	76	18
13.	總統情色報告	理察德·泰格	77	18
14.	婦女解放的神話	安·休利特(著) 馬莉 張昌耀(譯)	99	20

15.	葛林斯潘傳	季思聰 季思亮	84	19
16.	法輪功創始人李洪志評傳	張微晴 喬公	95	20
17.	投資理財高招	林平	98	21
18.	偷渡美國	陳國霖 著 李艷波 譯	89	20
19.	網上股票的喜悅	趙璽德 湯詩墨	88	20
20.	西藏是我家—紮西次仁自傳	楊和晉(譯)	95	20
21.	911人性輝煌	施雨等	91	20
22.	離開商學院—MBA離巨富有多遠	楊鳴鏑	95	21

（六）超級女人系列

序號	書名	作者/編者	香港平郵 HKD	海外空郵 USD
1.	白宮武則天希拉蕊	史敏 梁芬	69	16
2.	黛安娜走出童話	陳越	75	17
3.	黃金時段的無冕女王	季思聰	78	18
4.	尋找梅娘	張泉	113	22

（七）金牌系列

序號	書名	作者/編者	香港平郵 HKD	海外空郵 USD
1.	NBA十大好漢	王遊宇	70	16
2.	世界網壇十大風流	王遊宇	78	17
3.	拳王，拳王—從阿裏到泰森	王遊宇	78	17

（八）大家小說系列

序號	書名	作者/編者	香港平郵 HKD	海外空郵 USD
1.	白雪紅塵	閻真	108	21
2.	黃禍(修訂版)	保密	140	26
3.	務虛筆記	史鐵生	115	22
4.	上海小姐	張翎	96	20
5.	天誅	利蘭錦	79	17
6.	塵埃落定	阿來	105	21
7.	嫁得西風	李彥	97	20
8.	中南海最後的鬥爭	李劼	99	20
9.	西元二０二０：兩岸大統一	北方劍	98	20
10.	遺囑	沙士	88	20
11.	中國地圖	汪建輝	108	21
12.	紅色漩渦	餘良	108	22

（九）文化情理系列

序號	書名	作者/編者	香港平郵 HKD	海外空郵 USD
1.	沈默的大多數	王小波	109	21
2.	公平報復	馬悲鳴 賀文	94	20
3.	廢話的力量	趙無眠	94	20
4.	一面之詞	胡平	55	14
5.	鋼絲上的中國	鄢烈山	96	20
6.	中國當代學者散文選	周國平	108	21
7.	黃翔禁毀詩選	黃翔	65	16
8.	中國人看中國人	高伐林	84	18
9.	王丹獄中家書	王丹	76	17
10.	王丹觀點	王丹	80	18
11.	中國西部孤旅	鄒藍	94	20
12.	網上筆戰	不平	75	17
13.	歷史潮流—社會民主主義	劉國凱	75	17

序號	書名	作者/編者	香港平郵 HKD	海外空郵 USD
14.	高行健評說	伊沙	90	20
15.	科學・民主・理性	許良英	99	21
16.	王若望紀念文集	羊子 黃河清 鄭義等	84	18
17.	中國向何處去？—追思楊小凱	陳一諮	98	21
18.	和解的智慧	馮崇義 丘嶽首	88	20
19.	太陽的開關在我枕邊	漢人漢語		
20.	文革詩詞鉤沈	梅振才	98	20
21.	評馬克思主義毛澤東思想	趙世緒	48	11
22.	劉賓雁紀念文集	黃河清、一平、北明	138	26
23.	唐達成文壇風雨五十年	陳為人	138	26
24.	行行重行行——"反右運動"五十周年祭年	周紹昌	96	20
25	我們那個年代	王可	92	21

（十）發現香港系列

序號	書名	作者/編者	香港平郵 HKD	海外空郵 USD
1.	董建華的特別顧問	李曉莊	78	17
2.	北京如何控制香港	何頻 高新	97	20
3.	危城	馮木清 魏開星 關毅	88	20

（十一）新聞背景系列

序號	書名	作者/編者	香港平郵 HKD	海外空郵 USD
1.	北京政治突圍	中國局勢分析中心	60	15
2.	放逐魏京生	中國局勢分析中心	60	15
3.	朱鎔基面臨的風險	中國局勢分析中心	60	15
4.	北京早春的交鋒	中國局勢分析中心	60	15
5.	朱鎔基化解危機之道	季思聰 季思亮	60	15
6.	測試江澤民	中國局勢分析中心	80	17
7.	審判陳希同	季偉	60	15
8.	中國能否守住最後的堤壩？	中國局勢分析中心	60	15
9.	重返西藏	時鑒 縱月森	60	15
10.	江澤民變法	白沙洲	89	19

（十二）新鮮人類系列

序號	書名	作者/編者	香港平郵 HKD	海外空郵 USD
1.	美國頂尖大學	高歌	98	21
2.	東邊日出西邊雨—美國讀書紀實	高歌	100	22

（十三）特別推薦

序號	書名	作者/編者	香港平郵 HKD	海外空郵 USD
1.	中共"太子黨"（英譯本）	何頻 高新	90	19
2.	亞特蘭大百年奧運	王遊宇	85	17

（十四）多維系列

序號	書名	作者/編者	香港平郵 HKD	海外空郵 USD
1.	我在美國當老闆	多維媒體公司	98	21

網上信用卡訂購：www.mirrorbooks.com　　E-mail: mirrorpublishing@yahoo.com
香港平郵價，付港幣支票，支票抬頭請寫：明鏡有限公司，寄：G.P.O.Box 5281 Hong Kong
其他地區郵購計海外空郵價、海外平郵價，不另收郵費，
請付美元支票，支票抬頭請寫Mirror Books，
寄：P.O.Box 366, Carle Place, NY 11514, USA．